Energiemarkt Deutschland

Praxiswissen Energie und Umwelt

10., völlig neu bearbeitete Auflage

TÜV Media

Energiemarkt Deutschland

Hans-Wilhelm Schiffer

TÜV Rheinland®
Genau. Richtig.

Bibliografische Informationen der Deutschen Bibliothek

Die Deutsche Bibliothek verzeichnet diese Publikation in der Deutschen Nationalbibliografie. Detaillierte bibliografische Daten sind im Internet über http://dnb.ddb.de abrufbar.

Gedruckt auf chlorfrei gebleichtem Papier.

ISBN 978-3-8249-1152-3

Coverabbildung: RheinEnergie AG

Gesamtherstellung: TÜV Media GmbH, Köln 2008
Printed in Germany 2008

Inhalt

Tabellenverzeichnis

Abbildungsverzeichnis

1 Ausgangsdaten

Im Jahr 2007 betrug der Energieverbrauch in Deutschland 13.993 Petajoule (PJ). Dies entspricht 477,5 Millionen Tonnen Steinkohleneinheiten (Mio. t SKE). Damit steht Deutschland in der Rangliste der größten Energiemärkte der Welt – nach USA, China, Russland, Japan, Indien und Kanada – an siebter Stelle.

1.1 Kennzeichnung der Energienachfrage

Als **Energieverbrauch** werden Prozesse bezeichnet, in denen Energie von einer Form in eine andere umgewandelt wird. Bei dieser Umwandlung, die mit einem Verlust an Arbeitsfähigkeit verbunden ist, erfolgt die Ausnutzung eines Potentials, z. B. einer Temperaturdifferenz bei Wärmeprozessen. „Verbraucht" werden diese Potentiale und die Energieträger, aus denen sie freigesetzt werden.

Energieträger sind Stoffe,

— die Energiepotentiale mit hoher Arbeitsfähigkeit enthalten,

— welche technisch genutzt werden können und wirtschaftlich nutzbar sind.

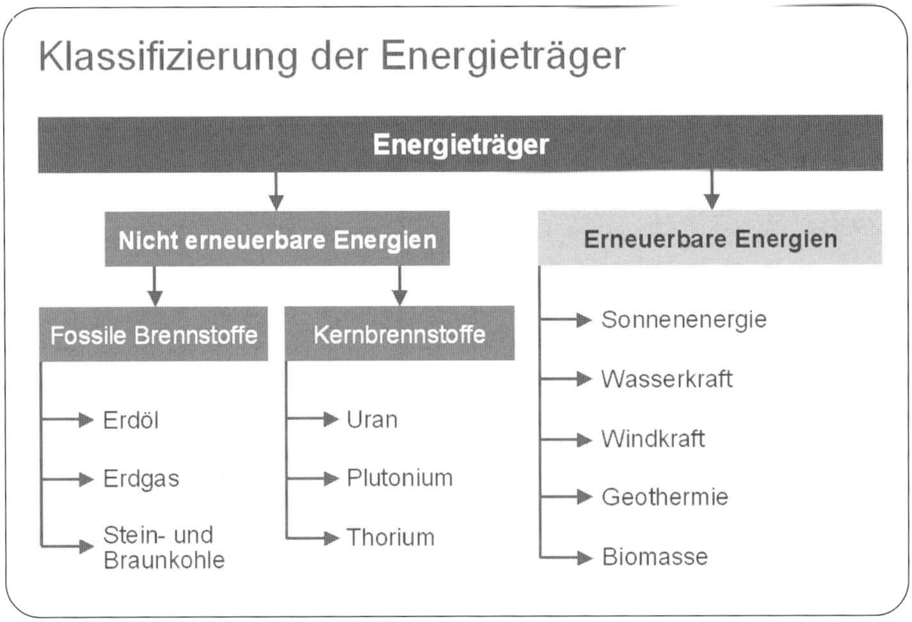

Abb. 1: Klassifizierung der Energieträger

Die Energiepotentiale werden statistisch über den Heizwert erfasst. Der Heizwert kann in verschiedenen Einheiten ausgewiesen werden. Umrechnungsfaktoren ermöglichen die additive Verknüpfung von in unterschiedlichen Einheiten angegebenen Mengen von Energieträgern. Die gemäß den neuesten gesetzlichen Bestimmungen in Deutschland zu verwendenden Einheiten sind Joule (J) und Kilowattstunde (kWh). Daneben wird aus historischen Gründen in Deutschland der Heizwert von Energieträgern vielfach auch in Steinkohleneinheiten (SKE) ausgedrückt (1 kg SKE entspricht 29.308 kJ).

Die nähere Kennzeichnung des Verbrauchs von Energieträgern erfolgt unter Verwendung einer Reihe von Begriffen unterschiedlichen Inhalts. Dabei handelt es sich insbesondere um die Begriffe Primärenergie, Sekundärenergie, Endenergie, Nichtenergetischer Verbrauch, Nutzenergie und Energiedienstleistungen.

Primärenergie ist der Energieinhalt von Energieträgern, die in der Natur vorkommen und technisch noch nicht umgewandelt wurden. Es wird zwischen „unerschöpflichen" beziehungsweise regenerativen, fossilen (Erdöl, Kohle, Erdgas) und nuklearen Energieträgern klassifiziert. Sekundärenergie ist der Energieinhalt von Energieträgern, die aus Primärenergie durch einen oder mehrere Umwandlungsschritte gewonnen wurden (z. B. Elektrizität, Benzin, Heizöl). [1]

„Im Endenergieverbrauch wird nur die Verwendung derjenigen gehandelten Energieträger aufgeführt, die der Erzeugung von Nutzenergie dienen und somit endgültig als Energieträger dem Markt entzogen werden." [1] Abgeleitet wird der Endenergieverbrauch aus dem Primärenergieverbrauch, vermindert um den Nichtenergetischen Verbrauch sowie den Verbrauch und die Verluste bei der Umwandlung beziehungsweise Veredlung von Energieträgern (z. B. Kohle in Strom). Als Nichtenergetischer Verbrauch wird der Energieinhalt von Energieträgern bezeichnet, die als Rohstoff in chemischen Prozessen (z. B. Rohbenzin) oder als Reduktionsmittel bei der Roheisenerzeugung (z. B. Koks) genutzt werden beziehungsweise deren Verwendung durch ihre stofflichen Eigenschaften bestimmt wird (z. B. Schmierstoffe oder Bitumen für den Straßenbau).

„Nutzenergie umfasst alle technischen Formen der Energie, welche der Verbraucher letztendlich benötigt, also Wärme, mechanische Energie, Licht, elektrische und magnetische Feldenergie (z. B. für Galvanik und Elektrolyse) und elektromagnetische Strahlung, um Energiedienstleistungen ausführen zu können. Nutzenergien müssen im Allgemeinen zum Zeitpunkt und vom Ort des Bedarfs aus Endenergie mittels Energiewandlern (z. B. Generatoren, Motoren) erzeugt werden. Energiedienstleistungen sind die aus dem Einsatz von Nutzenergie und anderen Produktionsfaktoren befriedigten Bedürfnisse bzw. erzeugten Güter wie:

— beleuchtete Flächen und Räume,

— behagliche bzw. zweckmäßige Raumkonditionierung,

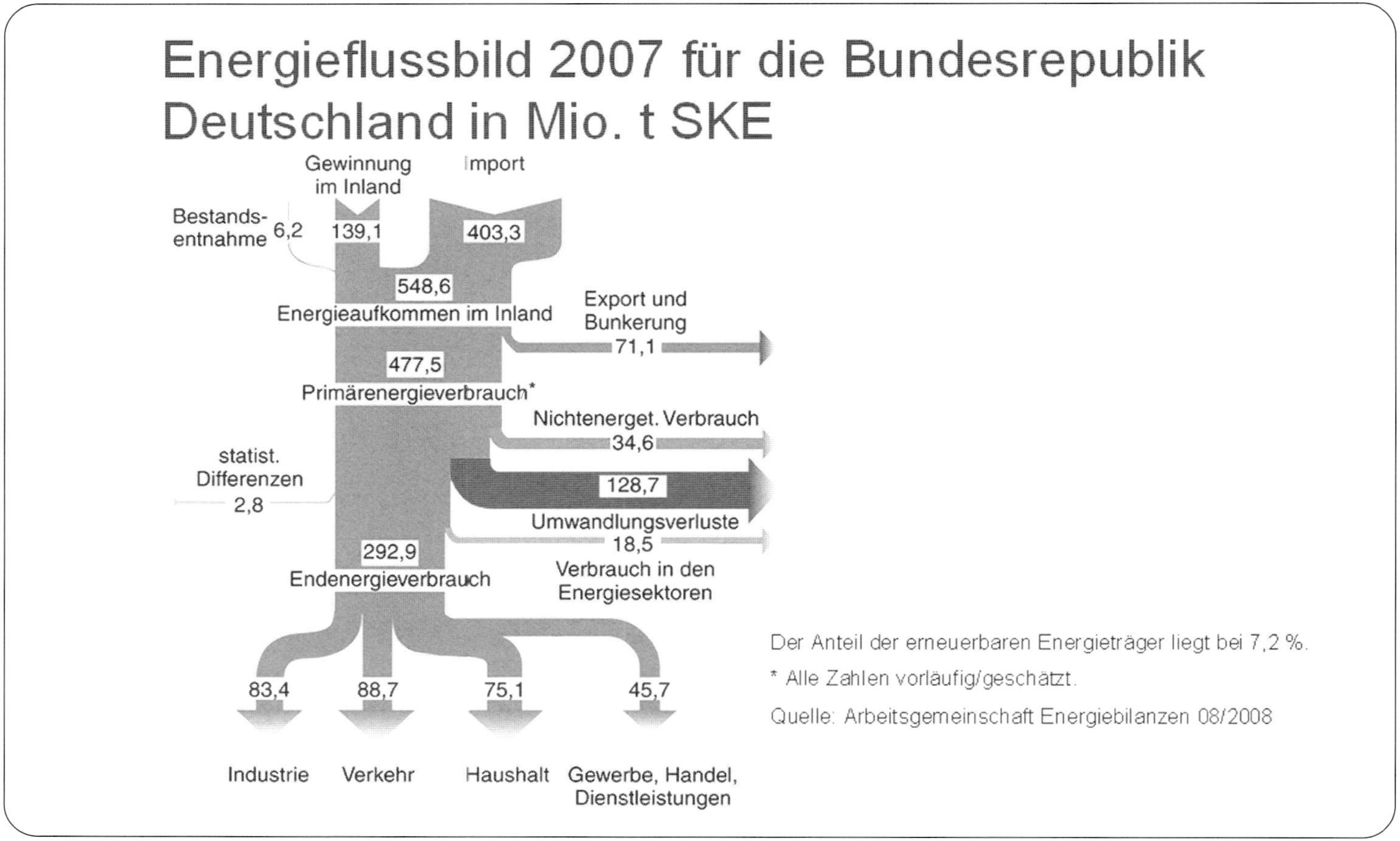

Abb. 2: Energieflussbild für Deutschland

— Bewegung oder Transport,

— Erwärmen von Stoffen und Gütern,

— Stoffumwandlung,

— Herstellen oder Verändern von Gütern,

— Informationsgewinnung, -übertragung und -verarbeitung." [1]

Die Nachfrager sind nicht an den Energieträgern, wie Öl, Gas, Kohle, Strom, als solchen interessiert, sondern an den **Energiedienstleistungen**, die unter Einsatz von Energieträgern erstellt werden. Die Nachfrage nach Energieträgern ist also eine abgeleitete Nachfrage, abgeleitet aus dem Bedarf u. a. an Wärme, Helligkeit, Kühlung, motorischer Kraft.

Weil die Energienachfrage eine abgeleitete Nachfrage ist,

— bestehen weitreichende Substitutionsmöglichkeiten zwischen Energieträgern sowie auch zwischen Energie- und Kapitaleinsatz;

— bewertet der Nachfrager nicht isoliert die Energieträger, sondern die Gesamtsysteme (Energienutzungssysteme), die zur Erstellung von Energiedienstleistungen zusammenwirken.

Substitutionsmöglichkeiten zwischen Energieträgern bestehen zum Beispiel in der Stromerzeugung, in der Wärmebereitstellung und – in begrenztem Maße – auch im Verkehrssektor.

Substitutionsmöglichkeiten zwischen Energie- und Kapitaleinsatz ergeben sich, weil Energie nicht „roh", sondern in einem System zur Bereitstellung von Energiedienstleistungen genutzt wird. Hauptbestandteile dieser Energiebereitstellungssysteme sind unter anderem Kraftwerke, Fahrzeugmotoren, Heizungsanlagen und stationäre Motoren. Diese Energiewandler können unterschiedlich effizient sein. So erfordert die Erzeugung einer bestimmten Strommenge in einem Kraftwerk mit hohem Wirkungsgrad einen geringeren Energieeinsatz als in einer weniger effizienten Anlage. Gleiches gilt bei der Umwandlung von Energie auf der Endverbraucherstufe (z. B. in Heizungsanlagen oder in Fahrzeugen). Die Höhe des Energieverbrauchs wird beispielsweise aber auch durch die Bausubstanz von zu beheizenden oder zu kühlenden Gebäuden beeinflusst. Der Einsatz von Kapital für Dämmungsmaßnahmen eröffnet somit weitreichende Möglichkeiten zur Energieeinsparung.

In Deutschland wird Energie vergleichsweise effizient genutzt. Dies zeigt sich, wenn man den Energieverbrauch ins Verhältnis setzt zur Summe der erwirtschafteten Güter und Dienstleistungen. So erreichte der Energieverbrauch in Deutsch-

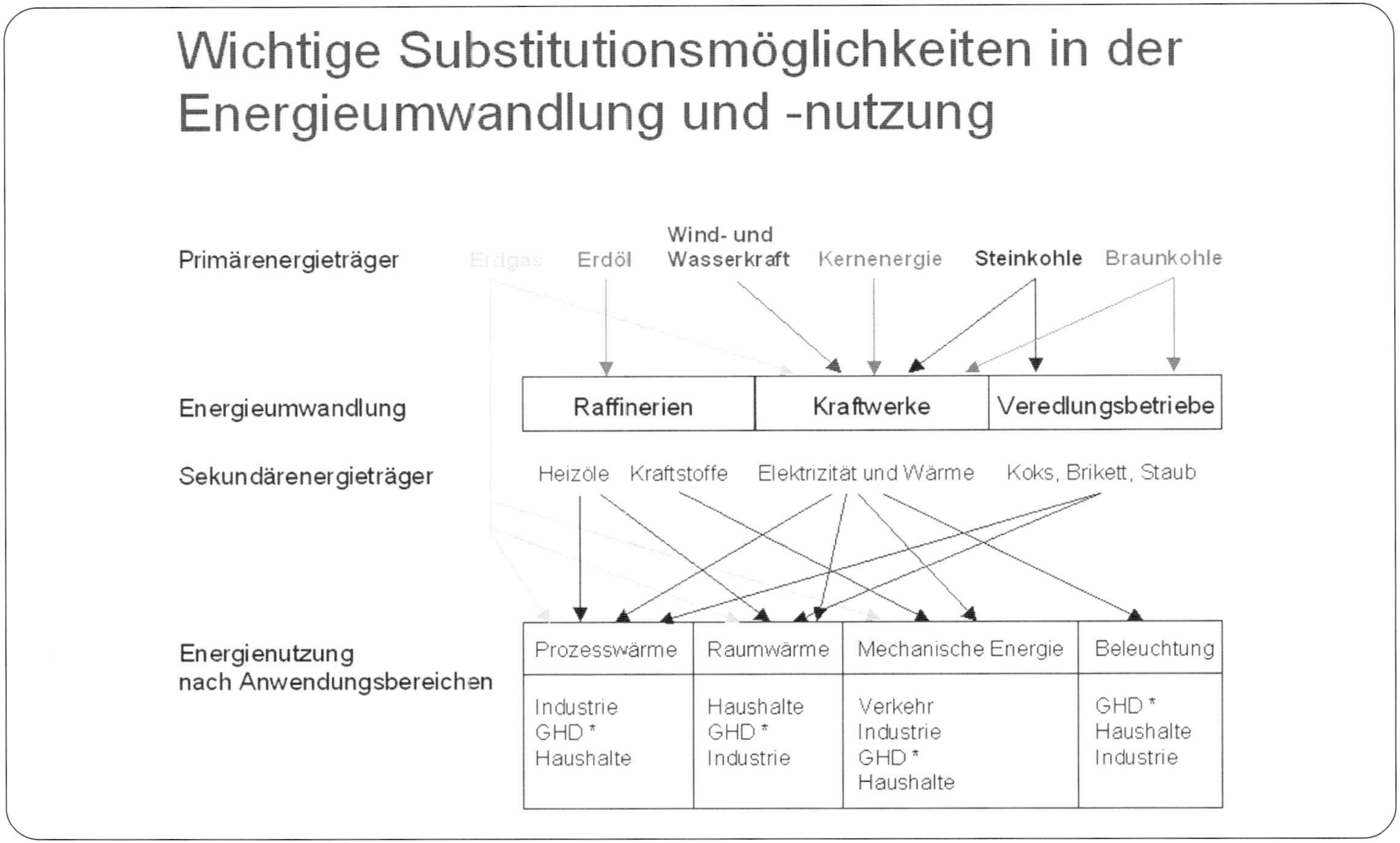

Abb. 3: Substitutionsmöglichkeiten zwischen Energieträgern

land 2007 rund 196 kg SKE pro 1.000 Euro Bruttoinlandsprodukt. Das Bruttoinlandsprodukt belief sich 2007 – nominal – auf 2.423 Mrd. Euro. Im weltweiten Durchschnitt ist der spezifische Energieverbrauch doppelt so hoch.

Bei einer Einwohnerzahl von 81 Millionen (gemäß bereinigter Schätzung) betrug der gesamte Energieverbrauch pro Kopf der Bevölkerung 2007 rund 5,9 t SKE. Dies entspricht mehr als dem Doppelten des weltweiten Durchschnitts, andererseits allerdings der Hälfte des Vergleichswertes der USA.

Tabelle 1: Primärenergieverbrauch nach Energieträgern in Deutschland 2006 und 2007

Energieträger	2006	2007
	Mio. t SKE*	
Mineralöle	174,7	160,4
Erdgas	111,3	106,4
Steinkohlen	67,0	67,9
Braunkohlen	53,8	55,0
Kernenergie	62,3	52,3
Wasser- und Windkraft	6,5	7,4
Außenhandelssaldo Strom	- 2,4	- 2,3
Sonstige	30,3	30,4
Insgesamt	**503,5**	**477,5**
darunter Anteil Erneuerbare Energien in %	6,4	7,2

* Mio t SKE = Millionen Tonnen Steinkohleneinheiten; 1 Mio. t SKE entsprechen 29,3 Petajoule.

Der Bewertung der Stromerzeugung auf der Basis von Kernenergie, Wasser- und Windkraft, Müll u. ä. sowie des Außenhandels mit Strom liegt die Wirkungsgradmethode zugrunde. Die Stromerzeugung aus Kernenergie wird dabei mit einem Wirkungsgrad von 33 % bewertet. Die übrigen genannten Energieträger sowie der Stromaußenhandel werden auf der Basis des Heizwertes der elektrischen Energie von 3.600 kJ/kWh, das entspricht einem Wirkungsgrad von 100 %, bewertet. Im Vergleich zu dem früher verwendeten Substitutionsansatz führt dies bei der Kernenergie zu einem höheren, bei den anderen Energieträgern aber zu einem niedrigeren Primärenergieverbrauch.

Quelle: Arbeitsgemeinschaft Energiebilanzen Stand: 08/2008

Tabelle 2: Energieintensität in Deutschland

Jahr	Einwohner (Jahres-durchschnitt) Mio.	Brutto-Inlandsprodukt (real in Preisen von 2000) Mrd. Euro	Primärenergie-verbrauch Mio. t SKE[1]	Stromverbrauch (brutto) Mrd. kWh	Primärenergie-verbrauch je Einwohner t SKE/Einw.	Primärenergie-verbrauch je Einheit BIP[2)] kg/TEUR BIP[3)]	Stromverbrauch je Einwohner kWh/Einw.	Stromverbrauch je TEUR BIP[2)] kWh/TEUR BIP
1990	79,4	1.719,5	508,6	550,7	6,41	296	6.936	320
1991	80,0	1.760,6	498,5	539,6	6,23	283	6.745	306
1992	80,6	1.799,7	488,6	532,8	6,06	271	6.610	296
1993	81,2	1.785,3	488,2	528,0	6,01	273	6.502	296
1994	81,4	1.832,7	484,0	530,8	5,95	264	6.521	290
1995	81,7	1.867,4	486,9	541,6	5,96	261	6.629	290
1996	81,9	1.886,0	503,1	547,4	6,14	267	6.684	290
1997	82,1	1.920,0	498,6	550,0	6,07	260	6.699	286
1998	82,0	1.959,0	495,4	556,7	6,04	253	6.789	284
1999	82,1	1.998,4	488,7	557,3	5,95	245	6.788	279
2000	82,2	2.062,5	491,4	579,6	5,98	238	7.051	281
2001	82,3	2.088,1	500,8	585,1	6,09	240	7.109	280
2002	82,5	2.088,1	492,3	587,4	5,97	236	7.120	281
2003	82,5	2.083.5	493,4	598,6	5,98	237	7.256	287
2004	82,5	2.105,6	500,1	608,0	6,06	238	7.370	289
2005	82,5	2.122,1	493,5	612,1	5,98	233	7.419	288
2006	82,4	2.183,0	503,5	617,0	6,1	231	7.488	283
2007	82,3	2.237,1	477,5	617,5	5,80	213	7.503	276

1) 1 Mio. t SKE entsprechen 29,308 PJ; 2) BIP in Preisen von 2000 3) TEUR = 1.000 EUR
Quelle: Statistisches Bundesamt, BMWi, AG Energiebilanzen, 08/2008, BDEW

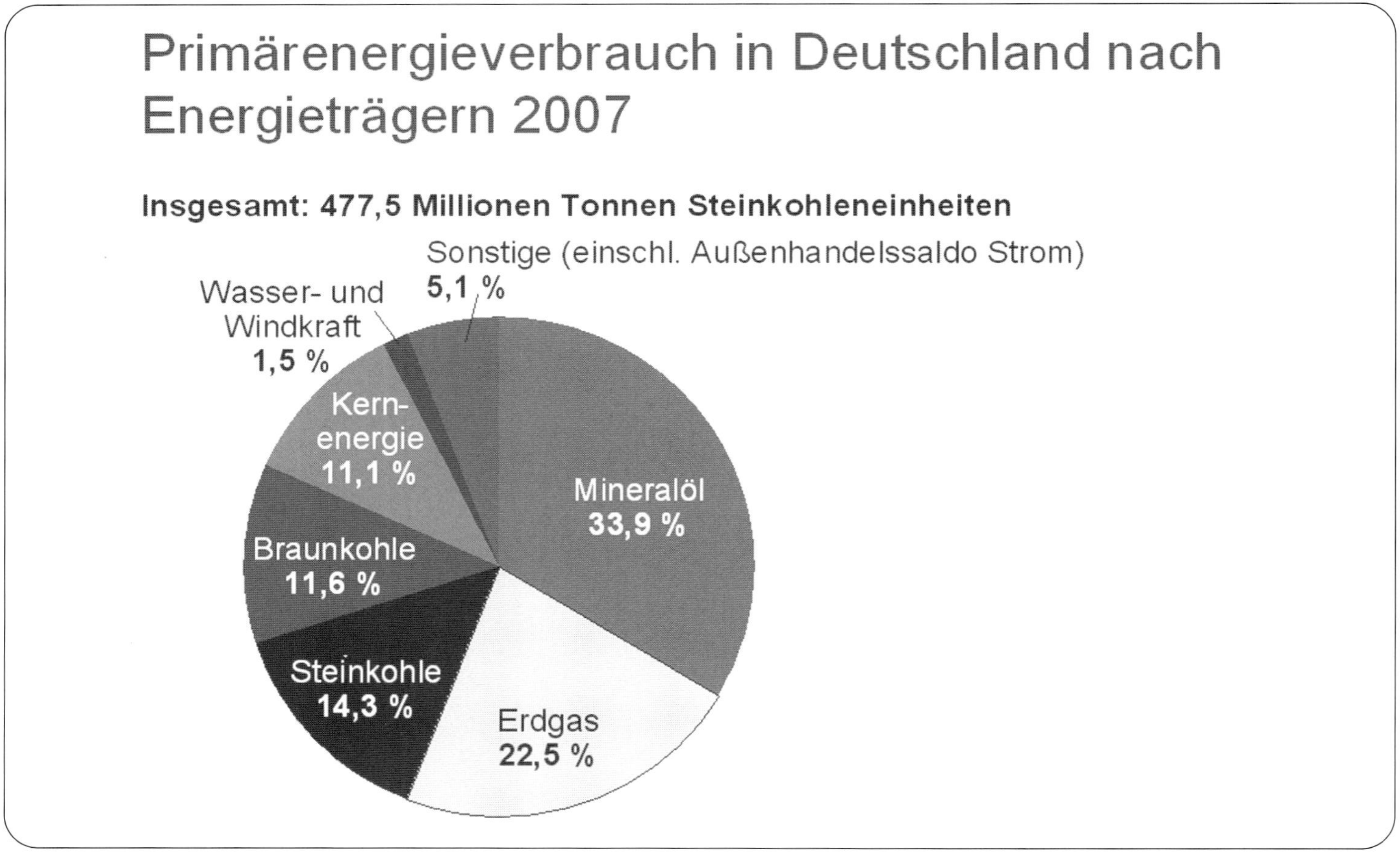

Abb. 4: Primärenergieverbrauch in Deutschland nach Energieträgern 2007

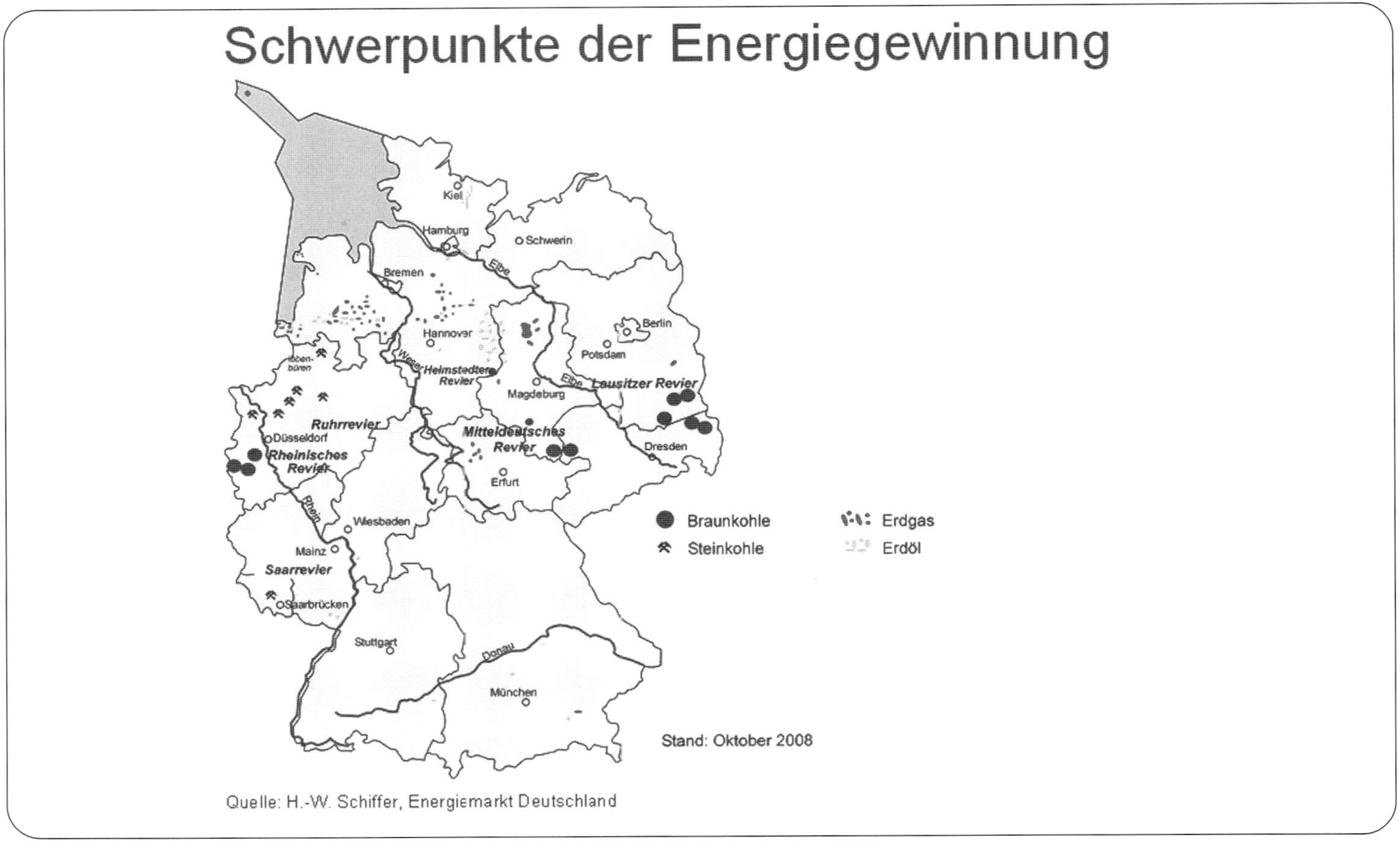

Abb. 5: Schwerpunkte der Energiegewinnung

1.2 Darstellung des Energieangebots

Besonderes Kennzeichen der deutschen Energieversorgung ist die hohe Importabhängigkeit. 2007 mussten über 70 % des Energiebedarfs durch Einfuhren gedeckt werden. Eine mit 97 % überproportional hohe Importquote besteht bei Mineralöl, dem wichtigsten Energieträger. Bei Erdgas beträgt der Anteil der Importe mehr als vier Fünftel und bei Steinkohle zwei Drittel. Demgegenüber ist die Einfuhrquote bei Braunkohle mit 0,1 % sehr niedrig. Wasser- und Windkraft sowie die sonstigen Energieträger sind in vollem Umfang der Inlandsgewinnung zuzuordnen. Bei Kernenergie besteht zwar mit 100 % statistisch die höchste Einfuhrabhängigkeit, gleichwohl kann der Kernenergie angesichts der in Deutschland vorgehaltenen Brennstoffvorräte mit mehrjähriger Reichweite unter dem Gesichtspunkt der Versorgungssicherheit der gleiche Stellenwert beigemessen werden wie heimischen Energien. Bei entsprechender Berücksichtigung der Kernenergie ergibt sich für das Jahr 2007 eine Energie-Importquote von 61 %.

Die – nach den einzelnen Energieträgern – sehr unterschiedliche Abhängigkeit von Importen erklärt sich durch die bestehende Ressourcensituation. Deutschlands eigene Energiebasis beschränkt sich im wesentlichen auf Kohle; die deutschen Erdgas- und Rohölreserven sind gering.

— Die Vorräte an Steinkohlen in Deutschland umfassen 23 Milliarden Tonnen Steinkohleneinheiten (Mrd. t SKE). Aufgrund der ungünstigen geologischen Bedingungen sind deren Abbaumöglichkeiten jedoch stark eingeschränkt. Die weltweit wirtschaftlich förderbaren Reserven an Steinkohle veranschlagt die Bundesanstalt für Geowissenschaften und Rohstoffe (BGR) auf 602 Mrd. t SKE.

— Die gewinnbaren Vorkommen an Braunkohlen betragen 12 Mrd. t SKE (41 Mrd. t). Damit ist Deutschland mit 11 % an den weltweiten Braunkohlenvorräten beteiligt, die von der Bundesanstalt für Geowissenschaften und Rohstoffe mit 110 Mrd. t SKE beziffert werden.

— Die Erdölvorräte Deutschlands belaufen sich auf 0,1 Mrd. t SKE (41 Mio. t). Bei Erdgas sind es 0,3 Mrd. t SKE (233 Mrd. m^3). Ihr Anteil an den weltweiten Reserven an konventionellen Kohlenwasserstoffen ist marginal. So werden die weltweiten Reserven an konventionellen Kohlenwasserstoffen auf insgesamt 471 Mrd. t SKE angesetzt. Davon entfallen 234 Mrd. t SKE auf Erdöl und 237 Mrd. t SKE auf Erdgas. Zusätzlich weist die BGR Reserven von 94 Mrd. t SKE nicht-konventionelles Erdöl (Ölsand, Schwerstöl, Ölschiefer) und 3 Mrd. t SKE nicht-konventionelles Erdgas aus. [2]

Gemessen an der Fördermenge und am Heizwert ist die Braunkohle der größte heimische Energieträger. Sie trug 2007 mit 55,5 Mio. t SKE bzw. 39 % zur gesamten inländischen Energiegewinnung von 141,0 Mio. t SKE bei. Es folgen Steinkohle mit 22,2 Mio. t SKE, Erdgas mit 20,4 Mio. t SKE, Mineralöl mit 5,1 Mio. t

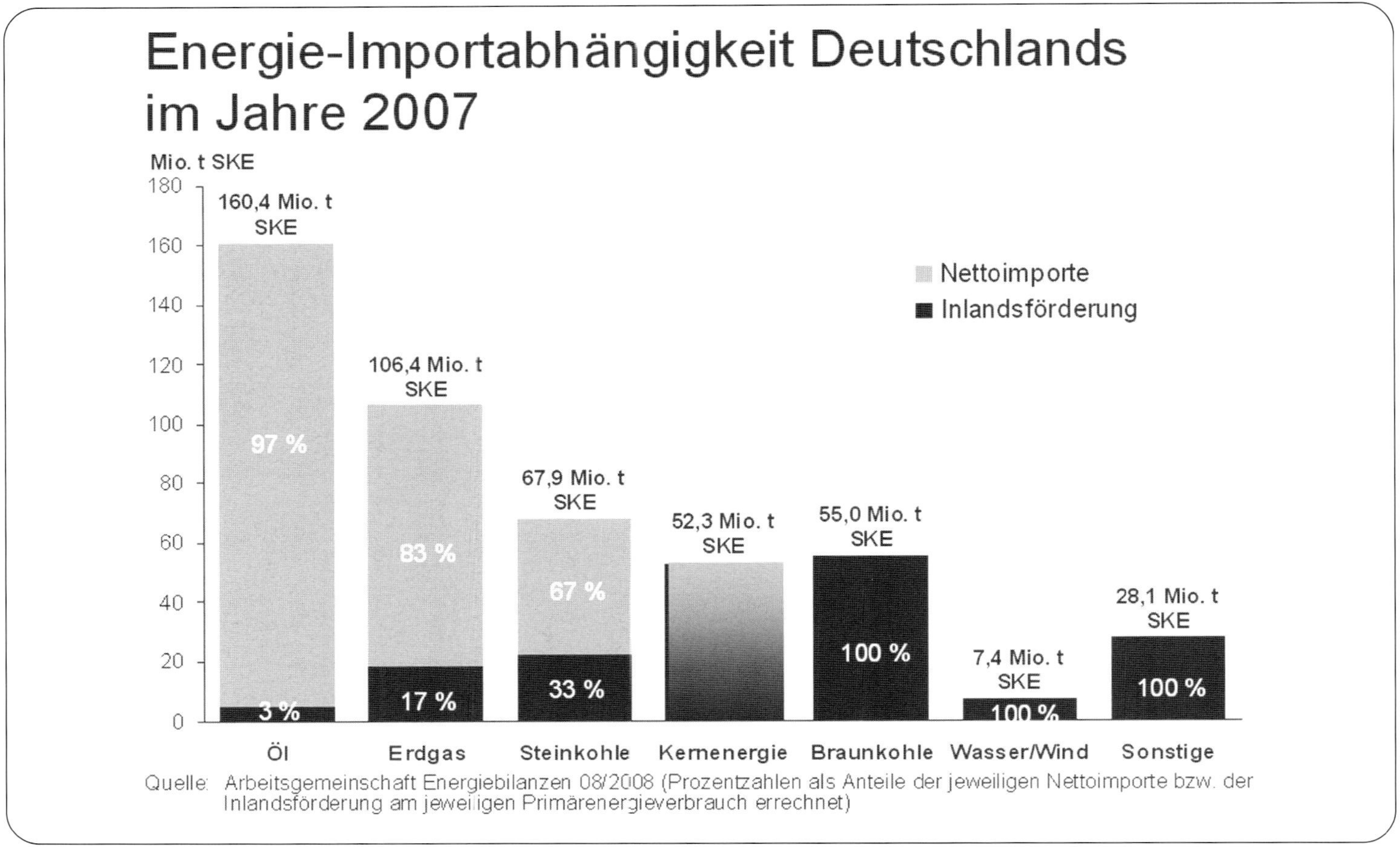

Abb. 6: Energieimportabhängigkeit Deutschlands 2007

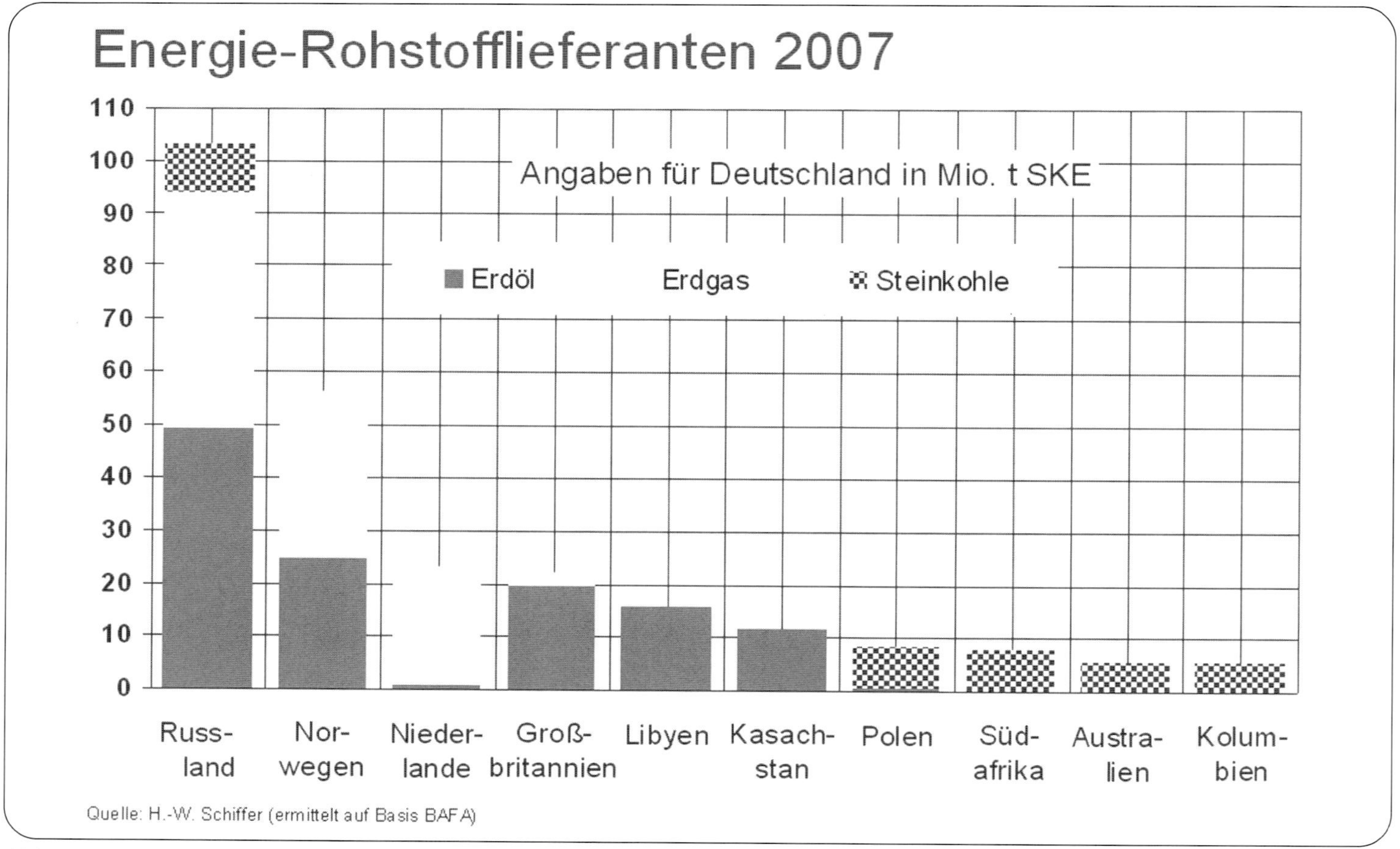

Abb. 7: Energie-Rohstofflieferanten Deutschlands 2007

SKE, Wasserkraft mit 2,5 Mio. t SKE, Windkraft mit 4,9 Mio. t SKE sowie andere Energieträger mit 30,4 Mio. t SKE.

Wichtigster ausländischer Energie-Rohstofflieferant Deutschlands ist die Russische Förderation. Die Erdgas-, Rohöl- und Steinkohlenbezüge aus Russland trugen 2007 mit 22 % zur Energieversorgung Deutschlands bei. Die nächstwichtigsten Energie-Rohstofflieferanten sind – mit Norwegen, Niederlande und Großbritannien – westeuropäische Staaten. Aus den Niederlanden bezieht Deutschland Erdgas, aus Norwegen und Großbritannien sowohl Rohöl als auch Erdgas. Unter den Öllieferanten rangieren Libyen, Kasachstan, Syrien, Aserbaidschan, Algerien, Saudi Arabien und Venezuela auf den nächsten Plätzen. Bedeutendste Herkunftsländer bei der Versorgung des deutschen Marktes mit Importsteinkohlen waren 2007 Russland, Polen, Südafrika, Kolumbien, Australien, USA und Kanada. Rohbraunkohle wird nicht importiert.

Die Devisenrechnung für die Energieimporte betrug 2007 rund 82 Mrd. Euro. Das entspricht 11 % gemessen am gesamten Einfuhr-Handelsvolumen Deutschlands von 773 Mrd. Euro. Abzüglich der Exporte hat sich die Energie-Importrechnung Deutschlands 2007 auf etwa 59 Mrd. Euro belaufen. Den größten Teil machten davon mit 38 Mrd. Euro die Netto-Öleinfuhren aus. Die zweitwichtigste Position hielten die Nettoeinfuhren von Erdgas mit 18 Mrd. Euro. Auf Steinkohle und Uran entfielen insgesamt 4 Mrd. Euro. Bei Elektrizität wurde ein Außenhandelsüberschuss von rund 1 Mrd. Euro verzeichnet.

Tabelle 3: Ein- und Ausfuhrwerte wichtiger Energieträger 2006 und 2007

Energieträger	Einfuhr		Ausfuhr		Saldo	
	2006	2007	2006	2007	2006	2007
	Milliarden Euro					
Mineralöl*	59,7	54,3	15,2	16,2	44,5	38,1
Erdgas	24,6	21,2	3,2	2,8	21,4	18,4
Kohle	3,4	3,7	0,1	0,1	3,3	3,6
Uran	1,0	1,2	0,5	0,7	0,5	0,5
Strom	1,9	1,7	3,5	3,0	– 1,6	– 1,3
Insgesamt	90,6	82,0	22,5	22,7	68,1	59,3

* Rohöl und Produkte

Quelle: Statistisches Bundesamt – Aussenhandelsstatistik; veröffentlicht durch die Statistik der Kohlenwirtschaft, Essen, 2008

1.3 Organisation der Energieversorgung

Die Deckung des Energiebedarfs gilt nicht als staatliche Daseinsvorsorge. Träger der Energieversorgung sind vielmehr Unternehmen. Der Staat und – zunehmend auch die Europäische Union – sind für die Rahmenbedingungen verantwortlich. Hierzu gehören u. a. die Wahrung bzw. die Schaffung einer Wettbewerbsordnung, wie dies mit der Liberalisierung der Strom- und der Gasmärkte Ende der neunziger Jahre geschehen ist, politische Maßnahmen, die zur Sicherheit der Energieversorgung beitragen sowie die Fixierung von Anforderungen des Umwelt- und Klimaschutzes.

Die vom Staat gestalteten Rahmenbedingungen leiten sich im Wesentlichen aus den energiepolitischen Zielen ab. Energiepolitische Zielsetzungen sind in Deutschland Sicherheit, Wettbewerbsfähigkeit und Umweltverträglichkeit der Energieversorgung sowie Ressourcenschonung.

Zur Durchsetzung dieser Ziele stehen verschiedene Instrumente zur Verfügung. Hierzu gehören zum einen **ordnungsrechtliche Vorschriften** beispielsweise im Umweltbereich oder etwa Sicherheitsauflagen für Kernkraftwerke. Als Beispiel für ordnungsrechtliche Vorschriften im Umweltbereich ist etwa die Großfeuerungsanlagenverordnung zu nennen, die die Ertüchtigung aller Kraftwerke, also auch der bestehenden Kraftwerke, mit hochwirksamen Rauchgasreinigungsanlagen zur Begrenzung der Emissionen an Schwefeldioxid und Stickoxiden erzwungen hat. Beispiele für ordnungsrechtliche Vorschriften stellen auch die Mindestanforderungen an den Wärmeschutz in Gebäuden dar. Im Verkehrsbereich sind es etwa die Abgasnormen, die bei PKW mit Ottomotor den Einsatz der Katalysatortechnik zwingend erfordern. Mit dem EU-weiten Inkrafttreten eines Treibhausgas-Emissionshandelssystems zum 1.1.2005 wurde ein **marktwirtschaftliches Instrument** (cap and trade) zur Begrenzung der CO_2-Emissionen eingeführt.

Der Bau größerer Anlagen bedarf zudem einer **behördlichen Genehmigung**. Was genehmigungsbedürftig ist, wird durch Gesetze geregelt. Ferner unterliegt der Betrieb von Anlagen der Überwachung durch Behörden. Überprüft wird z. B., ob die bestehenden Umweltvorschriften für den Betrieb von Kohlekraftwerken oder die Sicherheitsanforderungen beim Betrieb von Kernkraftwerken eingehalten werden. Die staatlichen Behörden stecken also den Rahmen für die wirtschaftliche Tätigkeit. Ihre konkreten Aufgaben liegen in dem Setzen von Standards, in der Genehmigung von Anlagen und der Aufsicht über den Betrieb. Vereinfacht kann man sagen, dass in diesem durch gesetzliche Vorschriften gesetzten Rahmen grundsätzlich alles erlaubt ist, was nicht explizit verboten bzw. durch Auflagen eingeschränkt ist.

Neben ordnungsrechtlichen Vorschriften vollziehen sich staatliche Eingriffe in Form von fiskalischen Belastungen. **Fiskalische Belastungen**, also Steuern und Abgaben, spielen eine wichtige Rolle. Von besonders großem Gewicht ist die auf Kraftstoffe, Heizöle und Erdgas erhobene Mineralölsteuer. Mit der 1. Stufe der

Ökosteuer vom 01.04.1999 war – neben einer Anhebung der Steuersätze bei Kraftstoffen, Heizöl und Gasen – die Besteuerung von Strom neu eingeführt worden. Zum 1. Januar 2000 war das Gesetz zur Fortführung der Ökosteuer in Kraft getreten.

Damit wurden bei Kraftstoffen und bei Strom weitere Erhöhungsschritte bis 2003 gesetzlich verankert – mit der Folge, dass sich das Aufkommen aus der Energiebesteuerung von 34 Mrd. Euro im Jahr 1998 auf 45 Mrd. Euro im Jahr 2007 (Mineralöl- und Stromsteuer) erhöht hat.

Zusätzlich ist die Bereitstellung von Energie mit folgenden Abgaben und Beiträgen belastet:

— Konzessionsabgaben in Höhe von gegenwärtig rund 3 Mrd. Euro pro Jahr. Hierbei handelt es sich um Zahlungen der Strom- und Gasversorger an die Kommunen als Gegenleistung für das Recht, die öffentlichen Straßen und Plätze zur Verlegung von Strom- und Gasleitungen zu benutzen.

Tabelle 4: Energiesteueraufkommen in Deutschland

Produkt	Verbrauchsteuern in Mio. Euro	
	2006	2007
Kraftstoffe [1]	35.018	35.161
Heizöle [2]	1.951	1.375
Erdgas [3]	2.947	2.418
Strom	6.273	6.355
Insgesamt [4]	46.189	45.310

[1] jeweils zur Hälfte Ottokraftstoffe und Dieselkraftstoff
[2] überwiegend leichtes Heizöl
[3] zu 99 % Erdgas zu Heizzwecken
[4] Kassenmäßiges Istaufkommen einschließlich ggf. erfolgter Nachzahlungen für die genannten Kalenderjahre.

Quelle: Bundesminister der Finanzen

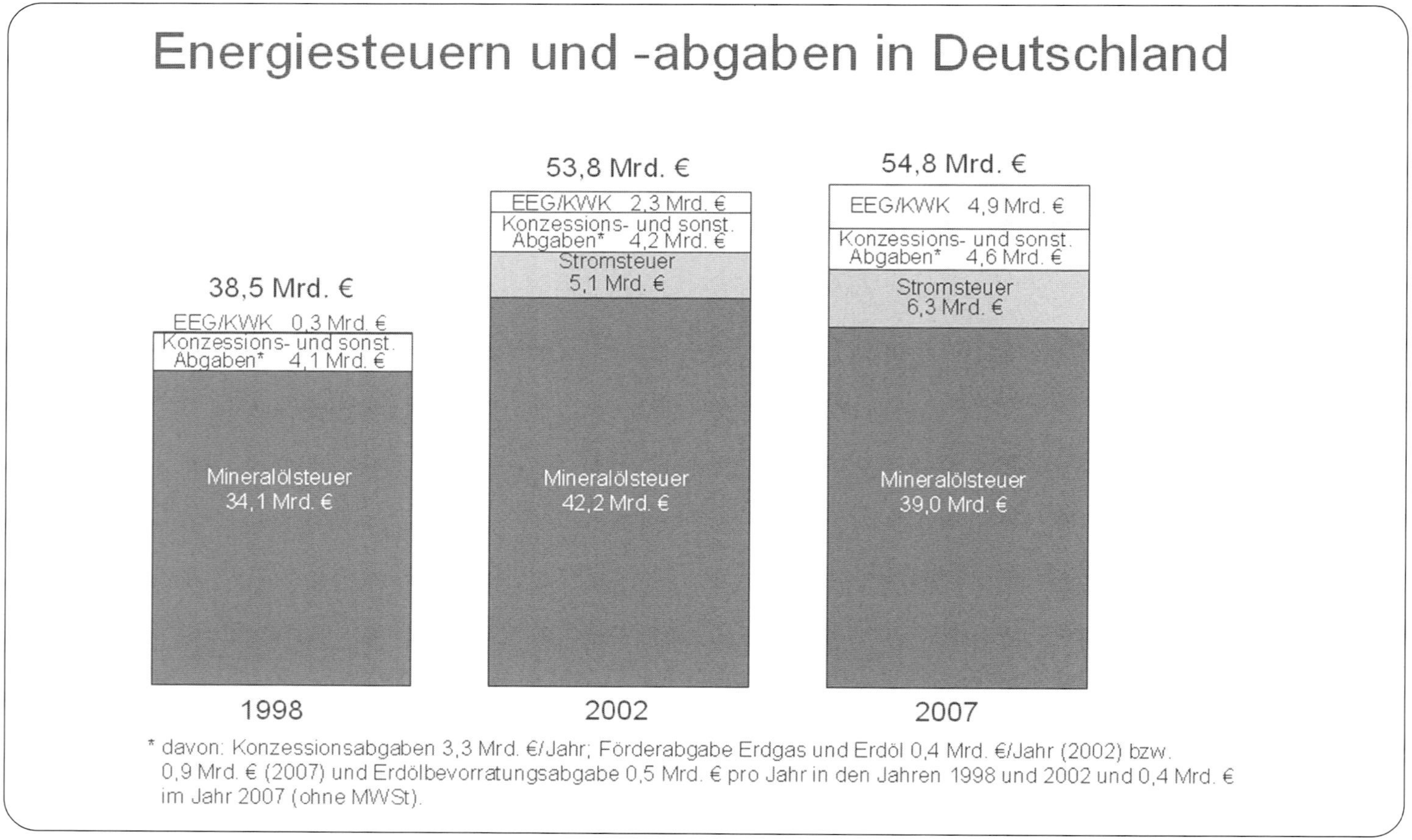

Abb. 8: Energiesteuern und -abgaben in Deutschland

— Förderabgaben auf die inländische Gewinnung von Erdöl und Erdgas, die sich 2007 auf knapp 1 Mrd. Euro beliefen. Davon entfielen 828 Mio. Euro auf Erdgas und 113 Mio. Euro auf Erdöl.

— Der Beitrag an den Erdölbevorratungsverband, der für seine Mitglieder die gesetzlich vorgeschriebene Erdölbevorratung sicherstellt. Die Beiträge beliefen sich nach Angaben des Erdölbevorratungsverbandes auf 592,1 Mio. Euro im Jahr 1998, 594,9 Mio. Euro im Jahr 2002 und 420,6 Mio. Euro im Jahr 2007 (jeweils einschließlich Umsatzsteuer).

Darüber hinaus ergeben sich für den Stromverbraucher Belastungen aus dem Erneuerbare-Energien-Gesetz (EEG) und aus dem Kraft-Wärme-Kopplungsgesetz (KWK-G). Beide Gesetze sind im Jahr 2008 novelliert worden.

— Das EEG sichert den begünstigten Einspeisern von Strom u. a. auf Basis Wind, Wasser, Sonne, Biomasse und Geothermie Vergütungen weit oberhalb der marktüblichen Preise. Die vom Stromverbraucher über diese gesetzliche Regelung finanzierten Subventionen zu Gunsten des Einsatzes Erneuerbarer Energien sind 2007 auf 4,2 Mrd. Euro angestiegen.

— Das Gesetz für die Erhaltung, die Modernisierung und den Ausbau der Kraft-Wärme-Kopplung (KWK-Gesetz) schreibt – von der Art der Anlage abhängige – gestaffelte Bonuszahlungen des Netzbetreibers für Strom vor, der aus KWK-Anlagen eingespeist wird. Daraus ergibt sich 2007 ein Subventionsvolumen von 0,7 Mrd. Euro.

Damit belief sich die gesamte staatliche Belastung der Energie-Bereitstellung im Jahr 2007 auf knapp 55 Mrd. Euro. Das sind rund 16 Mrd. Euro mehr als im Jahr 1998. Im privaten Bereich und bei einigen Wirtschaftszweigen, z. B. öffentliche Einrichtungen, kommt die Mehrwertsteuer als weitere Komponente zu den genannten Zahlen noch hinzu.

Die hohe Belastung des Energieverbrauchs durch Steuern, Abgaben etc. findet ihren Niederschlag in einem Staatsanteil am Endverbraucherpreis von 65 % (Ottokraftstoff) bzw. 56 % (Dieselkraftstoff) bei Kraftstoffen, 40 % bei Elektrizität und knapp 30 % bei Erdgas (Durchschnitt für Privatkunden – Stand 2007).

Mit der Erhebung der Mineralölsteuer war ursprünglich der Zweck verfolgt worden, zumindest zu weiten Teilen den Straßenbau zu finanzieren. Inzwischen hat sich die Mineralölsteuer vor allem als Einnahmequelle für den allgemeinen Staatshaushalt entwickelt. Daneben war mit der Mineralölsteuer auch ein ökologisches Lenkungsziel verfolgt worden. Zu nennen ist insbesondere die nach 1985 erfolgte Steuerspreizung zwischen verbleitem und unverbleitem Benzin. Hierdurch war der Durchbruch zu Gunsten des bleifreien Benzins erreicht worden. Das Aufkommen aus der Ökosteuer dient überwiegend einer Entlastung der Rentenversicherungsbeiträge und damit der Entlastung der Arbeitskosten.

Der Staat erhebt aber nicht nur Steuern auf Mineralöl, Erdgas und Strom, sondern er vergibt auch **öffentliche Zuschüsse**, um energiepolitische Ziele zu verwirklichen. In den Subventionsberichten der Bundesregierung werden die Finanzhilfen und Steuervergünstigungen des Bundes für die Bereiche „Steinkohlenindustrie" sowie für „Rationelle Energieverwendung und erneuerbare Energien" ausgewiesen. Die Finanzhilfen für die Steinkohlenindustrie dienen dazu, den Einsatz der deutschen Steinkohle, die nur zu erheblich höheren Kosten gefördert werden kann, als Weltmarktkohle, zu sichern. Ohne diese Zuschüsse wäre Steinkohlenbergbau in Deutschland nicht möglich. In einer Antwort der Bundesregierung auf eine Anfrage im Deutschen Bundestag (BT-Drucksache 16/10029 vom 23.07.2008) wird folgender ergänzender Hinweis zu den Zahlen gegeben, die im Subventionsbericht genannt werden:

„Generell ist zu berücksichtigen, dass eine Zuordnung dieser öffentlichen Subventionen nach den in der Frage vorgegebenen Kriterien nicht eindeutig möglich ist. Außerdem ist sowohl die Zuordnung einzelner Tatbestände zu den Subventionen als auch die generelle Abgrenzung des Subventionsbegriffs sowohl in der Wissenschaft als auch auf politischer Seite nicht eindeutig. Hinzu kommt, dass bei einer sachgerechten Subventionsdarstellung auch andere ordnungspolitische Eingriffe des Staates zu berücksichtigen sind, die ebenfalls subventionsgleiche Wirkung haben. Beispielhaft sei das Erneuerbare-Energien-Gesetz genannt."

Zur Lösung ökologischer Probleme im Energiebereich setzt die Politik zunehmend auf sogenannte **marktwirtschaftliche Instrumente**. Darunter werden – neben Steuern – Zertifikate sowie Selbstverpflichtungen bzw. freiwillige Vereinbarungen verstanden.

Während Steuern darauf ausgerichtet sind, den Preismechanismus in seiner Wirkung zu verstärken, laufen Zertifikatmodelle auf eine Mengensteuerung hinaus. Sie gehen nämlich im Grundsatz von der Einführung einer fixen Obergrenze für eine bestimmte Form der Inanspruchnahme der Umwelt, z. B. einer Emissionsmenge, in Kombination mit deren politisch gewollter Absenkung im Zeitablauf in der Region aus, für die der Zertifikathandel eingeführt wird. [3]

Anders als beim Instrument Steuern wird die Absenkung der Emission in dem reglementierten Raum sicher erreicht. Allerdings gehen von steigenden Zertifikatpreisen Anreize zur Verlagerung von Aktivitäten in Regionen außerhalb des reglementierten Raums aus. Mit der Einführung des Zertifikathandels kann somit die Wirkung verknüpft sein, dass Produktionsstandorte und damit Arbeitsplätze verlagert werden, ohne dass – global gesehen – eine Senkung der Emissionen eintritt.

Freiwillige Vereinbarungen als dritte Kategorie „marktwirtschaftlicher" (im Sinne von nicht ordnungsrechtlicher) Instrumente basieren auf der Zusage von Unternehmen oder deren Verbänden, ein bestimmtes ökologisches Ziel innerhalb eines definierten Zeitraums zu erreichen. Sie lassen ein Maximum an Flexibilität

Tabelle 5: Entwicklung der Finanzhilfen und Steuervergünstigungen des Bundes in den Jahren 2000 bis 2008

	2000	2001	2002	2003	2004	2005	2006	2007	2008
	Mio. Euro								
Absatz und Stilllegungshilfen für die Steinkohlenindustrie									
– Finanzhilfen	3.712	3.380	2.929	2.559	2.102	1.645	1.562	1.823	1.900
– Steuervergünstigungen	–	–	–	–	–	–	–	–	–
– Gesamt	**3.712**	**3.380**	**2.929**	**2.559**	**2.102**	**1.645**	**1.562**	**1.823**	**1.900**
Anteil an den gesamten Finanzhilfen und Steuervergünstigungen des Bundes	16,0 %	15,1 %	13,7 %	10,7 %	8,9 %	7,0 %	6,8 %	8,1 %	8,9 %
Rationelle Energieverwendung und erneuerbare Energien									
– Finanzhilfen	67	182	123	141	174	173	205	262	223
– Steuervergünstigungen	1	1	1	1	1	1	1	1	1
– Gesamt	**68**	**183**	**124**	**142**	**175**	**174**	**206**	**263**	**224**
Anteil an den gesamten Finanzhilfen und Steuervergünstigungen des Bundes	0,3 %	0,8 %	0,6 %	0,6 %	0,7 %	0,7 %	0,9 %	1,2 %	1,0 %
Gesamte Finanzhilfen und Steuervergünstigungen des Bundes	23.144	22.383	21.445	23.810	23.696	23.450	23.018	22.443	21.462

Quelle: Auszug aus diversen Subventionsberichten der Bundesregierung abgedruckt in BT-Drucksache 16/10029 vom 23.07.2008

bei der Wahl der konkreten Maßnahmen zur Umsetzung der gegenüber der Politik eingegangenen Verpflichtung zu. Beispielhaft kann in diesem Zusammenhang die mit der Bundesregierung vereinbarte Klimavorsorgeerklärung vom November 2000 genannt werden, mit der die Industrie verbindlich zusagt, die spezifischen Emissionen aller Kyoto-Gase bis 2012 um 35 % gegenüber 1990 zu reduzieren. Die Überprüfung der Zielerreichung erfolgt im Rahmen eines Monitoring durch einen neutralen Dritten.

1.4 Rolle der Energieunternehmen in der Gesamtwirtschaft

Die Energiewirtschaft in Deutschland ist pluralistisch strukturiert. Keine Branche gleicht der anderen. Vielmehr weisen die einzelnen Teilmärkte verschiedenartige Unternehmensstrukturen auf. Die Spannweite reicht von einem Anbieter im deutschen Steinkohlenbergbau bis zu etwa 1.100 Unternehmen im Elektrizitätsbereich. Auch die Gasversorgung ist mit rund 700 Unternehmen breit gefächert. Bei Öl ist die Zahl der Unternehmen im Bereich der Gewinnung und Verarbeitung zwar auf insgesamt etwa 20 begrenzt; allerdings betätigen sich im Vertrieb von Ölprodukten – dies gilt insbesondere für Kraftstoffe und leichtes Heizöl – Tausende von Händlern. Allein bei leichtem Heizöl wird die Zahl der Handelsunternehmen auf etwa 3.000 beziffert.

Die Energiewirtschaft erfüllt eine Schlüsselfunktion für den Standort Deutschland. Zugleich ist sie auch von gesamtwirtschaftlicher Relevanz im Hinblick auf ihre Bedeutung für Beschäftigung, Investitionen und inländische Wertschöpfung.

Mit rund 240.000 Beschäftigten im Bergbau, der Erdöl- und Erdgasgewinnung, der Mineralölverarbeitung sowie der Strom-, Gas- und Fernwärmeversorgung besitzt die Energiewirtschaft ein beachtliches beschäftigungspolitisches Gewicht, auch wenn sich die Zahl der Beschäftigten seit Anfang der 90er Jahre halbiert hat. Dieser Prozess war im Wesentlichen durch Anpassungen im Bergbau – Ost wie West – sowie durch Rationalisierungserfordernisse in der leitungsgebundenen Energieversorgung bedingt.

Bei der Investitionstätigkeit nimmt die Energiewirtschaft im Branchenvergleich eine Spitzenstellung ein. So belaufen sich allein die Investitionen des Elektrizitäts- und der Gaswirtschaft im Jahr 2007 nach Angaben des BDEW auf über 8,5 Mrd. Euro. Von diesen in Deutschland getätigten Investitionen entfallen 6,7 Mrd. Euro auf die Stromwirtschaft und gut 1,8 Mrd. Euro auf die Gaswirtschaft. Von den Gesamtinvestitionen der Stromwirtschaft flossen 2,7 Mrd. Euro in den Kraftwerksbau und 3,3 Mrd. Euro in den Netzausbau.

Der Wertschöpfungsbeitrag der inländischen Energiewirtschaft beläuft sich gegenwärtig auf etwa 2 % des gesamten Bruttoinlandsprodukts. Das entspricht dem Anteil der Chemischen Industrie. Dennoch ist der Wertschöpfungsbeitrag quantitativ begrenzt. Dies liegt vor allem daran, dass Deutschland als rohstoffarmes

Tabelle 6: Entwicklung der Beschäftigten im Energiesektor 1991 bis 2007

Beschäftigte im Energiesektor in Deutschland							
Jahr	Steinkohlenbergbau und -brikettherstellung	Braunkohlenbergbau und -brikettherstellung	Erdöl- und Erdgas-Förderindustrie	Mineralölverarbeitung	Elektrizitätsversorgung	Gasversorgung	Fernwärmeversorgung
1991	123.341	115.507	7.665	47.501	200.603	44.197	25.528
1992	111.649	85.656	6.991	41.044	194.127	45.126	24.538
1993	109.046	61.689	6.711	37.478	191.564	46.118	23.691
1994	100.907	48.064	6.435	31.376	187.928	45.618	22.163
1995	95.668	41.754	6.292	26.831	180.324	44.135	20.406
1996	87.577	33.351	6.001	24.461	174.184	43.083	18.648
1997	80.348	29.581	5.708	22.854	168.261	42.638	17.900
1998	74.612	26.162	5.787	21.608	160.426	41.920	17.299
1999	69.353	23.171	5.490	20.906	151.076	39.719	16.399
2000	63.153	19.538	5.193	21.559	137.197	37.747	16.180
2001	55.697	17.844	5.179	21.694	130.507	35.979	15.834
2002	51.168	15.552	5.066	20.573	131.801	34.882	15.717
2003	47.839	15.069	5.293	20.066	131.373	34.272	15.332
2004	44.928	14.363	5.136	18.858	126.746	33.404	15.358
2005	41.346	14.044	5.128	18.214	123.000	33.019	15.138
2006	37.724	13.965	5.128	18.026	122.073	32.325	15.238
2007	34.774	13.805	5.183	17.731	121.512	32.862	14.907

Abweichungen zu den in Kapitel 2 ausgewiesenen Beschäftigungszahlen erklären sich durch unterschiedliche Zuordnung.
* nach fachlichen Betriebsteilen
Quelle: Bundesministerium für Wirtschaft und Technologie, Energiedaten, Berlin 2008 (Basis sind Erhebungen des Statistischen Bundesamtes).

Land seine Energieversorgung wesentlich auf Energieimporte abstützen muss. Ein großer Teil der Wertschöpfungskette auf dem Weg von der Quelle bis zum Endverbraucher liegt damit außerhalb der Grenzen der Bundesrepublik Deutschland.

2 Struktur der einzelnen Energie-Teilmärkte

Die deutsche Energiewirtschaft ist privatwirtschaftlich organisiert. Mit dem Beitritt der neuen Länder zur Bundesrepublik Deutschland war auch die ostdeutsche Energiewirtschaft von sogenannten volkseigenen, tatsächlich aber staatseigenen Betrieben, in privatwirtschaftliche Unternehmensformen übertragen worden. Die Bundesregierung ist nämlich der Auffassung – und diese Auffassung wird durch die zum Zeitpunkt des Beitritts der neuen Bundesländer vorgefundene Verfassung der ostdeutschen Energiewirtschaft eindrucksvoll bestätigt –, dass eine privatwirtschaftliche Organisationsform besser in der Lage ist, die zentralen Ziele der Energiepolitik zu erfüllen als eine staatlich gelenkte oder staatseigene Energiewirtschaft.

Im Einklang mit dieser Philosophie hatte der Bund – nach einer bereits 1965 erfolgten ersten Teilprivatisierung – seine Anteile an der VEBA AG in zwei Privatisierungsrunden 1983 und 1987 verkauft. „Eine ähnliche Entwicklung hat es bei der VIAG AG gegeben. 1923 als Holdinggesellschaft für industrielle Beteiligungen des Deutschen Reiches gegründet, war die VIAG bis 1986 100 %ig in Staatsbesitz. 1986 veräußerte die Bundesrepublik dann 40 % des VIAG-Grundkapitals; 1988 folgte die vollständige Privatisierung.“ [4] Die vormals bundeseigene Salzgitter AG wurde mit dem Ende 1989 erfolgten Verkauf an die Preussag AG vollständig privatisiert. Die danach noch verbliebene einzige Beteiligung des Bundes an westdeutschen Energieunternehmen, der 74 %-Anteil an der zweitgrößten Steinkohlenbergbaugesellschaft Saarbergwerke AG, wurde mit Gründung der Deutsche Steinkohle AG abgegeben.

Die dem Bund als Folge des Beitritts der fünf neuen Bundesländer „zugewachsenen“ Beteiligungen im Energiebereich waren bereits bis Ende 1994 durch die Treuhandanstalt weitestgehend privatisiert worden. So war die Privatisierung der ostdeutschen Elektrizitätswirtschaft 1990 durch den EVU-Vertrag eingeleitet und mit dem Verkauf des Stromverbundunternehmens VEAG Vereinigte Energiewerke AG im September 1994 vollendet worden. Die Privatisierung der ostdeutschen Regionalversorgungsunternehmen konnte im März 1994 abgeschlossen werden. Einen vergleichbaren Prozess hat es im Gasbereich gegeben. So war die Ferngasgesellschaft Verbundnetz Gas AG bereits 1991 privatisiert worden. Im Ölbereich ist die Raffinerie Schwedt von der Treuhandanstalt 1991 an westdeutsche und westeuropäische Unternehmen verkauft worden. Die beiden nächstgrößten Raffinerien sowie das ehemalige Mineralöl-Vertriebsmonopol Minol wurden 1992 an das TE-Konsortium (Thyssen Handelsunion und Elf Aquitaine) veräußert. Im Dezember 1993 hatte die Treuhandanstalt die Privatisierung der mitteldeutschen Braunkohle mit einem amerikanisch/britischen Konsortium vereinbart. Der Vertrag über die Privatisierung der Lausitzer Braunkohle wurde im September 1994 zwischen Treuhandanstalt und einem Erwerber-Konsortium, bestehend aus der

RWE Rheinbraun AG und westdeutschen Stromverbundunternehmen, geschlossen. Damit verfügt Ostdeutschland heute ebenso wie die alten Länder über marktwirtschaftliche Strukturen in der Energieversorgung.

Nachdem der Bund somit seine Beteiligungen in den vergangenen Jahrzehnten privatisiert hat, haben in den letzten Jahren auch Bundesländer an Energieunternehmen gehaltene Kapitalanteile veräußert. Demgegenüber sind Kommunen auch heute noch in einer Vielzahl von Fällen Anteilseigner von Energieunternehmen. Dies gilt vornehmlich für die leitungsgebundenen Energien Strom und Gas. Dabei sind die Rahmenbedingungen – im Einklang mit der in Deutschland bestehenden marktwirtschaftlichen Ordnung – grundsätzlich so gestaltet, dass diese Unternehmen sich wie rein private Gesellschaften im Markt behaupten müssen.

Die im Jahr 2000 erteilten Genehmigungen zur Fusion von VEBA und VIAG zu E.ON und zur Verschmelzung von VEW auf RWE waren mit der Auflage verbunden, dass sich diese Unternehmen von ihren Anteilen bei VEAG und an der Lausitzer Braunkohle AG (LAUBAG) trennen. Im Rahmen eines Bieterverfahrens, an dem sich zahlreiche Interessenten beteiligten, wurden Ende 2000 die VEAG- und LAUBAG-Anteile von den Alteigentümern an die Hamburgischen Electricitätswerke AG (HEW) verkauft. Damit waren die Weichen für den Aufbau eines wirtschaftsstarken nordostdeutschen Energieunternehmens unter dem Dach der Vattenfall Europe AG, Berlin, gestellt worden. [5]

2.1 Mineralöl

Seit Ende der neunziger Jahre hat sich die Struktur des weltweiten Ölgeschäfts vollständig verändert. Viele sehr große Firmen haben sich in den Jahren 1998 bis 2001 zu noch größeren zusammengeschlossen, den sogenannten Mega-Mergers, wie ExxonMobil, BP-Amoco-Arco, TotalFinaElf oder ChevronTexaco. 2002 übernahm die Phillips Petroleum Co, Bartlesville, den Konkurrenten Conoco Inc., Houston. Das Unternehmen firmiert jetzt unter ConocoPhillips; es ist – nach ExxonMobil und ChevronTexaco – der drittgrößte Ölkonzern der USA. Von den weltweit größten Ölkonzernen setzt bisher allein die britisch-niederländische Royal Dutch/Shell auf Kostensenkung ohne externe Eingliederung. [6] Allerdings erfolgte am 20. Juli 2005 die Verschmelzung der beiden Konzernmütter, der Royal Dutch aus den Niederlanden und der britischen Shell Transport Trading. Das Unternehmen firmiert seitdem als Royal Dutch Shell plc. mit Sitz in den Niederlanden.

Motive für die erfolgten Zusammenschlüsse waren und sind: „Kosteneinsparungen, Erhöhung der Kapitalkraft, Unabhängigkeit, globale Präsenz. Die europäische Ölwelt spaltet sich dadurch in eine Zweiklassengesellschaft mit den sehr großen internationalen Firmen auf der einen und den kleinen, den Lokalmatadoren auf der anderen Seite. Die mittleren, überregionalen Player sind verschwunden. Die

Mineralöl-Bilanz 2007 in Millionen Tonnen

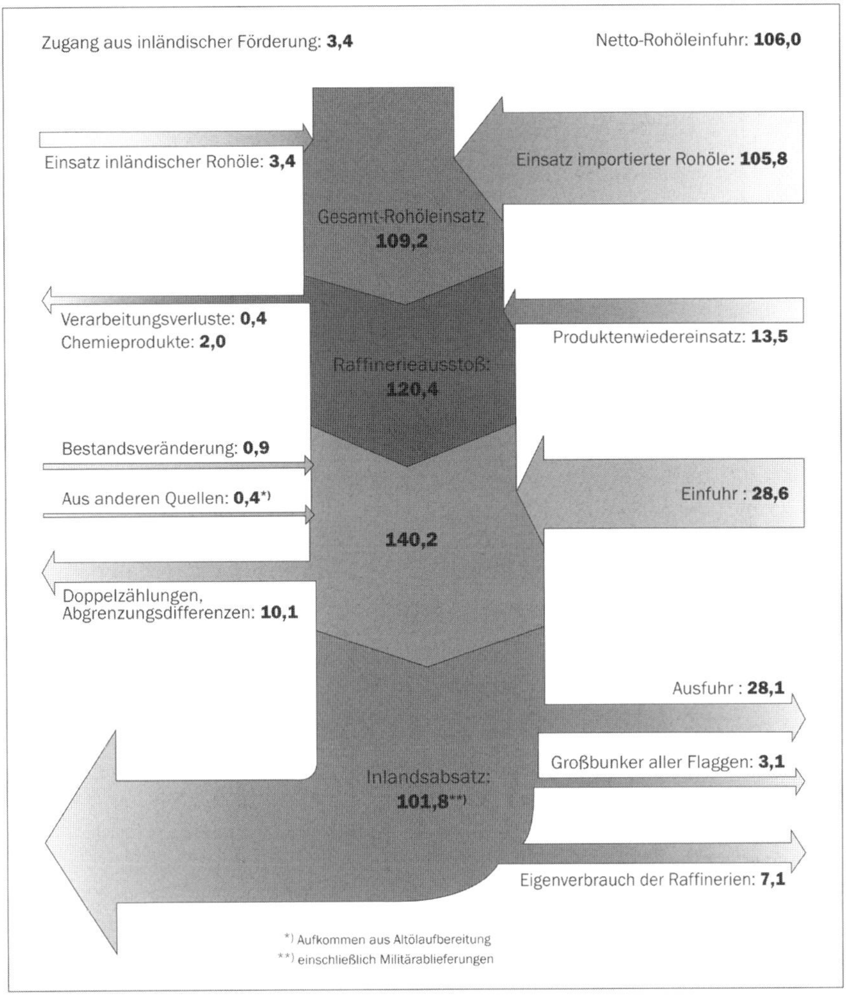

Quelle: MWV

Abb. 9: Mineralöl-Bilanz 2007

Mega-Merger können erhebliche Kosteneinsparpotentiale realisieren, sie können beispielsweise ihr Raffineriesystem europaweit optimieren.

Die Lokalmatadoren müssen auf diesen Wettbewerbsvorteil reagieren. Die Realisierung der internen Kosteneinsparpotentiale löst das Problem allein nicht. Ein Merger von zwei Lokalmatadoren schafft keinen Giganten. Lokalmatadoren müssen durch Flexibilität und schnelle, maßgeschneiderte Marktlösungen reagieren." [7]

2.1.1 Unternehmensstruktur auf der Aufkommensstufe

Das Aufkommen an Mineralöl in Deutschland von insgesamt 140,6 Mio. t im Jahr 2007 setzte sich aus 3,4 Mio. t inländischer Förderung, aus 106,0 Mio. t Rohölimporten und aus 28,6 Mio. t Einfuhren an Mineralölprodukten zusammen. Das sonstige Aufkommen – darunter sind u. a. Bestandsveränderungen erfasst – betrug 2,6 Mio. t.

Das Mineralölaufkommen erbringen im Wesentlichen rund 50 Unternehmen. Diese Gesellschaften sind mit unterschiedlichem Gewicht, differierenden Funktionen innerhalb der Versorgungskette und verschiedenen regionalen Schwerpunkten auf dem deutschen Markt tätig. Im Einzelnen kann im Bereich der Mineralölindustrie in Deutschland zwischen folgenden Anbietergruppen differenziert werden:

— Fünf Töchter aus dem Kreis der sechs weltweit größten privaten Ölgesellschaften; das sind die Shell Deutschland Oil GmbH, die ESSO Deutschland GmbH, die Deutsche BP AG, die Total Deutschland GmbH (das Unternehmen Total mit Hauptsitz in Berlin entstand im Jahre 2000 aus der Fusion mit Fina und Elf Aquitaine) und ConocoPhillips Germany GmbH. Die bis zum Jahr 2001 von deutschen Unternehmen (E.ON bzw. RWE) gehaltenen Öl-Verarbeitungs- und Vertriebs-Aktivitäten wurden in den vergangenen Jahren veräußert (VEBA OEL und Aral an BP und die Downstream-Aktivitäten von RWE DEA an Shell).

— Tochtergesellschaften europäischer Mineralölunternehmen (Agip Deutschland GmbH und OMV Deutschland GmbH).

— Die Holborn Europa Raffinerie GmbH, Hamburg, und die Petroplus Raffinerie Ingolstadt GmbH. Petroplus Holdings ist ein unabhängiger Raffineur und Produzent markenfreier Mineralölprodukte; das Unternehmen besitzt und betreibt sieben Raffinerien mit Standorten in Deutschland, Großbritannien, Belgien, Frankreich und der Schweiz. Holborn gehört dem libyschen Staat und beliefert vor allem die eigenen Tamoil-Tankstellen.

Ein deutsches Unternehmen, das von der Rohölförderung über die Raffinerieverarbeitung bis zum Tankstellengeschäft alle Stufen der Wertschöpfungskette kontrolliert, existiert nicht mehr.

Daneben trägt eine von der Mineralölindustrie unabhängige Anbietergruppe, der Importhandel, zur Mineralölversorgung bei. Dazu zählen mehrere hundert mittelständische Unternehmen, die mit Mineralölprodukten handeln und zu großen Teilen auch Tankstellen betreiben. Diese Gesellschaften beziehen Mineralölprodukte von inländischen Raffinerien und importieren diese selbst. An den gesamten Produktimporten war die Gruppe 2007 mit etwa 43 % beteiligt. Die mittelständischen Unternehmen tragen mit einem Viertel zur deutschen Mineralölversorgung bei.

Tabelle 7: Ranking der weltweit bedeutendsten Ölgesellschaften im Jahr 2006

Rang*	Name der Gesellschaft	Staat	Kapital-beteiligung des Staates	Reserven		Produktion		Raffinerie-kapazität	Produkt-absatz	Erlöse	Beschäf-tigte
				Öl	Gas	Öl	Gas				
			%	Mio. b	Mrd. cf	1000 b/d	MMcf/d	1000 b/d	1000 b/d	Mio. USD	Anzahl
1	Saudi Aramco	Saudi Arabien	100	264.300	249.680	10.475	7.128	2.440	3.134	215.000	51.356
2	NIOC	Iran	100	137.500	992.990	4.343	10.155	1.566	2.041	50.500	115.000
3	ExxonMobil	USA	–	11.568	67.560	2.681	9.334	6.359	7.247	345.683	82.100
4	BP	Großbritannien	–	9.781	45.931	2.475	8.417	2.873	5.801	269.620	97.000
5	PDV	Venezuela	100	79.700	152.320	2.524	2.227	3.048	2.950	99.267	35.000
6	Royal Dutch Shell	GB und NL	–	5.331	44.142	2.030	8.368	4.040	6.485	318.845	108.000
7	CNPC	China	100	19.748	78.255	2.705	4.645	2.659	1.585	114.443	1.589.000
8	ConocoPhillips	USA	–	6.696	26.835	1.698	5.214	2.859	3.476	172.451	38.400
9	Chevron	USA	–	8.249	22.884	1.759	4.956	2.221	3.621	200.567	62.500
10	Total	Frankreich	–	6.471	25.539	1.506	4.674	2.700	3.786	168.455	95.070
11	Pemex	Mexiko	100	12.849	13.856	3.649	4.074	1.710	1.645	104.056	141.275
12	Gazprom	Russland	50,0023	8.928	642.460	912	53.772	763	643	80.465	400.000
13	Sonatrach	Algerien	100	11.587	149.778	1.889	7.698	493	645	57.777	40.252
14	KPC	Kuwait	100	101.500	62.830	2.496	1.151	1.010	1.100	52.000	20.340
15	Petrobas	Brasilien	32,2	9.484	11.843	1.920	2.268	2.227	2.683	76.015	62.266
16	Adnoc	VAE	100	59.269	129.658	1.799	2.229	500	422	31.800	85.000
17	Lukoil	Russland	–	12.742	21.278	1.541	1.238	936	1.379	68.109	148.600
18	Petronas	Malaysia	100	7.908	107.781	753	5.550	465	600	50.984	33.682
19	ENI	Italien	30	3.481	16.965	1.079	3.966	711	997	109.688	73.572
20	NNPC	Nigeria	100	21.720	110.346	1.426	1.636	445	307	33.800	15.000

* PIW's Kriterien für die Rangfolge sind: Ölreserven und -förderung, Gasreserven und-förderung, Raffinerie-Kapazität und Produktabsatz.
Quelle: PIW's TOP 50: How The Firms Stack Up, in: PIW; December 03, 2007; www.energyintel.com; Special Supplement, p. 2 and 3.

Tabelle 8: Aufkommen und Verwendung von Mineralöl in der Bundesrepublik Deutschland 2007

	2007
	1000 t
Zugang Inland-Rohöl	3.361
+ Rohöleinfuhr	106.665
+ Einfuhr Mineralölprodukte	28.622
+ Sonstiges Aufkommen*	2.612
= Aufkommen	141.260
– Rohölausfuhr	690
– Ausfuhr Mineralölprodukte	28.080
– Bunkerungen	3.144
= Primärenergieverbrauch	109.346
– Raffinerie-Eigenverbrauch	7.143
– Verarbeitungsverluste	379
= Inlandsabsatz	101.824
davon:	
Industrie	24.360
Private Haushalte und GHD**	18.990
Verkehr	57.074
Kraftwerke	1.150
Militär	250

* Bestandsveränderungen, statistische Differenzen, Aufkommen aus Chemieprodukten und Zusätzen, Verluste vor bzw. nach Verarbeitung
** Gewerbe/Handel/Dienstleistungen

Quelle: Bundesamt für Wirtschaft und Ausfuhrkontrolle sowie Mineralölwirtschaftsverband

Tabelle 9: Anteilseigner der auf dem deutschen Markt vertretenen Gesellschaften der Mineralölindustrie

Name der Gesellschaft	Kapitaleigner	Anteil %
Deutsche BP AG, Hamburg	BP plc London, BP Global Investments	100,0
ESSO Deutschland GmbH, Hamburg	ExxonMobil Central Europe Holding GmbH, Hamburg	100,0
Shell Deutschland Oil GmbH, Hamburg	Royal Dutch Shell plc., London/Den Haag	100,0
Total Deutschland GmbH, Berlin	Total S. A., Paris	100,0
ConocoPhillips Germany GmbH, Hamburg	ConocoPhillips Continental Holding GmbH, Hamburg (Die Conoco Phillips Continental Holding GmbH ist eine Tochter der Conoco Central Europe, Inc., deren Muttergesellschaft schließlich die ConocoPhillips Company in den USA ist.)	100,0
Petroplus Raffinerie, Ingolstadt GmbH	Petroplus Holdings AG, Zug	100,0
Ruhr Oel GmbH, Düsseldorf	Deutsche BP AG Petroleos de Venezuela, S. A. (über die Tochtergesellschaft PDV Europa B. V., Den Haag)	50,0 50,0
Wintershall AG, Kassel	BASF AG, Ludwigshafen	100,0
Agip Deutschland GmbH, München	Eni International B. V. Amsterdam Agip Rete S. p. A., Rom	98,0 2,0
OMV Deutschland GmbH, München	OMV Aktiengesellschaft, Wien OMV Refining & Marketing GmbH, Wien (Die OMV Refining and Marketing GmbH ist eine 100 %ige Tochter der OMV Aktiengesellschaft.)	10,0 90,0
Holborn Europa Raffinerie GmbH, Hamburg	Oilinvest (Netherlands) B. V., Rotterdam	100,0
Wilhelmshavener Raffineriegesellschaft mbH	ConocoPhillips-Gruppe	100,0

Quelle: Jahrbuch 2007 der europäischen Energie- und Rohstoffwirtschaft, 114. Jg. Essen 2007 sowie Angaben der jeweiligen Unternehmen

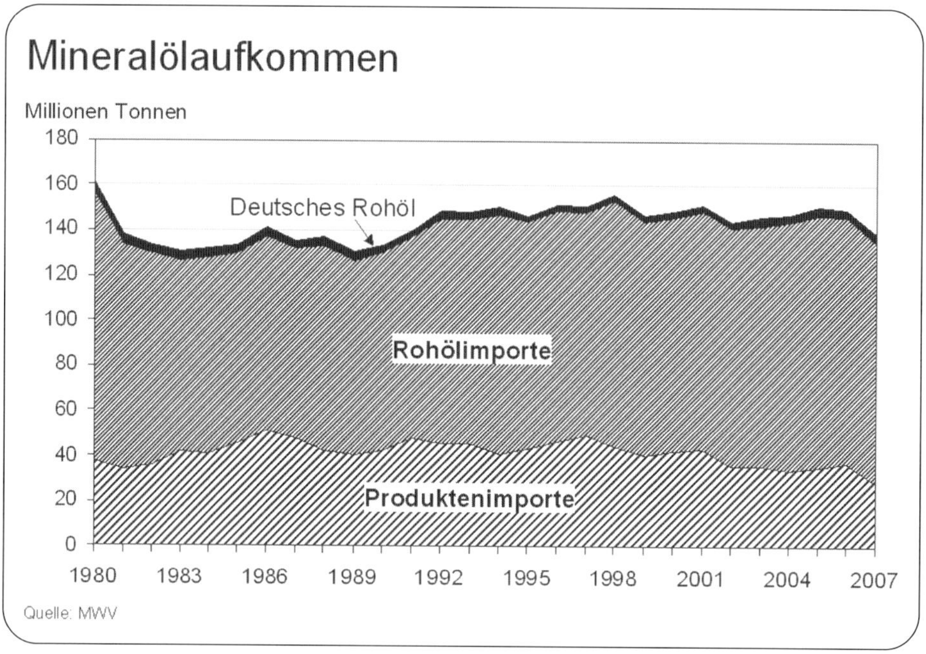

Abb. 10: Mineralölaufkommen 1980 bis 2007

Als Beispiel für ein kontinuierlich importierendes Unternehmen kann Mabanaft genannt werden; diese Gesellschaft ist im Konzernverbund mit der Tanklagergesellschaft Oiltanking aktiv. Außerdem betreibt die Marquard & Bahls-Gruppe, zu der Mabanaft und Oiltanking gehören, unter der Marke OIL! ein eigenes Tankstellennetz. Des weiteren gehören zu dem Kreis der unabhängigen Anbieter Unternehmen wie DS-Mineralöl und Petroplus (Zug).

Die Interessen der mittelständischen Handelsunternehmen werden durch die UNITI Bundesverband mittelständischer Mineralölunternehmen e. V., den bft – Bundesverband Freier Tankstellen e. V., den AFM+E Außenhandelsverband für Mineralöl und Energie e. V., und den gdmb – Gesamtverband des Deutschen Brennstoff- und Mineralölhandels e. V., wahrgenommen. [8] Ab Januar 2009 bündeln die mittelständischen Mineralölunternehmen auf Bundesebene ihre Interessen in einem gemeinsamen Verband. Das ist der MEW Die Mittelständische Mineralöl- und Energiewirtschaft Deutschland e. V., Berlin.

2.1.2 Versorgung mit Rohöl

Das Rohöl-Aufkommen der Bundesrepublik Deutschland wurde im Jahre 2007 mit 109,3 Mio. t zu 97 % aus Importen erbracht. Die inländische Rohölförderung trug 2007 mit 3,4 Mio. t lediglich 3 % zum Gesamtaufkommen bei.

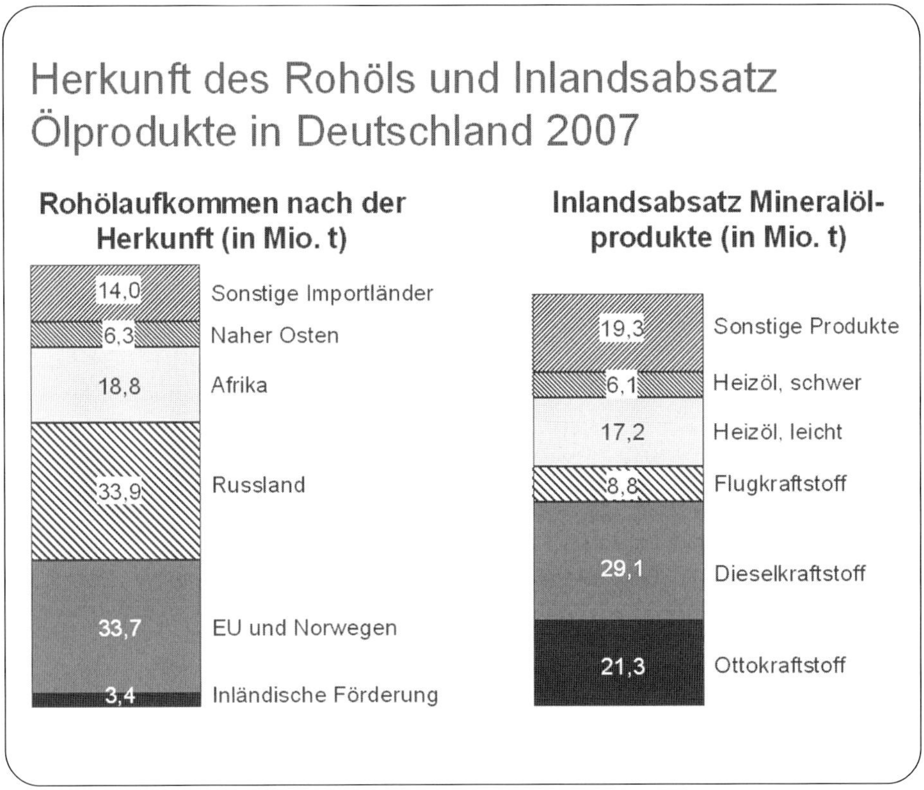

Abb. 11: Herkunft des Rohöls und Inlandsabsatz Ölprodukte in Deutschland 2007

An der inländischen Förderung partizipiert nur ein Teil der auf dem deutschen Markt tätigen Gesellschaften. Hierzu zählen vor allem Wintershall, RWE Dea, Gaz de France – PEG sowie Esso und Shell als Anteilseigner der BEB Erdgas und Erdöl GmbH.

Daneben sind Gesellschaften der deutschen Erdölindustrie an der Rohölförderung im Ausland beteiligt. Das sind Wintershall, Petro-Canada Germany und RWE Dea. Insgesamt wurden 2007 von deutschen Firmen 10,6 Mio. t Erdöl im Ausland produziert.

Die Mehrheit der auf dem deutschen Markt tätigen Mineralölgesellschaften bezieht den überwiegenden Teil des Rohöls zum Teil direkt, zum Teil über ihre Muttergesellschaften von den Anbietern auf dem Weltölmarkt. Während Rohöl noch bis zur zweiten Ölkrise 1979/80 ganz überwiegend im Rahmen langfristiger Verträge gehandelt wurde, haben seitdem Spotgeschäfte stark an Bedeutung gewonnen.

Hinsichtlich der Herkunft der in deutschen Raffinerien eingesetzten Importrohöle ist ebenfalls ein beträchtlicher Strukturwandel festzustellen. Im Jahre 2007 trugen zum Rohölaufkommen der Bundesrepublik Deutschland insgesamt 29 Staaten bei. Bedeutendster Lieferant mit einem Anteil von 32 % war Russland. Die nächstwichtigsten Rohöl-Herkunftsländer für Deutschland waren 2007 Norwegen, Großbritannien, Libyen, Kasachstan, Syrien, Aserbaidschan, Algerien, Saudi Arabien und Venezuela. Der Beitrag der zehn größten Lieferländer der Bundesrepublik Deutschland belief sich auf 90 % der Gesamtimporte von 106,7 Mio. t. Aus OPEC-Staaten wurden etwa 20 % eingeführt.

Nach Regionen stellte sich die Rohöl-Bezugsstruktur der Bundesrepublik Deutschland 2007 wie folgt dar: Naher Osten 5,9 %, Afrika 17,6 %, West- und Mitteleuropa (im Wesentlichen Nordseeöl) 31,6 %, Osteuropa/Asien 41,9 % und Südamerika 3,0 %.

Tabelle 10: Erdölförderung in Deutschland nach konsortialer Beteiligung 2007

Gesellschaft	2007	
	t	%
BEB Erdgas und Erdöl GmbH, Hannover	379.128	11,10
Deutz Erdgas GmbH, Gehrden	1.793	0,05
EEG – Erdgas Erdöl GmbH, Berlin	23.265	0,68
EWE AG, Oldenburg	1.074	0,03
ITAG, Celle	14.625	0,43
Mobil Erdgas-Erdöl GmbH, Hamburg	92.730	2,72
Gaz de France – PEG	451.473	13,22
RWE Dea AG, Hamburg	1.101.180	32,25
Wintershall Holding AG, Kassel	1.349.603	39,25
Insgesamt	3.414.871	100,00

Quelle: W.E.G. Wirtschaftsverband Erdöl- und Erdgasgewinnung, Jahresbericht 2007, Hannover 2008, S. 50

Tabelle 11: Rohölimporte der Bundesrepublik Deutschland nach Ursprungsländern und -regionen 2006 und 2007

Ursprungsland	2006	2007
	1.000 Tonnen	
Syrien	3.447	3.141
Saudi Arabien*	3.561	2.305
Iran*	162	419
Jemen	56	161
Irak*	60	153
Vereinigte Arabische Emirate*	–	65
Kuwait*	62	62
Naher Osten	7.348	6.306
Libyen*	12.367	10.892
Algerien*	2.337	2.485
Nigeria*	3.118	2.051
Elfenbeinküste	917	1.308
Ägypten	978	1.195
Angola*	150	450
Tunesien	242	202
Äquatorial Guinea	45	175
Gabun	48	63
Kamerun	15	0
Afrika	20.218	18.821
Norwegen	18.520	16.646
Großbritannien	13.241	13.718
Dänemark	866	1.699
Niederlande	369	768
Polen	398	574
Litauen	35	156
Italien	154	121
West- und Mitteleuropa	33.583	33.682
Russland	36.915	33.866
Kasachstan	7.613	7.950
Aserbaidschan	1.853	2.834
Georgien	0	9
Turkmenistan	129	0
Weissrussland	121	0
Osteuropa/Asien	46.631	44.659
Venezuela*	1.434	2.222
Brasilien	170	975
Mexico	34	0
Südamerika	1.638	3.197
Rohölimporte insgesamt	109.418	106.665
davon aus OPEC-Staaten	23.101	21.104

* OPEC-Staaten (Angola, Arabische Emirate, Algerien, Ekuador, Indonesien, Irak, Iran, Kuwait, Libyen, Nigeria, Katar, Saudi Arabien, Venezuela)

Quelle: Statistisches Bundesamt

Die Rohölzufuhr nach Deutschland erfolgt über verschiedene Anlandestationen. Von den 2007 insgesamt für Deutschland ermittelten Anlandungen von 106,3 Mio. t entfielen 37,8 Mio. t auf die Nordseehäfen Wilhelmshaven sowie Hamburg/ Brunsbüttel. In Triest wurden 2007 rund 23,5 Mio. t angelandet, die über die Transalpine Pipeline (TAL) an die süddeutschen und südwestdeutschen Raffinerien befördert wurden. Von Marseille/Lavera flossen 2007 etwa 8,9 Mio. t über die Mineralöl-Fernleitung SPLSE nach Karlsruhe. Die RRP-Leitung von Rotterdam den Rhein hinauf nahm zur Versorgung des deutschen Marktes 13,9 Mio. t auf. Die Lieferungen von russischen Rohölen über die sogenannte Freundschafts-Leitung (Drushba) nach Heimersdorf für die Raffinerien in Schwedt und Spergau betrugen 21,2 Mio. t. Über den Ostseehafen Rostock wurden 1,0 Mio. t angelandet.

Tabelle 12: Rohölversorgung der Bundesrepublik Deutschland nach Anlandestationen 2007

Anlandestationen	2007
	1000 t
Rostock	962
Elbe-Häfen (Hamburg-Brunsbüttel)	7.456
Weser-/Jade-/Ems-Häfen (Bremen,Wilhelmshaven, Emden)	30.393
Heinersdorf/Schwedt	21.152
Rhein-/Schelde-Häfen (Rotterdam, Antwerpen)	13.908
Marseille/Lavera	8.928
Triest	23.546
insgesamt	106.345

Quelle: Mineralölwirtschaftsverband

2.1.3 Importe von Mineralölprodukten

Im Jahre 2007 wurden 28,6 Mio. t Mineralölprodukte in die Bundesrepublik Deutschland eingeführt. Damit waren die Produktimporte zu 20,3 % am Mineralölaufkommen beteiligt.

Die Bedeutung der Importe an Fertigerzeugnissen ist bei den einzelnen Mineralölprodukten und auch in den verschiedenen Regionen der Bundesrepublik Deutschland unterschiedlich stark ausgeprägt. Gemessen an ihrem absoluten Volumen sind die Importe von Gasöl (also vor allem von Dieselkraftstoff und leichtem

Tabelle 13: Einfuhren von Mineralölerzeugnissen sowie Anteil der Produktimporte am Inlandsabsatz in der Bundesrepublik Deutschland 2006 und 2007

Produkt	2006			2007		
	Produkt-importe	Inlands-absatz *	Anteil Importe am Absatz	Produkt-importe	Inlands-absatz*	Anteil Importe am Absatz
	1.000 t		%	1.000 t		%
1. Hauptprodukte						
Rohbenzin	7.174	17.017	42,2	7.236	16.709	43,3
Ottokraftstoff	1.785	22.249	8,0	1.442	21.292	6,8
Dieselkraftstoff	3.385	28.765	11,8	3.137	29.059	10,8
leichtes Heizöl	11.277	26.435	42,7	4.858	17.192	28,3
schweres Heizöl	1.415	6.289	22,5	1.271	6.083	20,9
2. Komponenten						
Benzin	354	**	–	345	**	–
Mitteldestillate	1.627	**	–	1.318	**	–
schweres Heizöl	1.906	**	–	1.336	**	–
3. Nebenprodukte						
Flüssiggas	784	2.773	28,3	679	2.790	24,3
Flugturbinenkraft-stoff - schwer	4.570	8.497	53,8	4.611	8.808	52,4
Schmierstoffe	725	1.174	61,8	801	1.149	69,7
Bitumen	513	2.989	17,2	390	2.830	13,8
Petrolkoks	988	1.378	71,7	727	1.177	61,8
Sonstige Produkte	572	1.112	51,4	471	1.021	46,1
Zwischensumme	37.075	118.678	–	28.622	108.110	–
– Doppelzählungen***	–	6.227	–	–	6.286	–
Insgesamt	37.075	112.452	33,0	28.622	101.824	29,1

* einschließlich Militär
** kein Inlandsabsatz an Endverbraucher
*** aus Recycling und Chemierücklauf

Quelle: Bundesamt für Wirtschaft und Ausfuhrkontrolle

Heizöl) am bedeutendsten, während in Relation zum Bedarf bei Schmierstoffen, bei Petrolkoks und Flugturbinenkraftstoff der größte Einfuhranteil besteht.

Die regionalen Versorgungsschwerpunkte für importierte Fertigerzeugnisse liegen im Einzugsbereich der Küsten sowie entlang der Rheinschiene, also im Norden, im Westen und im Südwesten der Bundesrepublik Deutschland.

Haupthandelsplatz für die Importmengen ist Rotterdam im Verbund mit Antwerpen und Amsterdam (ARA). Dieser Standort besitzt als Raffineriezentrum und als Umschlaghafen für die Produktenversorgung des deutschen Marktes die größte Bedeutung; er ist über den Rhein sowie die Rhein-Main-Rohrleitung unmittelbar mit wichtigen Ballungsräumen der Bundesrepublik Deutschland verbunden.

Bei der Einfuhr von Mineralölprodukten bedienen sich die Raffineriegesellschaften neben Zukäufen von Dritten auf dem Weltmarkt ihrer eigenen weltweiten logistischen Versorgungssysteme. Im Jahre 2007 dürften von dem gesamten Importvolumen an Mineralölprodukten von 28,6 Mio. t gut die Hälfte auf die Raffineriegesellschaften und der verbleibende Teil auf Handelsfirmen entfallen sein.

Soweit in den vergangenen Jahren der Bezug von Komponenten aus dem Ausland vermehrt wurde, erklärt sich dies im Wesentlichen durch die Tatsache, dass die Raffineriegesellschaften zum Teil der Verarbeitung zeitweise preiswerterer eingeführter Halbfertigprodukte den Vorzug gegenüber dem Einsatz von Rohöl gegeben hatten, um auf diese Weise einerseits die Einstandskosten zu reduzieren und andererseits die fixkostenintensiven Konversionsanlagen angemessen auszulasten. Hierauf gingen die zeitweise besonders stark gestiegenen Einfuhren an Heizölschwer-Komponenten zurück. Zum Teil handelt es sich dabei um Einsatzmengen, die in Konversionsanlagen zu leichteren Produkten – wie Benzin, Dieselkraftstoff und leichtem Heizöl – weiterverarbeitet werden.

2.1.4 Verarbeitung von Mineralöl

In der Bundesrepublik Deutschland betrug die Kapazität an Rohölverarbeitungsanlagen zum Jahresende 2007 etwa 119,0 Mio. t/Jahr. Im Jahresdurchschnitt 2007 waren die deutschen Raffinerien zu 91,7 % ausgelastet. Die Kapazität der Konversionsanlagen erreichte Ende 2007 mit 46,6 Mio. t/Jahr rund 39,1 % der Rohölverarbeitungskapazität. [9]

Auf Westdeutschland entfielen zum Jahresende 2007 mit 97,13 Mio. t/Jahr gut vier Fünftel der Rohölverarbeitungskapazität der Bundesrepublik Deutschland. Dieser Stand ist Ergebnis der nachfolgend dargestellten Entwicklungstendenzen auf dem westdeutschen Mineralölmarkt.

Während sich der Inlandsabsatz an Mineralölprodukten in Westdeutschland von 4 Mio. t im Jahre 1950 auf 28 Mio. t im Jahre 1960 versiebenfacht und bis 1973 auf 135 Mio. t weiter deutlich gesteigert hatte – dies entsprach in etwa einer Verfünffachung gegenüber 1960 –, hatte sich das Marktvolumen als Folge der zwei Preissprünge 1973/74 und 1979/80 und verstärkt durch energiepolitische Maßnahmen zur Einsparung und Substitution von Öl im Zeitraum 1973 bis Mitte der neunziger Jahre um fast ein Fünftel verkleinert.

Die bis 1973 beobachtete Expansion des Verbrauchs war von einem umfangreichen Raffineriebauprogramm begleitet. Neben der Erweiterung der Raffineriekapazität auf 145,6 Mio. t/Jahr bis Ende 1973 war insbesondere die Umorientierung hinsichtlich der Standortstruktur bemerkenswert. Die starke Ausweitung des Verbrauchs machte es notwendig, das Rohöl in die Schwerpunkte des Konsums zu transportieren und dort zu verarbeiten, denn die Alternative, die Produkte von den Küstenraffinerien beziehungsweise gar von den Rohölförderländern zu den Verbrauchern zu transportieren, wäre nicht nur kostenungünstiger, sondern auch physisch nicht zu bewerkstelligen gewesen.

Hatte es noch 1960 nur im norddeutschen Küstenraum Raffinerien sowie Hydrierwerke im Rhein-Ruhr-Gebiet gegeben, in denen statt Kohle Öl eingesetzt wurde, so war es in den sechziger Jahren im südwestdeutschen und im süddeutschen Raum zu einem umfangreichen Bauprogramm gekommen. Seitdem konzentriert sich die westdeutsche Raffineriekapazität im wesentlichen auf vier Standorte. Hierzu zählen die Nordregion mit dem Raffineriezentrum Hamburg, der Westen mit den Raffinerien im Ruhrgebiet bis hinein in den Kölner Raum, der Südwesten mit Standorten in Karlsruhe sowie der Ingolstädter Raum im Süden.

Im Vertrauen auf eine weiter expansive Nachfrage hatte die Mineralölindustrie noch zu Beginn der 70er Jahre ihre Kapazitäten zur Verarbeitung von Rohöl weiter ausgebaut bzw. in Angriff genommene Projekte abgeschlossen. Entsprechend wurde der Höchststand an Raffineriekapazität in Westdeutschland mit 159,4 Mio. t/Jahr erst Ende 1978 erreicht.

Die gegenläufige Entwicklung von Verarbeitungskapazität und Bedarf hatte in Westdeutschland – wie in fast allen westeuropäischen Ländern – zu Überkapazitäten im Raffineriebereich geführt. Dieser bis Ende 1978 aufgebaute Kapazitätsüberhang konnte bis Ende der achtziger Jahre abgebaut werden. So bewegte sich die westdeutsche Rohölverarbeitungskapazität Ende 1990 mit 80,6 Mio. t/Jahr um 50 % unter dem Höchststand des Jahres 1978. Aufgrund der in den achtziger Jahren vorgenommenen Stilllegungen hatte sich die Auslastung der Raffinerien (gemessen am eingesetzten Rohöl) seit 1982 deutlich verbessert; inzwischen wird wieder eine optimale Auslastung erreicht.

Daneben war die Mineralölindustrie seit 1973 einem weiteren Strukturproblem ausgesetzt. Die Zusammensetzung des Verbrauchs nach Produkten hatte sich seit 1950, als Mineralöl fast ausschließlich im Verkehrssektor und hier zu über 90 %

im Straßenverkehr eingesetzt wurde, zunächst zu Gunsten von leichtem und schwerem Heizöl verändert. Seine preis- und einsatzbedingten Wettbewerbsvorteile, die Heizöl bis 1973 im Vergleich zu seinen wichtigsten Konkurrenten genossen hatte, hatten eine zunehmende Verwendung von Heizöl zur Deckung des Raumwärmebedarfs der Haushalte und Kleinverbraucher, zur Erzeugung von Prozesswärme in der Industrie sowie – hier allerdings in deutlich begrenzterem Maße als in den übrigen Sektoren – als Einsatzenergie in Kraftwerken eingeleitet.

Diese Entwicklung kehrte sich 1973 wieder um. Vor allem die auf den Raum- und Prozesswärmebereich sowie auf den Kraftwerkssektor gerichteten Einspar- und Substitutionsmaßnahmen führten zu einem erneuten Anstieg der Bedeutung leichter Produkte, vor allem von Benzinen. So war der Anteil von Motorenbenzin am westdeutschen Inlandsabsatz deutlich gestiegen, während der Beitrag des schweren Heizöls im gleichen Zeitraum drastisch zurückgegangen ist. Der Anteil der Gasöle hatte sich leicht erhöht, da die bei leichtem Heizöl verzeichneten Einbußen durch Zuwächse bei Dieselkraftstoff mehr als kompensiert wurden. Einen starken Zuwachs verzeichnete der Absatz an Flugturbinenkraftstoff.

Die Mineralölindustrie hatte auf diese Umstrukturierung des Verbrauchs mit einer Intensivierung des Zubaus von Konversionsanlagen, die der Umwandlung von schweren Rückstandsölen in leichtere Fraktionen dienen, reagiert. So wurde die Konversionskapazität in Westdeutschland seit Ende 1973 verdoppelt. Voraussetzung zur Gewährleistung eines wirtschaftlichen Betriebes dieser Konversionsanlagen ist eine ausreichende Differenz zwischen dem Erlös des Einsatzproduktes (wie schweres Heizöl) und der gewonnenen Produktpalette (Benzine und Mitteldestillate).

Während auf dem offenen westdeutschen Markt seit Jahrzehnten Konkurrenzbeziehungen zwischen einer Vielzahl von Unternehmen der Industrie und des Handels herrschen und die im Wesentlichen von Importen abhängige Versorgung der Raffinerien hinsichtlich der Bezugsquellen stark diversifiziert worden war, hatte der ostdeutsche Mineralölmarkt vor der Wiedervereinigung aus einem komplexen und eng vernetzten Gesamtmonopol in Verarbeitung und Vertrieb bestanden. Die Versorgung der Raffinerien war einseitig von den Rohöllieferungen aus der ehemaligen Sowjetunion abhängig. Die in Westeuropa üblichen Anforderungen hinsichtlich Wirtschaftlichkeit und Umweltschutz hatten die Anlagen nicht erfüllt.

Innerhalb nur weniger Jahre wurden diese Defizite beseitigt. Die entscheidenden Schritte in diesem Prozess waren:

— der Aufbau eines leistungsfähigen Mineralölmarktes mit einem entsprechenden Tankstellennetz und den zuvor nicht vorhandenen Versorgungsstrukturen für leichtes Heizöl;

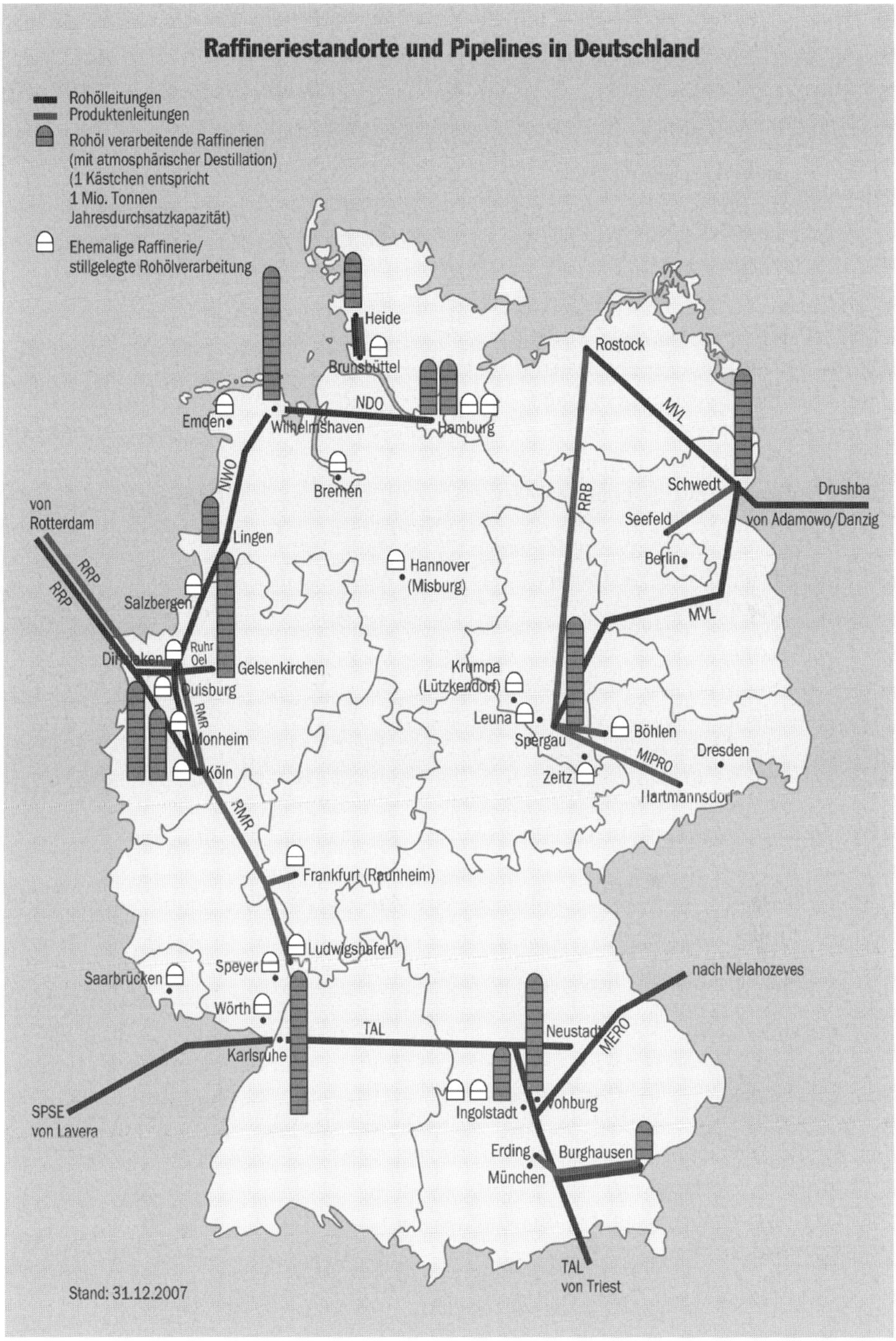

Abb. 12: Raffineriestandorte und Pipelineverbindungen in Deutschland (Quelle: MWV)

Tabelle 14: Öleinsatz in Raffinerien sowie Kapazität der Rohöl- und der Weiterverarbeitungsanlagen in Deutschland 2007

		Einheit	2007
1.	**Verarbeitungseinsatz in Raffinerien**		
	Rohöleinsatz	Mio. t	109,20
+	Produkteinsatz	Mio. t	13,50
=	Verarbeitungseinsatz gesamt	Mio. t	122,70
2.	**Kapazität der Verarbeitungsanlagen** (jeweils Jahresende)	–	
2.1	Kapazität der Rohölverarbeitung (atmosphärische Destillation)	Mio. t/Jahr	119,03
2.2	Vakuumdestillation[1)]	Mio. t/Jahr	52,16
2.3	Kapazität der Konversionsanlagen davon	Mio. t/Jahr	46,59
	– Katalytische Kracker	Mio. t/Jahr	18,70
	– Hydrokracker	Mio. t/Jahr	8,57
	– Allgemeine thermische Kracker	Mio. t/Jahr	1,55
	– Visbreaker	Mio. t/Jahr	8,72
	– Koker	Mio. t/Jahr	6,41
	– Sonstige	Mio. t/Jahr	2,64
	Anteil der Konversions- an der Rohölverarbeitungskapazität	%	39,1
2.4	Reformieranlagen[2)]	Mio. t/Jahr	17,56
2.5	Katalytische Raffinationsanlagen Schmieröl	Mio. t/Jahr	0,77

1) Vakuumdestillation ist als Zwischenstufe zwischen Rohöl- und Weiterverarbeitung anzusehen.

2) Reformieranlagen dienen der Herstellung von hochoktanigem Benzin und von Chemierohstoffen.

Quelle: Bundesamt für Wirtschaft und Ausfuhrkontrolle sowie Mineralölwirtschaftsverband

Konversionsanlagen

	Visbreaker	Thermischer Cracker	Coker	Katalytischer Cracker	Hydrocracker
Verfahrens-merkmale	mildes thermisches Cracken	mittleres thermisches Cracken	scharfes thermisches Cracken	scharfes katalytisches Cracken	scharfes katalytisches Cracken in Wasser-stoffatmosphäre
Einsatzprodukt	Top-Rückstand[2)]	Vakuumrückstand[2)]	Vakuumrückstand[4)]	Vakuumdistillat[3)]	Vakuumdestillat[3)]
Ø Ausbeute[1)]					zwischen
Gase	2 %	8 %	7 %	21 %	18 % und 7 %
Benzine	5 %	12 %	20 %	47 %	55 % und 28 %
Mitteldestillate	13 %	35 %	27 %	20 %	15 % und 56 %
HS-Komponeten	80 %	45 %	17 %	7 %	12 % und 11 %
Koks	-	-	29 %	5 %	- -
Nachbehandlung der Konversions-produkte	ja	ja	ja	teilweise	nein
Flexibilität der Anlage	gering	gering	gering	mittel	hoch
Besonderheiten	dient hauptsächlich zur Senkung der Viskosität schwerer Rückstandsöle		erzeugt Petrolkoks als festes Produkt	Cracken in Gegenwart eines Katalysators (z. B. Aluminiumsilikate teilweise Entschwefelung	hohe Betriebskosten und ungünstige CO_2-Bilanz durch hohen Wasserstoff-verbrauch

1) bezogen auf das Einsatzprodukt (Durchschnittsangaben)
2) Destillationsrückstand, der bei der atmosphärischen Destillation von Rohöl anfällt
3) Ergebnis der Vakuumdestillation
4) Destillationsrückstand (Bodenprodukt) der Vakuumdestillation

Quelle: MWV

Abb. 13: Konversionsanlagen

Tabelle 15: Raffineriekapazitäten nach Standorten zum 31.12.2007

Lfd. Nr.	Name der Gesellschaft (Betreiber)	Standort	Rohölverarbeitung (atmosphärische Destillation) 1.000 t/Jahr
	Norddeutscher Raum		
1	Wilhelmshavener Raffineriegesellschaft mbH	Wilhelmshaven	13.500
2	Erdölwerk Holstein (Shell Deutschland Oil GmbH)	Heide	4.500
3	Raffineriezentrum Hamburg-Harburg (Shell Deutschland Oil GmbH)	Hamburg	5.100
4	Erdöl-Raffinierie Emsland (Deutsche BP AG)	Lingen	4.300
5	Holborn Europa Raffinerie GmbH	Hamburg	4.650
	Westdeutscher Raum		
6	Rheinland Raffinerie Werk Godorf (Shell Deutschland Oil GmbH)	Wesseling	7.000
7	Rheinland Raffinerie Werk Wesseling (Shell Deutschland GmbH)	Godorf	9.800
8	Ruhr Oel GmbH *	Gelsenkirchen	12.900
	Südwestdeutscher Raum		
9	MiRO Mineraloelraffinerie Oberrhein GmbH & Co. KG*	Karlsruhe	14.900
	Süddeutscher Raum		
10	OMV Deutschland GmbH	Burghausen	3.480
11	PETROPLUS Raffinerie Ingolstadt GmbH	Ingolstadt	5.000
12	Bayernoil Raffineriegesellschaft mbH*	Vohburg/ Ingolstadt**	12.000
	Ostdeutscher Raum		
13	PCK Raffinerie GmbH Schwedt*	Schwedt	10.800
14	TOTAL Raffinerie Mitteldeutschland GmbH	Spergau	11.100
	Gesamt		**119.030**

* Die Anteilseigner der Gemeinschaftsraffinerien stellen sich wie folgt dar:

- Ruhr Oel GmbH (Deutsche BP AG: 50 %; Petróleos de Venezuela, SA: 50 %).
- Bayernoil Raffineriegesellschaft mbH (OMV AG: 45,0 %; Ruhr Oel GmbH: 25,0 %; AGIP Deutschland GmbH: 20,0 %; Deutsche BP AG: 10,0 %)
- MiRO Mineraloelraffinerie Oberrhein GmbH & Co. KG (Ruhr Oel GmbH: 24,0 %; Shell Deutschland Oil GmbH: 32,25 %; ConocoPhillips Continental Holding GmbH: 18,75 %; Esso Deutschland GmbH: 25,0 %)
- PCK Raffinerie GmbH Schwedt (Shell Deutschland Oil GmbH: 37,5 %; Ruhr Oel GmbH: 37,5 %; AET-Raffineriebeteilungsgesellschaft mbH: 25,0 % – Anteilseigner der AET sind Agip (33,3 %) sowie Total (66,7 %)

Gesellschafter der Wilhelmshavener Raffineriegesellschaft ist die Louis ConocoPhillips-Gruppe; Gesellschafter der HOLBORN EUROPA Raffinerie GmbH ist die Oilinvest (Netherlands) B.V.; Gesellschafter der OMV Deutschland GmbH ist die OMV, Wien; Gesellschafter der PETROPLUS Raffinerie Ingolstadt GmbH ist die Petroplus Holdings AG, Zug.

**Schließung der Raffinerie Ingolstadt im Jahr 2008; verbleibende Kapazität Bayernoil: 10,3 Mio. t.

Quelle: Mineralölwirtschaftsverband e.V., Hamburg

— „Die Privatisierung der Raffineriewirtschaft und deren ökonomische und ökologische Modernisierung;

— die Ablösung von der einseitigen Abhängigkeit in der Rohölversorgung durch die Integration in das westeuropäische Rohölversorgungssystem;

— die Aufbrechung des Vertriebsmonopols durch eine wettbewerbliche Struktur wie im westlichen Teil Deutschlands und

— die logistische Vernetzung des westdeutschen und ostdeutschen Mineralölmarktes.“ [10]

Die Rohöl-Verarbeitungskapazität in Ostdeutschland betrug zum Jahresende 2007 insgesamt 21,9 Mio. t/Jahr. Dies ist die gleiche Größenordnung wie Ende der achtziger/Anfang der neunziger Jahre. Kennzeichen des seitdem verzeichneten Wandels ist die umfassende Erneuerung des Anlagenbestandes.

Die Verarbeitungskapazitäten, die an den Standorten Leuna, Zeitz, Böhlen und Lützkendorf bestanden, wurden stillgelegt. Damit sind heute die Raffinerien auf zwei Standorte konzentriert. Das ist zum einen Schwedt nordöstlich von Berlin und zum anderen Spergau im Raum Leipzig.

Die Raffinerie Schwedt war 1991 von der Treuhandanstalt an die VEBA Oel AG (37,5 %), die DEA Mineraloel AG (37,5 %) sowie das französisch-italienische Konsortium Agip, Elf und Total (zusammen 25 %) verkauft worden. Die neuen Eigentümer hatten unmittelbar nach der Übernahme die notwendigen Maßnahmen eingeleitet, um die Raffinerie hinsichtlich Wettbewerbsfähigkeit und Umweltanforderungen dem Standard moderner westeuropäischer Raffinerien anzupassen.

Über die Raffinerie in Leuna und das Hydrierwerk Zeitz war – zusammen mit der Mineralölvertriebsgesellschaft Minol AG – im Juli 1992 zwischen der Treuhandanstalt und den als TE-Konsortium bezeichneten Unternehmen Elf Aquitaine und Thyssen Handelsunion ein Vertrag geschlossen worden, der u. a. folgende Eckpunkte enthält:

— Die Minol AG wird vom TE-Konsortium übernommen.

— In Leuna wird bis Mitte 1996 vom Konsortium eine neue Raffinerie mit einer Jahreskapazität bis zu 12 Mio. t gebaut.

— Die bestehenden Raffinerien werden bis Ende 1996 weiterbetrieben.

Von Seiten der deutschen Mineralölwirtschaft war dieses Vertragswerk kritisiert worden, weil die Verluste aus dem Weiterbetrieb der bestehenden Anlagen von der Treuhandanstalt getragen wurden, ein wirtschaftliches Risiko hieraus für das

TE-Konsortium insoweit nicht entstehen konnte. Die Hauptkritik richtete sich auf die staatliche Subventionierung des Baus der neuen Raffinerie mit insgesamt ca. 0,7 Mrd. Euro. Die inzwischen stillgelegten Raffinerien in Leuna und Zeitz wurden nicht privatisiert. Sie sind Bestandteil des Vertrages zwischen dem Konsortium und der Treuhandanstalt insoweit, als dass zwischen Elf und der Treuhandanstalt ein Managementvertrag geschlossen worden war, der Elf mit der Betriebsführung der Raffinerien betraut hatte.

Um die Jahreswende 1993/94 waren Absichtserklärungen seitens der Elf Aquitaine veröffentlicht worden, die u. a. zum Gegenstand hatten, die neue Raffinerie, die den Namen Mitteldeutsche Erdoel-Raffinerie (MIDER) trug, wesentlich kleiner dimensioniert bauen zu wollen, als mit der Treuhandanstalt ursprünglich vereinbart worden war. Im Zuge der erfolgten Nachverhandlung zwischen Elf und Treuhandanstalt hatte sich der Baubeginn verzögert. Seit 1997 ist die neue Raffinerie am Standort Spergau in Betrieb. Die Kapazität wird zum 31.12.2007 mit 11,1 Mio. t/Jahr angegeben.

2.1.5 Vertrieb von Mineralölerzeugnissen

Der Inlandsabsatz von Mineralölprodukten – das ist der Primärenergieverbrauch an Mineralöl abzüglich Raffinerieeigenverbrauch und Verarbeitungsverluste – erreichte in Deutschland im Jahre 2007 rund 101,8 Mio. t. Die wichtigsten Einsatzbereiche der Mineralölprodukte sind der Verkehrsbereich (fast 60 %) und der Wärmemarkt (etwa 25 %).

Die Versorgung der Verbraucher erfolgt traditionell teilweise unmittelbar durch die Raffineriegesellschaften, zum größten Teil aber über einen zwischengeschalteten Groß- und Einzelhandel. Für die einzelnen Produkte existieren unterschiedliche Teilmärkte, die durch erhebliche strukturelle und regionale Besonderheiten gekennzeichnet sind.

Angesichts der jeweiligen Besonderheiten wird die Entwicklung auf den Teilmärkten für die wichtigsten Mineralölprodukte nachfolgend differenziert dargestellt.

Mit 21,3 Mio. t entsprach der Absatz an **Ottokraftstoffen** 2007 in der Bundesrepublik Deutschland 21 % des gesamten Inlandsabsatzes von Mineralölprodukten.

Die Aufteilung des Gesamtabsatzes an Ottokraftstoffen nach Super- und Normalbenzin ergibt für die Bundesrepublik Deutschland im Jahre 2007 folgendes Bild: Normalbenzin: 26 %, Superbenzin 74 %.

Auf dem Markt für Ottokraftstoffe ist zwischen dem Tankstellen- und dem sogenannten Verbrauchergeschäft zu unterscheiden. Den wesentlich bedeutenderen Teilmarkt repräsentiert der Vertrieb über Tankstellen, über den mehr als 95 %

Tabelle 16: Höhe und Struktur des Inlandsabsatzes von Mineralölprodukten in Deutschland 2006 und 2007

Produkt/Sorte	2006		2007	
	in 1.000 Tonnen			
Ottokraftstoffe	22.249		21.292	
Normal unverbleit		6.181		5.574
Super Plus unverbleit		635		608
Eurosuper unverbleit		15.432		15.110
Dieselkraftstoff	28.765		29.059	
Leichtes Heizöl	26.435		17.192	
Schweres Heizöl	6.289		6.083	
bis 1,0 % Schwefelgehalt		1.435		1.320
bis 2,0 % Schwefelgehalt		330		241
bis 2,8 % Schwefelgehalt		464		426
über 2,8 % Schwefelgehalt		295		271
chemische Weiterverarbeitung		3.764		3.825
Flugturbinenkraftstoff schwer	8.497		8.808	
Sonstige Produkte	20.217		19.390	
Insgesamt	112.452		101.824	
Quelle: Bundesamt für Wirtschaft und Ausfuhrkontrolle				

des Benzinabsatzes abgewickelt werden. Von diesem Benzinabsatz über Tankstellen fließen mehr als 95 % in Personenkraftwagen.

Der intensive Wettbewerb hatte die auf dem westdeutschen Tankstellenmarkt tätigen Unternehmen zu drastischen Rationalisierungsmaßnahmen gezwungen.

— So wurde trotz des gestiegenen Konsums das westdeutsche Tankstellennetz gegenüber dem Anfang 1969 erreichten Höchststand von 46.684 Stationen um etwa drei Viertel ausgedünnt. Das durchschnittliche Absatzvolumen pro Tankstelle hat sich im Zuge dieser Entwicklung in den vergangenen drei Dekaden vervielfacht.

— Daneben war der Prozess der Strukturveränderung auf dem Tankstellenmarkt (wie Ausbau des Folgemarkt-Geschäfts) u. a. durch Umstellung des Netzes auf Selbstbedienung gekennzeichnet. So hat sich der Anteil an SB-Stationen von noch weniger als 1 % im Jahre 1970 auf 100 % erhöht.

— Ferner hatte sich seit 1985 ein struktureller Wandel auf dem Tankstellenmarkt hinsichtlich der Zusammensetzung der Benzinsorten nach „verbleit“ und „bleifrei“ abgespielt. Im Jahre 1985 hatte der westdeutsche Bleifreiabsatz erst 216.937 t (davon 173.228 t bleifrei-normal und 43.709 t bleifrei-super) und damit weniger als 1 % des Gesamtabsatzes an Ottokraftstoffen betragen. Bereits seit 1997 liegt der Bleifreianteil am Gesamtabsatz von Ottokraftstoffen bei 100 %.

— Schließlich mussten an Tankstellen schrittweise Saugrüssel (Gaspendelung) und flüssigkeitsdichte Fahrbahnen installiert werden.

Der ostdeutsche Tankstellenmarkt hatte in den letzten Jahren einen außerordentlich dynamischen Veränderungsprozess durchlaufen. Praktisch alle Markengesellschaften, andere auf dem westdeutschen Markt vertretene Gesellschaftergruppen, aber auch Newcomer wie die norwegische Statoil waren Engagements in Ostdeutschland eingegangen, indem sie bestehende Tankstellen nach erfolgtem Erwerb umgerüstet beziehungsweise modernste Großtankstellen neu gebaut haben. Während Minol vormals praktisch einziger Anbieter war, ist der Tankstellenmarkt jetzt durch eine breite Vielfalt gekennzeichnet.

Als Ergebnis der dargelegten strukturellen Anpassungen stellte sich die Situation auf dem Tankstellenmarkt zur Jahresmitte 2008 bundesweit wie folgt dar: Insgesamt wurden 14.883 Tankstellen erfasst. Davon waren 14.506 Straßentankstellen und 377 Autobahntankstellen. Die Verteilung dieser Tankstellen auf die im deutschen Kraftstoffmarkt tätigen Gesellschaften stellt sich zum Teil sehr unterschiedlich dar.

Die meisten Tankstellen in Deutschland betreibt die BP-Tochter Aral, die laut Erhebung des Energie-Informationsdienstes (EID 06/08) per 1. Juli 2008 auf 2.330 Straßentankstellen sowie zusätzlich 70 BAB-Stationen kommt. In der Shell-Zahl von 2.161 Straßentankstellen und 51 BAB-Stationen sind etwa 200 UNITI-Markenhändler-Stationen sowie die rund 160 Rheinland Kraftstoff-Tankstellen, die sich mit 1 Cent je Liter unter den A-Markenpreis legen, enthalten. ESSO als Nummer 3 betreibt 1.144 Straßentankstellen und 37 BAB-Stationen in Deutschland. TOTAL ist mit 980 Straßentankstellen und 42 BAB-Stationen die Nummer 4, die rund 130 „weißen Tankstellen“ von Elf Mineralölwerk Osnabrück (EMWO) und Sebald Kutscheid mit eingerechnet. Auf den nächsten Rängen folgen AVIA, ConocoPhillips (Jet), Agip und Raiffeisen. Das polnische Unternehmen Orlen verfügt nach flächendeckender Markenumstellung auf die B-Marke „Star“ über mehr als 500 Tankstellen. Als eine Marke genommen, liegt der bft, in dem rund 470 selbständige Firmen organisiert sind, im Ranking hinter Aral und Shell und

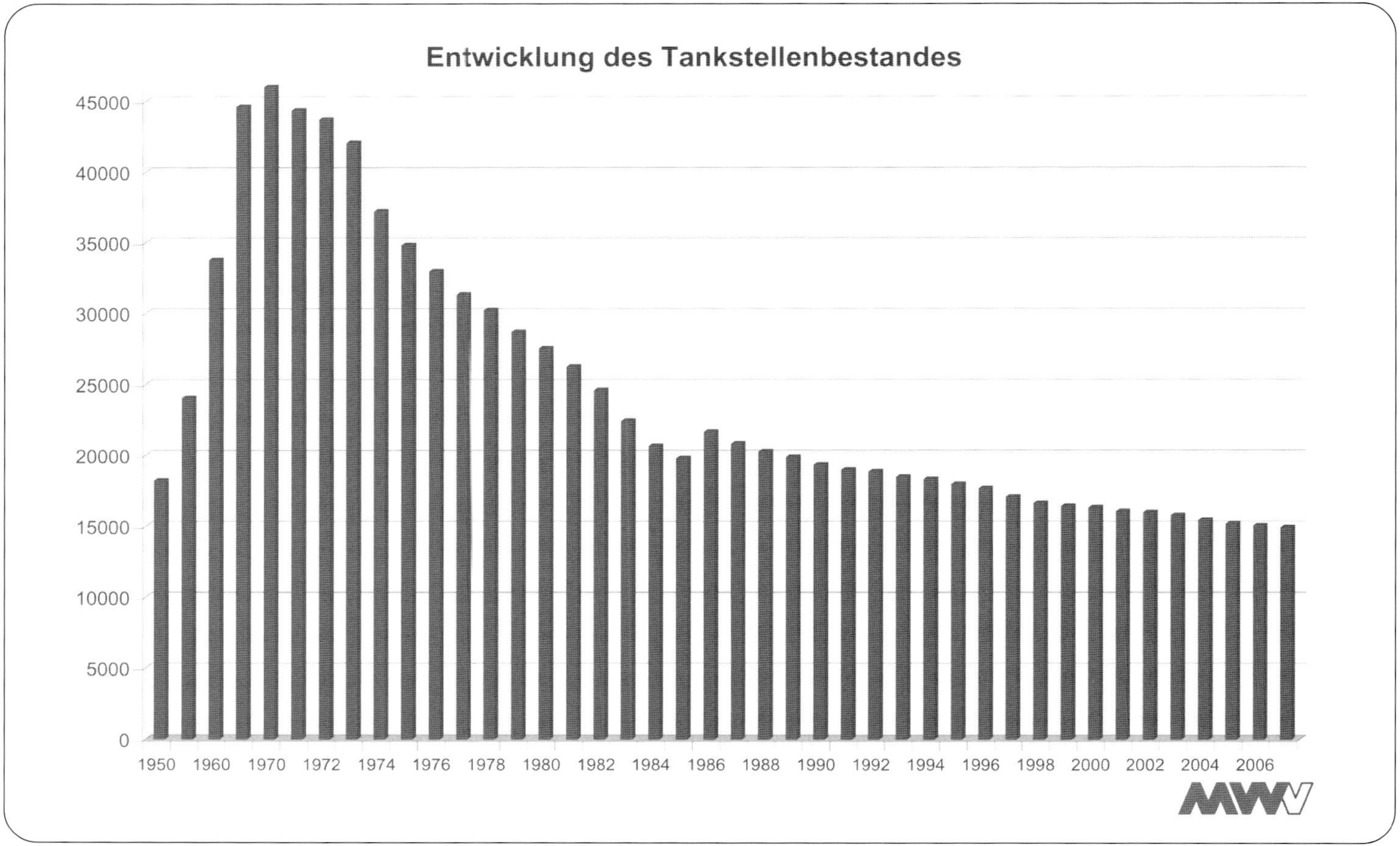

Abb. 14: Entwicklung des Tankstellenbestandes 1950 bis 2007

noch vor ESSO an dritter Stelle. Die Mitgliedsunternehmen des Bundesverbandes Mittelständischer Mineralölunternehmen (UNITI) betreiben nahezu 4.600 Tankstellen in Deutschland. Zur UNITI gehören unter anderem AVIA, Orlen, OMV, Tamoil/HEM, Westfalen, die Mabanaft-Tochter OIL!, Q1 Tankstellenvertrieb, Calpam, Eller-Montan und SCORE. Dazu gibt es in der UNITI noch rund 830 Tankstellen so genannter „sonstiger Eigenmarken". Die Zahl der Supermarkt-Tankstellen ist in Deutschland in den letzten Jahren mit 320 Stationen relativ stabil geblieben. Sie firmieren unter anderem unter Edeka, Toom, Globus oder Real. Hinzu kommen mehr als 200 JET-Tankstellen an Metro-Märkten, weitere 30 TOTAL-Stationen bei Kaufland und nicht ganz so viele ORLEN zumeist bei Familia (EID 32/08 vom 04.08.2008). Nach Anbietergruppen kann wie folgt differenziert werden:

— Als wichtigste Gruppe sind die als Majors bezeichneten großen Raffineriegesellschaften zu nennen. Im Unterschied zum Absatz von leichtem Heizöl verkauft diese Anbietergruppe Kraftstoffe ganz überwiegend in eigener Regie. Auf die vier großen Firmengruppen Aral (BP), Shell, Esso, Jet (ConocoPhillips) und Total entfällt nach EID-Schätzungen ein Kraftstoff-Absatzmarktanteil von zusammen 64,5 %.

— Zu einer zweiten Gruppe gehören Tochtergesellschaften europäischer Anbieter wie OMV und Agip. Die Firmen halten einen Kraftstoff-Absatzmarktanteil von zusammen knapp 6,5 %.

— Daneben existiert eine Gruppe, zu der Raiffeisen, die in der UNITI organisierten Unternehmen sowie kleinere „Marken"-Firmen mit weniger als 50 Tankstellen, und ferner die im Bundesverband freier Tankstellen (bft) zusammengeschlossenen Tankstellenfirmen zählen.

— Nach Schätzungen des EID gibt es insgesamt in Deutschland etwa 600 Supermarkttankstellen. In dieser Zahl sind allerdings auch diejenigen Tankstellen enthalten, insgesamt ca. 270, die unter Jet (etwa 210, zumeist Metro), Total (etwa 30 Kaufland) und Orlen (knapp 30, zumeist familia) erfasst sind. Die übrigen insgesamt 320 Supermarkt-Anlagen firmieren z. B. unter Edeka, Toom, Globus, Real und so weiter.

Die Kraftstoff-Absatzmarktanteile verteilen sich nach EID-Ermittlungen (Stand 1.7.2008) wie folgt: 23,0 % Aral; 23,0 % Shell; 10,0 % ConocoPhillips (Jet); 9,5 % bft; 8,5 %, Esso, 8,5 % Total; 3,5 % Agip; 3,5 % Avia; 3,5 % Orlen; 3,0 % OMV; 4,0 % Übrige.

Mit 29,1 Mio. t entsprach der Absatz an **Dieselkraftstoff** 2007 in Deutschland 29 % des gesamten Inlandsabsatzes an Mineralölprodukten. Nach Sektoren teilte sich der Verbrauch an Dieselkraftstoff 2007 wie folgt auf: Mit 26,4 Mio. t wurden 91 % im Straßenverkehr eingesetzt. Der Rest floss mit 1,6 Mio. t in die Landwirt-

Tabelle 17: Tankstellen in der Bundesrepublik Deutschland zum 1.7.2008

Gesellschaft	Straßen-tankstellen	Autobahn-tankstellen[6)]	Insgesamt
	Anzahl		
Aral (BP)	2.330	70	2.400
Shell	2.161	51	2.212
Esso	1.144	37	1.181
Total	980	42	1.022
Avia	791	**	791
ConocoPhillips (Jet)	724	37	761
Raiffeisen[1)]	596	–	596
Agip	567	13	580
Orlen	514	13	527
OMV	398	9	407
Tamoil/HEM	283	**	283
Westfalen	247	**	247
OIL!	197	**	197
Q1 Tankstellenvertrieb	126	**	126
Baywa	108	k. A.	108
Lother (Nordoel, LTG)	88	k. A.	88
Hoyer	82	**	82
Lühmann (CLASSIC)	74	–	74
Calpam	57	**	57
LOMO	55	k. A.	55
SCORE	39	**	39
Eller Montan	38	**	38
SVG	12	–	12
bft[2)]	1.645	44	1.689
Sonstige UNITI-Eigenmarken[3)]	830	60**	890
Supermarkt-Stationen[4)]	320	–	320
Nicht organisiert[5)]	100	1	101
Insgesamt	14.506	377	14.883

1) ohne Baywa
2) ohne OIL!-Stationen. OIL! ist mit 147 Tankstellen Mitglied beim bft und mit 50 ehemaligen Grönwoldt-Stationen in der UNITI vertreten.
3) Die in der UNITI bundesverband mittelständischer Mineralölunternehmen organisierten Firmen halten nach eigenen Angaben rund 4.600 Stationen. Dazu gehören z. B. die Shell/DEA-Markenhändler, die „Aviaten", Westfalen und eine ganze Reihe regional tätiger Gesellschaften.
4) Ohne die insgesamt rund 260 Tankstellen, die in den Zahlen von JET, TOTAL und Orlen enthalten sind.
5) Weder im bft noch in der UNITI organisiert und in der Tabelle sonst nicht enthalten.
6) Wie von Tank & Rast dem EID gemeldet.
** Die UNITI-BAB-Tankstellen sind nicht differenziert nach Unternehmen ausgewiesen. Deshalb sind alle UNITI-BAB-Tankstellen unter Sonstige UNITI-Eigenmarken erfasst.

Quelle: Energie Informationsdienst Nr. 32/08, Hamburg, 04.08.2008

schaft, mit 0,2 Mio. t in die Schifffahrt, mit 0,4 Mio. t in den Schienenverkehr und mit 0,5 Mio. t an sonstige Verbraucher. Rund 55 % des Verbrauchs an Dieselkraftstoff entfallen auf Busse und Lkw. Pkw sind mit etwa einem Drittel am Dieselkonsum beteiligt.

Im Unterschied zur Situation bei Ottokraftstoffen fließt der überwiegende Teil des Absatzes von Dieselkraftstoff nicht in Personenkraftwagen. Stärkster Abnehmer von Dieselkraftstoff sind vielmehr Busse, Lastkraftwagen und Zugmaschinen.

Diese im Vergleich zu Ottokraftstoffen abweichende Absatzstruktur erklärt, dass Dieselkraftstoff in der Bundesrepublik Deutschland nur zu etwa zwei Drittel über Tankstellen abgesetzt wird. Ansonsten erfolgt der Vertrieb im sogenannten Verbrauchergeschäft. Im Rahmen dieses Verbrauchergeschäfts beliefern die Raffineriegesellschaften und die unabhängigen Importeure zum Teil direkt über ihre eigenen Vertriebskanäle die industriellen, gewerblichen und öffentlichen Verbraucher; zum Teil vollzieht sich hier der Absatz unter Einbeziehung des Groß- und Einzelhandels.

Mit 17,2 Mio. t entsprach der Absatz an **leichtem Heizöl** 2007 in der Bundesrepublik Deutschland 17 % des gesamten Inlandsabsatzes an Mineralölprodukten. Damit repräsentiert das leichte Heizöl nach Dieselkraftstoff und Ottokraftstoffen – den gemessen am Volumen drittwichtigsten Teilmarkt im Mineralölbereich.

Der auf dem Markt für leichtes Heizöl herrschende direkte Wettbewerb zwischen den Anbietern erstreckt sich auf zwei Versorgungsstufen. Auf der Großhandelsstufe versorgen die inländischen Raffineriegesellschaften sowie die Großhändler und Importeure ein Netz von etwa 3.000 überwiegend mittelständisch strukturierten Handelsbetrieben. Die Endverbraucherstufe versorgt in erster Linie der Handel.

Die Zahl der auf dem deutschen Markt für leichtes Heizöl tätigen Betriebsstätten hatte sich von mehr als 17.000 im Jahre 1973 um etwa 14.000 entsprechend rund vier Fünftel auf zirka 3.000 bis Ende 2007 verringert. Seit der Wiedervereinigung wurde in Ostdeutschland von der Wirtschaft ein völlig neues Vertriebssystem für leichtes Heizöl aufgebaut. In diesem Prozess haben sich Strukturen entwickelt, die Gesellschaften aus beiden Teilen der Bundesrepublik Deutschland umfassen. Einschließlich des hier inzwischen aufgebauten Netzes von etwa 500 Vertragshändlern, selbständigen Handelsunternehmen und Verkaufsniederlassungen umfasste das Gesamtnetz für den Vertrieb von leichtem Heizöl in der Bundesrepublik Deutschland zum Jahresende 2007 rund 3.000 Betriebsstätten. Nach Angaben des Gesamtverbandes des Deutschen Brennstoff- und Mineralölhandels (gdbm), Berlin, lassen sich innerhalb der Gruppe von Unternehmen, deren Aktivitätsschwerpunkt im Vertrieb von Heizöl liegt, drei Gruppen unterscheiden:

— etwa 1.500 vertraglich mit der Mineralölindustrie verbundene Händler beziehen ihre Mengen von den Raffineriegesellschaften oder deren Partnern und kaufen bei Bedarf (im Einvernehmen mit den Vertragspartnern) „frei“ zu;

— etwa 500 Firmen, die traditionell über den Groß- und Importhandel versorgt werden;

— rund 1.000 Anbieter, deren Umsatzschwerpunkt nicht im Heizölvertrieb liegt, sondern die sich zum Teil vorwiegend etwa im Baustoffhandel oder im Kfz-Handel betätigen oder als Warengenossenschaften in den Vertrieb von leichtem Heizöl eingebunden sind.

Mineralölgesellschaften und ihre Tochterunternehmen spielen im Endverbrauchergeschäft mit leichtem Heizöl praktisch keine Rolle mehr.

Mit 6,1 Mio. t entsprach der Absatz an **schwerem Heizöl** 2007 in der Bundesrepublik knapp 6 % des gesamten Inlandsabsatzes an Mineralölprodukten.

Schweres Heizöl wird überwiegend in der Industrie und in Kraftwerken eingesetzt. In der Industrie repräsentiert das Grundstoff- und Produktionsgütergewerbe die Hauptabnehmergruppe. Innerhalb des Grundstoff- und Produktionsgütergewerbes dominieren insbesondere die Wirtschaftsgruppen Chemie, Zellstoff-, Papier- und Pappeerzeugung, die Eisenschaffende Industrie sowie die Steine- und Erden-Industrie.

Im Vergleich zum Markt für Kraftstoffe und für leichtes Heizöl ist bei schwerem Heizöl die Zahl der Marktteilnehmer sehr viel geringer. Das gilt sowohl für die Angebots- als auch für die Nachfrageseite. So ist bei schwerem Heizöl das Direktgeschäft der Raffineriegesellschaften sehr viel stärker ausgeprägt als bei leichtem Heizöl. Neben den Raffineriegesellschaften beteiligt sich der Importhandel als Anbieter auf dem Markt für schweres Heizöl. Ein Teil der Großverbraucher importiert aber auch selbst schweres Heizöl zur Deckung des Eigenbedarfs. Die Anzahl der Nachfrager, die bei Kraftstoffen und bei leichtem Heizöl jeweils mehrere Millionen beträgt, ist bei schwerem Heizöl auf wenige Tausend Industrieunternehmen und Kraftwerke begrenzt.

Der Absatz an **Flugturbinenkraftstoff** hatte sich in den vergangenen Jahren kontinuierlich erhöht. 2007 belief sich der Absatz auf 8,8 Mio. t. Damit machte dieses Produkt 8,7 % des gesamten Inlandsabsatzes aus.

Der gesamte Inlandsabsatz an Mineralölprodukten verteilte sich in der Bundesrepublik Deutschland 2007 nach Verbrauchsbereichen wie folgt: 56 % entfielen auf den Verkehrsbereich, 19 % auf den Haushalts- und Kleinverbrauchssektor, 24 % auf die Industrie sowie 1 % auf Kraftwerke der Stromversorger.

2.2 Braunkohle

2.2.1 Aufkommen und Außenhandel

Das Aufkommen an Braunkohle in Deutschland von im Jahre 2007 rund 55,6 Mio. t SKE setzte sich mit 55,5 Mio. t SKE aus inländischer Förderung und mit 0,1 Mio. t SKE aus Importen zusammen.

Mit einer Gesamtförderung von 180,4 Mio. t entsprechend 55,5 Mio. t SKE ist Deutschland der weltweit größte Braunkohlenproduzent. Ein Fünftel der weltweiten Gewinnung an Braunkohle wird in Deutschland erbracht. [11]

Tabelle 18: Braunkohlen-Bilanz für die Bundesrepublik Deutschland 2006 und 2007

		2006	2007
		in 1.000 t SKE	
	Gewinnung Inland	54,2	55,5
+	Einfuhr	0,2	0,1
=	Aufkommen	54,4	55,6
±	Bestandsveränderung (Bestandsabbau (+); Bestandsaufbau (–))	– 0,1	+ 0,1
–	Ausfuhr	0,6	0,7
=	**Primärenergieverbrauch**	53,7	55,0
–	Einsatz in Kraftwerken	50,0	51,4
–	Sonstiger Umwandlungseinsatz	4,1	4,0
+	Umwandlungsausstoß	4,1	4,0
–	Verbrauch bei Gewinnung und Umwandlung sowie Nichtenergetischer Verbrauch	0,6	0,7
=	**Endenergieverbrauch**	3,1	2,9
	davon:		
	Industrie	2,4	2,4
	Private Haushalte	0,7	0,4
	Sonstige Verbraucher	0,0	0,1
	Quelle: Statistik der Kohlenwirtschaft e.V.		

2.2.2 Lagerstätten

Der Ursprung der Braunkohle geht auf die Pflanzenwelt und die vor Jahrmillionen entstandenen Torfmoore zurück, die im Lauf der Erdgeschichte mehrfach von Meeres- und/oder Flussablagerungen (Sand/Kies) überdeckt wurden. Die Hauptepoche der Entstehung der Braunkohle ist die Mitte des Tertiärs, das Miozän.

Die gesamten **Braunkohlenvorkommen** in Deutschland belaufen sich auf etwa 77 Mrd. t. Davon sind nach heutigem Stand der Tagebautechnik und der Energiepreise – bezogen auf eine international festgelegte Definition zur Bewertung von Lagerstätten – knapp 41 Mrd. t als gewinnbar klassifiziert. In genehmigten und erschlossenen Tagebauen sind gut 6 Mrd. t verfügbar.

Die Lagerstätten sind im wesentlichen in drei Regionen konzentriert; dies sind das Rheinland, die Lausitz und das Gebiet zwischen Helmstedt und Leipzig/Halle (Mitteldeutschland).

Im Rheinland wird eine 6 bis 17 Mio. Jahre alte miozäne Braunkohle abgebaut. Die Lagerstätten erstrecken sich im Städtedreieck Köln, Aachen und Mönchengladbach über eine Fläche von 2.500 km². Der geologische Vorrat an Braunkohle beträgt etwa 55 Mrd. t. Damit repräsentiert das rheinische Revier das größte geschlossene Braunkohlenvorkommen in Europa. Große Teile davon gelten als technisch und wirtschaftlich gewinnbar. Der Braunkohlenvorrat in genehmigten Tagebauen beläuft sich auf 3,6 Mrd. t. Aus diesen Abbaufeldern kann das heutige Förderniveau über einen Zeitraum von fast 40 Jahren aufrechterhalten werden.

Die Bildung der Braunkohle des Lausitzer Reviers begann vor 15 bis 20 Mio. Jahren. Die Lagerstätten beinhalten einen geologischen Braunkohlenvorrat von 12 Mrd. t. Davon gelten große Teile als wirtschaftlich gewinnbar. In den erschlossenen und geplanten Tagebauen lagern etwa 1,9 Mrd. t. Die derzeitige Braunkohlenförderung lässt sich damit rund 32 Jahre fortsetzen.

Die Entstehung der mitteldeutschen Braunkohle erstreckt sich über eine Zeitspanne, die 23 Mio. Jahre bis zu 45 Mio. Jahre zurückreicht. Die Lagerstätten umfassen 10 Mrd. t geologischer Vorräte. Aus erschlossenen und geplanten Tagebauen können 0,6 Mrd. t Braunkohle gewonnen werden. Die Reichweite dieser Vorräte beträgt ebenfalls etwa 32 Jahre.

Chemisch setzt sich die Rohbraunkohle – mit nach Revieren und Flözen jeweils abweichenden Parametern – aus etwa 55 Prozent Wasser, 5 Prozent Asche und 40 Prozent Reinkohlegehalt zusammen. Die wasser- und aschefreie Rohkohle (Reinkohle) besteht zu gut zwei Drittel (Gewichtsprozent) aus Kohlenstoff; weitere wesentliche Elemente sind Wasserstoff, Stickstoff und Sauerstoff.

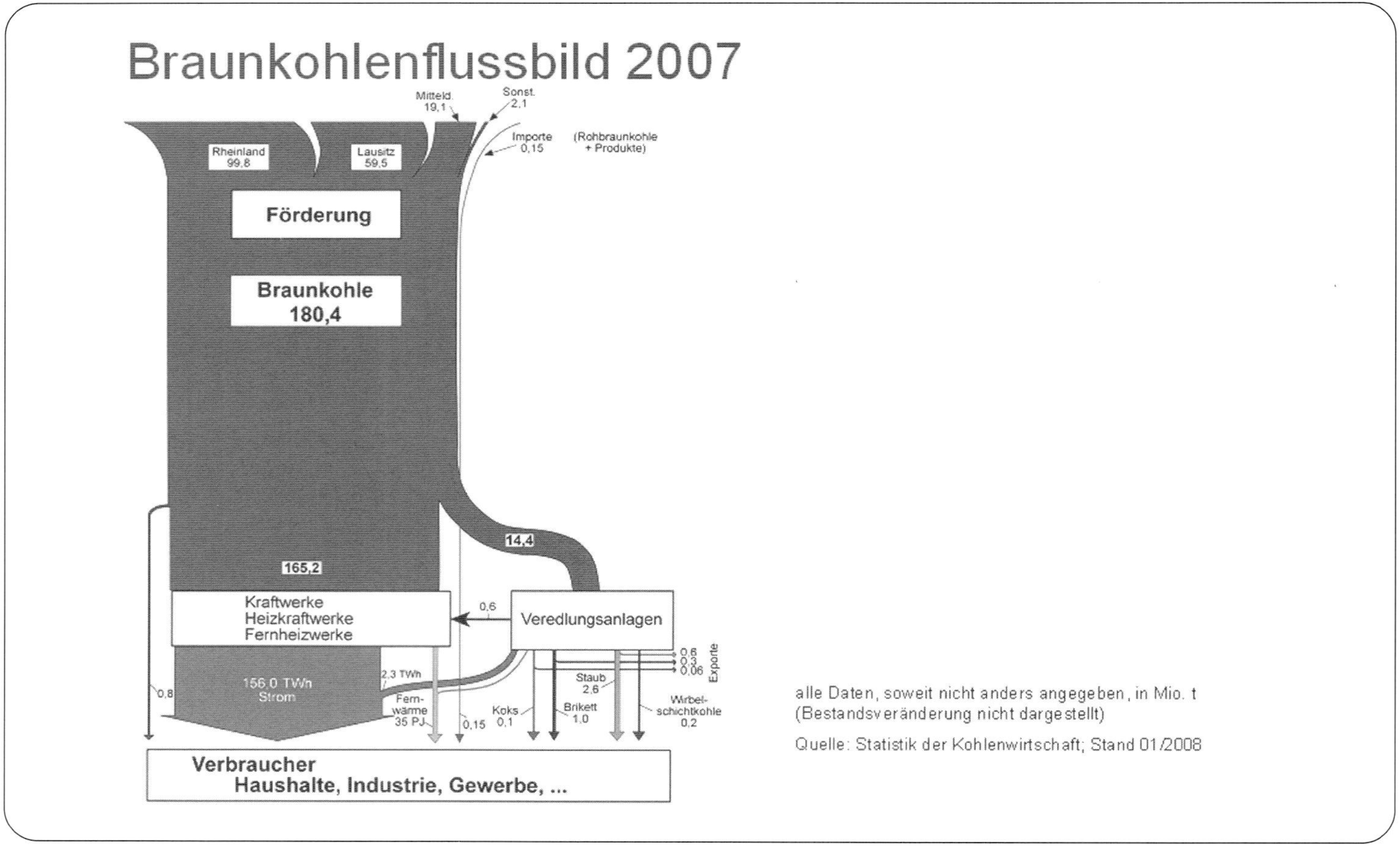

Abb. 15: Braunkohlenflussbild 2007

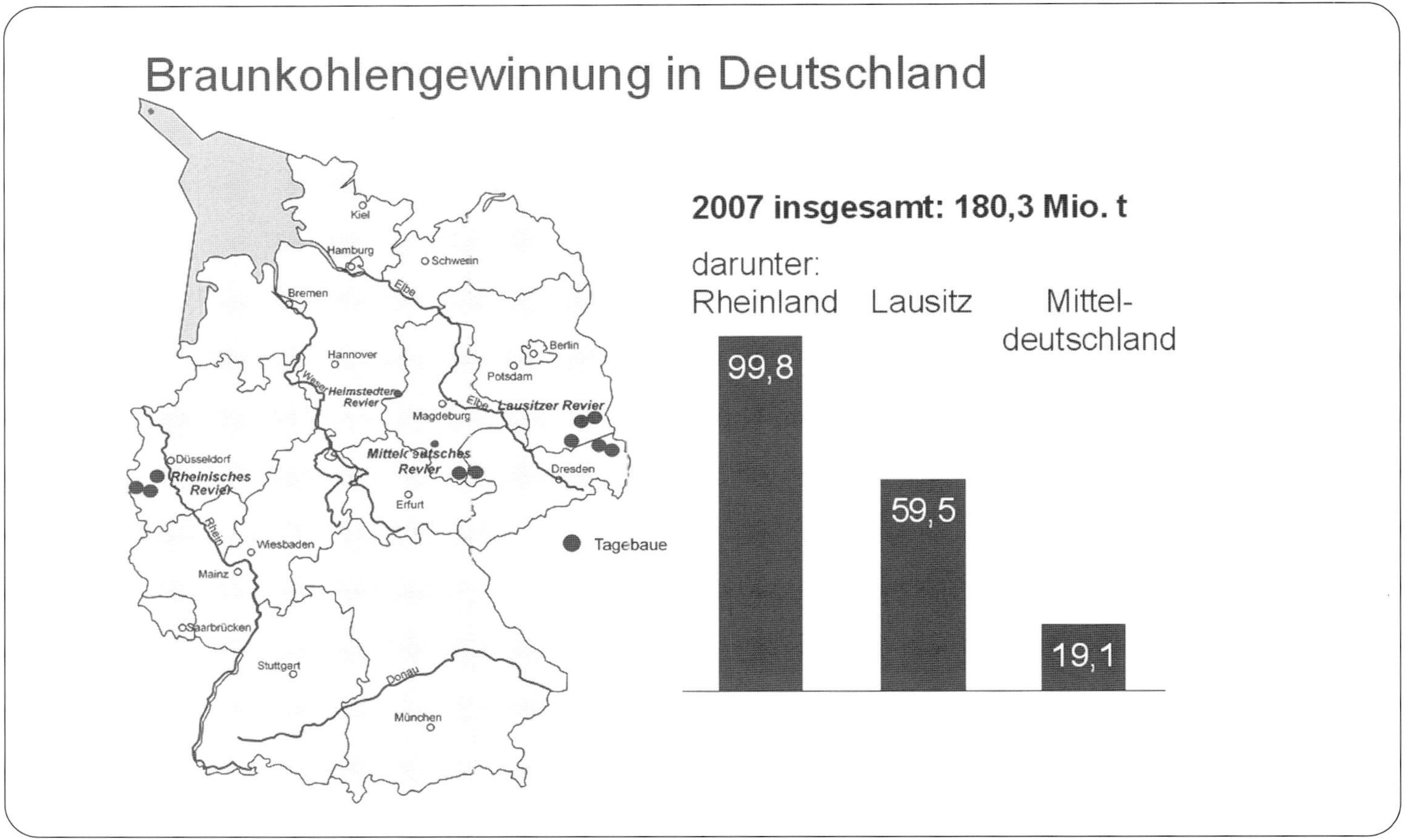

Abb. 16: Braunkohlengewinnung in Deutschland

Insbesondere der Wassergehalt bedingt einen – im Vergleich zu anderen Energieträgern – niedrigeren Heizwert. Der durchschnittliche Heizwert der 2007 in Deutschland geförderten Rohbraunkohle betrug 9.022 kJ/kg. Im rheinischen Revier wurde ein Heizwert von 8.888 kJ/kg mit in Zukunft steigender Tendenz ermittelt. In der Lausitz waren es 8.675 kJ/kg. Im Mitteldeutschen und im Helmstedter Revier sind Heizwerte in der Größenordnung von 10.500 kJ/kg typisch. Damit entspricht eine Tonne Rohbraunkohle im Durchschnitt dem Heizwert von 0,31 t Steinkohleneinheiten (t SKE).

Für die Bewertung und Nutzung von Braunkohlenlagerstätten kommen neben dem Heizwert Asche- und Schwefelgehalt wesentliche Bedeutung zu. Der natürliche Schwefelgehalt der rheinischen Rohbraunkohle beträgt im Mittel 0,3 %. In der Lausitz, deren Vorkommen ebenfalls zu den jüngeren miozänen Braunkohlen zählen, liegt der Schwefelgehalt bei 0,3 bis 1,5 %. Die älteren – aus dem Oligozän stammenden – Kohlen Mitteldeutschlands weisen einen Schwefelgehalt von 1,5 bis 2,1 % auf.

Die in der Stromerzeugung eingesetzten Braunkohlenkraftwerke verfügen über modernste Feuerungstechniken und umfassende Rauchgasreinigungsanlagen. Damit ist sichergestellt, dass die bei der Verbrennung von Braunkohle entstehenden Emissionen an Schwefeldioxid, Stickoxid und Staub auf ein Minimum reduziert werden und heute deutlich unterhalb der gesetzlichen Vorgaben liegen.

Tabelle 19: Lagerstättenvorräte der Braunkohlenreviere

	Rheinland	Lausitz	Mitteldeutschland	Bundesrepublik Deutschland
	in Mrd. t			
Geologische Vorräte	55,0	12,0	10,0	77,0
wirtschaftlich gewinnbare Vorräte	34,9	3,6	2,1	40,6
genehmigte und erschlossene Tagebaue	3,6*	1,9**	0,6	6,1

* davon Garzweiler II: 1,3 Mrd. t

** nutzbare Vorratsmenge laut genehmigten Braunkohlenplänen per 31.12.2007: 1,4 Mrd. t

Quelle: Statistik der Kohlenwirtschaft e.V.

Tabelle 20: Ausgewählte Kohlenqualitätsparameter nach Braunkohlenrevieren (in Betrieb befindliche und geplante Abbaubereiche)

Revier	Heizwert	Aschegehalt	Wassergehalt	Schwefelgehalt
	kJ/kg	%	%	%
Rheinland	7.800 - 10.500	1,5 - 8,0	50 - 60	0,15 - 0,5
Helmstedt	8.500 - 11.500	5,0 - 20,0	40 - 50	1,5 - 2,8
Lausitz	7.600 - 9.300	2,5 - 16,0	48 - 58	0,3 - 1,5
Mitteldeutschland	9.000 - 11.300	6,5 - 8,5	49 - 53	1,5 - 2,1

Quelle: DEBRIV – Bundesverband Braunkohle

Das lockere Deckgebirge über der Kohle besteht im Wesentlichen aus Sand, Kies und Ton sowie – im Rheinland und in Mitteldeutschland – als oberste Schicht aus Löss mit z. T. mehreren Metern Mächtigkeit. Diese geologischen Verhältnisse lassen einen wirtschaftlichen Abbau der Braunkohle nur im Tagebaubetrieb zu.

Im einzelnen wird die Wirtschaftlichkeit der Braunkohlengewinnung vornehmlich durch die Tiefenlage der Vorkommen, bergmännisch Teufe genannt, die Mächtigkeit der Flöze, die Zusammensetzung der Deckgebirgsschichten und die Art der Oberflächennutzung, insbesondere die Besiedlung, bestimmt.

Im rheinischen Revier wird Braunkohle zur Zeit in einer Teufe zwischen 40 und 350 m gewonnen. Die Abbaufelder im Lausitzer und im Mitteldeutschen Revier haben eine Teufe zwischen 80 und 120 m.

Die Flöze sind von unterschiedlicher Mächtigkeit. Sie beträgt im rheinischen Revier zwischen 3 und 70 m. In der Lausitz und in Mitteldeutschland liegt die Mächtigkeit der Flöze zwischen 10 und 30 m.

2.2.3 Rechtliche Grundlagen

Das Bergrecht ist die wesentliche rechtliche Grundlage für alle bergbaulichen Tätigkeiten. Es umfasst die für den Bergbau geltenden speziellen Normen (Gesetze, Verordnungen), die wegen der Besonderheiten des Bergbaus von dem allgemeinen Recht abweichende, das heißt auf den Bergbau als dynamische Vorhaben zugeschnittene und nur für ihn geltende Regelungen enthalten. Daneben gelten auch für den Bergbau die allgemeinen Rechtsvorschriften zum Beispiel des Wasserrechts und des Immissionsschutzrechts. Regeln allgemeine Rechtsvorschriften und das Bergrecht denselben Sachverhalt, so hat das Bergrecht als Sonderrecht für den Bergbau im Zweifelsfall Vorrang vor den Vorschriften des allgemeinen Rechts. Den Kern des Bergrechts bildet das Bundesberggesetz vom 13. August 1980 (BBergG). [12]

Gemäß Bundesberggesetz erstreckt sich das Eigentum an einem Grundstück nicht auf die Bodenschätze. Zur Aufsuchung und Gewinnung von Bodenschätzen bedarf es einer Bergbauberechtigung. Das Bundesberggesetz unterscheidet zwischen drei Bergbauberechtigungen: die Erlaubnis, die Bewilligung und das Bergwerkseigentum. Die Erlaubnis dient nur zur Aufsuchung der Bodenschätze. Bewilligung und Bergwerkseigentum gewähren das ausschließliche Recht, in einem bestimmten Feld bestimmte Bodenschätze aufzusuchen, zu gewinnen und das Eigentum an den Bodenschätzen zu erwerben. Die Erteilung der Bergbauberechtigungen erfolgt durch die zuständige Behörde.

Das Bundesberggesetz regelt ferner die Ausübung der Bergbauberechtigung. Erforderlich hierfür sind Betriebspläne, die vom Bergbauunternehmen aufgestellt und der zuständigen Behörde zur Genehmigung vorgelegt werden müssen. In sogenannten Zuständigkeitsverordnungen, die von den Bundesländern erlassen werden, sind die jeweils zuständigen Behörden bestimmt. [12]

Gemäß Bundesberggesetz wird zwischen verschiedenen Arten von Betriebsplänen unterschieden. Dies sind insbesondere:

— Rahmenbetriebspläne,

— Hauptbetriebspläne,

— Sonderbetriebspläne und

— Abschlussbetriebspläne.

Rahmenbetriebspläne müssen mindestens allgemeine Angaben über das beabsichtigte Vorhaben, über dessen technische Durchführung und voraussichtlichen zeitlichen Ablauf enthalten. Rahmenbetriebspläne sind grundsätzlich nur zu erstellen, wenn die zuständige Behörde dies verlangt. Eine Pflicht zur Aufstellung eines Rahmenbetriebsplans besteht allerdings, wenn es sich um ein Vorhaben handelt, das nach der Verordnung über die Umweltverträglichkeitsprüfung bergbaulicher Vorhaben einer UVP bedarf und diese nicht bereits in einem Braunkohlenplanverfahren durchgeführt wurde.

Hauptbetriebspläne sind vom Unternehmen für die Errichtung und Führung eines Bergbaubetriebes vorzulegen. Sie erstrecken sich in der Regel über zwei Jahre.

Sonderbetriebspläne sind auf Verlangen der Behörde aufzustellen, und zwar für bestimmte Teile des Betriebes oder bestimmte Vorhaben.

Für die Einstellung des Betriebes ist schließlich ein Abschlussbetriebsplan zu erarbeiten. Darin ist u. a. geregelt, wie die Wiedernutzbarmachung der Oberfläche erfolgt und dargelegt, dass nach Abschluss des Betriebes von diesem keine Gefahren mehr ausgehen.

Die Betriebspläne bedürfen der Zulassung durch die zuständige Behörde.

Neben der Erfüllung der Vorschriften gemäß Bundesberggesetz ist nach Maßgabe der Landesrechte (beispielsweise in Nordrhein-Westfalen) ein besonderes landesplanerisches Genehmigungsverfahren für Tagebauvorhaben durchzuführen. Dieses sogenannte Braunkohlenplanverfahren mündet in der Aufstellung und Genehmigung eines Braunkohlenplans, der den landesplanerischen Rahmen für das bergrechtliche Betriebsplanverfahren bildet und diesem deshalb vorgeschaltet ist. Der Braunkohlenplan enthält in seinen textlichen Darstellungen u. a. Angaben über die Grundzüge der Oberflächengestaltung und Wiedernutzbarmachung. Dies gilt auch für gegebenenfalls erforderliche Umsiedlungen. Die zeichnerischen Darstellungen müssen Angaben über die Abbaugrenzen, Sicherheitslinien, Umsiedlungsflächen und zur Verlegung von Verkehrswegen aller Art enthalten. Die Ziele des Braunkohlenplanes stellen Ziele der Raumordnung und Landesplanung dar und sind als solche von allen Behörden bei deren raumbedeutsamen Planungen zu beachten.

Im Falle des Tagebaus Garzweiler II hatte der Braunkohlenausschuss, ein Sonderausschuss des Bezirksplanungsrates Köln, dieses Verfahren durchgeführt. Bestandteil dieses Verfahrens waren auch die Umweltverträglichkeitsprüfung, die sogenannte Sozialverträglichkeitsprüfung für Umsiedlungen sowie ein umfassendes Gutachterprogramm zur energiewirtschaftlichen Erforderlichkeit des Vorhabens.

2.2.4 Gewinnung der Braunkohle

In den ersten Jahrzehnten der Braunkohlengewinnung hatte sich der Abbau naturgemäß auf die Vorkommen konzentriert, die besonders dicht unter der Erdoberfläche lagerten. In der Folgezeit mussten immer größere – als Abraum bezeichnete – Deckgebirgsmassen im Verhältnis zur geförderten Kohle abgetragen werden. 2007 betrug das Leistungsverhältnis zwischen Abraum und Kohle im Bundesdurchschnitt 5,4 : 1 (jeweils m³ Abraum zu t Kohle). Durch die Konzentration auf große Abbaufelder, neue Konzepte des Tagebauzuschnitts und die Weiterentwicklung der Gerätetechnik war es möglich, diese Erschwernisse weitgehend auszugleichen und die Kohlenpreise wettbewerbsfähig zu halten.

An der Effizienzverbesserung der Geräte waren alle Reviere beteiligt. Im Rheinland wurde die Schaufelradbaggertechnologie, die aus der Förderkombination Bagger – Bandanlagen bzw. Zugbetrieb – Absetzer besteht, weiterentwickelt. Während in den 50er und 60er Jahren noch Fördersysteme mit einer Tageskapazität von 60.000 m³ bzw. 110.000 m³ in Dienst gestellt worden waren, wurden 1976

Gerätegruppen mit einer Leistung von 200.000 m^3 pro Tag und seit 1978 von 240.000 m^3 pro Tag eingeführt. Die Bandanlagen haben mittlerweile eine Förderkapazität von bis zu 37.500 Tonnen je Stunde und gehören zu den leistungsfähigsten weltweit. Damit wurde die Voraussetzung für eine effiziente und somit kostengünstige Massenbewegung geschaffen.

Die einzelnen Elemente dieser Technologie arbeiten wie folgt zusammen: Schaufelradbagger räumen Löss, Kies, Sand und Ton über der Braunkohle ab oder fördern die Kohle. Sie arbeiten auf mehreren Sohlen. Die größten Schaufelradbagger sind 225 Meter lang, 96 Meter hoch und 13.500 t schwer. Am Schaufelrad, das einen Durchmesser bis zu 22 Meter hat, befinden sich 18 einzelne Schaufeln. Der Schaufelradbagger wird im Regelbetrieb von vier Personen bedient.

Vom Schaufelrad gelangen Kohle oder Abraum über die Gerätebänder und eine Beladevorrichtung auf das Förderband der jeweiligen Sohle. Alle Förderbänder der Gewinnungsseite (das ist die Seite des Tagebaus, auf der die Bagger stehen) laufen im Bandsammelpunkt zusammen. Dort kann jedes ankommende Band mit einem beliebigen abgehenden Band gekoppelt werden, so dass die verschiedenen Abraumarten und die Kohle gezielt an den jeweiligen Bestimmungsort gelenkt werden können. Die Kohle wird zum sogenannten Bunker, dem Vorrats- oder Zwischenlager für die geförderten Mengen, geführt. Transportbänder oder die werkseigene Eisenbahn und Züge der Bahn AG bringen die Kohle vom Bunker zu den Kraftwerken oder den Veredelungsbetrieben. Der Abraum wird über die Förderbänder der Verkippungsseite (das ist die ausgekohlte Seite des Tagebaus, auf der die Absetzer stehen) zu den Absetzern gebracht, die ihn auf den verschiedenen Ebenen des Tagebaus, den Sohlen, verkippen. Die Verbindung zwischen Förderband und Absetzer wird durch den Bandschleifenwagen erreicht, der den Abraum vom Band übernimmt und über einen Ausleger dem Absetzer zuführt. Durch die Möglichkeit, über den Bandsammelpunkt die Verknüpfung zwischen den Abraumbaggern und den Absetzern beliebig zu variieren, kann die Verkippungsseite standsicher für die künftige Nutzung angelegt und der fruchtbare Löss als oberste Deckschicht für anschließende land- oder forstwirtschaftliche Rekultivierung aufgebracht werden.

Im Lausitzer Revier wurde die Förderbrückentechnik weiter entwickelt, bei der bevorzugt Eimerkettenbagger im Einsatz sind. Die großen Förderbrücken stellen mit einer Tagesleistung von bis zu 450.000 m^3 eine kostengünstige Massenbewegung sicher. Der Einsatz der Förderbrücke wird maßgeblich durch die Geologie der Lagerstätte bestimmt. Voraussetzung sind gleichmäßige Ablagerungen und geringe Teufe. Der im Lausitzer Revier sowohl in direkter Kombination mit der Förderbrücke als auch als Gewinnungsgerät in der Kohle weit verbreitete Eimerkettenbagger wurde z. B. durch neue Antriebskonzepte weiter entwickelt.

In Mitteldeutschland und in Helmstedt hat sich – wie im Rheinland – die Bandanlagentechnik durchgesetzt, die aus der Förderkombination Bagger – Bandanlagen – Absetzer besteht. In jüngerer Zeit kommt im Mitteldeutschen Revier in begrenz-

Tabelle 21: Braunkohlenförderung in Deutschland in den Jahren 1984 bis 2007

Jahr	Revier Rheinland	Revier Helmstedt	Revier Hessen	Revier Bayern	alte Bundesländer	Revier Lausitz	Revier Mitteldeutschland	neue Bundesländer	Deutschland insgesamt
					1.000 t				
1984	120.571	4.230	1.847	55	126.703	185.241	111.100	296.341	423.044
1985	114.503	4.314	1.867	34	120.718	196.816	115.340	312.156	432.874
1986	108.651	3.922	1.753	34	114.360	196.423	114.838	311.261	425.621
1987	103.614	3.788	1.411	39	108.852	196.348	112.397	308.745	417.597
1988	103.509	3.727	1.343	43	108.622	200.290	109.793	310.083	418.705
1989	104.210	4.389	1.222	55	109.876	195.138	105.652	300.790	410.666
1990	102.181	4.348	999	61	107.589	168.045	80.879	248.924	356.513
1991	106.361	4.536	779	58	111.734	116.784	50.885	167.669	279.403
1992	107.505	4.694	135	55	112.389	93.143	36.275	129.418	241.807
1993	102.096	3.940	130	58	106.224	87.357	28.221	115.578	221.802
1994	101.362	3.774	150	51	105.337	79.410	22.330	101.741	207.077
1995	100.184	4.074	153	41	104.453	70.668	17.618	88.286	192.739
1996	102.779	3.874	181	30	106.863	63.574	16.771	80.344	187.207
1997	99.179	3.935	186	30	103.330	59.434	14.365	73.799	177.129
1998	97.406	4.294	153	30	101.883	50.495	13.629	64.124	166.007
1999	91.906	4.334	154	27	96.421	51.034	13.800	64.834	161.255
2000	91.898	4.141	156	28	96.223	55.006	16.431	71.438	167.660
2001	94.349	4.073	165	30	98.617	57.503	19.215	76.718	175.335
2002	99.394	2.901	159	33	102.487	59.290	19.970	79.260	181.747
2003	97.479	2.132	23	27	99.662	57.418	22.005	79.423	179.085
2004	100.286	2.372	–	23	102.682	58.996	20.248	79.244	181.926
2005	97.288	2.129	–	32	99.449	59.373	19.085	78.458	177.907
2006	96.178	1.804	–	31	98.013	57.955	20.353	78.308	176.321
2007	99.752	2.116	–	–	101.868	59.460	19.082	78.542	180.409

Quelle: DEBRIV – Bundesverband Braunkohle

Tabelle 22: Leistungszahlen des Braunkohlenbergbaus sowie Heizwerte der geförderten Kohle nach Revieren im Jahr 2007

Revier	Abraumbewegung 1 000 m³	Braunkohlengewinnung 1 000 t	Förderverhältnis A / K m³/t	Heizwert kJ/kg	SKE-Faktor a) kg SKE je kg	Braunkohlengewinnung 1 000 t SKE
Rheinland	436.186	99.752	4,4 : 1	8.888	0,303	30.251
Lausitz	449.407	59.460	7,6 : 1	8.675	0,296	17.600
Mitteldeutschland	75.332	19.082	3,9 : 1	10.621	0,362	6.915
Helmstedt	9.179	2.116	4,3 : 1	10.661	0,364	770
insgesamt	970.105	180.409	5,4 : 1	9.022	0,308	55.536

a) 1 kg SKE entspricht 29 308 kJ.

Quelle: DEBRIV – Bundesverband Braunkohle

tem Umfang zusätzlich mobile Fördertechnik – bestehend aus Surface-Miner und Schwerlastwagen, die bis zu 100 t transportieren können – zum Einsatz.

Schwerpunkte der Braunkohlenförderung sind das rheinische Revier im Westen von Nordrhein-Westfalen, das Lausitzer Revier im Südosten des Landes Brandenburg und im Nordosten des Landes Sachsen sowie das mitteldeutsche Revier im Südosten des Landes Sachsen-Anhalt und im Nordwesten des Landes Sachsen. Daneben wird – allerdings in deutlich geringerem Umfang – bei Helmstedt in Niedersachsen Braunkohle gewonnen. Im Verlauf der vergangenen Jahre haben sich die Fördermengen in den Regionen sehr unterschiedlich entwickelt:

- Im Rheinland war die Braunkohlengewinnung durch ein hohes Maß an Stabilität gekennzeichnet. Sie bewegte sich um 100 Mio. t/Jahr. 2007 waren es 99,8 Mio. t. Mittel- und langfristig wird die Aufrechterhaltung einer Förderkapazität auf dem jetzt erreichten Niveau erwartet.

- Im Lausitzer Revier war die Braunkohlenförderung von 195,1 Mio. t im Jahr 1989 um 74 % auf 50,5 Mio. t im Jahr 1998 zurückgegangen. Nach dem Abschluss der strukturellen Anpassung des Abbaus an den gesunkenen Bedarf ist die Förderung danach wieder leicht angestiegen. Mittel- und langfristig wird mit einer Aufrechterhaltung einer Fördermenge auf dem 2007 erreichten Niveau von 59,5 Mio. t gerechnet.

- In Mitteldeutschland sank die Förderung von 105,7 Mio. t im Jahr 1989 um 87 % auf 13,6 Mio. t im Jahr 1998. Auch in diesem Revier hat sich die Fördermenge danach wieder erhöht. Sie betrug 2007 rund 19,1 Mio. t. In Zukunft sollen etwa 20 Mio. t Braunkohle pro Jahr abgebaut werden.

- Im Helmstedter Revier war die Förderung in den vergangenen Jahren gesunken. Nach Auskohlung des Tagebaus Helmstedt waren es 2007 noch 2,1 Mio. t. Im Tagebau Schöningen wird der Abbau bis 2017 fortgesetzt.

Nach Revieren verteilte sich die Fördermenge 2007 damit wie folgt: Rheinland: 55,3 %, Lausitz: 33,0 %, Mitteldeutschland: 10,6 % und Helmstedt 1,1 %.

2.2.5 Ausgleichsmaßnahmen [13]

Die planerisch und genehmigungsrechtlich abgesicherten Tagebaufelder werden im Verlauf von bis zu 50 Jahren schrittweise vom Bergbau in Anspruch genommen. Der Tagebau steht dabei mit seinem Flächenbedarf notwendigerweise in Konkurrenz zur bestehenden Nutzung. In den Abbaufeldern liegen Ortschaften, die übrigen Flächen sind meist landwirtschaftlich genutzt. Zudem muss zum sicheren Betrieb der Tagebaue das Grundwasser abgesenkt werden. Schließlich ist beispielsweise das rheinische Braunkohlenrevier von einem dichten Netz von Verkehrswegen und von Wasserläufen durchzogen, die ebenfalls vom Abbau betroffen werden. Braunkohlenbergbau ist also unvermeidlich mit Eingriffen in den Lebensraum von Menschen und Natur verbunden.

Der Ausgleich zwischen energiewirtschaftlichen, technischen und umweltbezogenen Interessen erfolgt im landesplanerischen und bergrechtlichen Genehmigungsverfahren (vgl. Kapitel 2.2.3). Dabei wird auch über die konkreten Rahmenbedingungen entschieden, unter denen die spätere Braunkohlengewinnung erfolgt. Dem Bürger, den gewählten politischen Vertretern aus der Region sowie den Fachbehörden, Umweltverbänden, Kammern etc. sind dort Möglichkeiten zur Einflussnahme und zur Mitbestimmung eingeräumt. Allgemein gilt der Grundsatz bei der Planung und dem Betrieb von Braunkohlentagebauen, die Belastungen zu minimieren und den Nutzen (bzw. bei unvermeidbaren Eingriffen den Ausgleich) zu optimieren.

Ein wesentliches Kriterium für die Abgrenzung von Abbaufeldern ist neben der Lagerstätte sowie dem technischen und wirtschaftlichen Planungsaspekten die Rücksichtnahme auf Besiedlung, Verkehrswege und Wasserläufe. Ziel der Planungen ist es, einerseits den Lebens- und Wirtschaftsraum funktionsfähig zu erhalten und andererseits die Lagerstätte möglichst weitgehend zu gewinnen. Allerdings ist es nicht möglich, Tagebaue ohne Eingriff in die vorhandene Siedlungs- und Infrastruktur zu betreiben. Innerhalb der Lagerstättenumgrenzung liegende Ortschaften können deshalb beim Abbau nicht ausgespart werden. Technische und ökonomische Gründe erfordern ihre **Umsiedlung**.

Die Braunkohlenplanung ist ein mehrstufiger Prozess, der vier bis fünf Jahrzehnte in die Zukunft reicht. Bezogen auf die Umsiedlung eines Ortes bedeutet dies, dass die Entscheidung über die Notwendigkeit je nach Lage im Abbaufeld u. U. schon weit vor dem Zeitpunkt der Inanspruchnahme getroffen wird. Über die konkrete Ausgestaltung der jeweiligen Umsiedlung wird unter Berücksichtigung der gesellschaftlichen Rahmenbedingungen und der örtlichen Verhältnisse, ggf. im Rahmen gesonderter Braunkohlenteilpläne, ca. 10 bis 15 Jahre vor dem Abbau unter Beteiligung der dann betroffenen Generation entschieden. Bewährt hat sich, den Menschen die Möglichkeit zu geben, gemeinsam an einen neuen Standort zu ziehen. Dieses Angebot der „gemeinsamen Umsiedlung" ermöglicht den Erhalt der innerörtlichen Gemeinschaft und den Fortbestand von sozialen Bindungen.

Dabei wird grundsätzlich folgendes Verfahren praktiziert: Unter Berücksichtigung von Vorschlägen der betroffenen Bürger wird der mehrheitlich gewünschte Umsiedlungsstandort landesplanerisch festgelegt, von der zuständigen Gemeinde geplant und erschlossen. Im gesamten Verfahren besteht ein umfangreiches Angebot zur Information, Beratung und Beteiligung der Bürger in allen Fragen der Standortfindung, -planung und -erschließung. Die Entschädigungspraxis des Bergbauunternehmens ist darauf ausgerichtet, die Vermögenssubstanz und damit den Lebensstandard der Umsiedler zu erhalten. Damit wird jedem an der gemeinsamen Umsiedlung beteiligten Eigentümer grundsätzlich der Neubau am neuen Standort ermöglicht. Für die Umsiedlung der Mieter wird in jedem Ort ein spezielles Handlungskonzept erarbeitet. Gesonderte Angebote werden bei Bedarf auch für andere Gruppen entwickelt, z. B. für ältere Menschen. Auch bei der Umsiedlung gewerblicher und landwirtschaftlicher Betriebe gilt der Grundsatz, dass die Existenz aller betroffenen Betriebe im bisherigen Umfang auf Wunsch erhalten bleiben soll.

Im rheinischen Revier siedelten von 1948 bis heute etwa 40.000 Menschen um. In den neuen Bundesländern waren bis Ende 2007 über 60.000 Menschen von Umsiedlungsmaßnahmen betroffen. Allein im Lausitzer Revier gab es seit 1922 über 100 Orts- oder Teilortsverlegungen.

Grundvoraussetzung für den Betrieb von Tagebauen sind standfeste Böschungen und tragfähige Arbeitsebenen für die Fördergeräte. Hierzu ist die Entwässerung von wasserführenden Schichten über der Kohle einschließlich einer ausreichenden Druckspiegelreduzierung unter dem tiefsten Kohleflöz, die sogenannte **Sümpfung**, notwendig. Zu diesem Zweck wird eine Vielzahl von Brunnen gebaut, mit denen das Grundwasser abgesenkt wird. Ein großer Teil des gewonnenen Wassers dient in der Region der Trink- und Brauchwasserversorgung. Darüber hinaus wird es gezielt in den Grund- und Oberflächenwasserkreislauf eingebracht. [14]

Aufgrund der hydrogeologischen Gegebenheiten kann man die Grundwasserabsenkung in der Regel nicht auf den engeren Tagebauraum beschränken. Deshalb ergeben sich Auswirkungen auf Wasserwirtschaft und Landschaft der Umgebung.

Die Auswirkungen auf die Wasserversorgung werden durch Ersatzwassermaßnahmen, die zu Lasten des Bergbautreibenden gehen, kompensiert. Dies können Wasserlieferungen, Brunnenvertiefungen oder Übernahme von Mehrförderkosten sein. Bedeutsame Gewässer werden durch Einspeisung von Wasser und schützenswerte Feuchtgebiete durch Versickerung von Wasser erhalten. Daneben wird auch Wasser in Gräben und Bäche eingeleitet. In besonderen Fällen, wie z. B. im Lausitzer Revier, eignen sich auch Dichtwände, um die Auswirkung der Grundwasserabsenkung einzugrenzen.

Eine Fülle von Maßnahmen dient somit dazu, die Sümpfungsauswirkungen durch Vorsorge soweit wie möglich zu begrenzen bzw. durch Ersatz oder Ausgleich zu mindern. Insgesamt bleiben auf diese Weise die wasserwirtschaftlichen Verhältnisse im Bereich des Braunkohlenbergbaus sicher geregelt.

Nach Beendigung der Braunkohlengewinnung werden die entstandenen Restlöcher in der Regel zu Seen ausgestaltet und geflutet. Diese Bergbau-Restseen stabilisieren den Wasserhaushalt in den Revieren und beleben die Bergbaufolgelandschaft.

In Deutschland ist die Landschaft durch Jahrtausende menschlicher Nutzung geprägt. Deswegen ist das Ziel der dem Bergbau nachfolgenden Landschaftsgestaltung und **Rekultivierung** eine neue Kulturlandschaft. Für die Planung gibt es drei Zielvorgaben: Eine Landschaft ist zu gestalten, die nachhaltig nutzbar und ökologisch stabil ist und ihren regionalen Charakter wieder spürbar zum Ausdruck bringt. In der über 100jährigen Rekultivierungspraxis hat sich gezeigt, dass die unterschiedlichen Nutzungsansprüche in einem ausgewogenen Verhältnis zueinander stehen müssen. Die Rekultivierungsziele sind stark durch die Nutzung vor dem Tagebau geprägt. Die rheinische Bördelandschaft mit hochwertigen Ackerböden oder die Lausitzer Wald- und Teichlandschaft unterscheiden sich hinsichtlich Boden, der Besiedlung und ihrer wirtschaftlichen Nutzung. Die Anforderungen an die Bergbaufolgelandschaft sind demgemäß unterschiedlich. Der regionale Charakter soll gewahrt bleiben. Der Erhalt und die Wiederansiedlung von landschaftstypischen Tier- und Pflanzenarten besitzen eine hohe Priorität.

Angestrebt wird, günstige Voraussetzungen für die Regeneration zu schaffen, damit sich eine nachhaltig nutzbare und ökologisch stabile Landschaft wieder einstellt. Es zeigt sich, dass man dieses Ziel erreichen kann. So sind beispielsweise im Rheinland 250 Hektar Rekultivierungsfläche als Naturschutzgebiete ausgewiesen.

Seit Aufnahme der Bergbautätigkeit bis Ende 2007 wurden in Deutschland 169.229 ha, d. h. rund 1.692 km², durch den Braunkohlenbergbau in Anspruch genommen; davon entfielen 29.954 ha auf das Rheinland, 83.246 ha auf die Lausitz, 48.058 ha auf Mitteldeutschland und der Rest auf die übrigen Reviere. Wiedernutzbar gemacht wurden bis Ende 2007 insgesamt 112.528 ha. Das entspricht zwei Drittel der gesamten Landinanspruchnahme. Im Rheinland wurden von der dort in Anspruch genommen Fläche bereits 70 % wieder einer Folgenutzung zugeführt. In der Lausitz sind es 59 % und in Mitteldeutschland 75 %.

In den letzten Jahren wurde in den beiden ostdeutschen Revieren jeweils doppelt soviel Land rekultiviert wie vom Bergbau neu in Anspruch genommen worden war.

Mit der Wiedervereinigung ergaben sich für die Braunkohlenindustrie in den neuen Ländern vollkommen veränderte Rahmenbedingungen. Im Gefolge wurde die Jahresproduktion von rund 300 Mio. t auf weniger als 70 Mio. t reduziert. Eine Vielzahl von Tagebauen und Veredlungsbetrieben musste stillgelegt werden. Wegen der unplanmäßigen Stilllegungszeitpunkte kam es zu einer Anhäufung von zusätzlichen Arbeiten zur Rekultivierung und Wiedernutzbarmachung industriell genutzter Flächen. Hinzu kamen erhebliche Rekultivierungsrückstände aus der DDR-Zeit.

Die Bundesrepublik Deutschland ist Rechtsnachfolger der DDR und war über die Treuhandanstalt zunächst Eigentümer der Braunkohlenindustrie. Im Rahmen der Privatisierung war es notwendig, eine Trennlinie zwischen den Aufgaben der langfristigen Braunkohlengewinnung in privatisierten Unternehmen sowie der Bewältigung des Strukturwandels und Beseitigung der Altlasten im Bereich der ehemaligen Braunkohlenkombinate zu definieren.

Tabelle 23: Betriebsflächen und wieder nutzbar gemachte Flächen im Braunkohlenbergbau in Deutschland (Stand: Ende Dezember 2007)

Revier	Landinanspruchnahme insgesamt	Betriebsflächen (Abraum, Kohle, Kippe) 1)	wieder nutzbar gemachte Flächen				
			Insgesamt	davon Landwirtschaft	Forstwirtschaft	Wasserflächen u. zukünft. Wasserflächen	Sonstiges 2)
	ha	ha	ha	ha	ha	ha	ha
Rheinland	29.954,0	9.146,9	20.807,1	10.879,5	7.968,8	803,3	1.155,5
%	100,0	30,5	69,5	36,3	26,6	2,7	3,9
Helmstedt	2.661,6	1.224,7	1.436,9	609,0	592,5	48,5	186,9
%	100,0	46,0	54,0	22,9	22,3	1,8	7,0
Hessen	3.505,9	83,4	3.422,5	1.818,6	733,4	665,8	204,7
%	100,0	2,4	97,6	51,9	20,9	19,0	5,8
Bayern	1.803,0	–	1.803,0	119,0	958,0	683,0	43,0
%	100,0	–	100,0	6,6	53,1	37,9	2,4
Lausitz	83.246,5	34.177,6	49.068,9	9.398,4	29.791,8	3.885,3	5.993,4
%	100,0	41,1	58,9	11,3	35,8	4,7	7,2
Mitteldeutschland	48.057,7	12.068,4	35.989,3	10.435,7	11.711,6	10.707,6	3.134,4
%	100,0	25,1	74,9	21,7	24,4	22,3	6,5
Deutschland	169.228,7	56.701,0	112.527,7	33.260,2	51.756,1	16.793,5	10.717,9
%	100,0	33,5	66,5	19,7	30,6	9,9	6,3

1) einschl. Rekultivierungsrückstände und Risikoflächen
2) Wohnsiedlungen, fremde Betriebe, Müllflächen, Verkehrswege etc.

Quelle: Bundesverband Braunkohle (DEBRIV)

Mit dem Strukturwandel der ostdeutschen Energiewirtschaft entstand so, neben den privatisierten auf eine langfristige Bergbautätigkeit ausgerichteten Unternehmen LAUBAG und MIBRAG, auch die Lausitzer und Mitteldeutsche Bergbau-Verwaltungsgesellschaft (LMBV). Als Bundesunternehmen trägt die LMBV die bergrechtlichen Verpflichtungen der Alteigentümer. Zur ihren Aufgaben gehört:

— Wiedernutzbarmachung stillgelegter Tagebaue und Veredlungsstandorte als Voraussetzung für eine Folgenutzung,

— Normalisierung des Wasserhaushaltes in der Lausitz und in Mitteldeutschland,

— Beseitigung von Altlasten zur Gesundung der Natur,

— Abbruch von Industrieanlagen zur Neuansiedlung von Industrie und Gewerbe,

— Verkauf von Liegenschaften.

Hauptziel des Unternehmens ist die schnelle und wirtschaftliche Sanierung der stillgelegten Tagebaue und Veredlungsbetriebe als eine entscheidende Voraussetzung zur Nachnutzung dieser Standorte für die Ansiedlung von Industrie und Gewerbe sowie für die touristische Nutzung. Die Wiedernutzbarmachung der ehemaligen Betriebsflächen erfolgt gemäß den im Bundesberggesetz festgelegten Verpflichtungen. Die LMBV ist als Bergbauunternehmen und Projektträger insbesondere verantwortlich für Sanierungsplanung, Projektmanagement und Sanierungscontrolling. Das Schaffen der Voraussetzungen für die Gestaltung der Zukunft der Lausitz und Mitteldeutschlands wird nicht unerheblich durch die Arbeit der Lausitzer und Mitteldeutschen Bergbau-Verwaltungsgesellschaft mbH geprägt und gefördert. Insgesamt hat sie die Verantwortung für 39 ehemalige Braunkohlentagebaue mit 224 Restlöchern in den neuen Ländern übernommen. Hinzu kommen eine Vielzahl weiterer Flächen, die zu sanieren und zu verkaufen sind. Seit 1992 sind insgesamt mehr als 8 Mrd. Euro in die Wiedernutzbarmachung und Revitalisierung der rund 100.000 ha bergbaulich beanspruchter Flächen investiert worden. Wie der BT-Drucksache 16/10029 vom 23.07.2008 zu entnehmen ist, haben der Bund und die ostdeutschen Braunkohleländer Brandenburg, Sachsen, Sachsen-Anhalt und Thüringen ferner in einem dritten ergänzenden Verwaltungsabkommen über die Finanzierung der Braunkohlesanierung (VA IV Braunkohlesanierung) für den Zeitraum 2008 bis 2012 für die durch die Lausitzer und Mitteldeutsche Bergbau-Verwaltungsgesellschaft mbH (LMBV) durchzuführende Sanierung der Altlasten in der Braunkohle einen Finanzrahmen von rund einer Mrd. Euro festgelegt. Nach dem Jahr 2012 werden nach ersten Abschätzungen insgesamt noch weitere Aufwendungen von 300 bis 550 Mio. Euro zur Sanierung der Braunkohlealtlasten in den ostdeutschen Braunkohleländern notwendig sein.

Tabelle 24: Abraumbewegung und Braunkohlenförderung nach Tagebauen (Kalenderjahr 2007)

Tagebaue		Gesellschaften	Abraum-bewegung in 1.000 m³	Braunkohlen-förderung in 1.000 t
REVIER RHEINLAND				
Garzweiler		RWE Power	143.397	40.377
Hambach		RWE Power	218.332	37.925
Inden		RWE Power	74.455	21.450
Summe			***436.186***	***99.752***
REVIER HELMSTEDT				
Schöningen		BKB	9.179	2.116
Summe			***9.179***	***2.116***
REVIER LAUSITZ				
Cottbus-Nord	BR	Vattenfall Europe	15.441	4.192
Jänschwalde	BR	Vattenfall Europe	132.456	14.350
Welzow-Süd	BR	Vattenfall Europe	161.811	21.516
Nochten	S	Vattenfall Europe	139.729	19.401
Reichwalde*	S	Vattenfall Europe	–	–
Summe			***449.407***	***59.460***
REVIER MITTELDEUTSCHLAND				
Profen*	SA/S	MIBRAG	38.021	8.128
Schleenhain	S	MIBRAG	32.607	10.462
Amsdorf	SA	ROMONTA	4.704	493
Summe			***75.332***	***19.082***

BR = Brandenburg SA = Sachsen-Anhalt S = Sachsen
* gestundet
**davon Sachsen-Anhalt = 5,863 Mio. t Förderung und Sachsen = 2,265 Mio. t Förderung

Quelle: DEBRIV – Bundesverband Braunkohle

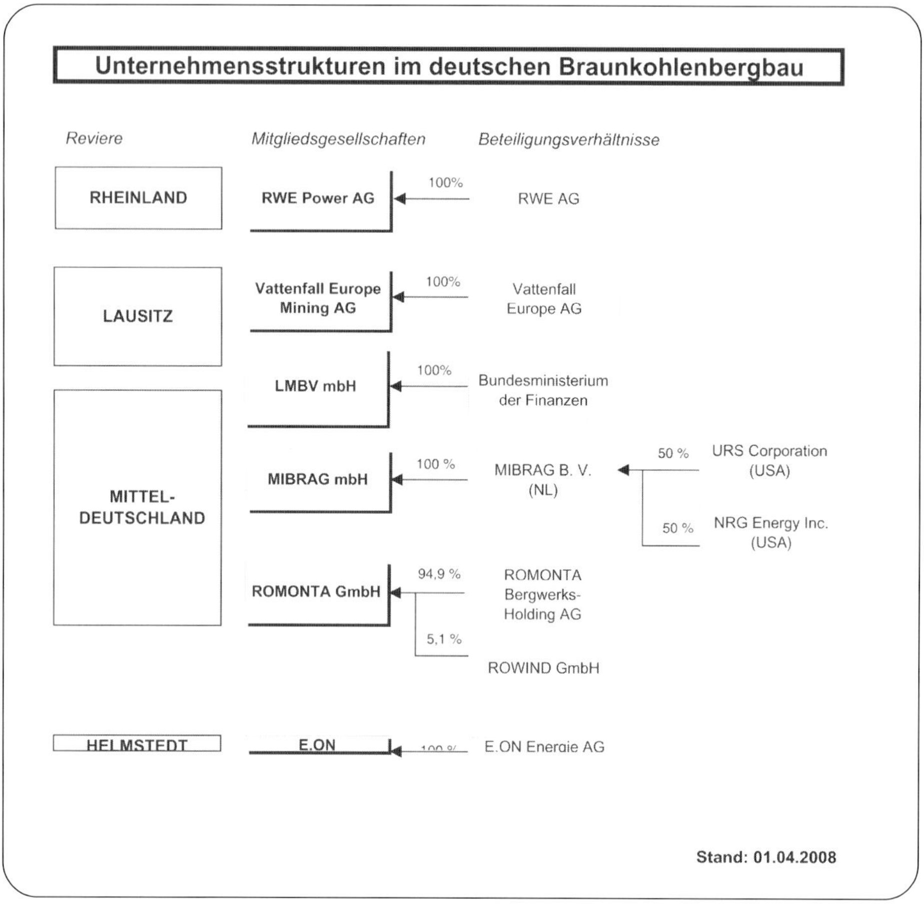

Abb. 17: Unternehmensstrukturen im deutschen Braunkohlenbergbau

2.2.6 Unternehmensstrukturen und Betriebe nach Revieren

Im **Rheinischen Revier** fördert die RWE Power AG, Essen/Köln, in drei Tagebauen Braunkohle. In der RWE Power AG sind neben der Gewinnung des Energierohstoffs Braunkohle die kontinentaleuropäische Stromerzeugung innerhalb des RWE-Konzerns gebündelt. Der aus dem Zusammenschluss von RWE Rheinbraun und RWE Power am 1. Oktober 2003 hervorgegangene Unternehmensbereich ist verantwortlich für den Bau und Betrieb von Kraftwerken, die Energiebereitstellung und die Stromerzeugung auf Basis eines breit gefächerten Energiemixes. Dazu gehören Braunkohle und Kernenergie in der Grundlast sowie Steinkohle, Gas und Wasserkraft in der Mittel- und Spitzenlast. Der von RWE Power erzeugte Strom wird über die Schwestergesellschaften RWE Energy und RWE Supply & Trading oder über die Börse gehandelt. Auf Basis Braunkohle werden außerdem feste

Brennstoffe und Filterkoks hergestellt. Eigentümerin der regenerativen Stromerzeugungsanlagen, wie Laufwasser, Wind und Biomasse, ist seit dem 1. Februar 2008 die neue Konzerngesellschaft RWE Innogy GmbH.

Der Kraftwerkspark der RWE Power umfasst einschließlich Beteiligungen 24 Großkraftwerke und zahlreiche kleinere Erzeugungsanlagen. Die installierte Leistung beträgt rund 33.500 MW. Die Netto-Stromerzeugung der RWE Power belief sich im Jahr 2007 auf 178,9 Mrd. kWh. Nach Energieträgern stellte sich die Stromerzeugung 2007 wie folgt dar:

Braunkohle:	76,1 Mrd. kWh (42 %)
Steinkohle:	55,3 Mrd. kWh (31 %)
Kernenergie:	32,1 Mrd. kWh (18 %)
Gas:	10,1 Mrd. kWh (6 %)
Erneuerbare Energien:	3,2 Mrd. kWh (2 %)
Pumpwasser/Öl/Sonstige:	2,1 Mrd. kWh (1 %)

Im Rheinland betreibt RWE Power an den Standorten Frimmersdorf, Neurath, Niederaußem, Weisweiler und Goldenberg fünf Braunkohlenkraftwerke der allgemeinen Versorgung mit einer installierten Brutto-Leistung von 10.697 MW (Stand: 31.12.2007).

Einschließlich der Erzeugung in den drei Veredlungsanlagen Fortuna-Nord, Ville /Berrenrath und Wachtberg betrug die Brutto-Stromerzeugung aus Braunkohle im Jahr 2007 rund 79 Mrd. kWh. Dafür wurden 90 Mio. t Braunkohle eingesetzt. Dies entspricht 90 Prozent der gesamten Braunkohlenförderung im Rheinland von 100 Mio. t.

Die rheinische Braunkohle trägt mit 12,4 Prozent zur gesamten bundesdeutschen Stromerzeugung bei. In Nordrhein-Westfalen basiert fast jede zweite erzeugte Kilowattstunde auf dem Einsatz rheinischer Braunkohle.

In den drei Veredlungsbetrieben Ville/Berrenrath, Frechen und Fortuna-Nord sind 2007 rund 9,3 Mio. t Rohbraunkohle zu Briketts, Staub, Wirbelschichtkohle und Koks verarbeitet worden. Die gesamte Erzeugung fester Produkte von 3,8 Mio. t verteilte sich mit 2,3 Mio. t auf Staub, 1,0 Mio. t Brikett, 0,4 Mio. t Wirbelschichtkohle und 0,2 Mio. t Koks.

Die Versorgung von Kraftwerken und Veredlungsbetrieben erfolgt aus den drei Tagebauen Hambach, Garzweiler und Inden. 2007 wurden in Garzweiler 40,4 Mio. t, in Hambach 37,9 Mio. t und in Inden 21,5 Mio. t Kohle gefördert.

Im Braunkohlenbergbau, in den Braunkohlenkraftwerken sowie in den Braunkohlenveredlungsbetrieben im Rheinland waren 11.404 Mitarbeiter zum 31.12.2007 beschäftigt. Die Gesamtzahl der Mitarbeiter bei RWE Power und den

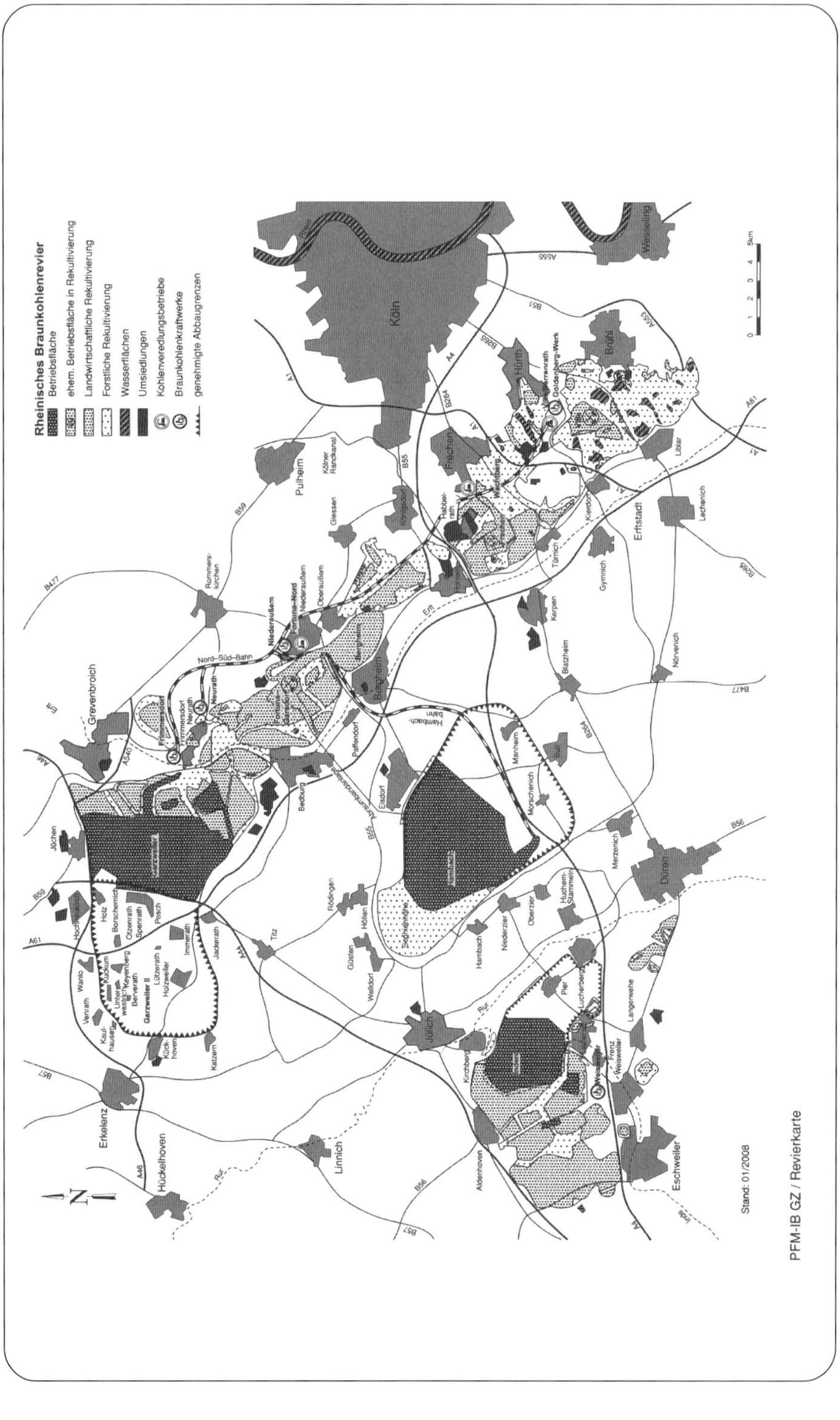

Abb. 18: Revierkarte Rheinland

Beteiligungsgesellschaften im In- und Ausland belief sich zum 31.12.2007 auf 17.238. Der 2007 erwirtschaftete Außenumsatz betrug rund 6,6 Mrd. Euro.

Ihre Wettbewerbsfähigkeit konnte die rheinische Braunkohle in den vergangenen Jahrzehnten durch weitreichende Modernisierung und Rationalisierung erhalten. Folgende Faktoren waren für die erreichten Produktivitätsverbesserungen vor allem entscheidend:

— 1960 waren aus 17 Tagebauen insgesamt 81 Mio. t Braunkohle gewonnen worden. Aus den verbliebenen drei Tagebauen werden heute jährlich rund 100 Mio. t Braunkohle gefördert.

— Die Konzentration der Betriebsstätten war begleitet von einem Zusammenschluss der Braunkohleunternehmen im Rheinland.

— Die Effizienz der Förderung wurde durch den Übergang auf leistungsstärkere Großgeräte mit einer Kapazität von 240.000 m³ pro Tag verbessert. Nur vier Personen gleichzeitig bedienen ein solches Gerät in drei Schichten.

— In der Vergangenheit war Braunkohle vorrangig für Heizzwecke genutzt worden. Heute dienen über 90 % der Braunkohle der Stromerzeugung für die allgemeine Versorgung. Die Standorte der Kraftwerke befinden sich in der Nähe der Tagebaue. Sie werden über Bandanlagen bzw. im Zugbetrieb versorgt.

— Zum 1. April 2000 waren die Braunkohlenkraftwerke der allgemeinen Versorgung auf die Rheinbraun AG übertragen worden. Diese Integration war ein wichtiger Faktor für die fortgesetzte Optimierung von technischen Prozessen und Administration. Der Zusammenschluss ermöglichte es, Kostensenkungspotentiale entlang der gesamten Prozesskette von der Gewinnung bis zur Stromerzeugung zu realisieren.

— Zum 1. Oktober 2003 waren die kontinentaleuropäischen Stromerzeugungsaktivitäten im RWE-Konzern durch die Integration der RWE Rheinbraun AG in die RWE Power AG zusammengefasst worden. Sitz der „neuen“ RWE Power AG sind Essen und Köln.

Dieser im Rheinland über einen Zeitraum von mehreren Jahrzehnten verzeichnete Strukturwandel war in den beiden Revieren der neuen Bundesländer nach der Wiedervereinigung in einem Viertel der Zeit nachzuvollziehen.

So hat sich im **Lausitzer Revier** die Anzahl der Tagebaue von 17 im Jahr 1990 auf vier Tagebaue reduziert. Die Braunkohlengewinnung in der Lausitz hat sich von 195 Mio. t im Jahr 1989 um 70 % bis 2007 vermindert.

Tabelle 25: Entwicklung des rheinischen Braunkohlenreviers 1997-2008

Dezember 1997	Das Bergamt Düren erteilt der Rheinbraun AG die Zulassung für den Rahmenbetriebsplan des Rheinbraun-Tagebaus Garzweiler I/II für den Zeitraum 2001 bis 2045.
2. August 1998	Baubeginn für das erste Braunkohlenkraftwerk mit optimierter Anlagentechnik (BoA) am Standort Niederaußem der RWE Energie.
30. Oktober 1998	Das Landesoberbergamt erteilt der Rheinbraun AG die wasserrechtliche Genehmigung für die Sümpfung des geplanten Anschlusstagebaus Garzweiler II.
1. April 2000	Integration der Braunkohlenkraftwerke der RWE Energie AG in die „neue" Rheinbraun AG; damit sind erstmals bei RWE Braunkohlengewinnung und -verstromung unter einem Unternehmensdach vereinigt; seit 1. Oktober firmiert das Unternehmen unter RWE Rheinbraun AG, Köln.
Januar/Februar 2001	Ein Großgerätetransport mit zwei Schaufelradbaggern im rheinischen Braunkohlenrevier sorgt wochenlang für Aufmerksamkeit in der Bevölkerung und bei den Medien.
1. Juni 2001	RWE Energie und RWE Rheinbraun geben ihre Mehrheitsbeteiligung an der Laubag Lausitzer Braunkohle AG, Senftenberg, in Folge der Kartellamtsauflagen für die Fusion von RWE und VEW an die HEW ab. Ebenso gibt der RWE-Konzern seine Beteiligung an der ostdeutschen Braunkohleverstromungsgesellschaft VEAG Vereinigte Energiewerke AG an das Hamburger Unternehmen ab.
27. Juni 2002	Beschluss des RWE-Rheinbraun-Vorstands zum Bau eines weiteren Braunkohlenkraftwerks mit optimierter Analgentechnik im rheinischen Braunkohlenrevier, vorzugsweise am Standort Neurath.
9. September 2002	Offizielle Inbetriebnahme des ersten Braunkohlenkraftwerks mit optimierter Analgentechnik (BoA) als Block K des Kraftwerks Niederaußem in Bergheim-Niederaußem.
1. Oktober 2003	Zusammenfassung der kontinentaleuropäischen Stromerzeugungsaktivitäten im RWE-Konzern durch die Integration der RWE Rheinbraun AG in die RWE Power AG. Sitz dern „neuen" RWE Power AG sind Essen und Köln.
23. Juni 2005	Erteilung der Genehmigung zum Bau einer Doppelblockanlage auf Basis Braunkohle (BoA 2/3) mit einer Leistung von je 1.050 MW (netto) am Standort Neurath, durch die Bezirksregierung Düsseldorf.
21. August 2005	Papst Benedikt der XVI feiert mit mehr als 1 Mio. Menschen die Vigil sowie die Abschlussmesse des Weltjugendtages auf dem Marienfeld, der landwirtschaftlichen Rekultivierung des ehemaligten Tagebaus Frechen.

Tabelle 25 (Fortzsetzung): Entwicklung des rheinischen Braunkohlenreviers 1997-2008

2. September 2005	Im Westen des rheinischen Braunkohlenreviers wird der Fluss „Inde" auf einer Länge von 12 km in ein neues Bett verlegt, das mäandrierend durch die Rekultivierung des Tagebaus Inden verläuft. Die Verlegung wurde erforderlich, weil der Tagebau Inden das alte Flussbett wenig später durchschneidet.
Juni 2006	RWE Power beginnt mit dem Förderbetrieb im Abbaufeld Garzweiler II. Es schließt sich nahtlos an den Tagebau Garzweiler I an und enthält auf einer Fläche von 48 km² einen Kohlevorrat von 1,3 Mrd. t.
23. August 2006	Im Zuge der Umsetzung des Kraftwerkserneuerungsprogramms legt Bundeskanzlerin Dr. Angela Merkel den Grundstein für den Bau des Braunkohlenkraftwerks BoA 2/3 am Standort Grevenbroich-Neurath.
12.08.2007/4.1.2008	Im Sommer des Jahres 2007 feiert der Tagebau Garzweiler 100 Jahre Braunkohlengewinnung im Norden des rheinischen Braunkohlenreviers. Ein halbes Jahr später feiert die RWE Power AG als Rechtsnachfolgerin der Rheinbraun AG ihr 100-jähriges Bestehen.
Juli 2008	Im Kraftwerk Niederaußem beginnen als Baustein der Clean Coal Strategie der RWE Power AG am Kraftwerksblock BoA 1 die Arbeiten zur Errichtung einer Testanlage zur Erprobung der CO_2-Abscheidung aus dem Rauchgas.
September 2008	Mit dem ersten Spatenstich beginnen die Baumaßnahmen zur Verlegung der Bundesautobahn 4 im Vorfeld des Tagebaus Hambach, die auf einer Länge von ca. 18 km zukünftig parallel zur Bahnstrecke Köln-Aachen verlaufen wird. Die Maßnahme wird begleitet von der zeitgleichen Verlegung der „Hambachbahn" genannten Betriebseisenbahn von RWE Power im gleichen Abschnitt.

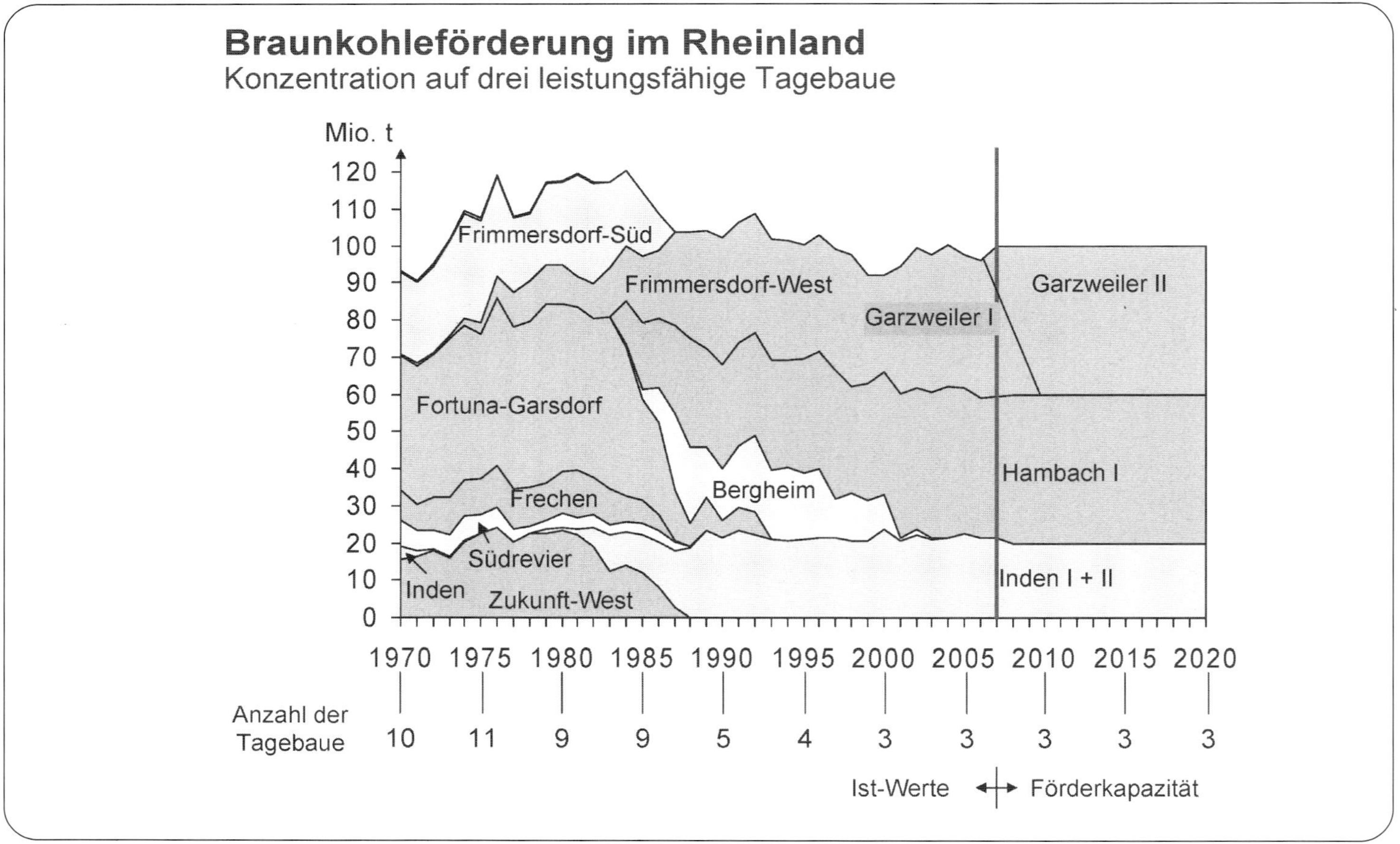

Abb. 19: Braunkohlenförderung im Rheinland nach Tagebauen 1970 bis 2020

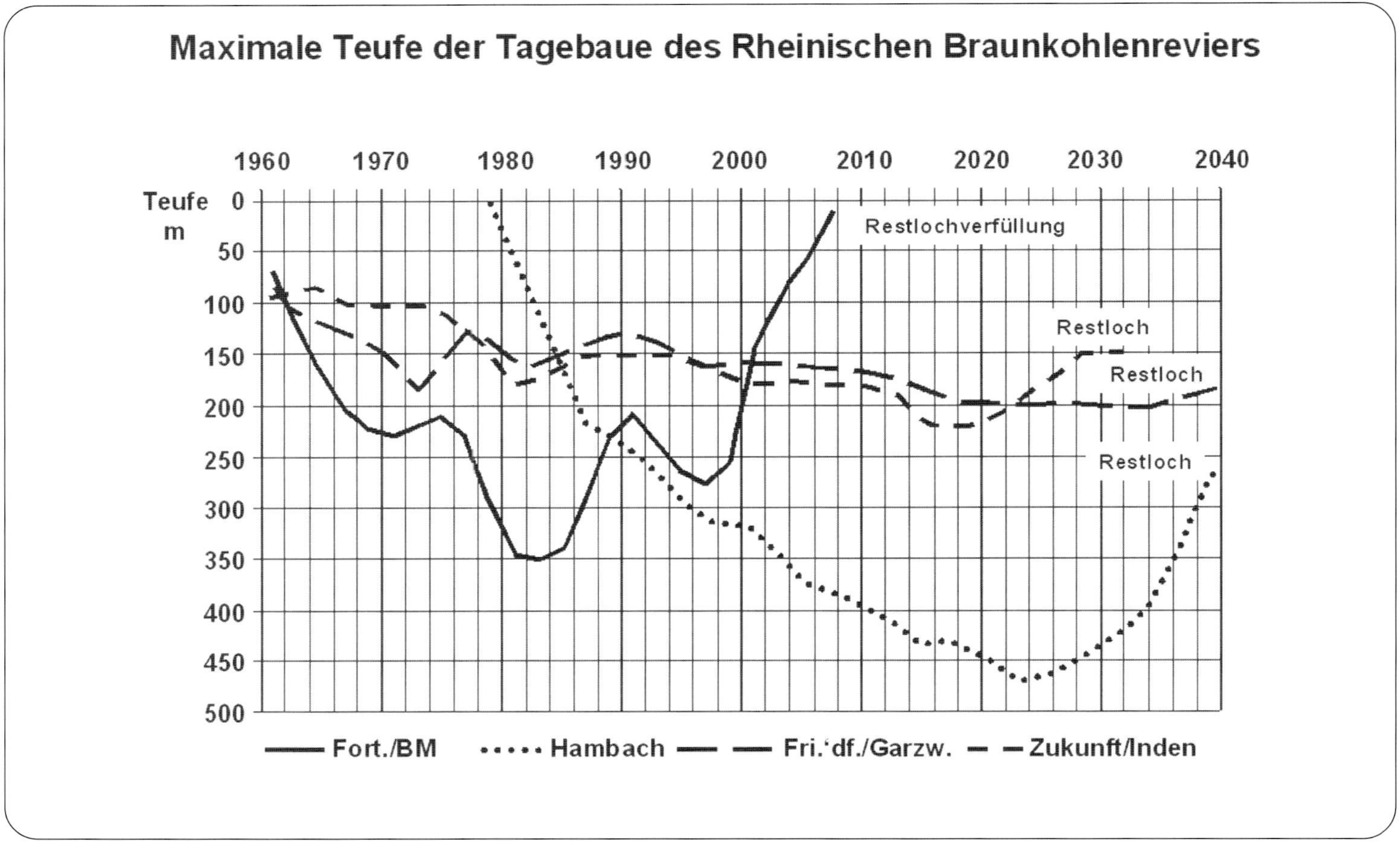

Abb. 20: Maximale Teufe der Tagebaue des Rheinischen Braunkohlenreviers

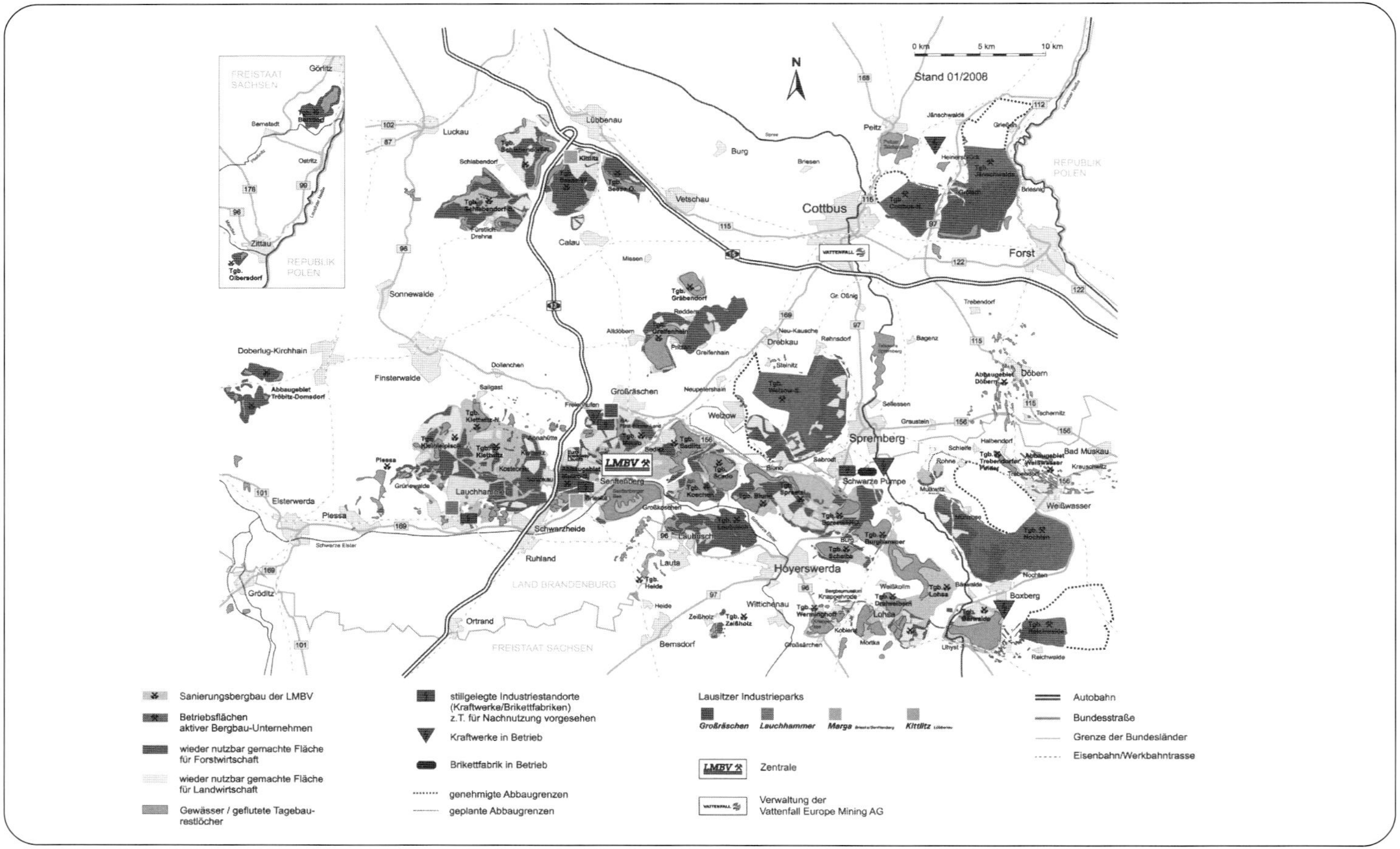

Abb. 21: Revierkarte Lausitz

Mit der im September 1994 erfolgten Privatisierung des langfristig lebensfähigen Teils der Lausitzer Braunkohlenindustrie war ein umfangreicher Prozess der Neuausrichtung vom planwirtschaftlich geführten Kombinat hin zum marktwirtschaftlich orientierten Unternehmen erfolgt.

Seit dem Jahr 2003 sind der Bergbau und die Stromerzeugung und dem Dach der Vattenfall Europe Mining & Generation konzentriert. Vattenfall Europe Mining & Generation ist mit den Tagebauen und Veredlungsanlagen der Vattenfall Europe Mining (VE-M), den Grund- und Spitzenlastkraftwerken der Vattenfall Europe Generation (VEG) sowie den norddeutschen Kernkraftwerksbeteiligungen die tragende Säule des Kerngeschäfts des Konzerns Vattenfall Europe.

Die Braunkohlenlagerstätten des Lausitzer Reviers erstrecken sich vom Südosten des Landes Brandenburg bis zum Nordosten des Freistaates Sachsen. In den Abbaufeldern der Vattenfall Europe Mining AG lagert insgesamt eine nutzbare Vorratsmenge laut genehmigten Braunkohlenplänen von rund 1,4 Mrd. t.

Die Lausitzer Tagebaue förderten im Kalenderjahr 2007 insgesamt 59,5 Mio. t Rohbraunkohle. Der Abbau der Braunkohle erfolgt in den brandenburgischen Tagebauen Jänschwalde, Cottbus-Nord und Welzow-Süd sowie im sächsischen Tagebau Nochten. Im Einzelnen förderten der Tagebau Jänschwalde 14,4 Mio. t, der Tagebau Cottbus-Nord 4,2 Mio. t, der Tagebau Welzow-Süd 21,5 Mio. t und der Tagebau Nochten 19,4 Mio. t. Der sächsische Tagebau Reichwalde ist seit 1999 gestundet. Es ist geplant, diesen Tagebau ab 2010 wieder anzufahren.

Der Rohbraunkohlenabsatz der VE-M betrug 2007 rund 57,0 Mio. t. Davon wurden 54,4 Mio. t an die Lausitzer Großkraftwerke der VE-G geliefert. Die VE-G betreibt im Lausitzer Revier drei Braunkohlenkraftwerke mit einer Bruttoleistung von insgesamt 6.500 MW (Stand: 31.12.2007). Am Standort Boxberg baut die VE-G einen neuen Kraftwerksblock auf Basis Braunkohle mit einer Bruttoleistung von 675 MW. Die Inbetriebnahme der Anlage wird im Jahr 2011 erfolgen.

Der Absatz des Unternehmens an Braunkohle-Veredlungsprodukten belief sich 2007 auf 1,3 Mio. t. Brikett, Staub und Wirbelschichtkohle. Seit dem 1. Oktober 2007 werden „Lausitzer REKORD-Brikett" im Direktvertrieb durch VE-M vermarktet.

Wichtigstes Unternehmen im **Mitteldeutschen Revier**, in dem die Zahl der Tagebaue von 20 im Jahr 1990 in den neunziger Jahren auf zwei vermindert worden war, ist die Mitteldeutsche Braunkohlengesellschaft (MIBRAG), Theißen. Die Mitteldeutsche Braunkohlengesellschaft mbH wurde als erstes Unternehmen der ostdeutschen Braunkohlenindustrie 1994 privatisiert. MIBRAG-Gesellschafter sind NRG Energy Inc., USA und die URS Corporation, USA je zur Hälfte. Die Aktivitäten des Unternehmens konzentrieren sich auf den Süden Sachsen-Anhalts, wo sich auch der Firmensitz befindet, und den Südraum von Leipzig.

Tabelle 26: Entwicklung des Lausitzer Braunkohlenreviers 1995-2008

1995	Erstmals wird ein Eimerkettenbagger im Tagebau Welzow-Süd auf Direktantrieb umgestellt.
1996	Abschluss der Ertüchtigungs- und Nachrüstungsmaßnahmen für die acht 500-MW Braunkohlenblöcke in den Kraftwerken Jänschwalde und Boxberg. Inbetriebnahme des Zentralleitstandes im Tagebau Welzow-Süd. Abschluss der ersten gemeinsamen Umsiedlung im Lausitzer Revier in Kausche.
1997	Inbetriebnahme des neuen Zentralstellwerks für den Eisenbahnbetrieb in Schwarze Pumpe. Verabschiedung des brandenburgischen Braunkohlengrundlagengesetzes durch den Landtag.
1998	Offizielle Inbetriebnahme des neuen 2x800-MW-Braunkohlenkraftwerks in Schwarze Pumpe.
1999	Inbetriebnahme der Wirbelschichtbraunkohlenverladung und der Braunkohlenstaubmahlanlage in Schwarze Pumpe.
2000	Offizielle Inbetriebnahme des 900-MW-Braunkohlenblocks im Kraftwerk Boxberg.
2001	Abschluss der Umsiedlung des Ortes Geisendorf.
2002	Aus den Unternehmen Bewag Aktiengesellschaft (Bewag), Hamburgische Electricitätswerke AG (HEW), Lausitzer Braunkohle AG (LAUBAG) und VEAG Vereinigte Energiewerke AG (VEAG) wird der neue Energiekonzern Vattenfall Europe AG gebildet.
2002	Mit dem Eintrag in das Handelsregister heißt die zuvor aus der VEAG ausgegründete Kraftwerkssparte jetzt Vattenfall Europe Generation AG & Co. KG.
2003	Aus der Lausitzer Braunkohle Aktiengesellschaft (LAUBAG) wird die Vattenfall Europe Mining AG und bildet mit der Vattenfall Europe Generation AG & Co. KG sowie den norddeutschen Kernkraftwerksbeteiligungen im Konzern Vattenfall Europe AG die Geschäftseinheit Vattenfall Europe Mining & Generation. Einweihung der Kirche in Horno/Symbolischer Abschluss der Umsiedlung von Horno.
2004	Eröffnung des neuen Gebäudes der gemeinsamen Verwaltungen der Vattenfall Europe Mining AG und der Vattenfall Europe Generation AG & Co. KG in Cottbus.
2005	Seit 50 Jahren ist Schwarze Pumpe der Begriff für Braunkohlenveredlung und Stromerzeugung in Ostdeutschland. Seit der Wiedervereinigung hat sich der Standort zu einem modernen und multifunktionalen Industriepark entwickelt.
2006	05/06: Bundeskanzlerin Dr. Angela Merkel und Brandenburgs Ministerpräsident Matthias Platzeck haben am Standort Schwarze Pumpe mit einem symbolischen Spatenstich offiziell den Bau einer Pilotanlage für ein CO_2-emissionsarmes Braunkohlenkraftwerk begonnen.

Tabelle 26 (Forts.): Entwicklung des Lausitzer Braunkohlenreviers 1995-2008

2006	10/06: Abschluss der Umsiedlung Haidemühl 12/06: Vattenfall erhält die Genehmigung für die Errichtung und den Betrieb eines 675-MW-Neubaublockes in Boxberg.
2007	08/07: Die Fortführung des Tagebaues Cottbus-Nord ist durch eine endgültige Entscheidung des Oberverwaltungsgerichtes Berlin-Brandenburg gesichert. Die jahrelange, zuletzt gerichtlich geführte Auseinandersetzung um die Lakomaer Teiche und deren Inanspruchnahme durch den Tagebau Cottbus-Nord wurde einvernehmlich in einem außergerichtlichen Vergleich zwischen Vattenfall und Grüner Liga im September beendet. 09/07: Die Landesregierung Brandenburg und Vattenfall informieren über die Zukunft der brandenburgischen Braunkohlewirtschaft. Bis 2050 plant Vattenfall den Aufschluss der drei Zukunftsfelder Jänschwalde-Nord, Bagenz-Ost und Spremberg-Ost. 10/07: Der Aufstellungsbeschluss zur Teilfortschreibung des Braunkohlenplanes Nochten für das Vorranggebiet Nochten wurde gefasst. 11/07: Das Braunkohlenplanverfahren zur Nutzung des Räumlichen Teilabschnittes II, Tagebau Welzow-Süd wurde eröffnet.
2008	05/08: Die Brandenburgische Landesregierung verabschiedete die „Energiestrategie 2020". Darin enthalten sind die langfristige Braunkohlenversorgung für die Stromerzeugung mit dem Bekenntnis für das laufende Braunkohlenplanverfahren Tagebau Welzow-Süd, Räumlicher Teilabschnitt II, sowie für den schrittweisen Aufschluss der drei Zukunftsfelder Jänschwalde-Nord, Bagenz-Ost und Spremberg-Ost. 09/08: Inbetriebnahme der weltweit ersten Pilotanlage eines CO_2-emissionsarmen Kohlekraftwerks in Schwarze Pumpe

Zum Unternehmen gehören zwei Tagebaue, Profen und Vereinigtes Schleenhain, eine Staubfabrik in Deuben sowie drei Kraftwerke in Deuben, Mumsdorf und Wählitz. Im Zeitraum von 1994 bis 2007 investierte das Unternehmen 965 Mio. Euro in moderne Ausrüstungen, Systeme und Anlagen, die die Effizienz verbessern und gleichzeitig alle Umweltschutzauflagen erfüllen.

Die jährliche Förderkapazität der Tagebaue liegt im Fall von Profen bei 9-10 Mio. t und im Fall von Vereinigtes Schleenhain bei 10-11 Mio. t.

Im Jahr 2007 förderte das mitteldeutsche Bergbauunternehmen 18,6 Mio. t Rohbraunkohle und produzierte 253.144 t Braunkohlenbrennstaub. Die Kraftwerke erzeugten 1,4 Mrd. kWh Elektroenergie sowie 2.070 TJ Wärme. Hauptabnehmer der Rohbraunkohle sind das Kraftwerk Lippendorf, das Kraftwerk Schkopau sowie verschiedene Heiz- und Industriekraftwerke im mitteldeutschen Raum. Einsatzschwerpunkt des Braunkohlenbrennstaubes ist dic Zementindustrie.

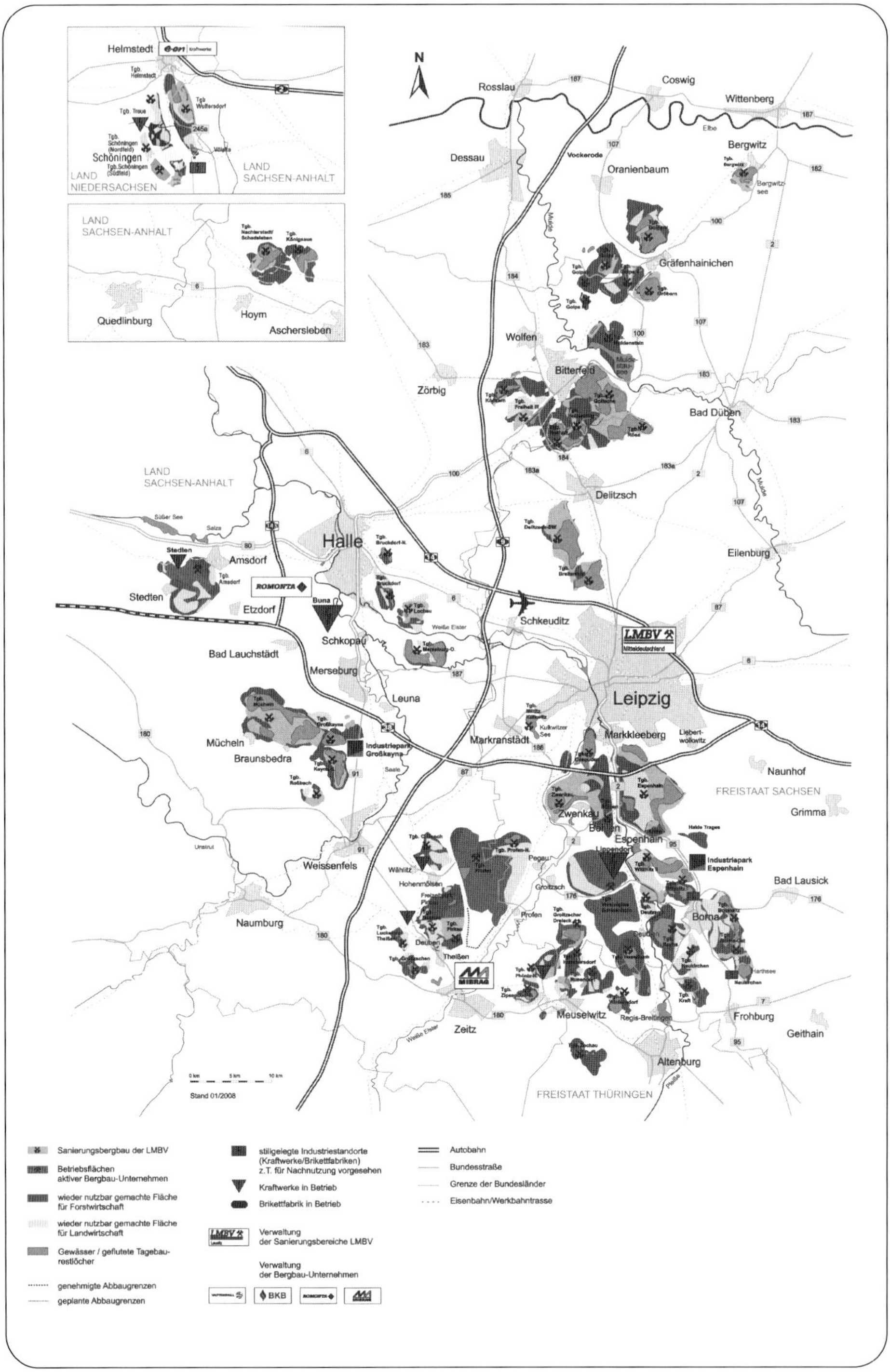

Abb. 22: Revierkarte Mitteldeutschland

Tabelle 27: Fünfzehn Jahre MIBRAG – Chronologie wichtiger Ereignisse

1994	– Durch Verkauf der wettbewerbsfähigen Teile der Mitteldeutschen Braunkohlenwerke AG entsteht die Mitteldeutsche Braunkohlengesellschaft mbH (MIBRAG). – Eigentümer werden zu gleichen Teilen PowerGen plc. (Großbritannien), NRG Energy Corp. sowie Morrison Knudsen Corporation (USA, ab 2001 Washington Group International). – Die neue Gesellschat übernimmt die Tagebaue Vereinigtes Schleenhain und Profen, den Tagebau Zwenkau (gepachtet) sowie drei Industriekraftwerke; eine Staubfabrik und zwei Brikettfabriken. – Die erste gemeinsame Umsiedlung in Mitteldeutschland wird erfolgreich abgeschlossen: 40 Schwerzauer Bürger beziehen in der Nachbargemeinde Draschwitz ihr neues Zuhause. – Das moderne auf zirkulierender Wirbelschicht arbeitende Neubauindustriekraftwerk Wählitz nimmt seinen Betrieb auf.
1995	– MIBRAG und Kraftwerksbetreiber vereinbaren die jährliche Lieferung von mindestens 10 Mio. t Braunkohle für eine Laufzeit von 40 Jahren für das geplante Kraftwerk in Lippendorf. – Inbetriebnahme des Kohlenmisch- und Stapelplatzes Profen.
1996	– Beginn der Rohkohlenlieferung aus dem Tagebau Profen für das neu gebaute Braunkohlenkraftwerk Schkopau (E.ON Kraftwerke GmbH, Saale Energie GmbH). – Inbetriebnahme der Rauchgasentschwefelungsanlagen in den Kraftwerken Deuben und Mumsdorf.
1997	– Vergabe der wesentlichsten Investitionsaufträge für die Umrüstung des Tagebaus Schleenhain an Firmen der Region mit einem Volumen von über 97 Mio. Euro.
1998	– Abschluss der freiwilligen und vorzeitigen Umsiedlung von 850 Einwohnern der Gemeinde Großgrimma in die Stadt Hohenmölsen. – Flutung des Cospudener Sees mit MIBRAG-Wasser.
1999	– Lieferung der ersten Rohkohle aus dem Tagebau Vereinigtes Schleenhain an das Kraftwerk Lippendorf. – Tagebau Zwenkau stellt seinen Betrieb ein.
2000	– Mitverbrennung von Klärschlamm im Kraftwerk Mumsdorf beginnt. – Einstellen der Brikettproduktion in der Brikettfabrik Mumsdorf.

Tabelle 27 (Fortsetzung): Fünfzehn Jahre MIBRAG – Chronologie wichtiger Ereignisse

2001	– Rekord auf dem Gebiet der Arbeitssicherheit mit 2 Mio. unfallfreien Arbeitsstunden. – Regelung der betrieblichen Altersversorgung im Rahmen der Gewinnbeteiligung der Mitarbeiter sowie die Einführung eines erfolgsabhängigen Bonussystems zur Erhöhung der Arbeitssicherheit und zur weiteren Unfallverhütung in Betriebsvereinbarungen.
2002	– Erstmals Übernahme von Jungfacharbeitern nach erfolgreichem Abschluss der Ausbildung in unbefristete Beschäftigungsverhältnisse.
2003	– Störmthaler See wird mit MIBRAG-Wasser geflutet. – Letztes Brikett aus Deuben – die über 145-jährige Tradition der Brikettierung in Mitteldeutschland geht zu Ende, die betroffenen Mitarbeiter werden weiter in der MIBRAG beschäftigt. – Mit der Förderung von 21,5 Mio. t Rohbraunkohle fährt die MIBRAG die beste Jahresleistung seit Bestehen ein.
2004	– Vorgezogener Aufschlussbeginn des Baufeldes Schwerzau im Tagebau Profen, geplante Investition für den Aufschluss in den nächsten Jahren: 130 Mio. Euro. – Nach Verabschiedung des neuen Heuersdorf-Gesetzes im Sächsischen Landtag durch die Regelung der Inanspruchnahme der Ortslage Heuersdorf südlich von Leipzig, unter der 52 Mio. t hochwertige Rohbraunkohle lagern, erlangt die MIBRAG Planungs-, Rechts- und Investititionssicherheit. – MIBRAG stellt den Entwurf eines Bebauungsplans für das Siedlungsgebiet „Am Wäldchen“ in Regis-Breitingen vor; der Entwurf entstand nach den Vorstellungen und Wünschen von Heuersdorfer Familien, die den neuen Standort für eine gemeinsame Umsiedlung favorisieren.
2005	– Erster Spatenstich für das neue Wohngebiet der Heuersdorfer „Am Wäldchen“ in Regis-Breitingen; Ende Oktober Einzug der ersten Familie in das neue Zuhause. – MIBRAG vergibt erneut einen Millionen-Auftrag in der Region; Siemens erhält den Zuschlag für die Realisierung der Elektroenergieversorgung im Tagebau Profen. – Sächsischer Verwaltungsgerichtshof weist den Normenkontrollantrag des Heuersdorfer Ortschaftsrates zurück. – Inbetriebnahme des ersten Bauabschnitts des neuen Massenverteilers im Tagebau Profen.

Tabelle 27 (Fortsetzung): Fünfzehn Jahre MIBRAG – Chronologie wichtiger Ereignisse

2006	– Beginn der Braunkohlenförderung im Abbaufeld Schwerzau des Tagebaus Profen; jährlich sollen bis zu 9 Mio. t Rohbraunkohle gefördert werden. – MIBRAG startet die Erkundung der Braunkohlenlagerstätte bei Lützen (Landkreis Weißenfelder Land, Sachsen-Anhalt). – Schlüsselübergabe für den neuen Schaufelradbagger SRs 2000, der nach erfolgreicher Umsetzung und aufwendiger Modernisierung im Abbaufeld Schwerzau eingesetzt wird.
2007	– MIBRAG schließt mit 95 Erkundungsbohrungen südlich der A 38 die erste Etappe zur Untersuchung der qualitativen und quantitativen Verhältnisse der Braunkohlenlagerstätte bei Lützen (Sachsen-Anhalt, Landkreis Weißenfels) ab. – Weitere neue Wohngebiete für Heuersdorfer werden in Hagenest und Frohburg erschlossen. – Erfolgreicher Transport der Emmauskirche von Heuersdorf nach Borna; Sanierung des Gotteshauses beginnt am neuen Standort. – Nach fast vier Jahren Bauzeit nimmt eine der größten Investitionsvorhaben im Tagebau Profen, der komplette Massenverteiler, die Produktion auf. – Mit etwa 1,5 Millionen Euro das bislang größte jährliche Auftragsvolumen seit Bestehen des Unternehmens für die Gestaltung neuer Landschaften und den Immissionsschutz realisiert.
2008	– Fortsetzung der Erkundungsbohrungen in der Lagerstätte bei Lützen in einer zweiten Etappe nördlich der A 38. – Wiedereröffnung der Heuersdorfer Emmauskirche am Ostermontag nach Abschluss der Sanierungsarbeiten. – Landesamt für Denkmalpflege und Archäologie Sachsen-Anhalt und MIBRAG präsentieren der Öffentlichkeit einen Sensationsfund, den Goldschatz von Profen. – Unterzeichnung eines langfristigen Vertrages über die Lieferung von jährlich etwa 1,3 Millionen Tonnen Rohbraunkohle aus dem Tagebau Profen an die Stadtwerke Chemnitz ab 2010 bis 2019.

Seit 1999 versorgt der Tagebau Vereinigtes Schleenhain das neue Kraftwerk Lippendorf (1.840 MW) mit Rohbraunkohle ausschließlich über Bandanlagen. Für vier Jahrzehnte wird der Tagebau jährlich mindestens 10 Mio. t Rohbraunkohle in dieses Kraftwerk liefern. Neue Technik, wie der Einsatz von Easy-Minern zur Gewinnung von Rohbraunkohle in Kessellagen und aus geringmächtigen Flözen sowie der Einsatz von Portalkratzern zur Vergleichmäßigung (Homogenisierung) der Kohlenqualitäten auf dem Kohlenmisch- und Stapelplatz im Tagebau Vereinigtes Schleenhain, steigern die Effizienz der Produktion. Der Aufschluss und Fortschritt des Abbaufeldes Schwerzau im Tagebau Profen schafft die Voraussetzungen dafür, jährlich zwischen 9 und 10 Mio. t Rohbraunkohle fördern zu können.

In der mitteldeutschen Region zählt die MIBRAG mbH mit 2.152 Beschäftigten (Stand: 31.12.2007) zu den größten Arbeitgebern.

Ebenfalls im Mitteldeutschen Revier unterhält die Romonta GmbH am Standort Amsdorf (Sachsen-Anhalt) einen Tagebau. 2007 wurden 0,5 Mio. t Rohkohle gefördert. Aus der gewonnenen Braunkohle wird insbesondere Rohmontanwachs extrahiert. Zum Jahresende 2007 beschäftigte die ROMONTA GmbH 338 Mitarbeiter.

Der Braunkohlenbergbau im **Helmstedter Revier** blickt auf eine lange Geschichte zurück, die Zukunft jedoch ist endlich: Um das Jahr 2015 werden die wirtschaftlich erschließbaren Vorräte ausgekohlt sein.

Die Gründung der Braunschweigischen Kohlenbergwerke Aktiengesellschaft im Jahr 1873 fußt auf weiter zurückliegenden Erfahrungen im Braunkohlenbergbau. Etwa achtzig Jahre zuvor, im Jahr 1795, hatte der Herzog von Braunschweig-Lüneburg die ersten Schürfrechte verliehen. Versuche, die Braunkohle zu nutzen, gab es jedoch bereits Anfang des achtzehnten Jahrhunderts, wahrscheinlich auch schon früher. Doch erst als die BKB AG ihre Tätigkeit aufnahm, begann eine erfolgreiche Bergbau-Epoche im Helmstedter Raum. Im ersten BKB-Geschäftsjahr betrug die Kohleförderung bereits 205.000 Tonnen.

Die heutigen Zahlen sind von denen des Anfangsjahres weit entfernt: Im Jahr 2007 wurden 2,1 Mio. t Kohle aus dem Tagebau Schöningen gefördert. Die gewonnene Kohle, die seit 1925 im Tagebaubetrieb abgebaut wird, nutzt das Unternehmen ausschließlich zur Stromerzeugung im Kraftwerk Buschhaus. Die Braunkohle aus dem Helmstedter Revier verstromt die BKB seit fast einhundert Jahren in eigenen Kraftwerken. Seit 1906 hat das Unternehmen neun Kraftwerke in Betrieb genommen. Bis auf die Anlage Buschhaus, die 1985 den Betrieb aufnahm, sind alle anderen nach und nach vom Netz genommen worden. Auch nach 2015 wird der Standort Buschhaus in Betrieb bleiben. So wird mit den dort vorhandenen Verbrennungslinien der Thermischen Restabfallvorbehandlungsanlage (TRV) ein neuer Weg beschritten.

Seit dem 1. April 2008 ist die BKB als Standort mit dem Kraftwerk Buschhaus, dem Bergbau, Tagebau Schöningen und einem Teil der bisherigen BKB-Zentrale in die E.ON Kraftwerke GmbH, Hannover, überführt worden und firmiert hier unter dem Namen E.ON Kraftwerke, Helmstedter Revier.

In **Hessen** beschränkte sich die Braunkohlengewinnung zuletzt auf die Zeche Hirschberg GmbH bei Großalmerode in der Nähe von Kassel. Die Zeche Hirschberg war in Deutschland die einzige Betriebsstätte, in der Braunkohle teilweise auch unter Tage abgebaut wurde. Am 30. Juni 2003 wurde auf der Zeche Hirschberg die letzte Kohle gefördert. Die gesamte Gewinnung ist damit dauerhaft eingestellt.

Seit 1994 ist die bundeseigene Lausitzer und Mitteldeutsche Bergbauverwaltungsgesellschaft mbH (LMBV) Projektträger der **Braunkohlensanierung in den Neuen Bundesländern**, die 1992 vom Bund und den betroffenen Ländern auf den Weg gebracht wurde. Die LMBV hatte – zusätzlich zu einer Vielzahl weiterer Flächen – die Verantwortung für 39 ehemalige Braunkohlentagebaue mit 224 Restlöchern in den neuen Ländern übernommen.

Hauptziel des Unternehmens ist die schnelle und wirtschaftliche Sanierung der stillgelegten Tagebaue und Veredlungsbetriebe als eine entscheidende Voraussetzung zur Nachnutzung dieser Standorte für die Ansiedlung von Industrie und Gewerbe sowie für die touristische Nutzung.

2.2.7 Verwendung der Braunkohle

Angesichts ihres Wassergehaltes von durchschnittlich etwa 55 % ist der Transport von Rohbraunkohle über größere Entfernungen nicht wirtschaftlich. Entsprechend wird die Rohbraunkohle überwiegend in der Nähe der Tagebaue eingesetzt beziehungsweise zu Braunkohlenprodukten veredelt.

Schwerpunkt der Braunkohlennutzung ist die Stromerzeugung. 2007 setzten die Kraftwerke der allgemeinen Versorgung 165,2 Mio. t Braunkohle aus inländischer Förderung zur Strom- und Fernwärmeerzeugung ein. Dies entsprach 92 % der gesamten Gewinnung. Nach Revieren stellt sich der Einsatz der Braunkohle in Kraftwerken 2007 wie folgt dar:

Im **Rheinischen Revier** verfügt die RWE Power AG über fünf Braunkohlenkraftwerke zur allgemeinen Stromversorgung mit einer Engpassleistung von insgesamt 10.951 MW brutto beziehungsweise 9.787 MW netto (Stand: 31. Dezember 2007). Dabei handelt es sich um die Anlagen in Niederaußem (3.801 MW brutto / 3.531 MW netto), in Frimmersdorf (2.254 MW brutto / 1.995 MW netto), in Neurath (2.208 MW brutto / 2.053 MW netto), in Weisweiler (2.263 MW brutto/ 2.057 MW netto) und in Goldenberg (171 MW brutto/151 MW netto).

Nach Leistungsklassen der installierten Blöcke stellt sich die angegebene Bruttoleistung bei den vier Braunkohle-Großkraftwerken wie folgt dar:

— Niederaußem: zwei mit 150 MW, vier mit 300 MW, zwei mit 600 MW sowie der Neubaublock K mit rund 1.000 MW;

Tabelle 28: Braunkohlenkraftwerke in Deutschland

Revier	Kraftwerksname Standort	Unternehmen	Bundesland	Installierte Brutto-Leistung MW
Rheinland	Fortuna-Nord	RWE Power	NRW	93
	Ville/Berrenrath	RWE Power	NRW	107
	Wachtberg	RWE Power	NRW	201
	Frimmersdorf	RWE Power	NRW	2.254
	Goldenberg[1)]	RWE Power	NRW	171
	Neurath	RWE Power	NRW	2.208
	Niederaußem	RWE Power	NRW	3.801
	Weisweiler[2)]	RWE Power	NRW	2.263
	Köln/Merkenich	RheinEnergie	NRW	63
	Osnabrück	Kämmerer (Papier)	NRW	15
	Zülpich	Kappa	NRW	6
	Kreuzau	Niederauer Mühle	NRW	4
	Euskirchen	Pfeifer & Langen	NRW	6
	Jülich	Zuckerfabrik	NRW	21
	Duisburg[3)]	Sachtleben Chemie	NRW	15
	Düren[3)]	Schöllershammer	NRW	10
	Bergheim[3)]	Martinswerk	NRW	20
	Wesseling[3)]	Basell	NRW	20
	Summe (31.12.2007)			11.278
Helmstedt	Buschaus	E.ON Kraftwerke GmbH	Niedersachsen	390
	Summe (31.12.2007)			390
Hessen	Kassel 2- FKK	E.ON Kraftwerke GmbH Kasseler FW GmbH	Hessen	38
	Summe (31.12.2007)			38
Lausitz[3)]	Klingenberg	Vattenfall Europe Berlin AG & Co. KG	Berlin	188
	Jänschwalde	Vattenfall Europe Generation	Brandenburg	3.000
	Schwarze Pumpe	Vattenfall Europe Generation	Brandenburg	1.600
	Cottbus	Stadtwerke Cottbus	Brandenburg	80
	Frankfurt/Oder	Stadtwerke	Brandenburg	49
	Senftenberg	Ges. f. Montan- u. Bautechnik mbH	Brandenburg	11
	Chemnitz	Stadtwerke	Sachsen	185
	Boxberg	Vattenfall Europe Generation	Sachsen	1.900
	Summe (31.12.2007)			7.013
Mittel-deutschland[4)]	Amsdorf	ROMONTA	Sachsen-Anhalt	48
	Dessau	DVV-Stadtwerke	Sachsen-Anhalt	57
	Deuben	MIBRAG IKW GmbH	Sachsen-Anhalt	86
	Könnern	Zuckerfabrik	Sachsen-Anhalt	29
	Mumsdorf	MIBRAG IKW GmbH	Sachsen-Anhalt	85
	Schkopau	E.ON Kraftwerke GmbH Saale Energie GmbH	Sachsen-Anhalt	980
	Wählitz	MIBRAG IKW GmbH	Sachsen-Anhalt	37
	Zeitz	Südzucker AG Mannheim	Sachsen-Anhalt	20
	Zeitz	Südzucker Bioethanol GmbH	Sachsen	20
	Lippendorf	Vattenfall Europe Generation	Sachsen	920
	Lippendorf	EnBW/E.ON Kraftwerke GmbH	Sachsen	920
	Summe (31.12.2007)			3.202
Deutschland	Summe (31.12.2007)			21.921

1) ohne Gas, Motoren (4 MW)
2) ohne MVA (30 MW)/ohne VGT (500 MW)
3) Schätzwert, da Einbindung in Dampfschiene
4) einschließlich Heizkraftwerke

Quelle: Angaben der Gesellschaften

— Frimmersdorf: elf mit 150 MW und zwei mit 300 MW;

— Neurath: drei mit 300 MW, zwei mit 600 MW;

— Weisweiler: zwei mit 150 MW, zwei mit 300 MW, zwei mit 600 MW.

2007 belief sich die Stromerzeugung aus Braunkohle auf 75,9 TWh (brutto) bzw. 69,2 TWh (netto). Zuzüglich der Stromerzeugung in der MVA Weisweiler, in der Vorschaltgasturbine Weisweiler und der Stromerzeugung auf Basis anderer Brennstoffe (wie Faserreststoffe und Klärschlamm) ergibt sich eine gesamte Elektrizitätsproduktion von 77,7 TWh (brutto) bzw 70,9 TWh (netto)

Nach Standorten verteilte sich die Stromerzeugung auf Basis Braunkohle im Jahr 2007 wie folgt:

— Niederaußem:	28,1	TWh brutto bzw.	26,1	TWh netto
— Frimmersdorf:	16,7	TWh brutto bzw.	14,9	TWh netto
— Neurath:	14,1	TWh brutto bzw.	13,0	TWh netto
— Weisweiler:	16,0	TWh brutto bzw.	14,4	TWh netto
— Goldenberg:	1,0	TWh brutto bzw.	0,8	TWh netto

Im Kraftwerk Weisweiler der RWE Power AG wurden zur kostengünstigen Bereitstellung von Mittellast- und Regelenergie die beiden 600 MW-Braunkohlenblöcke G und H um jeweils eine Vorschaltgasturbine ergänzt. Dadurch ist die Kapazität des Kraftwerks um 500 MW erhöht und der Wirkungsgrad der Gesamtanlage von zuvor 36 % auf rd. 40 % gesteigert worden. Die Anlage war 2006 in Betrieb genommen worden.

Im Kraftwerk Niederaußem ist im Jahr 2008 eine Demonstrationsanlage zur Wirbelschichttrocknung mit interner Abwärmenutzung (WTA) in Betrieb genommen worden. Diese WTA-Prototypanlage ist in der Lage, bis zu 25 % des Brennstoffbedarfs des BoA 1-Blocks zu decken. Durch die Trocknung der grubenfeuchten Kohle mit Wärme, die bereits am Stromerzeugungsprozess teilgenommen hat, wird die Effizienz des BoA-Blocks bereits bei dem genannten Brennstoffteilstrom um rund 1 Prozentpunkt auf über 44 % gesteigert. Die WTA-Demonstrationsanlage liefert die großtechnischen Erfahrungen, um einen kompletten Braunkohlenblock mit Trockenbraunkohle versorgen zu können. Diese neue Technik des Trockenbraunkohlenkraftwerks mit einem Wirkungsgrad von mehr als 47 % stellt den nächsten Meilenstein in der Braunkohlenkraftwerkstechnik dar.

Im Mai 2004 hatte RWE Power den Genehmigungsantrag für ein neues Braunkohlenkraftwerk mit optimierter Anlagentechnik (BoA) nach Bundesimmissionsschutzgesetz bei der zuständigen Bezirksregierung Düsseldorf gestellt. Die Genehmigung für die Errichtung einer Doppelblockanlage mit einer Nettoleistung von je 1.050 MW und einem Wirkungsgrad von über 43 % am Standort

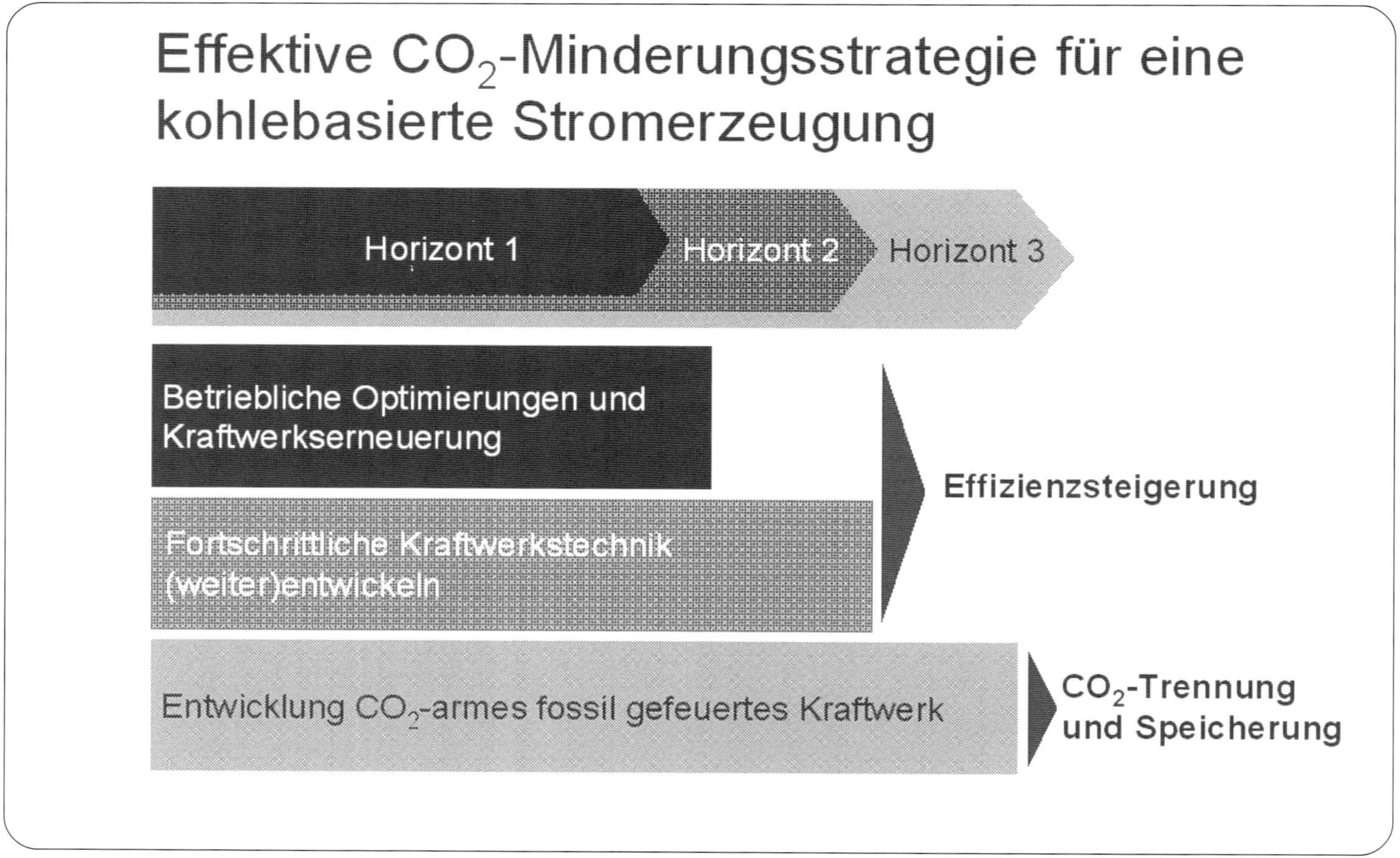

Abb. 23: Effektive CO_2-Minderungsstrategie für eine kohlebasierte Stromerzeugung

Abb. 24: Technologische Meilensteine zur Effizienzsteigerung

Neurath, die zugleich für ein breites Einsatzkohlenband mit vorrangiger Verbrennung von Hambach-Kohle ausgelegt ist, war am 23. Juni 2005 erteilt worden. Mit dem Bau wurde Anfang 2006 begonnen. Die Inbetriebnahme der Anlage kann im Jahr 2010/2011 erfolgen.

Am Standort Niederaußem errichtet RWE Power – in Kooperation mit BASF und Linde – eine Pilotanlage zur Abtrennung von Kohlendioxid aus dem Rauchgas. Diese Pilotanlage soll am BoA-1-Block in Niederaußem angebunden werden (Inbetriebnahme: Anfang 2009). Bis zum Jahr 2010 soll sie Erkenntnisse liefern, um dann über den Bau einer Demonstrationsanlage entscheiden zu können. Ziel ist es, die CO_2-Abtrenntechnik bis zum Jahr 2020 zur kommerziellen Einsatzreife zu führen. Dann soll es möglich sein, mehr als 90 % des CO_2 aus Verbrennungsabgasen von entsprechend ausgerüsteten Kohlekraftwerken abzutrennen. Alle künftigen Kohlekraftwerksneubauten werden so ausgelegt, dass sie mit CO_2-Abscheideanlagen nachgerüstet werden können. Die Pilotanlage in Niederaußem wird in der Lage sein, rund 300 kg CO_2/h aus einem Rauchgasteilstrom abzutrennen.

Ende August 2008 hat RWE angekündigt, am Standort Goldenberg in Hürth bei Köln ein großtechnisches Demonstrationskraftwerk mit integrierter Braunkohlenvergasung (Integrated Gasification Combined Cycle – IGCC) sowie CO_2-Abscheidung, Transport und Speicherung des CO_2 (Carbon Capture and Storage – CCS) bauen zu wollen. Die Anlage wird eine Bruttoleistung von 450 MW haben. 2,6 bis 2,8 Mio. t CO_2 sollen jährlich abgetrennt werden; das entspricht 90 % der gesamten CO_2-Menge. Es ist beabsichtigt, das abgetrennte CO_2 per Pipeline nach Norddeutschland zu transportieren, um es dort in geeigneten Formationen (saline Aquifere) zu speichern. Die Inbetriebnahme der Anlage ist für Ende 2014 geplant. Die gesamten Investitionskosten für Kraftwerk, Pipeline und Speicherung werden auf etwa 2 Mrd. Euro veranschlagt.

Im **Lausitzer Revier** betreibt die Vattenfall Europe Generation (VE-G) drei Braunkohlenkraftwerke mit einer Brutto-Nennleistung von insgesamt 6.500 MW (Stand: 31. Dezember 2007). Dabei handelt es sich um acht Blöcke der 500-MW-Leistungsgruppe an den Standorten Jänschwalde (sechs Blöcke) und Boxberg (zwei Blöcke) sowie drei Neubaublöcke der Leistungsgruppe 800/900 MW am Standort Schwarze Pumpe (2 x 800 MW) und am Standort Boxberg (1 x 900 MW).

Über weitere Kraftwerkskapazität auf Braunkohlenbasis verfügt die Vattenfall Europe Berlin in Klingenberg. Ferner betreiben die Stadtwerke Chemnitz ein Braunkohlenkraftwerk mit einer Leistung von 185 MW. Die Stadtwerke Frankfurt/Oder verfügen über ein neues mit Braunkohlenstaub gefeuertes Heizkraftwerk mit 49 MW elektrischer Leistung und 80 MW auskoppelbarer Fernwärmeleistung. Im Jahr 1999 hatte in Cottbus ein Block mit druckaufgeladener Wirbelschichtfeuerung (PFBC-Anlage) den Betrieb aufgenommen. Das Werk wird mit Lausitzer Wirbelschichtkohle befeuert, hat eine elektrische Leistung von 80 MW und eine thermische Leistung aus Kraft-Wärme-Kopplung von 110 MW bezie-

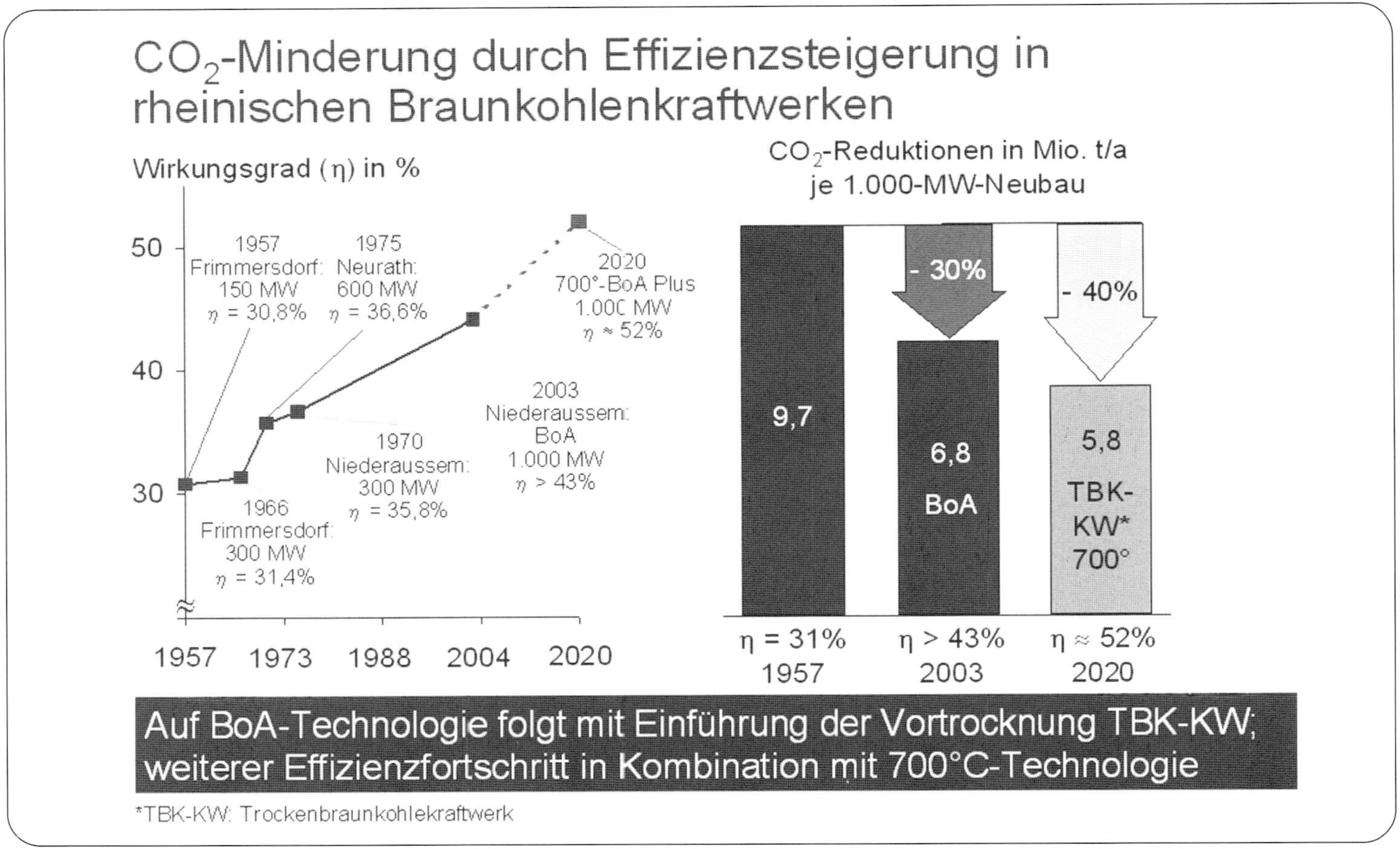

Abb. 25: CO_2-Minderung durch Effizienzsteigerung in rheinischen Braunkohlenkraftwerken

hungsweise über Spitzenlastkessel von 220 MW. Das am Standort Brieske betriebene Kraftwerk war im Herbst 1999 durch ein neues Heizkraftwerk in Senftenberg (Basis Braun-kohlenstaub) ersetzt worden.

Im September 2008 hat Vattenfall Europe eine Pilotanlage zur CO_2-Abscheidung mit einer thermischen Leistung von 30 MW am Standort Schwarze Pumpe in Betrieb genommen. Bei der Pilotanlage hat sich das Unternehmen für das Oxyfuel-Verfahren entschieden. Dabei wird Braunkohle mit einem Gemisch aus dem zurück geführten Rauchgas und reinem Sauerstoff verbrannt, um das Kohlendioxid in flüssiger Form abzuscheiden. Anschließend kann es per Schiff, Zug, Tankwagen oder Pipeline abtransportiert und in alten Gaslagerstätten oder salinen Aquiferen gespeichert werden.

Bei erfolgreichem Test des Pilotprojektes plant Vattenfall den Bau einer Demonstrationsanlage. An einem 500 MW-Block im brandenburgischen Kraftwerk Jänschwalde sollen bis spätestens 2015 zwei Technologien zur CO_2-Abscheidung zum Einsatz auf großtechnischem Niveau kommen. Mit diesem Demonstrationskraftwerk geht Vattenfall den nächsten Schritt auf dem Weg zur kommerziellen Serienreife von CCS-Technologien, die bei konsequenter Entwicklung ab 2020 verfügbar sein könnten. Das Unternehmen schätzt die Kosten für das Demonstrationskraftwerk auf bis zu eine Milliarde Euro.

Im **Mitteldeutschen Revier** sind am Standort Lippendorf zwei Kraftwerksblöcke mit jeweils 920 MW (brutto) errichtet worden. Anteilseigner von Block S sind zu jeweils 50 % EnBW und E.ON. Der im Dezember 1999 erstmals ans Netz genommene Block R gehört zu 100 % der Vattenfall Europe Generation.

Ende 1995 bzw. Mitte 1996 waren zwei Braunkohlenblöcke mit in Summe 980 MW (brutto) bzw. 900 MW (netto) am Standort Schkopau ans Netz genommen worden. Anteilseigner dieses Kraftwerks sind die E.ON Kraftwerke GmbH (58,1 %) und die Saale Energie GmbH (41,9 %).

Daneben erzeugen mehrere kleinere Anlagen Strom und Wärme auf Basis Braunkohle.

Die MIBRAG betreibt die Industrie-Kraftwerke Wählitz (37 MW installierte Leistung), Deuben (86 MW) und Mumsdorf (85 MW), die – neben der Erzeugung von Elektrizität und Wärme für den Eigenbedarf – Strom ins Netz der allgemeinen Versorgung einspeisen. Ferner verfügt die Zuckerindustrie in Könnern (29 MW) und in Zeitz (40 MW) über Kraftwerksleistung auf Braunkohlenbasis. In Amsdorf betreibt die ROMONTA GmbH ein Kraftwerk (48 MW).

Darüber hinaus werden Braunkohlenkraftwerke im **Helmstedter Revier** und in **Hessen** betrieben:

RWE IGCC-CCS-Projekt in Hürth bei Köln
Demo-Kraftwerk mit CO_2-Abtrennung und -Speicherung

- Basistechnologie: IGCC (Integrated Gasification Combined Cycle)
- Elektr. Leistung: 450 MW_{brutto}
- Abscheiderate: ca. 90% des entstehenden CO_2
- CO_2-Speicherung: 2,6 bis 2,8 Mio. t/a in tiefen salinen Formationen Norddeutschlands
- Inbetriebnahme: Ende 2014 bei optimalen Rahmenbedingungen

RWE Power hat eigenes Kraftwerks- und Vergasungs-Know-how und RWE Dea besitzt das Basis-Know-how für die CO_2-Speicherung.

Abb. 26: Status RWE IGCC-CCS-Projekt

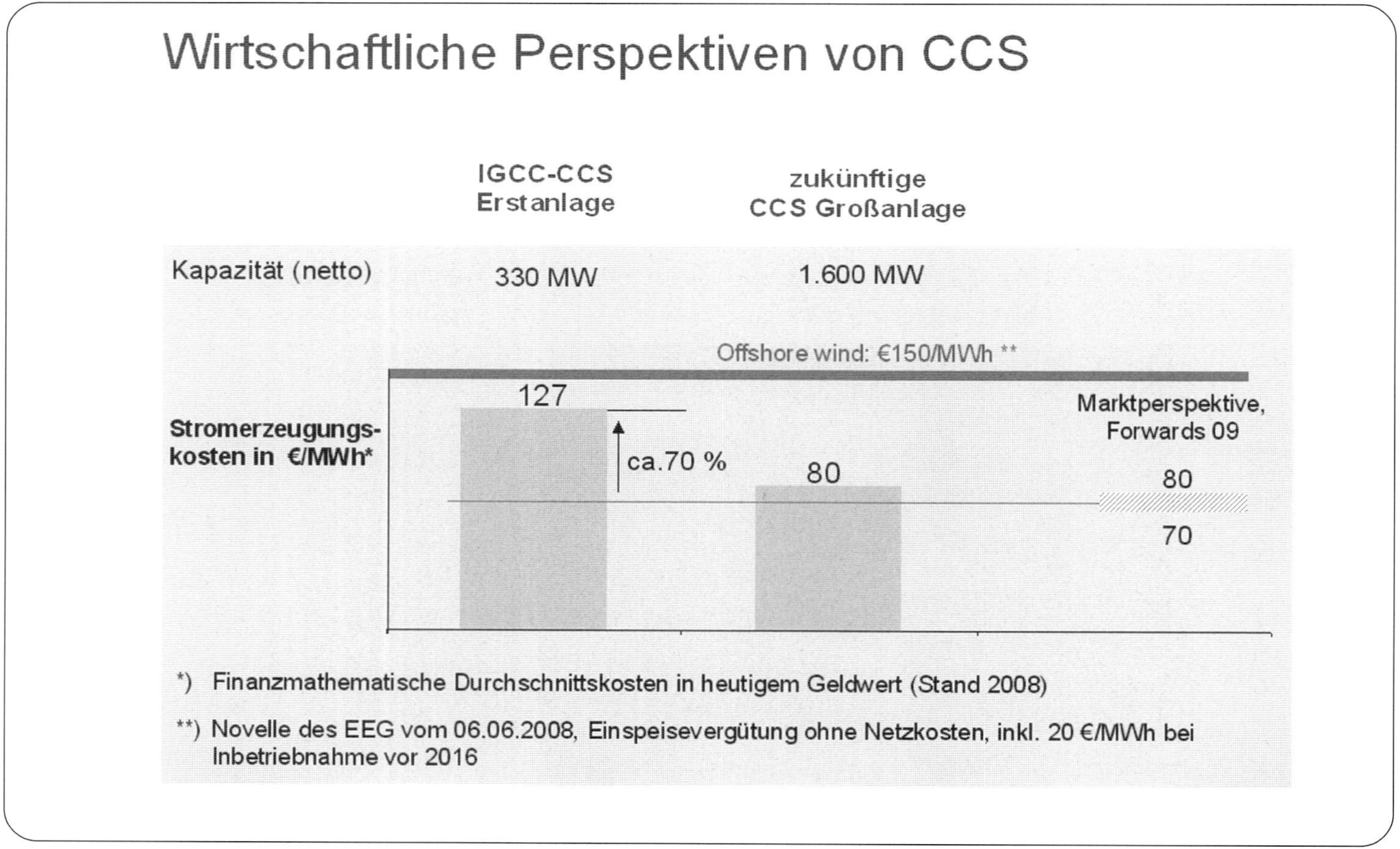

Abb. 27: Wirtschaftliche Perspektiven von CCS

— Die im Helmstedter Revier gewonnene Braunkohle wird im Kraftwerk Buschhaus (390 MW) genutzt. 2007 wurden rund 2,7 Mrd. kWh Strom (brutto) erzeugt.

— Im Fernwärmekraftwerk Kassel, das über eine elektrische Bruttoleistung von 38 MW und eine auskoppelbare Fernwärmeleistung von 80 MW thermisch verfügt, kommen Braunkohle, Petrolkoks, Steinkohle und Ersatzbrennstoffe zum Einsatz. Die Anlage gehört zu jeweils 50 % der E.ON Kraftwerke GmbH und der Kasseler Fernwärme GmbH.

Nach den Kraftwerken der allgemeinen Versorgung repräsentieren die Veredlungsbetriebe den wichtigsten Abnahmebereich der Braunkohle. 2007 wurden 12,6 Mio. t in den Fabriken des Braunkohlenbergbaus zur Herstellung fester Produkte eingesetzt. 1,7 Mio. t wurden zur Stromerzeugung in Grubenkraftwerken genutzt. Der Absatz an sonstige Abnehmer belief sich 2007 auf 0,9 Mio. t.

2.2.8 Wandel bei der Produktpalette

Braunkohlenprodukte werden im Rheinischen, im Lausitzer und im Mitteldeutschen Revier hergestellt.

In den vergangenen Jahren hat der Braunkohlenbergbau erheblichen Aufwand betrieben, um umweltgerechte, in der Anwendung komfortable Braunkohlenprodukte – wie zum Beispiel Braunkohlenstaub und Wirbelschichtbraunkohle – mit den dazugehörigen Techniken des Transports und des Einsatzes zu entwickeln. Damit konnte die Verlagerung vom traditionellen Hausbrandprodukt Brikett in Richtung zukunftsträchtiger Produkte für die Industrie erreicht werden. So haben die Industriebrennstoffe Braunkohlenstaub für Kessel- und Prozessfeuerungen sowie die 1989 eingeführte Wirbelschichtbraunkohle für Anlagen mit zirkulierender Wirbelschichtfeuerung – gemessen am Jahresabsatz – bereits einen deutlich größeren Stellenwert als Briketts.

Ein Spezialprodukt der Braunkohlenveredlung ist der Braunkohlenkoks, ein feinkörniges Kohlenstoffkonzentrat mit hoher spezifischer Oberfläche und großem Porenvolumen. In der Eisen- und Stahlerzeugung wird Braunkohlenkoks als Energieträger, Reaktions- und Aufkohlungsmittel verwendet. Ferner hat der Koks angesichts seiner hervorragenden Filtereigenschaften in Müllverbrennungsanlagen Anwendung gefunden. Im Abwasserbereich wird Braunkohlenkoks in Anlagen zur Reinigung mittel- und hochbelasteter Abwässer eingesetzt. Die Schadstoffe werden in den Poren des Kokses festgehalten und können mit dem Koks aus dem Wasser entfernt werden.

— Bundesweit hat sich die Erzeugung von Briketts von 49,4 Mio. t im Jahr 1989 um 97 % auf 1,3 Mio. t im Jahr 2007 vermindert.

— Die Produktion des in industriellen Kesselfeuerungen eingesetzten Braunkohlenstaubs betrug 2007 rund 3,3 Mio. t.

— Die Erzeugung von Wirbelschichtkohle erreichte 2007 rund 0,6 Mio. t. Dieses Produkt findet einen Markt in industriellen und kommunalen Kraftwerken mit Wirbelschichtfeuerung. In den Anlagen wird neben Dampf für Wärmezwecke auch Strom erzeugt. Die niedrige mit Wirbelschichtkohle realisierbare Verbrennungstemperatur und die Zusammensetzung der rheinischen Kohle bewirken äußerst hohe Einbindungsgrade für Schwefel. Die strengen deutschen Umweltstandards werden unterschritten, ohne dass besondere Rauchgasreinigungsanlagen nachgeschaltet werden müssen.

— Die Erzeugung des zunehmend in der Abgas- und Abwasserreinigung eingesetzten Braunkohlenkokses belief sich 2007 auf 0,2 Mio. t.

Die in Deutschland hergestellten Braunkohlenprodukte werden zu 81 % im Inland abgesetzt. Hauptabnehmer sind die Industrie sowie Haushalte und Kleinverbraucher. Bei den exportierten Produkten handelt es sich vor allem um Staub (2007: 0,6 Mio. t) und Briketts (2007: 0,3 Mio. t).

Braunkohlenprodukte aus dem Rheinischen Revier, also Braunkohlenbriketts mit dem Markennamen UNION sowie Braunkohlenstaub, Braunkohlenkoks und Wirbelschichtbraunkohle, werden von der Rheinbraun Brennstoff GmbH (RBB), Köln, vertrieben. RBB, eine 100 %ige Tochter der RV Rheinbraun Handel und Dienstleistungen GmbH, ist zu 100 % mit der RWE Power AG verbunden. Das „Lausitzer REKORD-Brikett" sowie Braunkohlenstaub und Wirbelschichtbraunkohle aus der Lausitz vermarktet VE-M. Die Mitteldeutsche Braunkohlengesellschaft AG (MIBRAG), Theißen, hatte ihre Brikettproduktion zum 19.12.2003 eingestellt. Braunkohlenstaub vertreibt die MIBRAG direkt.

2.2.9 Beschäftigte

Im Braunkohlenbergbau und in Braunkohlenkraftwerken der allgemeinen Versorgung von Unternehmen mit Braunkohlengewinnung waren zum 31. Dezember 2007 insgesamt 22.990 Mitarbeiter beschäftigt. Davon entfielen 11.104 auf das Rheinland, 8.334 auf die Lausitz, 2.553 auf Mitteldeutschland und 699 auf Helmstedt.

In Braunkohlenkraftwerken der allgemeinen Versorgung waren 6.166 der 22.990 Mitarbeiter beschäftigt. Aus dem Kreise der genannten 22.990 Mitarbeiter waren 664 bei der Lausitzer und Mitteldeutschen Bergbau-Verwaltungsgesellschaft (davon 454 in der Lausitz und 210 in Mitteldeutschland) tätig. In der Gesamtzahl von 22.990 Mitarbeitern sind 1.683 Auszubildende (Stand: 31.12.2007) enthalten. Nicht berücksichtigt sind dagegen die 763 Mitarbeiter der Sanierungsgesellschaften, die die Wiedernutzbarmachung der in DDR-Zeiten entstandenen

Tabelle 29: Beitrag der Braunkohlenreviere zur Energieversorgung in Deutschland 2007

	Einheit	Rheinland	Lausitz	Mittel-deutschland	Helmstedt, Hessen	Insge-samt
1. Primärenergiegewinnung (PEG)	Mio. t SKE	30,2	17,6	6,9	0,8	55,5
Anteil an der PEG in Deutschland	%	22,4	13,0	5,1	0,6	41,1
2. Primärenergieverbrauch (PEV)	Mio. t SKE	29,7	17,6	6,9	0,8	55,0
Beitrag zur Deckung des PEV in Deutschland	%	6,3	3,7	1,4	0,2	11,6
3. Brutto-Stromerzeugung aus Braunkohle	TWh	79,0	53,5	20,8	2,7	156,0
Beitrag zur Brutto-Stromerzeugung in Deutschland	%	12,4	8,4	3,3	0,4	24,5
4. Brutto-Stromerzeugung der Kraftwerke der allgem. Versorgung aus Braunkohle	TWh	76,9	53,1	20,2	2,7	152,9
Beitrag zur Brutto-Stromerzeugung der Kraftwerke der allgem. Versorgung in Deutschland	%	14,6	10,1	3,8	0,5	29,0

Quelle: DEBRIV – Bundesverband Braunkohle

Tabelle 30: Verwendung der Braunkohlenförderung

	1989	1995	2001	2004	2007
	1.000 t				
Rheinland					
Förderung	104.210	100.184	94.349	100.286	99.752
Verwendung:					
Strom- und Fernwärmeerzeugung	87.542	87.475	85.439	91.030	90.110
darunter:					
Kraftwerke der Stromversorger	86.160	85.737	83.765	89.535	88.603
Grubenkraftwerke	1.382	1.738	1.674	1.494	1.506
Absatz an Heizwerke	–	–	–	–	–
Einsatz in Veredlungsbetrieben	13.382	11.866	8.686	8.909	9.313
Absatz an sonstige Abnehmer	3.286	843	223	347	329
Bestandsveränderung	–	–	–	–	–
Lausitz					
Förderung	195.139	70.668	57.503	58.996	59.460
Verwendung:					
Strom- und Fernwärmeerzeugung	123.101	61.661	54.753	56.314	56.931
darunter:					
Kraftwerke der Stromversorger**)	104.601	56.401	54.753	56.314	56.931
Grubenkraftwerke*)	11.500	5.122	–	–	–
Absatz an Heizwerke*) **)	7.000	138	–	–	–
Einsatz in Veredlungsbetrieben	59.228	8.488	2.641	2.621	2.546
Absatz an sonstige Abnehmer	13.684	532	43	45	61
Bestandsveränderung	– 874	– 13	+ 65	+ 17	– 79
Mitteldeutschland					
Förderung	105.651	17.618	19.215	20.248	19.082
Verwendung:					
Strom- und Fernwärmeerzeugung	28.581	11.364	18.470	19.428	17.845
darunter:					
Kraftwerke der Stromversorger **)	17.581	10.136	18.173	19.182	17.564
Grubenkraftwerke *)	3.000	820	298	246	282
Absatz an Heizwerke *) **)	8.000	409	–	–	–
Einsatz in Veredlungsbetrieben	53.278	2.599	580	652	710
Absatz an sonstige Abnehmer	23.930	3.536	177	193	486
Bestandsveränderung	– 138	+ 120	– 13	– 26	+ 41

Tabelle 30 (Fortsetzung): Verwendung der Braunkohlenförderung

	1989	1995	2001	2004	2007
	1.000 t				
Helmstedt, Hessen und Bayern					
Förderung	5.666	4.285	4.268	2.396	2.116
Verwendung:					
Strom- und Fernwärmeerzeugung	5.629	4.106	4.254	2.354	2.114
darunter:					
Kraftwerke der Stromversorger	5.629	4.106	4.254	2.354	2.114
Grubenkraftwerke	–	–	–	–	–
Absatz an Heizwerke	–	–	–	–	–
Einsatz in Veredlungsbetrieben	57	58	30	23	–
Absatz an sonstige Abnehmer	53	53	1	–	–
Bestandsveränderung	– 73	+ 69	– 16	+ 18	+ 2
Deutschland insgesamt					
Förderung	410.666	192.756	175.335	181.926	180.409
Verwendung:					
Strom- und Fernwärmeerzeugung	244.853	164.606	162.917	169.126	167.000
darunter:					
Kraftwerke der Stromversorger	213.971	156.379	160.945	167.385	165.212
Grubenkraftwerke	15.882	7.680	1.972	1.741	1.788
Absatz an Heizwerke	15.000	547	–	–	–
Einsatz in Veredlungsbetrieben	125.945	23.010	11.937	12.205	12.568
Absatz an sonstige Abnehmer	40.953	4.963	444	585	876
Bestandsveränderung	– 1.085	+ 176	– 37	+ 9	– 36

*) für 1989 geschätzt
**) ab 1995 Heizkraftwerke bei Kraftwerken der Stromversorger erfasst

Quelle: DEBRIV – Bundesverband Braunkohle

Altlasten sowie die Beseitigung der Folgen der vorzeitigen Schließung von Tagebauen nach der Wiedervereinigung durchführen.

Tabelle 31: Übersicht über neue Braunkohlenkraftwerke in Deutschland

	Rheinisches Revier	**Lausitzer Revier**					**Mitteldeutsches Revier**		
Standort	Niederaußem	Schwarze Pumpe	Schwarze Pumpe	Boxberg	Cottbus	Frankfurt/ Oder	Schkopau	Lippendorf Block R	Lippendorf Block S
Leistung in MW (brutto)	1.012	800	800	907	80 [1)]	49 [2)]	980	920	920
Eigentümer	RWE Power	Vattenfall Europe	Vattenfall Europe	Vattenfall Europe	Stadt-werke	Stadtwerke	E.ON, Saale Energie	Vattenfall Europe	E.ON, EnBW
Inbetrieb-nahmejahr	2002/2003	1997	1998	2000	1999	1997	1996	1999	2000
Technologie	Kraftwerke mit überkritischen Dampfzuständen				Wirbel-schicht-feuerung (PFBC-Anlage)	Braun-kohlen-staub-feuerung[3)]	Kraftwerke mit überkritischen Dampfzuständen		
elektrischer Wirkungs-grad	> 43	41	41	41,5	40	40	40	42,3	42,3

1) Leistung aus Kraft-Wärme-Kopplung von 120 MW bzw. über Spitzenlastkessel von 220 MW
2) Heizkraftwerk mit 80 MW auskoppelbarer Fernwärmeleistung
3) Braunkohlenstaubfeuerung / Hochdruck-Dampferzeuger

Quelle: BDEW

Tabelle 32: Produktionsleistung der Fabriken und Kraftwerke des Braunkohlenbergbaus im Jahr 2007

Fabriken/Grubenkraftwerke		Gesellschaften	Brikett	Staub	Wirbelschicht-kohle	Koks	Strom-erzeugung
			in 1.000 t				MWh
REVIER RHEINLAND							
Fortuna-Nord	NRW	RWE Power	–	786	386	173	503.912
Ville/Berrenrath	NRW	RWE Power	–	686	–	–	492.351
Frechen	NRW	RWE Power	977	840	–	–	1.055.832
Summe			**977**	**2.312**	**386**	**173**	**2.052.095**
REVIER LAUSITZ							
Schwarze Pumpe	BR	Vattenfall Europe Mining	351	890	221	–	–
Summe			**351**	**690**	**221**	**–**	**–**
REVIER MITTELDEUTSCHLAND							
Deuben	SA	MIBRAG*)	–	253	–	–	–*
Amsdorf	SA	ROMONTA	–	19	–	–	291.512
Summe			**–**	**272**	**–**	**–**	**291.512**

* Die Kraftwerke der MIBRAG werden von der amtlichen Statistik als Kraftwerke der allgemeinen Versorgung geführt.
BR = Brandenburg SA = Sachsen-Anhalt
Quelle: DEBRIV – Bundesverband Braunkohle

Tabelle 33: Herstellung von festen Braunkohlen-Veredlungsprodukten nach Revieren 1989 bis 2007

	1989	1995	2001	2004	2007
	1.000 t				
	Rheinland				
Brikett	2.158	1.618	1.016	890	977
Staub	2.509	2.110	2.010	2.245	2.312
Wirbelschichtkohle	67	471	386	396	386
Trockenkohle	172	78	–	–	–
Koks	135	192	177	187	173
	Lausitz				
Brikett	24.640	2.782	654	545	351
Staub	1.111	364	493	530	690
Wirbelschichtkohle	–	–	184	235	221
Trockenkohle	–	7	–	–	–
Koks	3.504	–	–	–	–
	Mitteldeutschland				
Brikett	22.596	611	70	–	–
Staub	724	226	149	228	272
Wirbelschichtkohle	–	–	–	–	–
Trockenkohle	533	485	–	–	–
Koks	2.487	–	–	–	–
	Insgesamt				
Brikett	49.394	5.011	1.740	1.435	1.328
Staub	4.344	2.700	2.652	3.002	3.274
Wirbelschichtkohle	67	471	570	632	607
Trockenkohle	705	570	–	–	–
Koks	6.126	192	177	187	173

Quelle: Bundesverband Braunkohle (DEBRIV)

Tabelle 34: Anzahl der Beschäftigten des Braunkohlenbergbaus 1989 bis 2007 (jeweils am 31. Dezember; 1989 Jahresdurchschnitt)

	1989	2001	2002***)	2004	2007
Rheinland	15.565	9.619	12.693	11.158	11.404
Lausitz	79.016	6.755	10.338	9.300	8.334
Mitteldeutschland	59.815	2.859	2.745	2.847	2.553
Helmstedt	1.693	633	987	755	699
Kleinbetriebe (Hessen/ Bayern)	642	75	64	9	–
Deutschland insgesamt	156.731	19.941	26.827	24.069	22.990*)**)

*) **In dieser Zahl sind nicht enthalten**
Beschäftigte der Sanierungsgesellschaften 763 (Monatsdurchschnitt)
darunter Beschäftigte nach § 272 ff. SGB III 474 (Monatsdurchschnitt)

) **In dieser Zahl sind enthalten
Beschäftigte i. d. Kraftwerken der allgem.
Versorgung der Braunkohlenunternehmen 6.166 (Stand: Ende d. Jahres)

***) Ab 2002 einschließlich Beschäftigte in eigenen Braunkohlenkraftwerken der allgemeinen Versorgung

In der Summe „DEUTSCHLAND INSGESAMT“ enthalten:
Auszubildende 1.683 (Stand: Ende 2007)

Quelle: DEBRIV – Bundesverband Braunkohle

Tabelle 35: Beschäftigte des Braunkohlenbergbaus in Deutschland nach Unternehmen; Stand: Ende 2007

	Beschäftigte
Revier Rheinland	
RWE Power AG	11.404
Revier Helmstedt	
BKB Aktiengesellschaft	699
Revier Lausitz	
Vattenfall Europe Mining & Generation	7.880
Lausitzer und Mitteldeutsche Bergbau-Verwaltungsgesellschaft mbH	454
Summe	**8.334**
Revier Mitteldeutschland	
Mitteldeutsche Braunkohlenges. mbH	2.005
Lausitzer und Mitteldeutsche Bergbau-Verwaltungsgesellschaft mbH	210
ROMONTA GmbH	338
Summe	**2.553**
Deutschland insgesamt*)**)	**22.990**

*) **In dieser Zahl sind nicht enthalten**		
Beschäftigte der Sanierungsgesellschaften:	763	(Monatsdurchschnitt)
darunter Beschäftigte nach § 272 ff. SGB III	474	(Monatsdurchschnitt)
) **In dieser Zahl sind enthalten		
Beschäftigte i. d. Kraftwerken der allgem. Versorgung der Braunkohlenunternehmen	6.166	(Stand: Ende d. Jahres)
In der Summe „Deutschland insgesamt“ enthalten:		
Auszubildende	1.683	(Stand: Ende 2007)

Quelle: DEBRIV – Bundesverband Braunkohle

2.3 Steinkohle

2.3.1 Aufkommen an Steinkohle

Das Aufkommen an Steinkohle in Deutschland betrug 2007 rund 68,2 Mio. t SKE. Davon entfielen 22,2 Mio. t SKE auf die inländische Förderung. Importe an Steinkohlen trugen mit 46,0 Mio. t SKE zum Aufkommen bei.

In der Rangliste der weltweit wichtigsten Förderstaaten für Steinkohle rangiert Deutschland nach den Kapazitätsstillegungen in den letzten Jahrzehnten mit Platz 14 im Mittelfeld. Die wichtigsten Förderländer sind heute China, die USA und Indien, auf die sich über 70 % der Weltsteinkohlenförderung konzentrieren. Für den Weltsteinkohlenhandel sind vor allem Australien, Indonesien, Russland, Südafrika und Kolumbien wichtig, wobei auf Australien allein rund 30 % des Welthandels entfallen.

Für Deutschland ist die Steinkohle – gemessen an der aktuellen Fördermenge – nach der Braunkohle der zweitgrößte heimische Energieträger. Gemessen an ihrem Beitrag zur Deckung des Primärenergieverbrauchs liegt die Steinkohle – nach Mineralöl und Erdgas – an dritter Stelle. Der Anteil der Steinkohle am Primärenergieverbrauch der Bundesrepublik Deutschland betrug im Jahre 2007 rund 14,3 %. Davon entfielen 4,7 Prozentpunkte auf deutsche Steinkohle und 9,6 Prozentpunkte auf Importkohle.

2.3.2 Förderung von Steinkohle nach Revieren und Gesellschaften

Die Gewinnung der Steinkohle erfolgte 2007 in Deutschland in acht unter Tage-Schachtanlagen, die sich auf die Reviere Ruhr, Saar und Ibbenbüren verteilen. Die mittlere Flözmächtigkeit beträgt 163 cm; die Gewinnungsteufe liegt im Mittel bei 1.145 m.

Seit der zum 1. Oktober 1998 erfolgten Bündelung aller Zechen an der Ruhr und an der Saar unter dem Dach der Deutsche Steinkohle AG (DSK) konzentrierte sich die Förderung zunächst auf zwei Unternehmen, und zwar die DSK sowie die Preussag Anthrazit GmbH. Eine Eingliederung der Zeche Ibbenbüren der Preussag Anthrazit GmbH in die DSK war zum 1. Januar 1999 vollzogen worden. Die Zusammenfassung der bergbaulichen Aktivitäten an den Standorten Ruhr, Ibbenbüren und Saar in einer Einheitsgesellschaft war am 29. Juli 1998 von der Europäischen Kommission gebilligt worden, nachdem zuvor bereits das Bundeskartellamt die Genehmigung hierzu erteilt hatte. Die DSK ist eine Tochtergesellschaft der RAG Aktiengesellschaft, Essen, die aus der früheren Ruhrkohle AG hervorgegangen ist, aber durch die Entwicklung des Beteiligungsbereichs, des so genannten „weißen Bereichs“ (in Abgrenzung zum steinkohlenahen „schwarzen Bereich“) über ein Bergbauunternehmen hinausgewachsen war. Im Jahr 2007 war mit der Politik im Rahmen der neuen kohlepolitischen Verständigung eine Vereinbarung über das Vorhaben erzielt worden, den „weißen" Bereich der RAG zu verselbständigen und als integrierten neuen Konzern unter dem neuen Namen Evonik Industries an den Kapitalmarkt zu bringen. Damit ist die RAG wieder eine „schwarze" RAG geworden, deren Schwerpunkt der Steinkohlenbergbau bildet.

Tabelle 36: Aufkommen und Verwendung von Steinkohle (einschließlich Steinkohlenkoks und Briketts) in Deutschland 2006 und 2007

	2006	2007*
	Mio. t SKE	
Inländische Förderung	21,7	22,2
+ Einfuhr	45,3	46,0
= Aufkommen	67,0	68,2
± Bestandsveränderung[1)]	– 1,2	– 0,1
– Ausfuhr	0,2	0,2
= Primärenergieverbrauch	65,6	67,9
davon		
Kraftwerke	46,3	48,4
Inländische Stahlindustrie	17,8	18,0
Wärmemarkt**	1,5	1,5

1) Bestandsaufbau (–); Bestandsabbau (+)
* Vorläufig, teilweise geschätzt; ** In dieser Position sind auch statistische Differenzen enthalten.
Quelle: Statistik der Kohlenwirtschaft e.V.

Die Merchweiler Bergwerksgesellschaft mbH, die in der Vergangenheit im Saarrevier vergleichsweise geringe Mengen Steinkohle gefördert hatte, hat die Produktion zum 1. Juli 2008 eingestellt.

Dem Ruhrrevier kommt mit einer Förderung von 15,9 Mio. t verwertbare Förderung (v. F.) die größte Bedeutung zu. Diese Leistung wurde 2007 in sechs Schachtanlagen erbracht.

Die Steinkohlengewinnung im Saarland von rund 3,5 Mio. t v. d. F. im Jahr 2007 konzentriert sich auf das Bergwerk Saar am Standort Ensdorf.

In Ibbenbüren förderte die DSK 2007 in einer Zeche 1,9 Mio. t v. F.

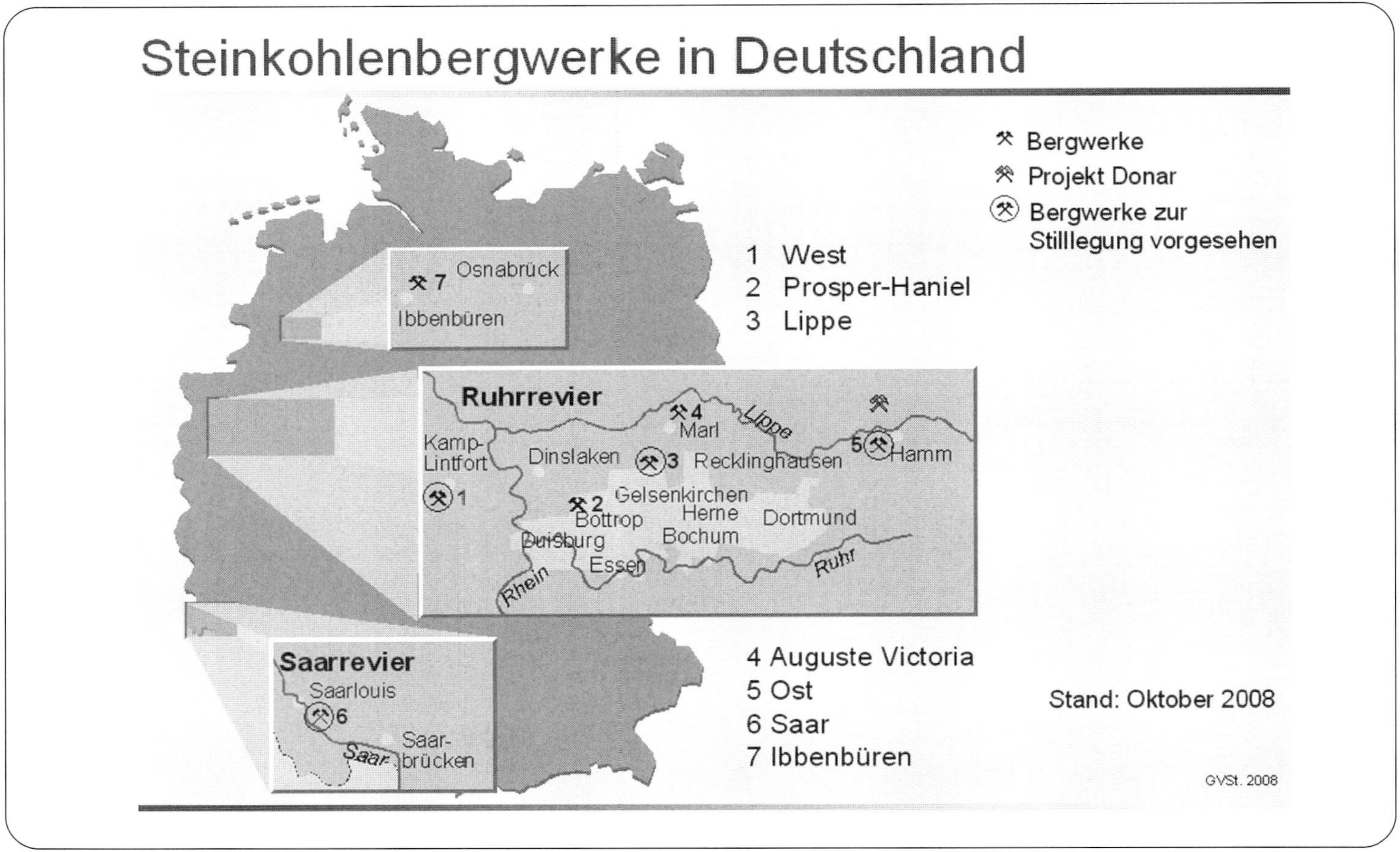

Abb. 28: Steinkohlenbergwerke in Deutschland

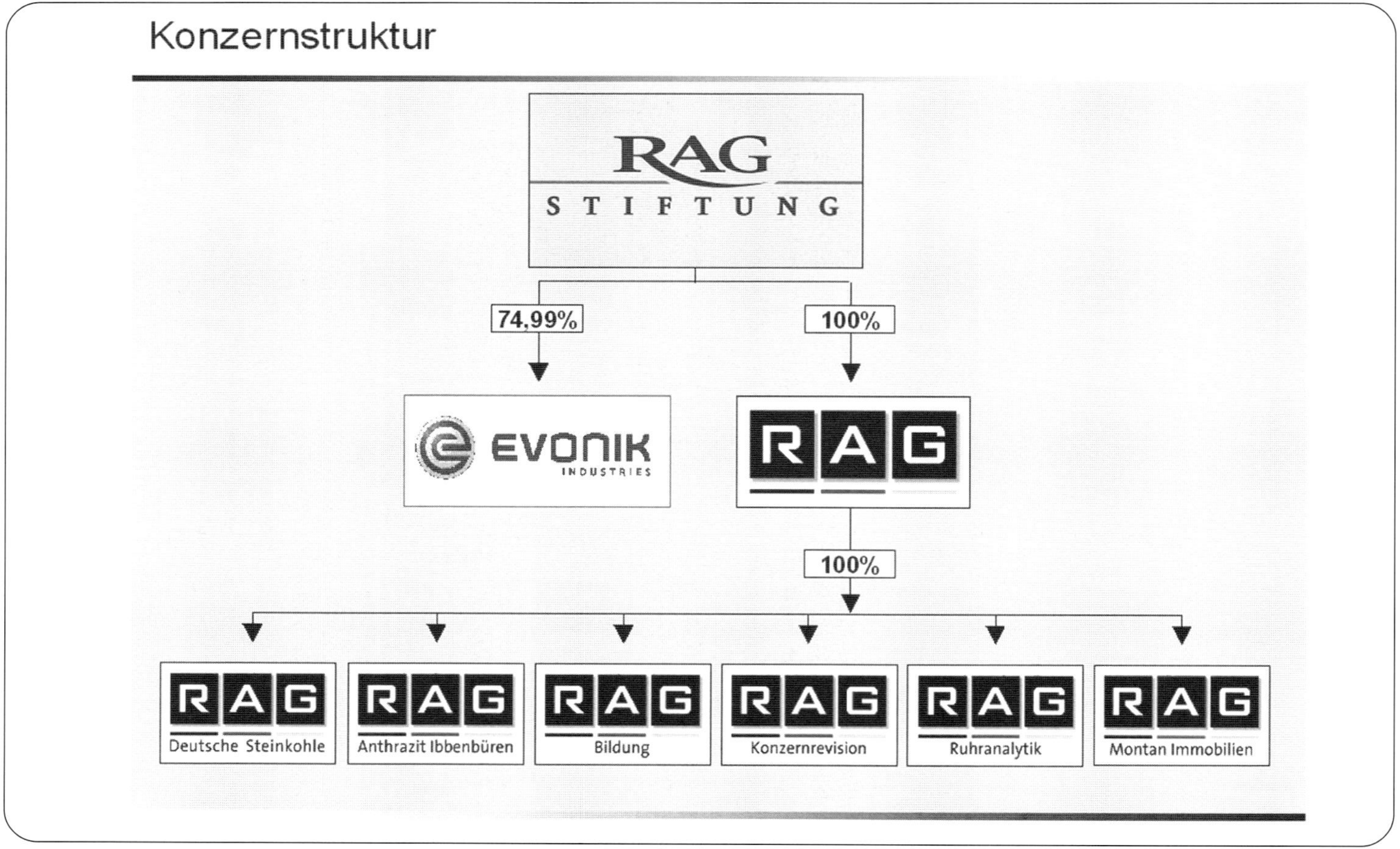

Abb. 29: Konzernstruktur RAG-Stiftung

Die für diese drei Reviere ausgewiesene Fördermenge von insgesamt 21,3 Mio. t v. F. im Jahr 2007 entsprach – ohne Berücksichtigung der Kleinzeche Merchweiler – rund 22,0 Mio. t SKE.

Nach Stilllegung der Bergwerke Walsum in Duisburg zum 1. Juli 2008 und Lippe in Gelsenkirchen zum 1. Januar 2009 wird in Deutschland 2009 noch in sechs Bergwerken Steinkohle abgebaut.

2.3.3 Wettbewerbssituation der deutschen Steinkohle

Die Förderkosten für Steinkohle liegen in Deutschland erheblich höher als in den überseeischen Hauptexportstaaten von Steinkohle. Wichtigste Ursachen sind die günstigeren geologischen Verhältnisse in den Abbaugebieten in Übersee. Sie sind vor allem bedingt durch die geringeren Teufen und den hohen Anteil von im Tagebau gewinnbarer Steinkohle. In Deutschland wird Steinkohle demgegenüber ausschließlich unter Tage gefördert. Des Weiteren spielen die – beispielsweise in Südafrika, China oder Kolumbien – niedrigeren Arbeitskosten eine Rolle, und schließlich haben auch die vielfach unterschiedlichen Umwelt- und Sicherheitsstandards einen Einfluss auf die Höhe der Förderkosten.

Im deutschen Steinkohlenbergbau wurden in den vergangenen Jahrzehnten erhebliche Produktivitätsfortschritte erzielt. So hat sich die Leistung je Mann und Schicht unter Tage von 1.599 kg im Jahre 1957 auf 7.071 kg im Jahre 2007 erhöht. Die Förderung ist auf die leistungsfähigsten Abbaubetriebspunkte konzentriert worden. Deren Zahl verringerte sich von 476 im Jahr 1970 auf 22 im Jahr 2007. Die tägliche Förderung je Abbaubetriebspunkt war von 868 t v. F. im Jahr 1970 auf 3.925 t v. F. im Jahr 2004 gestiegen. 2007 betrug diese Kennziffer 3.680 t. Die durchschnittliche Tagesförderung je Bergwerk hatte sich 2004 auf 11.293 t v. F. (1970: rund 6.400 t v. F.) belaufen. 2007 waren es 10.761 t.

Dennoch hatte sich die Schere zwischen den Kosten der Förderung von Steinkohle in Deutschland und in Übersee kontinuierlich geöffnet. Dieser Verlauf erklärt sich vornehmlich durch – im Vergleich zum europäischen Bergbau – noch größere Produktivitätssteigerungen in Übersee. Ein starker Rückgang der heimischen Förderung und ein erheblicher Abbau der Belegschaft waren die Folge. So ist die Förderung von 149 Mio. t v. F. im Jahre 1957 auf 21 Mio. t v. F. im Jahr 2007 zurückgegangen. Die Belegschaft im Steinkohlenbergbau wurde von noch 607.349 Ende 1957 auf 32.803 Mitarbeiter Ende 2007 vermindert. Davon arbeiteten mit 17.379 Mitarbeitern 53 % unter Tage.

Die Preishausse auf den Rohstoffmärkten, die bis Mitte 2008 zu verzeichnen war, hatte auch die Weltmarktpreise für Steinkohle und Koks deutlich anziehen lassen und die Wettbewerbssituation der deutschen Steinkohle verbessert.

Tabelle 37: Anpassungsprozess im deutschen Steinkohlenbergbau 1957 bis 2007

	Einheit	1957	1967	1977	1987	1997	2000	2004	2007
Schachtanlagen (zum 31.12.)	Anzahl	173	81	43	32	17	12	9	8
Förderung*	Mio t v.F.	149,4	112,0	84,5	75,8	45,8	33,3	25,7	21,3
Mitarbeiter (zum 31.12.)	Anzahl	607.349	287.270	192.015	156.483	78.101	58.082	42.005	32.803
darunter unter Tage	Anzahl	400.655	172.900	112.950	94.607	43.340	29.314	22.333	17.379
Leistung je Mann und Schicht unter Tage	kg v.F.	1.585	3.264	3.850	4.559	5.775	6.685	6.497	7.071

* ohne Kleinzechen
v.F. = verwertbare Förderung

Quelle: Gesamtverband des deutschen Steinkohlenbergbaus

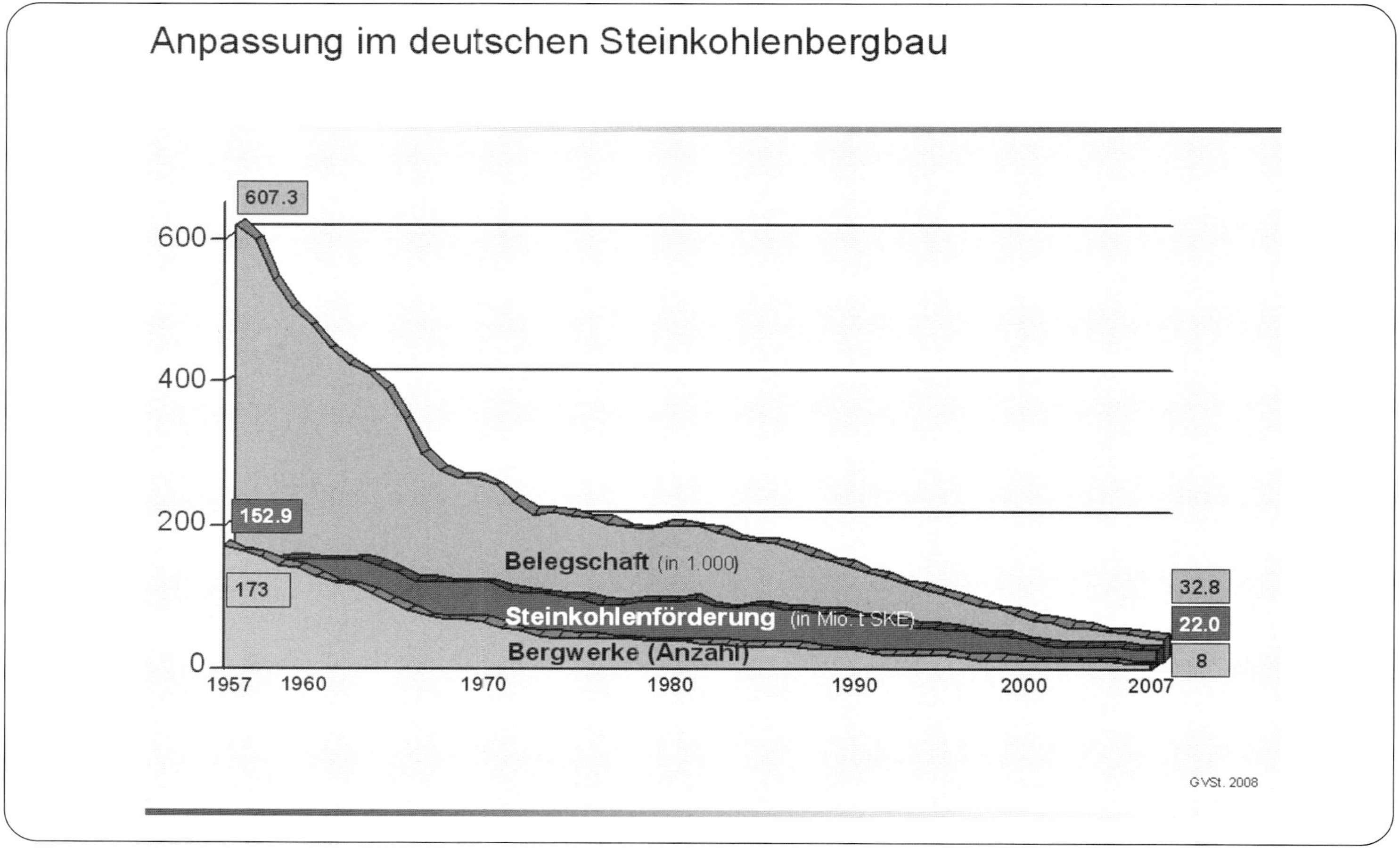

Abb. 30: Anpassung im deutschen Steinkohlenbergbau

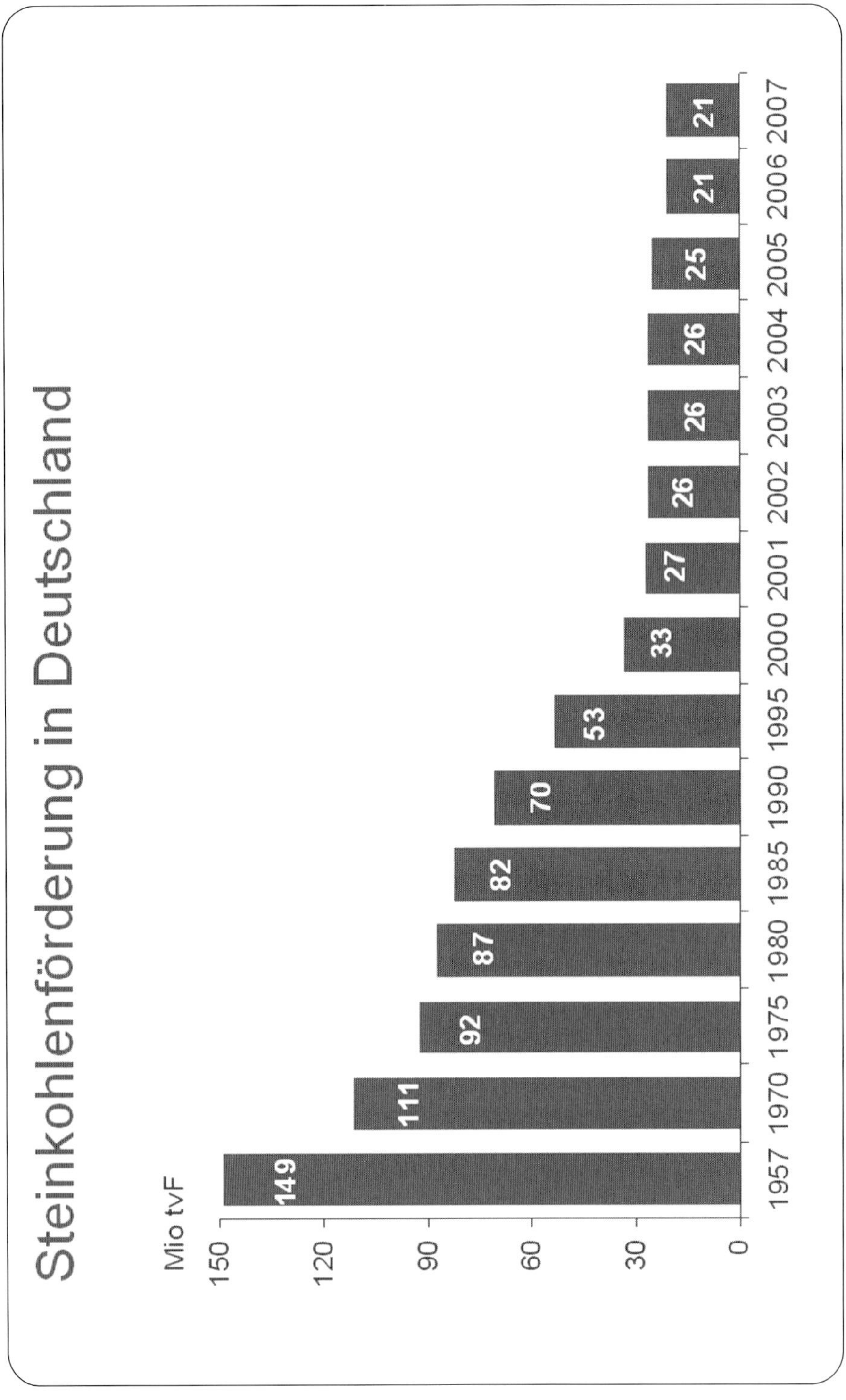

Abb. 31: Steinkohlenförderung in Deutschland 1957 bis 2007

2.3.4 Außenhandel mit Steinkohle

Die Einfuhren an Kesselkohle, Kokskohle, Anthrazit sowie Steinkohlenkoks beliefen sich 2007 auf 47,5 Mio. t entsprechend etwa 45 Mio. t SKE. Sie waren zu 67 % am Gesamtaufkommen an Steinkohle in Deutschland beteiligt. Von den Importmengen entfielen 32,7 Mio. t auf Kraftwerkskohle (Kesselkohle) 10,2 Mio. t auf Kokskohle, 0,5 Mio. t auf Anthrazit und 4,1 Mio. t auf Koks. Bei Kraftwerkskohle waren die führenden Lieferländer Russland, Kolumbien, Südafrika und Polen. Die größten Koksimporte kamen 2007 aus Polen, China und Spanien.

Die Einfuhren von Steinkohle aus Drittländern hatten von 1958 bis 1995 Beschränkungen unterlegen. Sie sollten dem Schutz der deutschen Steinkohle dienen. Die einschlägige Rechtsvorschrift zur Begrenzung der Einfuhren von Drittlandskohle war das Kohlezollkontingentgesetz. Die Kontingente wurden in der Vergangenheit wegen der im Verhältnis zur gesamten Steinkohlennachfrage hohen Abnahmeverpflichtungen an deutscher Steinkohle durch Kraftwirtschaft und Stahlindustrie allerdings nie ausgeschöpft. Die Restriktionen dieses Gesetzes, das Ende 1995 ausgelaufen war, wurden in den vorangehenden Jahren bereits gelockert.

— So galten die Regelungen nur für Westdeutschland und nicht für die zum 03.10.1990 der Bundesrepublik Deutschland beigetretenen neuen Bundesländer.

— Mit Wirkung zum 01.01.1991 war die Einfuhr insofern erleichtert worden, als für alle Verbrauchsbereiche mit Ausnahme des Wärmemarktes bei Intra-EG-Einfuhren von Steinkohlen mit Ursprung in einem Drittland nur noch eine Einfuhrgenehmigung vorzulegen war. Die Beantragung eines Zollkontingentscheins war seitdem mit der genannten Einschränkung für in einem Mitgliedsland der Gemeinschaft zollrechtlich zum freien Verkehr abgefertigte Steinkohle nicht mehr notwendig.

— Mit Inkrafttreten des EG-Binnenmarkts zum 01.01.1993 waren Einfuhren von Drittlandskohle, die in einem anderen Mitgliedsland der Europäischen Union – z. B. in Rotterdam – zum freien Verkehr abgefertigt wurden, nicht mehr genehmigungsbedürftig. Steinkohle beispielsweise aus Südafrika konnte in einem solchen Fall ohne Kontingentschein und ohne Einfuhrgenehmigung in die Bundesrepublik Deutschland verbracht werden.

Mit dem Auslaufen des Kontingentgesetzes zum 01.01.1996 war auch für den Bezug von Steinkohlen aus Nicht-EU-Mitgliedstaaten keine Einfuhrgenehmigung mehr erforderlich. Damit sind die Einfuhren von Steinkohlen vollständig liberalisiert.

Die Ausfuhren an Steinkohlen und Steinkohlenkoks beliefen sich 2007 auf nur noch 0,5 Mio. t.

Tabelle 38: Einfuhren an Steinkohlen, Steinkohlenkoks und Steinkohlenbriketts in die Bundesrepublik Deutschland nach Herkunftsländern 2007

Herkunft	Kessel-kohle	Anthra-zit	Koks-kohle	Koks	Gesamt
	1.000 t				
USA	1.102	–	1.803	–	2.905
Kanada	104	–	1.734	–	1.838
Kolumbien	6.917	–	15	–	6.932
Südafrika	6.187	2	317	–	6.506
Australien	1.176	–	5.544	–	6.720
VR China	10	2	38	870	920
Indonesien	1.168	–	–	–	1.168
Polen	4.613	–	37	1.720	6.370
Russland	7.357	349	701	196	8.603
Tschechien	302	1	–	314	617
Venezuela	8	–	7	10	25
Norwegen	1.816	81	–	–	1.897
Spanien	–	–	–	744	744
Frankreich	–	–	–	23	23
Sonstige Länder	1.862	67	30	249	2.208
Insgesamt	32.622	502	10.226	4.126	47.476

Quelle: Statistisches Bundesamt, Außenhandelsstatistik, unter Berücksichtigung von Korrekturen durch den Verein der Kohlenimporteure, Jahresbericht 2008, Tabelle 19, Seite 89

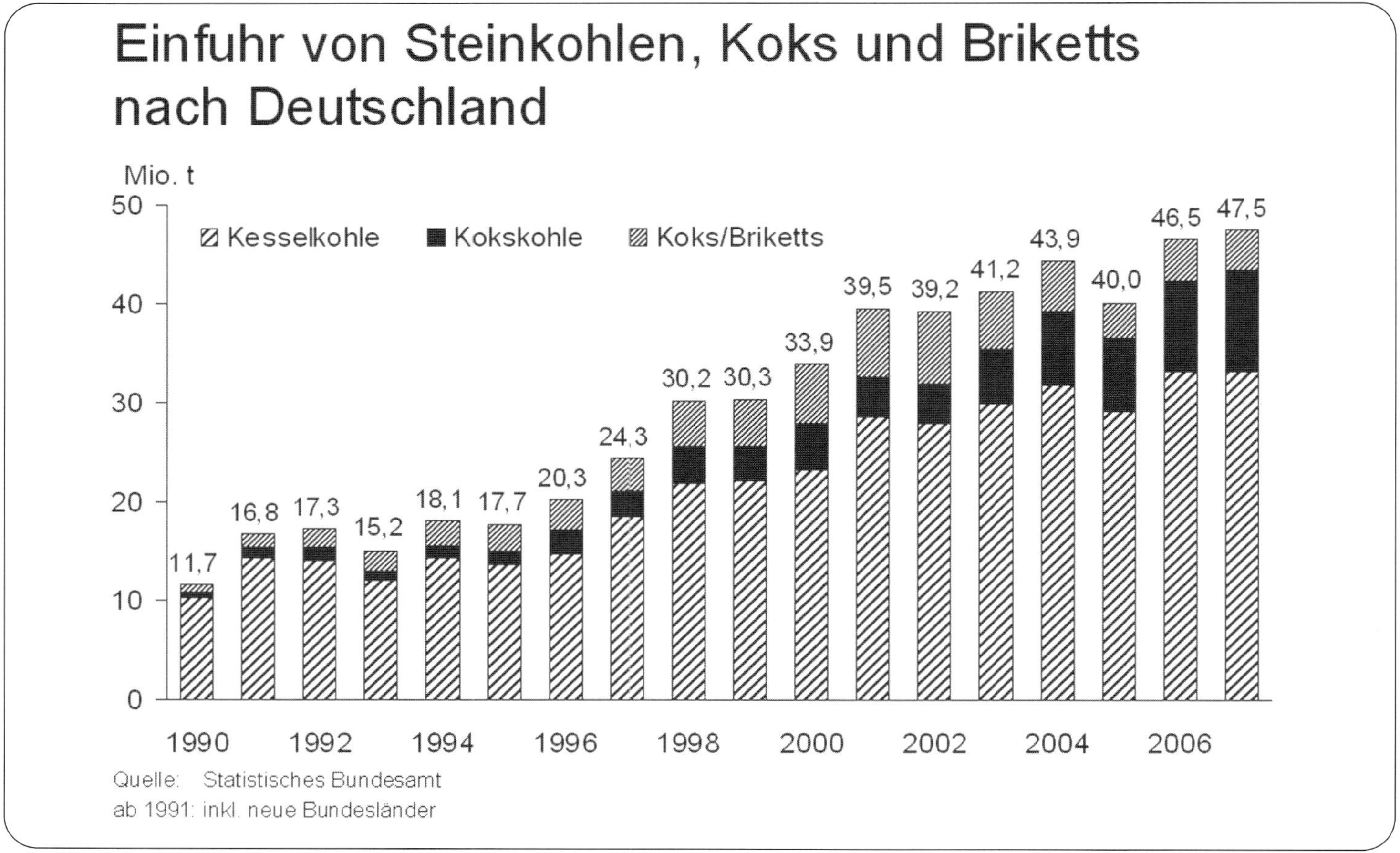

Abb. 32: Entwicklung der Einfuhr von Steinkohlen in die Bundesrepublik Deutschland 1990 bis 2007

Tabelle 39: Einfuhren von Steinkohlen sowie Steinkohlenkoks und -briketts in die Bundesrepublik Deutschland 1990 bis 2007

Jahr	Kesselkohle	Kokskohle	Koks/Briketts	Gesamt
	1.000 t			
1990	10.402	454	852	11.707
1991	14.343	1.057	1.375	16.775
1992	14.071	1.357	1.856	17.284
1993	12.066	987	2.143	15.196
1994	14.390	1.093	2.623	18.106
1995	13.625	1.427	2.665	17.717
1996	14.748	2.442	3.108	20.298
1997	18.540	2.536	3.257	24.333
1998	21.853	3.736	4.589	30.178
1999	22.064	3.519	4.719	30.302
2000	23.237	4.608	6.015	33.860
2001	28.617	3.974	6.871	39.462
2002	27.903	4.042	7.222	39.167
2003	29.838	5.486	5.876	41.200
2004	31.825	7.256	5.210	44.291
2005	29.137	7.307	3.539	39.983
2006	33.133	9.061	4.306	46.500
2007	33.124	10.226	4.126	47.476

Quelle: Statistisches Bundesamt; seit 1997 ergänzt um Angaben der BAFA; unter Berücksichtigung von Berechnungen durch den Verein der Kohlenimporteure, Hamburg 2008

2.3.5 Veredlung der Steinkohle

Die Kokserzeugung der Zechenkokereien betrug im Jahr 2007 gut 2,0 Mio. t. In den Hüttenkokereien wurden insgesamt 6,4 Mio. t Koks hergestellt. Die Produktion an Briketts belief sich 2007 auf 0,1 Mio. t.

Hauptabnehmergruppe für die Steinkohle ist die deutsche Elektrizitätswirtschaft.

2.3.6 Verbrauch an Steinkohle nach Sektoren

Der Verbrauch an Steinkohle in der Bundesrepublik Deutschland von insgesamt 67,9 Mio. t SKE im Jahr 2007 verteilte sich nach Sektoren wie folgt:

Kraftwerke: 71 %

Stahlindustrie: 27 %

Wärmemarkt: 2 %.

Die nach der Elektrizitätswirtschaft wichtigste Säule des Steinkohlenabsatzes ist die Stahlindustrie. Auf den Wärmemarkt entfällt nur noch eine geringe Absatzmenge.

Angesichts hoher Kosten wurde die deutsche Steinkohlenförderung in den letzten Jahrzehnten unter sozialverträglichen Kriterien zurückgenommen. Dies wurde über eine Flankierung des Einsatzes deutscher Steinkohle durch staatliche Zuschüsse erreicht.

Im Rahmen umfassender Regelwerke war in der Vergangenheit nach den beiden Hauptabsatzbereichen differenziert worden. Nur der Einsatz deutscher Steinkohle im Wärmemarkt war nicht bezuschusst worden.

2007 betrugen die Lieferungen aus inländischem Aufkommen an die deutsche Elektrizitätswirtschaft 20,9 Mio. t. Die Bezüge der deutschen Stahlindustrie an Kohle und Koks beliefen sich auf 4,1 Mio. t. Auf dem Wärmemarkt wurden 0,4 Mio. t deutscher Steinkohle und Briketts abgesetzt.

Tabelle 40: Kennzahlen für den deutschen Steinkohlenbergbau 2007

	Einheit	2007
Förderung nach Revieren		
Ruhr	1.000 t v. F.	15.874
Saar	1.000 t v. F.	3.526
Ibbenbüren	1.000 t.v. F.	1.907
Zusammen*	1.000 t v. F.	21.307
Zusammen*	1.000 t	23.960
außerdem Kleinzechen	1.000 t	224
Insgesamt	1.000 t	24.185
Kokserzeugung		
Zechenkokereien	1.000 t	6.323
Hüttenkokereien (geschätzt)	1.000 t	6.399
Brikettherstellung	1.000 t	89
Leistung je Mann und Schicht		
bergmännische Belegschaft	kg	5.625
unter Tage	kg	7.071
Lagerbestände		
Steinkohlen und Steinkohlenbriketts	1.000 t	4.255
Steinkohlenkoks	1.000 t	90
Zahl der Abbaubetriebspunkte	Anzahl	22
Tagesförderung je Abbaubetriebspunkt	t v. F.	3.680
Tagesförderung je Bergwerk	t v. F.	10.761
Mittlere Flözmächtigkeit	cm	163
Mittlere Gewinnungsteufe	m	1.145
Belegschaft insgesamt (zum 31.12.)		
Ruhr	Anzahl	25.008
Saar	Anzahl	5.329
Ibbenbüren	Anzahl	2.466
Summe (ohne Kleinzechen)**	Anzahl	32.803
Mitarbeiter unter Tage (zum 31.12.)		
Ruhr	Anzahl	13.471
Saar	Anzahl	2.598
Ibbenbüren	Anzahl	1.310
Summe (ohne Kleinzechen)	Anzahl	17.379

t v. F. = Tonnen verwertbare Förderung. Umrechnung der absatzfähigen Gewichtstonnen, bei denen Qualitätsunterschiede nicht berücksichtigt werden (t = t), unter Berücksichtigung der Ballastgehalte (Wasser und Asche).

* Dies entsprach im Jahr 2007 einer Förderung von 22,0 Mio. t SKE gegenüber 21,5 Mio. t SKE im Jahr 2006 (jeweils ohne Kleinzechen).

** Beschäftigte insgesamt ohne Mitarbeiter in struktureller Kurzarbeit und in Qualifizierungsmaßnahmen: 30.054 zum 31.12.2007

Quelle: Gesamtverband des deutschen Steinkohlenbergbaus

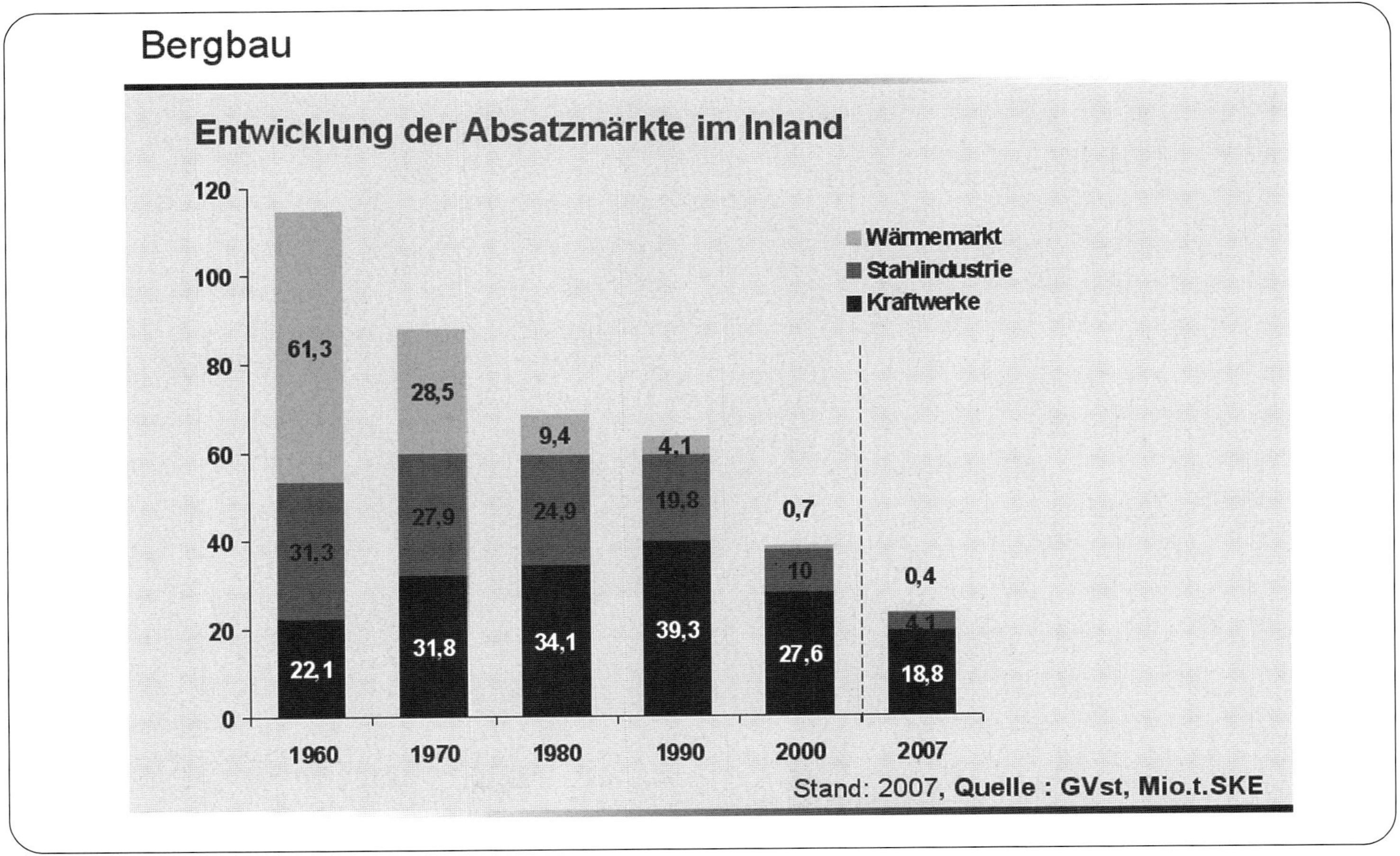

Abb. 33: Entwicklung der Absatzmärkte für Steinkohle

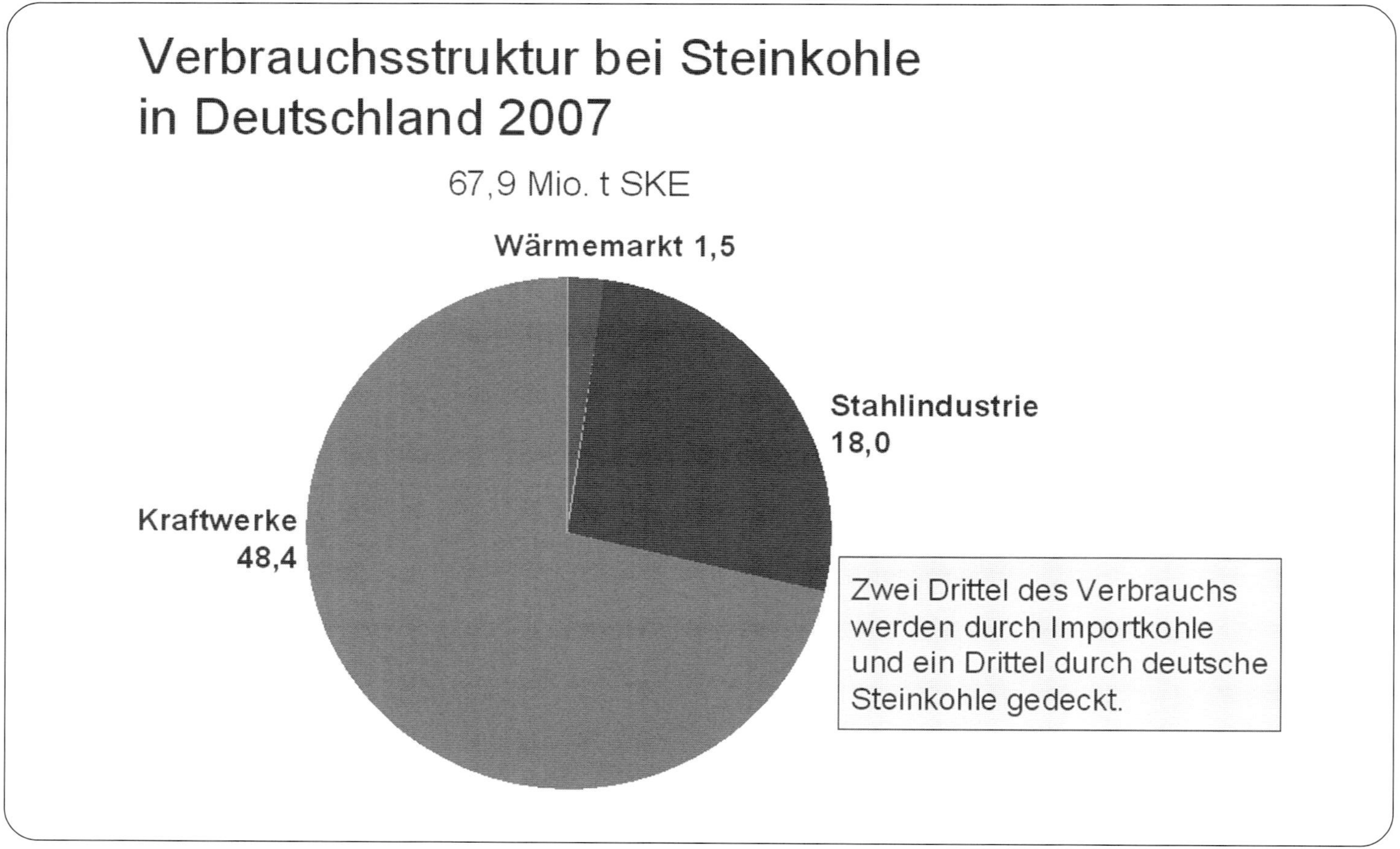

Abb. 34: Verbrauchsstruktur bei Steinkohle in Deutschland 2007

2.3.7 Politische Flankierung der deutschen Steinkohle bis 1996

2.3.7.1 Inländische Steinkohle in der Elektrizitätswirtschaft

Die Lieferbeziehungen zwischen dem deutschen Steinkohlenbergbau und der westdeutschen Elektrizitätswirtschaft waren im Zeitraum 1980 bis 1995 durch den sogenannten Jahrhundertvertrag geregelt. Der **„Jahrhundertvertrag“** bestand aus zwei getrennten und auch unterschiedlich konzipierten Verbändevereinbarungen:

- der „Ergänzungsvereinbarung über den Absatz deutscher Steinkohle bis 1995“ zwischen VDEW (Vereinigung Deutscher Elektrizitätswerke) und GVSt (Gesamtverband des deutschen Steinkohlenbergbaus) vom 23. April 1980.

- der „Ergänzungsvereinbarung über den Absatz deutscher Steinkohle an die industrielle Kraftwirtschaft bis 1995“ zwischen VIK (Verband der Industriellen Energie- und Kraftwirtschaft) und GVSt vom 20. April 1980.

Die Ergänzungsvereinbarungen von 1980 stellen die Fortsetzung von im Jahr 1977 getroffenen Vereinbarungen dar. Darin wurden Steinkohlenbezüge der Elektrizitätswirtschaft, aufgeteilt in jeweils drei Jahrfünfte (1981-1985, 1986-1990 und 1991-1995), vereinbart.

Dieses Vertragswerk sah bei Abschluss für den 15-Jahreszeitraum 1981 bis 1995 konjunkturunabhängig die Abnahme von insgesamt 631 Mio. t SKE deutscher Steinkohle durch die deutsche Elektrizitätswirtschaft vor. Davon sollten 504 Mio. t SKE auf die Elektrizitätsversorgungsunternehmen (EVU) entfallen.

127 Mio. t SKE sollten von den industriellen Eigenerzeugern und der Deutschen Bundesbahn abgenommen werden. Diese Verpflichtung beinhaltete – bei einer für das Jahr 1981 vorgesehenen Absatzmenge von 37 Mio. t SKE (davon 29 Mio. t SKE EVU und 8 Mio. t SKE Industrie und Deutsche Bundesbahn) – für die einzelnen Fünfjahresabschnitte des Vertragszeitraums deutlich steigende Abnahmemengen und zwar:

— von 1981 bis 1985: 191 Mio. t SKE (davon 151 Mio. t SKE für die EVU),

— von 1986 bis 1990: 215 Mio. t SKE (davon 173 Mio. t SKE für die EVU),

— von 1991 bis 1995: 225 Mio. t SKE (davon 180 Mio. t SKE für die EVU).

Zusätzlich zu diesen unabhängig von der konjunkturellen Entwicklung fest vereinbarten Abnahmemengen enthielt der 15-Jahresvertrag – in Abhängigkeit von der Entwicklung des Stromverbrauchs in den Jahren 1981 bis 1985 – Anpassungsklauseln, die für die 1991 bis 1995 gültige Abnahmeverpflichtung der EVU Wirkung entfalten sollten. Diese konjunkturabhängige Komponente für den letzten Fünfjahreszeitraum der Vertragslaufzeit war wie folgt ausgestaltet:

— Sofern die jahresdurchschnittliche Stromverbrauchszuwachsrate im ersten Jahrfünft 1981 bis 1985 nicht größer als 3 % ausfällt, sollte die Abnahmeverpflichtung der EVU 1991 bis 1995 konstant bei dem für das Jahr 1990 vorgesehenen Wert von 36 Mio. t SKE jährlich und damit die Gesamtverpflichtung der deutschen Elektrizitätswirtschaft bei 45 Mio. t SKE jährlich bleiben.

— Liegt die jahresdurchschnittliche Stromverbrauchszuwachsrate 1981 bis 1985 zwischen 3 und 5 %, so sollten zusätzlich – falls dies für alle EVU gelten sollte – 7,5 Mio. t SKE (also 1,5 Mio. t SKE jahresdurchschnittlich) an deutscher Steinkohle von den EVU abgenommen werden.

— Erreicht die jahresdurchschnittliche Stromverbrauchszuwachsrate 1981 bis 1985 Werte über 5 %, so sollte die Verpflichtung in den Jahren 1991 bis 1995 um bis zu 15 Mio. t SKE (also 3 Mio. t SKE jahresdurchschnittlich) über die konjunkturunabhängige Menge hinaus steigen.

Maßgebend war in diesem Zusammenhang die Zuwachsrate des einzelnen EVU. Das bedeutet, dass ein einzelnes EVU auch dann anteilsmäßig Mehrmengen abnehmen sollte, wenn die gesamte Stromverbrauchszuwachsrate 3 % zwar nicht erreicht, in seinem Netz dieser Grenzwert jedoch überschritten wird.

Diese Vereinbarung war zum Jahresende 1989 angepasst worden und sah seitdem vor, dass bis zum Ende der Laufzeit dieses Vertrages am 31.12.1995 durchschnittlich 40,9 Mio. t SKE pro Jahr inländische Steinkohle an die Kraftwerke der Stromversorger, der industriellen Eigenerzeuger von Elektrizität und der Deutschen Bahn abgesetzt werden sollen.

Die EU-Kommission hatte am 22.12.1992 eine wettbewerbsrechtliche Genehmigung für den Jahrhundertvertrag bis Ende 1995 mit den politisch vereinbarten Jahresmengen von 40,9 Mio. t SKE erteilt. In den zwischen Bundesregierung und EU-Kommission hierzu geführten Verhandlungen war Einvernehmen über eine Fördermenge deutscher Kraftwerkskohle für das Jahr 1995 von 37,5 Mio. t SKE erzielt worden. Die Differenz zur Jahrhundertvertragsmenge von 40,9 Mio. t SKE konnte nach einer mit der EU-Kommission getroffenen Vereinbarung z. B. von der Halde genommen werden.

In der Kohlerunde am 11. November 1991 hatten sich die Bundesregierung, die Regierungen der Länder Nordrhein-Westfalen und Saarland, die Unternehmen des Steinkohlenbergbaus, die Industriegewerkschaft Bergbau und Energie (IGBE) sowie VDEW und VIK darauf verständigt, den subventionierten Absatz an deutscher Steinkohle in der Verstromung auf 38 Mio. t SKE im Jahr 1996 und auf 35 Mio. t SKE pro Jahr im Zeitraum 1997 bis 2005 zurückzuführen. Die deutsche

Tabelle 41: Finanzielle Maßnahmen im Bereich des deutschen Steinkohlenbergbaus 1973 bis 1996

Hilfen 1973 bis 1984	**1973**	**1974**	**1975**	**1976**	**1977**	**1978**	**1979**	**1980**	**1981**	**1982**	**1983**	**1984**
	Millionen EUR											
Insgesamt	747,4	958,2	944,6	1.316,3	1.724,4	2.571,7	3.288,7	2.985,9	2.776,7	2.255,0	2.480,9	2.726,3
Differenziert nach Art der Hilfen 1985 bis 1996	**1985**	**1986**	**1987**	**1988**	**1989**	**1990**	**1991**	**1992**	**1993**	**1994**	**1995**	**1996**
	Millionen EUR											
Verstromungshilfen*	963,9	1.509,0	2.647,1	2.330,7	2.724,4	2.741,4	2.542,3	2.806,2	2.541,1	3.104,1	2.959,0	3.834,7
Kokskohlenbeihilfe	736,1	1.031,5	1.691,5	1.750,9	2.120,0	1.905,3	1.757,2	1.733,3	1.632,4	1.407,8	1.265,6	1.298,3
Sonstige Hilfen**	675,0	638,4	660,4	668,4	674,0	671,0	863,2	806,9	780,3	668,7	540,4	516,0
Insgesamt	2.375,0	3.178,9	4.990,0	4.750,0	5.518,4	5.317,7	5.162,7	5.346,4	4.953,8	5.180,6	4.765,0	5.649,0

durchgängig umgerechnet von DM in EUR mit 1,95583 DM/EUR

* bis 1995 ohne Selbstbehalt der Elektrizitätswirtschaft von zuletzt – geschätzt – rund 1,5 Mrd EUR/Jahr

** u.a. Revierausgleich niederflüchtige Kohle, Investitionshilfe, Stilllegungsprämie, Erblasten, Anpassungsgeld und -hilfen, Steinkohlenbevorratung, Zuschüsse Schuldbuchforderung und Tilgungsraten RAG, Zuschüsse und Umstrukturierung EBV, Bergmannsprämie und Zuschüsse zur Kohleforschung

Quelle: Bundes- und Landeshaushaltsrechnungen und -pläne

Tabelle 42: Übersicht über den Bezug und den Einsatz deutscher Steinkohle in der Kraftwirtschaft der alten Bundesländer 1978 bis 1995

Jahr	Bezug	Einsatz
	Mio. t SKE	
1978	32	32
1979	34	34
1980	35	34
1981	36	36
1982	38	36
1983	40	40
1984	40	40
1985	39	37
1986	39	39
1987	41	41
1988	38	39
1989	39	39
1990	39	40
1991	40	40
1992	41	40
1993	41	42
1994	41	40
1995	39	40

Quelle: Deutscher Bundestag, Drucksache 13/6700 vom 27.12.96, Anlage 1

Elektrizitätswirtschaft hatte ihre Zustimmung zu dieser Verstromungsmenge davon abhängig gemacht, dass sie die deutsche Steinkohle zu Weltmarktpreisen beziehen kann und das Finanzierungssystem keine spezielle Belastung der Stromverbraucher enthält.

Bis Ende 1995 hatte die Elektrizitätswirtschaft einen Teil der Mehrkosten, die sich aus der Abnahme deutscher Steinkohle ergaben, selbst zu tragen. So stellte sich die Bezuschussung des Einsatzes deutscher Steinkohle in Kraftwerken nach der zum 1. Januar 1990 in Kraft getretenen Neufassung des Dritten Verstromungsgesetzes wie folgt dar [15]:

- Für den jährlichen Einsatz von rund 22,6 Mio. t SKE deutscher Steinkohle (Grundmenge) wurde ein sogenannter Ölausgleich gewährt. Dieser Ölausgleich berücksichtigte die Wärmepreisdifferenz zwischen deutscher Steinkohle und schwerem Heizöl sowie die sonstigen Betriebsmehrkosten eines Steinkohlenkraftwerkes gegenüber einem vergleichbaren Ölkraftwerk (vgl. § 3 der Neufassung des Dritten Verstromungsgesetzes). Die Ansprüche für den Ölausgleich beliefen sich 1995 auf 2,3 Mrd. Euro.

- Für den jährlichen Einsatz von rund 11,3 Mio. t SKE deutscher Steinkohle (Zusatzmenge) erfolgte ein Mehrkostenausgleich gegenüber dem Einsatz von Importkohle. Gemäß § 5 Abs. 1 der Neufassung des Dritten Verstromungsgesetzes wurde der Zuschuss grundsätzlich nach Maßgabe des Unterschiedbetrages je t SKE zwischen dem Preis der Zusatzmenge frei Kraftwerk und dem um 3 Euro erhöhten durchschnittlichen Preis für Importkohle (Drittlandskohle) frei Grenze bemessen. Dabei war die Zuschusshöhe aber nach oben hin begrenzt. So konnte gemäß § 5 Abs. 2 der Neufassung des Dritten Verstromungsgesetzes die Zuschusshöhe pro t SKE des Jahres 1980 für die Zusatzmenge auch bei Vergrößerung der Preisschere zwischen deutscher Steinkohle und Importkohle nicht überschritten werden. Im Bundesdurchschnitt betrug der Höchstbetrag 59 Euro je t SKE. 1995 hatten die Ansprüche aus der Zusatzmenge 0,7 Mrd. Euro betragen.

- Die über die Grund- und Zusatzmenge hinausgehenden Mengen deutscher Steinkohle von 6,2 Mio. t SKE (Neumenge) wurden grundsätzlich nicht bezuschusst. Vielmehr erhielten die Elektrizitätsversorgungsunternehmen für diese sogenannten Neumengen Anrechtscheine für Importkohle im Verhältnis 1 : 1 deutsche Steinkohle zu Importkohle.

Zusätzlich zu der Bezuschussung der Grund- und Zusatzmenge bestanden sonstige finanzielle Ansprüche aus der Verstromung deutscher Steinkohle. Das gesamte Zuschussvolumen für den Einsatz deutscher Steinkohle in Kraftwerken hatte 1995 rund 3,0 Mrd. Euro betragen. [16]

Die Finanzierung der Zuschüsse, die den Einsatz deutscher Steinkohle im Elektrizitätsbereich ermöglichten, erfolgte bis Ende 1995 durch ein unselbständiges Sondervermögen des Bundes, den „Ausgleichsfonds zur Sicherung des Steinkohleneinsatzes." Die Mittel des Sondervermögens wurden durch eine Abgabe, den sogenannten Kohlepfennig, aufgebracht. Schuldner dieser Ausgleichsabgabe waren die Elektrizitätsversorgungsunternehmen, die Strom an Endverbraucher liefern, sowie Eigenerzeuger von Elektrizität, deren Erzeugungsanlagen insgesamt eine Nennleistung von mehr als 1 MW aufweisen.

Erhoben wurde die Ausgleichsabgabe in Form eines Prozentsatzes auf die Stromerlöse der EVU bzw. – bei Eigenerzeugern – auf den Wert der im eigenen Unternehmen erzeugten und verbrauchten Elektrizität. Der Abgabensatz, der nur in den alten Bundesländern erhoben worden war, betrug 1995 dort im Durchschnitt 8,5

%. Der konkrete Abgabensatz für die einzelnen Bundesländer wurde nach einer im Dritten Verstromungsgesetz verankerten Rechenformel ermittelt. Mit der auf diese Weise in die Abgabenerhebung integrierten regionalen Komponente sollte gewährleistet werden, dass Stromverbraucher in Bundesländern mit überdurchschnittlich hohen Erlösen je Kilowattstunde mit einem Ausgleichsatz belastet werden, der unter dem festgesetzten durchschnittlichen Prozentsatz liegt, und umgekehrt.

Die 1995 aus dem Kohlepfennig erzielten Einnahmen beliefen sich auf rund 3 Mrd. Euro. Damit wurden der Elektrizitätswirtschaft allerdings nicht, wie dargelegt, die gesamten Mehrkosten, die ihr aus dem Einsatz deutscher Steinkohle entstanden, ausgeglichen; vielmehr verblieb bei der Elektrizitätswirtschaft ein sogenannter Selbstbehalt. Dieser Selbstbehalt, der sich 1995 auf insgesamt rund 1,5 Mrd. Euro belief (davon 1,3 Mrd. Euro bei der öffentlichen Elektrizitätsversorgung und 0,2 Mrd. Euro bei der industriellen Kraftwirtschaft), war letztlich – ebenso wie der Kohlepfennig – über den Strompreis vom Stromverbraucher zu tragen.

Mit dem sogenannten Energie-Artikelgesetz vom 19. Juli 1994 waren die Finanzierungsvorgaben zum Einsatz deutscher Steinkohle in der Elektrizitätswirtschaft ab 1996 geändert worden. Entscheidende Punkte dieses Gesetzes sind [17]: Die Zuschüsse werden den Bergbauunternehmen (bisher: Elektrizitätswirtschaft) zur Verfügung gestellt; sie sollten damit in die Lage versetzt werden, zum Einsatz in Kraftwerken bestimmte deutsche Steinkohle zu wettbewerbsfähigen Bedingungen anzubieten. Ferner wurden, anders als bis 1995, Finanzplafonds bereitgestellt, die für 1996 auf maximal 3,8 Mrd. Euro und für die Jahre 1997 bis 2000 auf 3,6 Mrd. Euro/Jahr begrenzt wurden. Für den Zeitraum 2001 bis 2005 sieht das Gesetz eine weitere Rückführung der Finanzplafonds vor, ohne allerdings konkrete Zuschussbeträge zu nennen.

Nach dem Energie-Artikelgesetz vom 19. Juli 1994 sollte 1996 das System des Kohlepfennigs, dessen Ausgestaltung durch ein Viertes Verstromungsgesetz erfolgte, als Finanzierungsinstrument noch fortgesetzt werden.

Mit seinem am 8. Dezember 1994 veröffentlichten Beschluss vom 11. Oktober 1994 hatte das Bundesverfassungsgericht den „Kohlepfennig“ für verfassungswidrig erklärt. Die beanstandeten Vorschriften durften nach dem Ausspruch des Gerichts längstens noch bis zum 31. Dezember 1995 angewendet werden. Des weiteren hatte die Pressestelle des Bundesverfassungsgerichts in einer am 8. Dezember 1994 veröffentlichten Verlautbarung u. a. erklärt [18]: „Der Kohlepfennig belastet die inländischen Stromverbraucher, die lediglich ein gemeinsames Interesse an einer Stromversorgung kennzeichnet, das heute so allgemein ist wie das Interesse am täglichen Brot. Der Kreis der Stromverbraucher ist nahezu konturenlos und geht in der Allgemeinheit der Steuerzahler auf. Diese Verbraucher trifft keine besondere Verantwortlichkeit für die Finanzierung der Kohleverstromung. Die Sicherstellung der Strom- oder Energieversorgung ist ein Interesse der Allgemeinheit, das nicht durch eine Sonderabgabe finanziert werden darf.“

Tabelle 43: Entwicklung des Ausgleichsfonds nach dem Dritten Verstromungsgesetz in der Bundesrepublik Deutschland (alte Länder) 1990 bis 1995

	1990	1991	1992	1993	1994	1995
	Millionen EUR					
Einnahmen						
Ausgleichsabgabe	2.825,9	2.733,3	2.796,3	2.631,2	3.019,6	3.110,2
Verwaltungs- und Zinseinnahmen	12,1	35,7	14,3	17,6	20,1	26,7
Kreditaufnahme	–	–	113,0	24,0	169,7	–
Übertrag aus dem Vorjahr	10,1	2,7	– 7,9	1,9	2,8	5,1
Gesamteinnahmen	**2.848,0**	**2.771,7**	**2.915,6**	**2.674,8**	**3.212,3**	**3.141,9**
Ausgaben						
Ölausgleich	2.161,5	1.796,9	2.095,2	1.827,6	2.447,5	2.293,5
Drittlandskohlenausgleich	427,0	673,1	668,1	675,0	647,3	656,0
Minderpreisverträge	32,9	3,4	•	2,2	–	–
Stromtransportkosten	15,1	16,2	22,1	25,2	1,8	–
Revierausgleich	32,0	12,6	9,3	2,8	2,8	0,1
Verstromungsreserve	23,8	16,1	0,2	–	–	–
Kraftwerksneubauten	29,5	6,7	•	–	–	–
Kraftwerksumrüstungen	19,7	17,4	11,2	8,3	4,7	9,4
Sonstiges	–	–	–	–	–	•
Zuschüsse an Kraftwerke	2.741,4	2.542,3	2.806,1	2.541,1	3.104,2	2.959,0
Zinsen	65,2	70,7	77,5	73,4	67,4	140,7
Tilgung	–	131,4	–	–	–	–
Verwaltung	3,1	3,6	3,9	4,3	4,0	4,4
Erstattete Ausgleichsabgabe	35,6	31,6	26,2	53,2	31,6	35,1
Sonstiges	–	–	–	–	–	0,1
Gesamtausgaben	**2.845,3**	**2.779,6**	**2.913,6**	**2.672,0**	**3.207,2**	**3.139,2**
Überschuss/Fehlbetrag	**+ 2,7**	**– 7,9**	**+ 2,0**	**+ 2,8**	**+ 5,1**	**+ 2,7**

durchgängig umgerechnet von DM in EUR mit 1,95583 DM/Euro

Quelle: Bundestags-Drucksache 12/4063 vom 5. Januar 1993, 12/6533 vom 3. Januar 1994, 13/169 vom 4. Januar 1995 und 13/6700 vom 27. Dezember 1996

Das im Rahmen des sogenannten Energie-Artikelgesetzes vom 19.07.1994 verabschiedete Gesetz zur Steinkohleverstromung im Jahr 1996 (Viertes Verstromungsgesetz) war durch den Beschluss des Bundesverfassungsgerichts zwar nicht unmittelbar berührt, denn es wurden nur die Regelungen des Dritten Verstromungsgesetzes für verfassungswidrig erklärt. Nach der Entscheidungsbegründung wäre der nach dem Vierten Verstromungsgesetz für 1996 noch vorgesehene Kohlepfennig jedoch ebenfalls nicht als Sonderabgabe zu rechtfertigen gewesen. So hatte das Bundesverfassungsgericht in der genannten Verlautbarung festgestellt: „Fällt eine Finanzaufgabe nicht in die besondere Verantwortung einer bestimmten Gruppe, so muss sie von der Allgemeinheit, d. h. aus Steuererträgen finanziert werden." Auf der Grundlage des Beschlusses des Bundesverfassungsgerichts hätte sich somit jeder Betroffene auf die Verfassungswidrigkeit der nach dem Vierten Verstromungsgesetz für 1996 vorgesehenen Verstromungsabgabe berufen können.

Als Konsequenz wurde gemäß dem „Gesetz zur Umstellung der Steinkohleverstromung ab 1996" vom 12. Dezember 1995 u. a. das Vierte Verstromungsgesetz aufgehoben. Artikel 5 des Gesetzes zur Umstellung der Steinkohleverstromung ab 1996 (Fünftes Verstromungsgesetz) regelt, dass den Bergbauunternehmen für die Jahre 1996 bis 2005 aus Mitteln des Bundeshaushalts jährliche Finanzplafonds zur Verfügung gestellt werden, um ihnen den Absatz deutscher Steinkohle zur Verstromung zu ermöglichen. Den einzelnen Bergbauunternehmen wurde danach eingeräumt, für das jeweilige Kalenderjahr bewilligte, aber nicht in Anspruch genommene Mittel noch im folgenden Kalenderjahr zweckentsprechend zu verwenden, und zwar im Jahr 1997 bis zu 20 % des dem jeweiligen Unternehmen für 1996 bewilligten Finanzplafonds, in den Jahren 1998 und 1999 jeweils bis zu 15 % des jeweils für das Vorjahr bewilligten Finanzplafonds sowie in den Jahren 2000 und 2001 jeweils bis zu 10 % des jeweils für das Vorjahr bewilligten Finanzplafonds. Im übrigen sieht das Gesetz eine Rückzahlung der im Kalenderjahr nicht für den Steinkohlenabsatz an Kraftwerke verwendeten Mittel von den Bergbauunternehmen zum Abrechnungszeitpunkt vor. Zuwendungsbescheide wurden für 1996 in Höhe von 3,8 Mrd. Euro sowie für die Jahre 1997 und 1998 in Höhe von jeweils 3,6 Mrd. Euro erteilt.

Ferner waren nach Artikel 2 des Gesetzes zur Umstellung der Steinkohlenverstromung ab 1996 die im Dritten Verstromungsgesetz enthalten Genehmigungspflichten für die Errichtung und den Betrieb von Gaskraftwerken, entfallen.

2.3.7.2 Inländische Steinkohle in der Stahlindustrie

Die zweite Säule des Steinkohlenabsatzes in Deutschland ist die Stahlindustrie. Für diesen Absatzbereich hatte zwischen den beteiligten Wirtschaftskreisen im Zeitraum 1969 bis 1988 mit dem Hüttenvertrag eine Regelung bestanden, die eine Deckung des Kokskohlenbedarfs der westdeutschen Stahlindustrie mit deutscher Steinkohle vorsah. Nach diesem Bedarfsdeckungsvertrag war die zwischen deutscher Kokskohle und Importkohle entstehende Preisdifferenz – abgesehen von einem Selbstbehalt des Bergbaus – durch staatliche Zuschüsse ausgeglichen worden.

Für den Zeitraum 1989 bis 2000 war eine Anschlussregelung getroffen worden. Allerdings war die bis zum Jahr 1997 erteilte Genehmigung für den Hüttenvertrag durch die EU-Kommission nicht verlängert worden. Der Hüttenvertrag war damit schwebend unwirksam. Die Stahlindustrie schloss daraufhin bilaterale Bezugsverträge mit der RAG ab.

Für die Bezuschussung des Kokskohlenbedarfs waren im Zeitraum 1989 bis 1997 insgesamt drei Finanzplafonds für jeweils drei Jahre vorgesehen worden. Diese Plafonds beliefen sich auf 5,8 Mrd. Euro (11,3 Mrd. DM) für 1989 bis 1991, auf 4,65 Mrd. Euro (9,1 Mrd. DM) für 1992 bis 1994 und auf 4,1 Mrd. Euro (8,1 Mrd. DM) für 1995 bis 1997. Dabei sahen die Regelungen für den Zeitraum 1992 bis 1997 im Einzelnen wie folgt aus:

Für die notwendige Bezuschussung im Dreijahreszeitraum 1992 bis 1994 stellten die Bundesregierung 3,32 Mrd. Euro (6,5 Mrd. DM) und die Landesregierung Nordrhein-Westfalen 1,33 Mrd. Euro (2,6 Mrd. DM) bereit. Der deutsche Steinkohlenbergbau hatte 1991 damit gerechnet, auf dieser Basis in den Jahren 1992 bis 1994 eine Menge von insgesamt rd. 57 Mio. t (19 Mio. t/Jahr) an die Hütten zu liefern. Angesichts der Stahlkrise in den Jahren 1992 und 1993 konnten die Absatzerwartungen des deutschen Steinkohlenbergbaus allerdings nicht realisiert werden.

Über die Bezuschussung der 1995 bis 1997 im Stahlbereich eingesetzten deutschen Steinkohle hatten sich die Bundesregierung sowie die Regierungen von Nordrhein-Westfalen und Saarland Ende März 1995 wie folgt verständigt [19]:

„Der Bund wird für den Zeitraum 1995 bis 1997 einen Finanzierungsanteil von 60 % übernehmen – statt der ursprünglich vorgesehenen Absenkung des Finanzierungsanteils von bisher 2/3 auf 50 %. Die Beihilfe ist dazu bestimmt, die Differenz zwischen den Produktionskosten der Ruhrkohle bzw. der Saarbergwerke und dem tatsächlichen Wettbewerbspreis im Plafondszeitraum zu vermindern.

Für den Bereich der Ruhrkohle sind die Zuwendungen des Bundes im Zeitraum 1995 bis 1997 auf insgesamt 4.401 Mio. DM (2.250 Mio. Euro) begrenzt. Das Land Nordrhein-Westfalen wird sich mit 2.700 Mio. DM (1.380 Mio. Euro) an der Finanzierung beteiligen.

Für den Bereich der Saarbergwerke sind die Zuwendungen des Bundes auf 609 Mio. DM (311 Mio. Euro) begrenzt. Mit dem Saarland ist im Hinblick auf die Gesellschafterverantwortung von Bund und Land bei dem Unternehmen Saarbergwerke eine Eigentümerlösung für einen weiteren Betrag von 355 Mio. DM (182 Mio. Euro) verabredet worden. (Der Bund hielt zu diesem Zeitpunkt ein

Aktienpaket von 74 % an den Saarbergwerken, das Saarland von 26 %.) Das Saarland wird sich in den nächsten drei Jahren entsprechend seinem Eigentümeranteil an der Finanzierung dieses Betrages beteiligen.

Bund und Revierländer erwarten, dass die Bergbauunternehmen mit den zur Verfügung gestellten Mitteln auskommen und die anstehenden Aufgaben bewältigen. Für den Fall, dass sich schwerwiegende Probleme auf dem Weltmarkt ergeben, erklären Bund und Länder ihre Bereitschaft zu neuen Gesprächen."

Am 30. Juni 1995 hatte das Bundesministerium für Wirtschaft den Bergbauunternehmen Ruhrkohle AG und Saarbergwerke AG „die Zuwendungsbescheide für die Kokskohlenbeihilfe in den Jahren 1995 bis 1997 mit einem Gesamtvolumen von rd. 7,7 Mrd. DM (3,9 Mrd. Euro) erteilt. Die Ruhrkohle AG erhält einen Dreijahresplafond über insgesamt 7,1 Mrd. DM (3,6 Mrd. Euro), an dem sich der Bund mit 4,4 Mrd. DM (2,2 Mrd. Euro) und das Land Nordrhein-Westfalen mit 2,7 Mrd. DM (1,4 Mrd. Euro) beteiligt. Den Saarbergwerken stellt der Bund einen Plafond von 609 Mio. DM (311 Mio. Euro) zur Verfügung." [20] Einschließlich des Betrages, der den Saarbergwerken im Rahmen der Eigentümerlösung gewährt wird, beliefen sich die gesamten Kokskohlebeihilfen von 1995 bis 1997 auf rd. 4,12 Mrd. Euro (8,06 Mrd. DM).

Seit dem 1.1.1998 besteht nur noch ein gemeinsamer Finanzplafond zur Bezuschussung des Absatzes von Kokskohle und von Kesselkohle aus inländischer Förderung. Die Beendigung des Hüttenvertrages 1997 ließ seitdem die Zahl der im Besitz des Steinkohlenbergbaus befindlichen Kokereien um drei auf derzeit nur noch eine Anlage schrumpfen.

2.3.7.3 Inländische Steinkohle im Wärmemarkt

Innerhalb des Wärmemarktes bestanden keine spezifischen Zuschussregelungen zu Gunsten der deutschen Steinkohle. Hier musste die deutsche Steinkohle auch bereits in der Vergangenheit mit einer Vielzahl anderer Energieträger konkurrieren. Angesichts des Preisrückgangs, der während der letzten Jahre für die wichtigsten Konkurrenzenergien Importkohle, Heizöl und Erdgas zu verzeichnen war, hatte sich die Wettbewerbsfähigkeit der deutschen Steinkohle kontinuierlich verschlechtert. Drastische Absatzeinbußen waren die Folge.

2.3.8 Neuregelung der Finanzierung deutscher Steinkohle bis 2005

Am 13. März 1997 hatte sich die Bundesregierung mit dem Bergbau sowie der Industriegewerkschaft Bergbau und Energie zur weiteren Unterstützung der Steinkohle auf einen bis zum Jahr 2005 reichenden Finanzrahmen verständigt. Nach diesem Finanzrahmen, der auch mit den Regierungen der Bergbauländer Nordrhein-Westfalen und Saarland abgesprochen worden war, werden die staatlichen Absatzhilfen (Bund und Länder) von 5,3 Mrd. Euro (10,6 Mrd. DM) im Jahr 1996 schrittweise auf 2,7 Mrd. Euro (5,3 Mrd. DM) im Jahr 2005 in etwa halbiert.

Wesentliche Elemente sind dabei [21]:

— Die Finanzierungshilfen des Bundes für Verstromung, Kokskohle und künftige Stilllegungen werden ab 1998 in einem Plafond zusammengefasst.

— Die Gewährung eines Teils der Hilfen des Bundes, die durch Zuschüsse aus dem Haushalt des Landes Nordrhein-Westfalen ergänzt werden, ist an die Bedingung gekoppelt, dass die Ruhrkohle AG die Beteiligung der Bundesrepublik Deutschland an der Saarbergwerke AG übernimmt und das Saarland seine Beteiligung an der Saarbergwerke AG an die Ruhrkohle AG veräußert. Dahinter steht die Absicht, dass – bei Einbeziehung auch der Ibbenbürener Zeche – der gesamte Steinkohlenbergbau in Deutschland künftig nur noch von einem, rein privaten, Unternehmen, der Deutsche Steinkohle AG, betrieben wird.

Nach der Entscheidung bestand damit für den Zeitraum 1997 bis 2005 ein Finanzrahmen für die deutsche Steinkohle von 35,36 Mrd. Euro. Davon hatten die Bundesregierung 29,94 Mrd. Euro, das Land Nordrhein-Westfalen 4,91 Mrd. Euro und die Ruhrkohle AG, die ab dem Jahr 2001 aus ihren Gewinnen aus Nicht-Bergbauaktivitäten jährlich 0,1 Mrd. Euro als eigene Unterstützungsleistung erbringt, 0,5 Mrd. Euro zu tragen.

Mit dem am 1. Januar 1998 in Kraft getretenen Gesetz zur Neuordnung der Steinkohlesubventionierung waren die kohlepolitischen Beschlüsse vom 13. März 1997 umgesetzt worden. Das Gesetz, nach dem Finanzierungshilfen für den Einsatz deutscher Steinkohle in Kraftwerken sowie zur Stahlerzeugung im Hochofenprozess und zur Deckung von Aufwendungen des Bergbaus in Folge dauerhafter Stilllegung von Zechen geleistet werden, sieht u. a. folgende Regelungen vor:

— Artikel 1 ordnet die Steinkohlensubventionen umfassend neu. Neben der Änderung der Bezeichnung des Fünften Verstromungsgesetzes vom 12. Dezember 1995 in „Gesetz über Hilfen für den deutschen Steinkohlenbergbau bis zum Jahr 2005 (Steinkohlebeihilfengesetz)" werden die §§ 1 bis 3 neu gefasst: Danach wird als Zweck des Gesetzes genannt, einen angemessenen Beitrag zum Absatz deutscher Steinkohle für den Einsatz in Kraftwerken, zur Stahlerzeugung in Hochöfen im Geltungsbereich dieses Gesetzes und zur Deckung von Stilllegungsaufwendungen der Bergbauunternehmen in Folge dauerhafter Kapazitätsrücknahmen zu leisten. Die aus Mitteln des Bundeshaushalts für die Jahre 1998 bis 2005 zur Verfügung gestellten Finanzplafonds werden aufgelistet. Die Aufteilung der jährlichen Finanzplafonds

Tabelle 44: Finanzierungshilfen zugunsten deutscher Steinkohle für Verstromung, Kokskohle und künftige Stilllegungen von 1997 bis 2005

	1997	1998	1999	2000	2001	2002	2003	2004	2005	Summe 1997-2005
	Mrd. Euro									
Bundesmittel	4,12	3,96 [4]	3,73 [4]	3,58	3,22	2,91	2,56	2,25	1,94	28,27
Bund für Saar [1]	0	0,10	0,10	0,10	0,10	0,10	0,10	0,10	0,10	0,82
Bund	0	0,15 [5]	0,15 [5]	0,15 [5]	0,08 [6]	0,08 [6]	0,80 [6]	0,08 [6]	0,08 [6]	0,85
Bergbau [2]	0	0	0	0	0,10	0,10	0,10	0,10	0,10	0,51
NRW	0,44	0,51	0,51	0,51	0,51	0,51	0,51	0,51	0,51	4,53
NRW zusätzlich	0	0	0	0	0,08 [6]	0,08 [6]	0,08 [6]	0,08 [6]	0,08 [6]	0,38
Saarland [3]	0	0	0	0	0	0	0	0	0	0
Hilfen insgesamt	4,56	4,73	4,50	4,35	4,09	3,78	3,43	3,12	2,81	35,36

Durchgängig umgerechnet von DM in EUR mit 1,95583 DM/EUR

1) Verpflichtungsermächtigung, Voraussetzung: Saarland überträgt seinen 26 %-Saarbergwerke AG-Anteil an die Ruhrkohle AG.
2) Zu erbringen aus Gewinnen des „weißen Bereichs“ der Ruhrkohle AG. Garantie durch Bund und NRW je zur Hälfte.
3) Die Finanzplanung des Saarlandes sieht keine Hilfen für Absatz und künftige Stilllegungen vor.
4) Hierin enthalten Überhänge bei der Kokskohle aus Plafond 1995 bis 1997.
5) Verpflichtungsermächtigung. Voraussetzung: Ruhrkohle AG übernimmt den 74 %-Anteil des Bundes an Saarbergwerke AG.
6) Verzinsliche Verpflichtungsermächtigungen, zu zahlen ab 2006.

Quelle: Presse- und Informationsamt der Bundesregierung, Pressemitteilung Nr. 80/97 vom 13. März 1997

auf die einzelnen Bergbauunternehmen legt das Bundeswirtschaftsministerium nach Anhörung der Bergbauunternehmen fest. Die Gewährung der Zuschüsse soll auf der Grundlage von zeitgerechten Bewilligungsbescheiden durch das Bundesamt für Wirtschaft erfolgen. Ferner wird u. a. geregelt, dass der durchschnittliche Subventionssatz pro t SKE für die abgesetzten Mengen „den Unterschiedsbetrag zwischen den durchschnittlichen Produktionskosten des jeweiligen Bergbauunternehmens und dem Preis für Drittlandskohle nicht übersteigen" darf. Als Folge der Erweiterung des Verwendungszwecks der Finanzplafonds auf den Absatz von Koks und Kokskohle an die Stahlindustrie werden die im 5. Verstromungsgesetz verankerten Auskunfts- und Meldepflichten ergänzt.

— Gemäß Artikel 2 wird das Gesetz zur Sicherung des Einsatzes von Steinkohle in der Verstromung in den Jahren 1996 bis 2005 vom 19. Juli 1994 aufgehoben.

— Ferner wird – gemäß Artikel 3 – das Gesetz zur Sicherung des Steinkohleneinsatzes in der Elektrizitätswirtschaft vom 5. September 1966 aufgehoben.

— Schließlich erfolgt gemäß Artikel 4 eine Änderung des Dritten Verstromungsgesetzes vom 19. April 1990 u. a. dahingehend, dass die Vorschriften zur Beschränkung der Errichtung von Ölkraftwerken und des Einsatzes von Öl in Kraftwerken aufgehoben werden.

— Artikel 5 regelt das Inkrafttreten des Gesetzes zum 1. Januar 1998.

Die kontinuierliche Kürzung der Finanzhilfen sollte zu einem Rückgang der Förderkapazität auf rund 26 Millionen Tonnen bei gleichzeitiger Verringerung der Anzahl der Bergwerke auf neun Anlagen sowie zu einem Abbau der Belegschaft auf rund 36.000 Mitarbeiter bis 2005 führen. Bereits 1997 begannen RAG und DSK mit der Umsetzung der Kohlevereinbarungen durch Zusammenführung der Bergwerke Ewald und Hugo. Weitere Schritte waren die Bildung der Verbundbergwerke Lippe und Ost 1998. Außerdem war die Stilllegung der Bergwerke Westfalen und Göttelborn/Reden für das Jahr 2000 sowie des Bergwerks Ewald/Hugo für 2002 beschlossen worden. Angesichts der stark gesunkenen Weltmarktpreise wurde die ursprünglich für das Jahr 2002 vorgesehene Stilllegung der Zeche Ewald/Hugo auf den 30. April 2000 vorgezogen. [22]

Die Anpassung der Förderkapazität verbunden mit einer Reduzierung der Zahl der Bergwerke wurde bereits früher, als ursprünglich angestrebt, erreicht, während bei dem vorgesehenen Abbau der Belegschaft noch Handlungsbedarf besteht. Immerhin wird der Schrumpfungsprozess, der mit einer Halbierung der Belegschaft im Steinkohlenbergbau zwischen Ende 1998 und dem Jahr 2005 verknüpft ist, sozialverträglich, das heißt unter Vermeidung betriebsbedingter Kündigungen, gestaltet.

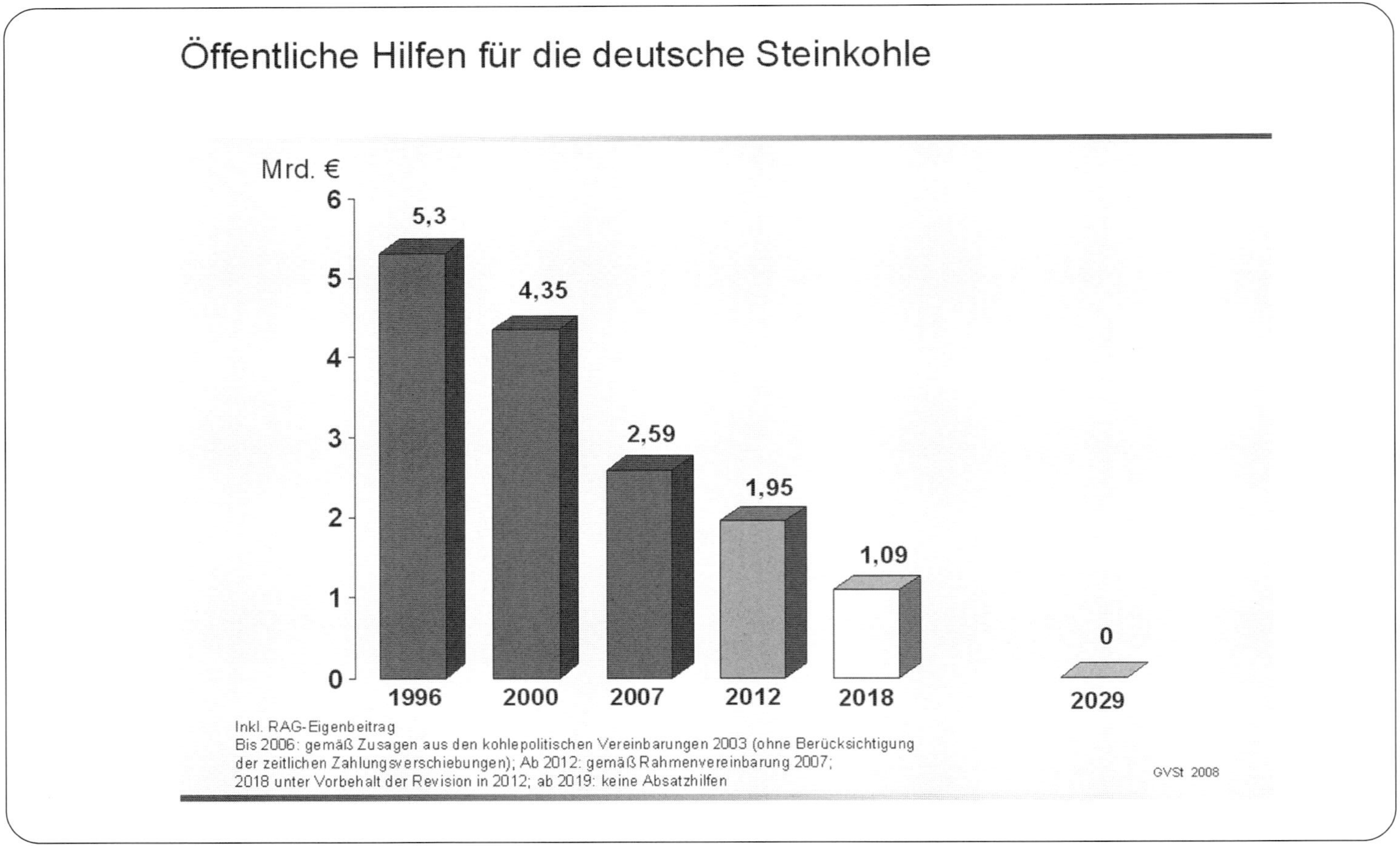

Abb. 35: Öffentliche Hilfen für die deutsche Steinkohle

2.3.9 Anpassungsprozess 2006 bis 2012

Am 15. Juli 2003 hatten sich die Bundesregierung, das Bundesland Nordrhein-Westfalen, die Industriegewerkschaft Bergbau, Chemie, Energie sowie der RAG-Konzern darauf verständigt, die Steinkohlenförderung ab 2006 weiter abzusenken und bis 2012 einen Fördersockel deutscher Steinkohle von 16 Mio. t anzustreben. Das bedeutet, dass die Kapazität gegenüber der planmäßigen Förderung von 26 Mio. t im Jahr 2005 um rund 40 % abgebaut werden muss.

Am 10. November 2003 hatten sich der Bundeskanzler, der Bundesminister für Wirtschaft und Arbeit sowie der Bundesminister der Finanzen auf öffentliche finanzielle Hilfen von insgesamt 15,87 Mrd. Euro im Zeitraum 2006 bis 2012 verständigt. Die RAG AG wird in den genannten sieben Jahren einen Eigenbeitrag von 1,13 Mrd. Euro leisten. Danach werden die Finanzhilfen für den Steinkohlenabsatz sowie zur Deckung der Aufwendungen für Stilllegungen und Altlasten von insgesamt rund 2,5 Mrd. Euro im Jahr 2005 schrittweise auf zirka 1,8 Mrd. Euro im Jahr 2012 abgesenkt.

Im Dezember 2004 hatte der deutsche Steinkohlenbergbau von der Bundesregierung und von der Landesregierung Nordrhein-Westfalen Zuwendungsbescheide für den Zeitraum 2006 bis 2008 erhalten. Bund und Land Nordrhein-Westfalen hatten für die drei Jahre insgesamt bis zu 7.319 Mio. Euro zu zahlen, davon das Land bis zu 1.620 Mio. Euro; die RAG musste in diesem Zeitraum einen Eigenbeitrag von 450 Mio. Euro leisten. Mit der Erteilung der Zuwendungsbescheide war die kohlepolitische Umsetzung für die ersten drei Jahre des Anpassungsprozesses erfolgt.

Auf Basis der politischen Vereinbarungen hatten die Unternehmensaufsichtsräte am 18. Mai 2004 beschlossen, dass nach dem Förderstandort Warndt/Luisenthal (Saar) zum 1. Januar 2006 und dem Bergwerk Lohberg/Osterfeld (Ruhr) zum 31. März 2006 auch die Bergwerke Walsum zum 1. Januar 2009 und Lippe (beide Ruhr) zum 1. Januar 2010 stillgelegt werden. Gemäß Stilllegungsbeschluss des Aufsichtsrates der DSK vom 15.12.2005, der die Stilllegung des Bergwerks Walsum zum 1. Juli 2008 beinhaltete, wurde die untertägige Förderung dieses Bergwerks im Juni 2008 beendet.

2.3.10 Auslaufbergbau bis 2018

Im Frühjahr 2007 verständigten sich die Bundesregierung, die Länder NRW und Saarland sowie die IG Bergbau, Chemie, Energie und die RAG Aktiengesellschaft auf ein sozialverträgliches Auslaufen des subventionierten deutschen Steinkohlenbergbaus zum Jahr 2018. Die Eckpunkte dieser Verständigung beinhalteten den sozial verträglichen Abbau der Belegschaft sowie eine so genannte Revisionsklausel, nach der eine Überprüfung des Auslaufbeschlusses im Jahr 2012 durch den Bundestag unter Beachtung von Aspekten der Wirtschaftlichkeit, der Sicherung der Energieversorgung und weiterer energiepolitischer Ziele erfolgen wird.

Das Inkrafttreten des Steinkohlefinanzierungsgesetzes am 28. Dezember 2007 sowie die parallel dazu wirksam gewordene „Rahmenvereinbarung über die sozialverträgliche Beendigung des subventionierten Steinkohlenbergbaus in Deutschland zwischen Bund, NRW, Saarland und RAG" und ein damit verknüpftes Vertragswerk bilden die Grundlage für die Umsetzung dieser Verständigung. Regelungsgegenstände sind der geordnete Auslauf der subventionierten Steinkohleförderung bis 2018, der sozialverträgliche Anpassungsprozess sowie die Revisionsklausel, nach der die Bundesregierung dem Bundestag bis zum 30. Juni 2012 einen Bericht zuleiten wird, auf dessen Grundlage die weitere Förderung des Steinkohlenbergbaus durch den Bundestag zu prüfen ist.

In dem Gesetz sind ferner insbesondere die Finanzplafonds des Bundes zur Finanzierung des Absatzes heimischer Steinkohle in Kraftwerken und an die Stahlindustrie bis zum Jahr 2018 sowie von Aufwendungen infolge dauerhafter Stilllegungen festgelegt. Dabei gilt weiterhin die Orientierung am Preis für Drittlandskohle für den jeweiligen Absatzbereich.

Zur Finanzierung der so genannten Ewigkeitslasten des Steinkohlenbergbaus, zu denen Maßnahmen der Grubenwasserhaltung, Poldermaßnahmen, Abwicklung und/oder Beseitigung von Dauerbergschäden gehören, die nach der Einstellung des subventionierten Steinkohlebergbaus durchgeführt werden müssen, wurde die RAG-Stiftung gegründet. Die Stiftung nutzt, wie durch die kohlepolitische Verständigung in 2007 ebenfalls festgelegt, die Erlöse aus der Verwertung des ehemaligen RAG-Beteiligungsbereiches (jetzt verselbständigt zur EVONIK Industries AG) und deren Erträge zur Finanzierung der vorgenannten Aufgaben. Darüber hinaus soll die RAG-Stiftung den Anpassungsprozess im Steinkohlenbergbau bis 2018 unternehmerisch überwachen sowie Bildung, Wissenschaft und Kultur fördern, so weit das im Zusammenhang mit dem Steinkohlenbergbau steht.

Im Steinkohlenbergbau selbst hat sich der Anpassungsprozess weiter fortgesetzt. Zum Jahresende 2007 beschäftigte die RAG AG 32.803 Mitarbeiter, davon 2.398 Auszubildende. Die Produktion an Steinkohlen belief sich in 2007 auf 21,3 Mio. t, der Absatz lag mit 22,6 Mio. t um 1,3 Mio. t über der Produktion.

Am 23. Februar 2008 kam es im Bereich des Bergwerkes Saar zu einer schweren Erderschütterung, die bei verschiedenen Gebäuden an der Tagesoberfläche zu Beschädigungen führte. Die RAG AG stellte daraufhin umgehend den Abbau im Bereich des Feldes Primsmulde ein. Zwar war grundsätzlich bekannt, dass es oberhalb des Abbaus in diesem Bereich einen besonders hohen Anteil an spröden Sandsteinschichten gibt, die bei Beanspruchung zu plötzlichem Bruch und dadurch bedingten gelegentlichen Erschütterungsereignissen neigen, dennoch wurde eine derartig starke Erschütterung, die es so zuvor nie gegeben hatte, nicht erwartet. Durch die Besonderheiten des geologischen Aufbaus der Gesteinsschichten an der Saar und das Fehlen dämpfender Deckgebirgsschichten wie im Ruhrgebiet sowie weitere außergewöhnliche Umstände waren die Auswirkungen der Erderschütterungen an der Tagesoberfläche leider besonders gravierend. Zwar kamen Menschen durch das Erschütterungsereignis nicht zu Schaden, doch um Gefahren für die betroffene Bevölkerung wie der Bergleute völlig auszuschließen, blieb es bei dem Förderstopp.

Die Aufgabe des Abbaus in der Primsmulde und die von der RAG AG beschlossene Verlagerung des Abbaus in die Flöze Grangeleisen und Wahlschied in höhere Teufenlagen und Bereichen mit erheblich geringeren Sandsteinanteilen in den darüber liegenden Schichten bedeuten eine erhebliche Förderverringerung und eine deutliche Verkürzung der Lebensdauer des Bergwerkes Saar. Am 9. Juni 2008 beschloss der Aufsichtsrat der RAG AG die Teilstilllegung des Bergwerkes Saar rückwirkend zum 1. Mai 2008 und legte den Termin für die endgültige Stilllegung für den 1. Juli 2012 fest.

Am 2. April 2008 ist durch den Aufsichtsrat der RAG AG der Stilllegungsbeschluss für das Bergwerk Lippe (Gelsenkirchen) zum 1. Januar 2009 gefasst worden.

Das Bergwerk Walsum ist planmäßig auf der Grundlage des Aufsichtsratsbeschlusses der RAG AG vom 15. Dezember 2005 zum 1. Juli 2008 stillgelegt worden.

Am 9. Juni 2008 hat der Aufsichtsrat der RAG AG auch die Bergbauplanung bis 2012 verabschiedet. Damit wird der mit dem Steinkohlefinanzierungsgesetz vorgezeichnete weitere Anpassungsprozess des subventionierten deutschen Steinkohlenbergbaus planmäßig umgesetzt.

Als Ergebnis der Bergbauplanung hat der Aufsichtsrat die Stilllegung des Bergwerkes Ost (Hamm) zum 30. September 2010 beschlossen. Für das Bergwerk West (Kamp-Lintfort) wurde die Stilllegungsabsicht zum Jahreswechsel 2012/2013 festgestellt. Der Abbau unter dem Stadtteil Rheinberg/Annaberg wird schon zum Jahreswechsel 2010/2011 endgültig eingestellt. Der für die weitere Produktionsanpassung erforderliche Stilllegungsbeschluss für das Bergwerk wird jedoch erst gefasst, wenn die Beihilfen für den Zeitraum 2013-2014 genehmigt sind.

2.3.11 Beihilferegelung in der Europäischen Union

Subventionen waren nach dem 1952 geschlossenen Vertrag der Europäischen Gemeinschaft für Kohle und Stahl (EGKS) grundsätzlich verboten. Die Gewährung von Beihilfen setzt deshalb den Erlass einer Ausnahmeregelung voraus. Bereits seit Mitte der 60er Jahre sind entsprechende Ausnahmeregelungen von Art. 4 c erlassen worden. Mit der Entscheidung Nr. 3632/93 EGKS hat die Europäische Kommission am 28.12.1993 den Rahmen für die Gewährung staatlicher

Beihilfen zu Gunsten des Steinkohlenbergbaus in den Mitgliedsländern der Gemeinschaft für den Zeitraum 01.01.1994 bis zum Auslaufen des EGKS-Vertrages am 23.07.2002 vorgegeben.

Die im Amtsblatt L 329 veröffentlichte neue Ausnahmeregelung vom grundsätzlichen Subventionsverbot knüpft die Genehmigung von Beihilfen alternativ an folgende Voraussetzungen:

— Erzielung weiterer Fortschritte in Richtung auf die Wirtschaftlichkeit der Förderung,

— Lösung sozialer und regionaler Probleme als Folge von Stillegungen bzw.

— Erleichterung der Anpassung des Kohlebergbaus an Umweltschutznormen.

Die Beihilfeentscheidung folgt dem Grundsatz der Degression von Produktions- und Förderkosten sowie von Subventionen. Grundsätzlich sind – unter Einhaltung im einzelnen spezifizierter Anforderungen – fünf Kategorien von Beihilfen zugelassen. So muss als Voraussetzung für die Gewährung von Betriebsbeihilfen ein Modernisierungs-, Rationalisierungs- und Umstrukturierungsplan vorgelegt werden, mit dem eine tendenzielle Senkung der Produktionskosten nachzuweisen ist. Beihilfen für die Rückführung der Fördertätigkeit sind an die Vorlage eines Stilllegungsplans für Zechen gebunden, deren Produktionskosten real nicht gesenkt werden können. Ferner können unter bestimmten Bedingungen Beihilfen für außergewöhnliche Belastungen (wie Altlasten und soziale Belastungen) gezahlt werden. Beihilfen für Forschung und Entwicklung sowie für Umweltschutz sind zulässig, soweit sie mit den hierzu einschlägigen Gemeinschaftsvorschriften in Einklang stehen. Die im einzelnen festgelegten Kriterien richten sich insbesondere auf die Betriebsbeihilfen. So darf die Beihilfe je Tonne für kein Unternehmen bzw. für keine Produktionsstätte den Differenzbetrag zwischen den Produktionskosten und den voraussichtlichen Erlösen übersteigen. Ferner darf die je Tonne gewährte Betriebsbeihilfe der Kohle aus einem Mitgliedstaat der Europäischen Union keinen Preisvorteil gegenüber vergleichbarer Kohle aus Drittländern verschaffen, und der Wettbewerb zwischen den Kohleverbrauchern darf nicht verzerrt werden. Schließlich muss ein transparenter Ausweis der Beihilfen in der Gewinn- und Verlustrechnung der begünstigten Unternehmen erfolgen.

Die Europäische Kommission hatte am 10. Juni 1998 Beihilfen für den deutschen Steinkohlenbergbau für das Jahr 1997 in Höhe von 5,33 Mrd. ECU gebilligt. Am 2. Dezember 1998 hatte die Europäische Kommission die Kohlebeihilfe für 1998 in Höhe von 4,79 Mrd. ECU genehmigt. Mit Entscheidung der EU-Kommission vom 22. Dezember 1998 erfolgte die Billigung der Kohlehilfen für 1999 in Höhe von 4,70 Mrd. Euro. [23] Am 21. Dezember 2000 genehmigte die EU-Kommission die von Deutschland für die Jahre 2000 und 2001 angemeldeten Beihilfen für den Steinkohlenbergbau. Danach konnte der deutsche Steinkohlenbergbau staatliche Hilfen in Höhe von 4,69 Mrd. Euro für das Jahr 2000 und von 4,16 Mrd.

Euro für das Jahr 2001 in Anspruch nehmen. Die Entscheidung der Kommission verlangte von der deutschen Regierung eine erhebliche Senkung der Betriebsbeihilfen im Vergleich zu 1999.

Im Einzelnen hatte die EU-Kommission folgende Beihilfemaßnahmen für die Jahre 2000 bzw. 2001 genehmigt:

— eine Betriebsbeihilfe gemäß Artikel 3 der Entscheidung Nr. 3632/93/EGKS in Höhe von 1.967 Mio. Euro (2000) bzw. 1.755 Mio. Euro (2001);

— eine Beihilfe für die Rücknahme der Fördertätigkeit gemäß Artikel 4 der genannten Entscheidung in Höhe von 1.604 Mio. Euro (2000) bzw. 966 Mio. Euro (2001);

— eine Beihilfe für die Erhaltung der Untertagebelegschaft (Bergmannsprämie), die gemäß Artikel 3 der genannten Entscheidung notifiziert wurde, in Höhe von 36 Mio. Euro (2000) bzw. 34 Mio. Euro (2001);

— eine Beihilfe für außergewöhnliche Belastungen gemäß Artikel 5 der genannten Entscheidung in Höhe von 1.086 Mio. Euro (2000) bzw. 1.401 Mio. Euro (2001).

In den Folgejahren gingen die Beihilfegenehmigungen – wie von der Kommission gefordert – kontinuierlich weiter zurück: Für 2002 waren es noch 3,60 Mrd. Euro, für 2003 3,32 Mrd. Euro und für 2004 3,04 Mrd. Euro. Im Januar 2005 stimmte die Kommission einem Beihilfepaket für das Jahr 2005 in Höhe von 2,73 Mrd. Euro zu. Für 2006 wurden 2,52 Mrd. Euro und für 2007 2,50 Mrd. Euro genehmigt.

Seit Juli 2002, dem Ende der Geltungsdauer des EGKS-Vertrags, hat sich der europarechtliche Rahmen für die Steinkohlebeihilfen allerdings formal wesentlich geändert. Am 7. Juni 2002 hatte der Rat der EU-Energieminister die Verordnung über eine neue Gemeinschaftsregelung für staatliche Beihilfen für den Steinkohlenbergbau auf Basis von Art. 87 Absatz 3 Buchstabe e des EG-Vertrags beschlossen. Diese Verordnung Nr. 1407/2002 bildet bis Ende 2010 die Grundlage für Hilfen an die Bergbauunternehmen in der Europäischen Gemeinschaft. Laut Pressemitteilung des Bundesministers für Wirtschaft vom 7. Juni 2002 sieht die neue Regelung „Hilfen für die Produktion in Bergwerken, die spätestens bis Ende 2007 stillzulegen sind, sowie für die Förderung an den übrigen Standorten vor. Der Gesamtbetrag der Produktionshilfen muss sich degressiv gestalten. Für 2006 ist ein Bericht der EU-Kommission vorgesehen über die Erfahrungen mit der neuen Regelung und über die Restrukturierungsergebnisse. Auf Grundlage dieses Berichts kann die Kommission, wenn erforderlich, dem Rat Vorschläge für eine Anpassung der Verordnung für die Zeit von 2008 bis 2010 vorlegen." (Dieser Monitoring-Bericht wurde von der Kommission erst etwas verspätet im Jahr 2007 vorgelegt. Vorschläge zur Änderung der Verordnung hat er nicht enthalten.)

Die in Artikel 1 erklärten Ziele der geltenden Ratsverordnung sind, dass die im Rahmen der Vorschriften gewährten Beihilfen „Folgendem Rechnung (tragen):

- den mit der Umstrukturierung des Steinkohlenbergbaus verbundenen sozialen und regionalen Aspekten;

- der – als Vorbeugungsmaßnahme – notwendigen Beibehaltung eines Mindestumfangs heimischer Steinkohlenproduktion, damit der Zugang zu den Vorkommen gewährleistet bleibt."

Zu diesen Zwecken gestattet diese Verordnung grundsätzlich Beihilfen zur Rücknahme der Fördertätigkeit (Art. 4), Beihilfen für den Zugang zu den Steinkohlevorkommen (Art. 5), und zwar entweder als einmalige Beihilfen zur Deckung von Anfangsinvestitionsausgaben (Art. 5, Absatz 2) oder als Beihilfen für die laufende Produktion (Art. 5, Absatz 3) sowie Beihilfen bei außergewöhnlichen Belastungen (Art. 7), das heißt zur Deckung von Altlasten des stillgelegten oder stillzulegenden Steinkohlenbergbaus.

Im Juni 2005 genehmigte die EU-Kommission nach Maßgabe dieser Verordnung allerdings den Umstrukturierungsplan des Seinkohlenbergbaus in Deutschland bis einschließlich 2010, dem Ende der Laufzeit der gegenwärtigen europäischen Beihilfeverordnung. In den Jahren 2007 und 2008 ist der Kommission von der Bundesregierung ein neuer Umstrukturierungsplan für den weiteren Anpassungsprozess beziehungsweise für den Fall, dass es nicht im Jahr 2012 zu einer Revision kommt, für den Auslaufprozess bis 2018 vorgelegt worden. [24]

2.4 Erdgas

2.4.1 Aufbau der Gaswirtschaft

Die Gaswirtschaft der Bundesrepublik Deutschland gliedert sich in zwei Teilbereiche:

— die Gasversorger,

— die übrige Gaswirtschaft.

Zu den Gasversorgern werden alle Unternehmen gerechnet, die Dritte (Industrie, private Haushalte, Handel, Gewerbe und Dienstleistungssektor sowie Kraftwerke) mit Gas beliefern. Hierzu zählen Orts- und Regionalgasversorgungsunternehmen, Ferngasgesellschaften, Erdgasfördergesellschaften und Kokereien. Im Rahmen des gesamten Wirtschaftszweiges kommt den Gasversorgern eine überragende Bedeutung zu.

Der übrigen Gaswirtschaft werden Steinkohlenbergbau, Eisenindustrie und Mineralölindustrie zugeordnet. Das Gas wird dort – ebenso wie in Kokereien – in Kuppelproduktion erzeugt. Schwerpunkt des Einsatzes ist der Eigenverbrauch. Daneben erfolgt eine Abgabe an Großabnehmer und Weiterverteiler der Gaswirtschaft.

Unter den verschiedenen Gasarten – hier wird zwischen den Naturgasen (Erd- und Erdölgas, Grubengas, Klärgas) sowie den hergestellten Gasen (darunter in der Hauptsache Raffineriegas, Flüssiggas, Kokereigas, Hochofengas und Stadtgas) unterschieden – kommt dem Erdgas die bei weitem wichtigste Bedeutung zu. So entfielen vom gesamten Gasaufkommen in der Bundesrepublik Deutschland im Jahre 2007 über 90 % auf Erdgas. Am Gasaufkommen der Gasversorger ist Erdgas sogar mit über 95 % beteiligt. Angesichts dieser herausragenden Bedeutung des Erdgases konzentrieren sich die nachfolgenden Ausführungen auf diese Gasart.

In der Erdgaswirtschaft der Bundesrepublik Deutschland können grundsätzlich drei Marktstufen unterschieden werden:

— die Produktions- und Importstufe,

— die Fortleitungs- und Weiterverteilungsstufe sowie

— die Endverbraucherstufe.

Förder- und/oder Importgesellschaften gewinnen Erdgas aus Lagerstätten in Deutschland oder beschaffen Erdgas von ausländischen Lieferanten. Sie verkau-

DEUTSCHE GASWIRTSCHAFT

	Allgemeine Gaswirtschaft (Gasversorger)				Übrige Gaswirtschaft		
	Orts- und Regionalgas-versorgungs-unternehmen	Ferngasgesell-schaften	Erdgasförder-gesellschaften	Kokereien	Steinkohlen-bergbau	Eisen-industrie	Mineralöl-industrie
Hauptbetätigungs-bereich	Bezug von inländischen Vorlieferanten, regionale Wei-terverteilung, Endverteilung an Verbraucher	Import von Erdgas, Bezug von inländischen Vorlieferanten, Abgabe an Weiterverteiler und Großab-nehmer	Förderung, Import von Erdgas, Abgabe an Weiterver-teiler und Großabnehmer	Gaserzeugung als Kuppelproduktion, Einsatz zum Eigenverbrauch, Abgabe an Großabnehmer und Weiterverteiler der allgemeinen Gaswirtschaft.			

Abb. 36: Aufbau der Gaswirtschaft der Bundesrepublik Deutschland

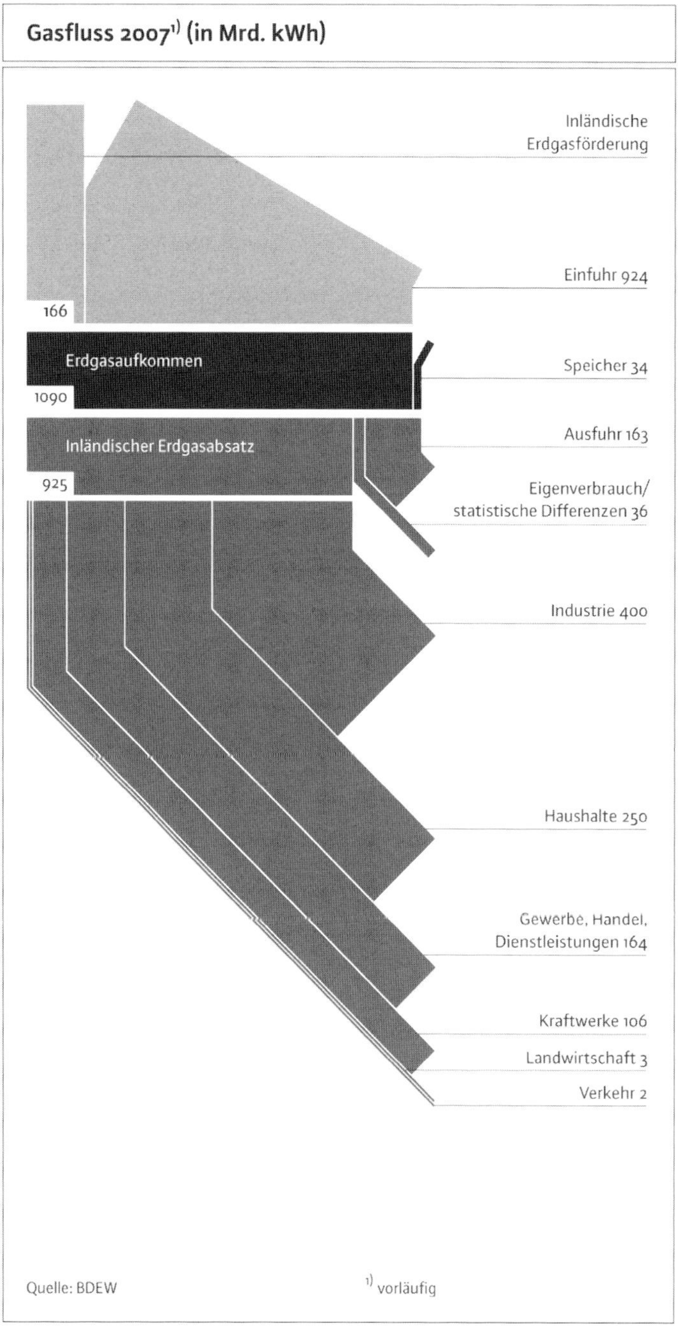

Abb. 37: Gasfluss 2007

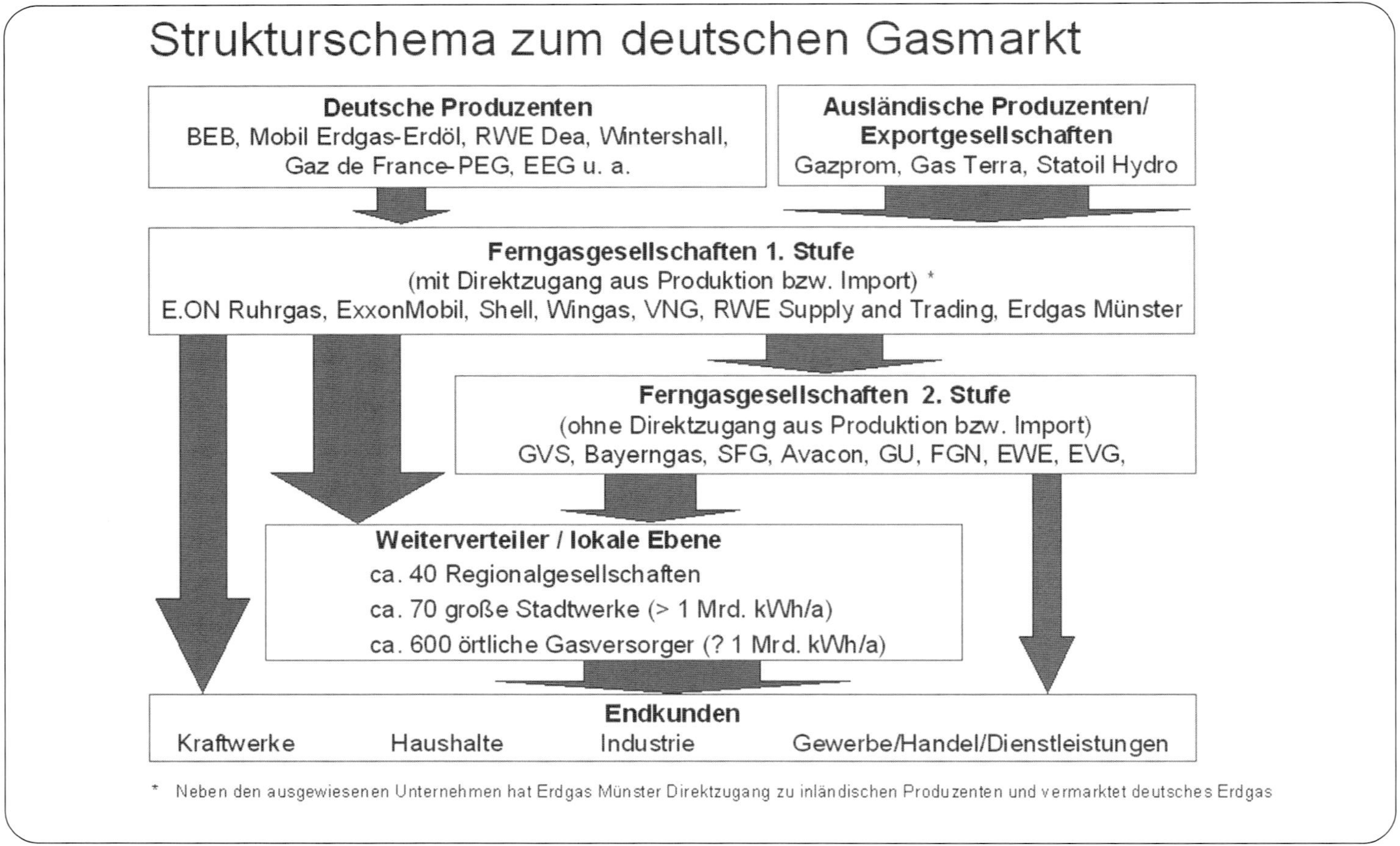

Abb. 38: Strukturschema zum deutschen Gasmarkt

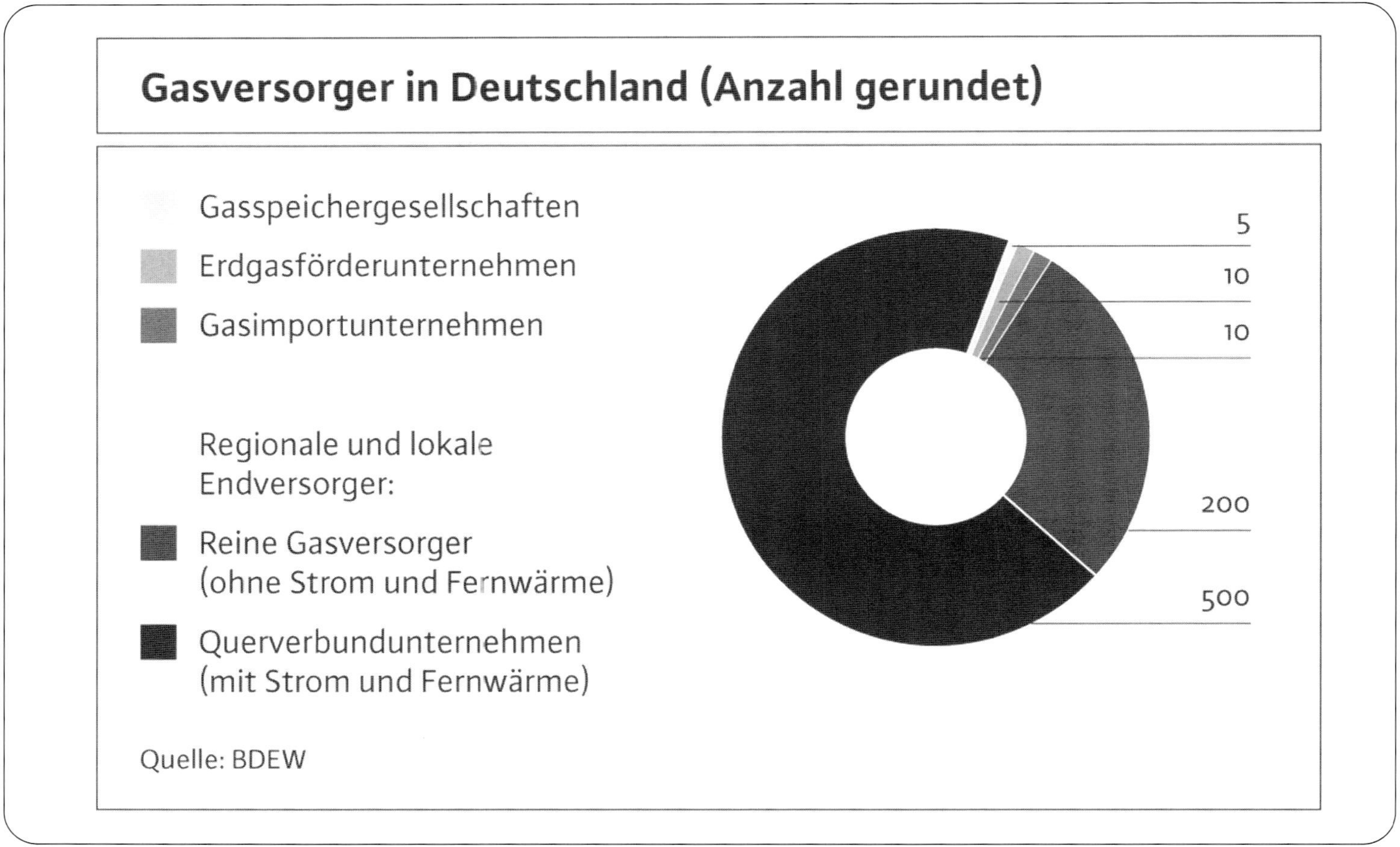

Abb. 39: Gasversorger in Deutschland

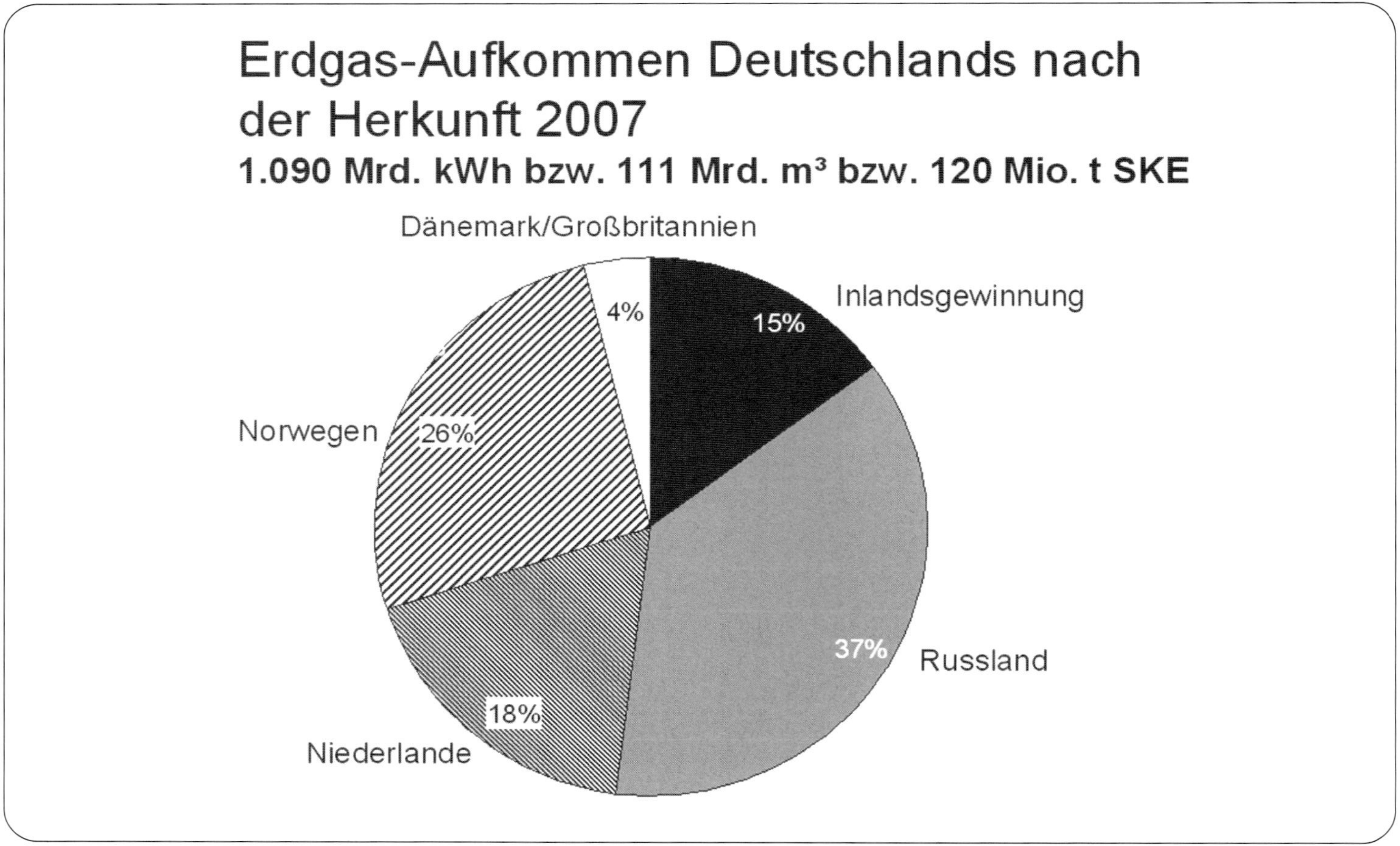

Abb. 40: Erdgas-Aufkommen in Deutschland nach der Herkunft

fen dieses Erdgas an überregionale, regionale und örtliche Gasversorgungsunternehmen, beliefern die privaten Haushalte, Gewerbe und Industriebetriebe.

Insgesamt betätigen sich etwa 700 (eigenständige) Unternehmen auf dem deutschen Markt, die zum Teil auf mehreren Marktstufen Versorgungsaufgaben wahrnehmen. Die deutsche Gaswirtschaft ist somit durch eine arbeitsteilige und dezentrale Struktur gekennzeichnet.

2.4.2 Produktions- und Importstufe

Das Brutto-Aufkommen an Erdgas von 1.090 Mrd. kWh im Jahr 2007 (1 m^3 entspricht 1,083 kg SKE bzw. 9,7692 kWh entsprechend 35.169 kJ) setzte sich aus 166 Mrd. kWh inländischer Förderung und 924 Mrd. kWh Einfuhren zusammen. Diese Werte entsprechen einer Importquote von 85 %.

Die in Deutschland 2007 realisierte Erdgasfördermenge von 166 Mrd. kWh wird weltweit von 31 Staaten übertroffen. In Westeuropa ist Deutschland das viertwichtigste Erdgasgewinnungsland nach Norwegen, Großbritannien und Niederlande. Die Förderung konzentriert sich vor allem auf Niedersachsen.

An der inländischen Erdgasgewinnung sind zehn Unternehmen mit sehr unterschiedlichem Gewicht beteiligt. Allein die größten dieser Fördergesellschaften – das sind die Deutsche Shell und die ESSO als Anteilseigner von BEB Erdgas und Erdöl GmbH, die Mobil Erdgas-Erdöl GmbH, RWE Dea AG, die Gaz de France – PEG sowie Wintershall AG vereinigten 2007 rund 98 % der Gesamtförderung an Erdgas auf sich. Als nächstgrößte Gasgewinnungsgesellschaft ist die EEG – Erdgas Erdöl GmbH zu nennen.

Die Vermarktung des inländischen Erdgases erfolgt vor allem durch ExxonMobil, Shell, Wintershall, RWE Dea und GdF – PEG sowie zu einem erheblichen Teil über Erdgas Münster.

Der Bezug des Erdgases aus dem Ausland erfolgt überwiegend auf der Basis langfristiger Verträge zwischen den Lieferanten und den auf dem deutschen Markt tätigen Gasversorgungsunternehmen. Die Laufzeit der Verträge beträgt bisher in der Regel mehr als 20 Jahre. Manche Lieferverträge mit großen europäischen Erdgasproduzenten reichen sogar bis nach 2030 (z. B. mit Russland bis 2035). Die physischen Lieferungen nach Deutschland erfolgen über leistungsfähige Pipelinesysteme, die Transportentfernungen von mehr als 5.000 km überbrücken.

Für die Überbrückung der teilweise großen Distanzen vom Bohrloch in den genannten Lieferländern bis nach Deutschland werden Pipelines genutzt, in denen das Gas unter hohem Druck befördert wird. Die Geschwindigkeit eines Gasmoleküls in den Pipelines ist relativ gering. Von den sibirischen Förderstätten aus nach Deutschland ist ein Gasmolekühl über eine Woche unterwegs. Während des Gasflusses über längere Strecken fällt der Druck durch die Reibung der Gasmoleküle im Gasstrom selbst und an den Rohrwänden ab. Der so verminderte Druck muss zum Weitertransport wieder erhöht werden. Dies geschieht in Verdichtungsstationen, die im Fernleitungsnetz in einem Abstand von etwa 100 bis 400 Kilometern – als Ergebnis technisch/wirtschaftlicher Optimierungsrechnungen in der Planungsphase der Systeme – installiert sind.

Aus den **Niederlanden** beziehen Unternehmen der deutschen Gaswirtschaft seit 1963 Erdgas. Im Jahr 2007 waren es rund 200 Mrd. kWh. Wichtigste Importunternehmen für niederländisches Erdgas sind E.ON Ruhrgas, RWE Supply & Trading, ExxonMobil, Shell und EWE. Die von diesen Unternehmen mit der niederländischen Gasunie geschlossenen Verträge erstrecken sich auf einen Zeitraum bis nach 2020. Bei einer weiterhin positiven Explorationsentwicklung ist damit zu rechnen, dass auch über die vereinbarten Laufzeiten hinaus größere Erdgasmengen aus den Niederlanden exportiert werden.

Die Gaswirtschaft in Deutschland – sowohl im Westen als auch im Osten – bezieht seit 1973 Erdgas aus der ehemaligen Sowjetunion, insbesondere aus **Russland**. 2007 waren es etwa 400 Mrd. kWh. „Grundlage der Erdgaslieferungen aus Russland nach Deutschland sind Bezugsverträge, die von der Ruhrgas AG 1970, 1972, 1974, 1981, 1983 und 1986 mit der sowjetischen Gasindustrie abgeschlossen worden sind. Ein Großteil dieser Verträge war im Mai 1998 bis zum Jahr 2020 bzw. im Jahr 2007 bis 2035 verlängert worden.

Im Dezember 1998 hat sich die Ruhrgas AG als erste westliche Gesellschaft direkt an der OAO Gazprom zunächst mit 2,5 Prozent beteiligt. Im Zuge des Aktienerwerbs haben Gazprom und Ruhrgas vereinbart, dass Gazprom etwa ein Drittel des Bedarfs der E.ON Ruhrgas AG bis 2030 flexibel deckt. Hierdurch werden zusätzliche Erdgasmengen aus Russland für den deutschen Markt verfügbar, insbesondere im Zeitraum nach 2010, wenn die Lieferungen aus westeuropäischen Quellen zurückgehen werden. Damit leistet die E.ON Ruhrgas AG einen wesentlichen Beitrag zur langfristigen Sicherung der wachsenden Erdgasversorgung in Deutschland.

Die russischen Erdgasexporte für Westeuropa fließen über ein von der russischen, ukrainischen, slowakischen und tschechischen Gaswirtschaft errichtetes Leitungssystem zur deutsch-tschechischen Grenze bei Waidhaus (östlich von Nürnberg). Bei Waidhaus beginnt die Ost-West-Schiene des westeuropäischen Erdgasverbunds, über die das Erdgas nach Deutschland gelangt und nach Frankreich und in die Schweiz weitergeleitet wird. Ein Teil der für Frankreich vorgesehenen Mengen nimmt einen anderen Weg über die Ukraine, die Slowakei und Österreich zur deutsch-österreichischen Grenze bei Wildenranna (östlich von Passau) und von dort über Deutschland. Betrieben wird dieses Leitungssystem unter anderem von der MEGAL GmbH Mittel-Europäische-Gasleitungsgesellschaft, an der die E.ON Ruhrgas AG (mit 50 Prozent), die Gaz de France und die österreichische OMV AG beteiligt sind.

Tabelle 45: Brennwerte und Heizwerte verschiedener Gase (Anhaltswerte)

Gasart	Einheit	Brennwert (Ho) in kWh	Brennwert (Ho) in kJ	Heizwert (Hu) in kWh	Heizwert (Hu) in kJ	SKE-Faktor (29.308 kJ/kg = 8,14 kWh/kg)
Kokereigas Stadtgas	m^3	5,5	19.800	4,88	17.570	0,6
Grubengas Klärgas	m^3	5,0	18.003	4,44	15.994	0,546
Hochofengas	m^3	1,16	4.187	1,16	4.187	0,143
Erdgas L*	m^3	9,769	35.169	8,816	31.736	1,083
Erdgas H*	m^3	11,485	41.346	10,374	37.346	1,274
Erdölgas	m^3	12,74	45.845	11,50	41.350	1,411
Flüssiggas	kg	13,86	49.877	12,75	45.887	1,566
Raffineriegas	kg	14,60	52.561	13,43	48.358	1,650

* Erdgas Low bzw. Erdgas High laut DVGW-Arbeitsblatt G 260

Quelle: BGW, 125. Statistik 2003, Berlin 2005

Tabelle 46: Erdgasaufkommen und -verbrauch in Deutschland 1991 bis 2007

Jahr	Inländische Förderung	Importe	Aufkommen (1) + (2)	Eigenverbrauch, Speichersaldo, statistische Differenzen	darunter: Speicher-saldo	Exporte	Inlandsabgabe an Verbraucher (3) + (4) - (6)	Primärenergie-verbrauch Erdgas [1]
	(1)	(2)	(3)	(4)	(5)	(6)	(7)	(8)
	Mrd. kWh							
1991	171,1	573,3	744,4	– 10,5	+ 7,5	12,2	721,7	742,2
1992	173,0	587,7	760,7	– 37,7	– 15,2	14,5	708,5	733,0
1993	173,1	629,2	802,3	– 39,9	– 12,3	17,0	745,4	772,1
1994	184,0	660,0	844,0	– 58,2	– 26,2	18,7	767,1	790,1
1995	188,8	715,0	903,8	– 37,2	– 9,9	31,0	835,6	865,8
1996	204,8	811,9	1.016,7	– 55,0	– 14,1	35,8	925,9	972,3
1997	201,3	791,2	992,5	– 58,9	– 35,7	38,5	895,1	920,9
1998[2]	195,9	762,9	958,8	– 5,8	+ 8,8	46,6	906,4	926,9
1999[2]	206,1	812,4	1.018,5	– 44,4	– 25,8	63,1	911,0	932,2
2000[2]	196,4	823,7	1.020,1	– 20,3	– 10,4	94,3	905,5	921,5
2001[2]	198,2	829,1	1.027,3	– 2,2	+ 19,0	84,8	940,3	961,5
2002[2]	199,0	884,1	1.083,1	– 35,6	– 6,2	119,0	928,5	957,9
2003[2]	205,7	909,2	1.114,9	– 17,7	+ 10,0	132,5	964,7	992,3
2004[2]	190,4	974,8	1.165,2	– 57,8	– 23,9	145,7	961,7	995,6
2005[2]	183,8	1.017,8	1.201,6	– 11,5	+ 9,6	210,6	979,5	1.000,7
2006[2]	181,6	1.007,6	1.189,2	– 54,1	– 16,7	161,7	973,4	1.010,9
2007[2) 3)]	166,3	923,9	1.090,2	n. v.	+ 34,0	163,1	n. v.	961,2

1) Enthält neben der Inlandsabgabe an Verbraucher (7) auch die in Spalte (4) enthaltenen Abfackelungs- und Verarbeitungsverluste
2) ab 1998 einschließlich Grubengas
3) Schätzung

Quelle: BGW, 128. Statistik 2006, Berlin 2008, Tabelle 36.

Tabelle 47: Aufkommen und Verwendung von Erdgas in der Bundesrepublik Deutschland 2007

	2007
	Mrd. kWh
Inlandsgewinnung	166,3
+ Einfuhr an Erdgas insgesamt	923,9
davon aus:	
Russland	37 %
Norwegen	26 %
Niederlande	18 %
Großbritannien, Dänemark u.a.	4 %
= Aufkommen	1.090,2
– Ausfuhr	163,1
± Speichersaldo	+ 34,0
= Verbrauch	961,2
Anteile der Verbrauchergruppen am Erdgasabsatz	
Industrie	43 %
Haushalte	27 %
Gewerbe/Handel/Dienstleistungen	18 %
Kraftwerke der Strom- und Wärmeversorger	12 %

Quelle: BDEW Bundesverband der Energie- und Wasserwirtschaft e. V.

Tabelle 48: Erdgasförderung in Deutschland nach konsortialer Beteiligung 2007

Gesellschaft	2007	
	1.000 m³	%
BEB Erdgas und Erdöl GmbH, Hannover	7.817.500	45,91
Deutz Erdgas GmbH, Gehrden	38.413	0,23
EEG - Erdgas Erdöl GmbH, Berlin	214.489	1,26
EWE AG, Oldenburg	20.284	0,12
ITAG, Celle	13.997	0,08
Mobil Erdgas-Erdöl GmbH, Celle	4.210.499	24,73
Gaz de France – PEG, Lingen	1.363.256	8,01
von Rautenkranz E&P, Celle	31.173	0,18
RWE Dea AG, Hamburg	2.053.964	12,06
Wintershall Holding AG, Kassel	1.262.485	7,42
Insgesamt	17.026.059	100,00

* 9,7692 kWh/m³

Quelle: W.E.G. Wirtschaftsverband Erdöl- und Erdgasgewinnung, Jahresbericht 2007, Hannover 2008, S. 44

Tabelle 49: Gasbilanz der Gasversorger nach Verteilerstufen im Jahr 2006

Verteilerstufe	Anzahl der GVU	Erzeugung/ Förderung und Bezug insgesamt (brutto)[1]	Abgabe an Verbraucher	Abgabe an GVU	Ausfuhr	Statistische Differenzen (einschl. Verluste ± Speichersaldo)	Darbietung Spalte (2) bis (5)	Eigen- und Betriebs-verbrauch
		(1)	(2)	(3)	(4)	(5)	(6)	(7)
		Mio. kWh						
OVU	692	786.966,7	673.619,5	111.158,7	326,7	192,6	785.297,6	3.925,1
Ferngasgesellschaften	17	1.820.986,8	273.133,7	1.303.641,3	216.507,4	25.700,1	1.818.982,5	2.004,3
Erdgasförder-gesellschaften	3	105.070,9	1.465,7	89.059,7	14.619,3	– 30,8	105.175,6	924,2

1) Doppelzählungen durch Weiterverteilung

Quelle: BGW, 128. Statistik 2006, Berlin 2008, Tabelle 1

Tabelle 50: Anteilseigner der Ferngasgesellschaften

Gesellschaft/Anteilseigner		Anteil in %
1. E.ON Avacon AG, Helmstedt		
E.ON Energie AG		66,5
Kommunale Aktionäre und Gesellschaften davon:		32,9
aus Sachsen-Anhalt:	6,1 %	
aus Niedersachsen:	26,8 %	
E.ON Avacon – eigene Aktien		0,7
2. Bayerngas GmbH, München		
SWM Services GmbH		44,5
Stadtwerke Augsburg Energie GmbH		27,5
Stadtwerke Ulm/Neu-Ulm GmbH		5,0
Stadt Landshut		4,2
REWAG Regensburger Energie- und Wasserversorgung AG & Co. KG		8,6
Stadtwerke Ingolstadt Beteiligungen GmbH		2,6
Stadtwerke Ingolstadt Eigenbetrieb Wasserversorgung		1,6
TIGAS – Erdgas TIROL GmbH		6,0
3. E.ON Ruhrgas AG, Essen		
E.ON AG, Düsseldorf		100,0
4. EWE Aktiengesellschaft, Oldenburg		
Weser-Ems-Elbe Versorgungs- und Entsorgungsverband		74,0
EnBW Energie Baden-Württemberg AG		26,0
5. ExxonMobil Gas Marketing Deutschland, Hamburg		
Mobil Erdgas-Erdöl GmbH (Die Mobil Erdgas-Erdöl GmbH ist eine 100 %-Tochter der ExxonMobil Central Europe Holding GmbH, Hamburg, deren Muttergesellschaft die ExxonMobil Corporation ist.)		100,0
6. Erdgas Münster GmbH, Münster		
Wintershall AG, Kassel		28,76
ExxonMobil Gas Marketing Deutschland GmbH, Hamburg		27,66
BEB Erdgas und Erdöl GmbH, Hannover		27,66
Gaz de France Produktion Exploration Deutschland GmbH		11,00
RWE Dea AG, Hamburg		4,90

Tabelle 50 (Fortsetzung):

Gesellschaft/Anteilseigner	Anteil in %
7. Erdgasversorgungsgesellschaft Thüringen-Sachsen mbH (EVG), Erfurt	
E.ON Ruhrgas AG, Essen	50,0
VNG-Erdgascommerz GmbH, Leipzig	50,0
8. Ferngas Nordbayern GmbH, Nürnberg	
E.ON Ruhrgas AG (über RGE Holding GmbH, Essen)	53,1
Saar Ferngas AG, Saarbrücken	20,0
EBY Port 3 GmbH, Regensburg	16,9
N-ERGIE Aktiengesellschaft, Nürnberg	10,0
9. Gas-Union GmbH, Frankfurt/Main	
Mainova AG, Frankfurt am Main	37,70
E.ON Ruhrgas AG (über RGE Holding GmbH Essen)	25,93
Kraftwerke Mainz-Wiesbaden AG, Mainz	17,50
Städtische Werke AG, Kassel	10,10
Stadtwerke Göttingen AG, Göttingen	6,73
Gas- und Wasserversorgung Fulda GmbH, Fulda	2,04
10. GVS Gasversorgung Süddeutschland GmbH, Stuttgart	
EnBW Eni Verwaltungsgesellschaft mbH davon: Eni: 50 % EnBW: 50 %	100,0
11. RWE Supply & Trading GmbH, Essen	
RWE AG, Essen	100,00
12. Shell Energy Deutschland GmbH, Hamburg	
Shell Deutschland Holding GmbH (Die Shell Energy Deutschland GmbH ist Teil des europäischen Erdgasgeschäfts der Shell Energy Europe. Es ist eine 100 %ige Beteiligungsgesellschaft der Shell Deutschland Holding GmbH, einem Unternehmen der Royal Dutch Shell plc., Den Haag)	100,0

Tabelle 50: (Fortsetzung):

Gesellschaft/Anteilseigner	Anteil in %
13. Saar Ferngas AG, Saarbücken	
ArcelorMittal	76,8754
E.ON Ruhrgas AG, Essen (über die RGE Holding GmbH, Essen)	20,0000
Kommunale Aktionäre	3,1246
Künftiger 100 %-Anteilseigner der Saar Ferngas AG ist ein neues Unternehmen mit Sitz in Luxemburg, in das die SOTEG, der luxemburgische Stromversorger CEGEDEL und die Saar Ferngas eingehen. Die Anteilseignerstruktur bei diesem neuen Unternehmen stellt sich – vorbehaltlich der Zustimmung der zuständigen Kartellbehörden – wie folgt dar:	
Etat (Staat Luxemburg): 28 %	
ArcelorMittal: 25 %	
Luxempart Energie/RWE Energy: 20 %	
SNCI: 11 %	
E.ON 11 %	
Electrabel: 5 %	
14. Verbundnetz Gas AG, Leipzig	
EWE Aktiengesellschaft, Oldenburg	47,90
Wintershall Holding AG, Kassel	15,79
VNG Verbundnetz Gas Verwaltungs- und Beteiligungs-Gesellschaft mbH, Halle (Saale) (Treuhänderin für zwölf Stadtwerke und kommunale Unternehmen in Annaberg-Buchholz, Chemnitz, Dresden, Erfurt, Halle (Saale), Hoyerswerda, Jena, Leipzig, Neubrandenburg, Nordhausen, Rostock, Lutherstadt Wittenberg)	25,79
EEG – Erdgas Transport GmbH, Berlin (100 % Gaz de France)	5,26
Gazprom Germania GmbH, Berlin	5,26
15. WINGAS GmbH, Kassel	
Wintershall Holding AG, Kassel	50,02
Gazprom Germania GmbH, Berlin	49,98

Zur Versorgung der neuen Bundesländer wird das russische Erdgas an der deutsch-tschechischen Grenze im Raum Sayda (südöstlich von Chemnitz) und in Mallnow (Frankfurt) in ostdeutsche Leitungen eingespeist." [25] Nach Fertigstellung der geplanten Ostseeleitung (North-Stream-Pipeline) wird ein zunehmend wachsender Anteil der für Europa bestimmten russischen Lieferungen auf dieser neuen Route bereitgestellt werden.

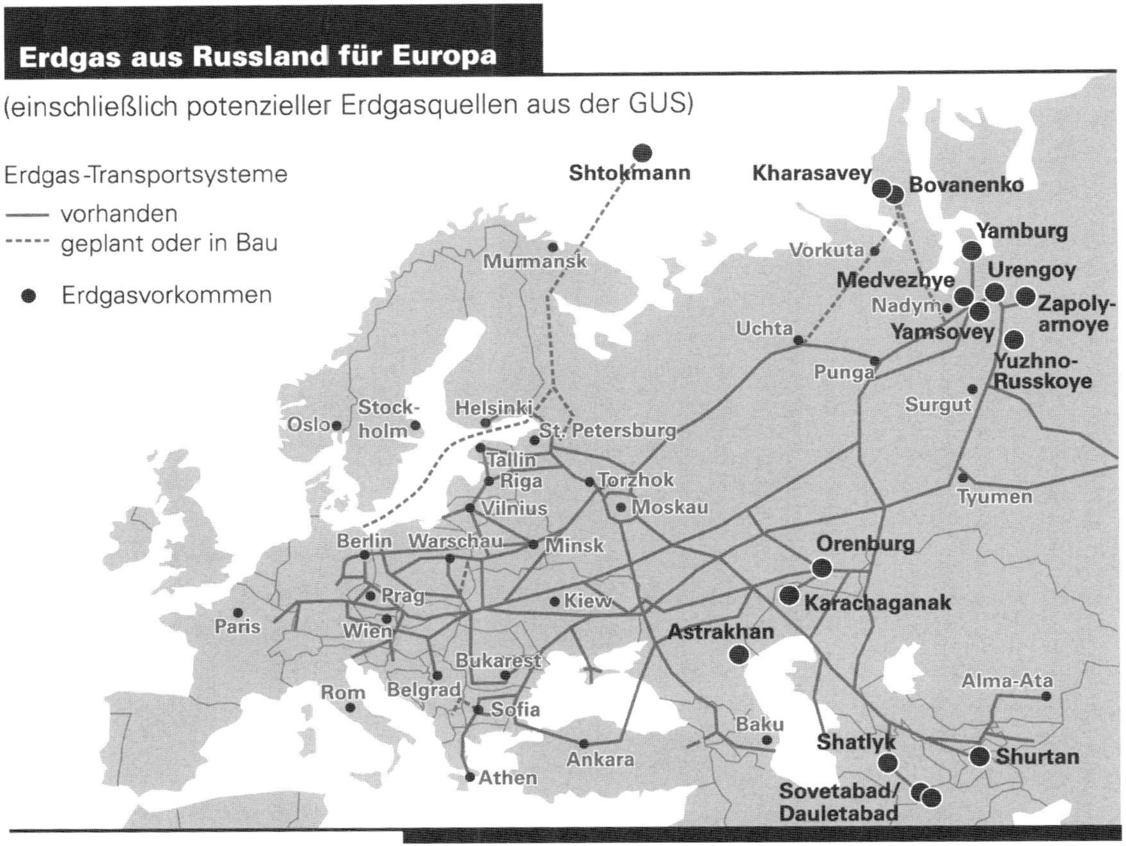

Abb. 41: Erdgas aus Russland für Europa (Quelle: E.ON Ruhrgas)

Die Erdgaslieferungen aus **Norwegen** nach Deutschland betrugen 2007 etwa 285 Mrd. kWh. Bezieher des Erdgases aus der norwegischen Nordsee sind E.ON Ruhrgas, RWE Supply & Trading, Verbundnetz Gas AG (VNG) sowie ExxonMobil und Shell. Die in den letzten Jahren verlängerten und um zusätzliche Liefervereinbarungen ergänzten Verträge haben teilweise eine Reichweite von noch über 20 Jahren. Begonnen hatten die Lieferungen im Jahr 1977 aus dem 440 km von der deutschen Küste entfernten Ekofisk-Gebiet an westeuropäische Käufer. „Dieses Erdgas wird über das am Boden der Nordsee verlegte Norpipe-System in Emden angelandet und dort in das europäische Verbundsystem eingespeist. Etwa die Hälfte davon ist für Deutschland bestimmt, der andere Teil geht in die Niederlande, nach Belgien und nach Frankreich.

1985 wurden Erdgaslieferungen aus dem Statfjord-Feld aufgenommen, das in der nördlichen norwegischen Nordsee liegt. Weiteres Erdgas kam seit 1986 aus dem Heimdal- und seit 1987 aus dem Gullfaks-Feld. Für diese Erdgasmengen wurde mit der Statpipe ein weiteres Pipeline-System mit einer Gesamtlänge von rund 900 km bis zum Ekofisk-Zentrum gebaut. Von dort fließt das Gas durch die Norpipe nach Emden. Die Lieferungen aus den Feldern Heimdal und Gullfaks wurden wegen Erschöpfung der Erdgasreserven bereits wieder eingestellt.

1986 sind mit norwegischen Produzenten Erdgaslieferungen aus dem Troll-Feld vereinbart worden. Troll zählt neben dem niederländischen Groningen-Feld zu den größten bisher entdeckten Erdgasvorkommen in Westeuropa. Die Wassertiefe im Troll-Gebiet von 300 bis 350 m und die Wetterbedingungen in der Nordsee erforderten den Einsatz von Techniken zur Erschließung dieses Feldes in damals noch nicht verwirklichten Dimensionen. Die Gasproduktion aus dem Troll-Feld wurde im Sommer 1996 aufgenommen. Mit der Vermarktung des Erdgases aus dem Troll-Feld konnte Norwegen seine Stellung als Erdgaslieferant für Deutschland ausbauen. Die Erdgaslieferungen aus dem Troll-Projekt, in das auch das Sleipner-Feld einbezogen war, begannen im Herbst 1993. Sie haben eine vertragliche Laufzeit über 2020 hinaus. Gas aus dem Troll-Feld geht auch in andere europäische Länder.

Zum Transport der Erdgasmengen zum Kontinent wurde das norwegische Unterwasser-Pipelinenetz weiter ausgebaut. Zunächst mit der Zeepipe (1993), die in Zeebrügge/Belgien anlandet. In den 90er Jahren wurden zwei Pipelines (Europipe I und II) zur deutschen Nordseeküste gebaut. Außerdem kam mit der Franpipe eine Verbindung nach Dünkirchen/Frankreich hinzu. Die ausgebaute Transportinfrastruktur schafft für die norwegischen Produzenten die Voraussetzungen für den Transport bereits kontrahierter zusätzlicher Erdgasmengen nach Deutschland sowie für die potenzielle Belieferung mittel- und osteuropäischer Märkte.

Das Anfang der 80er Jahre in der norwegischen Nordsee entdeckte Åsgard-Feld nahm im Oktober 2000 die Produktion auf. Die Entwicklung des etwa 1.400 Kilometer von der deutschen Nordseeküste entfernt liegenden Vorkommen jenseits des 62. Breitengrades fasst die drei Felder Midgard, Smorbukk und Smorbukk-

Süd in der so genannten Haltenbanken-Region zusammen. Ab 2007 werden rund 10 Mrd. m^3 Erdgas jährlich produziert und für den Export nach Kontinentaleuropa zur Verfügung stehen. Gas aus Åsgard wird durch das Åsgard-Transportsystem nach Kårstø an der norwegischen Südwestküste transportiert und von dort u. a. weiter über die Europipe II an der deutschen Nordseeküste angelandet.“ [25]

Erdgas aus **Dänemark** fließt seit 1984 nach Deutschland. Bezieher des Erdgases sind E.ON Ruhrgas sowie ExxonMobil und Shell. Die vereinbarten Lieferungen werden über das bestehende Offshore-Leitungssystem zur dänischen Westküste transportiert, dort aufbereitet und nach Ellund an der deutsch-dänischen Grenze weitergeleitet.

Aus **Großbritannien** war Erdgas bis Herbst 1998 ausschließlich über Leitungen nach Deutschland transportiert worden, die zwischen den Offshore-Feldern in der Nordssee und der niederländischen Küste bestehen. Mit der im Oktober 1998 erfolgten Inbetriebnahme des Interconnectors von Bacton in Großbritannien nach Zeebrügge in Belgien war die Voraussetzung für eine beträchtliche Erhöhung der Bezüge aus der britischen Nordsee geschaffen worden. Das in Zeebrügge angelandete Erdgas wird über eine belgische Transitleitung geliefert und im Raum Aachen in das deutsche Leitungsnetz eingespeist. Aufgrund des Produktionsrückgangs in der britischen Nordsee ist Großbritannien inzwischen zum Netto-Importeur aus Richtung Kontinentaleuropa geworden. Insbesondere unter Winterlastverhältnissen verläuft die Flussrichtung über den Interconnector von Zeebrügge nach Bacton. Die neu gebaute BBL (Balgzand-Bacton-Leitung) lässt ohnehin nur den Fluss in Richtung Bacton zu.

Der Erhalt und Ausbau der Transportkapazitäten von den Förderstätten, z. B. von Russland, Norwegen und den Niederlanden sowie aus der Region Kaspisches Meer und Zentralasien nach Deutschland, erfordert hohe Investitionen, an denen auch deutsche Erdgasimporteure beteiligt sind.

Beispiele für neue Transport-Verbindungen sind die North-Stream-Pipeline, das Nabucco-Pipeline-Projekt und die geplante South-Stream-Pipeline.

Die North-Stream-Pipeline, die von Wyborg nordwestlich von St. Petersburg durch die Ostsee nach Greifswald führt, soll ab 2011 jährlich mehr als 300 Mrd. kWh (23,3 Mio. toe) Erdgas aus Westsibirien nach Deutschland befördern. Zum gegenwärtigen Zeitpunkt würde die Menge knapp ein Drittel des Verbrauches von über 1.000 Mrd. kWh (78 Mio. toe) im Jahr sichern. Die Ostseepipeline bedeutet eine direkte Verbindung zwischen den Erdgasfeldern Sibiriens und dem deutschen Erdgasnetz. In der zweiten Bauphase (geplante Inbetriebnahme 2013) soll die Transportkapazität durch den Bau einer Loopleitung verdoppelt werden – mit dem Ziel der Belieferung west- und mitteleuropäischer Märkte.

Ein anderes Beispiel ist das „Nabucco“-Pipeline-Projekt, bei dem eine 3.400 km lange Gaspipeline durch die Türkei, Bulgarien, Rumänien, Ungarn und Öster-

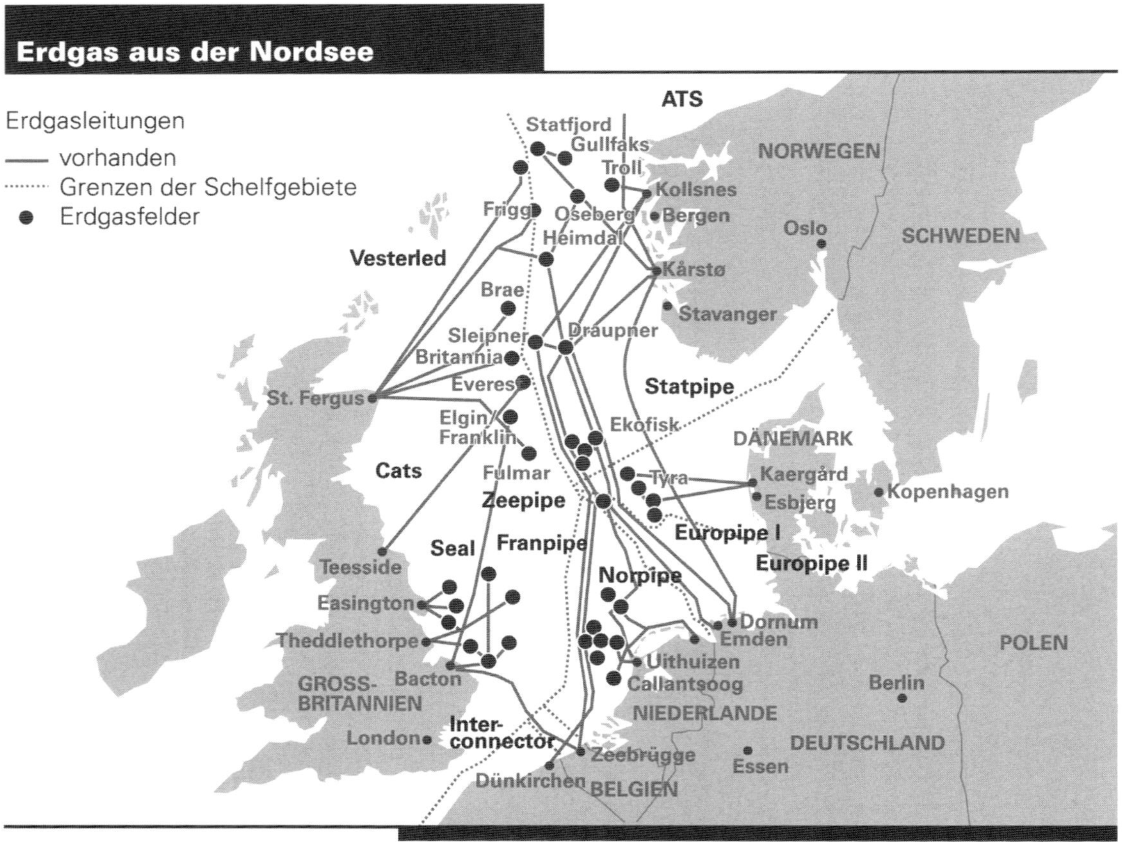

Abb. 42: Erdgas aus der Nordsee (Quelle: E.ON Ruhrgas)

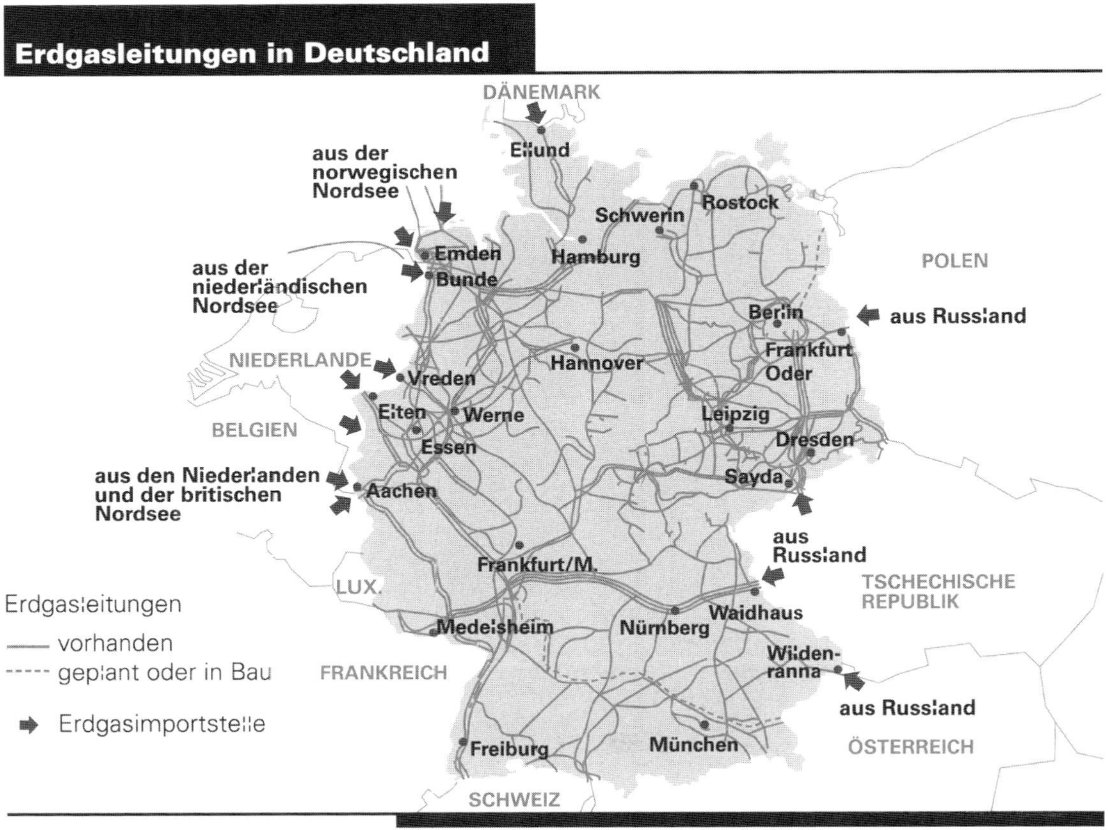

Abb. 43: Erdgasleitungen in Deutschland (Quelle: E.ON Ruhrgas)

reich geplant ist. So sollen zum einen die Gasmärkte vernetzt werden, aber auch der Zugang zu neuen Gasquellen rund um das Kaspische Meer und Zentralasien gesichert werden. Durch Anschluss an die genannten Quellen und Weiterführung nach Westen dürfte die Gesamtlänge des Systems bei mehr als 5.500 km liegen.

Ebenfalls zur Erschließung kaspischer Gasvorkommen planen derzeit der russische Konzern Gazprom und Italiens ENI die South-Stream-Pipeline, die über Bulgarien in je einem Strang nach Nord- und Süditalien bzw. nach Italien und Österreich führen soll.

Erdgas kann auch per Schiff in verflüssigter Form **(Liquefied Natural Gas = LNG)** bezogen werden. Für die Überbrückung großer Seestrecken steht eine ausgereifte Technik zur Verfügung. In Verflüssigungsanlagen in unmittelbarer Nähe der Verladehäfen wird Erdgas auf rund –160 °C abgekühlt. Dabei verflüssigt es sich und nimmt auf etwa ein Sechshundertstel des Normvolumens ab. Im Zielhafen des Importlandes wird es wieder in seinen gasförmigen Zustand zurückgeführt und in das Erdgasleitungssystem eingespeist. Allerdings weisen die so genannten Verflüssigungs- und Regasifizierungsanlagen in der Regel hohe Investitionskosten auf.

LNG-Schiffe verbinden flexibel Gasangebot und -nachfrage und versorgen so die Hauptverbrauchsmärkte (Nordamerika, Europa, Südostasien) aus den weltweiten Gasvorkommen. Mit LNG können saisonale Nachfragespitzen befriedigt sowie Märkte vernetzt werden. Bereits 2015 wird ein global vernetzter Handelsmarkt erwartet.

Knapp 30 % des Welterdgashandels entfallen auf LNG. Größtes LNG-Exportland war 2007 Katar, gefolgt von Malaysia, Indonesien, Algerien, Nigeria, Australien sowie Trinidad & Tobago. Wichtigstes Importland ist Japan mit deutlichem Abstand vor Südkorea, Frankreich und Spanien. Das Angebot von LNG-Mengen ist bisher noch begrenzt, und viele Projekte sind in zeitlichem Verzug (z. B. wegen mangelnder politischer Stabilität). In Deutschland gibt es bisher keinen LNG-Empfangsterminal. Eine Anbindung besteht aber über den Terminal in Zeebrügge.

In Zukunft wird LNG die Erdgasversorgung deutscher Industriekunden und Haushalte ergänzen. Weitere Lieferländer, wie der Nahe Osten oder nordafrikanische Staaten, können durch die Wahrnehmung der Einfuhrmöglichkeiten von LNG für den deutschen Erdgasmarkt erschlossen werden. In naher Zukunft ist die vollständige Deckung des Erdgasbedarfs in Deutschland oder der EU mit LNG aus Kapazitätsgründen nicht denkbar. Auf längere Sicht wird LNG eine wichtige Ergänzung zu Pipelinegas darstellen.

Den größten Teil der Gasbezüge von in- und ausländischen Produzenten nehmen die E.ON Ruhrgas AG, die Verbundnetz Gas AG, ExxonMobil, die Shell, die RWE Supply & Trading GmbH und die Wingas GmbH wahr. Diese Unterneh-

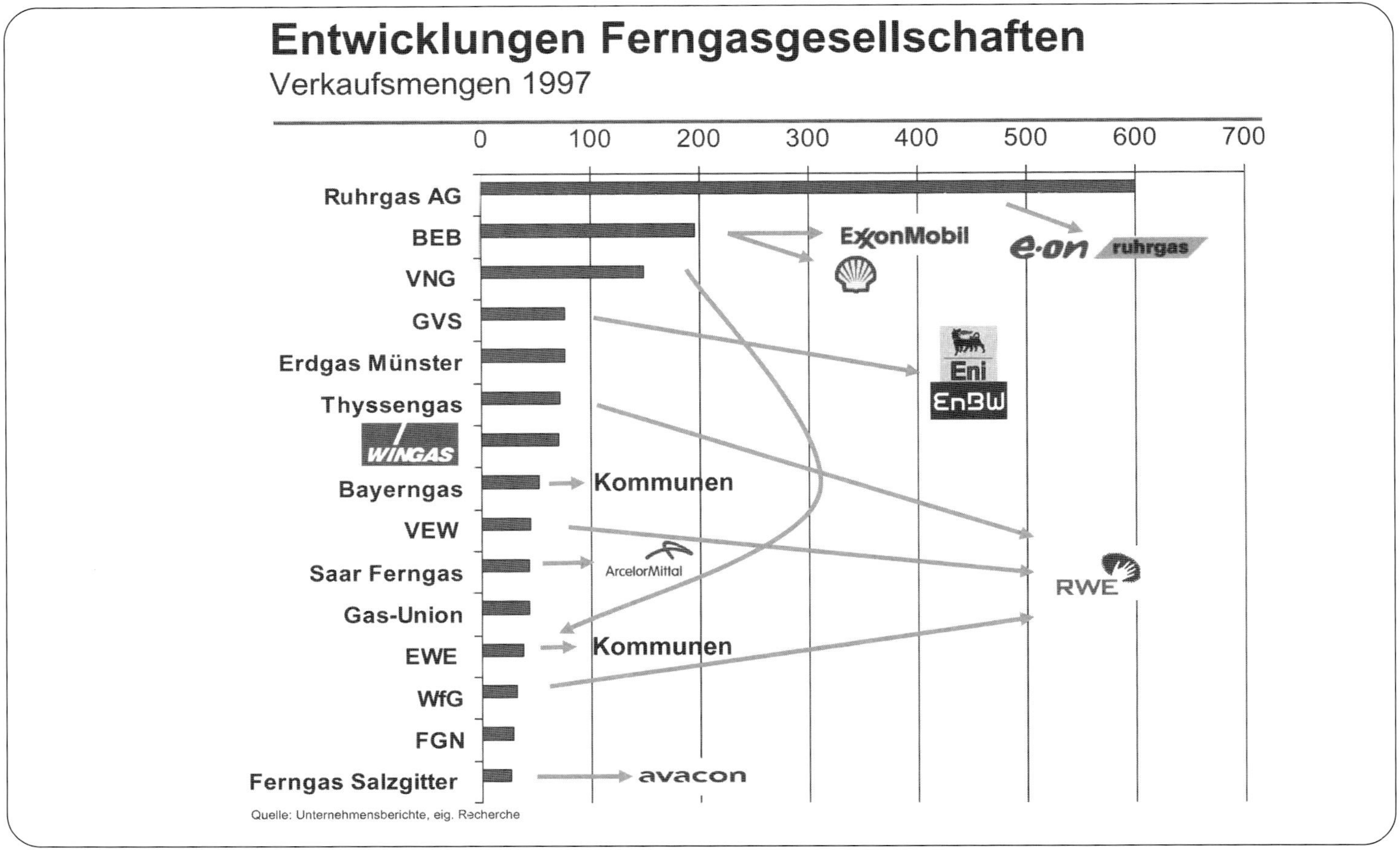

Abb. 44: Verkaufsmengen der Ferngasgesellschaften 1997 in Mrd. kWh (Quelle: Wingas)

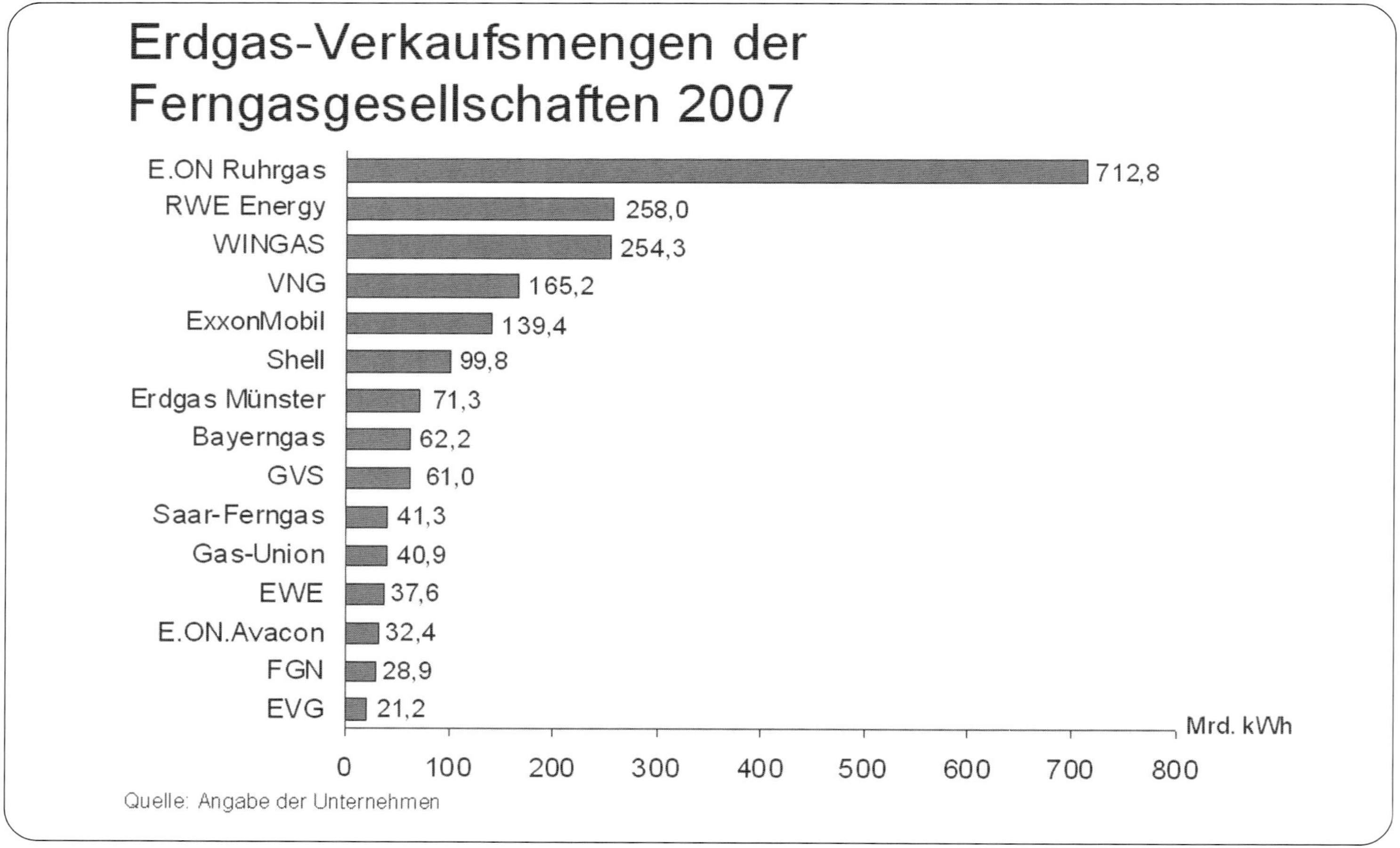

Abb. 45: Verkaufsmengen der Ferngasgesellschaften 2007

men sowie weitere neun Ferngasgesellschaften beliefern – über das bestehende Transportleitungssystem – etwa 40 regionale Gesellschaften (Weiterverteilungsstufe) und rund 670 Ortsgasversorgungsunternehmen (Endverbraucherstufe).

2.4.3 Fortleitungs- und Weiterverteilungsstufe

Auf der Fortleitungs- und Weiterverteilungsstufe betätigen sich etwa 60 Unternehmen, darunter neben den Ferngas- rund 40 regionale Verteilerunternehmen. Die Ferngasgesellschaften nehmen den größten Teil des Erdgasimports wahr und beziehen außerdem Erdgas von inländischen Produzenten. Dieses Aufkommen geben die Ferngasgesellschaften über das bestehende weitverzweigte Transportleitungssystem an die etwa 40 regionalen und ca. 670 lokalen Weiterverteiler (Ortsgasversorgungsunternehmen) ab.

2.4.4 Endverbraucherstufe

Die Schnittstelle zum Endkunden bilden – regional zerklüftet – die genannten rund 700 Orts- und Regionalgasunternehmen. Sie beliefern Industrie, Kraftwerke, Haushalte und Kleinverbraucher, wobei Direktabgabe von Großabnehmern und in geringem Umfang die Versorgung von Haushalten und Kleinverbrauchern zum Teil auch von Ferngasgesellschaften durchgeführt wird. Die Betätigung der Erdgasproduzenten auf den Letztverbrauchermärkten ist gering und beschränkt sich auf die Versorgung von Industrie und Kraftwerken.

Insgesamt erfolgte die unmittelbare Versorgung der Letztverbraucher im Jahre 2006 zu 71,0 % durch Orts- und Regionalgasversorgungsunternehmen, zu 28,8 % durch Ferngasgesellschaften und zu 0,2 % durch Erdgasproduzenten. Bei Differenzierung nach Verbrauchergruppen ergibt sich folgende Struktur: Die Gasabgabe an die Industrie erfolgt zu 47,6 % durch Orts- und Regionalgasversorger, zu 52,2 % durch Ferngasgesellschaften und zu 0,2 % durch Erdgasförderunternehmen. Die Lieferungen an Kraftwerke (einschließlich Fernwärmeversorgung) verteilen sich mit 57,7 % auf die Orts- und Regionalgasversorger, mit 41,6 % auf Ferngasgesellschaften und mit 0,7 % auf die Erdgasförderunternehmen. Am stärksten dominieren die Orts- und Regionalgasversorger bei der unmittelbaren Abgabe an Haushalte und Kleinverbraucher. In diesem Marktsegment halten die Orts- und Regionalgasversorger einen Marktanteil von 94,5 %, während lediglich 5,5 % auf die Ferngasgesellschaften entfallen.

Von den 694 in der Bundesrepublik Deutschland für das Jahr 2006 statistisch erfassten Orts- und Regionalgasversorgungsunternehmen sind 339 in der Rechtsform der Anstalt des öffentlichen Rechts, des Zweckverbandes, des Eigenbetriebs, der AG oder GmbH als Eigengesellschaft bzw. der AG oder GmbH als öffentliche Gesellschaften organisiert; sie befinden sich überwiegend in kommunalem Eigentum. Bei 259 Unternehmen handelt es sich um gemischt-öffentlich-privat-

Tabelle 51: Unternehmensformen in der allgemeinen Gaswirtschaft (Stand: 2006)

— Ferngas- und Erdgasfördergesellschaften

Unternehmensformen	Anzahl der GVU	Gasaufkommen (brutto)	
		insgesamt Mio. kWh	je GVU Mio. kWh
1. AG oder GmbH als öffentliche Gesellschaft[1]/ AG oder GmbH als gemischt-öffentlich-privatwirtschaftliche Gesellschaft[2]	5	271.992,1	54.398,4
2. AG oder GmbH als privatrechtliche Gesellschaft	15	1.637.522,8	109.168,2
Insgesamt 2006	20	[3]	[3]

— Orts- und Regionalgasversorgungsunternehmen

Unternehmensformen	Anzahl der GVU	Anteil an der Gesamtzahl %	Gasaufkommen (brutto)	
			insgesamt Mio. kWh	je GVU Mio. kWh
1. Anstalt des öffentlichen Rechst - AöR	1	0,1	136,8	136,8
2. Zweckverband	3	0,4	620,8	206,9
3. Eigenbetrieb	72	10,4	12.691,0	176,3
4. AG oder GmbH als Eigengesellschaft	200	28,8	152.417,7	767,1
5. AG oder GmbH als öffentliche Gesellschaft[1]	63	9,1	95.228,1	1.511,6
6. AG oder GmbH als gemischt-öffentlich-privatwirtschaftliche Gesellschaft	259	37,4	355.898,7	1.374,1
7. AG oder GmbH als privatrechtliche Gesellschaft	79	11,4	130.874,0	1.656,6
8. Sonstige privatrechtliche Unternehmen	17	2,4	25.185,8	1.481,5
Insgesamt 2006	694	100,0	[3]	[3]

1) Beteiligt: mehrere öffentlich-rechtliche Körperschaften, z. B. Stadt und Kreis, Land oder Bund oder öffentlich-rechtliche Körperschaften auf gleicher Verwaltungsebene.
2) Ergebnisse „AG oder GmbH" als öffentliche Gesellschaft und „AG oder GmbH" als gemischt öffentlich-privatwirtschaftliche Gesellschaft" sind auf Grund geringer Fallzahl zusammengefasst.
3) Zur Vermeidung von Doppelzählungen wird auf eine Summierung verzichtet.

Quelle: Bundesverband der deutschen Gas- und Wasserwirtschaft e.V., 128. Gasstatistik, Berichtsjahr 2006, Berlin 2008, Tabelle 9 a und 9 b.

Tabelle 52: Gasabgabe der Gasversorger nach Verteilerstufen und nach Verbrauchergruppen im Jahr 2006

Verteilerstufe	Anzahl der GVU	Industrie	Elektrizitätsversorgung einschließlich Heizkraftwerke[1)]	Private Haushalte[2)]	Handel, Verwaltung, Sonstige	Fernwärmeversorgung	Verbraucher insgesamt
		Mio. kWh					
OVU	691	187.253,9	43.221,4	292.881,1	100.581,5	49.681,6	673.619,5
Ferngasgesellschaften	17	205.474,0	31.167,1	19.050,8	4.044,2	13.397,5	273.133,7
Erdgasfördergesellschaften	3	947,2	509,5	–	9,0	–	1.465,7
Insgesamt	711	393.675,0	74.898,0	311.931,9	104.634,8	63.079,1	948.218,9

1) soweit hierzu Angaben vorhanden
2) zum Teil einschließlich Handel und Gewerbe

Quelle: BGW, 128. Gasstatistik, Berichtsjahr 2006, Berlin 2008, Tabelle 2.

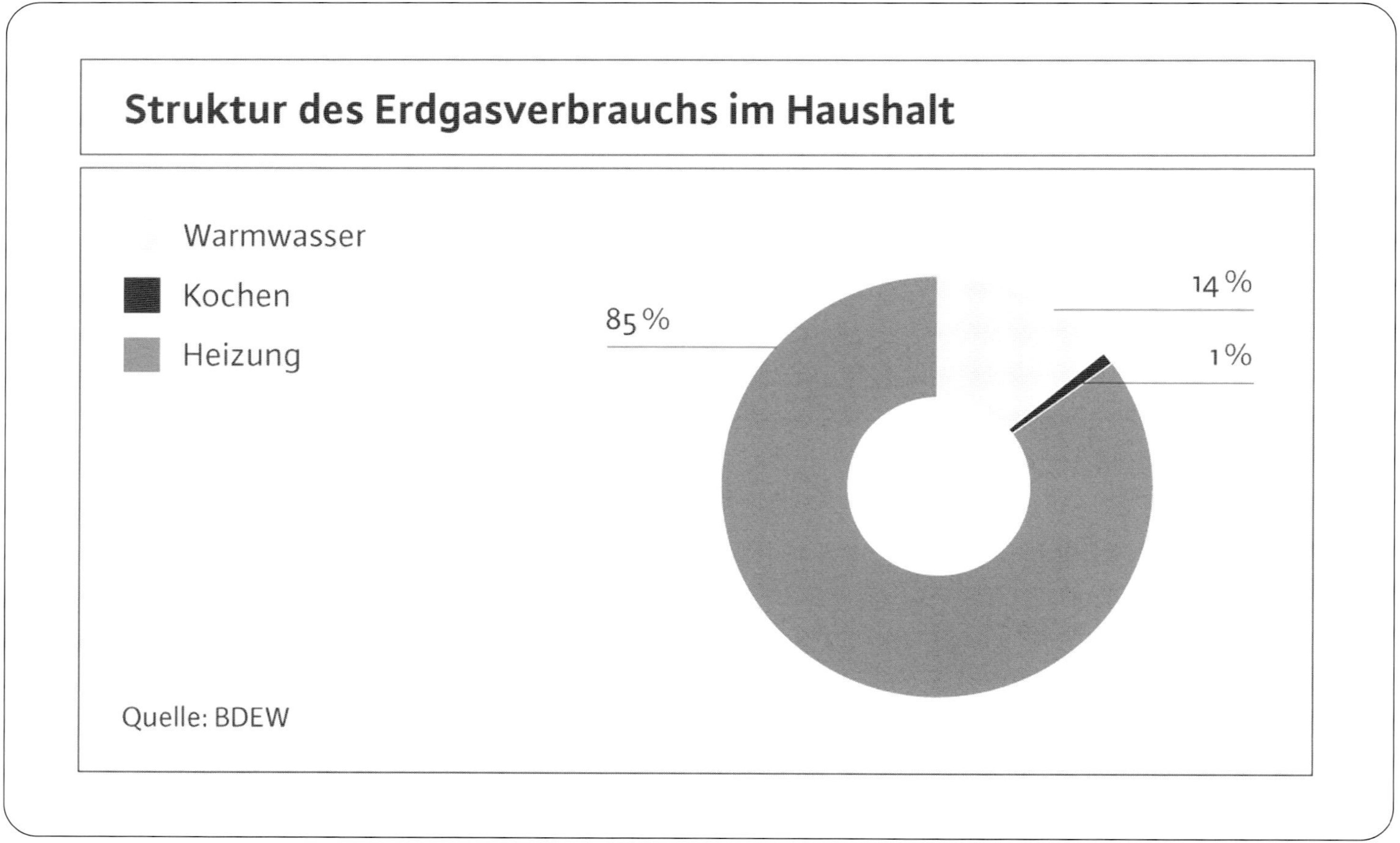

Abb. 46: Struktur des Erdgasverbrauchs im Haushalt

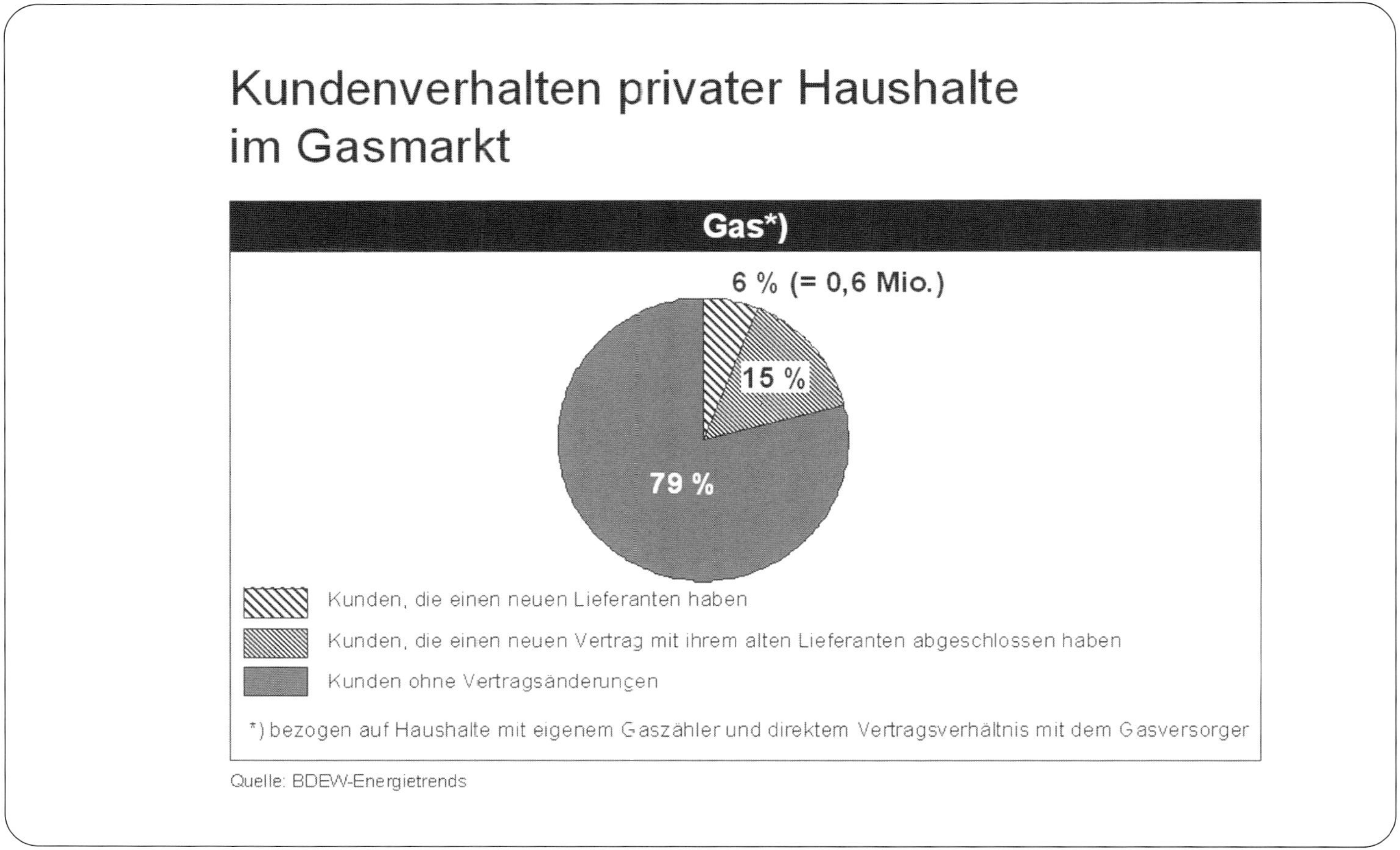

Abb. 47: Kundenverhalten privater Haushalte im Gasmarkt

wirtschaftliche Gesellschaften und bei 96 Unternehmen um privatrechtliche Gesellschaften.

Der Verbrauch von Erdgas in der Bundesrepublik Deutschland betrug im Jahr 2007 rund 961 Mrd. kWh. Nach Verbrauchergruppen stellte sich die Abgabe 2007 wie folgt dar:

— Industrie: 43 %

— private Haushalte: 27 %

— Gewerbe/Handel/Dienstleistungen: 18 %

— Kraftwerke der Strom- und Wärmeversorger: 12 %

Der in den vergangenen Jahren verzeichnete Verbrauchszuwachs geht im wesentlichen auf die fortgesetzte Zunahme des Wohnungsbestandes mit Erdgasheizungen und den gestiegenen Einsatz zur Stromerzeugung zurück. Ende 2007 waren etwa 18,4 Mio. Wohnungen entsprechend 48,3 % des Bestandes mit einer Erdgasheizung ausgestattet. Im Vergleich zum Vorjahr entsprach dies einem Nettozugang von zirka 300.000 erdgasbeheizten Wohnungen. Bei den Neubauwohnungen hatte die Erdgasheizung 2007 einen Marktanteil von rund zwei Drittel. Daneben gab es im Wohnungsbestand Umstellungen von anderen Heizenergien – z. B. von Heizöl auf Erdgas.

2.4.5 Neuregelung der rechtlichen Rahmenbedingungen

Bis 1998 galt in Deutschland für die Gaswirtschaft ein Ordnungsrahmen, dessen Basis zwei Gesetze bildeten:

— Energiewirtschaftsgesetz (EnWG) von 1936: In diesem Gesetz waren als zentrale Ziele Versorgungssicherheit und Preiswürdigkeit verankert. Daneben waren in diesem Gesetz u. a. Genehmigungserfordernisse für die Betriebsaufnahme, Investitionskontrolle und Betriebsuntersagungsmöglichkeiten verankert.

— Gesetz gegen Wettbewerbsbeschränkungen (GWB) seit 1958: Über Ausnahmebestimmungen (§§ 103, 103 a) ermöglichte das Gesetz Vertragsgestaltungen (wie Konzessions- und Demarkationsabreden), die nach allgemeinem Kartellrecht unzulässig sind. Dies ließ die Schaffung geschlossener Versorgungsgebiete und damit monopolistischer Strukturen zu.

Seit 1998 haben sich die rechtlichen Rahmenbedingungen für die Gaswirtschaft grundlegend verändert. Zentraler Auslöser war der im Dezember 1991 verhandelte und im Februar 1992 im niederländischen Maastricht vom Europäischen

Rat unterzeichnete Vertrag über die Europäische Union (auch als Vertrag von Maastricht bezeichnet). Darin ist das Ziel der Schaffung eines einheitlichen europäischen Binnenmarktes verankert. Um dieses Ziel zu realisieren, „rückten zunehmend auch solche Branchen in den Fokus, die vormals durch Staatsmonopole bzw. dem Wettbewerb weitgehend verschlossene Marktstrukturen gekennzeichnet waren." [26] Neben der Telekommunikation und den Postdiensten betraf dies die leitungsgebundene Energieversorgung.

„Zentrales Ziel des europäischen Energierechts über die letzte Dekade war damit die Schaffung eines voll funktionsfähigen und wettbewerbsorientierten europäischen Binnenmarktes für Energie. Nachdem 1996 die ersten Schritte zur Liberalisierung der Elektrizitätsmärkte unternommen worden waren, folgte 1998 der Erlass der Richtlinie 98/30/EG betreffend gemeinsame Vorschriften für den Erdgasbinnenmarkt. Diese Richtlinie sah eine stufenweise Öffnung der Gasmärkte vor und wurde abschließend mit der EnWG-Novelle 2003 in nationales Recht umgesetzt. Materiell erfolgte die Öffnung der Gasmärkte in Deutschland jedoch bereits zuvor – weitgehend parallel zu den Elektrizitätsmärkten – durch die Aufhebung kartellrechtlicher Ausnahmetatbestände zum 29.04.1998 und die Einführung eines allgemeinen kartellrechtlichen Zugangsanspruchs zu den Leitungsnetzen bzw. den wesentlichen Infrastruktureinrichtungen im Rahmen der 6. GWB-Novelle, die zum 01.01.1999 in Kraft trat. Auch wenn spätestens 2003 die Gasmärkte in Deutschland formal vollständig geöffnet waren, ist der Wettbewerbsprozess – anders als im Elektrizitätsbereich – nur langsam in Gang gekommen. Eine der Ursachen hierfür war sicher die nicht optimale Ausgestaltung des Netzzugangssystems im Rahmen des verhandelten Netzzugangs durch die Verbändevereinbarung Gas." [26] Als weitere wesentliche Gründe dürften die nur beschränkt verfügbaren Mengen an Erdgas und die starke Konzentration der großen Vorkommen auf relativ wenige Regionen der Erde gelten.

In Deutschland war nach Inkrafttreten der Energierechtsnovelle auf eine Flankierung der gesetzlichen Rahmenbedingungen durch freiwillige Vereinbarungen der Marktpartner gesetzt worden.

Eine erste Verbändevereinbarung zum Netzzugang bei Erdgas war am 4. Juli 2000 geschlossen worden. In dieser Verbändevereinbarung Gas waren die Bedingungen über den Netzzugang, der Dritten als Voraussetzung für die verstärkte Durchsetzung von direktem Wettbewerb ermöglicht werden muss, im Grundsatz bereits festgelegt worden. Es war in Aussicht genommen worden, dass nach Vorgabe eines Stufenplans weitere Regelungen zu den wichtigen Bereichen – wie Vereinfachung des Netzzuganges und der Entgeltmodelle sowie Börsenfähigkeit des Erdgashandels – ausgehandelt werden. Die Spitzen des Bundesverbandes der Deutschen Industrie (BDI), des Bundesverbandes der deutschen Gas- und Wasserwirtschaft (BGW), des Verbandes kommunaler Unternehmen (VKU) und des Verbandes der Industriellen Energie- und Kraftwirtschaft (VIK) hatten sich am 15. März 2001 darauf verständigt, die im Juli 2000 gemeinsam verabschiedete Verbändevereinbarung zum Netzzugang bei Erdgas durch einen 1. Nachtrag in wesentlichen Punkten zu ergänzen. Die Ergänzungen beinhalten Regelungen zur Transparenz und Weiterentwicklung des Netzzugangs, zum Bilanzausgleich, zum kommerziellen Speicherzugang und zum Engpassmanagement. Eine weitere Ergänzung war mit dem zweiten Nachtrag zur VV Gas vom 21. September 2001 erfolgt. Darin waren Regelungen zu technischen Rahmenbedingungen beim Netzzugang, zur Einrichtung einer Schiedsstelle und zur Anwendung von Lastprofilen für Kleinverbraucher vereinbart worden.

Mit der am 3. Mai 2002 vom BDI, BGW, VKU und VIK unterzeichneten Verbändevereinbarung Erdgas (VV Gas II) war ein weiterer Schritt zur Gasmarktliberalisierung in Deutschland erreicht worden. Die wichtigste Änderung dieser zum 1. Oktober 2002 in Kraft getretenen Neuregelung bestand in der Zusammenfassung der ehemals drei Netzebenen zu zwei Netzebenen. Die überregionale und die regionale Ferngasstufe wenden gemäß der VV Gas II ein einheitliches Entgeltsystem an, bei dem alle betroffenen Unternehmen ihre Ferngastransportnetze in Streckenabschnitte unterteilen, für die jeweils eine festgelegte Punktzahl vergeben wird. Das Transportentgelt ermittelt sich aus der Summe der Punktzahl der von einem Transport betroffenen Streckenabschnitte.

Die Transportpreisbildung auf der Ferngasstufe sollte danach auf der Basis eines internationalen und nationalen Benchmarkings stattfinden, das jährlich überprüft wird. Für die Endverteilerstufe wurde ein Leitfaden zur kostenbasierten Kalkulation von Netznutzungsentgelten verabschiedet. Die darauf basierte pauschalisierte Berechnung (Briefmarke) war grundsätzlich zur Anwendung bei der allgemeinen Versorgung von Letztverbrauchern vorgesehen. Bei Kunden mit einem Jahresverbrauch von mehr als 20 Mio. kWh sollte allerdings die konkrete gaswirtschaftliche Leistung im Einzelfall für die Berechnung des Netzzugangsentgelts zugrunde gelegt werden.

Mit der VV Gas II waren auch nicht-leistungsgemessene Gewerbe- und Industriekunden in den Gas-zu-Gas-Wettbewerb einbezogen worden. Dies wurde an die Voraussetzung geknüpft, dass entsprechende Messungen zu verwendbaren Lastprofilen führen.

In der VV Gas II hatten sich die Unterzeichnerverbände ferner einvernehmlich auf die Zielkriterien geeinigt, die mit der im Anschluss unmittelbar zu verhandelnden VV Erdgas III – zur Schaffung eines wirklich wettbewerblich geöffneten Erdgasmarktes – erreicht werden sollten. Zu diesen Kriterien gehört vor allem die Vereinbarung eines transaktionsunabhängigen Netzzugangsmodells.

Die Verbände BDI und VIK forderten ein entry-exit-Modell mit wenigen, eigentumsübergreifenden Regelzonen (wie bei Strom). Die Verbände der Gaswirtschaft lehnten diesen Modellansatz ab mit der Begründung, dass ein solches Modell auf Grund physischer Netzengpässe (z. B. unterschiedliche Gasbeschaffenheit) technisch nicht umsetzbar sei. Aufgrund dieser unüberbrückbaren Differenzen wurden die Verbändeverhandlungen im April 2003 abgebrochen.

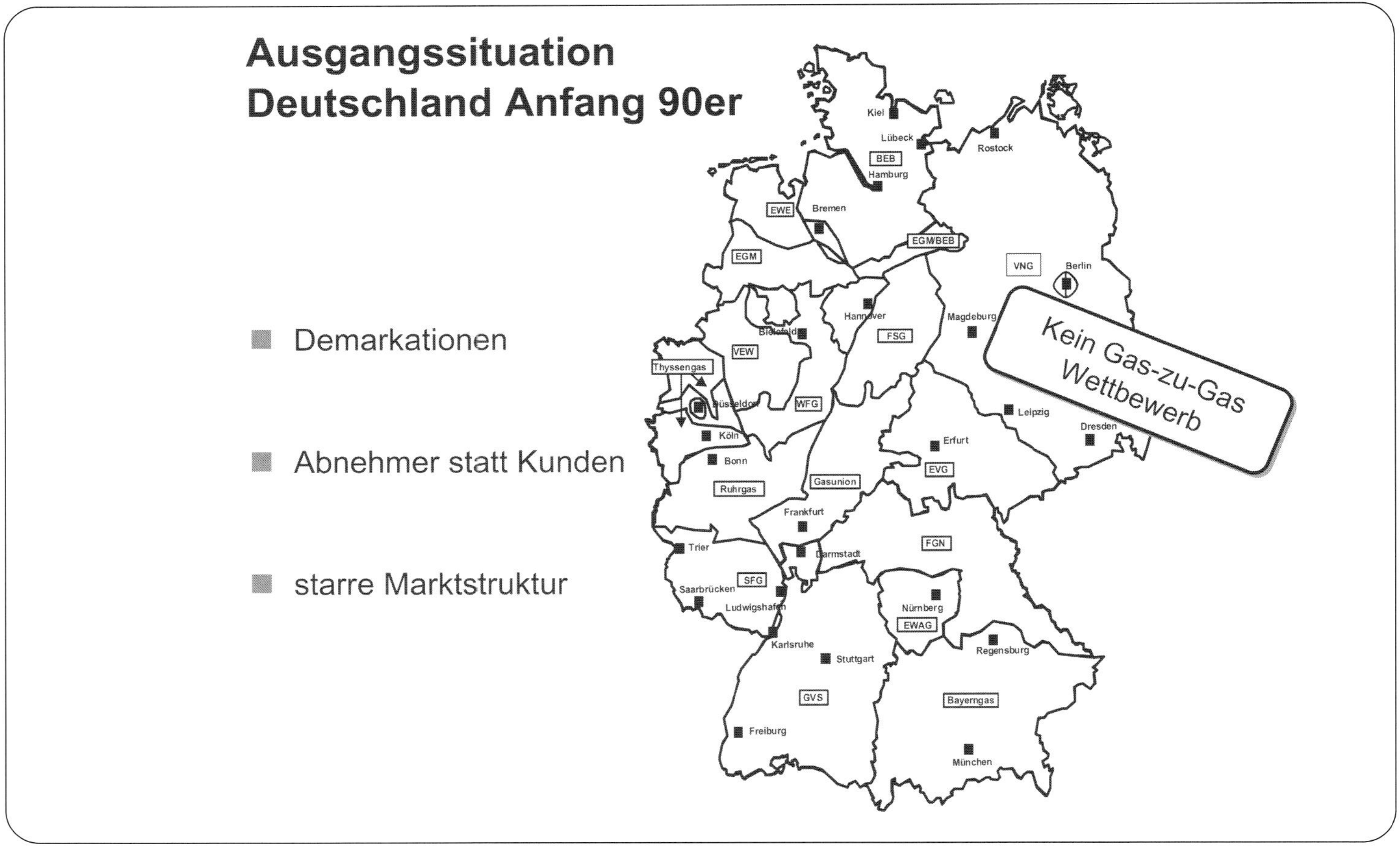

Abb. 48: Netzbereiche der Ferngasgesellschaften vor Liberalisierung (Quelle: Wingas)

„Vor dem Hintergrund der noch nicht als hinreichend empfundenen Liberalisierungsfortschritte in vielen europäischen Ländern und in dem Bestreben, die Schaffung eines wettbewerbsorientierten europäischen Binnenmarktes für Gas zu beschleunigen, wurde eine Reform des Rechtsrahmens für notwendig erachtet und die Richtlinie 2003/55/EG des Europäischen Parlaments und des Rates vom 26.06.2003 über gemeinsame Vorschriften für den Erdgasbinnenmarkt und zur Aufhebung der Richtlinie 98/30/EG (Erdgas-Binnenmarkt-Richtlinie) erlassen. Diese Richtlinie wird durch die Verordnung (EG) Nr. 1775/2005 des Europäischen Parlaments und des Rates vom 28.09.2005 über die Bedingungen für den Zugang zu den Erdgasfernleitungsnetzen (Fernleitungsverordnung) ergänzt." [26]

Unter http://eur-lex.europa.eu können die Texte der Richtlinie und der Verordnung abgerufen werden.

„Die Richtlinie 2003/55/EG („Binnenmarktrichtlinie Gas") sieht neben der in Deutschland bereits vorweggenommenen vollständigen Marktöffnung bis 2007 die Regulierung des Netzzugangs und der Netzentgelte und damit auch die Errichtung nationaler Regulierungsbehörden sowie die Entflechtung („Unbundling") von Energieerzeugung und Vertrieb einerseits und dem Netzbetrieb andererseits vor." [26]

„Art. 18 der Binnenmarktrichtlinie Gas schreibt für den Zugang zu den Gasversorgungsnetzen grundsätzlich das Modell des regulierten Netzzugangs vor, bei dem der Zugang auf der Grundlage veröffentlichter und genehmigter Tarife erfolgt. Diskriminierendes oder missbräuchliches Verhalten von Netzbetreibern soll damit nicht mehr durch repressive Eingriffe im Einzelfall sanktioniert, sondern im Wege der ex-ante-Kontrolle von vornherein vermieden werden.

In Art. 25 ist festgelegt, dass die Mitgliedstaaten Regulierungsbehörden schaffen müssen. Diese Behörden müssen von den Interessen der Erdgaswirtschaft unabhängig sein. Sie sind zuständig für die Genehmigung der Zugangstarife oder der Methoden zur Berechnung der oben genannten Tarife vor deren In-Kraft-Treten sowie für gewisse Beobachtungs- und Überwachungsaufgaben (Monitoring in Art. 25 Absatz 1) und für die Entscheidung über Beschwerden als Streitbeilegungsstelle nach Art. 25 Absatz 5 der Binnenmarktrichtlinie Gas.

Um der in den netzgebundenen Industrien grundsätzlich bestehenden Gefahr einer Bevorzugung der eigenen bzw. konzernverbundenen Erzeugungs- oder Vertriebsaktivitäten durch den Netzbetreiber entgegenzuwirken, schreiben Art. 9 und 13 der Richtlinie die rechtliche und organisatorische Entflechtung von Fernleitungs- und Verteilernetzbetreibern vor. Ergänzt werden diese Regelungen durch die Entflechtung der Rechnungslegung nach Art. 17 der Binnenmarktrichtlinie." [26]

Die Verordnung (EG) Nr. 1775/2005 betreffend den Zugang zu den Erdgasfernleitungsnetzen, die am 01.07.2006 in Kraft getreten war, normiert erstmals einheitliche Zugangs- und Entgeltregelungen für die EU-Staaten im Gassektor. Sie ist unmittelbar geltendes Recht für alle Mitgliedstaaten der EU.

Zentrales Regelwerk für die leitungsgebundene Energieversorgung in Deutschland ist das „Gesetz über die Elektrizitäts- und Gasversorgung". Das meist als Energiewirtschaftsgesetz (EnWG) bezeichnete Gesetz in der Fassung der Novelle vom 07.07.2005 dient der Umsetzung der Binnenmarktrichtlinie Gas und der Binnenmarktrichtlinie Elektrizität. Ferner schafft das Gesetz, dessen Zweck gemäß § 1 Abs. 1 „eine möglichst sichere, preisgünstige, verbraucherfreundliche, effiziente und umweltverträgliche leitungsgebundene Versorgung der Allgemeinheit mit Elektrizität und Gas" ist, den institutionellen Rahmen zum Vollzug des in der Fernleitungsverordnung verankerten unmittelbar geltenden europäischen Rechts.

Das EnWG ist mit den darin enthaltenen 118 Paragraphen in zehn Teile gegliedert:

1. Teil: Allgemeine Vorschriften, wie Ziel- und Begriffsbestimmungen
2. Teil: Regelungen zur Entflechtung
3. Teil: Regulierung des Netzbetriebs
4. Teil: Regelungen zur Energielieferung an Letztverbraucher
5. Teil: Regelungen zur Planfeststellung und Wegenutzung und damit insbesondere zur Frage der Konzessionen
6. Teil: Regelungen zur Sicherheit und zur Zuverlässigkeit der Energieversorgung
7. Teil: Organisation und Zuständigkeit der Behörden
8. Teil: Verfahrensrecht
9. Teil: Vorschriften zu Objektnetzen und die Regelung zum Verhältnis des Energie- zum Kartellrecht
10. Teil: Evaluierungs- sowie Schluss- bzw. Übergangsvorschriften.

Für den Gasbereich wichtige Ergänzungen der im EnWG verankerten Vorschriften sind die auf Basis dieses Gesetzes erlassene Netzentgeltverordnung Gas und die Netzzugangsverordnung Gas, die am 29. Juli 2005 in Kraft getreten sind.

Die **Netzzugangsverordnung Gas** enthält ein flexibles entry-exit-Modell. Zuvor musste für jeden Transportvorgang ein bestimmter Transportpfad festgelegt werden. Dafür waren ein konkreter Einspeisepunkt und ein konkreter Ausspeisepunkt zu benennen. Das neue Netzzugangsmodell ist dagegen flexibel. Soweit dies netztechnisch möglich ist, soll nun unabhängig vom Einspeisepunkt jeder Gasverbraucher in Deutschland wettbewerblich mit Gas versorgt werden. Die Angabe eines Transportpfades ist in der Regel nicht mehr erforderlich. Das Zugangsmodell wird ergänzt durch vielfältige Kooperationspflichten der Netzbetreiber, die sicherstellen sollen, dass der Netzzugang für die Transportkunden effizient erfolgt. Damit löst sich dieses Modell zunehmend von den physikalisch/technischen Gegebenheiten und entwickelt sich in Richtung eines „kommerziellen Netzzugangsmodells".

Die **Netzentgeltverordnung** Gas enthält – ebenso wie die Netzentgeltverordnung Strom – umfangreiche Regelungen zur Bestimmung und Höhe der für den Netzzugang zu zahlenden Entgelte. Die Vorschriften sollen einerseits den Netzbetreibern die erforderliche Rechtssicherheit geben und andererseits der Regulierungsbehörde ermöglichen, weitere Vorgaben zu machen, wenn dies erforderlich ist. Die Entgeltverordnungen gestalten auch das bereits im Energiewirtschaftsgesetz angelegte Vergleichsverfahren aus. Um zu gewährleisten, dass die Netzentgelte in Deutschland angemessen sind, werden in den Vergleich auch andere europäische Netzbetreiber einbezogen. Ein wesentlicher Bestandteil der Netzentgeltregelungen sind die Veröffentlichungspflichten für die Netzbetreiber, die eine hohe Transparenz gewährleisten sollen.

Nachfolgend werden einige für die Gasversorgung **zentrale Regelungen des EnWG** dargelegt. Dazu gehören die Vorschriften zur Entflechtung, zum Netzzugang und zu den Netzentgelten. Weitere Einzelheiten können der Lektion 2 „Rechtliche Rahmenbedingungen für die Gaswirtschaft“ der Euroforum-Schrift „Kompaktwissen Gaswirtschaft“ entnommen werden. [26]

Die Vorschriften zur Entflechtung sind in den §§ 7 bis 10 EnWG geregelt. Grundsätzlich sind vier Formen der Entflechtung zu unterscheiden. Das sind die rechtliche Entflechtung, die operationelle Entflechtung (oder organisatorische Entflechtung) sowie die informatorische und die buchhalterische Entflechtung.

§ 7 EnWG verpflichtet vertikal integrierte Energieversorgungsunternehmen, den Netzbetrieb in einer eigenen, von den anderen Tätigkeitsbereichen des Energieversorgers unabhängigen rechtlichen Einheit zu organisieren. Von dieser Verpflichtung ausgenommen sind gemäß § 7 Abs. 2 EnWG solche vertikal integrierten Energieversorgungsunternehmen, an deren Elektrizitäts- oder Gasversorgungsnetz weniger als 100.000 Kunden unmittelbar oder mittelbar angeschlossen sind. Die gesetzlich geregelte rechtliche Entflechtung stellt keine Verpflichtung zur eigentumsrechtlichen Verflechtung (ownership unbundling) dar. Vielmehr kann ein vertikal integriertes Energieversorgungsunternehmen durchaus Alleineigentümer der rechtlich selbständigen Netzgesellschaft sein.

Die in § 8 EnWG geregelte operationelle Entflechtung enthält zum einen Vorschriften hinsichtlich der für den Netzbetreiber tätigen Personen und zum anderen bezüglich der Unabhängigkeit des Netzbetreibers in Bezug auf seine Entscheidungsbefugnisse. Auch hier gilt gemäß § 8 Abs. 6 EnWG eine Ausnahmeregelung für Elektrizitäts- und Gasversorger mit weniger als 100.000 Kunden.

Die informatorische Entflechtung ist in § 9 EnWG geregelt. Neben der Gewährleistung der Vertraulichkeit wirtschaftlich sensibler Informationen sind Netzbetreiber verpflichtet, bei Offenlegung von Informationen über die eigenen Tätigkeiten, die wirtschaftliche Vorteile bringen können, dies in nicht-diskriminierender Weise zu tun.

„Die Entflechtung der Rechnungslegung ist in § 10 EnWG geregelt. Durch diese Vorschrift werden die Energieversorgungsunternehmen verpflichtet, in ihrer internen Rechnungslegung für ihre verschiedenen Tätigkeitsbereiche gesonderte Konten zu führen und getrennte Bilanzen und Gewinn- und Verlust-Rechnungen aufzustellen. Das Ziel dieser Regelung besteht vor allem darin, eine höhere Kostentransparenz für die regulierten Bereiche (d. h. insbesondere den Netzbetrieb) zu schaffen, um auf diese Weise eine Grundlage für die kostenorientierte Entgeltkalkulation zu schaffen." [26]

Die gesetzlichen Vorgaben für den Netzzugang sind in § 20 EnWG enthalten. Während die Absätze 1 und 2 dieser Vorschrift allgemeine Regeln beinhalten, die sowohl für die Strom- als auch für Gasversorgungsnetze gelten, enthält der Abs. 1 b die zentralen materiellen Vorgaben für das Netzzugangsmodell im Gassektor. Darin heißt es zunächst: „Zur Ausgestaltung des Zugangs zu den Gasversorgungsnetzen müssen Betreiber von Gasversorgungsnetzen Einspeise- und Ausspeisekapazitäten anbieten, die den Zugang ohne Festlegung eines transaktionsabhängigen Transportpfades ermöglichen und unabhängig voneinander nutzbar und handelbar sind. Zur Abwicklung des Netzzugangs zu den Gasversorgungsnetzen ist ein Vertrag mit dem Netzbetreiber, in dessen Netz eine Einspeisung erfolgen soll, über Einspeisekapazitäten erforderlich (Einspeisevertrag). Zusätzlich muss ein Vertrag mit dem Netzbetreiber, aus dessen Netz die Entnahme erfolgen soll, über Ausspeisekapazitäten abgeschlossen werden (Ausspeisevertrag). Wird der Ausspeisevertrag von einem Lieferanten mit einem Betreiber eines Verteilnetzes geschlossen, braucht er sich nicht auf bestimmte Entnahmestellen zu beziehen. Alle Betreiber von Gasversorgungsnetzen sind verpflichtet, untereinander in dem Ausmaß verbindlich zusammenzuarbeiten, das erforderlich ist, damit der Transportkunde zur Abwicklung eines Transports auch über mehrere, durch Netzkopplungspunkte miteinander verbundene Netze nur einen Einspeise- und einen Ausspeisevertrag abschließen muss, es sei denn, diese Zusammenarbeit ist praktisch nicht möglich oder wirtschaftlich nicht zumutbar" (§ 20 Abs. 1 b Sätze 1 bis 5 EnWG).

In den folgenden Sätzen des § 21 Abs. 1 b EnWG werden die Anforderungen an die Zusammenarbeit näher konkretisiert.

„Zentrales Ziel bei dem Entwurf der Gasnetzzugangsverordnung war zunächst die gesetzliche Normierung des Entry-Exit-Modells. Zum Zeitpunkt des Entwurfs der Verordnung im Jahr 2004 bestand in Deutschland nur ein relativ geringer Erfahrungsschatz mit diesem Netzzugangsmodell. Die Verbändevereinbarung Gas sah insoweit auf der Ebene der Fernleitungsnetze ein klassisches, streckenbezogenes Netznutzungsmodell vor, bei dem der Netznutzer Transportkapazitäten auf einer bestimmten, auch physisch abgrenzbaren Transportstrecke buchen konnte und hierfür entfernungsabhängige Entgelte berechnet wurden.

Im Zuge mehrerer von der Europäischen Kommission geführten Missbrauchsverfahren gegen verschiedene Fernleitungsnetzbetreiber (zusammenfassend als das so genannte Marathonverfahren bekannt, da alle Verfahren durch eine Beschwerde des amerikanischen Unternehmens Marathon angestoßen wurden) hatten sich einige Unternehmen verpflichtet, für ihr Leitungsnetz ein transportpfadunabhängiges Entry-Exit-Modell einzuführen. Dieses ist dadurch gekennzeichnet, dass die Netznutzer lediglich Ein- und Ausspeisekapazität an einzelnen Punkten des jeweiligen Leitungsnetzes bilden müssen und diese sodann im Grundsatz unabhängig von bestimmten physischen Transportstrecken nutzen können. Für die Netznutzer entsteht hierdurch eine wesentlich höhere Flexibilität als bei dem transportpfadabhängigen Netzzugangsmodell. Auch die Bepreisung richtet sich nicht mehr nach der Transportstrecke, sondern nach fixen Preisen, die für die einzelnen Ein- und Ausspeisepunkte festgelegt werden. Durch die individuelle Bepreisung der Ein- und Ausspeisepunkte hat der Netzbetreiber die Möglichkeit, indirekt Einfluss auf die Auslastung seines Netzes zu nehmen, um eine möglichst optimale Nutzung der vorhandenen Kapazitäten zu gewährleisten. [26]

Im Jahr 2004 veröffentlichten zunächst BEB und später auch E.ON Ruhrgas, RWE und Wingas Transportbedingungen nach dem Entry-Exit-Modell. Teile dieser Regelungen wurden vom Verordnungsgeber aufgegriffen und – ergänzt um Forderungen anderer Marktteilnehmer, insbesondere von Netznutzerseite – in der Gasnetzzugangsverordnung verankert.

Im Sommer 2006 war eine erste Fassung der „Vereinbarung über die Kapazitäten gemäß § 20 Abs. 1 b EnWG zwischen Betreibern von in Deutschland gelegenen Gasversorgungsnetzen" (kurz: Kooperationsvereinbarung) verabschiedet worden. Eine grundlegend überarbeitete zweite Fassung der Kooperationsvereinbarung war im Frühjahr 2007 vereinbart worden, die für alle mit Wirkung ab dem 1.10.2007 geschlossenen Verträge gelten soll.

„Das ab dem 1.10.2007 auf Grundlage dieser Kooperationsvereinbarung angewandte Netzzugangssystem sieht für den Transport bzw. die Netznutzung innerhalb eines Marktgebietes – unabhängig von der Zahl der beteiligten Netzbetreiber – den Abschluss eines Einspeise-, eines Ausspeise- und eines Bilanzkreisvertrags vor." [26]

Danach sind alle Abnehmer einem Marktgebiet zugeordnet. Die Marktgebiete sind aber nicht streng geografisch voneinander abgegrenzt, sondern überlappen sich an zahlreichen Stellen. Gebildet werden die Marktgebiete durch die so genannten marktgebietsaufspannenden Netzbetreiber. Bei ihnen handelt es sich um (überregionale) Fernleitungsnetzbetreiber, die typischerweise die Spitze der traditionellen Lieferkette im Gassektor bildeten. Die genannte Fassung der Kooperationsvereinbarung sieht 16 Marktgebiete vor. Die Zahl verringert sich jedoch durch geplante Zusammenlegungen verschiedener Marktgebiete, teilweise auch netzbetreiberübergreifend. Seit dem 01.10.2008 hat sich die Zahl der Marktgebiete auf acht verringert (zwei im Bereich L-Gas und sechs im Bereich H-Gas). [26]

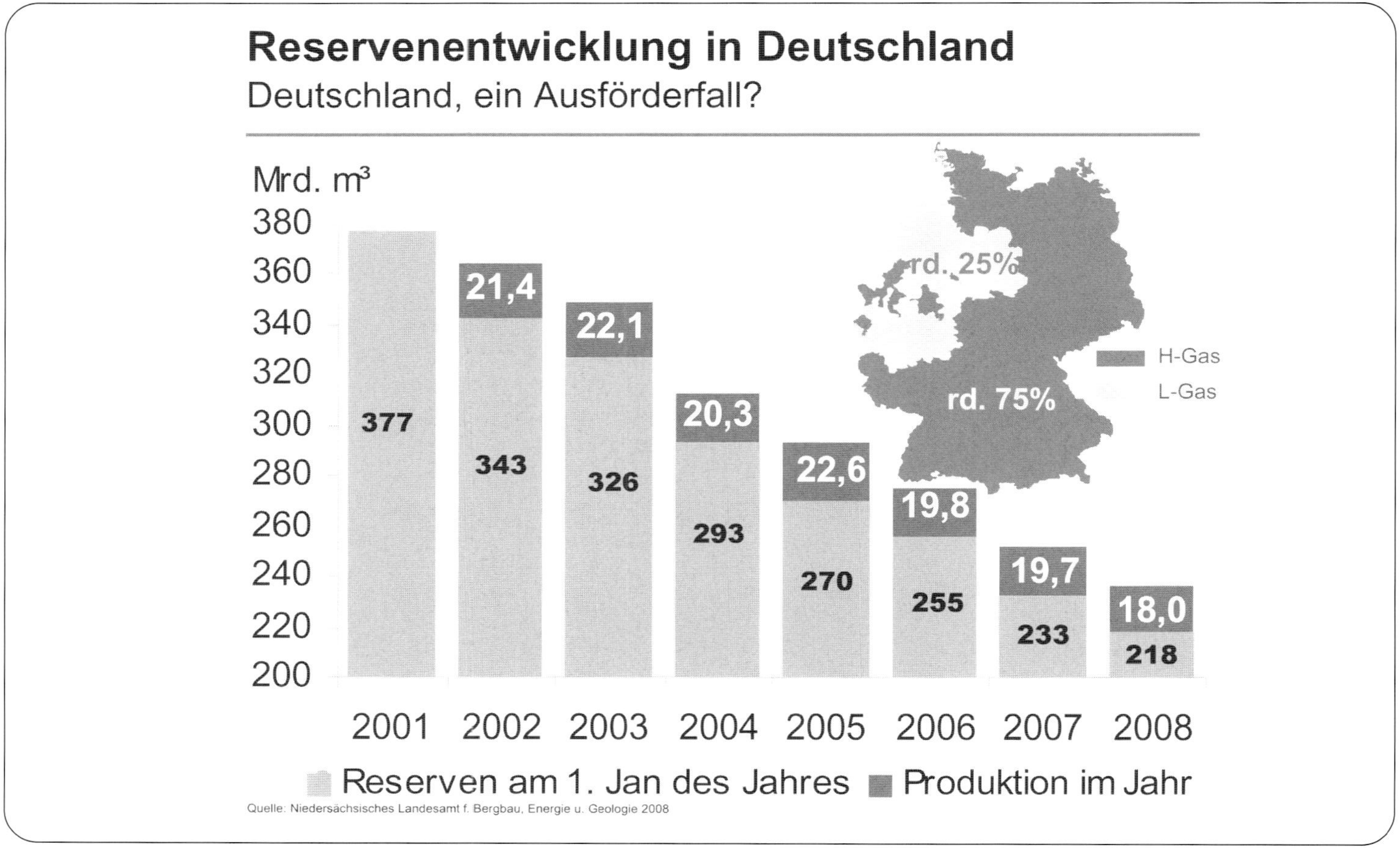

Abb. 49: Reservenentwicklung für Erdgas in Deutschland (Quelle: Wingas)

Einer der zentralen Bestandteile des 2005 novellierten EnWG ist der Übergang vom vorhandelten zum regulierten Netzzugang. Seitdem unterliegen die Gasnetzentgelte grundsätzlich der Pflicht der vorherigen Genehmigung durch die Bundesnetzagentur oder die Landesregulierungsbehörden. Demgegenüber hatte im vorangegangen System des verhandelten Netzzugangs der Netzbetreiber die Gasnetzentgelte ermittelt und diese Lieferanten und sonstigen Netznutzern in Rechnung gestellt. Ein behördliches Entgeltgenehmigungsverfahren war nicht zu durchlaufen; vielmehr fand lediglich im Einzelfall eine nachträgliche Kontrolle durch die Kartellbehörden statt (sog. Ex-post-Kontrolle).

Zentrale Orientierung für die die nunmehr erforderliche Genehmigung der Entgelte waren zunächst die vom Antragsteller dargelegten Kosten seiner Betriebsführung, wobei die genehmigten Entgelte als Höchstpreise zu verstehen sind, die unterschritten, aber nicht überschritten werden dürfen.

Bereits in § 21 a EnWG angelegt sind – als Fortentwicklung der kostenorientierten Entgeltregulierung – die gesetzlichen Anforderungen an die Anreizregulierung, die durch eine Anreizregulierungsverordnung konkretisiert werden. Nach der Anreizregulierungsverordnung vom 29.10.2007, die am 05.11.2007 im Bundesgesetzblatt verkündet worden ist (BGBl. I, S.252 ff.), beginnt die Anreizregulierung am 01.01.2009. Vorgesehen sind Obergrenzen für die Gesamterlöse eines jeden Netzbetreibers über zwei Regulierungsperioden, die sich über vier (erste Regulierungsperiode) bzw. fünf Jahre (zweite Regulierungsperiode) erstrecken. Ziel dieses Entgeltsystems ist, den Netzbetreibern einen Anreiz zu zusätzlichen Kostensenkungen zu geben, da sie eine höhere Rendite als nach dem zunächst eingeführten kostenorientierten Entgeltsystem gemäß der GasNEV erzielen können. Dies ist dann der Fall, wenn sie die Netzkosten stärker absenken können als die Erlöse nach dem ihnen vorgeschriebenen Erlössenkungspfad sinken. Ausgangspunkt für den Erlössenkungspfad bilden die Kosten eines Netzbetreibers zu Beginn der Regulierungsperiode. Die nach einem Effizienzvergleich zwischen den Netzbetreibern als ineffizient anzusehenden Kosten sind über die ersten beiden Regulierungsperioden, also in neun Jahren, abzuschmelzen.

2.5 Elektrizität

Besonderes Kennzeichen der deutschen Elektrizitätswirtschaft ist die Vielfalt der Anbieterstruktur. Während der Strommarkt europäischer Nachbarländer häufig durch monopolistische oder allenfalls duopolistische Marktstrukturen geprägt ist, gibt es in Deutschland zur Zeit etwa 950 Stromversorger. Diese Unternehmen unterscheiden sich u. a. hinsichtlich Größe, Integrationsgrad, Struktur, Leistungsangebot, Eigentümern und Rechtsform; ihre Geschäftstätigkeit, die vor der Liberalisierung ganz überwiegend auf regionale Schwerpunkte konzentriert war, ist in vielen Fällen deutlich ausgedehnt worden – teilweise über die Grenzen der Bundesrepublik Deutschland hinaus.

2.5.1 Aufbau der Elektrizitätswirtschaft

Die Unternehmen der Elektrizitätswirtschaft lassen sich folgenden Kategorien zuordnen:

— Stromversorger (allgemeine Versorgung)

— industrielle Kraftwirtschaft

— private Stromerzeuger

Von der gesamten Stromerzeugung in Deutschland entfallen 82 % auf Kraftwerke der Stromversorger, 8 % auf Industriekraftwerke und 10 % auf private Erzeuger (Stand: 2007).

Kennzeichen der **Stromversorger** ist, dass sie Dritte (Industrie, private Haushalte, Handel und Gewerbe, öffentliche Einrichtungen, Verkehr und Landwirtschaft) mit Elektrizität beliefern und/oder ein Netz für die Versorgung mit Strom betreiben. Bei diesen in der Vergangenheit als Unternehmen der öffentlichen Versorgung bezeichneten Gesellschaften wurde zwischen drei Gruppen differenziert:

— Verbundunternehmen bzw. Übertragungsnetzbetreiber

— Regionale Versorger

— Lokale Versorger

Die Zahl der in den neunziger Jahren neun Verbundunternehmen hat sich auf vier reduziert. Das sind nach den Fusionen von RWE/VEW, VEBA/VIAG und Badenwerk/Energie-Versorgung-Schwaben (EVS) die Unternehmen RWE, E.ON, EnBW sowie die – aus dem Zusammenschluss von HEW, VEAG, Bewag und Laubag entstandene – Vattenfall Europe. Diese Unternehmen sind Eigentümer der Höchstspannungsleitungen in ihrem jeweiligen Netzbereich.

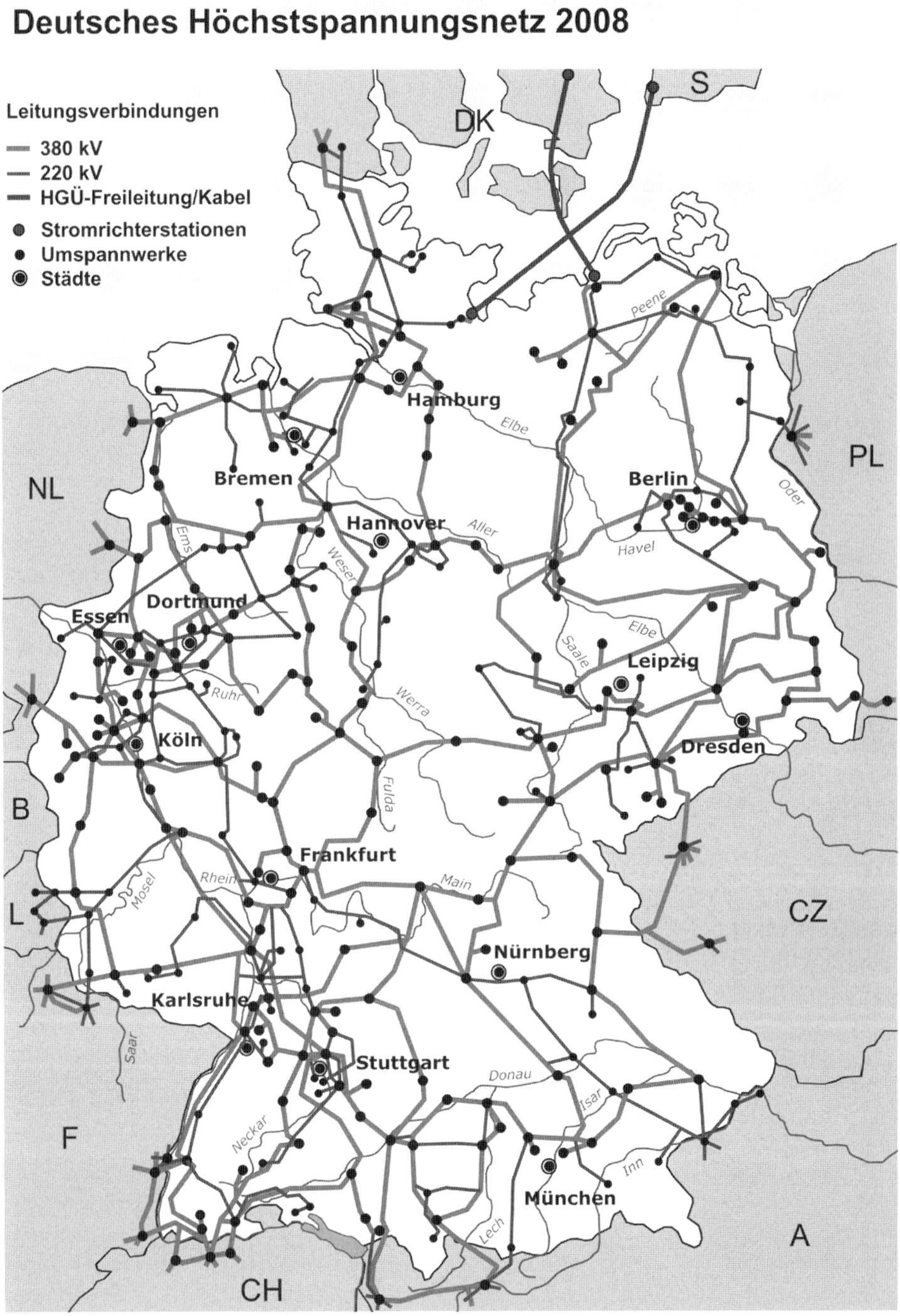

Abb. 50: Deutsches Höchstspannungsnetz 2008 (Quelle: BDEW)

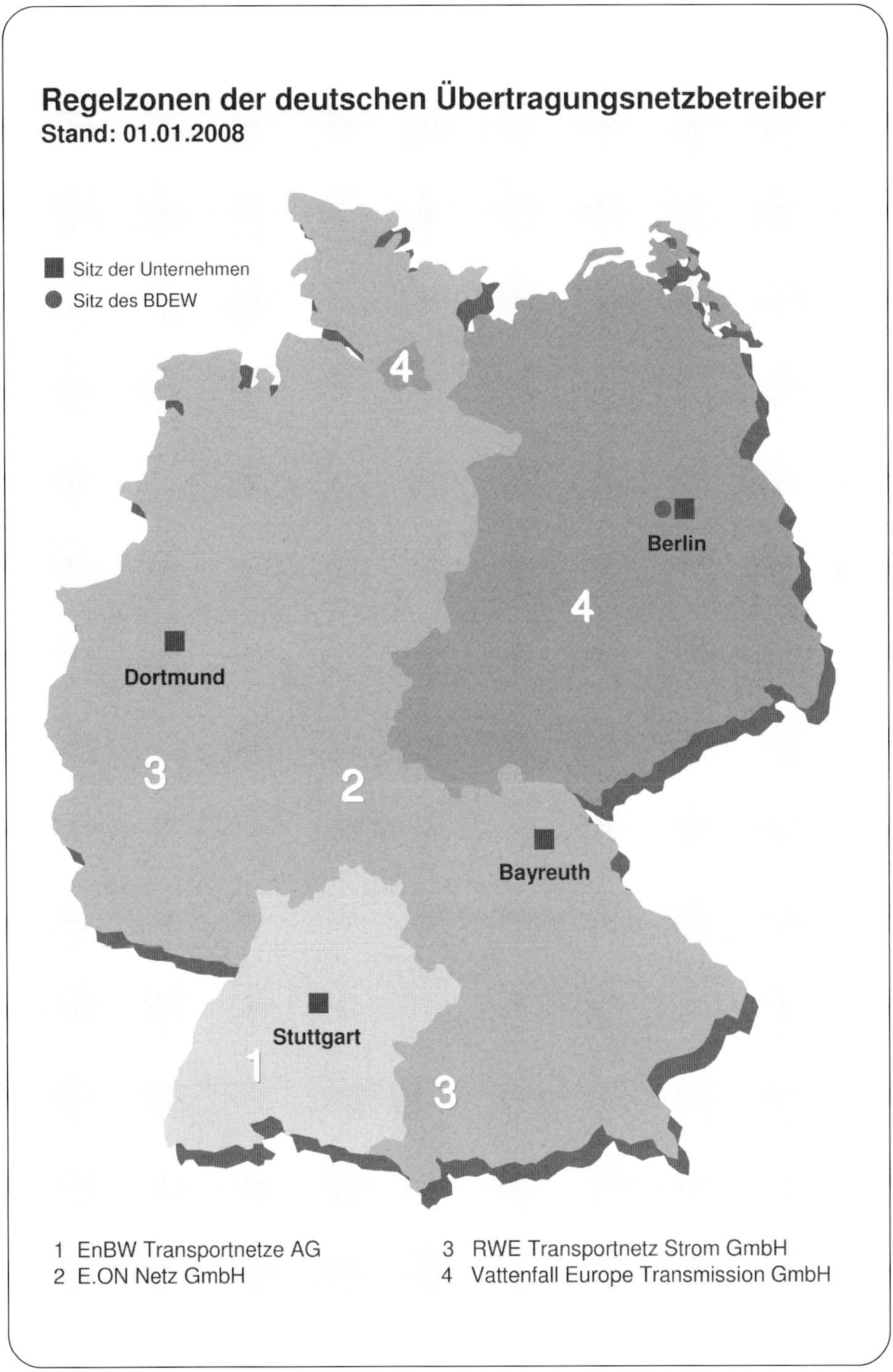

Abb. 51: Regelzonen der deutschen Übertragungsnetzbetreiber 2008 (Quelle: BDEW)

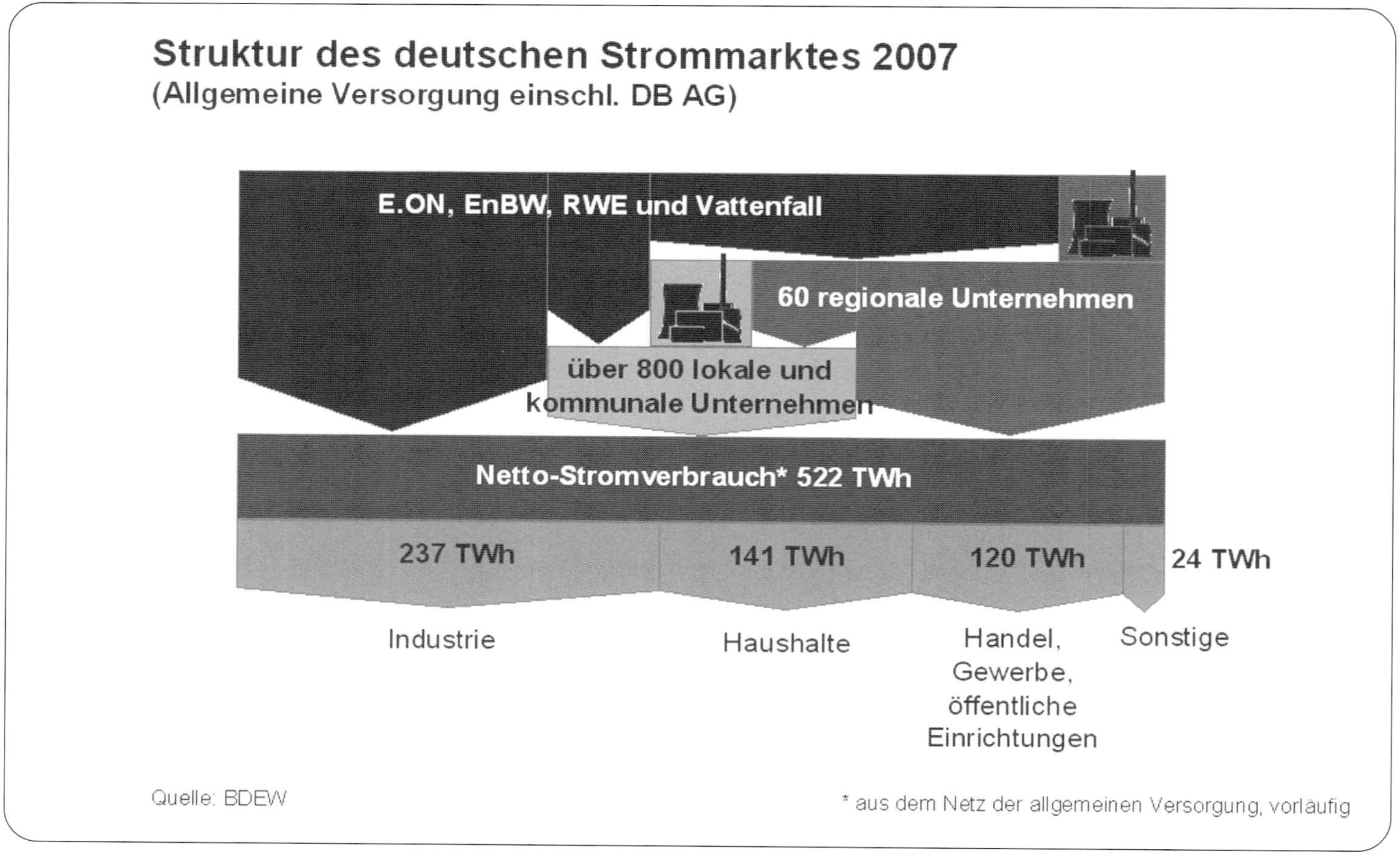

Abb. 52: Struktur des deutschen Strommarktes 2007

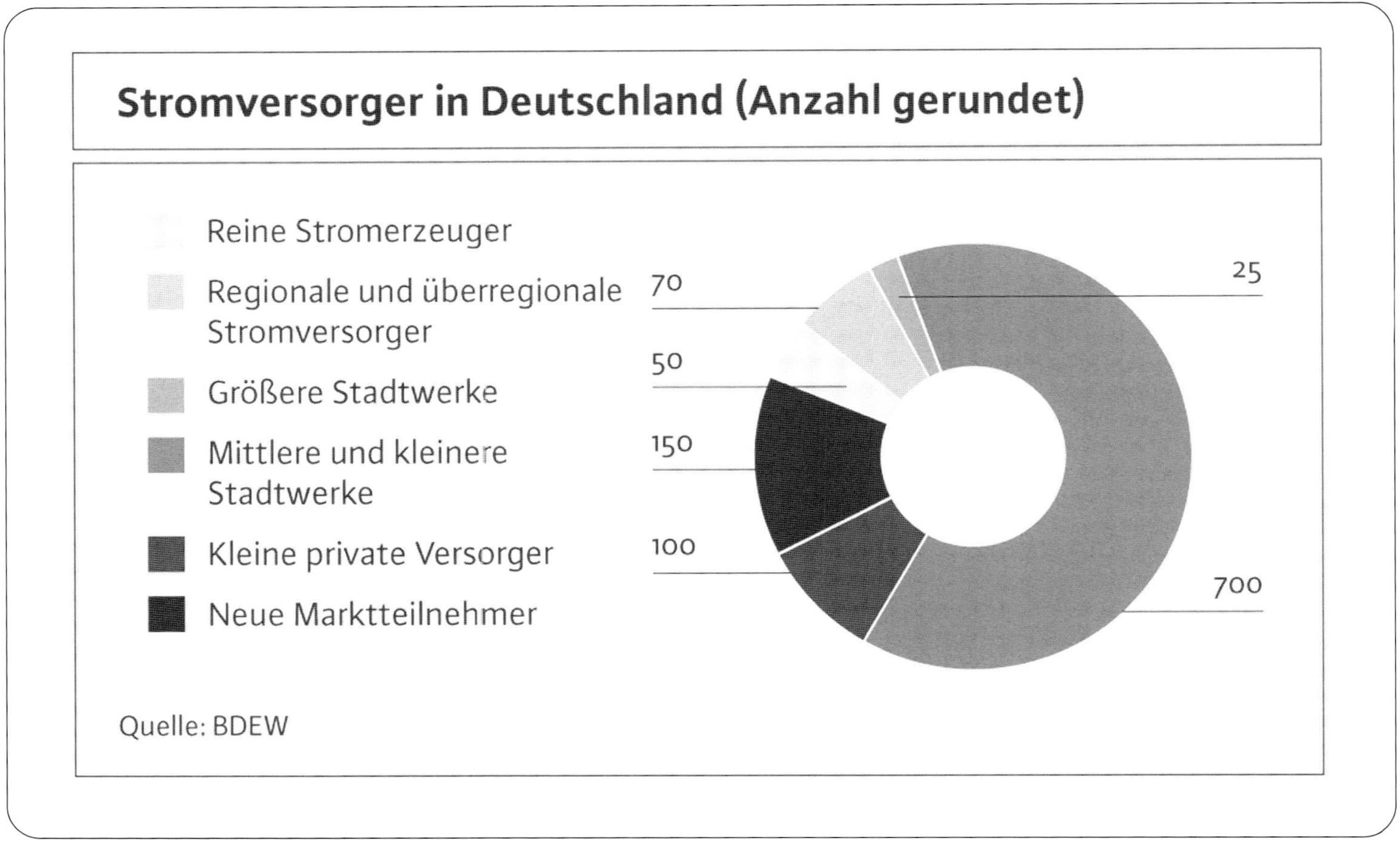

Abb. 53: Stromversorger in Deutschland

— Die Netzgesellschaften dieser Konzerne sind als Betreiber von Übertragungsanlagen nennenswert an der Frequenz-Leistungsregelung des Höchstspannungsnetzes und der überregionalen Reservevorhaltung beteiligt. Sie führen ferner einen wesentlichen überregionalen Energieaustausch mit in- und ausländischen EVU durch. Innerhalb des jeweiligen Konzernverbundes nehmen Schwestergesellschaften dieser Übertragungsnetzbetreiber die Erzeugung von Strom, den Handel und den Vertrieb wahr. Die Vertriebsgesellschaften beliefern sowohl Letztverbraucher als auch regionale und lokale Stromversorger.

— Die regionalen Stromversorger veräußern von überregional tätigen Anbietern und anderen Unternehmen erzeugte, aber auch in eigenen Kraftwerken produzierte Elektrizität an lokale Versorger und auch an Kunden auf der Letztverbraucherebene. Insgesamt existieren in Deutschland etwa 60 Regionalversorger.

— Das Tätigkeitsfeld der lokalen Stromversorger war in der Vergangenheit im Allgemeinen auf einzelne Gemeindegebiete beschränkt. Hier haben sie bei der Belieferung der Letztabnehmer – häufig im Querverbund mit Gas, Fernwärme, Wasser/Abwasser sowie teilweise Verkehrsbetrieben und anderen Infrastruktureinrichtungen – überwiegend Verteilerfunktionen wahrgenommen. Den größten Teil des Strombedarfs decken die meisten dieser Unternehmen, die sich überwiegend im Eigentum der jeweiligen Gemeinde befinden, vorzugsweise durch Bezüge von Gesellschaften vorgelagerter Marktstufen. Diese Bezüge werden allerdings zum Teil durch Stromerzeugung in eigenen Kraftwerken ergänzt. Die größte Gruppe unter diesen Unternehmen repräsentieren die im VKU Verband kommunaler Unternehmen e. V., Berlin, organisierten Gesellschaften. Von den insgesamt 1.355 VKU-Mitgliedsunternehmen verfügen 609 über eine Sparte mit Stromversorgung. Darunter verfügen 66 Unternehmen über eigene Kraftwerke oder sind an Gemeinschaftsanlagen beteiligt. Darüber hinaus betreibt eine größere Zahl von VKU-Unternehmen Blockheizkraftwerke und erzeugt Strom in Müllheizkraftwerken. Die Kraftwerksleistung dieser Unternehmensgruppe beträgt insgesamt rund 13.040 Megawatt (MW). Bei 9.900 MW dieser Kapazität handelt es sich nach Angaben des VKU aus dem Jahr 2007 um Anlagen mit Kraft-Wärme-Kopplung (KWK).

Die gemeinsamen Interessen der genannten Unternehmen werden vom BDEW Bundesverband der Energie- und Wasserwirtschaft e. V., Berlin, als Dachverband vertreten.

Zur **industriellen Kraftwirtschaft** werden einige hundert Betriebe gerechnet, die mit eigenen Kraftwerken ihren Strom- und Wärmebedarf ganz oder teilweise decken. Neben der praktizierten Eigenversorgung beziehen diese Unternehmen in der Regel zusätzlich Strom aus dem Netz der allgemeinen Versorgung. Sie speisen aber auch „Überschussstrom“ in das Netz der Stromversorger ein.

Zur industriellen Kraftwirtschaft zählen darüber hinaus auch Independent Power Producer (IPP), die Strom nicht zur industriellen Eigenbedarfsdeckung, sondern zur Einspeisung in das Netz der allgemeinen Versorgung oder zur Versorgung Dritter erzeugen. Beispielhaft kann die Evonik genannt werden, deren Kraftwerksleistung über langfristige Verträge Stromversorgern, wie RWE, zur Verfügung steht.

Die wechselseitigen Beziehungen zwischen Stromversorgern und industriellen Eigenerzeugern, die als Teil der industriellen Energiewirtschaft im Verband der industriellen Energie- und Kraftwirtschaft e. V. (VIK), Essen, zusammengeschlossen sind, werden in wichtigen Teilbereichen durch Grundsatzvereinbarungen getragen, die zwischen den betroffenen Verbänden abgeschlossen worden sind.

Als **Private Stromerzeuger** hatten in der Vergangenheit bereits die Betreiber von Wasserkraftwerken die größte Bedeutung. Mit verstärkter Förderung der erneuerbaren Energien sind eine Vielzahl von Betreibern von Stromerzeugungsanlagen, u. a. auf Basis Wind und Biomasse, hinzugetreten.

Seit der Marktliberalisierung agieren mehrere hundert neue Wettbewerber auf dem deutschen Strommarkt. Dazu zählen – neben den bereits erwähnten unabhängigen Erzeugern – insbesondere Händler und Broker. Der BDEW schätzt die Gesamtzahl der auf dem deutschen Strommarkt tätigen Unternehmen – ohne private Betreiber von Windanlagen und kleinen Wasserkraftwerken – auf insgesamt etwa 1.100 (Stand Anfang 2008). Deren Aufteilung stellt sich wie folgt dar:

Reine Stromerzeuger:	50
Überregionale Verbundunternehmen:	4
Regionale Versorger:	66
Größere Stadtwerke:	25
Mittlere und kleinere Stadt- und Gemeindewerke:	700
Kleinere private lokale Versorger:	100
Händler, Ökostromanbieter:	150

Der Aufbau der deutschen Elektrizitätswirtschaft hatte sich unter den Bedingungen wettbewerbsbeschränkender Regelungen gebildet. Im Zuge der Wiedervereinigung war die ostdeutsche Elektrizitätswirtschaft in die in Westdeutschland über Jahrzehnte gewachsene Struktur integriert worden.

Tabelle 53: Aufkommen und Verwendung von Elektrizität in der Bundesrepublik Deutschland 2006 und 2007

		2006	2007*
		Mrd. kWh	
	Brutto-Erzeugung im Inland		
	Kraftwerke der Stromversorger und Bahn	540,3	527,0
+	Industriekraftwerke	51,1	51,7
+	Anlagen privater Erzeuger	45,4	57,9
=	Gesamte Brutto-Erzeugung	636,8	636,5
–	Eigenverbrauch	39,6	39,2
=	Netto-Erzeugung	597,2	597,3
+	Einfuhr	46,1	44,3
=	Aufkommen	643,3	641,6
–	Ausfuhr	65,9	63,3
=	Im Inland verfügbares Aufkommen	577,4	578,3
–	Pumpstromverbrauch	9,0	9,1
=	Gesamt-Stromverbrauch	568,4	569,2
–	Netzverluste und Nichterfaßtes	28,8	28,2
=	Netto-Stromverbrauch**	539,6	541,0
	davon:		
	Industrie	253,7	255,6
	Private Haushalte	141,5	140,5
	Handel, Gewerbe, Dienstleistungen	128,1	128,6
	Verkehr	16,3	16,3

* Vorläufige Werte

** Der Brutto-Stromverbrauch ermittelt sich aus dem Netto-Stromverbrauch zuzüglich Netzverluste, Pumpstromverbrauch und Eigenverbrauch der Erzeugungsanlagen; der Brutto-Stromverbrauch läßt sich ebenfalls als Summe aus Brutto-Stromerzeugung und Stromimporten abzüglich der Stromexporte ableiten.

Quelle: BDEW Bundesverband der Energie- und Wasserwirtschaft e. V., Berlin 2008

Tabelle 54: Anteilseigner der großen Energieversorger

Anteilseigner		Anteile in %
1. RWE Aktiengesellschaft, Essen		
RW Energie-Beteiligungsgesellschaft (Holdinggesellschaft im Bereich der kommunalen Anteilseigner)		15
Capital Research and Management		5
Sonstige institutionelle Aktionäre		64
Privataktionäre		14
Belegschaftsaktionäre		2
2. E.ON Aktiengesellschaft, Düsseldorf		
Institutionelle Investoren		74,9
davon gehalten:		
– im Inland	18,2 %	
– in USA & Kanada	26,9 %	
– in Großbritannien	15,1 %	
– im übrigen Europa	13,6 %	
– Sonstige	1,1 %	
Nicht identifizierte institutionelle und private Investoren		25,1
3. Vattenfall Europe AG, Berlin		
Vattenfall AB, Stockholm		100,0
4. EnBW Energie Baden-Württemberg AG, Karlsruhe		
Electricité de France International (EDFI)*		45,01
Oberschwäbische Elektrizitätswerke (OEW)*		45,01
Landeselektrizitätsverband Württemberg (LEVW)		0,54
Gemeindeelektrizitätsverband Schwarzwald-Donau (G.S.D.)		1,28
Badische Energieaktionärsvereinigung (BEV)		2,58
Neckarelektrizitäts-Verband (NEV)		0,48
weitere kommunale Aktionäre		0,75
Streubesitz		2,05
Eigenbesitz EnBW Energie Baden-Württemberg AG		2,30
* Gemäß Informationen von EdF im Rahmen ihres Börsengangs haben sich die beiden EnBW-Hauptaktionäre EDF und OEW in einer Aktionärsvereinbarung vom 26.07.2000/20.11.2002 über die Ausübung der Rechte und der Einflussmöglichkeiten der Aktionäre verständigt. Danach werden EDF und OEW ihre Stimmrechte aus ihren Aktien einheitlich nach vorausgehender Beratung in einem von ihnen eingerichteten Aktionärsausschuss ausüben.		
5. EWE Aktiengesellschaft, Oldenburg		
Weser-Ems-Elbe Versorgungs- und Entsorgungsverband		74,0
EnBW Energie Baden-Württemberg		26,0

Tabelle 54 (Fortsetzung): Anteilseigner der großen Energieversorger

Anteilseigner	Anteile in %
6. MVV Energie AG, Mannheim	
Stadt Mannheim	50,1
RheinEnergie AG	16,1
EnBW AG	15,0
Streubesitz	18,8
7. RheinEnergie AG Köln	
GEW Köln AG	80,0
(Die GEW Köln AG als Holdinggesellschaft ist direkt und indirekt zu 100 % im Besitz der Stadt Köln)	
RWE-Gruppe	20,0
8. Stadtwerke Düsseldorf AG, Düsseldorf	
EnBW AG	54,95
Holding der Landeshauptstadt Düsseldorf GmbH	25,05
GEW Köln AG	20,00
9. Stadtwerke München AG, München	
Landeshauptstadt München	100,0
10. N-ERGIE, Nürnberg	
Städtische Werke Nürnberg GmbH (StWN)	59,19
Thüga AG	40,81
11. Stadtwerke Hannover AG	
Versorgungs- und Verkehrgesellschaft Hannover mbH	75,09
Thüga	24,00
Region Hannover	0,91
12. Evonik Industries AG, Essen	
RAG-Stiftung	74,99
CVC Capital Partners	25,01
Alle Angaben (außer RWE AG) gemäß Stand September 2008; RWE AG: Stand Dezember 2007	

Tabelle 55: Die zehn größten deutschen Stromversorger 2006

Unternehmen	Stromabgabe 2006 an Letztverbraucher in Mrd. kWh	Marktanteil in % 2006
E.ON	84,8	15,7
RWE	81,7	15,1
EnBW	65,7	12,2
Vattenfall Europe	19,8	3,7
EWE	11,5	2,1
RheinEnergie	10,9	2,0
MVV Energie	10,1	1,9
Stadtwerke München	9,4	1,7
N-ERGIE	7,1	1,3
Stadtwerke Hannover	4,4	0,8
Netto-Stromverbrauch (Gesamte Versorgung	539,6	100,0

*einschließlich konsolidierter Tochterunternehmen; Rangfolge nach Stromabgabe an Letztverbraucher.

Quelle: Unternehmensangaben, Bundesverband der Energie- und Wasserwirtschaft (BDEW), Berlin

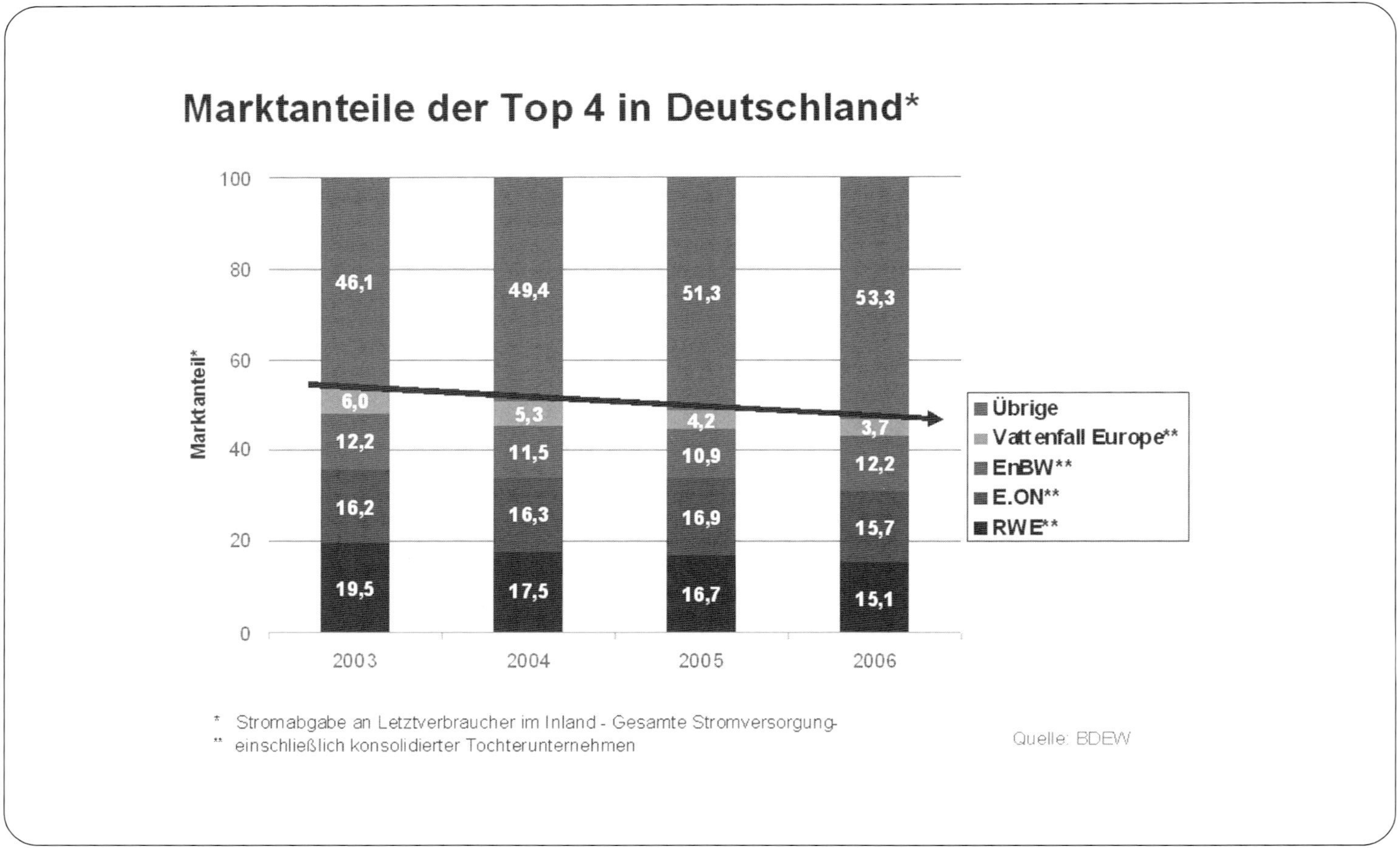

Abb. 54: Marktanteile der Top 4 in Deutschland

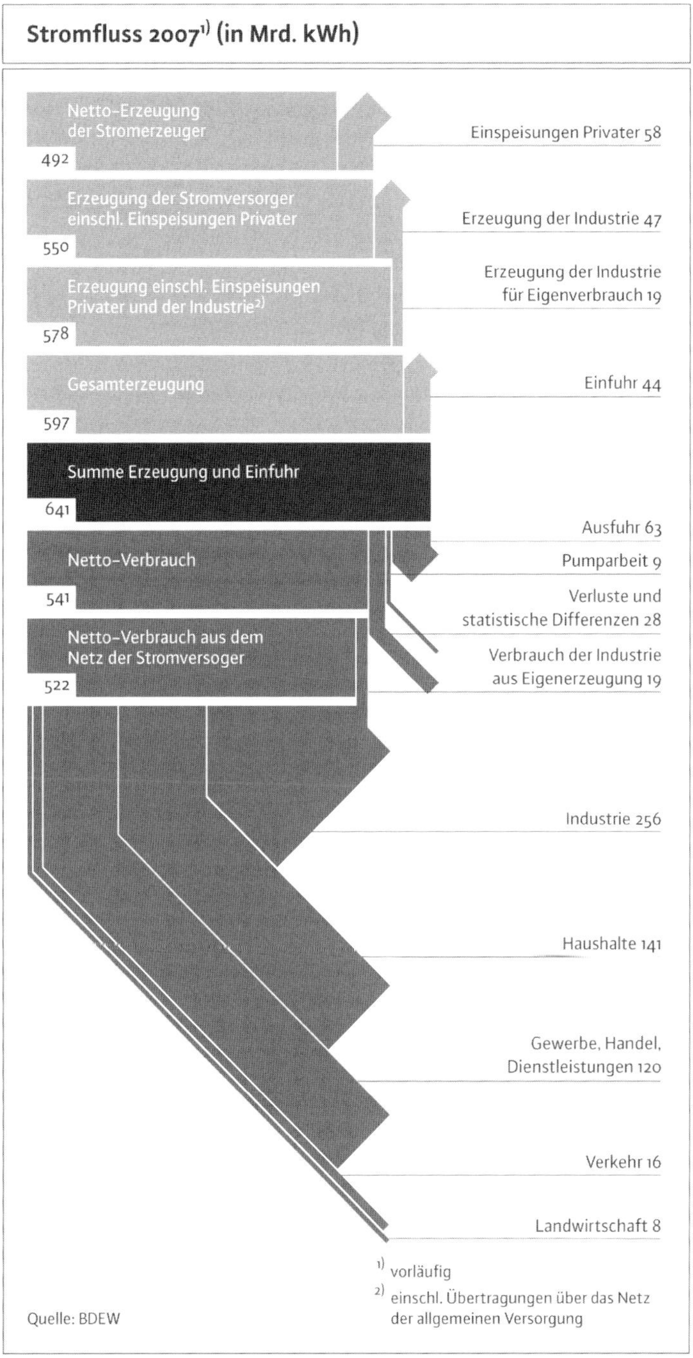

Abb. 55: Stromfluss 2007

2.5.2 Integration des Versorgungssystems der neuen Bundesländer

Die Elektrizitätswirtschaften West- und Ostdeutschlands waren vor der Vereinigung fast völlig getrennt. Die einzige Verbindung hatte in der Vergangenheit in Form der Versorgung einiger weniger kleiner westdeutscher Gemeinden an der innerdeutschen Grenze aus dem ostdeutschen Stromnetz bestanden. Die entsprechenden Strombezüge aus der damaligen DDR hatten aber nicht einmal 0,1 % des gesamten westdeutschen Stromaufkommens entsprochen. West-Berlin war in der Vergangenheit über ein drittes Netz als „Strominsel" versorgt worden. 1993 war West-Berlin über eine 110 kV-Leitung mit dem Ostteil und damit mit dem Vereinigten Energiesystem der osteuropäischen Länder (IPS) verbunden worden. Im Unterschied zur Integration der alten Bundesländer in den westeuropäischen Stromverbund, der UCPTE (Union pour la Coordination de la Production et du Transport de l'Electricitè), war Ostdeutschland noch bis 1995 in das Vereinigte Energiesystem der osteuropäischen Länder (IPS) mit Sitz in Prag eingebunden. Im Oktober 1990 hatte die Vollversammlung der UCPTE der Einbeziehung Ostdeutschlands in das westeuropäische Verbundnetz zugestimmt. Nach Bau der zum technischen Vollzug dieses Beschlusses erforderlichen Verbundleitungen erfolgte Ende September 1995 die offizielle Zusammenschaltung der west- und ostdeutschen Stromnetze. Seitdem ist das Stromnetz der neuen Bundesländer Teil des europäischen Verbundnetzes der UCTE, die 1999 aus der UCPTE hervorgegangen ist.

Ein weiteres entscheidendes Datum für die Integration des Versorgungssystems der neuen Bundesländer in die westdeutsche Elektrizitätswirtschaft stellen die noch von der früheren DDR-Regierung im August 1990 abgeschlossenen sogenannten Stromverträge dar. Das Vertragswerk, mit dem die Überleitung des vorher staatlicher Lenkung unterstehenden Elektrizitätsbereichs auf die Privatwirtschaft eingeleitet worden war, besteht aus zwei Teilen:

— einem Vertrag zur Verbundebene, nämlich Stromerzeugung in Großkraftwerken und Höchstspannungsnetze (380/220 kV),

— 15 einzelnen Verträgen, die an die elektrizitätswirtschaftliche Kooperation mit den früheren 15 regionalen Bezirkskombinaten anknüpfen [27].

Der am 22.08.1990 zwischen westdeutschen Energiekonzernen, der Regierung der damaligen DDR und der Treuhandanstalt (THA) unterzeichnete „Stromvertrag" beinhaltete u. a. die Geschäftsbesorgung, Regelungen zum Anteilserwerb und sah für die Verbundebene die Einbringung der Erzeugungsanlagen der Vereinigte Kraftwerke AG, Peitz und der Verbundnetz Elektroenergie AG in die VEAG Vereinigte Energiewerke Aktiengesellschaft vor. Im September 1994 wurde zwischen den westdeutschen Energiekonzernen und der Treuhandanstalt der Vertrag über den Erwerb der VEAG-Aktien geschlossen. Der Erwerb erfolgte mit wirtschaftlicher Rückwirkung zum 01.01.1994 [28].

In Umsetzung des zweiten Teils des Vertragswerkes von August 1990 waren 15 Regionalversorgungsunternehmen geschaffen worden. Diesen Gesellschaften war durch den Vertrag zur Sicherung des Einsatzes der ostdeutschen Braunkohle die Verpflichtung auferlegt worden, mindestens 70 % ihres Stromabsatzes über Fremdbezug von der VEAG abzudecken. Für diese regionalen Versorgungsunternehmen wurde – wie für die Verbundebene – die mehrheitliche Beteiligung (in der Regel 51 %) durch westdeutsche Unternehmen (entweder durch ein EVU allein oder gemeinsam mit anderen) vereinbart. Die Kapitalbeteiligung der Kommunen sollte gemäß dem Vertrag auf bis zu 49 % begrenzt werden. Ebenso wie für die VEAG auf der Verbundebene hatten die westdeutschen EVU in einem ersten Schritt zunächst nur die Geschäftsbesorgung übernommen. Die Übertragung der Eigentumstitel an diesen Gesellschaften musste wegen der von 164 ostdeutschen Gemeinden beim Bundesverfassungsgericht eingereichten Beschwerde gegen die im Stromvertrag vorgesehene Regelung zurückgestellt werden. Die Zielsetzung der Beschwerde hatte für die kommunale Seite darin bestanden, die Möglichkeit zur Gründung von Stadtwerken zu erstreiten.

Das Bundesverfassungsgericht hatte am 27. Oktober 1992 in Stendal einen Vergleich vorgeschlagen, der anschließend in weiteren Verhandlungen zwischen den beteiligten Parteien konkretisiert wurde. Nach der Vergleichsvereinbarung in der Fassung vom 22.12.1992 sollten den Kommunen die örtlichen Anlagen und Netze für die Strom- und Fernwärmeversorgung kostenlos übertragen werden. Im Gegenzug verzichten die Städte und Gemeinden, sofern sie von der eingeräumten Errichtung eigener Stadtwerke Gebrauch machen, auf ihre gesetzlich zugesicherten Kapitalanteile – insgesamt bis zu 49 % – an den ostdeutschen Regionalunternehmen. Des weiteren sah die Vereinbarung folgende Regelung vor:

— 70 % des Stroms erzeugen die VEAG Vereinigte Energiewerke AG, Berlin.

— 30 % der Stromerzeugung erfolgen durch Regionalversorger und Stadtwerke, wobei die Kommunen 30 % des Strombedarfs aus eigener Produktion decken können; dies gilt für die Gesamtheit der Kommunen, im Einzelfall ist auch mehr als 30 % Eigenerzeugung möglich.

— Die Stromerzeugung der kommunalen Unternehmen soll hauptsächlich auf Anlagen mit Kraft-Wärme-Kopplung basieren. Die Kraftwerke dürfen nur wärmegeführt betrieben werden. Diese Einschränkung gilt nicht bei Stromerzeugung aus Müll oder aus erneuerbaren Energien.

Eine Umsetzung des Vergleichsvorschlags war zunächst an der Weigerung einer kleinen Zahl von ostdeutschen Kommunen gescheitert.

Im August 1993 hatten die 164 Städte und Gemeinden, die eine Verfassungsklage gegen den 1990 geschlossenen Stromvertrag eingelegt hatten, diese Klage zurückgenommen. Damit war auch der Weg für die Privatisierung der Regionalunternehmen frei. So hatten Anfang 1994, wie in den sogenannten Stromverträgen vom August 1990 vorgesehen, die westdeutschen Verbundunternehmen Bayernwerk und PreussenElektra (heute E.ON) sowie RWE Energie – in der Regel einzeln, zum Teil aber auch gemeinsam – die jeweilige Aktienmehrheit an 11 der insgesamt 15 Regionalunternehmen erworben. Der Verkauf drei weiterer regionaler Stromversorger an weitere westdeutsche Verbundunternehmen konnte im Frühjahr 1994 realisiert werden. Das 15. Regionalunternehmen, die Energieversorgung Berlin AG (EBAG) stellte einen Sonderfall dar. „Wegen der dort unstrittigen Eigentumsverhältnisse gingen deren Aktien bereits im September 1991 zu 100 % auf die Westberliner Bewag über. Ende 1993 wurden beide Unternehmen verschmolzen. Dass bei den anderen privatisierten ostdeutschen Regionalversorgern nur jeweils 51 % der Aktien verkauft wurden, hängt mit dem Kommunalvermögensgesetz der ehemaligen DDR und Bestimmungen des Einigungsvertrages zusammen. Danach stehen die verbleibenden 49 % unentgeltlich der Gemeinschaft der Kommunen im jeweiligen Versorgungsgebiet zu.“ [29]

Die drei Thüringischen Regionalversorger waren im April 1994 zur TEAG Thüringer Energie AG mit Sitz in Erfurt verschmolzen worden. Im Oktober 2005 fusionierte die TEAG Thüringer Energie AG mit der Gasversorgung Thüringen GmbH zur E.ON Thüringer Energie AG. An dieser Gesellschaft ist die E.ON Energie AG mit 53 % beteiligt. Die verbleibenden 47 % werden von Kommunen gehalten.

Im Rahmen des Fusionsprozesses unter den insgesamt 12 ostdeutschen Regionalversorgern war am 30. April 1999 der Zusammenschluss der vier Unternehmen Energieversorgung Müritz-Oderhaff AG (EMO), Hanseatische Energieversorgung AG (HEVAG), Märkische Energieversorgung AG (MEVAG) und Oder-Spree Energieversorgung AG (OSE AG) zur e.dis Energie Nord AG, Fürstenwalde, bekanntgegeben worden. Die Verschmelzung war rückwirkend zum 1. Januar 1999 wirksam geworden. Seit dem 1. August 2005 firmiert die Gesellschaft als E.ON edis AG.

Im Mai 1999 wurde die Fusion dreier ostdeutscher RWE-Konzerngesellschaften zur envia Energie Sachsen Brandenburg AG, Chemnitz, bekanntgegeben. Die Gesellschaft war rückwirkend zum 1. Juli 1998 durch den Zusammenschluss der Energieversorgung Spree-Schwarze Elster AG (ESSAG), der Energieversorgung Südsachsen AG (EVS) und der Westsächsische Energie AG (WESAG) entstanden.

Nach dem Zusammenschluss von RWE und VEW wurden auch deren ostdeutsche Regionalversorgungsunternehmen fusioniert. So entstand im August 2002 aus der Mitteldeutsche Energieversorgung AG (MEAG), Halle, und der envia die envia Mitteldeutsche Energie AG (enviaM) mit Sitz in Chemnitz.

Die EVM Aktiengesellschaft, Magdeburg, fusionierte zum 1. Januar 1999 mit der HASTRA Aktiengesellschaft, der Überlandzentrale Helmstedt AG und der Landesversorgung Niedersachsen AG; das aus diesem Zusammenschluss entstandene Unternehmen war die Avacon AG, Helmstedt. Zum 1. Juli 2005 firmierte die Avacon AG um in E.ON Avacon AG.

Die ESAG Energieversorgung Sachsen Ost Aktiengesellschaft, Dresden, wurde im Dezember 2005 in ENSO Strom AG umbenannt. Im Mai 2008 fusionierte diese Gesellschaft mit der ENSO Erdgas GmbH, der früheren Gasversorgung Ost GmbH, zur ENSO Energie Sachsen Ost AG. An der ENSO sind neben Kommunen die Vattenfall Europe AG und – mittelbar – die EnBW Energie Baden-Württemberg AG beteiligt.

Damit ist die WEMAG AG in Schwerin, die Mehrheitsbeteiligung der Vattenfall Europe AG, der einzige Regionalversorger, der – von internen Restrukturierungen abgesehen (vor allem der Abtrennung des Netzbetreibers) – mit dem im Jahre 1999 gebildeten Regionalversorger identisch ist.

Die VEAG als Betreiber der Kraftwerke und Übertragungsnetze in den neuen Bundesländern sowie die LAUBAG als deren Braunkohlenlieferant wurden in den Jahren 2000 bis 2002 grundlegend umgestaltet. Das schwedische Energieversorgungsunternehmen Vattenfall AB erwarb durch die Beteiligung an der HEW zugleich eine mittelbare Beteiligung an VEAG und LAUBAG. Diese wurde durch den Erwerb sämtlicher Aktien der anderen deutschen Verbundunternehmen zu einer qualifizierten Mehrheitsbeteiligung ausgebaut. So konnte Vattenfall die Unternehmen VEAG, LAUBAG, HEW und Bewag umfassend umstrukturieren und daraus Vattenfall Europe AG als ein neues Verbundunternehmen („vierte Kraft") bilden. Die Geschäftsbereiche Übertragungsnetz, Erzeugung und Vertrieb der VEAG wurden in die neuen Gesellschaften Vattenfall Europe Transmission GmbH, Vattenfall Europe Generation AG & Co. KG und Vattenfall Europe Sales GmbH eingebracht. Der Bergbaubetrieb der LAUBAG wurde in der Vattenfall Europe Mining AG fortgeführt.

2.5.3 Regelung der rechtlichen Rahmenbedingungen

Die technisch-wirtschaftlichen Besonderheiten der Elektrizitäts- und Gaswirtschaft, nämlich

— Leitungsgebundenheit sowie

— die technisch und vor allem wirtschaftlich begrenzten Möglichkeiten zur Speicherung und – als Konsequenz dieser Faktoren –

— hohe Kapitalintensität,

hatten den Gesetzgeber in der Vergangenheit veranlasst, der Versorgungswirtschaft eine rechtliche Sonderstellung einzuräumen. Zwei Gesetze waren hier von besonderer Bedeutung, das Energiewirtschaftsgesetz aus dem Jahr 1935 und das 1957 erlassene Gesetz gegen Wettbewerbsbeschränkungen (GWB), die in den vergangenen Jahrzehnten mehrmals novelliert worden waren [30].

Das Ziel des für die leitungsgebundene Versorgung mit Elektrizität – und daneben für Gas – erlassenen **Energiewirtschaftsgesetzes (EnWG)** hatte darin bestanden, eine Grundlage für eine möglichst sichere und preisgünstige Versorgung zu schaffen. Dabei sollte die Durchführung dieser Aufgabe der Initiative der Energiewirtschaft überlassen werden und die Verantwortlichkeit in vollem Umfang beim Energieversorgungsunternehmen selbst liegen.

Der Gesetzgeber war davon ausgegangen, dass eine optimale Gestaltung der Versorgungsbedingungen bei den leitungsgebundenen Energien Gas und Elektrizität nur in geschlossenen Versorgungsgebieten zu erreichen sei und nicht, wie in anderen Bereichen der Volkswirtschaft, über direkten Wettbewerb um Kunden. Diesem Gedanken hatte auch das Gesetz gegen Wettbewerbsbeschränkungen von 1957 insoweit Rechnung getragen, als es bestimmte wettbewerbsbeschränkende Vereinbarungen zwischen den Versorgungsunternehmen zuließ.

So waren auf der Fortleitungsstufe die Liefergebiete der Versorgungsunternehmen durch wettbewerbsausschließende Verträge – sogenannte Demarkationsverträge – gegeneinander abgegrenzt. Auf der Endverbraucherstufe war das System der Demarkationsverträge durch Konzessionsverträge ergänzt worden, die zwischen Versorgungsunternehmen und Gebietskörperschaften abgeschlossen wurden und dem jeweiligen Versorgungsunternehmen für eine bestimmte Zeit das alleinige Wegebenutzungsrecht und damit die Ausschließlichkeit der Versorgung garantierten. Insbesondere diese Demarkations- und Konzessionsverträge, die den Versorgungsunternehmen auf regional abgegrenzten Teilmärkten Angebotsmonopole gesichert hatten, waren von bestimmten Rechtsanwendungen, unter anderem die des Kartellverbots, ausgenommen.

Für die ausschließliche Sondernutzung von öffentlichen Wegen (Konzession) zahlen die Versorgungsunternehmen den Gebietskörperschaften (Städte und Gemeinden) ein vertragliches Entgelt – die Konzessionsabgabe. Ihre preisrechtliche Grundlage hat der Gesetzgeber mit der „Verordnung über Konzessionsabgaben für Strom und Gas“ (Konzessionsabgabenverordnung – KAV) vom 09.01.1992 novelliert. Seitdem können die Versorgungsunternehmen mit allen Konzessionsgebern genehmigungsfrei die Zahlung einer Abgabe bis zu gesetzlich festgelegten Höchstsätzen vereinbaren. Bemessungsgrundlage ist die jeweilige Liefermenge von Strom und Gas. Die spezifischen Höchstsätze bei Lieferungen an Tarifkunden sind nach der Gemeindegröße gestaffelt und in den allgemeinen Tarifen auszuweisen. Bei Belieferung von Sonderabnehmern gilt ein einheitlicher, niedrigerer Höchstsatz.

Kehrseite der den Versorgungsunternehmen auf der Endverbraucherstufe eingeräumten Gebietsmonopole war die Verpflichtung, allgemeine Bedingungen und allgemeine Tarife öffentlich bekanntzugeben und zu diesen Bedingungen und Tarifen jedermann an ihr Versorgungsnetz anzuschließen und zu versorgen (Anschluss- und Versorgungspflicht gemäß § 10 Abs. 1 Energiewirtschaftsgesetz). Diese allgemeine Anschluss- und Versorgungspflicht bestand entsprechend § 10 Abs. 1 Satz 2 Energiewirtschaftsgesetz (alt) unter anderem allerdings nicht, wenn der Anschluss oder die Versorgung dem Versorgungsunternehmen aus wirtschaftlichen Gründen nicht zugemutet werden kann. Trotz dieser Einschränkung bedeutete die in § 10 Energiewirtschaftsgesetz getroffene Regelung auch Investitionszwang in Erzeugungsanlagen und/oder Beschaffungsverträge sowie in Transport- und Verteilungseinrichtungen (wie Leitungen) zur Gewährleistung der Deckung des künftigen Bedarfs.

Zur Sicherung des staatlichen Einflusses waren der Energieaufsicht mit dem Energiewirtschaftsgesetz weitreichende Einflussmöglichkeiten auf Investitionen, Marktzugang, Preise und Geschäftsbedingungen eingeräumt worden. Die Marktzutrittskontrolle stützte sich auf § 5 Energiewirtschaftsgesetz (alt). Danach bedurfte die Aufnahme der Strom- und Gasversorgung der behördlichen Genehmigung. Im Rahmen der Investitionskontrolle (§ 4 EnWG) waren die Versorgungsunternehmen verpflichtet, den Bau, die Erzeugung, die Erweiterung oder Stilllegung von Energieanlagen den jeweils zuständigen Aufsichtsbehörden anzuzeigen. Die Aufsichtsbehörde hatte nach § 4 Abs. 2 EnWG die Möglichkeit, die angemeldeten Projekte aus Gründen des Gemeinwohls zu untersagen. Kapazitätsveränderungen konnten also von den Versorgungsunternehmen nur nach behördlicher Prüfung durchgeführt werden.

Darüber hinaus konnte der Wirtschaftsminister entsprechend § 3 EnWG von den Versorgungsunternehmen jede Auskunft über ihre technischen und wirtschaftlichen Verhältnisse verlangen, soweit der Zweck des Energiewirtschaftsgesetzes dies erfordert. „Er kann auch bestimmte technische und wirtschaftliche Vorgänge und Tatbestände bei diesen Unternehmen mitteilungspflichtig machen.“ Eine weitere staatliche Eingriffsmöglichkeit bestand insofern, als Unternehmen, die sich nicht als fähig zur Erfüllung ihrer Versorgungsaufgabe erwiesen haben, die Betriebserlaubnis entzogen werden konnte (§ 8 EnWG).

Schließlich ermächtigte § 7 Abs. 1 EnWG den Bundeswirtschaftsminister, durch allgemeine Vorschriften und Einzelanordnungen die allgemeinen Tarifpreise der Energieversorgungsunternehmen (§ 6 Abs. 1 EnWG) sowie die Einkaufspreise der Energieverteiler wirtschaftlich zu gestalten. Zusätzlich konnte der Bundeswirtschaftsminister – gestützt auf § 7 Abs. 2 EnWG – durch Rechtsverordnung mit Zustimmung des Bundesrats die allgemeinen Bedingungen der Energieversorgungsunternehmen (§ 6 Abs. 1 EnWG) ausgewogen gestalten.

Zusätzlich zu dem mit dem Energiewirtschaftsgesetz geschaffenen Instrumentarium der energiewirtschaftlichen Fachaufsicht und zum Ausgleich der ihnen zugestandenen Gebietsmonopole unterlagen die Versorgungsunternehmen der Kartellaufsicht nach dem **Gesetz gegen Wettbewerbsbeschränkungen** (GWB). Gemäß § 103 Abs. 1 GWB in der Fassung vom 27. Juli 1995 waren Konzessions- und Demarkationsverträge vom Kartellverbot freigestellt. Ein zentrales Instrument der Kartellbehörden stellte die sogenannte Missbrauchsaufsicht dar, die insbesondere im Bereich der versorgungswirtschaftlichen Gebietsschutzverträge durch die vierte Kartellgesetznovelle vom 26. April 1980 verstärkt und ergänzt worden war. So wurde die Laufzeit der Gebietsschutzverträge auf 20 Jahre befristet (§ 103 a GWB). Verlängerungen der Verträge waren bei der Kartellbehörde anzumelden. Bei Vorliegen bestimmter Sachverhalte konnte die Behörde ein Überprüfungsverfahren einleiten und unter bestimmten Voraussetzungen Demarkations- und Verbundverträge für unwirksam erklären. Die Kartellaufsicht war durch Neuformulierung der Missbrauchstatbestände verschärft worden. In einem Beispielkatalog von Missbrauchstatbeständen war neben dem Fall des Preismissbrauchs auch die unbillige Behinderung der Verwertung von in Eigenanlagen erzeugter Energie aufgeführt worden.

In der Praxis waren jedoch auf Grund der unterschiedlichen Laufzeiten der Konzessions- und Demarkationsverträge Wechsel in der Versorgungswirtschaft ausgeblieben. Deshalb ließ die fünfte Kartellgesetznovelle ab 1990 mit den Konzessions- auch alle Demarkationsverträge enden, die dem Wechsel einer Gemeinde zu anderen Versorgungsunternehmen entgegenstehen. Der inzwischen erfolgten grundsätzlichen Änderung des bestehenden Systems der Gebietsmonopole trägt die zum 1. Januar 1999 in Kraft getretene sechste Kartellrechtsnovelle Rechnung.

Auf eine weitergehende, stärker wettbewerblich orientierte **Neuordnung des Ordnungsrahmens** zielten die seit Anfang der 90er Jahre ergriffenen Initiativen zur Schaffung eines EU-Binnenmarkts für Elektrizität und Gas. Zur Verwirklichung des Ziels eines europäischen Binnenmarktes für Elektrizität verabschiedeten das Europäische Parlament und der Europäische Rat am 19.12.1996 die sogenannte Elektrizitätsbinnenmarktrichtlinie (Richtlinie 96/92/EG – veröffentlicht im Amtsblatt Nr. L027 vom 30.01.1997, S. 20). Die Richtlinie, die am 19. Februar 1997 in Kraft getreten war, musste innerhalb von zwei Jahren, das heißt bis zum 19. Februar 1999, in nationales Recht umgesetzt werden.

Die mit der Binnenmarkt-Richtlinie Strom verfolgten Ziele sind vor dem Hintergrund der zwischen den verschiedenen Mitgliedstaaten zum Teil erheblich differierenden Ausgangslage zu sehen.

— In fünf Mitgliedsstaaten der EU-15, darunter Frankreich und Italien, entfielen 90 % des Stromverbrauchs an Letztverbraucher auf jeweils ein einziges Unternehmen.

— In Deutschland herrscht eine pluralistische Struktur mit einer Vielzahl von Unternehmen, wobei der Wettbewerb zwischen den Anbietern durch die vom Kartellrecht gedeckten Gebietsmonopole eingeschränkt war.

— In England und Wales bestand ein wettbewerbliches Poolsystem.

Da eine Vereinheitlichung der Systeme in absehbaren Fristen als nicht realisierbar erschien, wurden durch die Richtlinie unterschiedliche Systeme der Marktorganisation zugelassen, die in Stufen für den Wettbewerb geöffnet werden sollten.

Im einzelnen enthält die **Binnenmarkt-Richtlinie Strom** „Vorschriften für

— die Erzeugung, Übertragung und Verteilung von Strom,

— die Trennung dieser Bereiche in Management und Rechnungslegung,

— die Organisation des Netzzugangs und

— den freien Leitungsbau“. [31]

Instrumente des Wettbewerbs sind Netzzugang Dritter und Leitungsbau. Stromkunden sollen also das Recht erhalten, sich über das vorhandene Netz oder mittels Direktleitung von Dritten versorgen zu lassen.

Beim Netzzugang ließ die Richtlinie den Mitgliedstaaten die Wahl zwischen einem verhandelten und einem regulierten Netzzugangssystem. „Beim verhandelten Netzzugangssystem schafft der Staat den Nutzungsanspruch nur dem Grunde nach, ggf. ergänzt um einige grundlegende Rahmenbedingungen, während er die konkrete Ausgestaltung z. B. der Preise und Bedingungen den Verhandlungen der Netznutzer und Netzbetreiber überlässt. Hierbei war insbesondere an Verbandsabsprachen gedacht, die aufwändige Verhandlungen im Einzelfall überflüssig und hieraus resultierende ungleiche Verhandlungsergebnisse vermeiden sollten.“ [32]

Zur Vermeidung von abrupten Übergängen von einer langjährigen Versorgung in Monopolen zu einer wettbewerbsgesteuerten leitungsgebundenen Energieversorgung sah die Richtlinie die Möglichkeit einer schrittweisen Marktöffnung vor. Dafür waren am Stromabsatz orientierte Schwellenwerte definiert worden.

Der durch diese Schwellenwerte definierte Grad der Marktöffnung galt als Mindestregel, die von allen Mitgliedstaaten überschritten werden konnte. Die gesetzten Mindestwerte für die Marktöffnung mussten aber unabhängig davon, wie die Mitgliedstaaten den Netzzugang regeln, in allen Mitgliedstaaten gewährleistet werden. Innerhalb dieses vorgegebenen Rahmens konnten die Mitgliedstaaten selbst entscheiden, welche Kunden sie zur Gewährleistung der vorgeschriebenen Marktöffnung zum Wettbewerb zulassen wollten (Subsidiarität).

Mit Inkrafttreten des Gesetzes zur Neuregelung des **Energiewirtschaftsrechts** am 24. April 1998 wurde in Deutschland ein neuer Ordnungsrahmen geschaffen. Mit diesem Gesetz war – gemeinsam mit der Novellierung des Gesetzes gegen Wettbewerbsbeschränkungen (GWB) – die am 19. Februar 1997 in Kraft getretene Richtlinie des Europäischen Parlaments und des Rates betreffend gemeinsame

Vorschriften für den Elektrizitätsbinnenmarkt fristgerecht umgesetzt worden. Dabei ging das Gesetz noch über die europäischen Vorgaben hinaus. So wurde nicht von der Möglichkeit einer schrittweisen Marktöffnung Gebrauch gemacht; vielmehr wurde unmittelbar der Wettbewerb um alle Kunden – auch die Tarifkunden – grundsätzlich ermöglicht. Kernpunkte des neu geschaffenen Ordnungsrahmens sind:

— Die kartellrechtliche Freistellung von Demarkationsverträgen ist aufgehoben worden. Das heißt Abschaffung der vom Gesetz gegen Wettbewerbsbeschränkungen in der Vergangenheit sanktionierten geschlossenen Versorgungsgebiete. Der Bau paralleler und zusätzlicher Versorgungsleitungen wurde dadurch für Dritte ermöglicht. Der Netzbetreiber ist grundsätzlich verpflichtet, die Durchleitung von Strom unter Nutzung seines Netzes zu gestatten. Mit diesen Regelungen wurden die Voraussetzungen für direkten Wettbewerb um Einzelkunden geschaffen.

— Es wurde ein spezieller Durchleitungstatbestand mit Beweislastumkehr (verhandelter Netzzugang) sowie – als Netzzugangsalternative – die zeitlich befristete Zulassung des Alleinabnehmersystems verankert. Im neuen Ordnungsrahmen ist die Durchleitung der Regelfall. Der Netzbetreiber muss – anders als in der Vergangenheit – gegebenenfalls den Nachweis führen, dass im konkreten Einzelfall die Netznutzung durch einen Dritten aus betriebsbedingten oder aus sonstigen Gründen nicht möglich oder nicht zumutbar ist. Hinsichtlich der Einzelheiten der Durchleitung – insbesondere auch zur Entgeltfestsetzung für die Nutzung des Netzes – entschied sich der deutsche Gesetzgeber für das System des verhandelten Netzzugangs. Die Entgeltfindung für die Netznutzung sowie die konkrete Ausgestaltung und Abwicklung überließ er den beteiligten Wirtschaftskreisen. (Von der im EnWG verankerten Ermächtigung zum Erlass zur Gestaltung der Verträge hatte der Bundesminister für Wirtschaft somit keinen Gebrauch gemacht.) Wurde einem Versorgungsunternehmen der Status eines Alleinabnehmers bewilligt, so hatte es zwar weiterhin alle Kunden in seinem Versorgungsgebiet zu beliefern. Der Alleinabnehmer war jedoch verpflichtet, Elektrizität von Stromanbietern abzunehmen, die ein Kunde seines Gebietes bei diesem Dritten gekauft hat. Dabei musste gewährleistet werden, dass der bei einem konkurrierenden Stromanbieter ausgehandelte Preisvorteil dem Kunden zugute kommt. Für die Nutzung seines Netzes erhielt der Alleinabnehmer ein Entgelt. Das Alleinabnehmermodell war jedoch von den Netzbetreibern nur vereinzelt in Anspruch genommen worden. Zum 31.12.2005 ist es ohnehin außer Kraft getreten.

— Die Elektrizitätsversorgungsunternehmen sind zur Führung getrennter Konten in der Rechnungslegung für die Bereich Erzeugung, Übertragung, Verteilung und ggf. Handel sowie für Aktivitäten außerhalb des Elektrizitätsbereichs und außerdem zur Führung des Übertragungsnetzes als eigene Betriebsabteilung – getrennt von Erzeugung und Verteilung – verpflichtet worden (sogenanntes unbundling).

— Die allgemeine Anschluss- und Versorgungspflicht bleibt – einschließlich der Preisaufsicht über die allgemeinen Tarife – erhalten.

In Deutschland setzte die Energiepolitik zunächst auf eine Flankierung der gesetzlichen Rahmenbedingungen durch freiwillige Vereinbarungen der Marktpartner. Insgesamt wurden drei Verbändevereinbarungen geschlossen.

Der erste Schritt hin zu einer diskriminierungsfreien Durchleitung war mit den Regelungen der Verbändevereinbarung vom 22. Mai 1998 (VV I) vollzogen worden. Dieser Vereinbarung der betroffenen Wirtschaftsverbände über die Kriterien zur Bestimmung von Durchleitungsentgelten war der Vorzug vor einer gesetzlichen Netzzugangsverordnung gegeben worden.

Am 12. Dezember 1999 hatten sich die Verbände der Stromnetzbetreiber und -nutzer auf die Zweite Verbändevereinbarung (VV Strom II) geeinigt. Die zum 1. Januar 2000 in Kraft getretene neue Vereinbarung über die Nutzung der Stromnetze war auf eine Dauer von zwei Jahren angelegt worden. Gegenüber der damit abgelösten Ersten Vereinbarung wurde das Durchleitungsverfahren insofern erheblich vereinfacht, als die bisherige Praxis, jede Lieferung einzeln zu berechnen, entfallen war. Der Nutzer des Stromnetzes hatte jetzt nur noch jährlich ein pauschaliertes Netznutzungsentgelt zu zahlen, dessen Höhe von der individuellen Leistungsinanspruchnahme, der Benutzungsdauer und der Spannungsebene abhängt, auf der sich der Nutzer beim Netzbetreiber einklinkt. Der entfernungsabhängige Zuschlag bei den Übertragungsnetzentgelten, der in der VV I noch verankert war, war abgeschafft worden. Es wurde auch auf die Aufteilung des deutschen Strommarktes in zwei Handelszonen (Nord und Süd), bei deren Überschreitung auf der Hochspannungsebene ein zusätzliches Entgelt erhoben werden konnte, verzichtet.

Am 13. Dezember 2001 verabschiedeten die Verbände von Stromwirtschaft, Industrie und Gewerbe die „Verbändevereinbarung II plus“ (VV II plus). Diese weiter entwickelte Regelung zur Stromnetznutzung war am 01. Januar 2002 in Kraft getreten. Sie war auf zwei Jahre befristet. Die neue Vereinbarung schuf ein Instrumentarium zum besseren Vergleich der Preise für die Nutzung der Stromnetze. Zudem wurde Versorgerwechsel für Privatkunden spürbar vereinfacht und der kurzfristige Stromhandel erleichtert.

Ferner wurden ergänzende Netz- und Systemregelwerke zur Verbändevereinbarung geschaffen. Hierzu zählt unter anderem der Grid Code, der Regelungen zu Netzanschlussbedingungen, Organisation und Abwicklung der Netznutzung/ Bilanzkreise, Systemdienstleistungen, Netzausbau sowie Betriebsplan und Netzführung enthält.

Am 24. Mai 2003 ist das Erste Gesetz zur Änderung des Gesetzes zur **Neuregelung des Energiewirtschaftsrechts (EnWG)** in Kraft getreten. Teil des Gesetzes war die Verrechtlichung der Verbändevereinbarungen (VV) für Strom und Gas, wonach bei Einhaltung der VV die Erfüllung guter fachlicher Praxis vermutet wurde. Allerdings sollte die Vermutungsregelung dann nicht gelten, wenn die Anwendung der VV insgesamt oder die Anwendung einzelner Regelungen nicht geeignet sei, wirksamen Wettbewerb zu gewährleisten. Damit sollte einerseits dem Anliegen der Verbände nach einer stärkeren rechtlichen Verbindlichkeit der VV Rechnung getragen werden, ohne andererseits den kartellbehördlichen Handlungsspielraum im Bereich der Missbrauchsaufsicht zu sehr einzugrenzen.

Am 26. Juni 2003 hatten der Rat der Europäischen Union und das Europäische Parlament das **Binnenmarktpaket für die leitungsgebundene Energieversorgung,** bestehend aus der EU-Stromrichtlinie (2003/54/EG) und der EU-Gasrichtlinie (2003/55/EG) sowie der Stromhandelsverordnung (EG Nr. 1228/2003) – im allgemeinen Beschleunigungsrichtlinien genannt – erlassen. Daraus resultierte ein umfangreicher Novellierungsbedarf für das deutsche Energiewirtschaftsrecht. Da die Strom- und Gasmärkte in Deutschland bereits vollständig liberalisiert waren, lagen die Schwerpunkte insbesondere in den Regelungen zur gesellschaftsrechtlichen Entflechtung zwischen Vertrieb und Netz sowie zur Einrichtung einer nationalen Regulierungsstelle. Die zum 1. Juli 2004 vorgeschriebene Umsetzung der Richtlinien in nationales Recht konnte – ebenso wie in den meisten anderen Mitgliedsstaaten – nicht eingehalten werden. Gründe hierfür sind unter anderem die pluralistische Struktur der deutschen Gas- und Stromnetze mit über 1.000 Netzbetreibern sowie der Paradigmenwechsel von Verbändevereinbarungen hin zu einem regulierten System.

Am 16. Juni 2005 hatte der Deutsche Bundestag der Beschlussempfehlung des Vermittlungsausschusses zu dem **Zweiten Gesetz zur Neuregelung des Energiewirtschaftsrechts (NeuRegG)** zugestimmt. Das Gesetz war sodann in der Gestalt des Änderungsvorschlages erneut dem Bundesrat zugeleitet worden, der seine Zustimmung am 17. Juni 2005 erteilt hatte. Damit war das NeuRegG im Sinne von Art. 78 GG „zustande gekommen".

Das NeuRegG ist am 12. Juli 2005 im Bundesgesetzblatt verkündet worden. Damit ist es am 13. Juli 2005 in Kraft getreten.

„Das **EnWG 2005** ist in zehn Teile aufgegliedert.

Teil 1 enthält allgemeine Vorschriften mit dem *Zweck des Energierechts*, Aufgaben der EVU, einer Vielzahl von *Begriffsbestimmungen* sowie schließlich Vorschriften über die Aufnahme der Energieversorgung und des Netzbetriebs.

Teil 2 enthält den Bereich der *Entflechtung des Netzbetriebs (Unbundling),* unterschieden für die Bereiche der rechtlichen, operationellen, informationellen und buchhalterischen Entflechtung.

Teil 3 regelt die generellen *Aufgaben der Netzbetreiber* einschließlich eines Krisenmanagements bei Gefährdungen/Störungen der Versorgungssicherheit, die

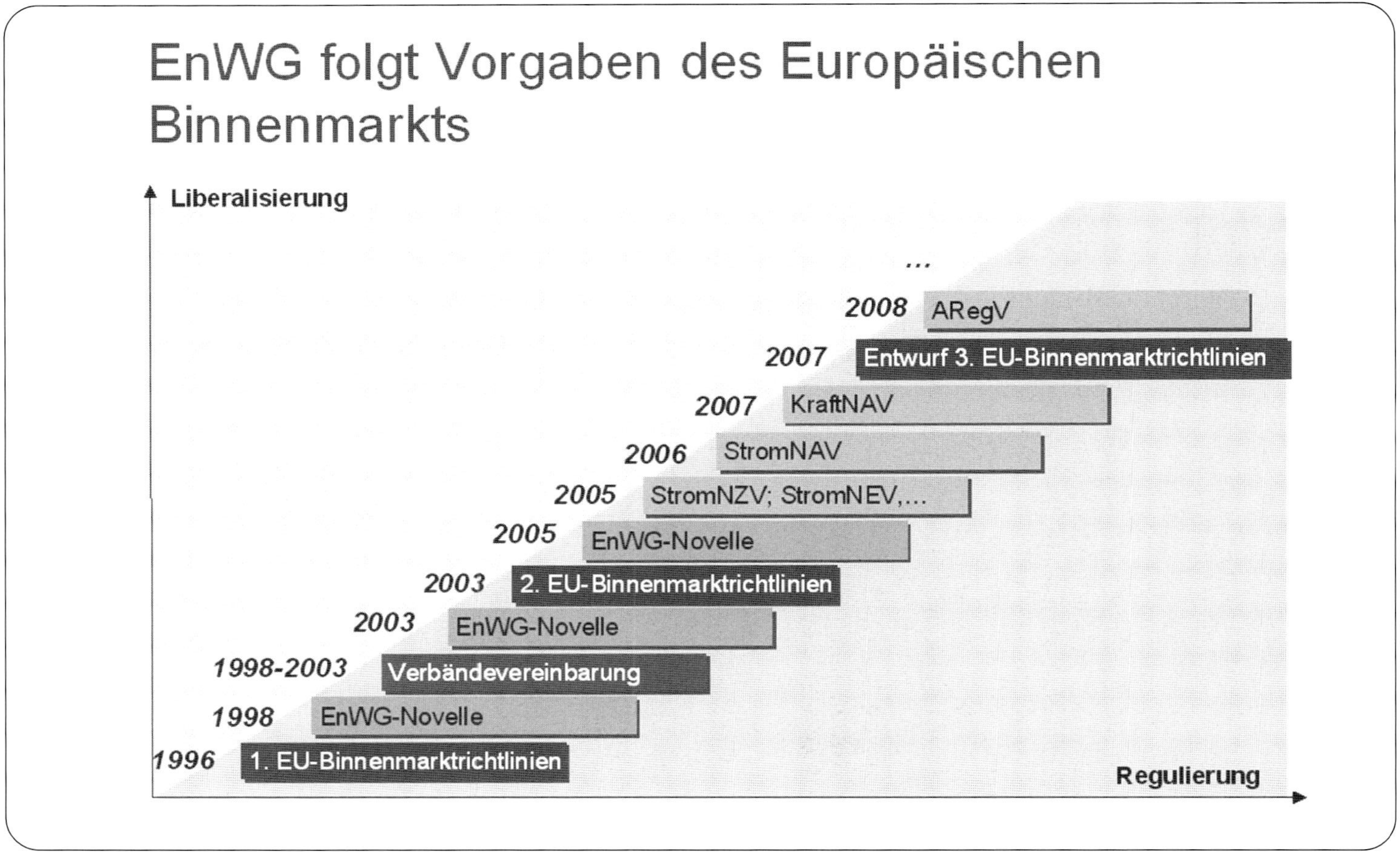

Abb. 56: Schritte zur Liberalisierung des deutschen Strommarkts

Verpflichtung zum *Netzanschluss* sowie die Vorgaben für den *Netzzugang*. Weiter enthält er das Konzept des stromwirtschaftlichen sowie des gaswirtschaftlichen Netzzugangs jeweils mit der Befugnis der Bundesregierung, durch Rechtsverordnung mit Zustimmung des Bundesrates nähere Einzelheiten festzulegen. Ferner verfügt die Regulierungsbehörde über Kompetenzen zur Durchsetzung der gesetzlichen Vorgaben gegen die Netzbetreiber. Außerdem sind *zivilrechtliche Unterlassungs- und Schadenersatzansprüche* sowie die *Vorteilsabschöpfung* durch die Regulierungsbehörde vorgesehen.

Teil 4 des EnWG regelt die *Energielieferungsverpflichtungen gegenüber Letztverbrauchern* und enthält Sonderregelungen für die Ersatzversorgung mit Energie bei Ausfall des bisherigen Lieferanten, Ermächtigungsgrundlagen zur *staatlichen Reglementierung der Preisbildung und der allgemeinen Versorgungsbedingungen.* Vorgaben für die *Ausgestaltung der Energielieferungsverträge* sowie *Informationspflichten* hinsichtlich des Energieträgermixes und bestimmter Umweltauswirkungen.

Teil 5 des neuen Gesetzes befasst sich mit Fragen der *Planfeststellung, der Wegenutzung* einschließlich des *Enteignungsrechts* für Zwecke der öffentlichen Energieversorgung sowie mit normativen Grundlagen für die *Konzessionsabgaben.*

Teil 6 enthält Regelungen zur *Sicherheit und Zuverlässigkeit der Energieversorgung* sowie weitere Regelungen für ein *Monitoring* der Versorgungssicherheit, für Meldepflichten bei Versorgungsstörungen, für die Ausschreibung neuer Erzeugungskapazitäten im Elektrizitätsbereich und für die Sicherstellung der Versorgung von Haushaltskunden.

Die *Teile 7 und 8* enthalten *verfahrensrechtliche Vorschriften* sowie *Rechtsschutzregelungen,* die weitgehend dem kartellrechtlichen Verfahrensrecht nachgebildet sind. Dort sind der *Aufgabenkatalog wie die Aufgabenverteilung* zwischen der Bundesnetzagentur und den Landesregulierungsbehörden dargestellt. Auch die Verfahrensvorschriften der Regulierungsbehörden finden sich dort. Eine Besonderheit besteht insoweit, als Entscheidungen der Regulierungsbehörden nicht durch die Verwaltungsgerichte, sondern durch die jeweils zuständigen *Oberlandesgerichte* überprüft werden. Auch ist zu beachten, dass Entscheidungen der Regulierungsbehörden in der Regel *sofort vollziehbar* sind, Beschwerden also keine aufschiebende Wirkung haben.

Teil 9 ist mit „Sonstige Vorschriften" überschrieben und enthält Regelungen zur Anwendbarkeit des Gesetzes auf Unternehmen, die ganz oder teilweise im Eigentum der öffentlichen Hand stehen, Regelungen zu den Objektnetzen und zum Verhältnis des Wettbewerbsrechts (GWB).

Teil 10 schließlich enthält wichtige *Übergangsvorschriften*, ferner Vorgaben für Erfahrungsberichte.

Das EnWG 2005 enthält eine Vielzahl von Verordnungsermächtigungen.

Zu den ersten Verordnungen, die auf der Grundlage des EnWG 2005 erlassen wurden, gehören die *Stromnetzentgeltverordnung (StromNEV)* und die *Gasnetzentgeltverordnung (GasNEV)*, die nur wenige Tage nach dem EnWG 2005 im Bundesgesetzblatt verkündet wurden.

— Verordnung über die Entgelte für den Zugang zu Elektrizitätsversorgungsnetzen *(Stromnetzentgeltverordnung – StromNEV)* vom 25.07.2005, BGBl I 2005, S. 2225

— Verordnung über die Entgelte für den Zugang zu Gasversorgungsnetzen *(Gasnetzentgeltverordnung – GasNEV)* vom 25.07.2005, BGBl I 2005, S. 2197

Beide Verordnungen wurden ebenfalls bereits im Gesetzgebungsverfahren zum EnWG 2005 erarbeitet und beraten, da insbesondere der Bundesrat darauf gedrungen hatte, die Grundzüge des EnWG nur im Zusammenhang mit den zentralen hierauf beruhenden Ausführungsverordnungen zu behandeln, da ansonsten die gesetzlichen Auswirkungen nicht genau genug abzuschätzen seien.

Diese Verordnungen geben den kalkulatorischen Rahmen vor, in dem die Netzbetreiber die Netznutzungsentgelte zu bestimmen und durch die Regulierungsbehörde zu genehmigen haben.

Zeitgleich mit den Netzentgeltverordnungen wurden die *Stromnetzzugangsverordnungen (StromNZV)* und die *Gasnetzzugangsverordnung (GasNZV)* erlassen. Auch diese wurden auf Drängen des Bundesrates mit dem EnWG 2005 beraten.

— Verordnung über den Zugang zu Elektrizitätsversorgungsnetzen *(Stromnetzzugangsverordnung – StromNZV)* vom 25.07.2005, BGBl I 2005, S. 2243

— Verordnung über den Zugang zu Gasversorgungsnetzen *(Gasnetzzugangsverordnung – GasNZV)* vom 25.07. 2005, BGBl I 2005, S. 2210

Beide Verordnungen konkretisieren die im EnWG dem Grunde nach angelegten Netzzugangskonzepte für den Strom- und den Gasbereich. Sie regeln die konkreten Bedingungen, zu denen der Zugang zu den Strom- und Gasnetzen zu gewähren ist.

Die Verordnungen enthalten neben Regelungen über die im Zusammenhang mit dem Netzzugang abzuschießenden Verträge auch detaillierte Beschreibungen des jeweiligen Netzzugangsverfahrens, der Abwicklung der Kleinkundenbelieferung nach Standardlastprofilen, Vorschriften zum Lieferantenwechsel und zur Messung. Ferner sind Vorgaben für das Verfahren bei Kapazitätsengpässen enthalten. Darüber hinaus ist festgelegt, in welchem Rahmen die Regulierungsbehörden durch Festlegungen Vorgaben zum Netzzugang machen können. Diese betreffen insbesondere alle Bereiche, die durch eine Standardisierung vereinheitlicht werden können (z. B. die Vertragsgestaltung) oder wo Arbeitsabläufe beschleunigt und Abwicklungshemmnisse beseitigt werden können.“ [32]

2.5.4 Auswirkungen der Liberalisierung auf dem deutschen Strommarkt

Die umfassend erfolgte Liberalisierung des Marktes hatte eine dynamische Entwicklung ausgelöst. Kennzeichen sind u. a.:

— Unternehmensneuorganisation

— Maßnahmen zur Kostensenkung

— Unternehmensfusionen

— Markteintritte neuer Anbieter aus dem In- und Ausland

— Geänderte Preisbildungsmechanismen

— Etablierung einer Strombörse

— Lieferantenwechsel

— Verstärkung der Kundenorientierung (Kundenbindungsmaßnahmen)

— Angebot neuer Tarife und Produkte.

Bezüglich der **Unternehmensorganisation** wurde die zuvor vielfach typische integrierte Wertschöpfungskette aufgebrochen. Die Stufen Primärenergiebeschaffung, Stromerzeugung sowie Netz und Vertrieb sind rechtlich und unternehmerisch getrennt worden. Als Geschäftsfeld neu hinzugekommen ist der Stromhandel.

Die verzeichneten Preissenkungen auf dem Elektrizitätsmarkt bedeuteten für die Stromanbieter Erlöseinbußen, denen mit der Ausschöpfung bestehender **Kostensenkungspotentiale** begegnet werden musste. Mit den notwendigen Rationalisierungsmaßnamen war auch ein drastischer Abbau der Belegschaft verbunden. So hat sich die Zahl der bei deutschen Stromversorgern Beschäftigten von 168.261 im Jahr 1997 auf rund 121.512 im Jahr 2007 verringert.

Auf der Verbundebene hat sich die Zahl der Unternehmen auf vier halbiert. Der letzte Schritt war 2002 mit dem **Zusammenschluss** von VEAG, HEW, Bewag und Laubag zur Vattenfall Europe AG erfolgt.

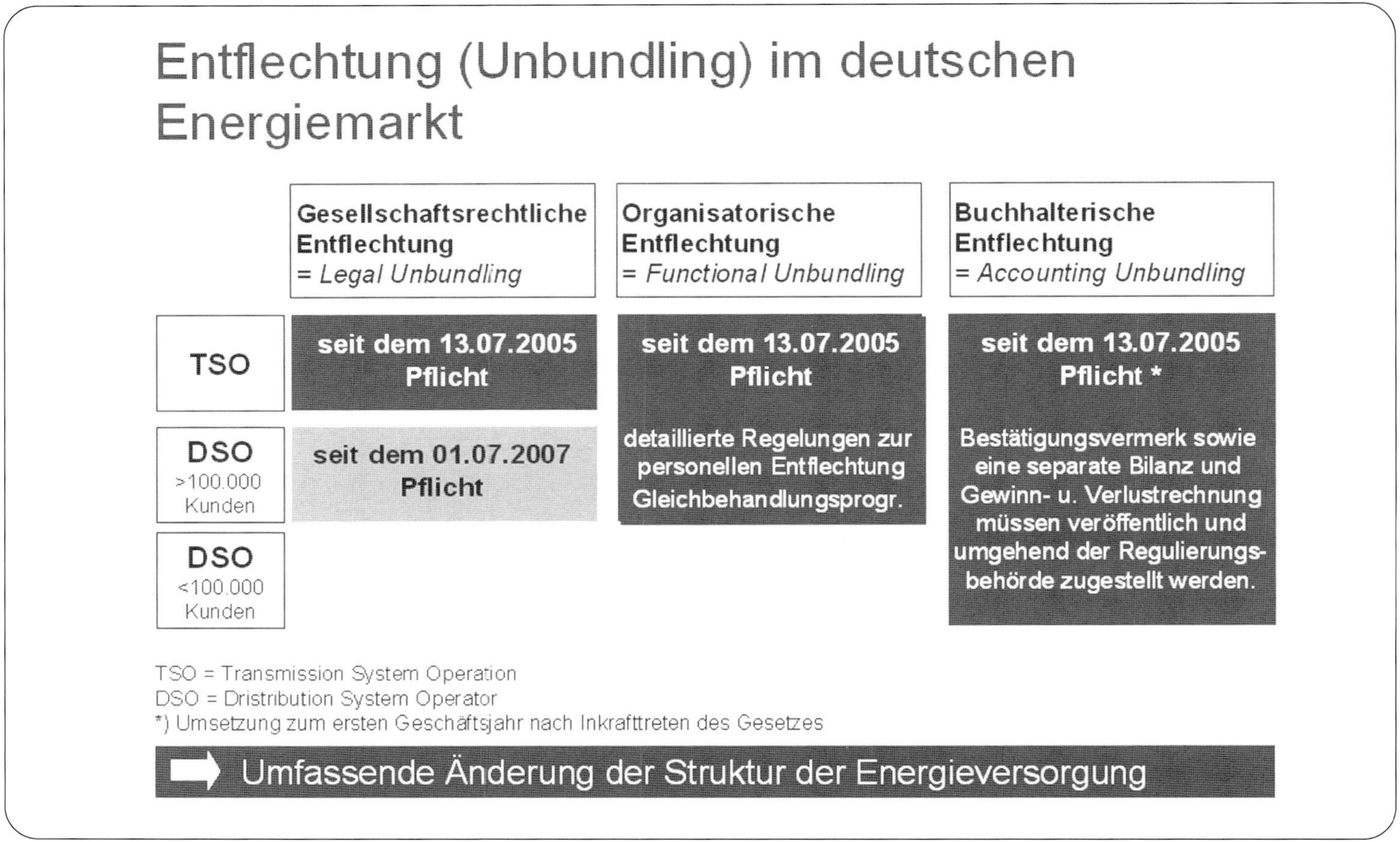

Abb. 57: Entflechtung (Unbundling) im deutschen Energiemarkt

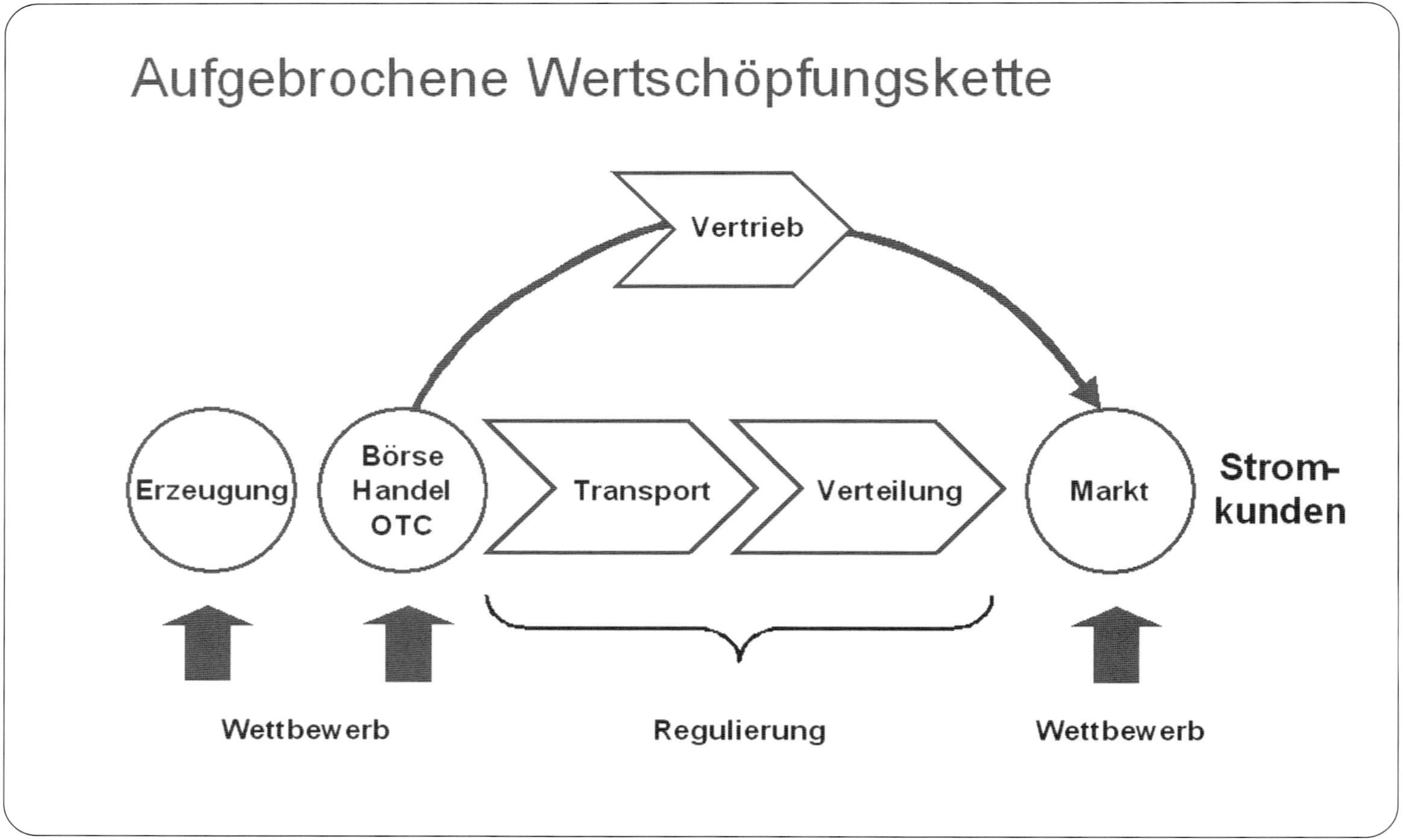

Abb. 58: Entflechtung des Netzes von Erzeugung, Handel, Vertrieb

Auch auf der regionalen und lokalen Ebene bündeln weiterverteilende EVU und Stadtwerke zur Sicherung der Wettbewerbsfähigkeit ihre Marktkräfte. Nach Angaben des Verbandes kommunaler Unternehmen (VKU) aus dem Jahr 2007 gibt es bereits über 50 **Allianzen von Kommunalversorgern** mit mehreren hundert Gesellschaftern. Zu diesen Verbünden unabhängiger Stadtwerke zählt etwa die 1999 gegründete Trianel mit Sitz in Aachen als bedeutendste Allianz. Die ebenfalls 1999 gegründete ENETKO GmbH, Partner der Trianel, unterstützt als Kooperationsgesellschaft für Vertrieb und Marketing die bundesweiten Vertriebsaktivitäten der Gesellschafter und Partner der Trianel-Gruppe sowie Dritter.

Andere namhafte Allianzen sind citiworks AG – Deutsche Stadtwerke Allianz oder die Süd West Strom. Citiworks, das Gemeinschaftsunternehmen der Stadtwerke München, der HEAG Südhessische Energie AG und der Stadtwerke Mainz, setzte 2007 an Groß- und Bündelkunden sowie an Weiterverteiler 7,9 TWh Strom und 1,6 TWh Gas ab. [33]

Die Südwestdeutsche Stromhandels GmbH (Süd West Strom) bietet verschiedene Modelle der Strom- und Gasversorgung für Stadtwerke an. Dazu gehören Beratung beim Risikomanagement, der Strombeschaffung und bei der Ausschreibung von Stromlieferungen. Ferner entwickelt Süd West Strom mit Partnern Kraftwerksprojekte, an denen auch kleine Anteile erworben werden können. Damit kann eine langfristige Diversifizierung des Beschaffungsportfolios erreicht werden. Es werden keine Endkunden direkt beliefert.

Als größte Stadtwerke-Kooperation ist die Trianel-Gruppe zu nennen. 1999 gründeten die Stadtwerke Aachen, die N.V. Nutsbedrijven Maastricht gemeinsam mit der ASEAG Energie GmbH, Herzogenrath, und den Niederrheinwerke Viersen GmbH die Aachener Trianel European Energy Trading GmbH (TEET). Heute ist die Trianel-Gruppe mit 48 Gesellschaftern und rund 40 Partnern aufgestellt. 2007 betrug der Stromabsatz der Gruppe 40,6 TWh. Dieser teilt sich auf die Belieferung und Marktzugang Stadtwerke mit 10,3 TWh, auf die Belieferung von Endkunden mit 1,8 TWh und den Stromhandel Eigengeschäft mit 28,5 TWh auf. Zur Optimierung der Beschaffungssituation von kommunalen Versorgungsunternehmen hat Trianel in Hamm-Uentrop ein GuD-Kraftwerk errichtet. In diese Anlage, die Ende 2007 den Dauerbetrieb aufgenommen hatte, wurden 450 Mio. Euro investiert. Ferner werden zwei Kraftwerksprojekte auf Steinkohlenbasis vorangetrieben; gemeinsam mit Trianel beabsichtigen die beteiligten kommunalen Versorgungsunternehmen, mehr als zwei Mrd. Euro für die Errichtung von zwei Anlagen mit jeweils 750 MW in Krefeld-Uerdingen und in Lünen zu investieren. Für den Standort Lünen haben die Gesellschafter im Mai 2008 den Baubeschluss getroffen. Am Standort Krefeld kann eine Fertigstellung des geplanten Steinkohlenblocks Ost nach 2012 erfolgen.

Der gemeinsame Stromeinkauf ist der Hauptzweck der meisten Allianzen. Die beteiligten Stadtwerke, die kaum über Kraftwerkskapazitäten verfügen, streben auf diese Weise an, sich langfristig kalkulierbare Preise im Strombezug zu si-

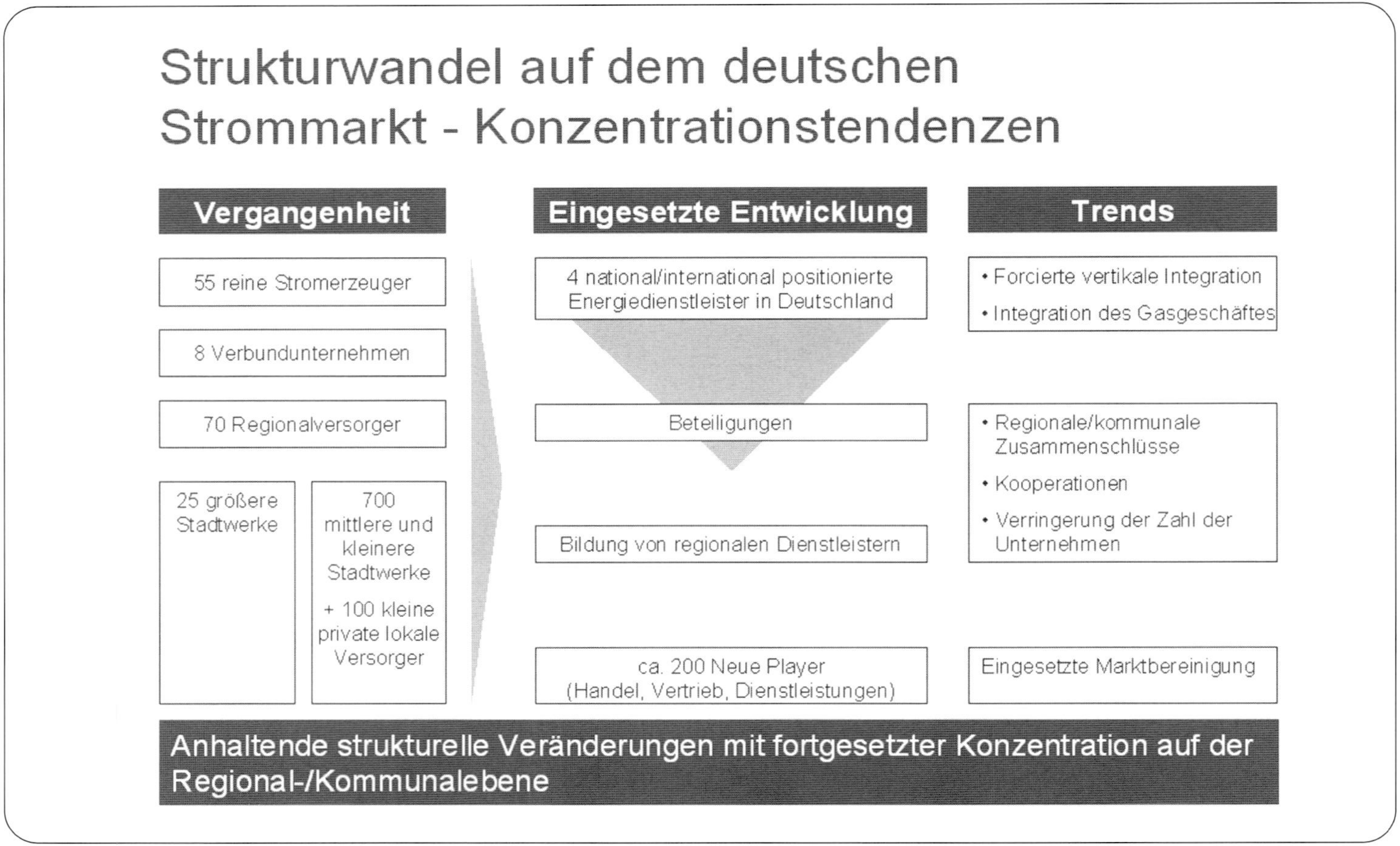

Abb. 59: Marktbereinigung in der Stromversorgung

chern. Neben der Bildung solcher Allianzen ist eine fortschreitende Privatisierung von Stadtwerken und Regionalversorgern zu verzeichnen.

Die Liberalisierung hat außerdem zu dem **Eintritt von zahlreichen neuen Anbietern** geführt, von denen rund 200 Akteure noch im Markt aktiv sind. Als größter neuer Massenvermarkter hat sich Yello etabliert. Dieses Tochterunternehmen der EnBW hat inzwischen rund 1,4 Millionen Stromkunden an sich gebunden.

Der Wandel auf dem deutschen Strommarkt geht ferner einher mit einer zunehmenden **Internationalisierung**. Die Vattenfall Europe AG gehört der schwedischen Vattenfall AB beteiligt. An der EnBW ist mit der EdF ein französisches Staatsunternehmen beteiligt. Gleichzeitig stellen sich ehemals primär auf den deutschen Markt fokussierte Unternehmen zunehmend international auf. Dies gilt insbesondere für die beiden größten Energieunternehmen, die E.ON AG, Düsseldorf und die RWE AG, Essen.

Auch auf regionaler und kommunaler Ebene ist es zu zahlreichen Engagements ausländischer Gesellschaften gekommen.

Beispiele für ausländische Beteiligungen auf kommunaler Ebene sind die Engagements der Electrabel Deutschland AG, Berlin (ein Unternehmen der französischen GdF Suez Gruppe), in Saarbrücken, Wuppertal und Gera sowie der Deutsche Essent GmbH, Düsseldorf. Die Deutsche Essent, die dem niederländischen Energieversorger Essent N. V. gehört, hält unter anderem 51 % der Anteile an der swb AG, Bremen, 83 % an der KOM-STROM AG, Leipzig sowie 50 % an der novogate GmbH. Über die swb AG ist die Deutsche Essent indirekt an den Stadtwerken Bielefeld, Soltau, Greifswald, Gütersloh und Ahlen beteiligt. Die amerikanische TXU hatte sich 2002 auf Grund finanzieller Schwierigkeiten in Großbritannien aus dem europäischen Markt zurückgezogen und damit auch ihre zuvor eingegangenen Engagements in Kiel und Braunschweig aufgegeben.

Notwendigkeiten zur Anpassung ergaben sich nach erfolgter Liberalisierung auch bei den **Stromerzeugungskapazitäten**. Die im regulierten Markt gegebene Möglichkeit, die Kosten einer großzügig dimensionierten Kapazitätsausstattung im Preis an die Kunden weiterzugeben, existiert seit der Liberalisierung nicht mehr. Vielmehr drückten Überkapazitäten zusätzlich den Preis.

Außerdem hatte sich nach Beseitigung der Gebietsmonopole die Überkapazität noch vergrößert. Während zu Monopolzeiten jedes EVU die Reservehaltung weitgehend eigenständig wahrgenommen hatte, ist seitdem praktisch ein gemeinsamer Markt entstanden. Allen Unternehmen ist jetzt eine Deckung von Nachfrage durch Zukauf aus dem Markt möglich.

Ein zweiter Faktor resultiert aus den Fusionen. Mit Erweiterung des Netzgebietes, das von einem einzelnen Anbieter abgedeckt wird, sinkt der Bedarf von Reservekapazität, die jeder einzelne Netzbetreiber für Ausgleichszwecke vorhalten muss.

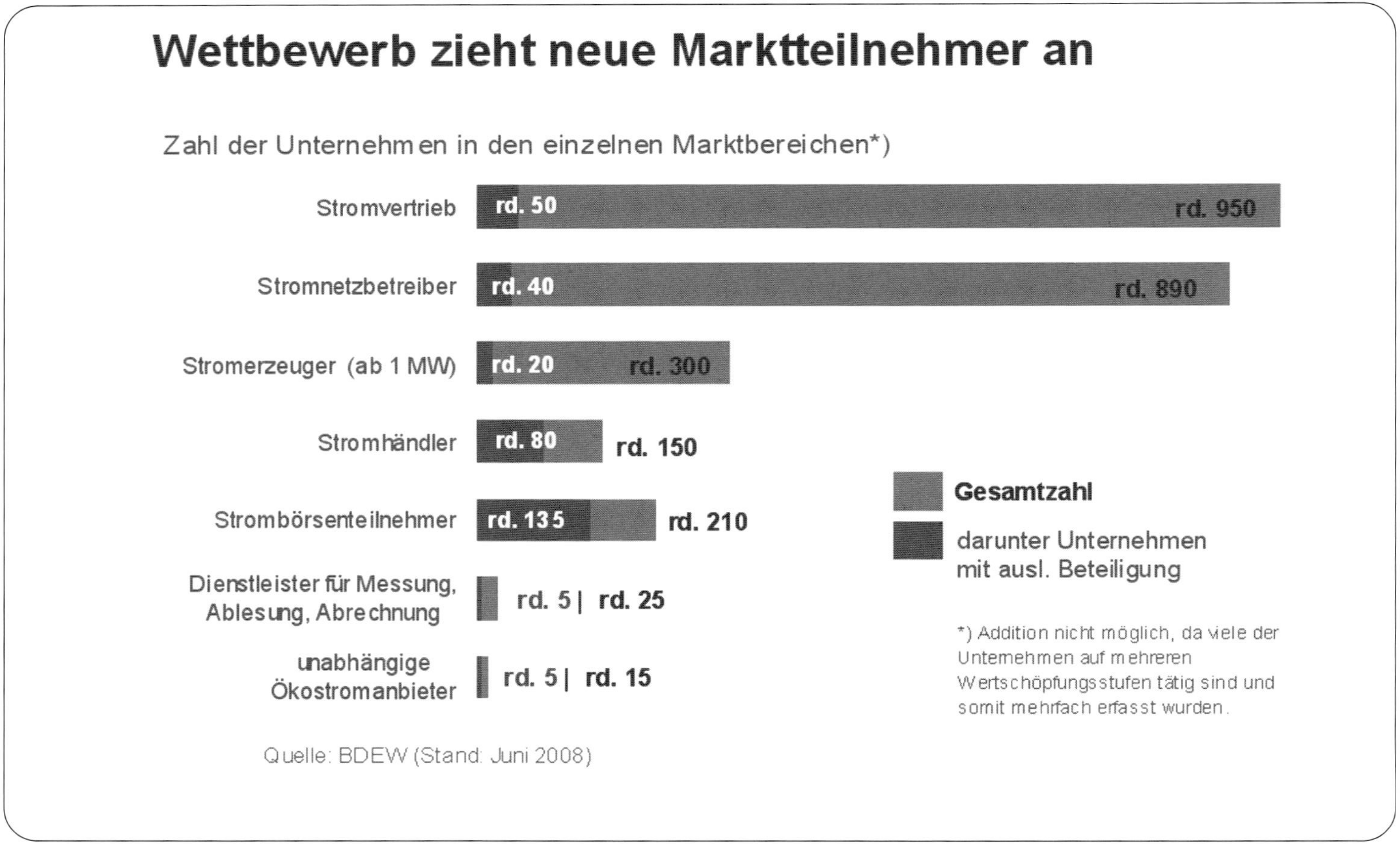

Abb. 60: Zahl der Unternehmen in den einzelnen Marktsegmenten der Strombranche

Schließlich, und dies ist der dritte Punkt, wurden die im so genannten Grid Code geregelten Anforderungen hinsichtlich des Vorhaltens von Reserveleistung verringert.

Die Änderungen der **Preisbildungsmechanismen** sind in Kapitel 3.2.5 beschrieben. Auf die Rolle der **Strombörse** wird in 2.5.7 im Einzelnen eingegangen.

2.5.5 Stromerzeugung

Innerhalb der Bundesrepublik Deutschland stand 2007 zur Stromerzeugung eine Kraftwerkskapazität von 143.337 MW (netto) zur Verfügung. Davon entfallen 73 % auf Kraftwerke der Elektrizitätsversorger.

Für die Stromversorger stellen sich vor dem Hintergrund der bedarfs- und deckungsseitigen Gegebenheiten Optimierungsaufgaben für die Investitions- und

Tabelle 56: Kraftwerkskapazität in Deutschland 2007

Energieträger	allgemeine Versorgung einschl. DB AG	Private	Bergbau und Verarbeitenden Gewerbes	Summe
	MW (netto)			
Kernenergie	20.470	–	0	20.470
Braunkohle	19.860	–	525	20.385
Steinkohle	25.305	–	2.400	27.705
Erdgas	19.300	–	3.100	22.400
Öl	5.700	–	550	6.250
Pumpspeicher	5.710	–	0	5.710
Lauf- und Speicherwasser	4.300	800	70	5.170
Müll	1.100	–	–	1.100
Wind	215	22.074	–	22.289
Klärgas	12	120	–	132
Deponiegas	37	210	–	247
Biogas	8	1.200	–	1.208
Biomasse	350	1.850	–	2.200
Photovoltaik	15	3.600	–	3.615
Sonstige regenerative Energien	3	3	–	6
Übrige	2.000	–	2.450	4.450
Insgesamt	**104.385**	**29.857**	**9.095**	**143.337**

Quelle: BDEW

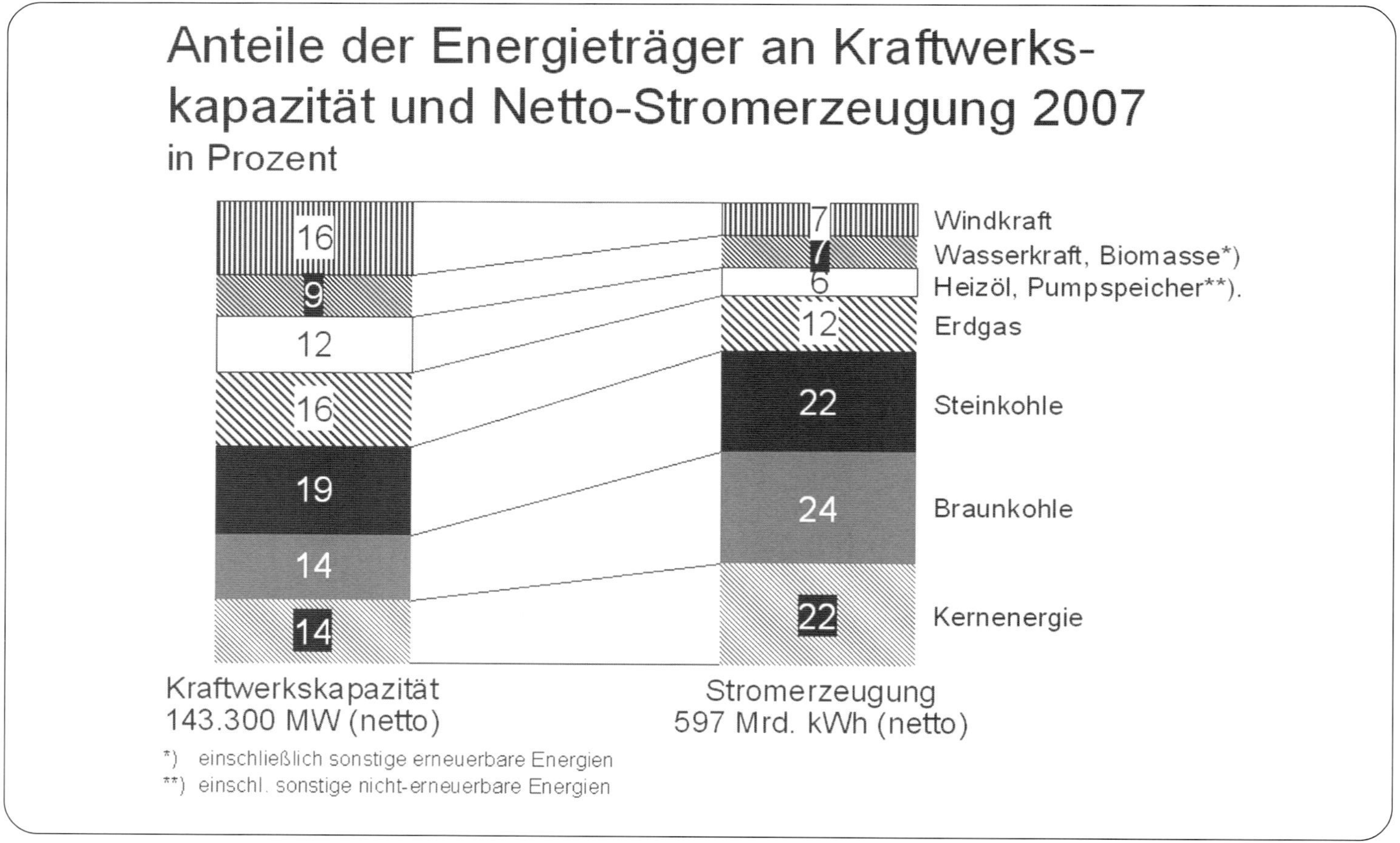

Abb. 61: Anteile der Energieträger an Kraftwerkskapazität und Netto-Stromerzeugung 2007 (Quelle: BDEW)

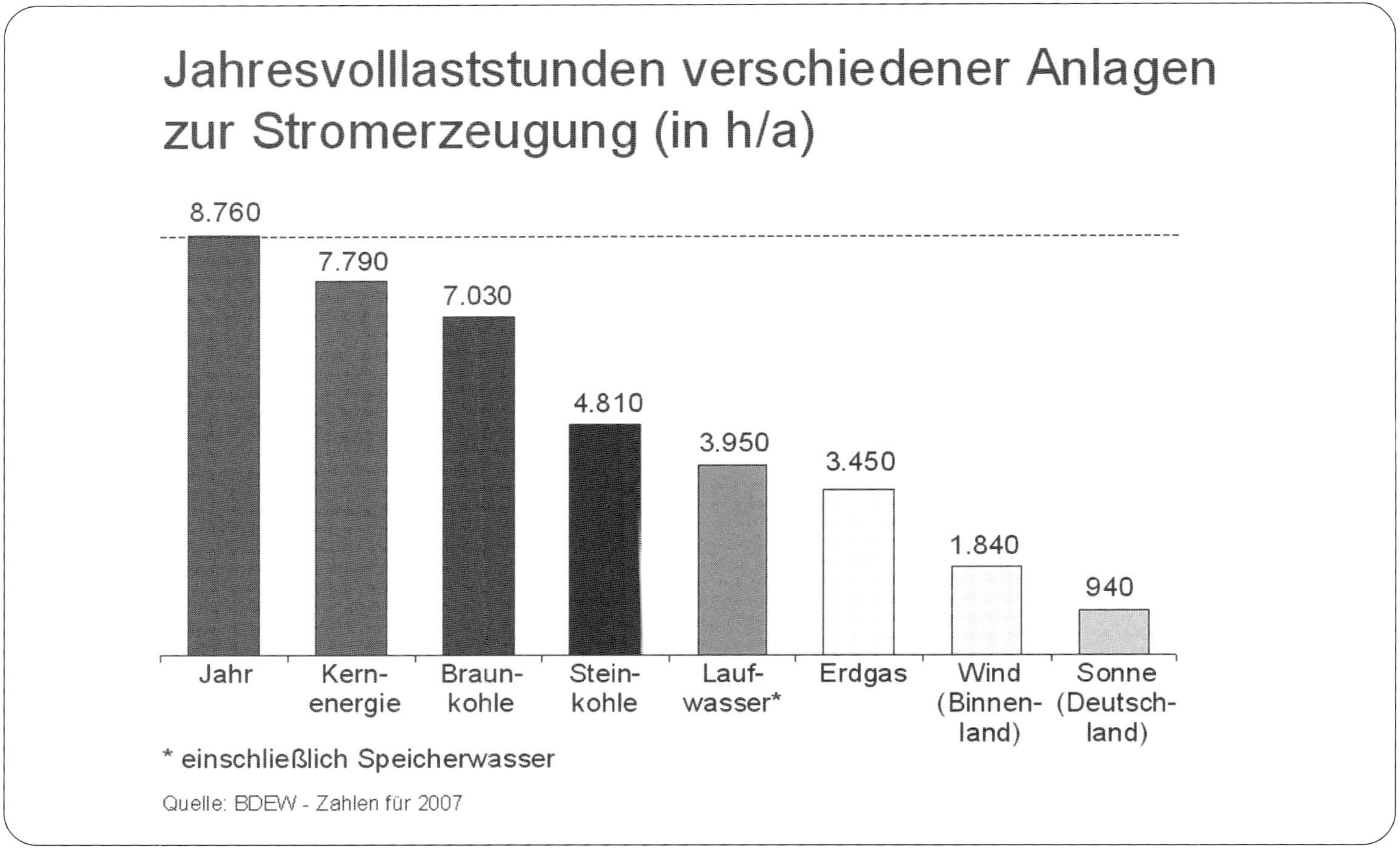

Abb. 62: Jahresvolllaststunden verschiedener Anlagen zur Stromerzeugung

für die Einsatzplanung der Kraftwerke (Lastverteilung). „Diese bestehen darin, den in der betrachteten Zeitspanne zu deckenden Bedarf an elektrischer Energie (Gesamtlast in ihrem zeitlichen Verlauf) den unterschiedlichen Kraftwerksarten so zuzuordnen, dass der Bedarf sicher und mit insgesamt geringstmöglichen Stromerzeugungskosten gedeckt wird. Dabei sind für die Kostenoptimierung bei der Investitionsplanung sowohl die festen als auch die beweglichen, bei der Einsatzplanung (Lastverteilung) nur die beweglichen Kosten (Arbeitskosten, im wesentlichen Brennstoffkosten sowie seit 1. Januar 2005 CO_2-Zertifikatskosten) der Erzeugung maßgebend.“ [34]

Aus dieser Sicht werden für einen investitionsplanerisch optimierten Kraftwerkspark folgende Kraftwerksarten unterschieden: Grundleistungskraftwerke, Mittelleistungskraftwerke und Spitzenleistungskraftwerke.

Dabei stellt die **Grundleistung** den Teil der gesamten Netto-Engpassleistung eines Kraftwerksparks dar, „der – von der technischen Auslegung (Investitionsplanung) her und/oder im Hinblick auf die aktuellen Relationen der Brennstoffwärmepreise – auf Grund seiner Kostenstruktur (insbesondere niedrige Arbeitskosten) zur Erzielung des Kostenminimums eine möglichst hohe Einsatzpriorität erhält.“ [34] Hieraus folgt eine hohe Ausnutzungsdauer. Als Grundleistungskraftwerke zählen Anlagen auf der Basis von Laufwasser, Braunkohle und Kernenergie sowie auch auf Basis Biomasse und Geothermie.

In Deutschland sind im Bereich der allgemeinen Versorgung (einschließlich DB AG) Laufwasserkraftwerke mit einer Gesamtleistung von rund 3.000 MW (netto) am Netz (Stand: 2007). Standortmäßig konzentrieren sich diese Kraftwerke insbesondere auf Bayern und Baden-Württemberg. Auf der Basis von Braunkohle waren 2007 in der allgemeinen Versorgung Kraftwerke mit einer Netto-Leistung von 19.860 MW in Betrieb. Standortschwerpunkte dieser Kraftwerke sind die Braunkohlenreviere im Rheinland, in der Lausitz und in Mitteldeutschland. Auf der Basis von Kernenergie waren im Jahr 2007 in der allgemeinen Versorgung 17 Kraftwerke mit einer gesamten Netto-Engpassleistung von rund 20.470 MW installiert. Die durchschnittliche Ausnutzungsdauer erreichte im Jahr 2007 folgende Werte:

Kernenergie	7.790 Stunden
Braunkohle	7.030 Stunden
Steinkohle	4.810 Stunden
Lauf- und Speicherwasser	3.950 Stunden
Erdgas	3.450 Stunden
Wind	1.840 Stunden
Pumpspeicher	1.180 Stunden
Mineralöl	1.170 Stunden
Photovoltaik	940 Stunden

Die Ausnutzungsdauer kennzeichnet den Einsatz der Kraftwerke. Sie geht von der Netto-Leistung und den 8.760 Stunden des Jahres aus.

Nach Angaben der Elektrizitätswirtschaft zeichnet sich ein optimal ausgelegter Kraftwerkspark dadurch aus, dass es sich bei etwa 50 % der Erzeugungsleistung um Grundleistungskraftwerke handelt, die etwa 70 % des Stroms erzeugen sollten. 2007 betrug der Anteil der Grundleistung an der gesamten Netto-Engpassleistung 32 %, und die Grundleistungs-Kraftwerke trugen mit rund 50 % zur gesamten Stromerzeugung bei.

„**Mittelleistung** ist derjenige Teil der gesamten Netto-Engpassleistung eines Kraftwerksparks, der für den Betrieb mit häufig wechselnder Leistung und für tägliches An- und Abfahren ausgelegt ist und der – von der technischen Auslegung (Investitionsplanung) her und/oder im Hinblick auf die aktuellen Relationen der Brennstoffwärmepreise – auf Grund seiner Kostenstruktur (mittlere Arbeitskosten) zur Erzielung des Kostenminimums eine nachgeordnete Einsatzpriorität erhält". [34] Mittelleistungskraftwerke sind vor allem Steinkohle-, Gas- und Speicherwasserkraftwerke. Auch Biomasse- und Biogaskraftwerke können grundsätzlich in der Mittellast eingesetzt werden.

„**Spitzenleistung** ist derjenige Teil der gesamten Netto-Engpassleistung eines Kraftwerksparks, der auf Grund seiner technischen Auslegung (Investitionsplanung) mehrmaliges Anfahren je Tag, kurze Anfahrzeiten und hohe Leistungsänderungsgeschwindigkeiten zulässt, jedoch wegen seines meist begrenzten Arbeitsvermögens und/oder seiner Kostenstruktur (hohe Arbeitskosten) zur Erzielung des Kostenminimums nur in jenen speziellen Bedarfsfällen eingesetzt wird, in denen seine besonderen betrieblichen Eigenschaften zur Geltung kommen". [34] Hieraus ergibt sich eine geringe Ausnutzungsdauer. Zu Spitzenleistungskraftwerken werden Pumpspeicherkraftwerke und Gasturbinen gerechnet. Ferner werden Öl- und Gaskraftwerke – neben dem Ausgleich saisonbedingter Bedarfsspitzen – als Reserveleistung bei Ausfall von Kraftwerkskapazitäten genutzt. Auch Biogaskraftwerke können grundsätzlich im Spitzenlastbereich eingesetzt werden.

Windkraft und Solarenergie lassen sich keinem der genannten Lastbereiche zuordnen, da die Erzeugung von Strom aus diesen Anlagen – neben den Standortbedingungen – von der Witterung sowie von den Jahres- und Tageszeiten abhängig ist.

Der Einsatz des Kraftwerksparks entscheidet sich – soweit die Möglichkeiten zur Optimierung nicht eingeschränkt sind – etwa durch die Vorrangstellung von Anlagen auf Basis erneuerbarer Energien, wie dargelegt, nach Maßgabe der variablen Kosten. Dies sind vornehmlich die Brennstoffkosten sowie seit 1. Januar 2005 auch die CO_2-Zertifikatskosten. Die Fixkosten sind kein Kriterium für die Bestimmung der Rangfolge des Einsatzes, da sie nach erfolgter Investition unabhängig davon anfallen, ob das Kraftwerk eingesetzt wird oder nicht. Demgegenüber sind bei der Zubauplanung von Kraftwerkskapazitäten die finanzmathematischen

Tabelle 57: Netto-Engpassleistung der Kraftwerke der Stromversorger nach Energieträgern 1991 bis 2007 in MW

Jahr	Lauf-wasser[2)]	Speicher-wasser[2)]	Pump-speicher	Kern-Energie (St/Hö/Gas)[3)]	Braunkohle	Steinkohle[3)]	Misch-feuerung	Heizöl	Erdgas	Sonstige[4)]	Insgesamt
1991	2.517	1.269	4.248	22.377	23.560	15.706	9.324	8.840	12.635	639	101.115
1992	2.590	1.255	4.245	22.455	22.070	15.212	9.246	8.780	12.865	618	99.336
1993	2.598	1.272	4.380	22.507	21.055	15.010	9.857	8.332	13.134	616	98.761
1994	2.649	1.290	4.381	22.563	20.305	15.846	8.897	8.104	13.823	784	98.642
1995	2.680	1.291	4.380	22.684	20.287	15.807	8.995	8.137	14.802	950	100.014
1996	2.688	1.291	4.488	22.760	18.816	16.313	9.714	7.873	15.531	1.312	100.786
1997	2.716	1.292	4.374	22.164	18.458	17.669	8.868	7.600	16.050	1.592	100.783
1998	2.715	1.192	4.381	22.164	18.144	17.455	8.843	7.469	15.789	2.032	100.184
1999	2.866	1.334	4.552	22.329	18.037	17.795	8.918	7.260	16.550	2.572	102.213
2000[1)]	2.878	1.334	4.654	22.396	19.559	26.727	•	6.668	16.804	3.030	104.050
2001*	4.212	•	4.654	22.396	19.279	25.541	•	6.668	16.507	3.044	102.301
2002*	4.212	•	4.654	21.283	19.803	25.110	•	6.668	16.223	3.067	101.020
2003*	4.213	•	5.182	20.643	19.699	25.125	•	5.996	15.971	3.452	100.281
2004*	4.215	•	5.710	20.643	19.700	25.070	•	5.900	16.245	3.540	101.023
2005*	4.215	•	5.710	20.343	19.700	25.025	•	5.800	16.860	3.481	101.134
2006*	4.300	•	5.710	20.430	19.780	25.305	•	5.750	17.055	3.558	101.888
2007*	4.300	•	5.710	20.470	19.860	25.305	•	5.700	19.300	3.740	104.385

1) ab 2000 einschl. Deutsche Bahn AG
2) ab 2001 Wasser einschl. Speicherwasser
3) ab 2000 Steinkohle einschließlich Mischfeuerung (St/Hö/Gas)
4) einschl. Wind-/Solarenergie
• geschätzte Angaben
Quellen: BMWi; BDEW

Tabelle 58: Stromerzeugung der Kraftwerke in Deutschland 2007

Energieträger	allgemeine Versorgung einschl. DB AG	Private	Bergbau und Verarbeiten-des Gewerbes	Summe
	GWh			
Nettoerzeugung				
Kernenergie	133.200	–	–	133.200
Braunkohle	140.700	–	2.500	143.200
Steinkohle	122.300	–	10.900	133.200
Erdgas	55.900	–	16.000	71.900
Mineralölprodukte	2.600	–	4.700	7.300
– darunter Heizöl	900	–	1.500	2.400
Wasser	23.900	2.900	360	27.160
– davon regenerative Energien	17.180	2.900	360	20.440
Wind	600	39.000	100	39.700
Biomasse	6.200	13.000	3.000	22.200
Photovoltaik	20	2.970	10	3.000
Übrige	6.700	–	9.700	16.400
Summe Nettoerzeugung	492.120	57.870	47.270	597.260
Kraftwerkseigenverbrauch	34.880	–	4.400	39.280
Bruttoerzeugung	527.000	57.870	51.670	636.540

Quelle: BDEW

Tabelle 59: Entwicklung von Brutto-Stromerzeugung nach Energieträgern und Stromverbrauch in Deutschland 1991 bis 2007

Energieträger	1991	1992	1993	1994	1995	1996	1997	1998	1999	2000	2001	2002	2003	2004	2005	2006	2007
	TWh																
Kernenergie	147,4	158,8	153,5	151,2	154,1	161,6	170,3	161,6	170,0	169,6	171,3	164,8	165,1	167,1	163,0	167,4	140,5
Braunkohle	158,3	154,5	147,5	146,1	142,6	144,3	141,7	139,4	136,0	148,3	154,8	158,0	158,2	158,0	154,1	151,1	156,0
Deutsche Steinkohle	119,9	113,0	118,4	114,4	114,5	114,0	100,3	101,0	89,0	84,9	66,9	64,5	69,2	} 140,8	134,1	137,9	145,0
Importsteinkohle	29,9	28,9	27,8	30,2	32,6	38,7	42,8	52,4	54,1	58,2	71,5	70,1	77,3				
Erdgas	36,3	33,0	32,8	36,1	41,1	45,6	48,1	50,8	51,8	49,2	55,5	56,3	61,4	61,4	71,0	73,4	74,5
Mineralöl	14,8	13,2	10,1	10,1	9,1	8,1	7,4	6,7	6,3	5,9	6,1	8,7	9,9	10,3	11,6	10,5	8,0
Wasserkraft*	19,2	21,9	22,3	23,5	25,2	22,7	22,0	22,5	24,7	29,4	27,8	28,4	23,5	26,9	26,7	26,8	27,5
Windkraft	0,1	0,3	0,6	0,9	1,5	2,0	3,0	4,5	5,5	9,5	10,5	15,8	18,7	25,5	27,2	30,7	39,7
Sonstige	14,3	14,6	14,1	16,0	16,1	15,6	16,7	18,4	18,9	21,5	22,0	20,1	23,5	25,3	32,9	39,1	45,3
Brutto-Stromerzeugung**	540,2	538,2	527,1	528,5	536,8	552,6	552,3	557,3	556,3	576,5	586,4	586,7	606,7	615,3	620,6	636,8	636,5
Stromimport	30,4	28,4	33,6	35,9	39,7	37,4	38,0	38,3	40,6	45,1	43,5	46,2	45,8	44,2	53,4	46,1	44,3
Stromexport	31,0	33,7	32,7	33,6	34,9	42,7	40,4	38,9	39,6	42,1	44,8	45,5	53,8	51,5	61,9	65,9	63,4
Außenhandelssaldo Strom	– 0,6	– 5,3	0,9	2,3	4,8	– 5,3	– 2,4	– 0,6	1,0	3,0	– 1,3	0,7	– 8,0	– 7,3	– 8,5	– 19,8	– 19,1
Brutto-Stromverbrauch	539,6	532,9	528,0	530,8	541,6	547,3	549,9	556,7	557,3	579,6	585,1	587,4	598,6	608,0	612,1	617,0	617,4

* Einschließlich Erzeugung in Pumpspeicherkraftwerken

** ab 2000 einschließlich Einspeisung Privater ins Netz der allgemeinen Versorgung (Netto-Werte)

Quelle: Bundesministerium für Wirtschaft und Technologie, BDEW, Gesamtverband des deutschen Steinkohlenbergbaus, DEBRIV – Bundesverband Braunkohle

Durchschnittskosten (fixe und variable Kosten) im Vergleich der bestehenden Alternativen entscheidend. Bei neu zu errichtenden Kraftwerksanlagen auf Basis Braunkohle, Steinkohle und Erdgas liegen die Erzeugungskosten in einer Größenordnung zwischen 8 und 9 Cent/kWh (finanzmathematische Durchschnittskosten bei einer Ausnutzungsdauer von 7.500 Stunden/Jahr und einer Inbetriebnahme im Jahr 2013). Dabei differiert der Anteil der variablen Kosten (fixe und variable Brennstoffkosten einschließlich CO_2-Kosten) je nach Energieträgerbasis zwischen etwa 45 % (Braunkohle) und mehr als drei Viertel (Erdgas). Bei Steinkohle machen die Brennstoff- und CO_2-Kosten zwischen 55 und 60 % der Gesamtkosten aus.

Neben wirtschaftlichen Faktoren bestimmen technische Anforderungen den Einsatz von Kraftwerken. So ist auch aus physikalischen Gründen bei Strom jederzeit ein Gleichgewicht von Angebot und Nachfrage herzustellen. Abweichungen zwischen erwartetem Angebot und prognostizierter Nachfrage können sowohl infolge ungeplanter Störungen als auch aufgrund von Unsicherheiten bezüglich der Witterungsverhältnisse eintreten. So kann es aufgrund einer technischen Störung zum ungeplanten Ausfall eines Kraftwerks kommen. Das Stromangebot aus Windenergie ist mit Unsicherheiten aufgrund der nicht exakt vorhersehbaren Windverhältnisse verbunden. Aber auch auf der Nachfrageseite sind Abweichungen von der vorhergesagten Situation möglich. Dies gilt etwa, wenn ein großer Industriebetrieb aufgrund eines plötzlichen Produktionsstillstandes weniger Strom als angenommen benötigt.

Diese Schwankungen werden mittels der Regelenergie ausgeglichen. Bei der Regelenergie handelt es sich um bestimmte Kraftwerke, die kurzfristig zusätzlichen Strom bereitstellen oder auch ihr Angebot verknappen können. Dabei wird in Abhängigkeit von der Dauer der benötigten Regelabweichung zwischen Primär-, Sekundär- und Minutenreserve unterschieden.

Im Jahr 2007 stellte sich der Energiemix in der Stromerzeugung (allgemeine Versorgung, Industrie und andere private Erzeuger) wie folgt dar (gemessen an der Brutto-Stromerzeugung):

— Kernenergie 22,1 %

— Braunkohle 24,5 %

— Steinkohle 22,8 %

— Erdgas 11,7 %

— Mineralöl 1,3 %

— Wasserkraft 4,3 %

Tabelle 60: Netto-Stromerzeugung in Deutschland nach Betreibergruppen 1991 bis 2007

Jahr	Allgemeine Versorgung	Deutsche Bahn AG	Bergbau und Verarbeitendes	Sonstige Betreiber	Gesamt
	in GWh				
1991	425.627	6.030	68.678	800	501.135
1992	427.528	6.157	64.764	1.100	499.549
1993	419.672	6.220	61.769	1.300	488.961
1994	422.256	6.164	60.193	1.700	490.313
1995	428.192	6.535	61.825	1.900	498.452
1996	450.765	6.906	53.519	2.400	513.590
1997	452.018	7.465	51.461	2.600	513.544
1998	458.143	6.891	49.616	3.800	518.450
1999	459.971	6.825	46.481	4.800	518.077
2000[1)]	478.505	•	47.472	12.512	538.489
2001	488.278	•	44.620	15.268	548.166
2002	484.770	•	43.007	21.511	549.288
2003	498.762	•	44.127	25.022	567.911
2004	499.256	•	44.174	33.327	576.757
2005	497.827	•	45.958	37.774	581.559
2006	504.926	•	46.879	45.384	597.189
2007*	492.120	•	47.270	57.870	597.260

1) ab 2000 einschl. Deutsche Bahn AG
* vorläufig

Quellen: Statistisches Bundesamt; BDEW

Tabelle 61: Netto-Erzeugung der Kraftwerke der Stromversorger nach Energieträgern 1991 bis 2007 in GWh

Jahr	Kernenergie	Braunkohle	Steinkohle	Erdgas	Heizöl	Lauf- und Speicherwasser	Pumpspeicher ohne nat. Zulauf	Übrige	Insgesamt
1991	138.400	128.243	109.623	21.912	7.937	12.585	3.616	3.311	425.627
1992	149.203	128.463	102.836	18.179	6.931	14.980	3.605	3.331	427.528
1993	144.086	123.713	107.304	18.010	4.551	15.199	3.551	3.258	419.672
1994	141.809	124.035	108.206	19.905	4.422	16.133	3.684	4.062	422.256
1995	145.115	122.198	109.883	21.825	3.571	17.197	4.187	4.216	428.192
1996	151.906	125.333	119.322	27.123	3.274	14.981	4.103	4.723	450.765
1997	160.122	123.408	112.091	29.469	2.487	15.148	3.325	5.968	452.018
1998	151.821	122.558	121.986	33.079	2.100	15.024	3.792	6.254	456.614
1999	159.594	120.231	114.820	34.046	1.985	17.403	3.715	8.177	459.971
2000[1)]	160.708	133.016	117.117	32.859	1.488	22.275	4.440	6.602	478.505
2001	162.316	139.602	115.964	36.722	1.660	19.562	4.538	7.914	488.278
2002	156.287	143.033	111.427	39.983	1.131	20.048	4.646	8.215	484.770
2003	156.456	143.150	121.831	44.974	1.198	15.266	5.707	10.180	498.762
2004	158.378	143.030	116.640	44.882	919	16.974	6.884	11.549	499.256
2005	154.612	139.179	112.973	52.310	1.283	16.237	7.017	14.216	497.827
2006	158.711	135.966	116.470	54.958	1.256	16.505	6.643	14.427	504.926
2007[2)]	133.200	140.700	122.300	55.900	900	17.180	6.720	15.220	492.120

1) ab 2000 einschl. Deutsche Bahn AG 2) vorläufig
Quellen: Statistisches Bundesamt; BDEW

Tabelle 62: Technische und ökonomische Parameter der Referenzkraftwerke, Inbetriebnahmejahr ab 2010

Energieträger	Kraftwerkstyp	Elektrische Netto-Leistung	Elektrischer Netto-Wirkungsgrad	Technische Nutzungsdauer	Spezifische Investitionskosten[1)]	Auslastung
		[MW_{el}]	[%]	[a]	[€/kW]	[%]
Erdgas	GuD-KW	1.000	60	30	480	85
Steinkohle	Dampf-KW	1.020	46	35	1.000	85
Braunkohle	Dampf-KW	1.050	44	35	1.150	85
Kernenergie	Druckwasserreaktor	1.600	36	60	1.850	85
Wasser	Laufwasser-KW	3,1	•	60	4.982	57
Wind	Wind-KW onshore	2	•	20	1.050	15-25
Wind	Wind-KW offshore	5	•	20	1.950	24-40
Solar	PV-Anlage Freifläche	0,5	•	25	4.275	10
Solar	PV-Anlage Dach	0,002	•	25	5.200	10
Biomasse	Holz-KW Wirbelschicht	20	35	20	2.100	85

1) Anlagenabschlusskosten und Baunebenkosten ohne Zinsen während der Bauzeit

Stand: Juli 2007; Aktuelle Entwicklungen auf dem konventionellen Kraftwerksmarkt führen zu 30 bis 50 % höheren Investitionskosten, bedingt u. a. durch erhöhte Rohstoffpreise und einer zunehmenden Tendenz zum Verkäufermarkt, was die Rücknahme von Baubeschlüssen bei einigen Energieversorgern zur Folge hatte. Die PROGNOS AG, Basel, beziffert die Investitionskosten (einschließlich Bauzeitzinsen) bei Neuabschlüssen mit Stand Herbst 2008 sogar in folgender Höhe: 1.750 $€_{2007}/kW_{el}$ für Steinkohle, 1.950 $€_{2007}/kW_{el}$ für Braunkohle und 950 $€_{2007}/kW_{el}$ für Erdgas-GuD.

Quelle: S. Wissel, S. Rath-Nagel, M. Blesl, U. Fahl, A. Voß: Stromerzeugungskosten im Vergleich, Arbeitsbereicht Nr. 4 des Instituts für Energiewirtschaft und Rationelle Energieanwendung (IER), Stuttgart, Februar 2008

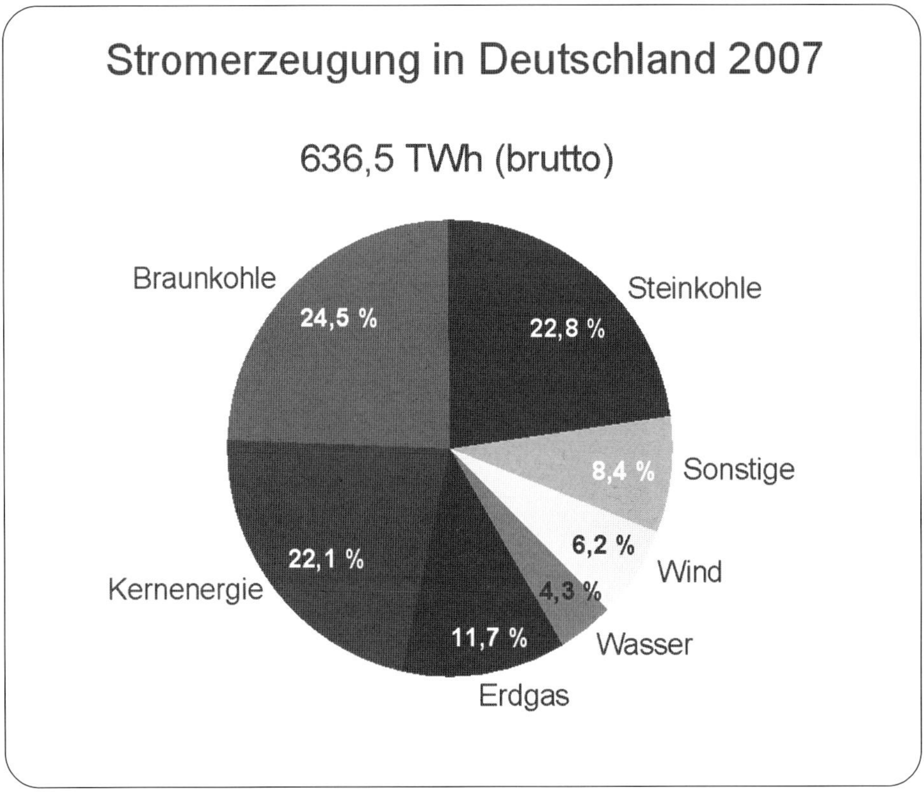

Abb. 63: Struktur der Stromerzeugung nach Einsatzenergien

— Windkraft 6,2 %

— Übrige 7,1 %.

1961 ging in Deutschland das erste **Kernkraftwerk** ans Netz. Ende 2007 waren insgesamt 17 Kernkraftwerksblöcke an 12 Standorten mit einer Bruttoleistung von 21.497 MW (netto: 20.470 MW) am Netz. 2007 wurden in diesen Anlagen 140,5 TWh Strom erzeugt. Im Gesamtzeitraum 1961 bis 2007 betrug die Stromerzeugung aller deutschen Kernkraftwerke 4.250 TWh.

Der gefahrlose Betrieb von Kernkraftwerken ist in Deutschland durch weltweit anerkannte höchste Sicherheitsstandards gewährleistet. Im internationalen Vergleich sind deutsche Kernkraftwerke führend in Bezug auf Anlagensicherheit, Zuverlässigkeit und Verfügbarkeit. Für alle Kernkraftwerke in Deutschland gelten – unabhängig vom Alter der Anlage – die gleichen hohen Sicherheitsanforderungen.

Für Schäden, die Dritten aus dem Betrieb von Kernkraftwerken entstehen, haften die Energieversorgungsunternehmen – unabhängig von etwaigem Verschulden – sowohl dem Grund wie auch der Höhe nach unbegrenzt mit ihrem gesamten Betriebsvermögen. Die Deckungsvorsorge erstreckt sich – wie auch in anderen Bereichen üblich – nur über einen Teil der (in diesem Fall unbegrenzten) Haftungssumme. Auf Grundlage des Atomkonsenses ist im deutschen Atomgesetz eine Deckungsvorsorge von 2,5 Mrd. Euro je Schadensfall festgelegt. Von der Gesamtsumme der Deckungsvorsorge in Höhe von 2,5 Mrd. Euro sind 256 Mio. Euro über eine Haftpflichtversicherung bei den allgemeinen Versicherungsgesellschaften gedeckt. Die verbleibenden 2,244 Mrd. Euro werden durch eine Solidarvereinbarung zwischen den Muttergesellschaften der Kernkraftbetreiber sichergestellt. Für alle Forderungen, die darüber hinausgehen, haftet der Betreiber mit seinem gesamten Vermögen.

Zur Sicherheit der Energieversorgung leistet Kernenergie einen wesentlichen Beitrag, weil der zur Stromerzeugung erforderliche Brennstoff Uran noch mindestens 200 Jahre verfügbar sein wird. Hinzu kommt: Im Gegensatz zu Öl und Erdgas sind die Uranvorkommen über die ganze Welt verteilt. Die Staaten mit den bedeutendsten Vorkommen zeichnen sich durch politische Stabilität aus. So decken die Förderländer Kanada und Australien gegenwärtig rund die Hälfte des weltweiten Uranbedarfs.

„Dank seiner hohen Energiedichte ist Uran zudem leicht zu transportieren und kann nahezu beliebig lange bevorratet werden. Zum Vergleich: Ein Kilogramm Natururan entspricht 12.600 Litern Erdöl oder 18.900 Kilogramm Steinkohle. Wegen der unkomplizierten Verfügbarkeit des Brennstoffs Uran bezeichnet man Kernenergie auch als heimische Energiequelle.“ [35]

Ein weiterer Vorteil der Kernenergie bei deren Nutzung zur Stromerzeugung besteht in der positiven CO_2-Bilanz. So weist die Kernkraft – neben Wasser und Windenergie – die geringsten spezifischen CO_2-Emissionen auf. Bezieht man den kompletten Lebenszyklus der Kernenergienutzung ein (u. a. Urangewinnung und -umwandlung, Wiederaufbereitung, Kraftwerksrückbau), belaufen sich die Treibhausemissionen auf 5 bis 33 Gramm CO_2-Äquivalent pro erzeugter Kilowattstunde Strom. Für erneuerbare Energien werden Vergleichswerte von 4–36 Gramm CO_2-Äquivalent pro Kilowattstunde (g CO_2-Äq./kWh) für Wasserkraft, 10–38 g CO_2-Äq./kWh für Wind und 78–217 g CO_2-Äq./kWh für Photovoltaik genannt. Für fossile Energien betragen die Emissionen unter Berücksichtigung der Lebenszyklus-Analyse gemäß wissenschaftlicher Untersuchung 399–644 g CO_2-Äq./kWh für Erdgas, 550–946 g CO_2-Äq./kWh für Erdöl, 750 bis 1.080 g CO_2-Äq./kWh für Steinkohle und 838–1.231 g CO_2-Äq./kWh für Braunkohle. [35]

Eine noch offene Flanke bei der Nutzung der Kernenergie ist die politische Klärung der Endlagerung von radioaktiven Abfällen.

„In Deutschland schreibt das Atomgesetz zunächst eine Zwischenlagerung am Standort vor. Hierfür wurden an jedem Kernkraftwerk, in den Kernforschungszentren und sonstigen kerntechnischen Anlagen Zwischenlager eingerichtet. Dort werden die Abfälle aufbewahrt, bis die Radioaktivität so weit abgeklungen ist, dass sie sicher in ein Endlager transportiert werden können bzw. die Entscheidung über ein Endlager für hochradioaktive Abfälle getroffen wurde.

Darüber hinaus wurden in Deutschland zwei weitere zentrale Zwischenlager geschaffen. Eines in Gorleben in der Nähe des voraussichtlichen Endlagers, das andere in Ahaus im Münsterland. Am Standort Gorleben können neben den Brennelementen auch verglaste hochradioaktive Abfälle aus der Wiederaufarbeitung – so genannte Glaskokillen – gelagert werden. In Ahaus sollen künftig schwach- und mittelradioaktive Abfälle aus dem Betrieb und der Stilllegung von Kernkraftwerken sowie Abfälle der Wiederaufarbeitung deutscher Brennstäbe in Frankreich zwischengelagert werden.

Die direkte Endlagerung ausgedienter Brennelemente ist in Deutschland der einzig gesetzlich zugelassene Entsorgungsweg für die Zukunft. Dieser beginnt mit der Konditionierung, also der transport- und endlagergerechten Verpackung der Abfälle. Dieses Verfahren überführt radioaktive Abfälle in einen chemisch stabilen, in Wasser nicht oder nur schwer löslichen Zustand.

Hochradioaktive Spaltproduktlösungen werden in Glas eingeschmolzen. Die dabei entstehenden Glaskokillen sind korrosionsfest und wasserunlöslich. Alternativ hierzu wird an der Einbindung in Keramik gearbeitet, die eine ebenso chemisch stabile Lagerung garantiert. Die Konditionierung von Brennelementen soll in Deutschland erst dann erfolgen, wenn die Bundesregierung den Standort für die Endlagerung der Brennelemente bzw. wärmeentwickelnden Abfälle festgelegt hat. Hierfür steht seit Ende 2000 am Standort Gorleben die Pilot-Konditionierungsanlage (PKA) bereit.

Das deutsche Entsorgungskonzept beruht auf der sicheren Endlagerung von radioaktiven Abfällen in tiefen geologischen Formationen. Zwei Standorte bieten sich in besonderer Weise hierfür an: das ehemalige Eisenerzbergwerk „Schacht Konrad“ bei Salzgitter und der Salzstock Gorleben. Für schwach- und mittelradioaktiven Abfall ist zukünftig der Schacht Konrad vorgesehen, nachdem das Bundesverwaltungsgericht den Weg für die Inbetriebnahme geebnet hat. Dahingegen stehen die Ampeln für den Salzstock Gorleben weiterhin auf Rot. Hier fehlt trotz der Eignung der politische Wille zur Weitererkundung.

In wenigen Jahren kann mit der Endlagerung schwach- und mittelradioaktiver Abfälle im ehemaligen Eisenerzbergwerk **Schacht Konrad** begonnen werden. Das Eisenerzlager liegt im Bereich der Schachtanlagen 800 bis 1.300 Meter tief und erreicht auch in der weiteren Umgebung an keiner Stelle die Erdoberfläche. Über dem Erzlager liegen mächtige Ton- und Mergelschichten, die verhindern, dass oberflächennahes Grundwasser eindringen kann. Wegen dieser besonderen geologischen Eigenschaften ist das Bergwerk außergewöhnlich trocken. Darüber hinaus weist die Grube eine hohe Standfestigkeit auf. Radioaktive Abfälle können so sicher endgelagert und langfristig wirkungsvoll von der Biosphäre isoliert werden.

Das Planfeststellungsverfahren wurde nach über zwanzigjähriger Verfahrensdauer am 5. Juni 2002 abgeschlossen. Nach darauf folgenden mehrjährigem Rechtsstreit gab das Bundesverwaltungsgericht nun grünes Licht für die Inbetriebnahme des Endlagers. Die Beschwerden wurden vom Bundesverwaltungsgericht im März 2007 zurückgewiesen. Damit war der Rechtsweg erschöpft; ein rechtskräftiger und unanfechtbarer Planfeststellungsbeschluss lag nunmehr vor. Der Vorhabensträger Bund hat daraufhin entschieden, die Schachtanlage Konrad als Endlager für radioaktive Abfälle einzurichten. Erste Arbeiten zur Umrüstung der Anlage sind derzeit im Gange. Nach den aktuellen Planungen soll Ende 2013 das Endlager Konrad in Betrieb genommen werden.

Seit 1979 wird der **Salzstock Gorleben** im niedersächsischen Landkreis Lüchow-Dannenberg auf seine Eignung als Endlager für alle Arten radioaktiver Abfälle untersucht.

Die oberirdischen Standorterkundungen wurden 1985 im Wesentlichen abgeschlossen. Seit 1984 konzentriert sich die Erkundung auf den mächtigen Salzstock untertage. Er erstreckt sich über eine Länge von etwa 14 Kilometern. An der breitesten Stelle ist er bis zu 4 Kilometer stark und reicht aus einer Tiefe von etwa 3.500 Meter bis etwa 260 Meter unter die Erdoberfläche. Ideale Voraussetzungen für eine sichere Endlagerung. Bis Ende 2000 wurden geowissenschaftliche Untersuchungen verfolgt. Sie sollten Aufschluss über die räumliche Verteilung der Salzgesteine, die physikalischen Kenngrößen und den Stoffbestand des Gebirges sowie über Lösungseinschlüsse und Gase geben. Außerdem wurden spezielle mineralogische und geochemische Analysen durchgeführt. Das geotechnische Untersuchungsprogramm begleitete die Erkundungen, um umfassende Daten für die Planung, Beweissicherung und Überwachung in der Betriebsphase sowie für Modellrechnungen zur Nachbetriebsphase bereitzustellen.

Die damalige rot-grüne Bundesregierung sah Ende 1999 im Zusammenhang mit der laufenden internationalen Diskussion die Notwendigkeit, die Eignungskriterien für ein Endlager fortzuentwickeln sowie eine Reihe von konzeptionellen und sicherheitstechnischen Fragestellungen abzuarbeiten. Da nach ihrer Auffassung eine weitere Erkundung des Salzstocks Gorleben nicht zur Klärung dieser Fragen beitragen konnte, wurde die laufende untertägige Erkundung am 1. Oktober 2000 für mindestens drei, längstens jedoch zehn Jahre unterbrochen (Moratorium). Mehr als sieben Jahre später währt auch im Jahr 2007 das Moratorium für das Erkundungsbergwerk in Gorleben fort. Die Arbeiten in Gorleben beschränken sich weiterhin auf solche, die notwendig und zweckmäßig sind, um das Bergwerk und die bisherigen Investitionen und Arbeitsergebnisse nicht zu entwerten.

Tabelle 63: Leistung der Kernkraftwerke nach Standorten Ende 2007

Anlage/Standort	Nennleistung MW		Erste Netzeinspeisung	Stromerzeugung brutto 2007
	brutto	netto		GWh
Biblis A	1.225	1.167	Aug. 74	0
Biblis B	1.300	1.240	Apr. 76	935
GKN-1 Neckar	840	785	Juni 76	5.187
GKN-2 Neckar	1.400	1.310	Jan. 89	11.114
KKB Brunsbüttel	806	771	Juni 76	2.601
KKI-1 Isar	912	878	Dez. 77	7.041
KKI-2 Isar	1.475	1.400	Jan. 88	12.009
KKU Unterweser	1.410	1.345	Okt. 78	9.530
KKP-1 Philippsburg	926	890	Mai 79	7.277
KKP-2 Philippsburg	1.458	1.392	Dez. 84	11.777
KKG Grafenrheinfeld	1.345	1.275	Dez. 81	10.901
KKK Krümmel	1.402	1.346	Sep. 83	5.689
KRB-B Gundremmingen B	1.344	1.284	März 84	11.053
KRB-C Gundremmingen C	1.344	1.288	Nov. 84	10.353
KWG Grohnde	1.430	1.360	Sep. 84	11.460
KBR Brokdorf	1.480	1.410	Okt. 86	12.013
KKE Emsland	1.400	1.329	Apr. 88	11.594
19 Blöcke	21.497	20.470	–	140.533

Quelle: Informationskreis Kernenergie, Berlin 2008

Tabelle 64: Staatliche Aufwendungen für Forschung und Entwicklung im Bereich Kernenergie (1956 bis 2004)

	Mio. Euro
Ausgaben im Rahmen des 1. bis 4. Atomprogramms sowie öffentliche Aufwendungen aus Vorarbeiten von 1956 bis 1992:	2.266
Forschungs- und Entwicklungsausgaben im Rahmen der Projektförderung und Großforschungseinrichtungen:	10.908
Forschungs- und Entwicklungsausgaben im Haushalt des BMWA 1998 bis 2004:	259
Forschungs- und Entwicklungsausgaben im Haushalt des BMBF 1998 bis 2004:	280
Insgesamt (Westdeutschland)	**13.713**

Quellen: Informationskreis Kernenergie, Berlin 2008

Ende 2005 hatte das Bundesamt für Strahlenschutz (BfS) als Zusammenfassung der abgearbeiteten konzeptionellen und sicherheitstechnischen Fragestellungen einen Synthesebericht über die „Konzeptionellen und sicherheitstechnischen Fragen der Endlagerung radioaktiver Abfälle – Wirtsgesteine im Vergleich“ vorgelegt. Zweifel an der Eignung des Salzstocks Gorleben für ein Endlager für alle Arten radioaktiver Abfälle sind weder aus dem Synthesebericht noch aus den ihm zugrunde liegenden Berichten über konzeptionelle und sicherheitstechnische Fragestellungen abzuleiten.

Bei allen bisherigen Erkundungen ist kein Argument von Gewicht gegen die Eignung von Gorleben gefunden worden. Deutschland hat die Möglichkeit, als eines der ersten Länder der Welt die Entsorgungsfrage sicher zu klären. Deshalb ist es notwendig, die im Jahr 2000 unterbrochenen untertägigen Erkundungsarbeiten wieder aufzunehmen und zügig abzuschließen.“ [35]

Tabelle 65: Kernkraftwerksleistung nach Eigentümern

Anlage/Standort	Inbetriebnahme (Beginn Dauerbetrieb)	Reaktortyp***	Gesellschafter/Eigentümer	Brutto-Erzeugung seit Inbetriebnahme bis Ende 2007 in GWh
Biblis A (KWB A) Biblis B (KWB B)	1975 1977	DWR DWR	RWE Power 100 %	230.714 239.630
Neckar- 1 (GKN-1) Neckar -2 (GKN-2)	1976 1989	DWR DWR	Energie Baden-Württemberg Kraftwerke 98,45 % ZEAG Energie 1,3 %; Deutsche Bahn 0,2 %; Kernkraftwerk Obrigheim 0,05 %	188.337 208.229
Brunsbüttel (KKB)	1977	SWR	Vattenfall Europe Nuclear Energy 66,7 %; E.ON Kernkraft 33,3 %	125.803
Isar- 1 (KKI-1)	1979	SWR	E.ON Kernkraft 100 %	183.519
Isar -2 (KKI-2)	1988	DWR	E.ON Kernkraft 75 %; Stadtwerke München 25 %	222.899
Unterweser (KKU)	1979	DWR	E.ON Kernkraft 100 %	271.455
Phillipsburg 1 (KKP-1) Phillipsburg 2 (KKP-2)	1980 1985	SWR DWR	EnBW Kraftwerke 100 %	174.644 249.322
Grafenrheinfeld (KKG)	1982	DWR	E.ON Kernkraft 100 %	259.259
Krümmel (KKK)	1984	SWR	Vattenfall Europe Nuclear Energy 50 %; E.ON Kernkraft 50 %	210.482
Gundremmingen B (KRB B) Gundremmingen C (KRB C)	1984 1985	SWR SWR	RWE Power 75 %; E.ON Kernkraft 25 %	228.330 217.183
Grohnde (KWG)	1985	DWR	E.ON Kernkraft 83,3 %; Stadtwerke Bielefeld 16,7 %	260.590
Brokdorf (KBR)	1986	DWR	E.ON Kernkraft 80 %; Vattenfall Europe Nuclear Energy 20 %	231.455
Emsland (KKE)	1988	DWR	RWE Power 87,5 %; E.ON Kernkraft 12,5 %	221.428

*** DWR: Druckwasserreaktor; SWR: Siedewasserreaktor

Quelle: Deutsches Atomforum, Jahresbericht 2007, Kernenergie in Deutschland, Berlin 2008

Tabelle 66: Erzeugte Elektrizitätsmengen (netto) der deutschen Kernkraftwerke, Übertragung von Produktionsrechten und Erfassung der Reststrommengen

Vom 1. Januar 2000 bis 31. Dezember 2007 erzeugte elektrische Nettoarbeit und Reststrommengen (GWh) – Jahresmeldung 2007							
Kernkraftwerk	Reststrommenge ab 01.01.2000 gem. § 7 Abs.1 a AtG	1. Jan. 2000 bis 31. Dez. 2004	Summe 2005	Summe 2006	Summe 2007***	bisher übertragene Strommengen	verbleibende Reststrommenge
Obrigheim*	8.700,00	13.342,14	857,75	0,00	0,00	5.499,89	0,00
Stade**	23.180,00	18.394,47	0,00	0,00	0,00		4.785,53
Biblis A	62.000,00	33.969,83	7.353,88	6.995,31	0,00		13.680,98
Neckarwestheim[1)]	57.350,00	30.323,69	5.882,68	6.182,17	4.713,53		10.247,93
Biblis B	82.460,00	42,435,33	6.885,01	8.300,58	884,46		22.954,62
Brunsbüttel***	47.670,00	22.187,84	6.027,24	5.967,39	2.487,86		10.999,67
Isar 1	78.350,00	33.200,18	7.336,92	6.808,10	6.755,77		24.249,03
Unterweser	117.980,00	46.026,10	8.890,64	10.391,46	9.076,27		43.595,53
Philippsburg 1	87.140,00	33.267,19	5.838,77	6.911,89	6.966,11	– 5.499,89	28.656,15
Grafenrheinfeld	150.030,00	50.599,98	10.105,98	9.424,88	10.311,47		69.587,69
Krümmel***	158.220,00	44.763,91	9.243,37	10.177,78	5.454,86		88.580,08
Gundremmingen B	160.920,00	50.288,51	10.299,94	10.085,79	10.496,50		79.749,26
Philippsburg 2	198.610,00	52.116,69	10.834,66	10.967,39	11.180,64		113.510,62
Grohnde	200.900,00	54.402,87	10.840,94	10.995,69	10.818,40		113.842,10
Gundremmingen C	168.350,00	48.787,39	10.015,64	10.542,96	9.888,31		89.115,70
Brokdorf	217.880,00	55.492,79	11.400,69	11.201,33	11.425,65		128.359,54
Isar 2	231.210,00	57.833,24	11.102,56	11.755,26	11.377,49		139.141,45
Emsland	230.070,00	55.221,62	10.887,83	11.147,60	10.989,22		141.823,73
Neckarwestheim 2	236.040,00	51.701,00	10.936,41	10.877,47	10.411,09		152.214,03
Summe	**2.516.060,00**	**794.354,77**	**154.640,91**	**158.733,05**	**133.237,63**	**5.499,89**	**1.275.093,64**
Mülheim-Kärlich	107.250,00						107.250,00
Gesamtsumme	**2.623.310,00**						**1.382.343,64**

* Das Kernkrftwerk Obrigheim wurde am 11.05.2005 außer Betrieb genommen.

** Das Kernkraftwerk Stade ging am 14.11.2003 außer Betrieb und wurde am 07.09.2005 stillgelegt. Über die Verwendung der verbliebenen Reststrommenge bei KKS ist noch nicht entschieden worden.

*** Die Angaben in der Spalte 6 „Summe 2007" enthalten die von den Wirtschaftsprüfern gemäß § 7 Abs. 1 a AtG geprüften Werte. Für die Kernkraftwerke Brunsbüttel und Krümmel konnten aufgrund der Anlagenstillstände seit dem 18.07.2007 bzw. dem 28.06.2007 die bestimmungsgemäßen Zustände der geeichten Messgeräte nicht durch eine Sachverständigenorganisation überprüft bzw. bescheinigt werden. Für diese beiden Anlagen wird dies in einem Zeitraum von 4 Wochen nach einer Wiederaufnahme des Leistungsberichts nachgeholt.

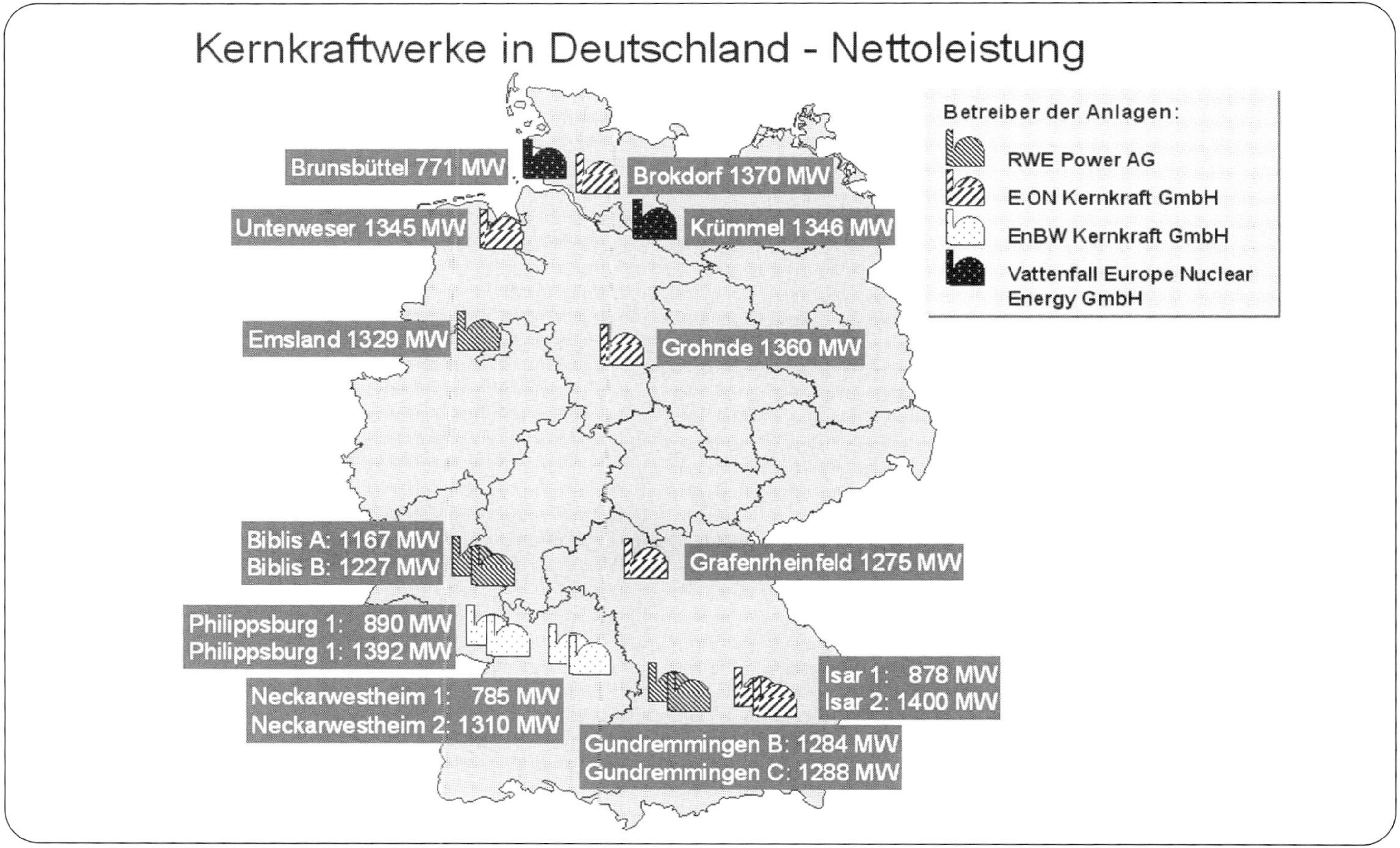

Abb. 64: Standorte der Kernkraftwerke in Deutschland

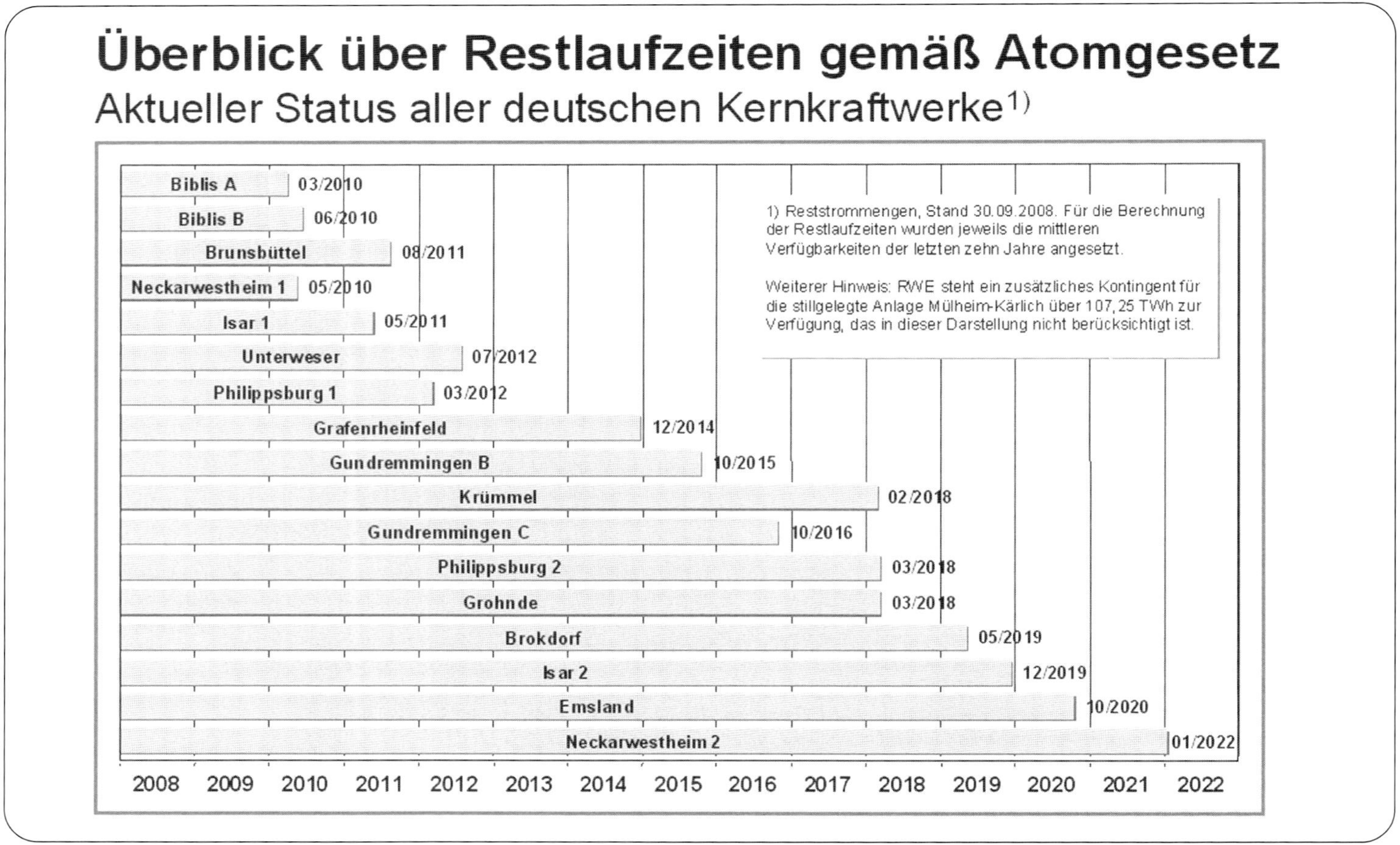

Abb. 65: Endlager-Standorte in Deutschland

Tabelle 67: Vor- und Nachteile relavanter Stromerzeugungsoptionen

Kernkraft	Kohle	Gas	Wasser	Wind
Pro: – Klimaschonende Stromerzeugung ohne $C0_2$-Emissionen – Preiswerte und zuverlässige Versorgung ohne kritische Importabhängigkeit – Hohes Sicherheitsniveau der westlichen Kernkraftwerke	Pro: – Steinkohle auf dem Weltmarkt von vielen Anbietern preiswert zu beziehen – Braunkohle in Europa als sicherer heimischer Energierohstoff verfügbar – Kraftwerkstechnologie mit großen Potenzialen zur weiterem Effizienzsteigerung	Pro: – Umweltfreundlichster fossiler Brennstoff mit den geringsten CO_2-Emissionen – Stromerzeugung in hocheffizienten Kraftwerken – Kurze Errichtungszeiten und günstige Investitionskosten für Neuanlagen	Pro: – Klimaschonende Stromerzeugung ohne CO_2-Emissionen – Hoher Anlagenwirkungsgrad – Wirtschaftlicher Betrieb – Extrem schnell verfügbare Netzdienstleistungen – Unterstützung des Hochwasserschutzes	Pro: – Klimaschonende Stromerzeugung ohne CO_2-Emissionen – keine Importabhängigkeit – Potenziale zur weiteren Effizienzsteigerung – Repowering älterer Anlagen – Option der Errichtung von Windparks im Meer (Offshore)
Contra: – Gesellschaftliche Akzeptanzproblematik in einzelnen europäischen Ländern – Aufwändiges atomrechtliches Genehmigungsverfahren – Aufwand für Sicherheit erforderlich – Entsorgung und Endlagerung nuklearer Brennelemente noch nicht überall politisch entschieden	Contra: – Steigende Nachfrage nach Steinkohle (vor allem aus China und Indien) und begrenzte Transportkapazitäten beinhalten Preisrisiken – CO_2-Emissionen höher als bei Erdgas – Rauchgasreinigung mit entsprechendem Anlagenaufwand erforderlich	Contra: – Stark schwankende Erdgaspreise führen zu großen Schwankungen bei den Stromerzeugungskosten – Abhängigkeit von Erdgasimporten als mögliches Versorgungsrisiko – Zunehmende Konzentration der Vorkommen in politisch instabilen Regionen	Contra: – Gravierende Hemmnisse durch neue Umweltschutz-Ziele – Ausbau vorhandener Potenziale aus umweltpolitischen Gründen problematisch – Hohe Investitionskosten bei Neubau infolge umfangreicher erzeugungsfremder Ausgleichsmaßnahmen	Contra: – Windbedingte schwankende Stromerzeugung, daher nur zusammen mit konventionellen Kraftwerken und/oder Speichern nutzbar – Zusätzliche Investitionen für den Ausbau des Stromnetzes erforderlich – Wirtschaftliche Erzeugung noch nicht gegeben

Quelle: VGB, Zahlen und Fakten zur Stromerzeugung 2007, Essen 2008

2.5.6 Netzbetrieb

Die deutschen Stromversorger unterhalten Stromnetze mit insgesamt 1,7 Millionen Kilometer Leitungen und 566.300 Transformatoren. In die Fortleitungs- und Verteilungsanlagen wurden im Fünfzehn-Jahreszeitraum 1993 bis 2007 jährlich durchschnittlich 2,7 Mrd. Euro investiert. Dies entsprach der Hälfte der gesamten Investitionen der Stromversorger.

Gemäß ihren unterschiedlichen Zwecken wird bei den Stromnetzen zwischen vier Spannungsebenen differenziert. Dabei handelt es sich um die Höchstspannung (220 und 380 Kilovolt), Hochspannung (> 60 bis < 220 Kilovolt), Mittelspannung (6 bis 60 Kilovolt) und Niederspannung (0,4 bis 6 Kilovolt). Auf der Höchstspannungsebene existieren in Deutschland 36.000 km Leitungen und 1.100 Transformatoren. Mit Höchstspannung wird im überregionalen Stromtransport gearbeitet. Kunden in diesem Großhandelsbereich sind regionale Stromversorger und sehr große Industriebetriebe. Über Höchstspannungsnetze wird ferner der Stromhandel mit dem Ausland abgewickelt.

Das deutsche Höchstspannungsnetz ist in das europäische Verbundnetz integriert. Durch diese Anbindung über die bestehenden Koppelleitungen wird die Versorgungssicherheit erhöht. Ferner werden dadurch die Voraussetzungen für eine grenzüberschreitende Optimierung des Kraftwerkseinsatzes geschaffen. Bereits 1951 hatten sich die Betreiber des europäischen Stromnetzes in der Union für die Koordinierung der Erzeugung und des Transports elektrischer Energie mit Sitz in Paris zusammengeschlossen. Die heutige UCTE vereint die Netzbetreiber Frankreichs, Deutschlands, Italien, der iberischen Halbinsel, der Benelux-Staaten, Dänemarks, Österreichs und der Schweiz zu einem nach einheitlichen Standards funktionierenden europäischen Stromnetz. Angebunden an den UCTE-Verbund sind auch die so genannten CENTREL-Staaten Polen, Slowakei, Tschechien und Ungarn. Die Systemführung Netze der RWE Transportnetz Strom GmbH koordiniert den Stromaustausch aller deutschen Übertragungsnetzbetreiber mit dem UCTE-Netz einschließlich des CENTREL-Netzes. [36]

Der grenzüberschreitende Stromaustausch wird – ebenso wie der Regelzonenhandel – auf Basis von Fahrplänen abgewickelt, die die Übertragungsnetzbetreiber (ÜNB) und Stromhändler untereinander austauschen. Im Rahmen der Vereinigung der europäischen ÜNB (ETSO) wurde ein europaweit einheitliches Fahrplanformat eingeführt. Übertragungsnetzbetreiber in Deutschland sind: EnBW Transportnetze AG, E.ON Netz GmbH, RWE Transportnetz Strom GmbH, Vattenfall Europe Transmission GmbH.

Regionale Verteilungsnetze werden sowohl mit Hoch- als auch mit Mittelspannung betrieben. Auf der Hochspannungsebene gibt es in Deutschland 75.200 km Leitungen und 7.500 Transformatoren. Kunden auf dieser Netzstufe sind lokale Stromversorger und größere Industriebetriebe.

Tabelle 68: Stromaustausch mit dem Ausland 1991 bis 2007

Jahr	Einfuhr	Ausfuhr	Austauschsaldo
	GWh		
1991	30.416	30.991	– 575
1992	28.418	33.738	– 5.320
1993	33.628	32.759	+ 869
1994	35.727	33.506	+ 2.221
1995	39.519	34.845	+ 4.674
1996	37.160	42.603	– 5.443
1997	37.818	40.246	– 2.428
1998	38.131	38.767	– 636
1999	40.409	39.444	+ 965
2000	45.031	41.876	+ 3.155
2001	43.494	44.774	– 1.280
2002	46.217	45.529	+ 688
2003	45.753	53.823	– 8.070
2004	44.213	51.519	– 7.306
2005	53.449	61.924	– 8.475
2006	46.140	65.911	– 19.771
2007*	44.270	63.385	– 19.115

Stromaustausch der Stromversorger über die Grenzen Deutschlands, physikalische Werte

* vorläufig

Quellen: Statistisches Bundesamt; BDEW

Tabelle 69: Investitionen der Stromversorger 1992 bis 2007

Jahr	Erzeugungs-anlagen	Fortleitungs- und Verteilungs-anlagen	Sonstiges	Insgesamt
	Mrd. Euro			
1992	2,0	3,9	1,1	7,0
1993	2,4	4,0	1,4	7,8
1994	2,4	3,7	1,1	7,2
1995	2,4	3,6	1,3	7,3
1996	2,5	3,1	1,3	6,9
1997	1,8	3,0	1,1	5,9
1998	1,7	2,7	0,9	5,3
1999	1,7	2,4	0,9	5,0
2000	0,6	2,0	0,7	3,3
2001	0,8	2,2	0,7	3,7
2002	0,9	1,8	0,8	3,5
2003	1,4	1,7	0,7	3,8
2004	1,2	2,0	0,7	3,9
2005	1,2	2,0	0,7	3,9
2006	1,5	2,6	0,7	4,8
2007*	2,7	3,3	0,7	6,7

* Planungsstand der Unternehmen Frühjahr 2007

Quelle BDEW

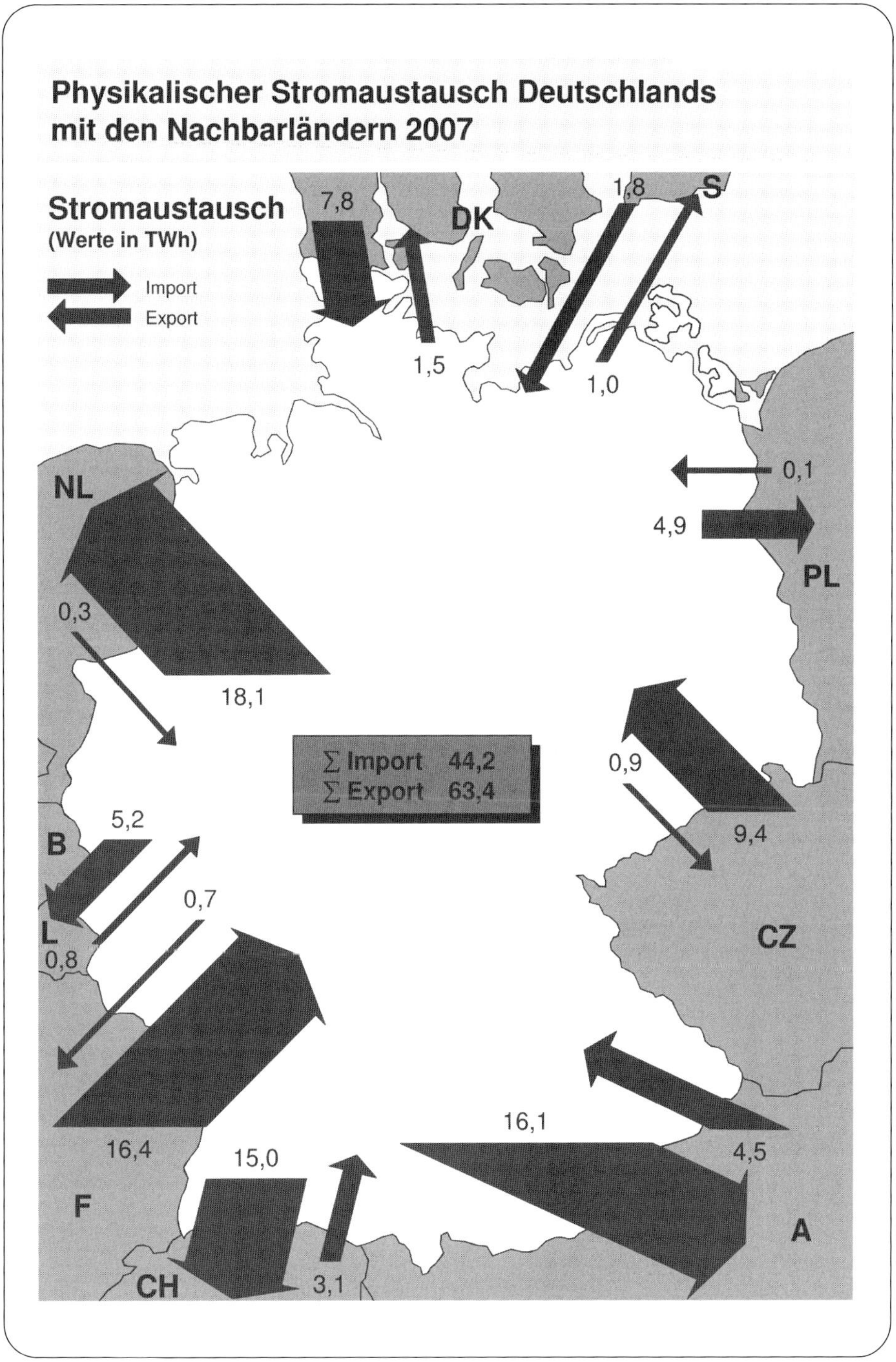

Abb. 66: Physikalischer Stromaustausch zwischen Deutschland und den Nachbarstaaten 2007

Auf der Mittelspannungsebene verfügen die Stromnetzbetreiber in Deutschland über 493.000 km Leitungen sowie 557.700 Transformatoren. Kunden sind Industrie und größere Gewerbebetriebe.

Die Niederspannungsnetze dienen der Stromverteilung auf lokaler Ebene. Aus diesem Leitungsnetz, das eine Gesamtlänge von 1.067.100 km umfasst, beziehen vor allem Haushalte, Gewerbe und Landwirtschaft Strom.

In Deutschland verteilt sich das gesamte Netz der Stromversorger zu 70 % auf Kabel und zu 30 % auf Freileitungen.

Die durchschnittlichen Netzentgelte belaufen sich in Deutschland gemäß den Angaben im BDEW-Jahresbericht 2007 mit Stand August 2007 auf folgende Werte:

Niederspannung:	4,71 Cent/kWh
Mittelspannung:	2,65 Cent/kWh
Hochspannung:	1,51 Cent/kWh

Dabei handelt es sich um die arithmetischen Mittelwerte der Netzentgelte in den angegebenen Spannungsebenen. Bei der Berechnung der Mittelwerte sind die jeweiligen Arbeits-, Leistungs- bzw. Grundpreise als Nettoentgelte eingeflossen.

2.5.7 Stromhandel

Als Folge der Liberalisierung der Elektrizitätswirtschaft hat die Bedeutung des Stromhandels deutlich zugenommen. Der durch die Durchleitung eröffnete allgemeine Zugang zu den Netzen in Verbindung mit diskriminierungsfreien Durchleitungsentgelten schafft nämlich die Voraussetzung für den Stromhandel zwischen sehr unterschiedlichen Marktakteuren. [37]

Grundsätzlich ist zwischen verschiedenen **Formen von Stromhandel** zu unterscheiden: zur Optimierung des physischen Energiebedarfs (Beschaffungshandel), zur risikolosen Ausnutzung von Preisdifferenzen (Arbitragehandel) und zur Gewinnerzielung aus Preisdifferenzen durch Eingehen offener Positionen (spekulativer Handel).

Eine der wesentlichen Funktionen des Stromhandels zur Beschaffungsoptimierung ist das Portfoliomanagement. Ein Portfolio besteht aus verschiedenen Produkten, die zu unterschiedlichen Zeitpunkten gehandelt werden. Dabei orientiert sich die Beschaffung an den Anforderungen im Vertrieb und umgekehrt. Im Rahmen eines Portfolios können die Risiken optimal gemanagt werden, da das Gesamtrisiko des Portfolios geringer ist als die Summe der einzelnen Risiken.

„Die integrierte Aufkommensoptimierung findet ebenfalls im Energiehandel statt, der als Schnittstelle des Unternehmens zum Beschaffungsmarkt wichtige Informationen über die Marktpreise erhält. Vor diesem Hintergrund kann der Einsatz der physischen Kapazitäten, Kraftwerke und Speicher optimiert werden. Dazu zählt auch die Abwicklung der Transportgeschäfte im Hochspannungsnetz. Dies schließt die Optimierung der Durchleitung ein, die Kosten reduzieren und Synergieeffekte nutzbar machen soll. Die gesamte Optimierung der Energiebeschaffung und das Management der Bezugsverträge sind originäre Handelsaufgaben.“ [38]

Daneben besitzt der Energiehandel eine wesentliche Schnittstelle zum Vertrieb. So versorgt der Handel den Vertrieb mit Strommengen, die für den Absatz benötigt werden. „Er übermittelt dem Vertrieb Informationen über Beschaffungspreise, der dann darauf aufbauend die Angebote kalkulieren kann. Einige Produkte können nur in Zusammenarbeit zwischen Handel und Vertrieb kreiert und gemanaget werden. Beispielsweise unterstützt der Handel bei Verträgen mit Preisbindung an einen Index mit dem notwendigen Risikomanagement. Der Vertrieb wiederum aggregiert die komplette Nachfrage und gibt die Gesamtheit seiner Verträge (Absatzportfolio) an den Handel, der dann auf dieser Basis die Beschaffung optimieren kann.“ [38]

Die dargelegten Aktivitäten haben nicht zum Ziel, spekulative Handelsgewinne zu realisieren. Sie dienen vielmehr zur Sicherung der Margen im Vertriebsgeschäft und zur Absicherung von Preisrisiken.

Stromhandel zur **Erzielung von Handelsgewinnen** setzt physische und finanzielle Handelsgeschäfte mit Partnern auf der Hochspannungsebene voraus. Unter finanziellen Geschäften werden dabei diejenigen verstanden, bei denen es nicht zu einer Lieferung von Strom kommt, sondern nur Geldflüsse realisiert werden. Dabei werden bewusst offene risikobehaftete Positionen eingegangen. Dies bedeutet, dass Ein- und Verkauf von Produkten zeitlich auseinanderfallen und die Preise während dieser Zeit Änderungen unterliegen, die möglichst zur Gewinnerzielung genutzt werden sollen. Die Marktteilnehmer erhoffen sich, auf Grund verfügbarer Informationen, Preisbewegungen abschätzen zu können und somit spekulative Gewinne zu realisieren. Darüber hinaus ergeben sich insbesondere in neuen, noch nicht voll entwickelten Märkten, auf Grund von Ineffizienzen Möglichkeiten, Arbitragegewinne, d. h. risikofreie Gewinnpotentiale zu realisieren.“ [38] Gute Händlerhäuser sind bemüht, die eingegangenen risikobehafteten Positionen durch geeignete Methoden zu steuern und in Grenzen zu halten. [39]

Als **Akteure im Stromhandel** können sich somit EVU betätigen, die damit ein neues strategisches Geschäftsfeld schaffen. Dabei kann sich die Tätigkeit – nach dem Aufbau entsprechender Kompetenzen – auch auf den Handel mit Derivaten erstrecken. Daneben treten neue Akteure auf, die ein Stromhandelsgeschäft begründen, ohne über eigene Erzeugungsanlagen oder Netze zu verfügen (z. B. „reine“ Stromhändler, Broker, Portfoliomanager und Finanzdienstleister). Außerdem können industrielle Stromverbraucher den Handel mit Strom aufnehmen. Im Stromhandel sind inzwischen verschiedenartige in- und ausländische Unternehmen aktiv. Dabei kann zwischen folgenden Gruppen unterschieden werden:

— Die großen deutschen Energiekonzerne haben Handelsgesellschaften aufgebaut. Beispielsweise können in diesem Zusammenhang RWE Supply & Trading GmbH, E.ON Sales & Trading GmbH, EnBW Gesellschaft für Stromhandel mbH sowie die Vattenfall Europe Trading GmbH genannt werden. Ebenso gehören EdF Trading sowie Energieversorger u. a. aus der Schweiz (Atel Trading, EGL Trading AG, Avenis Trading), aus Österreich (Austrian Power Trading), aus Frankreich/Belgien (Electrabel) und Niederlande (Nuon, Essent), die sich bereits in der Vergangenheit im traditionellen Stromaustausch auf der Hochspannungsebene betätigt haben, zu den Akteuren im deutschen Stromhandelsmarkt.

— Auf kommunaler Ebene sind die Stadtwerke Düsseldorf, MVV (Mannheim), die Stadtwerke Hannover und die RheinEnergie (Köln) zu nennen. Die Betätigung im Stromhandel ist durch Zusammenschlüsse und Kooperationen von Stadtwerken verstärkt worden (u. a. Citiworks AG, München, SüdWestStrom, Tübingen, Trianel, Aachen und KomStrom, Leipzig).

— Aus dem Ausland sind – neben großen Stromversorgern – u. a. folgende Unternehmen als Stromhändler im deutschen Markt aktiv: Sempra, Shell Energy Trading sowie BP Energie.

— Zu den klassischen Brokern, die Standardprodukte vermitteln, gehören u. a. Prebon Yamane, GFI, Spectron, Traditional Financial Services (TFS) und Icap Energy.

— Zum Kreis der Portfoliomanager, die Nachfrage bündeln und teilweise zusätzliche Dienstleistungen (z. B. Risikomanagement) anbieten, werden z. B. Trianel (Aachen), FSE Portfolio Management (Hürth) sowie Energy & More (Königstein) gerechnet.

— Auch Banken haben sich des Geschäftsfeldes Stromhandel angenommen. Beispiele sind Barclays, Goldman Sachs, Merryll Lynch, Morgan Stanley Dean Witter sowie Deutsche Bank.

In Abhängigkeit von der **Fristigkeit** wird zwischen Spotmärkten und Terminmärkten unterschieden. Liegt die „Erfüllungsperiode" in naher Zukunft, in der Regel am folgenden Tag oder laut BaFin maximal in zwei Tagen, ist vom sogenannten Spotmarkt die Rede. Darüber hinaus werden Terminkontrakte gehandelt, deren Erfüllungsperioden in der Zukunft liegen (Forwards, Futures, Swaps und Optionen). Auf beiden Märkten werden sowohl außerbörsliche bilaterale Geschäfte, Over-the-Counter (OTC) genannt, als auch Börsenhandel praktiziert.

Abb. 67: Bedeutung von Börsen im Energiehandel

Der **Spotmarkt** kann – differenziert nach OTC- und Börsenhandel – wie folgt charakterisiert werden:

Im OTC-Markt verständigen sich die Handelspartner, also Käufer und Verkäufer, bilateral auf den Vertragspreis sowie alle sonstigen wesentlichen Vertragsinhalte. Der Vertragspreis gilt auch dann, wenn sich andere Parteien für das gleiche Produkt zum gleichen Zeitpunkt auf einen höheren oder niedrigeren Preis einigen. Allerdings nivellieren sich die Preisunterschiede mit zunehmender Preistransparenz, die durch die bestehenden Preisindizes hergestellt wird.

Allgemein wird zwischen Produkten für Grundlast (ganztägige Lieferung) und Spitzenlast (zu Zeiten besonders hoher Nachfrage von 8:00 Uhr bis 20:00 Uhr) unterschieden. Weiterhin werden bestimmte Blöcke gehandelt, zum Beispiel „offpeak", das heißt Stromlieferungen in der Nacht zwischen neun Uhr abends und acht Uhr morgens oder Blöcke für die Nacht-, Morgen-, Mittags- und Nachmittagsstunden oder für die Hauptgeschäftsstunden.

Etwa 80 % des OTC-Volumens entfallen auf standardisierte Produkte, der Rest auf strukturierte Produkte. Basisgröße für größere Händler sind 25 Megawatt Strom, die für einen vertraglich festgelegten Zeitraum erworben bzw. verkauft werden. Kleinere Händler handeln auch geringere Größen – so zum Beispiel 5 MW Jahresband (base). Bei allen Geschäften – durchgehende Abnahme für die kontrahierte Zeit unterstellt – ist die Qualität der Lieferung gesichert; das heißt, die Lieferung darf nur im Fall von höherer Gewalt unterbrochen werden. Bei Unterbrechungen aus anderen Gründen ist ggf. Schadenersatz zu leisten.

In die Berechnungen gehen nur die reinen Energiepreise ein; Netzentgelte werden nicht berücksichtigt. Falls für die Index-Berechnung keine Geschäfte vorliegen sollten, wird statt dessen auf Ankauf-/Verkaufsangebote zurückgegriffen.

Im Unterschied zur Praxis in OTC-Geschäften werden beim Börsenhandel alle Transaktionen zu einem einheitlichen Markträumungspreis abgewickelt (außer bei Netzbeschränkungen zwischen den Regelzonen). Alle Anbieter, deren Gebote angenommen werden, erhalten den gleichen Preis für den Strom, z. B. 65 Euro/MWh, unabhängig davon, ob sie zu 60 Euro/MWh oder zu 64,50 Euro/MWh angeboten haben. Genauso zahlen alle Nachfrager den Markträumungspreis, solange die Kaufgebote nicht unter dem Markträumungspreis liegen. [40] Auf die Börse und auf den OTC-Markt entfallen jeweils etwa die Hälfte des Spotumsatzes.

In Deutschland wurde der Börsenhandel mit Strom im Jahr 2000 an zwei Marktplätzen aufgenommen. Am 15.06.2000 startete die Leipziger Power Exchange (LPX). Am 08.08.2000 folgte die European Energy Exchange (EEX) in Frankfurt am Main. Im Juli 2002 fusionierten die beiden Strombörsen zur European Energy Exchange AG (EEX) mit Sitz in Leipzig. An der EEX wurde sowohl der Spothandel für Strom (mit physischer Erfüllung der vereinbarten Lieferung für den nächsten Tag – day ahead) als auch der Terminhandel in Form von Strom-Futures aufgenommen. Der EEX-Spotmarkt basiert auf Kauf- und Verkaufsgeboten für jede der 24 Stunden des Folgetages. Der Börsenteilnehmer platziert für einzelne Stunden und auch für aufeinander folgende Stunden, den so genannten Blöcken, Gebote an der EEX. Der Handel erfolgt einen Tag vor physischer Lieferung des Stroms. „Die Marktteilnehmer haben so die Möglichkeit, kurzfristig vor physischer Erfüllung ihr Bezugs- und/oder Absatzportfolio zu optimieren und ein Gleichgewicht zwischen prognostiziertem Bedarf und prognostiziertem Bezug bzw. dazwischen prognostizierter Produktion und prognostiziertem Absatz herzustellen. Die Möglichkeit, ganze Blöcke zu handeln, bietet ihnen zusätzlich eine höhere Sicherheit hinsichtlich des unterbrechungsfreien Kaufs bzw. Verkaufs von Strom, da ganze Kraftwerkskapazitäten „en bloc“ im Markt platziert und gehandelt werden können.

Die Handelsteilnehmer haben die Möglichkeit, ihre Gebote per Internet und per Fax zu übermitteln. Um dem Markt keine Informationen über die Portfolios der einzelnen Handelsteilnehmer zu geben, erfolgt die Gebotsabgabe anonym über das geschlossene Orderbuch. Kauf- und Verkaufsorder können in selbstdefinierten Preisschritten oder preisunabhängig abgegeben werden. Zur Optimierung der eigenen Preis-Mengen-Struktur des Portfolios stellt man preisabhängige Gebote ein. Will man eine hohe Mengensicherheit erzielen, gibt man sein Gebot ohne Preislimit – also preisunabhängig – ein. Alle Gebote werden bis zum Handelsschluss 12.00 Uhr gesammelt. Danach beginnt das tägliche Preisfixing. Das dabei angewandte Auktionsprinzip führt zu einer Gleichbehandlung aller Marktteilnehmer und trägt somit zu einer fairen Preisbildung bei. In einem ersten Schritt werden alle Blöcke in preisunabhängige Stundengebote umgewandelt und gehen somit bei der Preisbildung mit in die Stundenauktion ein. Für jede Einzelstunde werden die Preis/Mengen-Kombinationen im Wege linearer Interpolation in stetige Angebots- und Nachfragekurven umgewandelt. Aus diesen ermittelten Kurven werden eine Angebotskurve und eine Nachfragekurve aggregiert. Im Schnittpunkt dieser beiden Kurven liegt der markträumende Gleichgewichtspreis (MCP), zu dem alle Anbieter bereit sind zu verkaufen und alle Nachfrager bereit sind zu kaufen“. [41]

Im Strom-Spothandel an der EEX sind Deutschland und Österreich in einem Marktgebiet zusammengefasst.

Seit Dezember 2006 bietet die EEX den Spothandel im Marktgebiet Schweiz an. Damit finden börsentäglich Auktionen für zwei Marktgebiete statt: Das Marktgebiet Deutschland/Österreich und das Marktgebiet Schweiz.

Ferner bietet die EEX seit September 2006 den Intra-Day-Handel für Strom an. Im Intra-Day-Handel der EEX werden Stromkontrakte mit Lieferung am selben oder folgenden Tag gehandelt. Börsenteilnehmer kaufen aufgrund eines erhöhten Bedarfs zusätzliche Strommengen ein oder veräußern überschüssige Mengen. Auf diese Weise ist es möglich, noch kurzfristig Abweichungen von Verbrauchsprognosen zu berücksichtigen und Fahrplanabweichungen zu vermeiden. Dies trägt zur Minimierung der Ausgleichsenergiekosten bei.

Im Intra-Day-Markt der EEX können die Börsenteilnehmer die Einzelstunden des laufenden Tages bis 75 Minuten vor Lieferbeginn handeln. Es ist möglich, dass auch mehrere aufeinanderfolgende Stunden zu einem Block zusammengefasst werden. Ab 15.00 Uhr ist der Handel der Stunden des folgenden Tages möglich. Der Intra-Day-Handel findet an jedem Tag des Jahres rund um die Uhr statt.

Die wichtigste Rolle des Börsen-Spotmarktes besteht also darin, über den Handel in kurzfristigen, standardisierten Stromprodukten den Handelsteilnehmern eine Beschaffungs- oder Absatzmöglichkeit zu bieten. Standardisiert ist dabei nicht nur die eigentliche Produktdefinition wie Lieferzeitpunkt, Lieferprofil, Lieferant usw., sondern auch der Abwicklungs- und Lieferprozess.

Am Strom-Spotmarkt der EEX wurde im Jahr 2007 ein Volumen von insgesamt 123,7 TWh umgesetzt (2006: 88,7 TWh) – eine Steigerung um 39 % im Vergleich zum Vorjahr. Der Intra-Day-Handel trug im Geschäftsjahr 2007 insgesamt 1,4 TWh zum Spotmarktvolumen bei. Im Mittel lagen im Jahr 2007 die Spotmarktpreise (Phelix Day Base) bei 37,99 Euro/MWh gegenüber 50,79 Euro/MWh im Vorjahr. In 2007 wurden 23 % des deutschen Stromverbrauchs am Spotmarkt der EEX gehandelt. [42]

Zur European Energy Exchange AG (EEX) gehört mit der European Commodity Clearing AG (ECC) – einer 2006 ausgegliederten Tochter der EEX AG – ein europaweit agierendes Clearing-Haus, das eine sichere und professionelle Abwicklung der Transaktionen garantiert. Die ECC ist zentraler Kontrahent für alle an der Börse abgeschlossenen Geschäfte, aber auch für OTC-Geschäfte und übernimmt damit das Kontrahentenausfallrisiko.

Zusätzlich hatte sich ein **Terminhandel** etabliert, d. h. Handel mit Futures und Optionen. Futures sind börsengehandelte, standardisierte Terminkontrakte, mit denen eine bestimmte Warenmenge von einer festgelegten Qualität zu einem festen Preis und zu einem späteren, standardisierten Zeitpunkt verkauft wird. Im OTC-Handel werden entsprechende Verträge zur Abgrenzung als Forwards bezeichnet. Bei Optionen geht nur der eine Teil eine unbedingte Verpflichtung zum Kauf (Put) bzw. Verkauf (Call) einer Ware zu einem festen Preis und festgelegten Terminen ein (sogenannter Stillhalter). Der andere Teil kann oder muss das Geschäft nicht durchführen, so dass sein Risiko auf die bezahlte Prämie begrenzt ist. [43] Während Futures bereits seit längerem zum EEX-Programm gehören, werden Optionen seit Anfang Februar 2005 börslich gehandelt. Sie dienen der Absicherung von Preisrisiken.

Während die Forward-Kontrakte im OTC-Handel mit einer physischen Lieferverpflichtung verbunden sind, erfolgt der Ausgleich am Terminmarkt der Börse zunächst nur finanziell [44]; auch physical futures sind an der EEX handelbar. In

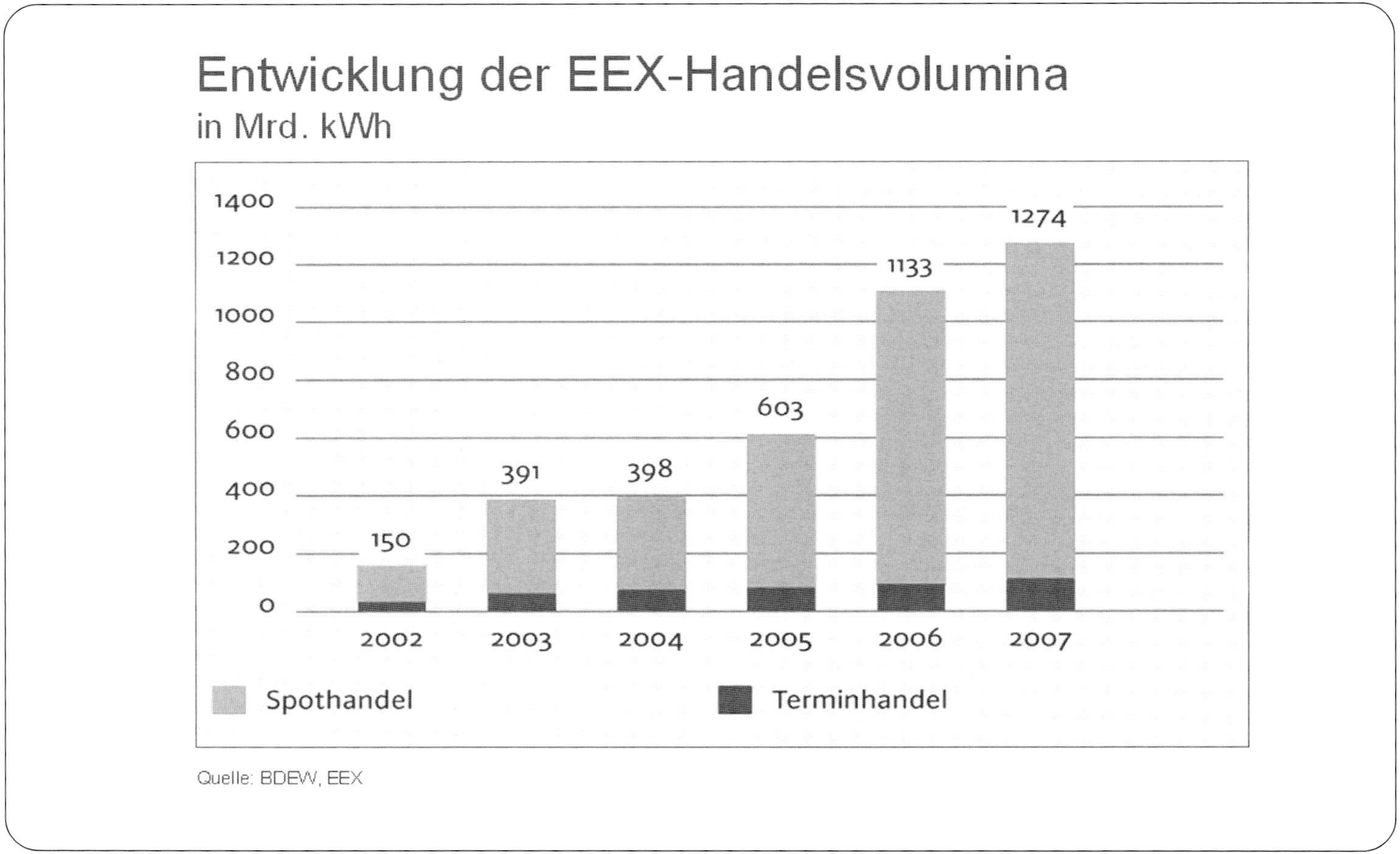

Abb. 68: Entwicklung der EEX-Handelsvolumina

diesem Fall wird der Future über den Spotmarkt erfüllt (exchange for physicals). Insoweit dienen Future-Kontrakte dazu, das Preisänderungsrisiko zu mindern oder sogar aufzuheben. „Der Verkauf von Futures-Kontrakten kann dabei zur Absicherung gegen fallende Strompreise (Short-Hedge), der Kauf von Futures-Kontrakten zur Absicherung gegen steigende Strompreise (Long-Hedge) genutzt werden.“ [41]

Neben der Möglichkeit, Preisrisiken abzusichern, bietet der Terminhandel Arbitragechancen, und er kann als Spekulationsinstrument eingesetzt werden. Allerdings verringern sich die Arbitragemöglichkeiten mit zunehmender Transparenz und Marktreife. Gleichzeitig erhöht der spekulative Handel die Liquidität.

EEX bietet am Terminmarkt Monats-, Quartals- und Jahresfutures jeweils für Baseload (Grundlast) und Peakload (Spitzenlast) an. Das Produkt Base umfasst dabei Montag bis Sonntag alle 24 Stunden, wogegen ein Peak auf Montag bis Freitag von 8.00 bis 20.00 Uhr begrenzt ist. Beide Produkte sind standardisiert und anonym handelbar, d. h. anderen Marktteilnehmern werden die eigene Risikoposition oder Risikoeinschätzung nicht offenbart.

Am 1. Juli 2002 hatte die EEX mit dem Handel eines Terminkontraktes auf den neuen Stromindex „Phelix“ (Physical Electricity Index) begonnen. Es bestehen vier „Phelix“ Preisindizes. Der EEX Phelix Base Tag wird als stundengewichteter Durchschnittspreis pro Tag für die Stunde 1-24 aller Kalendertage des Jahres ermittelt. Der EEX Phelix Peak Tag wird als stundengewichteter Durchschnittspreis für die Stunde 9-20 aller Kalendertage des Jahres ermittelt. Beide Indizes werden auch als Monatsdurchschnittspreis (EEX Phelix Base/Peak Monat) veröffentlicht.

Seit Mitte des laufenden Jahrzehnts hat sich das Produktspektrum der Börse deutlich verbreitert. So hat sich die EEX von einer reinen „Strombörse“ hin zu einer europäischen Energiebörse entwickelt.

— Seit 2005 bietet die EEX den Handel mit CO_2-Emissionsrechten sowohl am Spot- als auch am Terminmarkt an. Am Terminmarkt können Händler EUA-Futures, CER-Futures und Optionen auf den EUA-Future handeln.

— Seit Mai 2006 bietet die EEX den Handel mit finanziellen Kohle-Futures an (weitere Informationen unter: http://www.eex.com/de/Produkte/Kohle).

— Im Juli 2007 startete die EEX den Handel mit Erdgas sowohl am Spot- als auch am Terminmarkt (weitere Informationen untern: http://www.eex.com/de/Produkte/Erdgas).

Die EEX hat derzeit (Stand Oktober 2008) 214 Handelsteilnehmer aus 20 Ländern. Mehr als die Hälfte der Teilnehmer stammt aus dem Ausland. Das Teilnehmerspektrum ist weit gestreut – so nehmen neben Energieversorgern auch Stadtwerke, Industrieunternehmen, Stromhändler und zunehmend Banken und Finanzdienstleister am Handel teil. Mehr als die Hälfte der Teilnehmer stammt aus dem Ausland. Diese Unternehmen sind durch höchst unterschiedliche Interessenlagen gekennzeichnet. Dies schließt eine Preismanipulation durch einzelne Anbieter oder Anbietergruppen aus.

2.5.8 Stromvertrieb

Seit der Marktliberalisierung im April 1998 entwickelten die EVU neue Vertriebsstrategien. So hatten sich bis Ende 1999 fast alle großen Stromversorger eigene Strommarken zugelegt. Mit dem Markteintritt von Yello wurde Strom zudem farbig. Denn unter Anspielung auf die blau gehaltene Werbung von RWEavanza konterte der neue Anbieter mit dem Spruch: „Also ich glaube, Strom ist gelb – Yello Strom." E.ON Energie verknüpfte ihre Stromwerbung mit der Farbe rot.

Der Werbeauftritt der großen Gesellschaften erreichte bis dahin nicht gekannte Ausmaße. Neben großflächig geschalteten Anzeigenserien und der Schaltung von Werbespots in Funk und Fernsehen wurden Sponsorenverträge mit Sportvereinen geschlossen (z. B. E.ON mit Borussia Dortmund und RWE mit Bayer Leverkusen). Teilweise wurden bekannte Persönlichkeiten in die Werbeauftritte einbezogen.

Hinter den Werbeauftritten stand eine Doppelstrategie: Es sollten neue Kunden gewonnen werden. Gleichzeitig wurde das Ziel verfolgt, den Verlust alter Kunden zu vermeiden. Der Erfolg bei der **Etablierung von Marken** blieb im Strombereich jedoch begrenzt. Am aussichtsreichsten erwiesen sich solche Strategien, bei denen im Auftritt verdeutlicht werden konnte, dass sich das Produkt vom Markenumfeld unterscheidet. Kriterien in diesem Zusammenhang sind beispielsweise bestimmte Produktcharakteristiken („Lichtblick" für Ökostrom, „Yello" für Billigstrom) oder auch die Herstellung einer regionalen Identifikation (z. B. Schwabenstrom).

Während Stromanbieter zu Beginn des Liberalisierungsprozesses vielfach nicht kostendeckende Preise in Kauf nahmen, um neue Kunden zu gewinnen oder traditionell belieferte Abnehmer nicht zu verlieren, wird inzwischen überwiegend eine wertorientierte Preispolitik verfolgt, die der zukünftigen Marktentwicklung Rechnung trägt. Entscheidende Orientierungsgröße beim Abschluss neuer Verträge sind dabei grundsätzlich die aktuellen Großhandelspreise. Gesetzlich auferlegte Lasten werden, soweit der Markt dies zulässt, im Preis weitergegeben.

Um unter Wettbewerbsbedingungen marktgerechte Preise anbieten zu können, sind zum einen die **Kostenstruktur** im Vertrieb zu optimieren und alle Prozesse auf ihre Effizienz hin zu überprüfen. Auf der anderen Seite ist eine genaue **Analyse des Marktes** notwendig, um eine optimale Produktentwicklung und Konzepte zur Preisstellung für die eigenen Produkte zu entwickeln.

Hierzu gehört als eines der Kernelemente für eine Vertriebsstrategie das Angebot eines **differenzierten Leistungsspektrums für die unterschiedlichen Kundensegmente**.

— Zum Zeitpunkt des Starts des Wettbewerbs waren bei Haushaltskunden Faktoren wie Preissensibilität, Wechselbereitschaft, Wirksamkeit von Produktmarken und add-ons (wie Kundenkarte) überschätzt worden. Demgegenüber waren die Bindung an den bestehenden Versorger und damit die Bedeutung der Absendermarke unterschätzt worden. Soweit Privatkunden ihre Lieferbeziehungen geändert hatten, war dem Einstieg in einen neuen – in der Regel günstigeren – Tarif des bisherigen Lieferanten überwiegend der Vorzug vor dem Wechsel des Lieferanten gegeben worden. Auf Seiten der Anbieter stehen derzeit die kostenminimale Abwicklung und Abrechnung sowie die Stärkung des Vertrauens des Kundens zum Versorger im Fokus.

— Während bei mittleren und großen Geschäftskunden zu Beginn der Liberalisierung die Verteidigung der Marktanteile „um jeden Preis" im Vordergrund stand, umfasst das Leistungsspektrum jetzt modulare Produkt- und Dienstleistungspakete sowie das Angebot auf die jeweiligen spezifischen Verhältnisse zugeschnittener Branchenlösungen. Durch das gezielte Eingehen auf die Kundenwünsche wird angestrebt, den Verlust von Kunden an etablierte Wettbewerber oder kleine und neue Anbieter, die sich vorwiegend spezielle energieintensive Kundengruppen oder Branchen „herauspicken", zu vermeiden. So kann durch attraktive Angebote für das gesamte Filialnetz eines Kunden die Absatzposition erheblich gestärkt werden.

— Für industrielle Großverbraucher von Strom sind spezifische Kundenmodelle entwickelt worden. Dazu gehören integrierte Versorgungs- und Energiesystemlösungen, Utility Services und Contracting-Angebote sowie Infrastrukturmanagement-Lösungen. Auf Seiten der Abnehmer wird in jüngerer Zeit der Wunsch nach längerfristigen und erzeugungskostenbasierten Verträgen wieder zunehmend artikuliert.

— Die Belieferung von Stadtwerken, regionalen Versorgern sowie kommunalen Kunden erfolgt in der Regel im Rahmen umfassender Dienstleistungsangebote. Die strukturierte Beschaffung statt der früher praktizierten Margenmodelle sowie Partnerschaftskonzepte mit modular aufgebauten Leistungspaketen sind zu wichtigen Merkmalen im Verhältnis zwischen dieser Kundengruppe und ihren jeweiligen Vorlieferanten geworden. Die kleinen EVU praktizieren zunehmend horizontale und vertikale Zusammenarbeit bei Beschaffung, Marketing und Belieferung überregionaler Bündelkunden (Filialisten).

Grundsätzlich kann eine Ausweitung der Angebote über den reinen Stromverkauf zu einer Erhöhung des Wertbeitrags führen. Durch zusätzliche Produkte und Dienstleistungen wird das Lieferspektrum abgerundet und der Kundennutzen vergrößert.

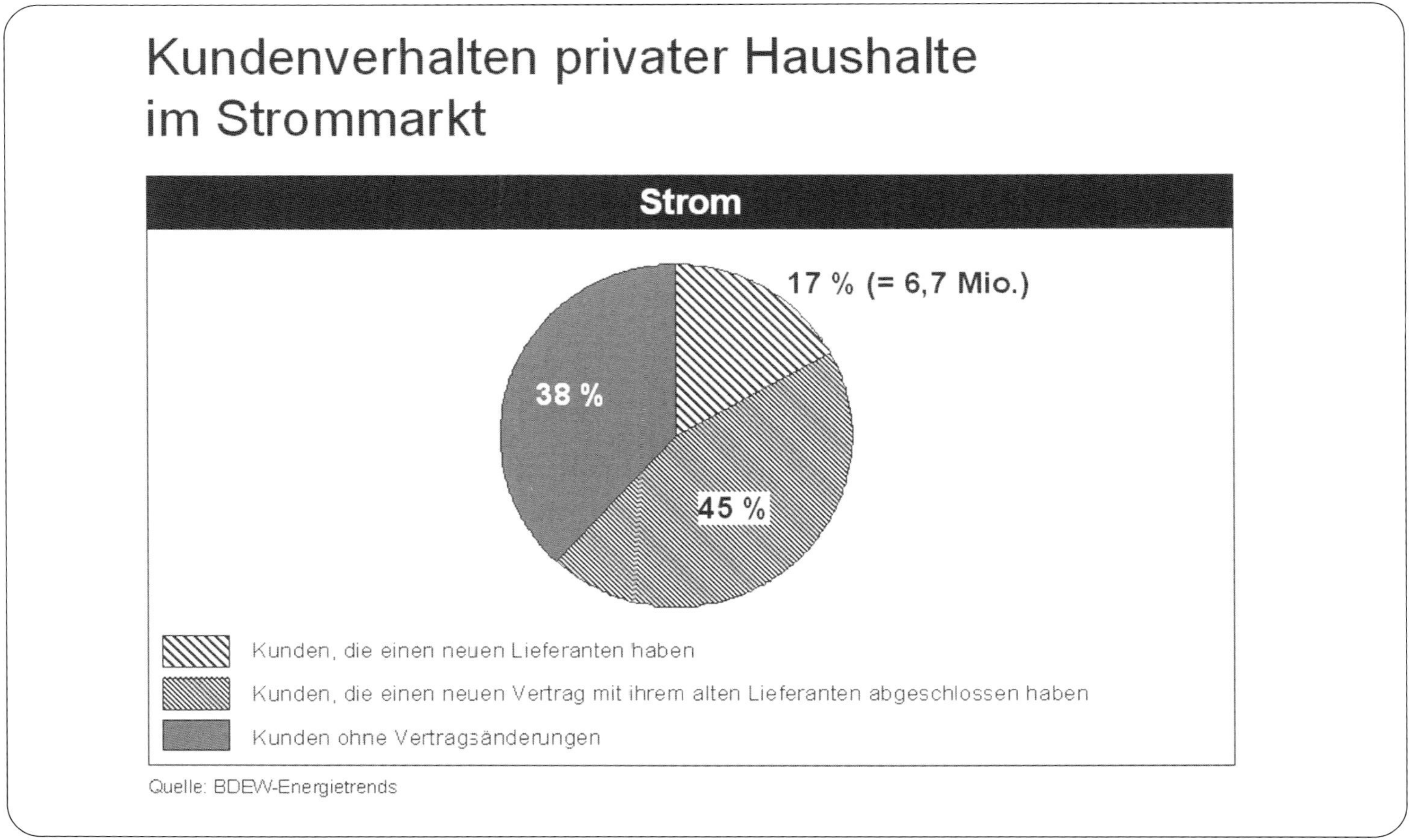

Abb. 69: Kundenverhalten privater Haushalte im Strommarkt

Tabelle 70: Netto-Elektrizitätsverbrauch nach Verbrauchergruppen 1991 bis 2007 in GWh

Jahr	Industrie			Verkehr			Öffentliche Einrichtungen	Landwirtschaft	Haushalte	Handel und Gewerbe	Allgemeine Versorgung zusammen	Eigenanlagen zusammen	Insgesamt
	Allgemeine Versorgung	Eigenanlagen	Gesamt	Allgemeine Versorgung[1)]	Eigenanlagen	Gesamt							
1991	194.126	37.949	232.075	9.454	5.863	15.317	37.237	9.312	122.154	56.790	429.073	43.812	472.885
1992	192.442	36.252	228.694	8.879	6.016	14.895	37.439	8.755	122.804	54.622	424.941	42.268	467.209
1993	184.341	33.889	218.230	8.953	6.044	14.997	37.357	8.712	126.093	56.712	422.168	39.933	462.101
1994	190.111	32.793	222.904	9.366	6.039	15.405	37.864	8.236	124.533	56.132	426.242	38.832	465.074
1995	194.778	31.316	226.094	9.762	6.429	16.191	37.232	8.023	127.176	57.863	434.834	37.745	472.579
1996	194.807	27.622	222.429	9.737	6.808	16.545	38.174	7.773	134.151	60.586	445.228	34.430	479.658
1997	200.306	27.141	227.447	9.611	7.248	16.859	36.970	7.695	130.812	63.094	448.488	34.389	482.877
1998	204.686	24.957	229.643	9.453	6.620	16.073	37.050	7.818	130.476	66.408	455.891	31.577	487.468
1999	205.442	21.893	227.335	9.258	6.577	15.835	38.259	7.477	131.281	68.262	457.979	28.470	488.449
2000	216.703	22.439	239.142	15.910	•	15.910	40.089	7.508	130.500	68.263	478.973	22.439	501.412
2001*	224.078	16.222	240.300	16.000	•	16.000	41.000	8.000	134.400	68.000	491.478	16.222	507.700
2002*	225.280	17.820	243.100	16.000	•	16.000	42.200	8.000	136.500	70.400	498.380	17.820	516.200
2003*	233.954	10.846	244.800	16.100	•	16.100	43.900	8.200	139.100	72.930	514.184	10.846	525.030
2004*	237.500	11.000	248.500	16.200	•	16.200	44.500	8.300	140.400	74.000	520.900	11.000	531.900
2005*	236.700	13.000	249.700	16.200	•	16.200	44.600	8.300	141.300	74.100	521.200	13.000	534.200
2006*	237.200	16.500	253.700	16.300	•	16.300	44.900	8.300	141.500	74.900	523.100	16.500	539.600
2007*	236.600	19.000	255.600	16.300	•	16.300	45.000	8.500	140.500	75.100	522.000	19.000	541.000

1) ab 2000 einschließlich Deutsche Bahn AG
* geschätzt

Quelle: BMWi; BDEW

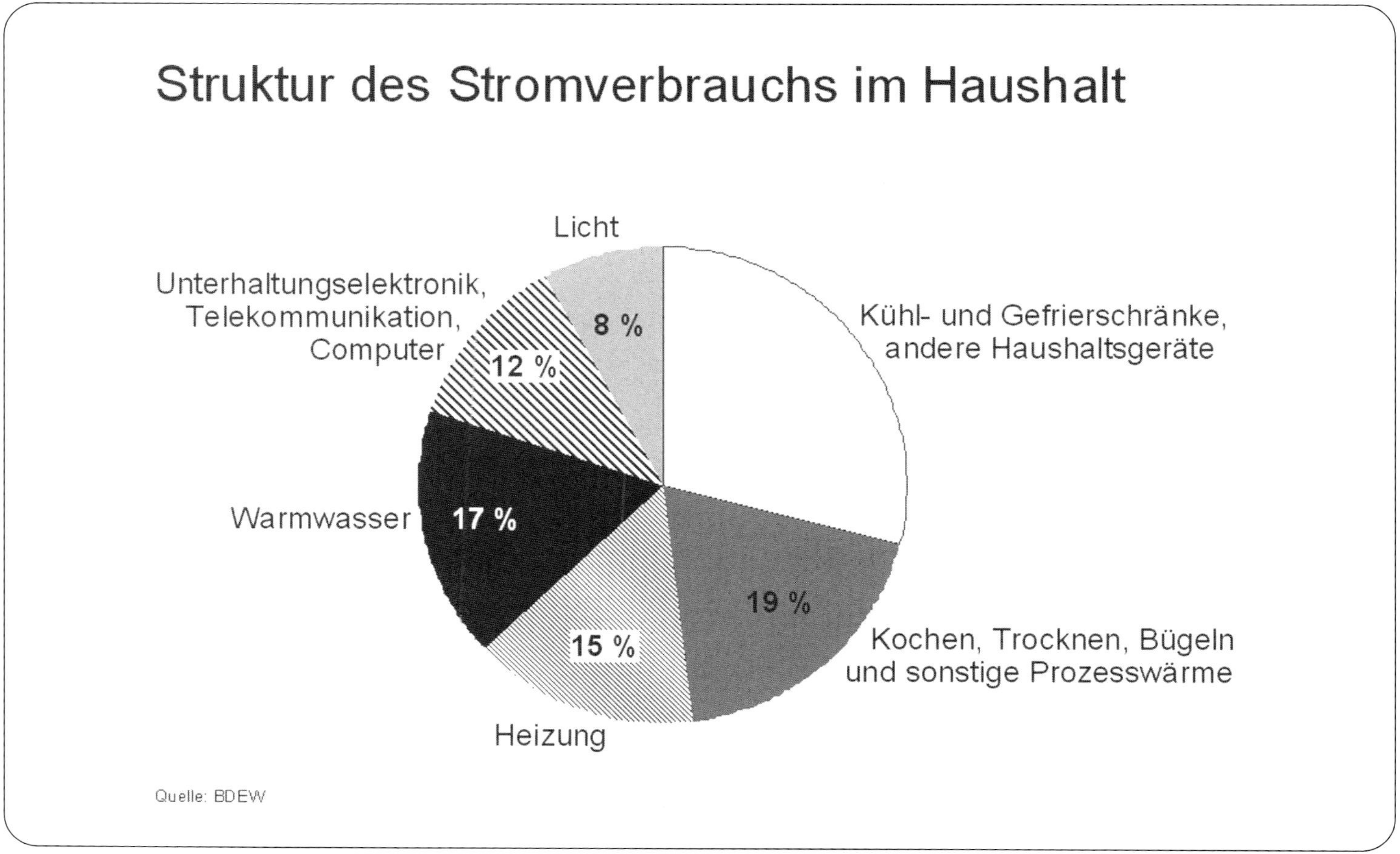

Abb. 70: Struktur des Stromverbrauchs im Haushalt

„Um ein Energieprodukt erfolgreich am Markt zu platzieren, kann es interessant sein, dieses mit anderen Produkten zu bündeln. Das Gesetz gegen den unlauteren Wettbewerb wurde in jüngerer Zeit immer weiter liberalisert. Nach dem Fall der Zugabenverordnung und des Rabattgesetzes und der jüngsten UWG-Novelle sind beispielsweise Bündelangebote inzwischen sehr weitgehend zulässig. So ist gerichtlich entschieden, dass beispielsweise beim Abschluss eines Strombezugsvertrages die kostenlose Zugabe eines Gerätes aus dem Bereich der Unterhaltungselektronik erlaubt ist (wenngleich das Energieversorgungsunternehmen, das dieses Urteil erstritten hat, am Markt dennoch nicht erfolgreich war)." [45]

Anreize zum Wechsel des Anbieters erfolgen ferner auch durch das Angebot eines Wechselbonus. So hatte beispielsweise Vattenfall bei Online-Vertragsabschluss bis zum 31.08.2008 auf seine Marke „Easy Privatstrom" eine einmalige Gutschrift in Höhe von 40 Euro angeboten. Auch die anderen großen Energieversorger werben bundesweit mit den Marken E-wie-Einfach (E.ON), eprimo (RWE) und Yello (EnBW) um Neukunden.

Das holländische Unternehmen Nuon verfolgt eine regional stark fokussierte Angriffstrategie im Haushaltskundenbereich, die sich auf ausgewählte Großstädte in Deutschland bezieht. Als Produkte werden – neben „wacker Gas" – „lekker Strom" angeboten. FlexStrom, 2003 gegründet, ist Mitglied im Bundesverband Neuer Energieanbieter e. V.; FlexStrom bietet Paketpreise für Strom an. Nach dem Prepaid-Prinzip kaufen FlexStrom-Kunden ihren Strom für ein ganzes Jahr im voraus.

Die SECURA Energie GmbH ist ein Gemeinschaftsunternehmen von MVV Energie AG, der Energieversorgung Offenbach AG und der Stadtwerke Ingolstadt Energie GmbH. SECURA bietet als Verbund lokaler Stadtwerke Ökostrom-Tarife für Privatpersonen.

RWE Energy hat im November 2008 bundesweit ein neues Stromprodukt „RWE ProKlima 2011" eingeführt. Der Strom stammt aus erneuerbaren Energiequellen – mit dem Schwerpunkt aus eigener Wasserkraft – sowie aus bestehenden Kernkraftwerken. Damit ist er nahezu CO_2-frei. Mit dem Produkt können sich die Kunden eine dreijährige Festpreisgarantie sichern. Sie haben zudem ein einseitiges Kündigungsrecht und können den Tarif jeweils nach einem Kalenderjahr kündigen. Ausgenommen von der Preisgarantie sind lediglich Erhöhungen der Mehrwert- und der Stromsteuer sowie etwaige neue Steuern.

1-2-3energie (Pfalzwerke) wirbt mit einem niedrigeren Spar-Tarif mit einem Jahr Festpreisgarantie und einem „Starter-Bonus". Außerdem bieten die Pfalzwerke mit „Herzblut-Strom" einen Fan-Tarif für den 1. FC Kaiserslautern an, der bundesweit zu bekommen ist. Mit diesem Tarif unterstützen die Pfalzwerke gemeinsam mit den Kunden den 1. FC Kaiserslautern.

Greenpeace energy AG bietet private Tarife für Ökostrom. Nach eigenen Angaben hat das 1999 gegründete Unternehmen, das 13.000 Genossenschaftsmitgliedern gehört, etwa 65.000 Kunden. Ein weiterer reiner Ökostrom-Anbieter, mit bundesweitem Angebot, ist LichtBlick. Der LichtBlick-Strompreis unterteilt sich, wie klassische Tarife, in einen verbrauchsabhängigen Arbeitspreis und einen monatlichen Grundpreis.
Als bundesweit aktiver Anbieter bietet Bonusstrom einen Bonus auf den Energieanteil des Allgemeinen Tarifs des jeweiligen örtlichen Stromlieferanten. Das Unternehmen wirbt damit, dass der Bonusvorteil auch dann erhalten bleibt, wenn sich der Grundversorgungstarif ändert.

Stromrechner, wie Verivox (www.verivox.de) oder TopTarif (www.toptarif.de) bieten für Kunden kostenlos die Möglichkeit, unter Angabe der Postleitzahl und des Jahresverbrauchs sich die unterschiedlichen Tarifangebote der verschiedenen Anbieter anzeigen zu lassen. Klickt man beispielsweise Köln an, so erhält man einen Preisvergleich über mindestens 50 Tarife von rund 30 verschiedenen Anbietern, unter anderem auch der Stadtwerke Düsseldorf AG, die in Köln mit „Düsselstrom“ werben.

Eine BDEW-Studie zum Kundenverhalten von Haushalten im Energiemarkt, veröffentlicht am 27. Juni 2008, zeigt, dass inzwischen knapp zwei Drittel aller Haushalte beim Strom entweder ein neues Produkt bei ihrem bisherigen Anbieter oder einem anderen Lieferanten gewählt haben. Diese Ergebnisse basieren auf einer Studie des Marktforschungsinstituts promit, Dortmund, das im Zeitraum von Ende Mai bis Mitte Juni 2008 eine repräsentative Haushaltsbefragung durchgeführt hatte.

Der Umsatz der Stromversorger aus dem Stromabsatz an Letztverbraucher belief sich 2007 – ohne Stromsteuer und ohne Mehrwertsteuer gerechnet – auf 56 Mrd. Euro.

2.6 Erneuerbare Energien

Erneuerbare Energien leisteten 2007 einen Beitrag von 31,8 Mio. t SKE zur Deckung des Primärenergieverbrauchs. Dies entsprach 6,7 % des gesamten Primärenergieverbrauchs. [46]

Weitere wichtige Kennzahlen zur Bedeutung Erneuerbarer Energien – gültig für Deutschland im Jahr 2007 – sind:

- 8,6 % Anteil am gesamten Endenergieverbrauch (Strom, Wärme, Treibstoffe);

- 14,2 % Anteil am Bruttostromverbrauch;

- 6,6 % Anteil am Endenergieverbrauch für Wärme;

- 7,6 % Anteil am Kraftstoffverbrauch.

Nach Sektoren stellte sich die Bereitstellung erneuerbarer Energien – gemessen an ihrem Beitrag zur Deckung des Primärenergieverbrauchs – im Jahr 2007 wie folgt dar:

Stromerzeugung:	47 %
Wärmeerzeugung:	35 %
Verkehr:	18 %

Der in den vergangenen Jahren verzeichnete Anstieg des Beitrags erneuerbarer Energien zur Energieversorgung erklärt sich insbesondere auch die verstärkten staatlichen Fördermaßnahmen. „Die Bundesregierung fördert erneuerbare Energie durch Forschung und Entwicklung sowie verschiedene Maßnahmen zur Marktentwicklung. Zentrale Bedeutung kommt im Strommarkt dem Erneuerbare-Energien-Gesetz zu, während Biokraftstoffe durch die Beimischungspflicht im Rahmen des Biokraftstoffquotengesetzes und die Mineralölsteuerbegünstigung in bestimmten Anwendungsbereichen profitieren. Das Marktanreizprogramm zur Förderung von Maßnahmen zur Nutzung erneuerbarer Energien dient primär dem Ausbau der Wärmeerzeugung aus Biomasse, Solarenergie und Geothermie. Kleinere Anlagen privater Investoren werden mit Zuschüssen unterstützt, größere Anlagen mit zinsverbilligten Darlehen und Tilgungszuschüssen.“ [46]

Die technischen Potentiale der erneuerbaren Energien entsprechen einem Vielfachen der tatsächlichen Inanspruchnahme. Begrenzt wird die Ausschöpfung vor allem durch die Kosten für deren Nutzbarmachung, die den Marktwert der erzeugten Energie teilweise erheblich übersteigen. [47]

Die – abgesehen von der traditionell genutzten Wasserkraft – meist nicht gewährleistete Wirtschaftlichkeit erklärt sich vor allem durch die im Vergleich zu Koh-

Tabelle 71: Beitrag der erneuerbaren Energien zur Energiebereitstellung in Deutschland 2007

Energieart	Endenergie	Primärenergieäquivalent[1)]	Anteil am Primärenergieverbrauch[1)]	Anteil am Endenergieverbrauch[2)]
	GWh	PJ	%	%
Stromerzeugung				
Wasserkraft	20.700	74,5	0,5	3,4
Windenergie	39.500	142,2	1,0	6,4
Photovoltaik	3.500	12,6	0,1	0,6
biogene Festbrennstoffe	7.390	65,5	0,5	1,2
biogene flüssige Brennstoffe	2.590	22,9	0,2	0,4
Biogas	7.430	65,8	0,5	1,2
Klärgas	1.040	9,2	0,1	0,2
Deponiegas	1.050	9,3	0,1	0,2
biogener Anteil des Abfalls	4.250	37,7	0,3	0,7
Geothermie	0,4	0,0	0,0	0,0
Summe	**87.450**	**439,7**	**3,2**	**14,2**
Wärmeerzeugung				
biogene Festbrennstoffe (Haushalte)	57.778	208,0	1,5	4,2
biogene Festbrennstoffe (Industrie)	11.250	40,5	0,3	0,8
biogene Festbrennstoffe (Heizkraft- und Heizwerke)	2.300	8,3	0,06	0,2
biogene flüssige Brennstoffe	4.500	16,2	0,12	0,3
biogene gasförmige Brennstoffe	3.461	12,5	0,09	0,3
biogener Anteil des Abfalls	4.910	17,7	0,13	0,4
Solarthermie	3.700	13,3	0,10	0,3
tiefe Geothermie	160	0,6	0,004	0,01
oberflächennahe Geothermie	2.139	7,7	0,05	0,2
Summe	**90.198**	**324,7**	**2,3**	**6,6**
Kraftstoff				
Biodiesel	34.389	123,8	0,9	5,6
Pflanzenöl	8.750	31,5	0,2	1,4
Bioethanol	3.417	12,3	0,1	0,6
Summe	**46.556**	**167,6**	**1,2**	**7,6**
Insgesamt	**224.204**	**932,1**	**6,7**	**8,6**

1) Bei Stromerzeugung nach Wirkungsgradmethode

2) Bei Stromerzeugung Anteil am Stromverbrauch; bezogen auf den Bruttostromverbrauch 2007 von 617,5 TWh. Bei Wärmeerzeugung Anteil am Endenergieverbrauch für Wärme; wegen des milden Klimas 2007 nur 4.950 PJ als Endenergieverbrauch eingesetzt. Basis für die Schätzung ist der Endenergieverbrauch für Raumwärme, Warmwasser und sonstige Prozesswärme 2005 (unter der Berücksichtigung von Auf- und Abbau an Vorräten lagerbarer Brennstoffe – bereinigte Version) von 186,5 Mio. t SKE oder 5.466 PJ. Bei Kraftstoff Anteil am Kraftstoffverbrauch – bezogen auf den gesamten Kraftstoffverbrauch 2007 von 2.203 PJ.

Quelle: Bundesministerium für Umwelt, Naturschutz und Reaktorsicherheit, Erneuerbare Energien in Zahlen, Stand: Juni 2008; Berlin 2008, S. 12

Tabelle 72: Anteile erneuerbarer Energien an der Energiebereitstellung in Deutschland 1998 bis 2007

	1998	1999	2000	2001	2002	2003	2004	2005	2006	2007
Endenergieverbrauch (EEV)	%									
Stromerzeugung (bezogen auf gesamten Bruttostromverbrauch)	4,8	5,5	6,3	6,7	7,8	8,1	9,5	10,4	11,7	14,2
Wärmebereitstellung (bezogen auf gesamte Wärmebereitstellung)[1]	3,5	3,5	3,9	3,8	3,9	4,6	4,9	5,4	5,8	6,6
Kraftstoffverbrauch[2] (bezogen auf gesamten Kraftstoffverbrauch)	0,2	0,2	0,4	0,6	0,9	1,4	1,8	3,8	6,3	7,6
Anteil EE am gesamten EEV	**3,1**	**3,3**	**3,8**	**3,8**	**4,3**	**4,9**	**5,5**	**6,6**	**7,5**	**8,6**
Primärenergieverbrauch (PEV)	%									
Stromerzeugung (bezogen auf gesamten PEV)	0,8	0,9	1,1	1,1	1,4	1,5	1,6	2,1	2,5	3,2
Wärmebereitstellung (bezogen auf gesamten PEV)	1,3	1,3	1,4	1,4	1,5	1,8	1,9	2,0	2,1	2,3
Kraftstoffverbrauch	0,03	0,03	0,06	0,1	0,1	0,2	0,3	0,6	1,0	1,2
Anteil EE am gesamten PEV[3]	**2,1**	**2,2**	**2,6**	**2,7**	**3,0**	**3,5**	**3,9**	**4,7**	**5,6**	**6,7**

1) gesamte Wärmebereitstellung 2006 und 2007 geschätzt, auf der Basis von Angaben 2005
2) bis 2002 Bezugsgröße Kraftstoffverbrauch im Straßenverkehr; ab 2003 der gesamte Verbrauch an Motorkraftstoff, ohne Flugkraftstoff
3) nach Wirkungsgradmethode

Quelle: Bundesministerium für Umwelt, Naturschutz und Reaktorsicherheit, Erneuerbare Energien in Zahlen, Stand: Juni 2008, Berlin 2008, S. 13

Tabelle 73: Installierte Leistung zur Stromerzeugung aus erneuerbaren Energien in Deutschland 1990 bis 2007

Jahr[1)]	Wasser-kraft	Wind-energie	Biomasse	Photovoltaik	Geothermie	Gesamte Leistung
	[MW]	[MW]	[MW]	[MW]	[MW]	[MW]
1990	4.403	56	190	2	0	4.651
1991	4.403	98	k. A.	3	0	4.504
1992	4.374	167	227	6	0	4.774
1993	4.520	310	k. A.	9	0	4.839
1994	4.529	605	276	12	0	5.422
1995	4.521	1.094	k. A.	16	0	5.631
1996	4.563	1.547	358	24	0	6.492
1997	4.578	2.082	400	36	0	7.096
1998	4.601	2.875	409	45	0	7.930
1999	4.547	4.444	604	58	0	9.653
2000	4.572	6.112	664	100	0	11.448
2001	4.600	8.754	790	178	0	14.322
2002	4.620	11.965	952	258	0	17.795
2003	4.640	14.609	1.137	408	0	20.794
2004	4.660	16.629	1.550	1.018	0,2	23.857
2005	4.680	18.428	2.192	1.881	0,2	27.181
2006	4.700	20.622	2.740	2.711	0,2	30.773
2007	4.720	22.247	3.238	3.811	2,4	34.018

1) Stand jeweils zum Jahresende

Quelle: Bundesministerium für Umwelt, Naturschutz und Reaktorsicherheit, Erneuerbare Energien in Zahlen, Stand: Juni 2008, Berlin 2008

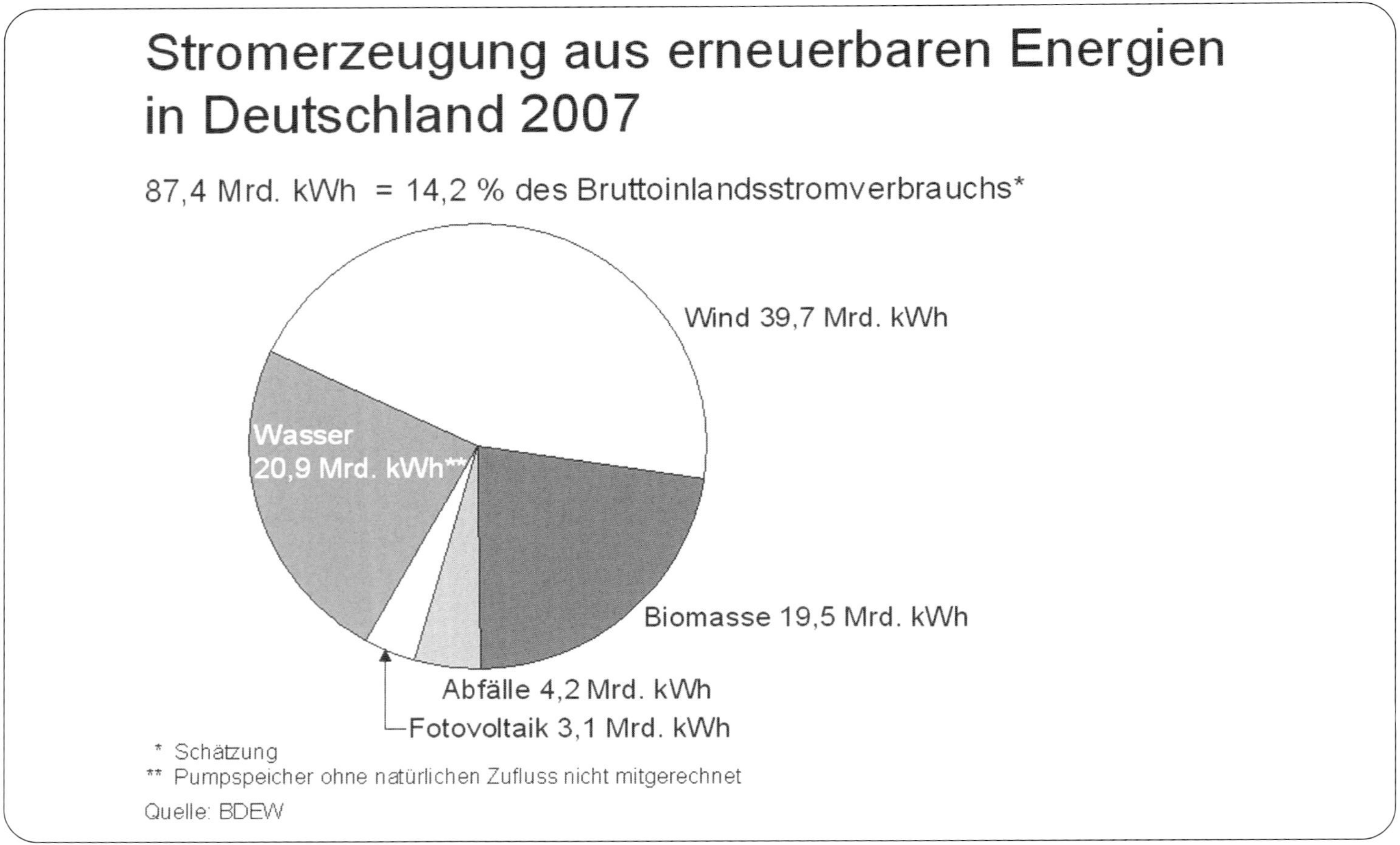

Abb. 71: Stromerzeugung aus erneuerbaren Energien in Deutschland 2007

Tabelle 74: Erzeugung/Einspeisung aus regenerativen Energien 1991 bis 2007

Jahr	Lauf- und Speicher-wasser	Wind	Biomasse	Müll	Photo-voltaik	Insgesamt
	GWh					
1991	15.850	130	300	1.211	1	17.492
1992	18.635	275	300	1.262	2	20.474
1993	18.960	600	400	1.263	3	21.226
1994	20.195	909	600	1.306	4	23.014
1995	21.556	1.500	700	1.349	5	25.110
1996	18.818	2.032	800	1.343	6	22.999
1997	18.952	2.966	900	1.397	11	24.226
1998	19.004	4.489	1.100	1.618	15	26.226
1999	20.686	5.528	1.200	1.740	19	29.173
2000	24.867	9.498	1.631	1.844	40	37.880
2001	23.241	10.509	3.254	1.859	76	38.939
2002	23.662	15.786	4.540	1.949	162	46.099
2003	17.722	18.719	6.475	2.161	313	45.390
2004	19.910	25.516	8.442	2.117	557	56.542
2005	19.576	27.233	12.048	3.047	1.282	63.186
2006	20.042	30.710	15.461	3.675	2.220	72.108
2007*	20.866	39.713	19.500	4.250	3.075	87.404

* vorläufig

Quelle: BDEW-PGr „Strombilanz“ sowie BDEW, EEG-Jahresabrechnung 2007, Stand 25.09.2008

Tabelle 75: Entwicklung der EEG-Strommengen in Deutschland 2000 bis 2007

Jahr	Wasser*	Gase	Biomasse	Geothermie	Wind onshore	Wind offshore	Solar	Nachhlg**	Gesamt
	GWh								
2000	5.486	–	780	0,0	7.550	0	38	0	13.854
2001	6.088	–	1.472	0,0	10.509	0	76	0	18.145
2002	6.579	–	2.442	0,0	15.786	0	162	7	24.977
2003	5.908	–	3.484	0,0	18.713	0	313	54	28.471
2004	4.616	2.589	5.241	0,2	25.509	0	556	0	38.511
2005	4.953	3.136	7.366	0,2	27.229	0	1.282	37	44.004
2006	4.924	2.789	10.902	0,4	30.710	0	2.220	8	51.553
2007	5.547	2.751	15.924	0,4	39.713	0	3.075	– 169	66.841

* Strommengen der Kategorie Wasser beinhalten bis einschließlich 2003 auch Strommengen aus Anlagen der Kategorie Gase
**Nachholungen = EEG-Strommengen aus Vorjahren, die durch WP-Bescheinigungen belegt und in späterer Jahresabrechnung abgerechnet wurden

Quelle: BDEW; Stand 25.09.2008

le, Öl und Erdgas erheblich geringere Energiedichte. Energiewandler zur Nutzung erneuerbarer Energien erfordern deshalb neben großen Flächen einen hohen Materialaufwand bei meist nur geringer Energieausbeute mit entsprechenden Folgen für die Investitionskosten. [48]

Zudem ist das Angebot erneuerbarer Energie räumlichen und zeitlichen Schwankungen ausgesetzt. So wird die Stromerzeugung aus Wasserkraft durch die von Jahr zu Jahr unterschiedlichen Niederschlagsmengen bestimmt. Die Sonneneinstrahlung ist in Deutschland schwächer als in anderen Regionen der Welt, und der Wind weht sehr unregelmäßig. Fotovoltaik und Wind bieten somit keine gesicherte Leistung. Bei zunehmender Nutzung müssten Speicher und Zusatzsysteme errichtet werden, um die Energieversorgung jeder Zeit zu gewährleisten. Soweit es sich nicht um gesicherte Leistung handelt, werden durch Einsatz erneuerbarer Energie nur die Brennstoffkosten von fossil befeuerten Anlagen gespart.

Typische Ausnutzungsdauern sind bei Laufwasserkraftwerken 4.000 bis 6.000 Stunden pro Jahr. Bei Wind werden Ausnutzungsdauern zwischen 1.800 Stunden

Tabelle 76: Entwicklung der durchschnittlichen EEG-Vergütung pro Sparte in Cent/kWh von 2000 bis 2007

Jahr	Wasserkraft [ct/kWh]	Deponie-, Klär-, Grubengas [ct/kWh]	Biomasse [ct/kWh]	Geothermie [ct/kWh]	Windenergie [ct/kWh]	Solare Strahlungsenergie [ct/kWh]	Durchschnittliche Vergütung [ct/kWh]
2000	7,21	–	9,62	–	9,10	51,05	8,50
2001	7,25	–	9,51	–	9,10	50,79	8,69
2002	7,25	–	9,49	–	9,09	50,43	8,91
2003	7,24	–	9,38	–	9,08	49,11	9,16
2004	7,32	7,04	9,70	15,00	9,02	50,83	9,29
2005	7,35	6,99	10,80	15,00	8,96	52,96	10,00
2006	7,45	7,01	12,27	12,50	8,90	53,00	10,88
2007	7,53	7,01	13,58	15,00	8,83	51,96	11,36

1) vermiedene Netznutzungsentgelte sind nicht berücksichtigt

Quelle: BMU, EEG-Erfahrungsbericht 2007, Berlin 2007; Angaben für 2007: BDEW, EEG-Jahresabrechnung 2007, Stand: 25.09.2008

(Binnenland), 2.500 Stunden (Küste) und 3.500 Stunden pro Jahr (offshore) erreicht. Bei Nutzung der Sonnenenergie zur Stromerzeugung ist bei den in Deutschland bestehenden Verhältnissen von 900 bis 1.000 Stunden pro Jahr auszugehen.

Auch bei nachwachsender Biomasse wie Stroh, Restholz, Getreidepflanzen, Schilf- und Grasgewächsen sowie bei schnell wachsenden Baumarten gilt angesichts der großen Spannweite der Kosten, dass die Nutzung der großen vorhandenen Potentiale in weiten Bereichen nur unter Inanspruchnahme erheblicher Subventionen möglich ist.

Den – neben dem Wärmesektor – bedeutendsten Beitrag an der Entwicklung der erneuerbaren Energien in Deutschland hat – insbesondere seit dem Inkrafttreten des Erneuerbare-Energien-Gesetzes (EEG) im Jahr 2000 – der **Strombereich**. So konnte seitdem bis zum Jahr 2007 der Anteil erneuerbarer Energien am Bruttostromverbrauch mehr als verdoppelt werden.

Mit dem Erneuerbare-Energien-Gesetz wurde am 1. April 2000 das zuvor gültige Stromeinspeisungsgesetz abgelöst. Eine weitere Verbesserung der Bedingungen, zu denen Netzbetreiber aus erneuerbaren Energien eingespeisten Strom zu vergüten haben, erfolgte mit dem am 1. August 2004 in Kraft getretenen Gesetz für den Vorrang Erneuerbarer Energien.

Im EEG, das Teil des Gesetzes zur Neuregelung des Rechts der Erneuerbaren Energien im Strombereich vom 21. Juli 2004 ist, war als Ziel verankert, den Anteil der erneuerbaren Energien an der Stromversorgung auf mindestens 12,5 % bis zum Jahr 2010 (Verdoppelung gegenüber 2000) und auf mindestens 20 % im Jahr 2020 zu steigern. Des Weiteren ist – zusätzlich zum Klima- und Umweltschutz – auch der Naturschutz mit in den Gesetzeszweck aufgenommen worden.

Das EEG regelt den Anschluss von Anlagen zur Erzeugung von Strom aus erneuerbaren Energien und aus Grubengas in Deutschland an die Netze für die allgemeine Versorgung mit Elektrizität. Es wird die vorrangige Pflicht zur Abnahme, Übertragung und Vergütung des Stroms durch die Netzbetreiber rechtlich verankert. Ferner enthält das Gesetz eine Regelung über den bundesweiten Ausgleich des abgenommenen und vergüteten Stroms zwischen den Netzbetreibern und schlussendlich den Stromlieferanten. Außerdem ist der Kreis der energieintensiven Unternehmen des Produzierenden Gewerbes, für die eine Begrenzung der Belastungen aus dem EEG vorgesehen ist, im Vergleich zu den vorher geltenden Bestimmungen erweitert worden.

Die im Gesetz festgelegten Vergütungssätze sind abhängig von der Art der Anlage sowie auch vom Jahr der Inbetriebnahme. Der Vergütungszeitraum, für den die Vergütungssätze in der gesetzlich fixierten Höhe garantiert werden, beträgt in der Regel 20 Jahre. Für Wasserkraftanlagen < 5 MW ist die Förderdauer grundsätzlich auf 30 Jahre festgelegt; für Anlagen > 5 MW (nur bei Leistungserhöhung > 15 % für diesen Teil) erfolgt eine Förderung in der gesetzlich garantierten Höhe für die Dauer von 15 Jahren. Für Bestandsanlagen existieren darüber hinaus Übergangsregelungen.

Die Vergütungssätze waren im Vergleich zu der zuvor geltenden Regelung für Strom aus Biomasse, Geothermie und kleinen Wasserkraftwerken erhöht worden. Weiterhin war eine geringe Absenkung bei den Vergütungen für Onshore-Windanlagen bei gleichzeitiger Verbesserung der Rahmenbedingungen für Offshore-Windanlagen erfolgt. Die Vergütung für Strom aus solarer Strahlungsenergie, die auf Grund des Auslaufens des 100.000 Dächer-Solarstrom-Programms bereits mit Wirkung zum 1. Januar 2004 erhöht worden war, war seit dem 1. August 2004 auf Sätze zwischen 45,7 ct/kWh (bei Freiflächenanlagen) und 62,4 ct/kWh (wenn die Anlage Bestandteil eines Gebäudes, aber nicht auf dem Dach oder als Dach des Gebäudes angebracht ist und die Leistung höchstens 30 kW beträgt) festgelegt worden.

Tabelle 77: Entwicklung des EEG-Vergütungsvolumens von 2000 bis 2007

Jahr	Wasser-kraft [Mio. €]	Deponie-, Klär-, Grubengas [Mio. €]	Biomasse [Mio. €]	Geo-thermie [Mio. €]	Wind-energie [Mio. €]	Solare Strahlungs-energie [Mio. €]	Summe [Mio. €]
2000	396[1)]		75		687	19	1.177
2001	442[1)]		140		956	39	1.577
2002	477[1)]		232		1.435	82	2.226
2003	428[1)]		327		1.696	154	2.604
2004	338	182	509	0,0	2.301	283	3.612
2005	364	219	795	0,0	2.441	679	4.498
2006	367	196	1.337	0,0	2.734	1.177	5.810
2007	418	193	2.162	0,1	3.508	1.598	7.879

1)einschließlich Deponie-, Klär- und Grubengas

Quelle: BMU, EEG-Erfahrungsbericht 2007, Berlin 2007 (für die Jahre 2000 bis 2006); Angaben für 2007 gemäß BDEW, EEG-Jahresrechnung 2007, Stand 25.09.2008

Die im Gesetz ausgewiesenen Mindestvergütungsbeträge gelten bei Inbetriebnahme im Jahr 2004 in der festgelegten Höhe für den gesamten im Gesetz ausgewiesenen Vergütungszeitraum. Bei späterer Inbetriebnahme kommen überwiegend abgesenkte Vergütungssätze zur Anwendung. Diese degressive Ausgestaltung greift allerdings teilweise erst ab 2006 (Biomasse), ab 2008 (offshore Wind), ab 2010 (Geothermie) bzw. gar nicht (neue Wasserkraftwerke bis 5 MW) und betrifft nur ab den genannten Jahren neu errichtete Anlagen, für die dann die Vergütungssätze in der reduzierten Höhe des Inbetriebnahmejahres innerhalb des gesamten Vergütungszeitraumes fix sind. [49]

Im Jahr 2007 belief sich die gesamte Vergütung für EEG-Einspeisungen auf 7,9 Mrd. Euro. Bei 66,8 TWh EEG-Einspeisungen errechnet sich daraus für 2007 ein durchschnittlicher Vergütungssatz von 11,36 ct/kWh. Die EEG-Einspeisungen sind niedriger als der Gesamtbeitrag erneuerbarer Energien zur Stromversorgung. Ursachen sind: Die Einspeisung aus Wasserkraft wird gemäß EEG grundsätzlich nur bei Anlagen bis 5 MW gefördert (seit 01.08.2004 wird allerdings die Einspeisung aus einer mindestens 15 % erhöhten Leistung für diesen Teil der Anla-

Tabelle 78: Entwicklung der EEG-Differenzkosten von 2000 bis 2007

Jahr	Wasserkraft [Mio. €]	Deponie-, Klär-, Grubengas [Mio. €]	Biomasse [Mio. €]	Geothermie [Mio. €]	Windenergie [Mio. €]	Solare Strahlungsenergie [Mio. €]	Summe [Mio. €]
2000	282	0	59	0	530	19	889
2001	295	0	105	0	703	37	1.139
2002	329	0	177	0	1.080	78	1.664
2003	253	0	224	0	1.144	144	1.765
2004	200	105	352	0	1.540	266	2.464
2005	180	103	521	0	1.428	631	2.863
2006	149	73	857	0	1.379	1.079	3.537
2007	n. v.	n. v.	n. v.	n. v.	n. v.	n. v.	4.300

Anmerkung: ohne Abzug der vermiedenen Netznutzungskosten

Quelle: BMU, EEG-Erfahrungsbericht 2007, Berlin 2007 (für die Jahre 2000 bis 2006); Bundestagsdrucksache 16/10029 vom 23. Juli 2008 (für das Jahr 2007)

gen > 5 MW ebenfalls gefördert). Der als regenerativ definierte Strom aus Müll ist nicht vom EEG erfasst. Andererseits wird die Stromerzeugung aus Grubengas durch das EEG gefördert, wobei Grubengas keine erneuerbare Energie ist.

2007 fielen drei Viertel des aus erneuerbaren Energien erzeugten Stroms unter die Förderung des EEG. Die Belastungen der Stromverbraucher aus dem EEG werden für 2007 auf 4,3 Mrd. Euro veranschlagt. Diese Differenzkosten zwischen Durchschnittsvergütung und Wert des durch die EEG-Einspeisung substituierten, nicht erneuerbar erzeugten Stroms sind für 2007 auf 5,0 Cent je kWh anzusetzen.

Unter Berücksichtigung einer im EEG enthaltenen Sonderregelung für besonders stromintensive Unternehmen ergibt sich hieraus bundesweit für alle nicht begünstigten Stromabnehmer – darunter fallen auch Privathaushalte – eine durchschnittliche EEG-Umlage von 1,0 Cent/kWh.

2008 wird sich die Summe der Vergütungen bei einer Einspeisemenge von 76.008 GWh gemäß den vom BDEW veröffentlichten „Aktuellen Daten zum Erneuerbare-Energien-Gesetz (EEG)", Stand: 10. Oktober 2008, auf 9,041 Mrd. Euro erhöhen. Damit errechnet sich ein durchschnittlicher Vergütungssatz von 11,90 Cent/kWh. Den Wert des eingespeisten EEG-Stroms berechnet der Verband mit rund 5,5 Cent/kWh; dies entspricht dem Börsenpreis für Grundlast-Futures. Damit belaufen sich die gesamten Mehrkosten für die Stromkunden zur Förderung Erneuerbarer Energien im Jahr 2008 auf etwa 4,9 Mrd. Euro.

Die Vergütungen für Photovoltaik werden 2008 – bei einer Strommenge von 4.266 GWh gemäß EEG-Mittelfristprognose vom 22.04.2008 – voraussichtlich 2,200 Mrd. Euro betragen. Dieser Rechnung ist eine Durchschnittsvergütung von 51,57 Cent/kWh zugrundegelegt. Für jede einzelne Kilowattstunde aus Photovoltaik muss der Stromkunde damit 45,75 Cent Mehrkosten tragen. In Summe belaufen sich die Mehrkosten aus der Förderung der Photovoltaik auf 1,951 Mrd. Euro. Das sind knapp 40 % der gesamten Mehrbelastungen, die die Stromkunden im Jahr 2008 für die Förderung Erneuerbarer Energien aufbringen.

Am 4. Juli 2008 hat der Bundesrat die bereits am 6. Juni 2008 vom Deutschen Bundestag gebilligte Novelle des Gesetzes für den Vorrang Erneuerbarer Energien verabschiedet. Die wichtigsten Neuregelungen dieser EEG-Novelle betreffen die Vergütungs- und Degressionssätze sowie die Direktvermarktung von Strom aus EEG-Anlagen.

Für das Inbetriebnahmejahr 2009 wurden die Vergütungssätze zum Teil kräftig heraufgesetzt. Ferner ist die Degression für Investitionen in den Folgejahren – mit Ausnahme der Photovoltaik – deutlich entschärft worden.

So wurden die Vergütungssätze bei Wasserkraft für Neuanlagen bis 5 MW, für modernisierte/revitalisierte Anlagen bis 5 MW und für die Erneuerung von Anlagen ab 5 MW im Vergleich zum EEG 2004 mit Wirksamkeit zum 1.1.2009 angehoben. Auch für Strom aus Deponie-, Klär- und Grubengas, aus kleinen Biomasse-Anlagen sowie aus Geothermie und aus Windkraft wurden die Vergütungssätze aufgestockt. Demgegenüber erfolgten für Strom aus solarer Strahlungsenergie leichte Absenkungen der Vergütungssätze.

Bei Windkraft gelten jetzt folgende Regelungen:

— Die Anfangsvergütung für neue Windenergieanlagen an Land wird ab dem 1. Januar 2009 auf 9,2 Cent/kWh erhöht. Dieser Wert wird für neu in Betrieb genommene Anlagen jedes Jahr um ein Prozent gesenkt (bisher zwei Prozent).

— Für Windenergieanlagen an Land, die bestimmte Eigenschaften zur Netzregelung erbringen, erhöht sich die Anfangsvergütung um einen so genannten Systemdienstleistungs-Bonus von 0,5 Cent/kWh.

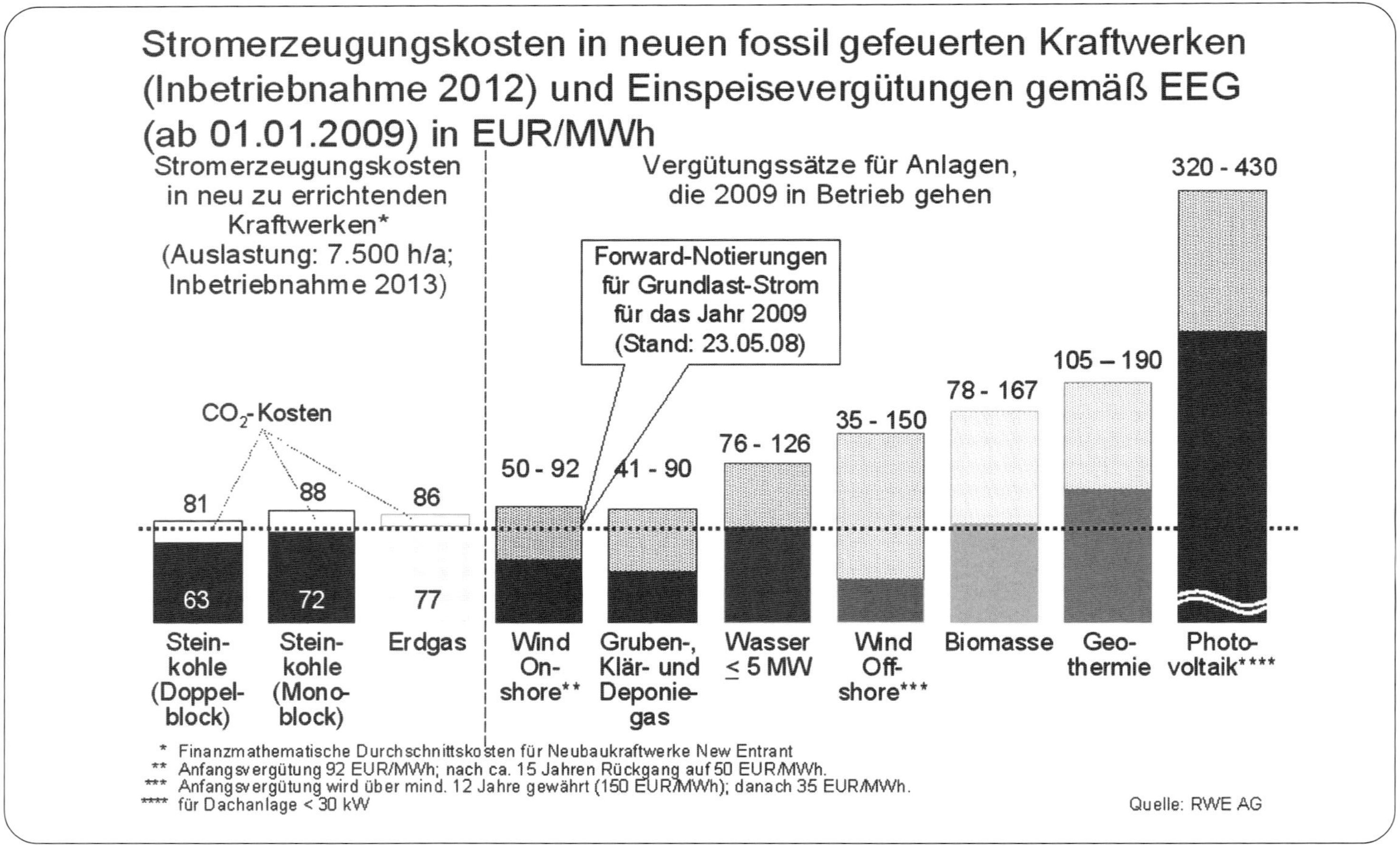

Abb. 72: Stromerzeugungskosten in neuen fossil gefeuerten Kraftwerken und Einspeisevergütungen gemäß EEG

— Für Windenergieanlagen an Land, die alte Anlagen ersetzen (Repowering), erhöht sich die Anfangsvergütung um 0,5 Cent/kWh. Die ersetzten Anlagen müssen aus dem gleichen oder benachbarten Landkreis kommen und mindestens zehn Jahre alt sein. Eine neue Anlage muss mindestens die doppelte Leistung der ersetzten Anlage erreichen. Ferner darf sie die fünffache Leistung nicht überschreiten.

— Die Anfangsvergütung für Windenergieanlagen auf See (Offshore) beträgt 15 Cent/kWh bis Ende 2015.

— Für im Rahmen des Einspeisemanagements nicht abgenommene Energiemengen muss der Netzbetreiber eine finanzielle Kompensation zahlen. Windenergieanlagen sind nachrangig abzuregeln.

— Netzbetreiber sind ausdrücklich nicht nur zum Netzausbau, sondern auch zur Optimierung und Verstärkung vorhandener Netze verpflichtet.

Die Direktvermarktung von Strom aus EEG-Anlagen durch die Anlagenbetreiber ist ab Jahresbeginn 2009 für die Zeitperiode von einem Kalendermonat bei vorheriger monatlicher Ankündigungsfrist vollständig sowie hinsichtlich eines prozentualen Teils des Stroms aus einer EEG-Anlage möglich.

Die Novelle soll dazu beitragen, den Anteil von Wind, Wasser, Sonne und Biomasse an der Stromerzeugung von 14 % im Jahr 2007 auf mindestens 30 % im Jahr 2020 zu erhöhen.

Nach Berechnung der Technischen Universität Berlin wird dieser Ausbau – zusätzlich zu den direkten Kosten (Differenzkosten) – mit stark steigenden indirekten Belastungen verbunden sein. Diese indirekten Belastungen setzen sich wie folgt zusammen:

— Netzanschlusskosten von Offshore-Windparks,

— zusätzliche Netzausbaukosten,

— vermehrte Leitungsverluste,

— zusätzlicher Bedarf an Regel- und Ausgleichsenergie,

— nicht-kosteneffiziente Auslastung bestehender Kraftwerke und

— mit der Wälzung der EEG-Einspeisungen verbundene Transaktionskosten. [50]

In Summe werden für das Jahr 2020 indirekte EEG-Kosten von mindestens 3,3 Mrd. Euro genannt. Dies würde dem Siebenfachen der für das Jahr 2006 berechneten indirekten Belastungen entsprechen. „In diesen Zahlen ist der Merit-Order-Effekt berücksichtigt, dem zufolge die EEG-Strommengen einen dämpfenden Einfluss auf das Preisniveau am Stromgroßhandelsmarkt ausüben. Auch sind die Vorteile tieferer Preise für konventionelle Brennstoffe sowie CO_2-Emissionsberechtigungen berücksichtigt." [50]

Gemäß Festlegung im „Gesetz zur Förderung Erneuerbarer Energien im Wärmebereich (Erneuerbare-Energien-Wärmegesetz – EEWärmeG) vom 7. August 2008"

Tabelle 79: Wärmebereitstellung (Endenergie) aus erneuerbaren Energien in Deutschland 1997 bis 2007

Jahr	Biomasse[1)] [GWh]	biogener Anteil des Abfalls[2)] [GWh]	Solarthermie [GWh]	Geothermie [GWh]	Summe Wärmeerzeugung [GWh]	Anteil am Wärmeverbrauch [%]
1997	45.656	2.900	695	1.335	50.576	k. A.
1998	48.625	2.988	857	1.384	53.854	3,5
1999	47.811	3.140	1.037	1.429	53.417	3,5
2000	51.036	3.278	1.279	1.433	47.026	3,9
2001	52.043	3.283	1.612	1.447	58.385	3,8
2002	51.302	3.324	1.919	1.483	58.028	3,9
2003	62.555	3.806	2.183	1.532	70.076	4,6
2004	66.251	3.694	2.487	1.558	73.990	4,9
2005	72.190	4.692	2.828	1.601	81.311	5,4
2006	73.892	4.911	3.274	1.934	84.011	5,8
2007	79.289	4.910	3.700	2.299	90.198	6,6

1) abweichend zu den Vorjahren ab 2003 Angaben nach §§ 3, 5 (Heizkraft und Heizwerke) und § 8 (Industrie) des Energiestatistikgesetzes von 2003 sowie Direktnutzung von Klärgas

2) Anteil des biogenen Abfalls in Abfallverbrennungsanlagen zu 50 % angesetzt

Quelle: Bundesministerium für Umwelt, Naturschutz und Reaktorssicherheit, Erneuerbare Energien in Zahlen, Stand Juni 2008, Berlin 2008, S. 18

soll der **Beitrag erneuerbarer Energien am Endenergieverbrauch für Wärme** von 6,6 % im Jahr 2007 auf 14 % im Jahr 2020 gesteigert werden. Das am 18. August 2008 im Bundesgesetzblatt veröffentlichte EEWärmeG hat drei Säulen:

1. die Nutzungspflicht: Eigentümer von Gebäuden, die neu gebaut werden, müssen ab dem 1. Januar 2009 erneuerbare Energien für ihre Wärmeversorgung nutzen. Diese Pflicht trifft alle Eigentümer, egal ob Private, den Staat oder die Wirtschaft. Genutzt werden können alle Formen von erneuerbaren Energien, auch in Kombination. Dazu zählen solare Strahlungsenergie, Geothermie, Umweltwärme und Biomasse. Wer keine erneuerbaren Energien einsetzen will, kann andere Klima schonende Maßnahmen ergreifen: Eigentümer können ihr Haus stärker dämmen, Abwärme nutzen, Wärme aus Fernwärmenetzen beziehen oder Wärme aus Kraft-Wärme-Kopplung einsetzen.

2. die finanzielle Förderung: Die Nutzung erneuerbarer Energien wird auch in Zukunft finanziell gefördert. Das bestehende Marktanreizprogramm, ein Förderinstrument der Bundesregierung, erhält mehr Geld. Die Mittel werden auf bis zu 500 Mio. Euro pro Jahr aufgestockt.

3. Wärmenetze: Das Gesetz erleichtert den Ausbau von Wärmenetzen. Es sieht vor, dass Kommunen auch im Interesse des Klimaschutzes den Anschluss und die Nutzung eines solchen Netzes vorschreiben können.

Daneben wird angestrebt, den **Anteil erneuerbarer Energien im Verkehrssektor** auszuweiten.

Beim Runden Tisch Biokraftstoffe am 17. Januar und 5. Juli 2007 wurde zwischen Automobilindustrie, Mineralölindustrie, der mittelständischen Mineralölwirtschaft, Landwirtschaft sowie BMU/BMELV eine abgestimmte Roadmap für die weitere Förderung von Biokraftstoffen erarbeitet. Die Roadmap enthält die mittelfristig erforderlichen Maßnahmen, die zur Steigerung des Biokraftstoffanteils innerhalb Deutschlands und der EU notwendig sind.

Dabei sind die Kernpunkte:

— Erhöhung der Verwendung von biogenen Kraftstoffanteilen und der Zumischung von Biodiesel zu Diesel sowie Bioethanol und Bio-ETBE zu Ottokraftstoff

— Erhöhung der Biokraftstoffziele

— Sicherstellung der Nachhaltigkeit der Biokraftstoffe und auch sukzessive Steigerung der Treibhausgaseffizienz

— Förderung der Biokraftstoffe der zweiten Generation.

Tabelle 80: Kraftstoffbereitstellung (Endenergie) aus erneuerbaren Energien in Deutschland 1997 bis 2007

Jahr	Biodiesel	Pflanzenöl	Bioethanol	Summe Biokraftstoffe	Anteil am Kraftstoffverbrauch
	[GWh]	[GWh]	[GWh]	[GWh]	[%]
1997	827	0	0	827	0,1
1998	1.033	0	0	1.033	0,2
1999	1.343	0	0	1.343	0,2
2000	2.583	0	0	2.583	0,4
2001	3.617	0	0	3.617	0,6
2002	5.683	0	0	5.683	0,9
2003	8.267	52	0	8.319	1,4
2004	10.850	52	484	11.386	1,8
2005	18.600	2.047	1.936	22.583	3,8
2006[1)]	29.444	7.417	3.556	40.417	6,3
2007[2)]	34.389	8.750	3.417	46.556	7,6

1) In der Biodieselmenge 2006 ist auch Pflanzenöl enthalten, da bis August 2006 Biodiesel und Pflanzenöl gemeinsam erhoben wurden

2) Menge entspricht für 2007: Biodiesel: ca. 3.320.000 Tonnen; Pflanzenöl: ca. 840.000 Tonnen; Bioethanol: 460.000 Tonnen

Quelle: Bundesministerium für Umwelt, Naturschutz und Reaktorsicherheit, Erneuerbare Energien in Zahlen, Stand: Juni 2008, Berlin 2008, S. 19

Tabelle 81: Gesamte Energiebereitstellung und Anteile der erneuerbaren Energien in Deutschland 1997 bis 2007

Jahr	Summe EE-Endenergie-bereitstellung	Anteil EE am gesamten EEV	Anteil von EE-Strom am gesamten EEV	Anteil von EE-Wärme am gesamten EEV	Anteil der Biokraftstoffe am gesamten EEV	Anteil EE am gesamten PEV
	[GWh]	[%]	[%]	[%]	[%]	[%]
1997	75.908	2,9	0,9	1,9	0,0	2,4
1998	81.800	3,1	1,0	2,0	0,0	2,6
1999	85.271	3,3	1,2	2,1	0,1	2,8
2000	96.288	3,8	1,4	2,2	0,1	2,9
2001	101.075	3,8	1,5	2,2	0,1	2,9
2002	109.471	4,3	1,8	2,3	0,2	3,2
2003	127.049	4,9	1,9	2,7	0,3	3,4
2004	142.905	5,5	2,2	2,9	0,4	4,5
2005	167.463	6,6	2,5	3,2	0,9	5,4
2006	196.498	7,5	2,8	3,2	1,5	6,4
2007	224.204	8,6	3,3	3,4	1,8	7,2

Quelle: Bundesministerium für Umwelt, Naturschutz und Reaktorsicherheit, Erneuerbare Energien in Zahlen, Stand: Juni 2008, Berlin 2008, S. 20 (für Angaben zum Anteil EE am EEV); AGEB 08/2008 (für Anteil EE am PEV)

3 Preisbildung in der Energiewirtschaft

3.1 Grundsätze der Preisbildung

Der Preismechanismus stellt in einem marktwirtschaftlich organisierten System das entscheidende Element bei der Steuerung von Angebot und Nachfrage dar. Diese Steuerungsfunktion kann der Preismechanismus dann am besten wahrnehmen, wenn sich die Preise frei im Wettbewerb bilden. Besser als jede hoheitliche Aufsicht ist nämlich der Wettbewerb in der Lage, die bei einzelnen Marktteilnehmern bestehende Marktmacht wirksam zu kontrollieren. Ein freier Preis ist der beste Garant für eine höchstmögliche Effizienz der Marktversorgung. Eingriffe in den Wettbewerb widersprechen marktwirtschaftlichen Grundprinzipien. Soweit sie dennoch erfolgen, sind sie in jedem Einzelfall begründungspflichtig; sie lassen sich nur rechtfertigen, wenn übergeordnete Ziele anders nicht zu erreichen sind.

Wettbewerb im Energiebereich kann sowohl in Form eines direkten Wettbewerbs zwischen den Anbietern auf einem einzelnen Energieteilmarkt als auch in Form des Substitutionswettbewerbs stattfinden.

Der Mineralölmarkt in Deutschland ist bereits seit Jahrzehnten umfassend liberalisiert und steht allen Anbietern offen. Auf dem Tankstellenmarkt herrscht intensiver direkter Wettbewerb. Ein wirksamer Substitutionswettbewerb findet hier nicht statt. Die Anbieter auf dem Heizölmarkt sehen sich dagegen sowohl direkter Konkurrenz als auch dem Substitutionswettbewerb mit anderen Energieträgern ausgesetzt.

Bei Steinkohle herrscht grundsätzlich zwischen der RAG AG und einer Reihe von Anbietern von Importsteinkohle direkte Konkurrenz. Allerdings besteht insoweit eine Einschränkung, als die deutsche Steinkohle durch öffentliche Zuschüsse in die Lage versetzt wird, trotz der bestehenden Kostennachteile zu den für Importsteinkohle ermittelten Durchschnittspreisen anzubieten. Von daher ist sie systembedingt wettbewerbsfähig.

Zwischen den Unternehmen der Braunkohlenindustrie bestehen keine direkten Konkurrenzbeziehungen. Die Braunkohle ist aber – ebenso wie die Steinkohle – intensiver Substitutionskonkurrenz ausgesetzt.

Im Strom- und Gassektor hatte bis April 1998 kein wirksamer direkter Wettbewerb zwischen den Versorgungsunternehmen existiert. Auf Grund der rechtlich sanktionierten Gebietsmonopole konnte der Verbraucher seinen Anbieter nicht frei wählen. Industriekunden hatten lediglich die Möglichkeit, eine Eigenerzeugung als Alternative oder in Ergänzung zu einer Belieferung aus dem Netz der

Stromversorger aufzubauen, was vielfach auch geschehen ist. Bei Gas bestand auch bereits in der Vergangenheit Substitutionskonkurrenz. Gleiches gilt für ein kleines Marktsegment bei Strom, nämlich den Bereich des Einsatzes dieses Energieträgers zur Wärmeversorgung. Mit der im April 1998 erfolgten Neuregelung der rechtlichen Rahmenbedingungen für Strom und Gas wurden die Voraussetzungen für umfassenden direkten Wettbewerb auch bei diesen leitungsgebundenen Energieträgern geschaffen. Lediglich im Netzbereich bestehen natürliche Monopole fort. Allerdings wird über die verankerte Netzregulierung ein diskriminierungsfreier Zugang Dritter zu den Leitungssystemen bei Strom und Gas gewährleistet.

Die Politik der Bundesregierung ist dadurch gekennzeichnet, dass sie – abgesehen von der Erhebung produktspezifischer Steuern und der Gestaltung der Netzzugangs- und Netzentgeltbestimmungen – grundsätzlich nicht in die Preisbildung eingreift. Die Energiepreise sind somit im Wesentlichen marktbestimmt. Ausnahmen von dem Prinzip bildeten lediglich Teilbereiche des Elektrizitätsmarktes. Mit dem Wegfall der Bundestarifordnung Elektrizität gibt es seit dem 1. Juli 2007 auch im Bereich der Tarifabnehmer keine Strompreisaufsicht der Bundesländer mehr.

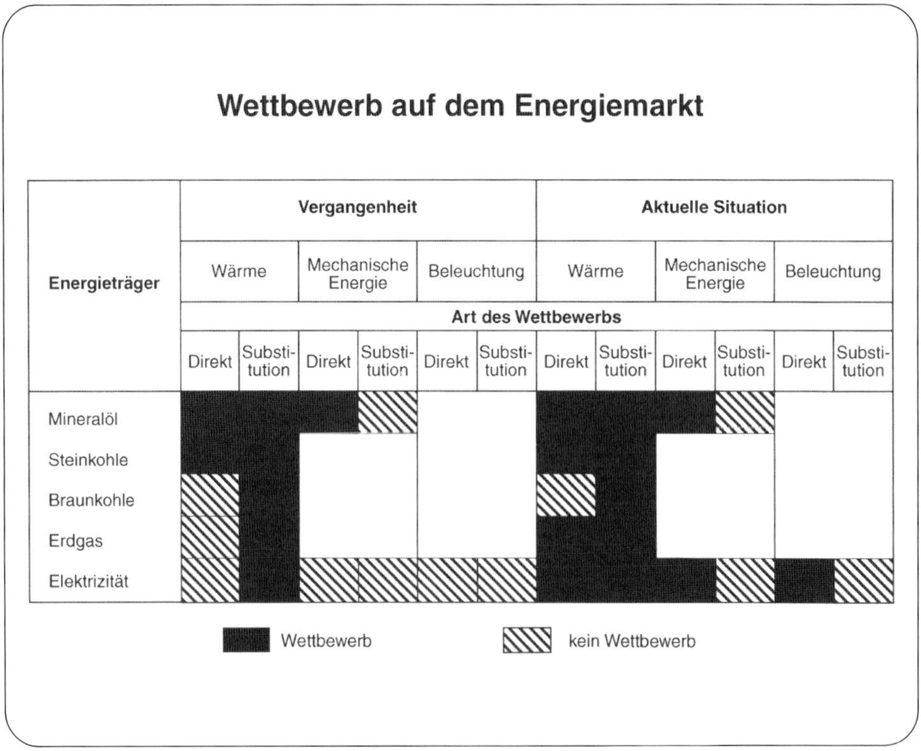

Abb. 73: Übersicht über die Wettbewerbsbedingungen auf dem Energiemarkt

3.2 Prinzipien der Preisbildung auf den einzelnen Energiemärkten

Vor diesem generellen Hintergrund stellen sich die Preisbildungsmechanismen in der Bundesrepublik Deutschland wie nachfolgend beschrieben dar.

3.2.1 Mineralöl

Die Preisbildung bei Öl erfolgt in Deutschland unter Wettbewerbsbedingungen. Auf den Märkten für Kraftstoffe, leichtes und schweres Heizöl sowie Flugkraftstoff und Rohbenzin findet zum einen eine höchst wirksame direkte Konkurrenz zwischen den Anbietern statt. Der Wettbewerb beschränkt sich nicht auf Verteilungskämpfe zwischen den etablierten Anbietern. Vielmehr wird die Konkurrenz zusätzlich durch das Auftreten neuer Anbieter, denen der Marktzugang ohne Einschränkung offen steht, belebt. Außerdem sind die auf dem Mineralölmarkt tätigen Unternehmen in wichtigen Teilbereichen, wie zum Beispiel beim Heizöl, einem intensiven Substitutionswettbewerb ausgesetzt.

Zur Erhaltung der Funktionsfähigkeit des freien Preissystems, das inzwischen auf eine jahrzehntelange Tradition zurückblicken kann, trägt der Staat durch die Bewahrung der Wettbewerbsordnung Sorge. Dies erfolgt über die Wettbewerbsgesetzgebung, die mit der Fusionskontrolle über ein wirksames Instrument zur Erhaltung der Wettbewerbsordnung verfügt. Soweit im Einzelfall auf einem Markt eine beherrschende Stellung gegeben sein sollte, können die Instrumente Missbrauchskontrolle sowie Diskriminierungs- und Behinderungsverbot eingesetzt werden.

Für die Preisbildung auf den für die einzelnen Mineralölprodukte existierenden Teilmärkten, die zum Teil durch erhebliche sowohl strukturelle als auch regionale Besonderheiten gekennzeichnet sind, ist von entscheidender Bedeutung, dass der Verbraucher die jeweils angebotenen Produkte als weitestgehend homogen ansieht und dass er – dies gilt besonders für den Tankstellenmarkt mit der deutlich sichtbaren Preisauszeichnung – über ein hohes Maß an Preistransparenz und Preissensibilität verfügt.

Als wichtigste Bestimmungsfaktoren für die Mineralölproduktpreise sind – neben den für die einzelnen Teilmärkte gültigen jeweils spezifischen Faktoren – die Rohölpreise, die Entwicklung der Währungsrelation zwischen Euro und USD, der Einfluss des Staates über die Erhebung von Steuern, die Rolle des Rotterdamer Marktes und das Verbraucherverhalten zu nennen. [51]

Weltweit unterliegen die zwei Wertschöpfungsstufen in der Mineralölwirtschaft, nämlich der Upstream-Bereich, der die Suche und Förderung von Erdöl umfasst, und der Downstream-Bereich mit dem Transport und der Verarbeitung von Rohöl sowie dem Vertrieb von Mineralölprodukten, unterschiedlichen Bedingungen.

Die Erdölreserven liegen zum Teil weit entfernt von den großen Zentren des Mineralölverbrauchs. Deswegen war der Ölmarkt von Anfang an ein Weltmarkt. Der hohe Kapitalbedarf für die Suche und Entwicklung der Ölfelder, für den Transport und die Verarbeitung des Rohöls sowie für die Vermarktung der Mineralölprodukte förderte die Konzentration im Mineralölgeschäft auf weltweit tätige Gesellschaften bei gleichzeitiger Integration der Upstream- und Downstream-Aktivitäten. [52]

Bis in die 1950er Jahre war das Öl im Mittleren Osten und in Südamerika vornehmlich von multinationalen, privatwirtschaftlichen Unternehmen gefördert worden, die diese Vorkommen zumeist auch erschlossen hatten. Als bedeutendste Unternehmen galten die sogenannten Sieben Schwestern. Zu diesem Kreis waren Exxon, Shell, BP, Mobil, Texaco, Gulf und Socal (Chevron) gezählt worden. Auf diese Konzerne war die eigentumsmäßige Verfügungsgewalt über das Rohöl konzentriert. Die großen internationalen Mineralölgesellschaften verarbeiteten das Rohöl innerhalb ihrer integrierten Systeme, und sie dominierten auch bei der Vermarktung der gewonnenen Ölprodukte. In den fünfziger Jahren wurden von den großen Mineralölgesellschaften Preisrichtwerte für langfristige Liefervereinbarungen festgelegt und veröffentlicht („Posted Prices"). In den sechziger Jahren und Anfang der siebziger Jahre war der „Posted Price" die Basis für die Festlegung des „Government Take" (Royalties und Steuern).

Diese Situation änderte sich, als die Regierungen der ölexportierenden Staaten verstärkt dazu übergingen, die Konzessionen der Mineralölgesellschaften zu verstaatlichen oder Fördervereinbarungen mit ihnen abzuschließen. Als Konsequenz konnte die **Preisbestimmung für Rohöl** seitdem durch die Regierungen der Förderländer erfolgen. Im September 1960 hatte sich eine Gruppe für die Versorgung des Weltmarkts besonders wichtiger Förderländer in Baghdad (Irak) zur Organization of Petroleum Exporting Countries (OPEC) zusammengeschlossen. Damit verfolgten die OPEC-Mitglieder das Ziel, ihre Ölpolitik abzustimmen und zu koordinieren. Die Ölminister der OPEC-Länder treffen sich regelmäßig, um die Preisentwicklung zu diskutieren und – dies gilt seit 1982 – Förderquoten festzulegen. Gründungsmitglieder der OPEC sind Iran, Irak, Kuwait, Saudi Arabien und Venezuela. Seit 1960 traten Katar (1961), Indonesien (1962), Libyen (1962), die Vereinigten Arabischen Emirate (1967), Algerien (1969), Nigeria (1971) , Ekuador (1973) – Mitgliedschaft ausgesetzt von 1992 bis 2007 –, Angola (2007) und Gabun (1975 bis 1994) der Organisation bei. Am 1. September 1965 hatte die OPEC ihren Sitz von Genf nach Wien verlegt.

In den siebziger Jahren nutzte die Vereinigung Marktanspannungen dazu, die Preise für ihr Rohöl vollkommen unabhängig von der Höhe der Förderkosten drastisch anzuheben. Dies war während der zwei Ölkrisen 1973/74 und 1979/80 der Fall. Demgegenüber versuchten die in der OPEC zusammengeschlossenen Staaten in

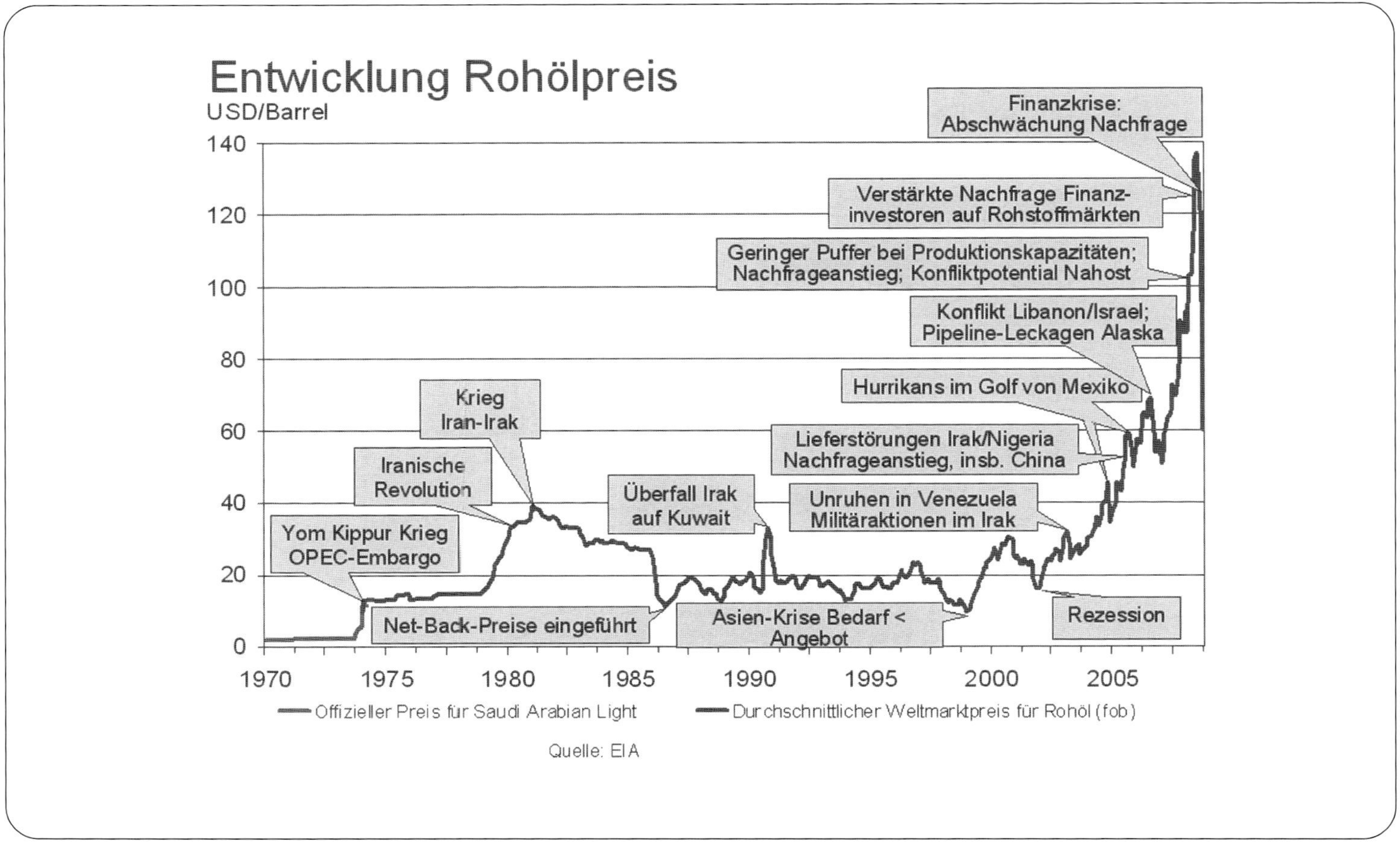

Abb. 74: Wichtige Ereignisse und nominale Weltmarktpreise für Öl 1970 bis 2008

Tabelle 82: Rohölpreisentwicklung 1973 bis 2007

Jahr[1)]	Großbritannien Brent[3)]	West Texas Intermediate	OPEC Basket[4)]	UAE Dubai[5)]
	USD/b[2)]			
1973	n. a.	n. a.	2,70	2,83
1974	n. a.	n. a.	11,00	10,41
1975	n. a.	n. a.	10,43	10,70
1976	12,80	12,23	11,60	11,63
1977	13,92	14,22	12,50	12,38
1978	14,02	14,55	12,79	13,03
1979	31,61	25,08	29,19	29,75
1980	36,83	37,96	36,15	35,80
1981	35,93	36,08	34,88	33,78
1982	32,97	33,65	32,38	31,04
1983	29,55	30,30	29,04	28,18
1984	28,66	29,39	28,20	27,52
1985	27,51	27,99	27,01	26,49
1986	14,38	15,04	13,53	12,96
1987	18,42	19,19	17,73	16,92
1988	14,96	15,97	14,24	13,18
1989	18,20	19,68	17,31	15,64
1990	23,81	24,50	22,26	20,38
1991	20,05	21,54	18,62	16,56
1992	19,37	20,57	18,43	17,21
1993	17,07	18,45	16,32	14,90
1994	15,98	17,21	15,52	14,76
1995	17,18	18,42	16,86	16,09
1996	20,80	22,16	20,23	18,56
1997	19,30	20,61	18,75	18,13
1998	13,11	14,39	12,28	12,16
1999	18,25	19,31	17,47	17,30
2000	28,98	30,37	27,60	26,24
2001	24,77	25,93	23,14	22,80
2002	25,19	26,16	24,32	23,85
2003	28,70	31,06	28,10	26,79
2004	38,10	41,25	36,05	33,53
2005	54,53	56,65	50,64	49,41
2006	65,14	66,00	61,08	61,48
2007	72,44	72,26	69,10	68,38

1) bis 1985 überwiegend Listenpreise; ab 1986 Spot-Notierungen
2) ein barrel = 159 Liter = 0,136 Tonnen
3) bis 1984 Notierungen für „Forties“
4) Durchschnittswerte ausgewählter OPEC-Rohöle
5) bis 1979 Notierungen für „Arabian Light“
Quelle: OPEC Bulletin, Petroleum Intelligence Weekly (PIW) sowie Angaben von Mitgliedsfirmen des MWV. Veröffentlicht unter www.mwv.de bzw. in MWV, Mineralöl-Zahlen 2007, S. 78

Schwächeperioden, ihre Mitglieder im Sinne einer Stabilisierung der Preise auf Einhaltung im einzelnen vereinbarter Förderquoten „einzuschwören", was vielfach nicht gelang. Mit der Verstaatlichung der Förderkonzessionen war die Einführung staatlicher Verkaufspreise für Rohöl einhergegangen (Government Selling Prices), die später in Official Selling Prices umbenannt wurden. Auf diesen frei Verladehafen des Herkunftslandes festgelegten „offiziellen Verkaufspreisen" basierten die meisten langfristigen Verträge. Spotgeschäfte, also kurzfristig getroffene Einzeltransaktionen, hatten Anfang der achtziger Jahre erst einen Marktanteil von etwa 5 %.

In der ersten Hälfte der achtziger Jahre war eine rasante Talfahrt der Rohölpreise zu verzeichnen. Den OPEC-Ländern gelang es nicht, ihre Preise für Term-Verträge gegen den Markt zu verteidigen. Für Rohölkäufer wurde es attraktiver, sich am Spotmarkt einzudecken, auf dem sich zunehmend auch Handelsunternehmen und Broker tummelten.

1985 hatte Saudi Arabien das offizielle Preissystem auf sogenannte Netback-Verträge umgestellt. Danach war der Preis für die verschiedenen Rohölqualitäten aus dem Marktwert der Produktausbeute nach Raffinierung abgeleitet worden. Bei diesem Rohölverkauf zu „Net back"-Bedingungen wurde den Raffinerien eine feste Marge garantiert und das Preisrisiko von den Ölförderern getragen. Dieses Verfahren führte zu vermehrtem Produktenausstoß. Die dadurch zusätzlich verschärfte Konkurrenzsituation erhöhte den Druck auf die Rohölpreise. Bis Mitte 1986 sackte das Preisniveau für Rohöl auf einstellige Dollarbeträge ab. Der Anfang 1987 erfolgten Aufgabe der Netback-Strategie folgte das System der Anbindung der Rohölpreise an die weltweiten Spotmärkte.

Der 1986 verzeichnete Preisverfall war für die OPEC-Staaten der Anlass, Förderquoten einzuführen. Sie verknappten das Ölangebot und teilten die Mengen auf die Mitglieder des Kartells auf, um eine Preisstabilisierung zu erreichen. Angesichts einer geringen Quoten-Disziplin der OPEC-Mitglieder gelang dies nur bedingt. Erhebliche Ölpreisschwankungen wurden weiterhin verzeichnet.

Die Volatilität der Spotpreise erklärt sich auch dadurch, dass diese nicht nur tatsächliche Angebotsüberschüsse oder physische Verknappungen widerspiegeln, vielmehr bereits entsprechende Erwartungen ausreichen, um signifikante Ausschläge der Preise auszulösen. Für diese Spotmärkte existieren Preisnotierungen, die von Institutionen wie Platt's Oilgram, Reuters und Petroleum Argus täglich veröffentlicht werden.

Die für die Preisbildung bedeutendsten Ölsorten, die so genannten „benchmark" crudes, sind Brent (Nordsee), West Texas Intermediate (WTI) und Dubai-Fateh (Naher Osten). Wegen ihrer unterschiedlichen Qualität unterscheiden sich die Preise dieser Ölsorten voneinander. WTI ist ein sehr leichtes „süßes" Rohöl (mit niedrigem Schwefelgehalt). Dem gegenüber handelt es sich bei Dubai-Fateh um eine schwere „saure" Rohölsorte (mit hohem Schwefelgehalt). Brent ist im Vergleich zum Marktdurchschnitt leichter und „süßer", erreicht aber nicht die Qualitätswerte von WTI und wird deshalb mit einem leichten Preisabschlag gegenüber dieser Sorte gehandelt.

Brent eignet sich als Referenz besonders auch deshalb, weil es sich hierbei um eine relativ homogene Qualität handelt, die – international vermarktet – in einer großen Zahl von Raffinerien verarbeitet wird. Demgegenüber ist die Verarbeitung von West Texas Intermediate im Wesentlichen auf die USA beschränkt. Die WTI-Notierungen werden von der New Yorker Börse NYMEX veröffentlicht. Dubai hatte als Ersatz für Arabian Light ab Mitte der achtziger Jahre Bedeutung als Referenzqualität für den Nahen Osten gewonnen.

Die OPEC ermittelt regelmäßig die Preisdaten für einen „Korb" (basket) von in der Vergangenheit sieben und seit Mitte Juni 2005 elf Rohölsorten. Darin einbezogen sind: Algeriens Saharan Blend, Indonesiens Minas, Nigerias Bonny Light, Saudi Arabiens Arab Light, Irans Heavy, Iraks Basrah Light, Kuwaits Export, Libyens Es Sider, Katars Marine, VAEs Murban und Venezuelas BCF 17. Der OPEC Basket wurde im Januar 2007 um die Sorte Girassol (Angola) und im Oktober 2007 um die Sorte Oriente (Ekuador) ergänzt. Die täglichen Notierungen dieses neuen OPEC Reference Basket (ORB) werden von der Organisation genutzt, um die laufende Ölmarktentwicklung zu verfolgen. Ferner war der Korb-Preis zeitweise mit einem Preisband-Mechanismus verknüpft worden.

So hatte die OPEC bei dem Ministertreffen im März 2000 einen informellen Preisband-Mechanismus beschlossen, der am 17. Januar 2001 ratifiziert worden war.

Danach sollte eine automatische Produktionsanpassung ausgelöst werden, wenn der OPEC-Korb-Preis die Schwelle von 28 USD pro Barrel überschreitet oder auf weniger als 22 USD pro Barrel absinkt. Es wurde ein Produktionsanstieg um 500.000 Barrel pro Tag für den Fall vereinbart, dass der OPEC-Korb-Preis sich an 20 aufeinander folgenden Handelstagen oberhalb des Preisbandes bewegt. Bei Preisen unterhalb des Preisbandes an zehn aufeinander folgenden Handelstagen wurden Produktionskürzungen um 500.000 Barrel pro Tag vorgesehen.

In den 19 Monaten von März 2000 bis Anfang Oktober 2001 kam der Preisband-Mechanismus praktisch kaum zur Anwendung. So war nach Untersuchungen der Energy Information Administration des US-Departments of Energy an den insgesamt 397 Handelstagen in dem genannten Zeitraum das Preisband 121 Mal überschritten und 16 Mal unterschritten worden. In den bei OPEC-Sitzungen getroffenen Entscheidungen wurden die Förderquoten je drei Mal erhöht und reduziert. Lediglich ein Mal war die Quotenänderung Ergebnis einer Aktivierung des Preisband-Mechanismus.

Die wirtschaftliche Abschwächung im Gefolge des Terroranschlags in New York und Washington am 11. September 2001 führte im 4. Quartal 2001 zu Durchschnittspreisen deutlich unterhalb der Preisschwelle von 22 USD pro Barrel. 2002

Tabelle 83: Preise für das Rohöl Brent – Monatsdurchschnitte – 1985 bis 2008

Monat	1985	1986	1988	1990	1992	1993	1994	1995	1996	1997	1998	1999	2000	2001	2002	2003	2004	2005	2006	2007	2008
	Spotpreise in USD/b – fob Verladehafen (Sullom Voe) – Mittelwerte																				
Januar	26,85	22,13	16,95	20,99	18,20	17,37	14,27	16,59	17,93	23,45	15,12	11,12	25,55	25,86	19,38	31,21	30,94	44,23	63,05	53,68	92,00
Februar	28,18	17,21	15,83	19,88	18,10	18,49	13,69	17,15	17,98	20,82	13,95	10,23	27,89	27,03	20,29	32,07	30,86	45,37	60,12	57,43	95,04
März	27,98	13,64	14,78	18,42	17,57	18,73	13,90	16,98	19,95	19,06	13,06	12,50	27,26	24,35	23,49	29,67	33,57	52,91	62,09	62,15	103,66
April	27,90	12,29	16,59	16,66	18,99	18,64	15,20	18,64	20,93	17,45	13,43	15,33	22,65	25,90	25,70	24,56	33,47	51,82	70,35	67,51	108,97
Mai	26,64	14,09	16,45	16,72	19,91	18,46	16,16	18,34	19,10	19,07	14,44	15,31	27,64	28,64	25,21	25,97	37,85	48,56	69,83	67,23	122,73
Juni	26,43	11,89	15,56	15,63	21,14	17,59	16,75	17,34	18,43	17,58	12,05	15,82	29,80	27,72	24,14	27,57	35,24	54,39	68,69	71,54	132,44
Juli	26,68	9,55	14,94	17,57	20,26	16,78	17,57	15,80	19,64	18,52	12,04	19,03	28,49	24,61	25,81	28,56	38,61	57,58	73,66	77,01	133.18
August	27,31	13,57	14,93	27,36	19,73	16,71	16,69	16,04	20,56	18,64	11,96	20,31	30,11	25,78	26,78	29,75	43,04	64,12	73,11	70,73	113,03
September	27,59	14,20	13,28	35,32	20,25	16,01	15,85	16,70	22,64	18,44	13,39	22,48	32,73	25,49	28,36	26,98	43,25	62,91	61,71	76,87	98,13
Oktober	28,49	13,91	12,43	36,01	20,25	16,53	16,47	16,09	24,16	19,89	12,64	22,01	30,91	20,35	27,50	29,43	49,64	58,36	57,79	82,50	71,87
November	29,72	14,61	12,93	32,91	19,19	15,10	17,27	16,82	22,69	19,15	10,96	24,69	32,58	18,88	24,10	28,84	42,84	55,17	58,92	92,61	
Dezember	26,45	15,79	15,18	27,91	18,13	13,54	15,84	18,00	23,89	17,10	9,88	25,57	25,12	18,78	28,86	29,83	39,53	57,13	62,32	90,97	
Durchschnitt	27,50	14,40	15,00	23,80	19,40	17,07	16,00	17,20	20,80	19,10	12,80	17,90	28,40	24,45	25,01	28,83	38,10	54,53	65,15	72,44	

Quelle: bis 2000: Platts; ab 2001: Mineralölwirtschaftsverband (Jahresdurchschnittswerte durchgängig gemäß MWV, Mineralöl-Zahlen 2007, S. 78) sowie www.mwv.de

und 2003 war ein relativ stabiles Preisniveau verzeichnet worden mit Notierungen, die sich für die Rohölsorte Brent zwischen 20 und 30 USD pro Barrel bewegten. Von Anfang 2004 bis Mitte 2008 war der Preisverlauf durch einen kontinuierlichen Aufwärtstrend gekennzeichnet. Bereits im Januar 2005 war der Preisband-Mechanismus angesichts dieser Marktentwicklung wieder abgeschafft worden.

In der ersten Juli-Woche 2008 erreichten die Weltmarktpreise für Rohöl historische Rekordstände. Dies gilt für alle Leitindikatoren, die üblicherweise veröffentlicht werden. Im Durchschnitt der 27. Kalenderwoche 2008 wurden der OPEC-Korb-Preis mit 138,31 USD/Barrel, die Nordseeöl-Sorte Brent mit 141,58 USD/Barrel und West Texas Intermediate (WTI) mit 142,99 USD/Barrel notiert. Bis Mitte September 2008 hatten sich die Preise auf 90 USD/Barrel abgeschwächt. Gleichwohl waren sie zu diesem Zeitpunkt immer noch drei mal so hoch wie fünf Jahre zuvor. Als wesentlicher Auslöser des Preisrückgangs ist die Finanzkrise zu nennen, die eine Eintrübung der Konjunkturaussichten bewirkt und damit die Erwartung einer gedämpften weltweiten Ölnachfrage ausgelöst hat.

Am 22. September 2008 wurde erneut ein Preisanstieg verzeichnet, und zwar um zeitweise mehr als 25 USD/Barrel. Das bedeutete den höchsten Tagessprung aller Zeiten. Im US-Handel kostete das Barrel Rohöl zeitweilig über 130 USD. Als wesentliche Faktoren wurden der schwache Wechselkurs des USD und die Umschichtung des Kapitalanlage-Portfolios bei Investoren aus Aktien- in Rohstoffmärkte, wie Rohöl, genannt. Angesichts der erwarteten konjunkturellen Abschwächung als Folge der Finanzmarktkrise verringerten sich die Rohölpreise bis Mitte November 2008 auf ein Drittel der Anfang Juli 2008 realisierten Spitzennotierungen.

Ursachen für die Aufwärtsbewegung der Preise, die bis Juli 2008 zu verzeichnen war, liegen sowohl auf der Nachfrage- als auch auf der Angebotsseite. So war der Bedarf der Schwellenländer, insbesondere von China, stärker als erwartet gewachsen. Nachfrage steigernd wirkte daneben auch die konjunkturelle Belebung in den USA, dem weltweit größten Ölverbraucher. Die Angebotsseite waren durch geopolitische Unsicherheiten geprägt. Die Situation im Irak, die Sorge vor Anschlägen auf Ölanlagen, politische Unruhen in Venezuela und Nigeria sowie zeitweise auch Wirbelstürme in den USA hatten – vor dem Hintergrund eines ohnehin geringen Angebotspuffers der Ölförderstaaten – zu starken Preisausschlägen geführt. Hinzu kam eine verstärkte Nachfrage von Finanzinvestoren auf den Rohstoffmärkten.

Die Ölförderstaaten konnten angesichts dieser Entwicklung erhebliche Zuwächse in den Ölexporterlösen realisieren. Die Rangliste der Staaten mit den höchsten Netto-Ölexporterlösen wird in den von der Energy Information Administration (EIA) des US-Departments of Energy (DOE) veröffentlichten Fact Sheets von Saudi Arabien angeführt. Pro Kopf der Bevölkerung erzielten 2007 aus dem Kreis der dreizehn OPEC-Staaten Katar, Kuwait, Vereinigte Arabische Emirate, Saudi Arabien und Libyen die höchsten Einnahmen.

Tabelle 84: Netto-Erlöse der OPEC-Staaten aus Ölexporten 2007

Staat	insgesamt Mrd. USD	pro Kopf USD
Algerien	50	1.513
Angola	44	3.566
Ecuador	8	565
Indonesien	– 4	– 18
Iran	57	873
Irak	38	1.361
Kuwait	55	21.858
Libyen	41	6.712
Nigeria	56	411
Qatar	26	28.357
Saudi Arabien	194	7.031
Vereinige Arabische Emirate	63	14.150
Venezuela	44	1.697
OPEC gesamt	671	1.137

Quelle: Energy Information Administration des US-Departments of Energy, Washington, August 2008; www.eia.doe.gov

In Summe haben die dreizehn OPEC-Staaten 2007 Netto-Erlöse aus Ölexporten in Höhe von 671 Milliarden USD realisiert. 2008 dürfte eine Rekordsumme in der Größenordnung von rund 1 Billionen USD erreicht worden sein.

Die täglich notierten Spotpreise, etwa für Brent dated (d. h. Ladetermin ist bekannt), haben nicht nur für konkret abgewickelte physische Lieferungen Bedeutung. Sie beeinflussen auch die Preise auf dem Forward-Markt (15 Tage Brent – d. h. nur Lademonat bekannt, Ladetermin wird 15 Tage vorher mitgeteilt) und den über Börsen abgewickelten Futures Markt.

Wichtigste **Börsen** für den Handel mit Rohöl sind die International Petroleum Exchange (IPE), London, und die New York Mercantile Exchange (Nymex). Da die Nymex wegen des Zeitunterschieds länger geöffnet ist, schlagen dort verzeichnete Preisbewegungen bei Rohöl am nächsten Tag auf Europa durch.

An den genannten Börsen kann Rohöl zu einem künftigen Termin, beispielsweise in einem Monat oder in drei Monaten oder auch in sechs Monaten ge- oder verkauft werden, und zwar zu einem Preis, der sich in Abhängigkeit von Angebot und Nachfrage für diesen Zeitpunkt am Markt einstellt. Vielfach handelt es sich hierbei um Preissicherungsgeschäfte oder auch um spekulative Käufe oder Verkäufe, die nicht mit physischen Warenströmen unterlegt sind.

Die notierten Rohöl-Terminmarktpreise stellen tagesabhängige Einschätzungen dar, die innerhalb kürzester Zeit durch anders geartete Kurven ersetzt werden können und mit höchster Wahrscheinlichkeit erst recht nicht die Preise treffen, die sich künftig tatsächlich einstellen werden. Doch genau darin findet der Futures Markt seine Berechtigung, da er eine Absicherung gegen Preisrisiken ermöglicht.

Aussagen zu den längerfristigen **Perspektiven der Weltmarktpreise für Öl** sind mit großen Unsicherheiten behaftet. Deshalb sind quantifizierte Angaben zu künftigen Preisen, die den Anspruch hoher Treffgenauigkeit erheben, nicht möglich. Allerdings lassen sich die jeweils wesentlichen Bestimmungsfaktoren der Preise identifizieren, aus deren konkreten Ausprägungen sich die Preistendenzen ableiten. Diese Treiber (Drivers) werden nachfolgend skizziert.

Entscheidende Treiber der mittel- und längerfristigen Preistrends auf dem Ölmarkt sind

- die Nachfrage,
- die Reserven (Höhe und regionale Verteilung),
- die Gewinnungskosten,
- die Angebotssteuerung der OPEC,
- die politischen Spannungen in den für die Versorgung des Weltmarktes wichtigsten Regionen sowie
- die Investitionen in den Aufschluss neuer Förderkapazitäten.

Beispielhaft für die Wirkung der **Nachfrage** können die achtziger Jahre des letzten Jahrhunderts sowie die Entwicklung seit dem Jahr 2004 angeführt werden. So hatten sich die hohen Ölpreise, die bis Mitte der achtziger Jahre herrschten, stark dämpfend auf die Ölnachfrage ausgewirkt. Das – zum damaligen Zeitpunkt – unerwartet starke Einsparverhalten und die durchgeführten investiven Maßnahmen auf der Verbraucherseite hatten zur Entspannung der Marktsituation erheblich beigetragen. Seit dem Jahr 2004 waren die Ölpreise – auch bedingt durch einen starken Anstieg der Nachfrage – nach oben getrieben worden. Zu den entscheidenden Ursachen für diese Entwicklung zählt das starke Wirtschaftswachstum in Staaten wie China und Indien.

Die **Reserven** an Öl und deren statische Reichweite (Reserven/aktuelle Jahresförderung) sind keine fixen Größen. Vielmehr führt ein Absinken der statischen Reichweite der Reserven zu verstärkter Exploration, als deren Folge Ressourcen – auch auf Grund des technischen Fortschritts – in Reserven überführt werden. Einen Beleg hierfür bietet die in den letzten zwanzig Jahren – trotz Inanspruchnahme der Vorkommen – in etwa konstante statische Reichweite der Ölreserven von gut 40 Jahren. Ein weiterer Indikator der zukünftigen Verfügbarkeit ist der

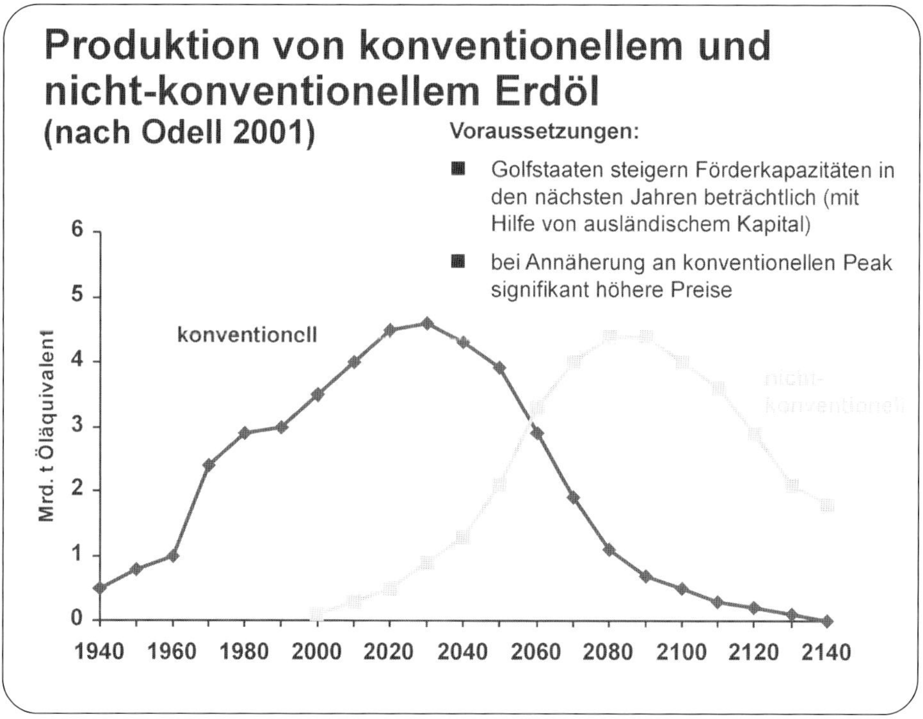

Abb. 75: Schematische Darstellung der Produktion von konventionellem und nicht-konventionellem Erdöl 1940 bis 2140

bereits geförderte Anteil des Gesamtpotenzials. Wenn dieser Anteil 50 % überschreitet und damit der „Depletion Mid Point" erreicht ist, wird es schwierig, die Förderung weiter zu steigern oder auch nur auf gleichem Plateau zu erhalten. Nach Angaben der deutschen *Bundesanstalt für Geowissenschaften und Rohstoffe (BGR)* waren bis Ende 2006 mit 147 Milliarden Tonnen bereits 37,5 % des Gesamtpotenzials des „konventionellen" Erdöls von etwa 392 Milliarden Tonnen gefördert. Die Hälfte des konventionellen Potenzials wäre bei stetigem Fördervolumen in der zweiten Hälfte des nächsten Jahrzehnts verbraucht. Technologische Fortschritte haben den Depletion Mid-Point allerdings immer wieder hinausgeschoben. Neben der Technologieentwicklung auf der Förderseite, durch die bislang nicht erreichbare Lagerstätten erschlossen werden können, spielt der Fortschritt in der Entölung erschlossener Lagerstätten eine Rolle. Zur Zeit wird im Durchschnitt ein Entölungsgrad von 35 % erreicht. Durch technischen Fortschritt ist ein Entölungsgrad von 50 % zu erwarten. Heutige Spitzenwerte liegen bei 70 %. Umgerechnet entspricht ein um einen Prozentpunkt höherer Entölungsgrad einer Verlängerung der Reichweite um ein Jahr. Ferner kann durch Inanspruchnahme nicht-konventioneller Lagerstätten (Schweröl, Ölsand, Ölschiefer) die Phase maximaler Förderung (peak production) ebenso wie die Kurve einer danach abfallenden Förderung verschoben werden.

Die **Kosten** der Förderung liegen bei Öl gegenwärtig – je nach Lagerstätte – zwischen 3 und 30 USD/Barrel. Zwar müssen zunehmend kleinere Lagerstätten unter ungünstigeren geologischen und geografischen Bedingungen erschlossen werden. Dieser Kosten treibende Effekt konnte in der Vergangenheit aber durch Produktivitätsgewinne, die meist auf technischen Innovationen beruhen, ausgeglichen oder sogar überkompensiert werden. In jüngster Zeit sind jedoch die Kosten für den Aufschluss neuer Lagerstätten massiv gestiegen. Außerdem haben sich die steuerlichen Rahmenbedingungen stark verschlechtert. Eine Umfrage bei 22 internationalen Ölgesellschaften (im Jahr 2008 durchgeführt) ergab, dass sie bei ihren Projektplanungen von durchschnittlich 70 USD/Barrel ausgehen. Lediglich ExxonMobil setzt mit 40 bis 50 USD/Barrel niedrigere Werte für ihre Planung an. Bei kanadischen Ölsänden wird von Projektkosten ausgegangen, die sogar mit 80 USD/Barrel beziffert werden. Diese Grenzkosten der Förderung stellen eine wichtige Determinante für die Preisbildung dar. Zwar können die Preise auf dem Weltölmarkt kurzfristig durchaus unter diese Schwelle rutschen. Im mittel- bis längerfristigen Trend können diese erhöhten Projektkosten jedoch als Preisuntergrenze angesehen werden, die angesichts der Marktmacht der Anbieter – je nach Marktsituation – deutlich überschritten werden kann.

Die **Marktmacht** der begrenzten Zahl von Anbietern dürfte künftig noch wachsen. Im Jahr 2007 waren die OPEC-Staaten mit 43 % an der Weltölförderung beteiligt. Eine relevantere Kenngröße für die Marktmacht dieses Kartells ist jedoch deren Anteil am Weltölhandel, der bereits heute über 50 % beträgt. Dieser Marktanteil wird sich künftig noch vergrößern. Entscheidender Grund ist, dass die zur Deckung der wachsenden Nachfrage notwendige Erweiterung der Förderkapazitäten – neben Russland – vor allem in OPEC-Staaten (insbesondere Saudi

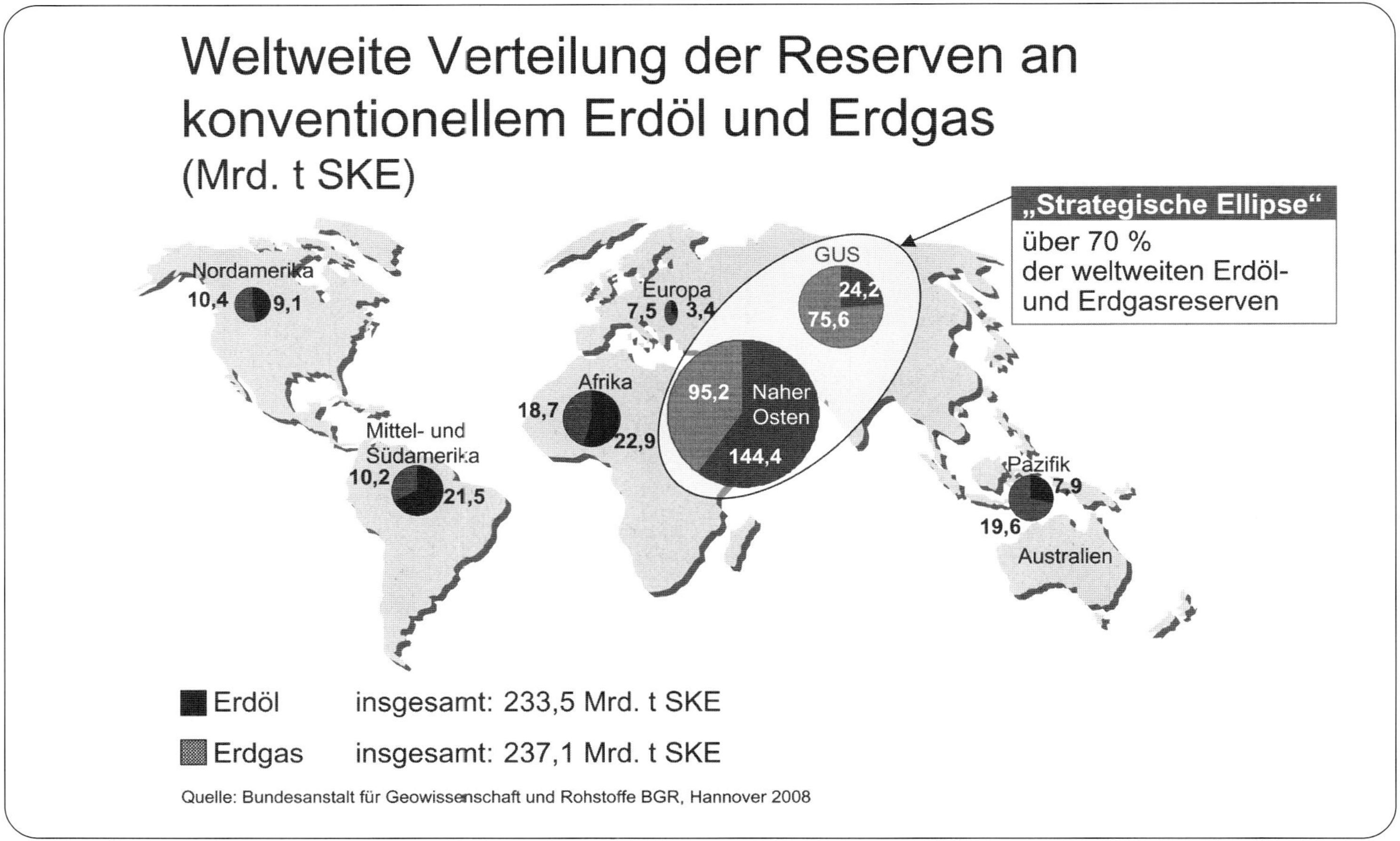

Abb. 76: Weltweite Verteilung der Reserven an konventionellem Erdöl

Arabien) erfolgen wird. Die OPEC verfügt nämlich nach eigenen Angaben der Organisation mit 939 Milliarden Barrel über 78 % der weltweiten Reserven an Öl von 1.204 Milliarden Barrel. Ein für die Preisbildung weiterer wichtiger Parameter ist die geänderte Strategie der OPEC. In der Vergangenheit hatte die OPEC mit der Produktionssteuerung vor allem das Ziel verfolgt, die Preise so einzustellen, dass ein Nachfrageeinbruch möglichst vermieden und nicht zu starke Anreize für eine Ausweitung der Nicht-OPEC-Förderkapazität gesetzt wurden. Es wird davon ausgegangen, dass die OPEC diese – vorrangig auf Sicherung des Marktanteils gerichtete – Strategie (unter Aussetzung des zuvor implementierten Preisbandes von 22 bis 28 USD/Barrel) in eine primär auf Gewinnmaximierung gerichtete Strategie unter gleichzeitiger Stabilisierung der Kartell-Disziplin geändert hat. Unter dieser Voraussetzung ist künftig von höheren Weltölpreisen auszugehen, als noch vor einigen Jahren erwartet worden war.

Als wesentlicher Treiber der Ölpreise – wenn auch in der Regel nur temporär – haben sich in der Vergangenheit **politische Spannungen**, kriegerische Auseinandersetzungen und Streiks erwiesen. Angesichts der starken Konzentration der Ölreserven auf politisch instabile Regionen ist auch künftig davon auszugehen, dass diese Faktoren den Ölpreis beeinflussen werden. Dies wird auf jeden Fall die Volatilität der Ölpreise noch vergrößern, auch wenn nicht von einer länger anhaltenden Versorgungsstörung auszugehen ist.

Die **Investitionen** in den Aufschluss neuer Förderkapazitäten spielen eine Schlüsselrolle für die Preise. Dies hatte sich Ende der siebziger/Anfang der achtziger Jahre gezeigt, als die zu dieser Zeit hohen Preise starke Anreize zur Intensivierung des Aufschlusses neuer Ölfelder außerhalb des OPEC-Blocks, etwa in der Nordsee, ausübten. Die damals verzeichnete Angebotsausweitung trug wesentlich zur Dämpfung der Ölpreise bei. So sahen sich die OPEC-Staaten gezwungen, ihre Preisforderungen bis 1986 nominal um fast zwei Drittel gegenüber 1980 zurückzunehmen.

Im Juli 1986 war das Nordseeöl Brent auf dem Spotmarkt nur noch mit durchschnittlich 9,55 USD/Barrel notiert worden. Der geldwertbereinigte – reale – Rückgang war noch stärker ausgefallen als die in jeweiligen Preise ausgedrückte Reduktion. Die seit dem Jahr 2004 bis hinein in das Jahr 2008 verzeichneten hohen Preise erklären sich zu einem wesentlichen Teil durch unzulängliche Investitionstätigkeit in den Aufschluss neuer Förderkapazitäten. Sie sind nicht durch das Auftreten eines physischen Mangels bei der Versorgung mit Öl verursacht. Entscheidend sind vielmehr die knappen Reserven an Förderkapazitäten, die gemäß Oil Market Report der IEA vom Juli 2008 für die OPEC auf nur etwa 1,5 mb/d bei einer Rohölförderung der dreizehn Kartellmitglieder von rund 32,8 mb/d veranschlagt werden. Die in den Jahren 2004 bis 2008 stark gestiegenen Preise bieten Anreize für Investitionen in den Neuaufschluss von Förderkapazitäten. Mit dem Eintreten der Marktwirksamkeit zusätzlicher Mengen könnte ein dämpfender Einfluss auf die Ölpreise einhergehen.

Parallel zum Rohölmarkt existiert ein internationaler Handel mit Mineralölprodukten. Die Zentren für den internationalen Produktenhandel sind Amsterdam/Rotterdam/Antwerpen (ARA) für Nordwesteuropa, die Mittelmeer-Region, der Persisch/Arabische Golf, Singapur, Japan sowie die Ostküste und die Golfküste der USA. Eine Schlüsselfunktion für die Preisbildung für Mineralölprodukte in Deutschland besitzt der **Rotterdamer Markt**. [53] Mit den auf dem ARA-Spotmarkt gebildeten Preisen, die täglich – differenziert nach den wichtigsten Produkten – in Platt's Oilgram veröffentlicht werden, sind nämlich nicht nur die Preise sämtlicher grenzüberschreitender Produktmengen ganz oder teilweise verknüpft, sie beeinflussen vielmehr den gesamten Markt.

In einer Situation von Überkapazitäten im Raffineriebereich und eines Käufermarktes bei Rohöl und Mineralölprodukten liegt das Rotterdamer Preisniveau unter den durchschnittlichen Gesamtkosten der Raffinerieerzeugung. Demnach kann bei fehlender Gesamtkostendeckung für einen Raffineur ein Anreiz zur Ausweitung seiner Produktion bestehen, soweit er über seine variablen Kosten, wie Rohöleinstandspreise, hinaus noch einen Beitrag zur Deckung seiner fixen Kosten vergütet bekommt. Die in der Vergangenheit zeitweise niedrigen Rotterdamer Preise hatten die von den großen Mineralölkonzernen unabhängigen Händler in die Lage versetzt, ihre Ware zu für den deutschen Verbraucher günstigen Preisen auf dem Markt anzubieten. Angesichts der Bedeutung dieser Anbietergruppe, die neben den Raffineriegesellschaften und dem vertraglich an diese Unternehmen gebundenen Handel den deutschen Markt versorgt, konnte die Mineralölindustrie ihre Preise nicht wesentlich über deren Abgabepreise setzen, wollte sie nicht den Verlust von Marktanteilen in Kauf nehmen.

Das erste Jahrzehnt des 21. Jahrhunderts ist durch weltweit knappe Raffineriekapazitäten gekennzeichnet. Dies treibt – zusätzlich zu den genannten Faktoren – die Preise für Mineralölprodukte in die Höhe.

Zwar ist der Verlauf der Produktpreise grundsätzlich eng an die Entwicklung der Rohölpreise gekoppelt. Saisonale Einflüsse können jedoch unterschiedliche Impulse auf die Produktpreise ausüben. So ist die Nachfrage nach Benzin im Sommer größer als im Winter. Bei Gasöl ist es umgekehrt. Der Ausgleich wird über die Raffinerieverarbeitung und die Lagerung hergestellt. Damit dies tatsächlich geschieht, muss hierzu ein Anreiz über den Preis ausgelöst werden.

Die Mineralölproduktpreise sind zusätzlich, soweit Substitutionsmöglichkeiten bestehen, mit den Preisen anderer Energieträger verknüpft. So bleibt etwa der Preis für schweres Heizöl nicht unbeeinflusst von den Notierungen für Kesselkohle. Deshalb hatten sich die Preise für schweres Heizöl beispielsweise im Jahr 2000 nicht so stark erhöht wie für Rohöl. Aus den USA war in der Wintersaison 2000/2001 ein Wechsel von Erdgas auf Heizöl berichtet worden, ausgelöst durch die zu dieser Zeit massiv gestiegenen Erdgaspreise.

Entscheidend für die Höhe der Preise und die Relationen zwischen den Produktpreisen sind somit Angebot und Nachfrage. Grenzen spielen keine Rolle, sieht man von der national unterschiedlichen **Besteuerung** ab, die eine erhebliche Rolle bei der Preisstellung für die Verbraucher spielt.

Wie aufgezeigt wurde, sind die Kosten bei weitem nicht der einzige Bestimmungsfaktor der Preise auf dem Mineralölmarkt. Vielmehr ist die differierende Preisstellung für die einzelnen Produkte (Preise ohne Steuern) Ausdruck der unterschiedlichen Bewertung der Erzeugnisse durch den Markt. Für eine Preisfindung allein nach Maßgabe der Versorgungskosten würde nicht einmal eine tragfähige Basis existieren, weil eine sachgerechte Zuordnung etwa der Rohölkosten auf die einzelnen Erzeugnisse aufgrund des Kuppelproduktionsprozesses bei der Mineralölverarbeitung nicht möglich ist. Hinzu kommt, dass die einzelnen Produkte eine unterschiedliche Verarbeitungstiefe und somit einen differierenden Veredlungsgrad aufweisen. Bezeichnend ist, dass selbst Länder mit administrierten Preissystemen bei der Preisfestsetzung für die einzelnen Erzeugnisse auch auf Marktelemente zurückgegriffen haben. Für die Mineralölindustrie ist entscheidend, dass die Erlöse über alle Produkte ihre gesamten Kosten decken.

Dass dies in der Bundesrepublik Deutschland in der Vergangenheit im Bereich Mineralölverarbeitung und -vertrieb vielfach nicht gelungen ist, wird durch die Zahlen belegt, die im Rahmen des zwischen Bundeswirtschaftsministerium und Mineralölindustrie 1973 vereinbarten und seitdem praktizierten Informationssystems über die Kosten- und Ertragslage der Mineralölverarbeitung gemeldet werden. Diese Daten werden seit 1980 in aggregierter Form veröffentlicht und von wissenschaftlicher Seite kommentiert.

Ein Vergleich allein der Rohölkostenentwicklung mit den Preisen für die wichtigsten Mineralölerzeugnisse ohne Steuern ergibt im Zeitraum 1973 bis 2008 folgendes Bild: Ein über die Rohölkostenentwicklung hinausgehender Spielraum zur Anhebung der Produktpreise konnte nur in begrenztem Umfang genutzt werden. Dabei stellt der Vergleich der Preise für Mineralölerzeugnisse mit dem Rohölpreis nur auf einen, wenn auch den wichtigsten Kostenfaktor für die Mineralölindustrie ab. Hinzu kommen unter anderem Verarbeitungs- und Vertriebskosten. Insbesondere die Verarbeitungskosten sind z. B. durch verstärkten Einsatz kostenintensiver Verfahren (Konversion) über die allgemeine Teuerung hinaus überproportional gestiegen. Ferner haben Lohnerhöhungen und verschärfte Umweltschutzanforderungen eine Zunahme der Kosten bewirkt.

Aber auch durch Addition aller Kostenelemente lassen sich nicht die Preise für Mineralölerzeugnisse in der Bundesrepublik Deutschland ableiten. Von besonderer Bedeutung für die in Deutschland herrschende freie Preisbildung sind neben den Kosten unter anderem die spezifische Wettbewerbssituation zwischen den verschiedenen Anbietern, die Intensität der Substitutionskonkurrenz mit anderen Energieträgern, die Angebots-/Nachfragesituation sowie die Preisentwicklung auf den internationalen Märkten oder Veränderungen der Bedarfsstruktur. Diese nicht

Tabelle 85: Vergleich der Rohölpreise mit den Preisen für die wichtigsten Mineralölprodukte 1973 bis 2008

Jahr	fob-Preis für Rohöl[1]	Ø Rohölpreis frei deutsche Grenze[2]		Ø Tankstellenpreis für Motorenbenzin[5]		Ø Tankstellenpreis für Dieselkraftstoff[6]		Ø Verbraucherpreis für leichtes Heizöl[7]	
				mit Steuern[8]	ohne Steuern	mit Steuern[8]	ohne Steuern	mit Steuern[8]	ohne Steuern
	USD/b	EUR/t [3]	EURct/l [4]	EURct/l	EURct/l	EURct/l	EURct/l	EURct/l	EURct/l
1973	2,70	42	3,5	36,1	11,4	34,8	11,6	10,6	9,1
1979	29,19	142	11,8	50,3	22,2	49,6	23,0	27,1	23,3
1985	27,50	318	26,5	71,0	35,4	68,1	37,1	40,8	34,9
1991	20,10	129	10,7	69,3	23,5	54,2	22,2	26,4	19,6
1997	19,10	128	10,7	84,3	23,2	63,7	23,7	26,6	19,0
2003	28,83	190	15,8	108,5	28,1	88,8	29,5	36,2	25,1
2006	65,14	379	31,6	127,8	44,7	111,8	49,4	58,9	44,6
2007	72,44	390	32,5	133,6	46,8	117,0	51,3	58,2	42,8
1. Hj. 2008	109,14	526	43,8	143,7	55,3	136,4	67,7	77,8	59,2

Anmerkungen und Quellen:

1) Durchschnittspreis ausgewählter OPEC-Rohöle frei Verladehäfen der Förderstaaten nach Angaben des Mineralölwirtschaftsverbandes; seit 1985: Spotpreis Brent.

2) durchgängig mit 1,95583 DM/Euro von DM in Euro umgerechnete Werte.

3) Mengengewichteter Preis nach Maßgabe der jeweiligen Zusammensetzung des in die Bundesrepublik Deutschland eingeführten Rohölpakets; Quelle: Bundesamt für Wirtschaft und Ausfuhrkontrolle

4) Bei der Umrechnung von Euro/t in ct/l wurde ein einheitlicher Umrechnungsfaktor von 1.200 Litern pro Tonne Rohöl zugrunde gelegt.

5) Arithmetischer Mittelwert aus den für Superbenzin und Normalbenzin an Markenstationen und Freien Tankstellen erhobenen Preisen; Quelle: Statistisches Bundesamt, Fachserie 17, Reihe 7.

6) Artihmetischer Mittelwert aus den an Markenstationen und Freien Tankstellen erhobenen Preisen. Quelle: Statistisches Bundesamt, Fachserie 17, Reihe 7

7) Bei Abnahme von 4.000 bis 5.000 Liter frei Haus des Abnehmers; seit 1997: bei Abnahme von 3.000 Liter; Quelle: Statistisches Bundesamt, Fachserie 17, Reihe 2

8) Die Mineralölsteuersätze sind in einer gesonderten Tabelle im einzelnen ausgewiesen. Die Mehrwertsteuer, seit dem 01.07.1968 11 %, war am 01.01.1978 auf 12 %, am 01.07.1979 auf 13 %, am 01.07.1983 auf 14 %, am 01.01.1993 auf 15 %, am 01.04.1998 auf 16 % und am 01.01.2007 auf 19 % angehoben worden.

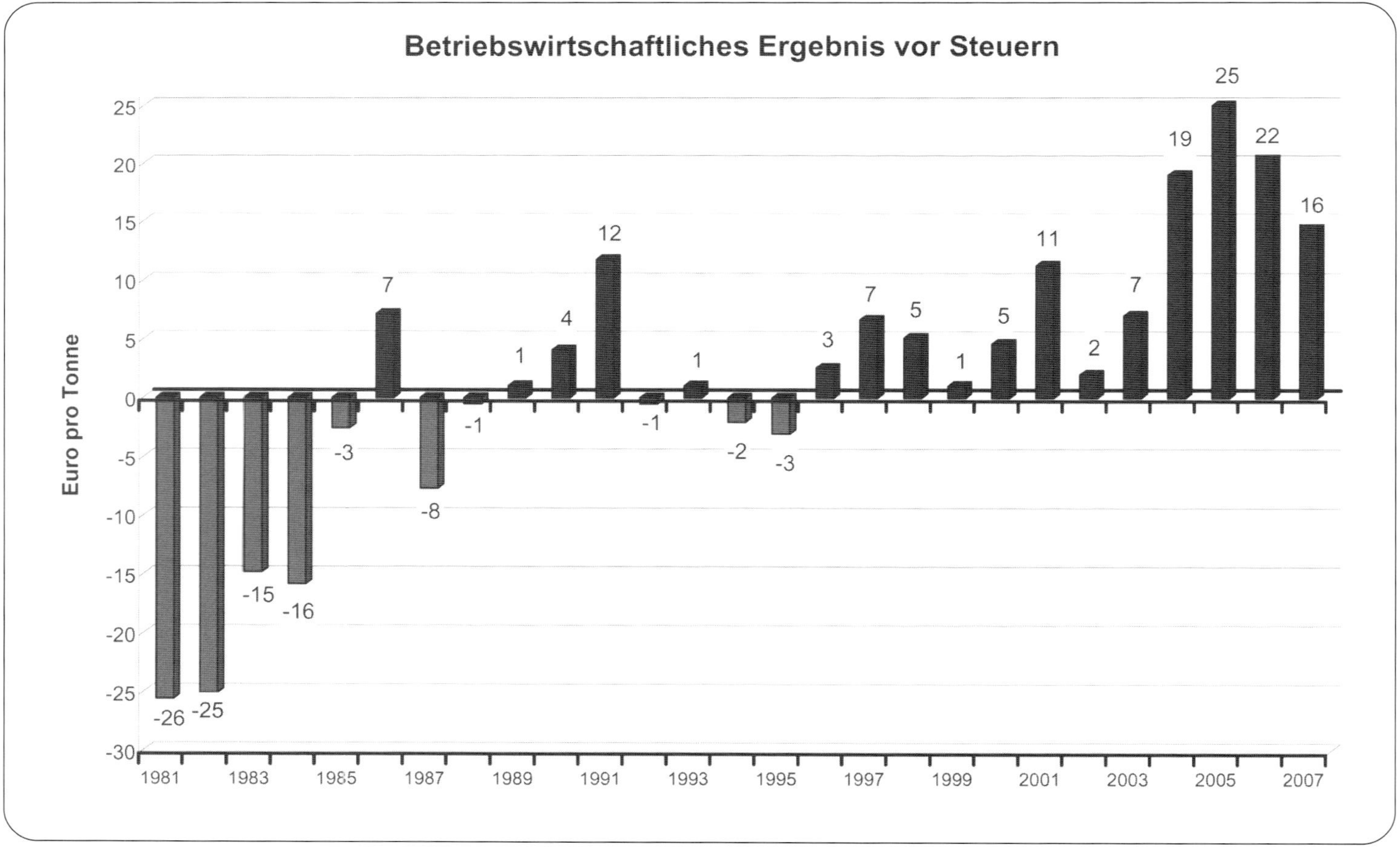

Abb. 77: Entwicklung der Betriebsergebnisse der Mineralölverarbeitung vor Steuern

durch staatliche Preisvorschriften eingeengte Preisbildung, die das Erwirtschaften von Gewinnen zulässt, aber auf der anderen Seite die Mineralölwirtschaft auch zur Hinnahme von Verlusten zwingt, gewährleistet eine optimale Anpassungsfähigkeit an sich ändernde Marktlagen. Für den Verbraucher zeigt sich die Vorteilhaftigkeit eines freien Preissystems insbesondere in vergleichsweise günstigen Preisen. Dies belegen regelmäßig in der EU durchgeführte Preisvergleiche, nach denen sich die deutschen Preise (ohne Steuern) überwiegend im unteren Bereich bewegen.

Eine staatliche Preiskontrolle ist in Deutschland nach dem Energiesicherungsgesetz ausschließlich für den Fall schwerer mengenmäßiger Versorgungsstörungen vorgesehen. In Zeiten einer lediglich angespannten Marktsituation, wie sie etwa 1979/80 als Folge der Iran-Revolution, des Irak-/Iran-Konflikts und der kriegerischen Auseinandersetzungen nach dem Einmarsch von Irak in Kuwait sowie dem Sturz des irakischen Regimes entstanden war, vertraut die Bundesregierung dagegen ebenso wie bei einer ausgeglichenen Marktsituation oder einem Angebotsüberhang auf freie Ölpreise.

In der angespannten Situation 1979/80 hatte sich die Aktivität der Bundesregierung auf Appelle an die Mineralölindustrie beschränkt, den damals bestehenden Preiserhöhungsspielraum nicht voll auszuschöpfen, der sich durch die extremen Ausschläge der Rotterdamer Produktenpreisnotierungen eröffnet hatte. Diesem Appell war die Industrie nachgekommen. Dies hatte damals zu einem zeitweise gespaltenen Preis geführt, von dem insbesondere die Heizölverbraucher betroffen waren. So waren die Heizölhändler, deren Versorgung überwiegend auf Produktimporten basierte, gezwungen, höhere Preise zu fordern als Händler, die überwiegend mit preiswerterer Ware aus inländischen Raffinerien versorgt wurden. Als Konsequenz aus dieser Situation hatte sich die Nachfrage zunehmend auf die preiswerteren Anbieter konzentriert. Aufgrund begrenzter Verfügbarkeit an relativ preiswertem Heizöl sahen sich die überwiegend inlandsversorgten Händler gezwungen, die Abgabe von Heizöl auf ihre traditionellen Kunden zu beschränken. Dies hatte zum Teil zu Unverständnis bei Verbrauchern geführt, die überwiegend auf importversorgte teuere Händler verwiesen worden waren. Da dieses System jedoch eine volle mengenmäßige Versorgung aller Verbraucher zu jeder Zeit gewährleistete, erschienen die durch die Preisspaltung bedingten Nachteile eines Teils der Verbraucher hinnehmbar.

Die unmittelbare Weitergabe der von der OPEC durchgesetzten Preise hat dem Verbraucher ohne Zeitverzug die richtigen Signale gesetzt und ihn zu Einsparungen gezwungen. Dies hatte zur Entlastung der zu dieser Zeit angespannten internationalen Marktlage beigetragen. Vergleichbar gilt dies auch für die im Jahr 2008 eingetretene Situation.

3.2.2 Braunkohle

Die in Deutschland praktisch ausschließlich im Tagebau gewonnene Braunkohle wird zu über 90 % in lagerstättennahen Grundlastkraftwerken verstromt. Einen Marktpreis für diese verstromte Rohbraunkohle gibt es entsprechend nicht. Marktpreise existieren nur für die sogenannten Veredlungsprodukte, wie insbesondere Staub und Brikett.

Allerdings war in der Vergangenheit ein repräsentativer **Produktionswert von Rohbraunkohle** publiziert worden. Einschlägige Quelle ist das Statistische Bundesamt, Fachserie 4, Reihe 3.1 Produktion im Produzierenden Gewerbe. Daraus geht hervor, dass die Bergbauindustrie die Kosten zur Gewinnung von Braunkohlen von 1995 bis zum ersten Halbjahr 2000 um durchschnittlich rund ein Viertel gesenkt hatte.

Der verschärfte Wettbewerbsdruck im liberalisierten Strommarkt machte weitergehende Kostensenkungen notwendig. RWE Power hatte die Kosten der Stromerzeugung aus rheinischer Braunkohle bis 2004 um 30 % im Vergleich zu 1999/2000 reduziert. Durch diese – in vergleichbarer Form auch in den anderen Revieren umgesetzten – Maßnahmen konnte gewährleistet werden, dass die Braunkohle, die auf Grund ihrer niedrigen Grenzkosten in bestehenden Kraftwerken eine hohe Einsatzpriorität hat, auch in neu zu errichtenden Kraftwerken wettbewerbsfähig geblieben ist.

Während in der Vergangenheit die Braunkohle zu kostenorientierten Verrechnungspreisen an die Stromerzeuger abgegeben wurde, misst sich die Braunkohlenindustrie seit der erfolgten Liberalisierung der Strommärkte unmittelbar an den Marktgegebenheiten.

So wird die erwartete Braunkohlenstromproduktion – etwa im Fall von RWE Power – zu Großhandelspreisen überwiegend auf Termin an RWE Supply & Trading verkauft. Insgesamt vermarktet RWE Power rund 90 % der geplanten Jahresstromerzeugung auf Termin bereits vor Beginn des jeweiligen Lieferjahres. Entscheidend für den Verkaufserlös sind somit die zum Zeitpunkt des Verkaufs im vereinbarten Lieferzeitraum gültigen Forward-Notierungen für Grundlaststrom. Verbleibende Mengen werden über Spotverkäufe abgewickelt. Mindermengen werden bis zum jeweiligen Vortag vom Spotmarkt zugekauft bzw. es erfolgt eine Pönalisierung von Fahrplanunterschreitungen.

Die in den **Veredlungsbetrieben** des Braunkohlenbergbaus hergestellten Produkte, wie u. a. Briketts und Staub, sind einem intensiven Substitutionswettbewerb ausgesetzt. Konkurrenten auf den für die Braunkohlenprodukte wichtigsten Märkten sind neben Importkohle vor allem Erdgas und Heizöl. Die Preisbildung wird somit durch die Marktbedingungen bestimmt.

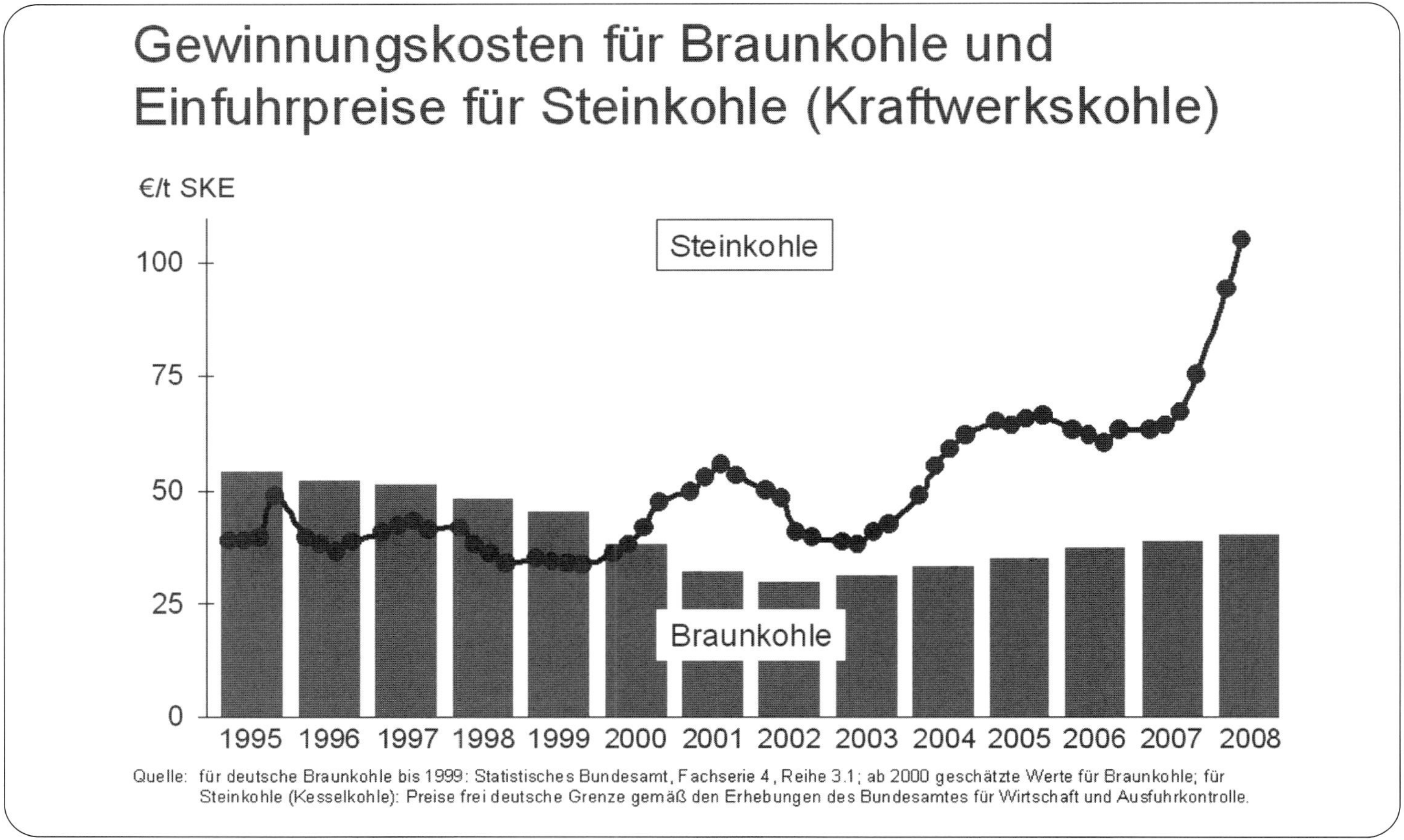

Abb. 78: Entwicklung der Gewinnungskosten für Braunkohle in Deutschland 1995 bis 2008

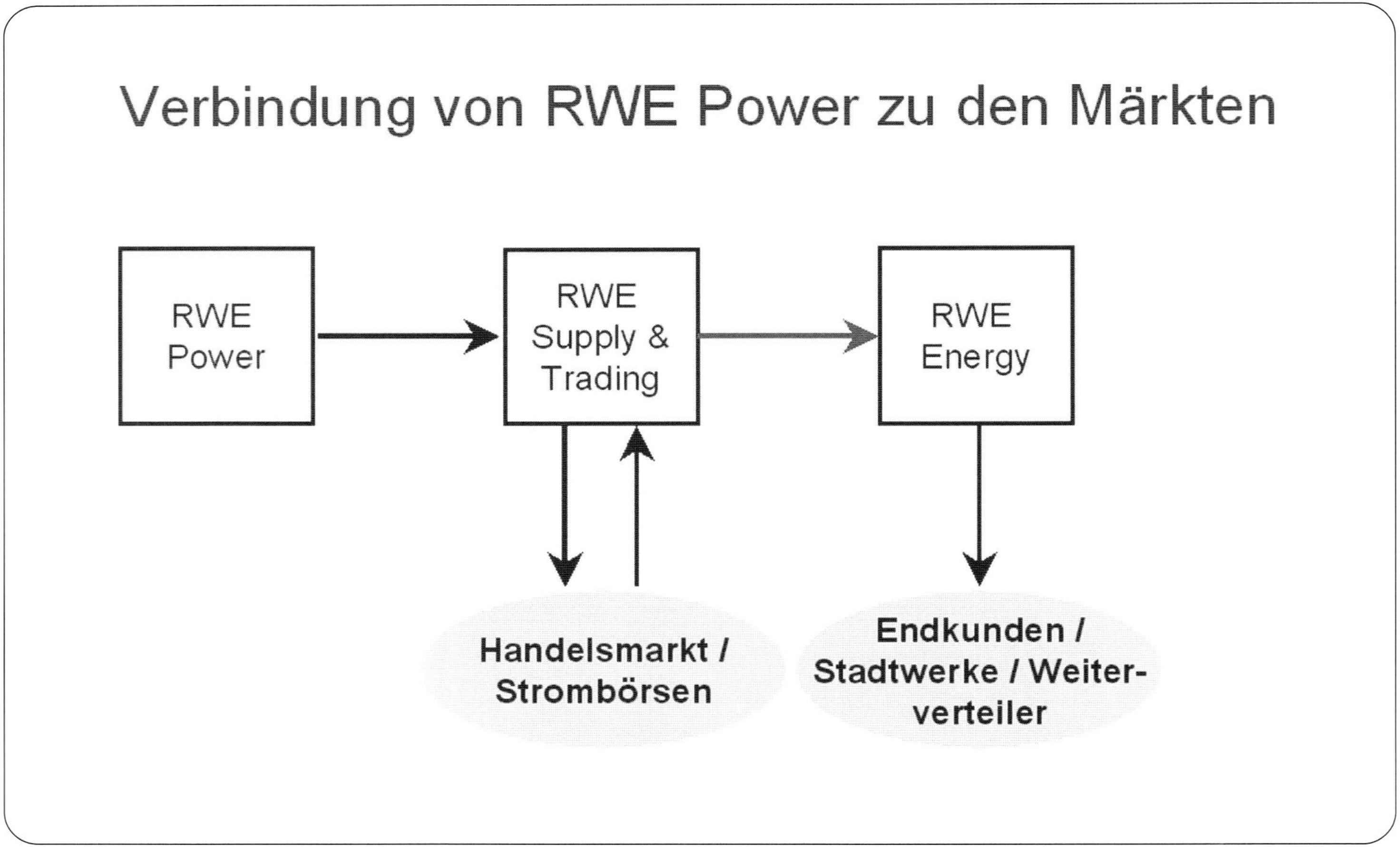

Abb. 79: Verbindung der Braunkohlen-Verstromungsindustrie zu den Märkten – Beispiel RWE Power

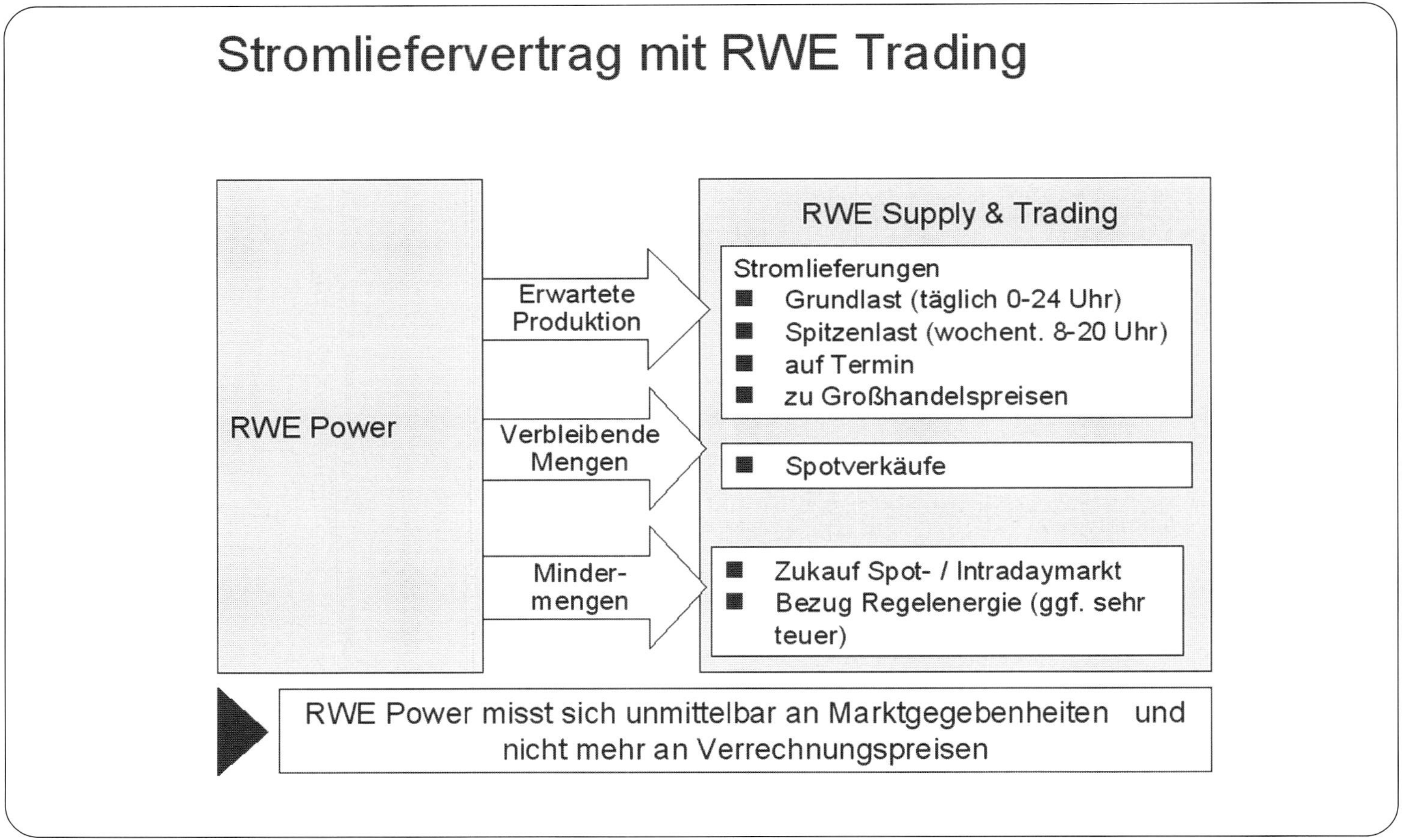

Abb. 80: Lieferbeziehung zwischen einem Unternehmen mit Braunkohlenverstromung und der Großhandelsstufe

3.2.3 Steinkohle

Der Steinkohlebedarf in Deutschland ist 2007 zu etwa 33 % durch inländische Fördermengen gedeckt worden. 67 % entfielen auf Importe. Seit der Umstellung des Finanzierungssystems, die in der zweiten Hälfte der neunziger Jahre erfolgte, kann deutsche Steinkohle zu Weltmarktkonditionen angeboten werden. Die Preise in Deutschland orientieren sich also – unabhängig von der Herkunft der Steinkohle – ausschließlich an den Entwicklungen auf den internationalen Märkten.

Der gesamte Welthandel mit Steinkohle im Seeverkehr betrug 2007 rund 820 Mio. t. Dies entsprach 15 % gemessen an der weltweiten Steinkohlen-Fördermenge von 5,6 Mrd. t. Der überwiegende Teil der weltweiten Förderung wird demnach im Gewinnungsland selbst verbraucht – insbesondere zur Stromerzeugung und daneben in einigen Schlüsselindustrien wie Eisen und Stahl, Zement sowie Chemie. Dies gilt insbesondere für die drei größten Steinkohlenproduzenten China, USA und Indien.

2007 entfielen vom gesamten Steinkohlenüberseehandel 618 Mio. t auf Kessel- und 202 Mio. t auf Kokskohlen. Wichtigste Exportländer für Steinkohle waren 2007 Australien, Indonesien, Russland, Südafrika und Kolumbien, deren Exporte sich zusammen auf knapp 80 % der seewärtig gehandelten Steinkohlenmenge beliefen. Hauptimportregionen sind vor allem der asiatische Wirtschaftsraum mit einem Anteil von rund 62 % gefolgt von Europa einschließlich der angrenzenden Mittelmeerländer mit einem Anteil von etwa 30 %. [54]

Ein wesentlicher Bestimmungsfaktor für die Exportströme aus den Lieferstaaten ist die geographische Lage der Empfängerländer. So wird der Steinkohlenmarkt in Asien vor allem durch Australien, Indonesien und China geprägt. Weitere Lieferanten für Japan und die industriellen Schwellenländer im asiatisch-pazifischen Raum – insbesondere Süd-Korea, Taiwan und Hongkong – sind Südafrika, Kanada und USA. Marktführer für die EU sind Russland, Südafrika und Kolumbien; es folgen Australien und die USA.

Der Weltmarkt für Steinkohlen ist durch Konkurrenz zwischen einer Vielzahl von Anbietern – traditionelle und neue Anbieter – gekennzeichnet. Dabei handelt es sich sowohl um Bergbau- als auch um Handelsunternehmen. Allerdings hat in den letzten Jahren eine Bereinigung der Marktstrukturen eingesetzt. Beispielhaft sind die Zusammenschlüsse großer Kohleunternehmen (z. B. Billiton/BHP) sowie der Rückzug von Ölgesellschaften (Shell/Exxon) aus Kohleaktivitäten zu nennen. Inzwischen verfügen die vier bedeutendsten weltweit agierenden Kohlenexporteure, nämlich BHP-Billiton, Xstrata, Anglo Coal und Rio Tinto über einen Marktanteil im Welthandel von etwa 30 %. Damit wird künftig eine bessere Abstimmung des Angebots an die Nachfrage ermöglicht als dies in der Vergangenheit der Fall war. [55]

Auch in den Jahren niedriger Öl- und Erdgaspreise konnte die Steinkohle auf den internationalen Märkten zu wettbewerbsfähigen Bedingungen angeboten werden. Die unter dem Wettbewerbsdruck verzeichneten Preissenkungen wurden ermöglicht durch organisatorische und technische Verbesserungen in sämtlichen Bereichen der Kohlegewinnung. Diese Verbesserungen hatten zu einem starken Produktivitätswachstum in den großen Steinkohleexportländern geführt.

Die Angebotsbedingungen der Weltmarktproduzenten richten sich insbesondere nach der geologischen Ausbildung der Lagerstätten sowie der Entwicklung der Produktivität im Kohlenbergbau. [56] Grundsätzlich ist davon auszugehen, dass die günstigen Lagerstätten zuerst in Anspruch genommen werden. Bei deren Erschöpfung muss auf Ressourcen zurückgegriffen werden, die geologisch schwieriger sind bzw. aufgrund ihrer ungünstigen geografischen Lage sich schlechter erschließen lassen. Dabei können die Nachteile, die mit dem Übergang auf schlechtere Lagerstätten verbunden sind, durch Produktivitätsgewinne überkompensiert werden. Dies war in den zurückliegenden Jahren der Fall, kann aber nicht in gleichem Maße für die Zukunft erwartet werden.

So konnte die Förderleistung in für den Welthandel wichtigen Überseeländern bis zu 16.000 t/Mannjahr gesteigert werden; in Europa werden auf Grund ungünstiger Abbauverhältnisse bestenfalls 5 % dieser Spitzenwerte erreicht. Während in Europa Steinkohle ganz überwiegend unter Tage gefördert wird, beträgt der Anteil der im Tagebau gewonnenen Steinkohlen in den USA rund 67 % und in Australien 76 %. In Indonesien, Kolumbien und Venezuela wird Steinkohle ausschließlich im kostengünstigen Tagebau gefördert. Die verzeichneten Produktivitätsverbesserungen führten während der achtziger und neunziger Jahre zu einem meist deutlichen Überangebot auf dem Weltmarkt, das wesentlicher Auslöser real sinkender Preise war.

Im Käufermarkt sind die Grenzkosten der Förderung die entscheidende Determinante für den Preistrend der Steinkohle ab Grube. Um den durch die langfristigen Grenzkosten bestimmten Trend schwanken die Preise in Zyklen. Dabei sind für die Preisausschläge der Verlauf der Nachfrage, der wiederum den Auslastungsgrad der jeweils bestehenden Exportkapazitäten bestimmt, und – in begrenztem Umfang – auch die Preisbewegungen bei dem Marktführer Rohöl maßgeblich.

Im Verkäufermarkt hingegen sind andererseits die Vollkosten und Margen des teuersten zur Deckung der Nachfrage benötigten Anbieters für den Weltmarktpreis bestimmend.

Zwischen diesen Faktoren bestehen enge Interdependenzen. So hatte etwa die zweite Ölkrise 1979/80 zu einer verstärkten Nachfrage nach Steinkohlen und damit zu einer vollen Ausschöpfung der Angebotskapazitäten geführt. Die Folge war ein Anstieg der Steinkohlenpreise, der wiederum eine Mobilisierung vorhandener und den Ausbau zusätzlicher Exportkapazitäten induzierte.

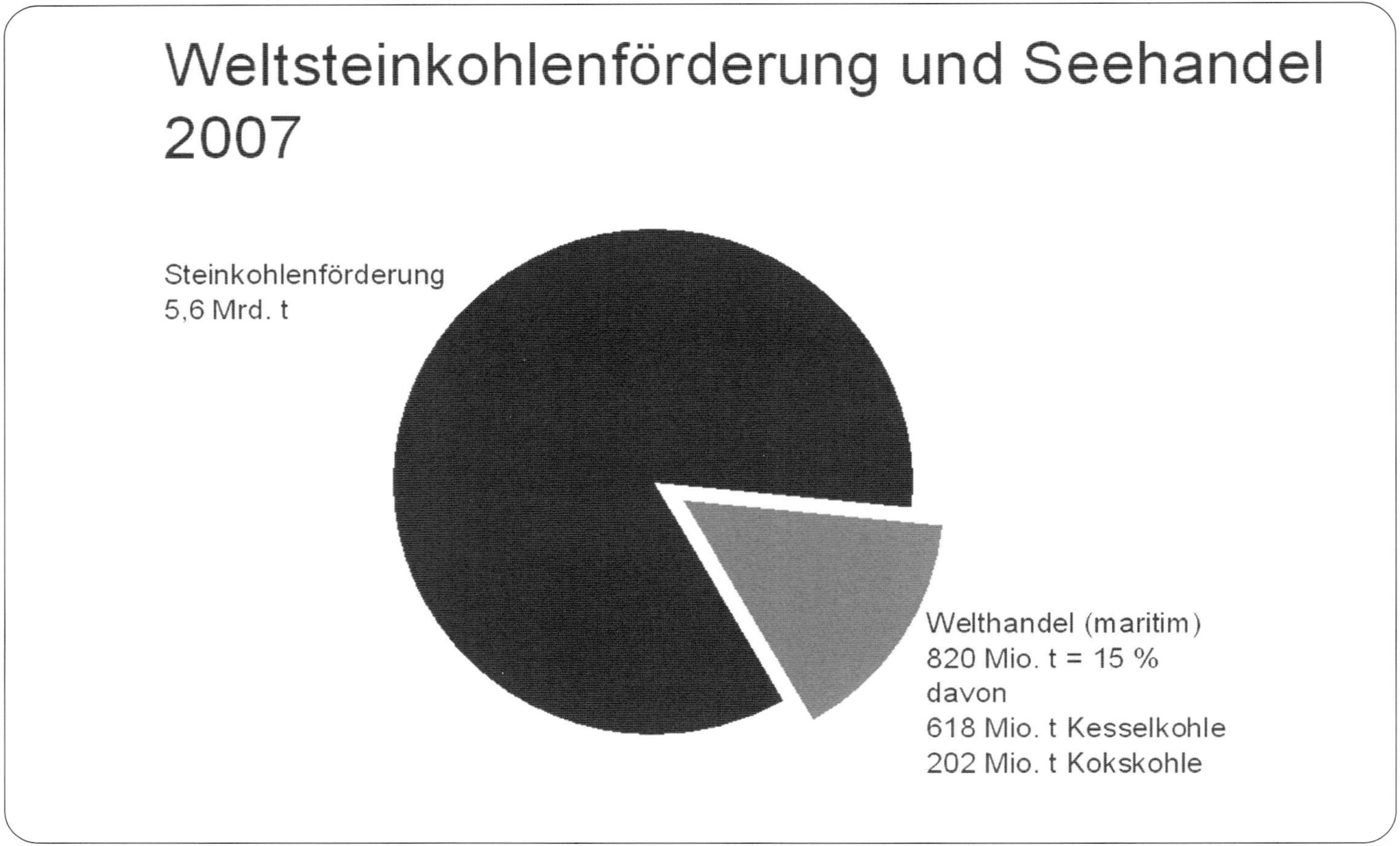

Abb. 81: Weltsteinkohlenförderung und Seehandel 2007

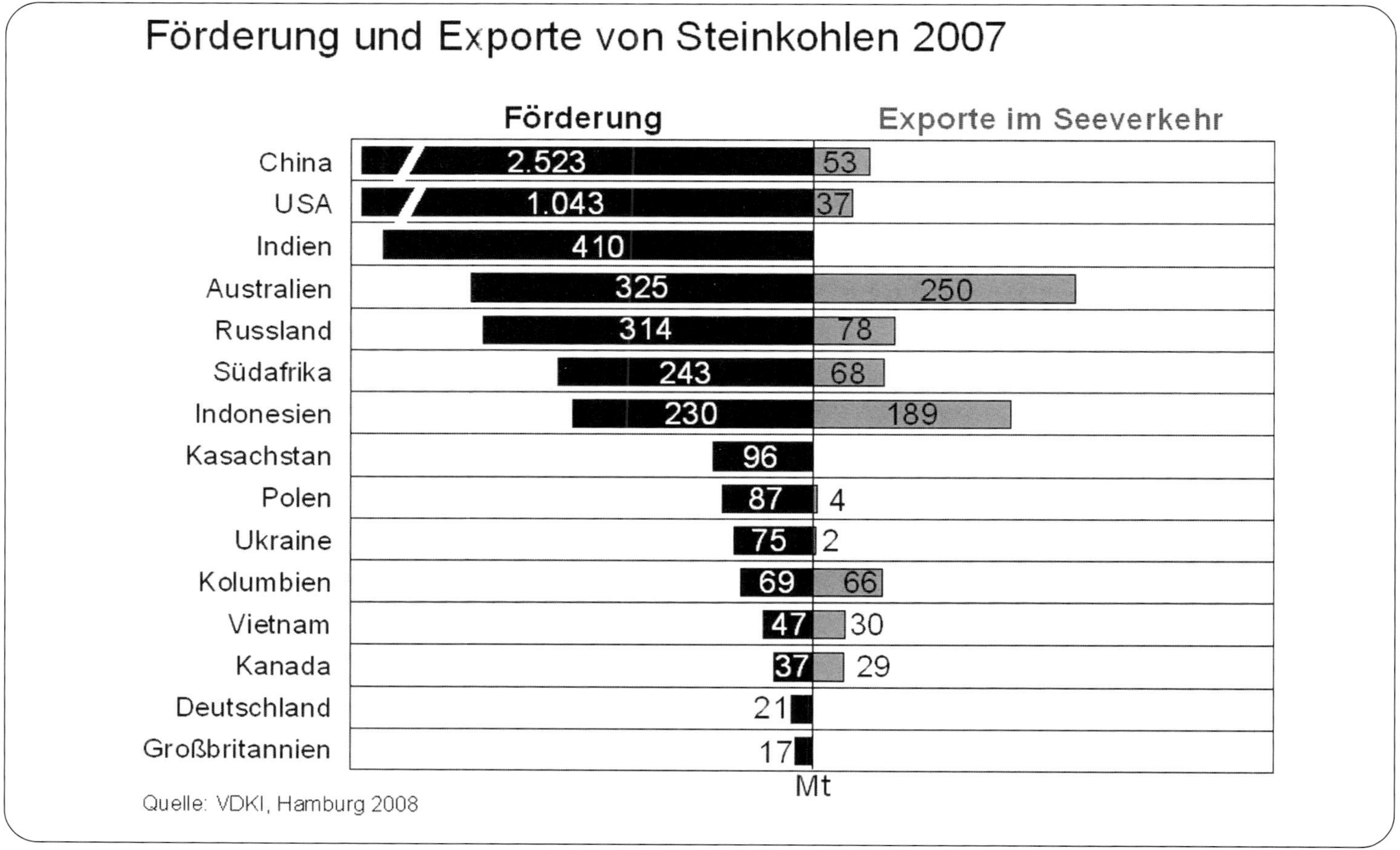

Abb. 82: Förderung und Exporte von Steinkohle nach Produzentenländern 2007

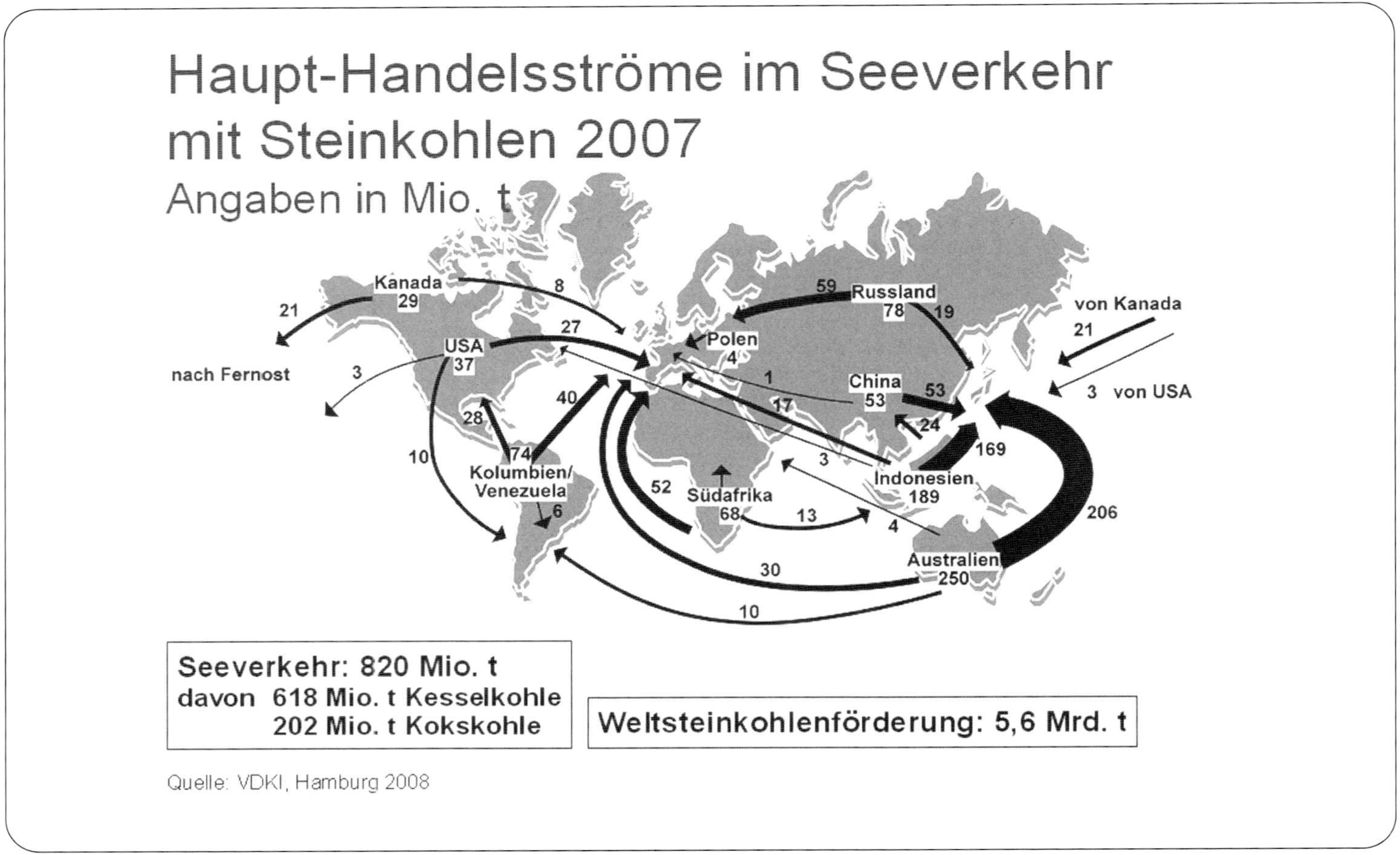

Abb. 83: Haupt-Handelsströme im Seeverkehr mit Steinkohlen

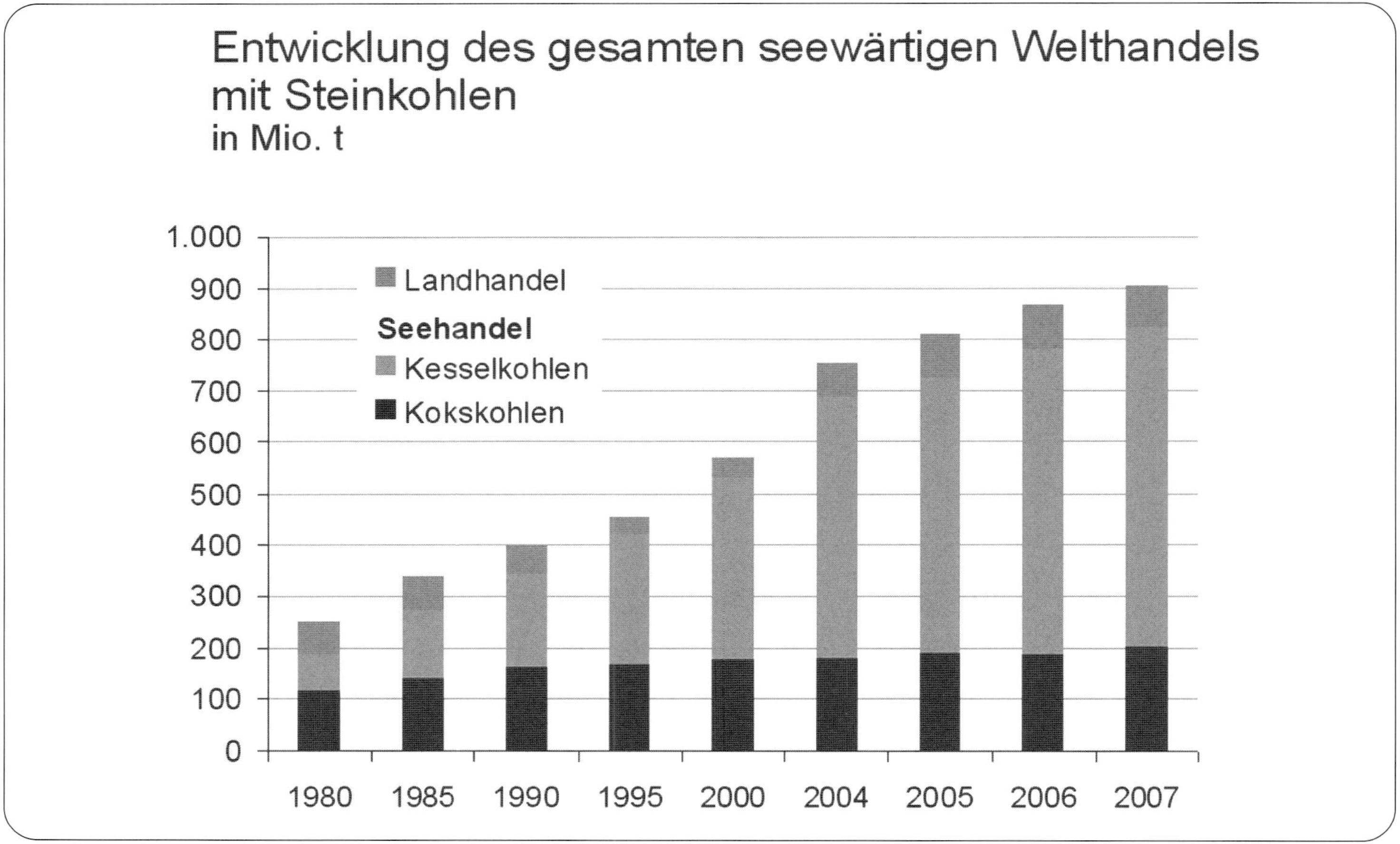

Abb. 84: Entwicklung des gesamten seewärtigen Welthandels mit Steinkohlen

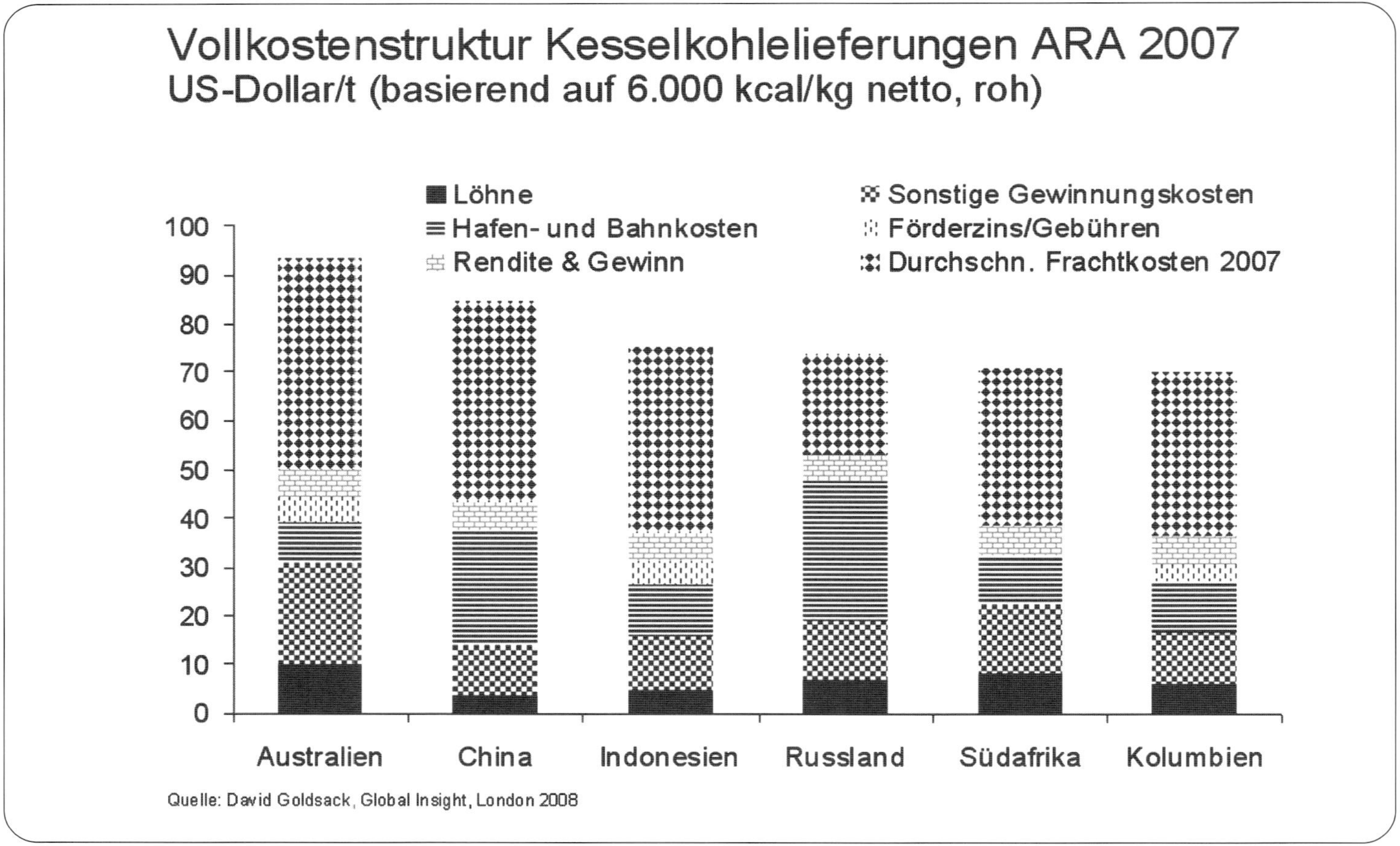

Abb. 85: Vollkostenstruktur für Kesselkohlen aus wichtigen Lieferstaaten

Beispiel für eine gegenläufige Entwicklung ist die Phase von 1983 bis 1987. Die im Gefolge der Ölpreiskrise zur Anpassung des Angebots an die erhöhte Nachfrage getätigten Investitionen wurden marktwirksam, als die Nachfragekurve sich konjunkturbedingt wieder abschwächte. Zusätzlich hatte aber Mitte der 80er Jahre ein Ölpreisverfall eingesetzt. Der entstandene Angebotsüberhang führte bis 1987 zu einem Rückgang der Preise auf das Niveau des Jahres 1979.

Dieser Zyklus wiederholte sich nach 1987, führte zu einem Zwischenhoch der Preise im Jahr 1990 und endete Mitte 1993 erneut in einem Preistal. Die Preisausschläge entfalteten jedoch nicht die gleiche Dynamik wie zwischen 1979 und 1987, da von dem weitgehend stabilen Weltmarktpreis für Rohöl keine zusätzlichen Impulse ausgingen. Auf Dollarbasis erreichten die gewichteten Durchschnittspreise frei nordwesteuropäische Seehäfen im 3. Quartal 1993 nach Ermittlungen der Europäischen Kommission mit 42,80 USD/t SKE für Kesselkohle und mit 55,30 USD/t für Kokskohle in etwa wieder das Niveau des Jahres 1987.

Mitte 1993 hatte sich eine Trendwende auf dem Steinkohlenweltmarkt vollzogen. Dies zeigt sich insbesondere am Verlauf der Spotpreise, die die jeweilige Marktlage besonders gut widerspiegeln. So hatten sich die Spotpreise für Kesselkohle von Mitte 1993 bis zum Frühjahr 1995 auf Dollarbasis um mehr als 40 % erhöht. Danach schwächten sich die Spotpreise erneut ab und wurden Anfang 1999 mit knapp 35 USD/t SKE um 18 USD/t SKE niedriger notiert als im Frühjahr 1995.

Seit dem 2. Quartal 1999 war ein Wiederanstieg der Preise auf dem Weltkohlenmarkt zu verzeichnen, der bis zum Ende des 2. Quartals 2001 andauerte. Diese Aufwärtsbewegung der Kohlepreise vollzog sich vor dem Hintergrund erheblich gefestigter Rohölpreise. Von noch größerer Bedeutung für den Kesselkohlenmarkt waren jedoch die gestiegenen Erdgaspreise. Die Folge war, dass Erdgas – soweit Substitutionsmöglichkeiten gegeben waren – vermehrt durch Kohle ersetzt wurde. Die zusätzlich konjunkturbedingt gewachsene Nachfrage führte zu einem Anstieg der Kohlepreise, der allerdings deutlich moderater ausfiel als die für Öl und Erdgas verzeichneten Preisaufschläge.

Im 2. Quartal 2001 gaben die Weltmarktpreise für Öl deutlich nach. Ursache war die gedämpfte Konjunkturentwicklung, die Nachfrageeinbußen bewirkte. Auch die Preise für Steinkohle reduzierten sich bis Anfang 2003 deutlich. Bei Steinkohle wurde der rückläufige Preistrend verstärkt durch nachgebende Seefrachtraten.

Ab Frühjahr 2003 war ein starker Anstieg der Steinkohlenpreise verzeichnet worden. So kletterten die Preise für Kesselkohlen frei Verladehäfen der Lieferländer (fob-Preise) auf Dollarbasis bis Mitte 2004 auf das 2,5-fache. Ursächlich hierfür war die Entwicklung von Angebot und Nachfrage. Auslöser des Nachfrageanstiegs war zum einen der seit 2003 verzeichnete Zuwachs des Stromverbrauchs und der Rückgang des Beitrags anderer Energien zur Stromerzeugung, zum anderen der vermehrte Bedarf an Kokskohlen für die Stahlerzeugung.

Tabelle 86: Internationale Preisnotierungen für Kesselkohlen

Monat	USD/t (6.000 kcal)			EUR/t
	Südafrika fob	Seefracht RBCT-NWE	MCIS cif-NWE	MCIS cif-NWE
2003				
Januar	27,63	9,50	36,57	34,43
April	23,43	11,00	32,94	30,37
Juli	29,46	11,50	39,79	34,99
Oktober	37,97	22,00	59,28	50,70
2004				
Januar	42,38	27,00	68,97	54,68
April	48,33	18,00	65,51	54,66
Juli	66,24	16,20	77,28	63,00
Oktober	59,52	20,25	74,24	59,44
2005				
Januar	47,76	18,90	67,23	51,25
April	47,50	20,90	67,00	51,79
Juli	52,40	10,61	62,53	51,95
Oktober	41,43	16,40	54,44	45,31
2006				
Januar	44,74	11,20	54,63	45,14
April	54,76	12,80	62,58	51,00
Juli	52,50	14,69	63,51	50,07
Oktober	49,62	21,08	66,75	52,93
2007				
Januar	50,23	22,85	68,47	52,67
April	51,70	28,10	71,89	53,19
Juli	57,91	25,85	78,64	57,33
Oktober	73,03	48,00	115,24	81,00
2008				
Januar	100,19	29,49	130,10	88,40
April	108,64	38,40	139,28	88,43
Juli	167,59	41,70	210,29	133,35
Oktober	110,24	11,93	120,72	90,61

Quelle: Mc Closkey's Coal Report. Monatswerte: Mittel der Angaben im Laufe eines Monats; Spitzen- und Tiefstwerte also ausgeblendet.

Abb. 86: Steinkohlenpreise für das jeweils nächste handelbare Kalenderjahr

Angesichts der stürmischen Bedarfsentwicklung, die sowohl auf den pazifischen als auch auf den atlantischen Märkten zu beobachten war, verengte sich das Angebot zusehends – einhergehend mit einer Verstärkung der Verkäufermarktsituation. Da Südafrika als traditionell wichtigster Lieferant für den europäischen Markt den erhöhten Bedarf nicht decken konnte, richtete sich die Nachfrage verstärkt auch auf Lieferländer im asiatisch/pazifischen Raum. Zu der Marktanspannung trug nicht unwesentlich auch die schwer kalkulierbare Marktstrategie Chinas bei, immerhin einer der wichtigsten Kohle- und Koksexporteure. Marktentlastend wirkten im Pazifik erhöhte Lieferungen vor allem Australiens und Indonesiens. Im atlantischen Markt steigerten insbesondere Kolumbien und Russland ihre Exporte – und nach Jahren des Rückzugs auch die USA, beflügelt von den hohen international erzielbaren Erlösen.

Einer erneuten Abschwächung bis Ende 2005 folgte seit Anfang 2006 ein drastischer Anstieg. Im Juli 2008 erreichte der Spotpreis für Kesselkohlen frei nordwesteuropäische Seehäfen 210 USD/t. Das entspricht einer Vervierfachung im Vergleich zum Stand Anfang 2006. Eine hohe Nachfrage führte zu anziehenden Preisen frei Verladehäfen der Förderländer. Die Seefrachten, die sich in dem genannten Zeitraum vervierfacht hatten, stellten einen weiteren wesentlichen Preis treibenden Faktor dar. Hinzu kamen massiv erhöhte Preise der Konkurrenzenergien Öl und Erdgas, die den nötigen Spielraum für die Durchsetzung der Preisanhebungen für Steinkohle boten.

Bei Steinkohle bestehen zum einen direkte Konkurrenzbeziehungen zwischen einer Vielzahl von Anbietern – dies gilt international ebenso wie national. Daneben ist die Steinkohle einer intensiven Substitutionskonkurrenz ausgesetzt.

Auf internationaler Ebene bestehen vor allem folgende **Unterschiede im Vergleich zu Öl:**

— Die Reserven an Steinkohle sind – anders als bei Öl – erheblich breiter geographisch gestreut.

— Während bei Öl immerhin zwei Drittel der weltweiten Fördermengen international gehandelt werden, sind es bei Steinkohle nur 15 %.

— Hauptexporteure von Steinkohle waren 2007 Australien, Indonesien, Russland, Südafrika, Kolumbien und China. Daneben kommt Anbietern, wie USA und Kanada sowie Vietnam und Venezuela, größere Bedeutung für die Versorgung des Weltmarktes zu.

— Während bei Öl die Welthandelsströme primär vom Nahen Osten und von Nordafrika ausgehen, ist für Steinkohle eine Versorgung des atlantischen Raums aus Russland, Südafrika, Australien, Nord- und Südamerika und des pazifischen Raums insbesondere aus Australien und Indonesien kennzeichnend.

Der Steinkohlenwelthandel wird heute in wachsendem Umfang zwischen **Produzenten** und Verbrauchern direkt abgewickelt. Die Rolle der Händler verliert damit an Bedeutung.

Die großen Produzenten wie BHP/Billiton, Amcoal und Glencore/Xstrata haben eigene Vertriebsgesellschaften installiert und vertreiben Kesselkohle und Kokskohle – teils aus unterschiedlichen Ländern – aus einer Hand. Diesem Beispiel folgen auch die großen privatisierten russischen Produzenten. Damit büßen die **Händler** ihre ehemals wichtige Position als vertraglich eingebundener Mittler zwischen Produzenten und Verbraucher ein. Angesichts dieser Entwicklung wandelt sich ihr Aufgabenfeld und konzentriert sich mehr auf nicht transparente Nischenmärkte sowie den Bereich Handling/Distribution. Zudem treten Händler zunehmend als Agenten großer Produzenten auf; sie geben Hilfestellung bei der Kontraktabwicklung und Kundenbetreuung.

Die **Vertragsformen** im internationalen Steinkohlenhandel waren in den vergangenen Jahren ebenfalls einem Wandel unterworfen. So hat sich die Bedeutung der Spotabschlüsse zulasten des Anteils langfristiger Verträge deutlich erhöht. Mit dem Abschluss von Spotverträgen sucht der Verbraucher eine besonders nahe Anlehnung an die aktuelle Marktsituation. Bei der Vereinbarung von kurzfristigen Lieferungen lässt sich der Abnehmer von folgenden Erwägungen leiten:

— enge Anbindung an den Absatzmarkt; dies ist für Kesselkohle insbesondere der Strommarkt;

— bestmögliche Ausnutzung der Preisentwicklung;

— Hereinnahme „kleiner" Mengen zu günstigen Konditionen;

— Abdecken von Verbrauchsspitzen, die über den jeweiligen Planungshorizont hinausgehen.

Darüber hinaus ist es jedoch weitgehend zur Regel geworden, sich auch auf mittelfristige Sicht auf dem Spotmarkt einzudecken. Eine Variante von Spotkäufen ist dabei die zunehmende Anzahl von Tenderabschlüssen, das heißt Käufen, welchen eine die Lieferbedingungen definierende Ausschreibung vorausgeht und bei denen das beste Angebot den Zuschlag erhält. Die dabei vereinbarten Lieferungen beinhalten in der Regel ein größeres Volumen als Einzelabschlüsse, und der Zeitrahmen reicht oft über mehrere Quartale. Im kurzfristigen Geschäft können auch Optionsmengen ausgehandelt werden, wenn man sich Zusatzmengen sichern, aber die Markt-/Preisentwicklung noch abwarten möchte.

Zum Charakter der Spotgeschäfte gehört, dass die Preise relativ volatil sind. Bei angespannter Marktlage schießen die Spotnotierungen über die längerfristigen Vertragspreise hinaus. Umgekehrt sind bei entspannten Marktlagen Preisabschläge gegenüber dem längerfristigen Preispfad typisch. Zum Kennzeichen der Spotpreise gehört ferner, dass sie sich auf die Vertragspreise künftiger Lieferungen auswirken und insofern eine Pilotfunktion haben. [57]

Dies ist auch eine Erklärung für den unterschiedlichen Verlauf von Spotpreisen cif Nordwesteuropa und den Durchschnittspreisen frei deutsche Grenze. So verliefen die vom Bundesamt für Wirtschaft und Ausfuhrkontrolle (BAFA) für die einzelnen Quartale 2007 bis einschließlich des 1. Halbjahres 2008 publizierten Durchschnittspreise frei deutsche Grenze für Lieferungen von Kesselkohle deutlich verhaltener als die von McCloskey Coal Industry Services (MCIS) ermittelten Preisindizes für Nordwesteuropa. Die Durchschnittspreise frei deutsche Grenze repräsentieren – anders als MCIS – das gewichtete Mittel aus allen Lieferungen von Kesselkohlen für Kraftwerke; insbesondere gehen darin also auch die Vertragslieferungen ein, deren Preise noch durch niedrigere Spotnotierungen im Vorjahr bestimmt waren. Daneben werden die unterschiedlichen Verläufe zwischen den in USD notierten MCIS-Preisen und den in Euro ausgewiesenen BAFA-Werten sehr stark vom Verlauf des Wechselkurses zwischen USD und Euro bestimmt.

Langfristverträge wurden einst über Laufzeiten von bis zu zehn Jahren geschlossen. Dabei wurden meist direkt zwischen Produzenten und Endverbraucher die jährlichen Bezugsmengen einschließlich der Käufer- und Verkäuferoptionen sowie die Festpreise für das jeweils laufende Bezugsjahr festgelegt. Die jährlich zu vereinbarende Preisfindung hatte unter Umständen auch zwischenzeitliche Kostensteigerungen zu berücksichtigen – eine Praxis, die meist bereits in den achtziger Jahren des vergangenen Jahrhunderts aufgegeben worden war. Heute sind Langfristverträge allenfalls noch auf Inlandsmärkten anzutreffen, z. B. zur Belieferung zechennaher Kraft- und Stahlwerke und dort, wo langfristige gegenseitige Abhängigkeiten zwischen Produzenten und Verbrauchern bestehen.

Am Weltmarkt hingegen hat sich inzwischen die Gestaltung von Langfristverträgen unter dem wachsenden Druck des Spotmarktes, vor allem für Kesselkohlen, erheblich gewandelt. Ihre Laufzeiten reichen heute kaum noch über die Frist von fünf Jahren hinaus. Sie sichern dabei nur noch eine längerfristige Zusammenarbeit der Vertragsparteien im Rahmen potenzieller Verkaufs- bzw. Bezugsrechte über bestimmte Vertragsmengen (einschließlich Käuferoptionen), solange man sich über einen Bezugspreis einigen kann. In Anlehnung an den aktuellen Spotpreis geben die Vertragspartner ihre Angebote jeweils für ein Quartal ab; kommt es dabei zu keiner Einigung, entfällt die für das jeweilige Vierteljahr vorgesehene Lieferung.

Eine neue Variante zur langfristigen Preisfindung bieten inzwischen auch die von Handelsplattformen und Rohstoffbörsen angebotenen „future"-Preise, auf die man sich im Voraus einigen kann.

Angesichts der komplexer gewordenen Bedingungen für den Steinkohlenhandel werden sowohl bei der Beschaffung der Kohle, bei der Sicherung der Seefrachten wie auch bei der Wechselkurssicherung zunehmend jene Techniken des „**Risikomanagements**" eingesetzt, wie sie auf anderen Rohstoffmärkten bereits seit längerem üblich sind.

„Hedging"-Transaktionen zur Abwendung finanzieller Schäden aus Liefer- und Charterverträgen ergänzen den traditionellen Kohlenhandel einschließlich der Seefrachten. Sie ermöglichen häufig erst Abschlüsse und sichern diese ab. Dabei denken die Akteure weniger in den Kategorien des physischen Handels als in denen des Papiergeschäfts. Da die Volatilität sowohl im Steinkohlenhandel wie auch im Befrachtungsgeschäft erheblich zugenommen hat, sind nunmehr zusammen mit anderen Rahmenbedingungen auch die Voraussetzungen dafür geschaffen worden, durch spekulative Elemente, wie Swaps, Termin- und Optionsgeschäfte nicht nur zusätzliche Abschlüsse zu initiieren, sondern auch einen wachsenden Anteil einst konventionell zu Stande gekommener Abschlüsse auf diese Weise abzuwickeln.

Größtes Hindernis für einen innovativen Kohlenhandel war in der Vergangenheit das heterogene Qualitätsspektrum des Handelsgutes Kohle. Abweichend von

Möglichkeiten zur Absicherung preislicher Risiken eines volatilen Marktes

Beispiel Steinkohle

- Abschluss langfristiger Lieferverträge auf Festpreisbasis
- Derivative Absicherung im liquiden Teil der Forward-Kurve (Kauf von AP-Swaps)
- Vertikale Integration der Kohlenproduktion (Kauf von bzw. Beteiligung an Lagerstätten)

Beispiel Strom

- Abschluss langfristiger Liefer-/Bezugsverträge
- Kauf/Verkauf von Strom für künftige Perioden

Abb. 87: Möglichkeiten zur Absicherung preislicher Risiken eines volatilen Marktes

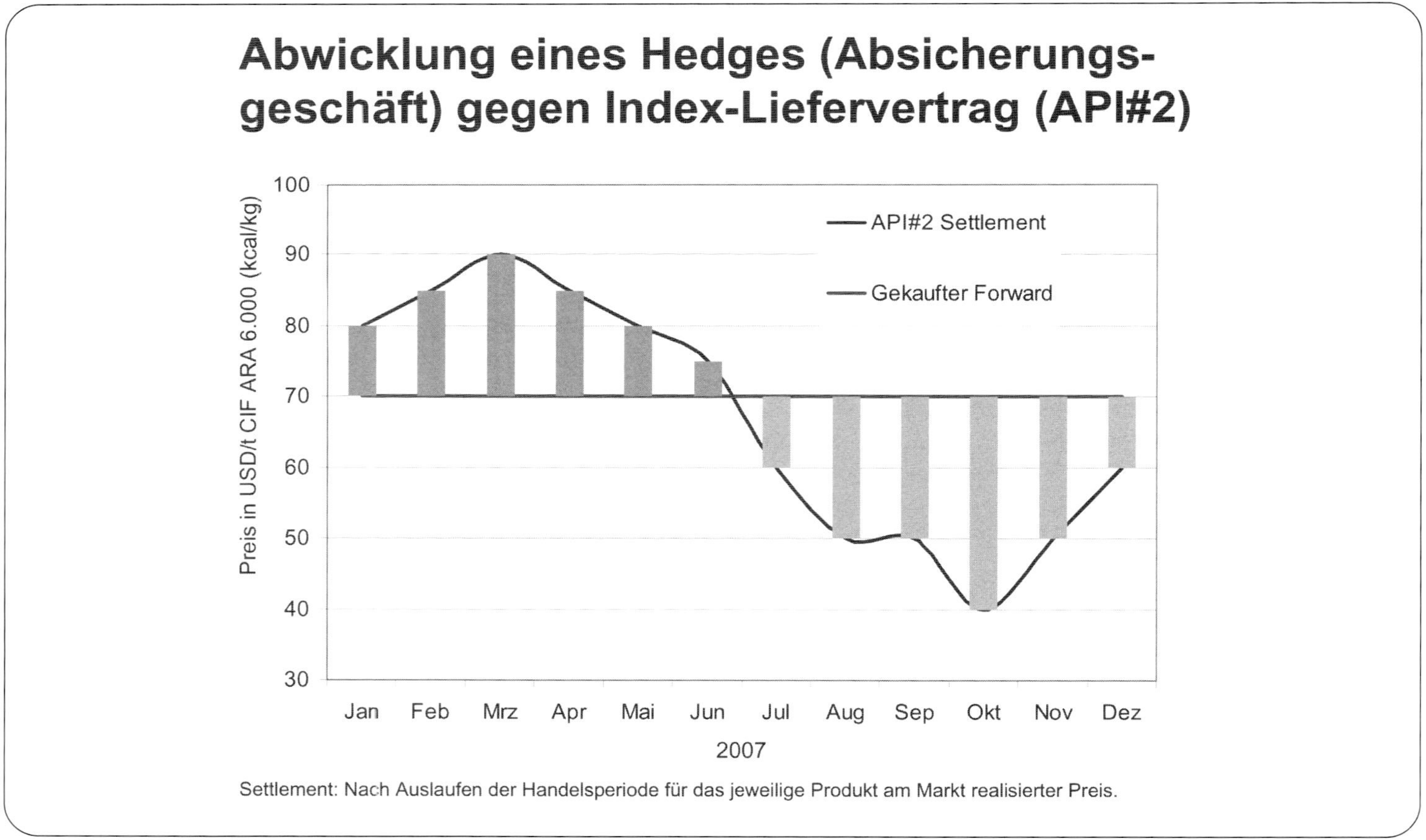

Abb. 88: Abwicklung eines Hedges gegen Index-Liefervertrag

andern Rohstoffen, auf deren Märkten Instrumente des Risikomanagements, standardisierte Vertragsformen und auch Terminabschlüsse bereits üblich sind, standen bei der Kohle die große Anzahl messbarer Qualitätsparameter und deren unterschiedliche Bewertung durch die Verbraucher – dies gilt besonders bei Kokskohlen – derartigen Geschäften im Wege.

Die Kesselkohle hingegen hat es geschafft, auch an Rohstoffbörsen und an internationalen Handelsplattformen eine weltweit akzeptierte und gehandelte „Commodity" zu werden. Die physischen Voraussetzungen dafür wurden in jüngerer Zeit durch eine Reihe hinsichtlich Herkunft, Qualität, Lieferart und -bedingungen genau definierter und standardisierter so genannter **Kohlenindizes** geschaffen; sie ersetzten die zuvor üblichen subjektiven Einschätzungen und Interpretationen der Marktteilnehmer.

Zu diesen Kohlenindizes zählen im Steinkohlenwelthandel gegenwärtig u. a. folgende Indizes (TFS = Tradition Financial Services):

TFS API#2
NAR CIF RBCT

Dieser Index definiert den Preis für südafrikanische Steinkohle, ausgeführt über den Exporthafen Richards Bay Coal Terminal (RBCT) unter Zugrundelegung der Capesize-Fracht in die Hafenregion Amsterdam/Rotterdam/Antwerpen (ARA) mit einem unteren Heizwert von 6.000 kcal/kg.

TFS API#4
NAR FOB RBCT

Dieser Index definiert den Preis für südafrikanische Steinkohle frei Richards Bay Coal Terminal mit einem unteren Heizwert von 6.000 kcal/kg.

McCloskey Coal Information Services veröffentlicht zwei Preisindizes. Das sind:

— Nord-West-Europa „steam coal marker" und

— asiatischer „marker price".

Diese Indizes beruhen auf free on board (fob)-Preisen Richards Bay (Südafrika) bzw. Newcastle (Australien) für Steinkohle mit einer Standardqualität von 6.000 kcal/kg.

Die EU veröffentlicht ebenfalls Durchschnittsimportpreise für Kesselkohle und für Kokskohle, die allerdings erst zeitverzögert verfügbar sind.

Neben diesen Indizes gibt es noch spezielle Preisnotierungen für US-Kohle an der NYMEX sowie für das Powder River Basin.

Im Gegensatz zum konventionellen „physischen“ Kohlenhandel und Abschlüssen und Optionen zu Festpreisen erlauben die Kohlenindizes nunmehr auch den Handel an Börsen und Handelsplattformen mit Kohlenderivaten, h. h. Papiertransaktionen mit zeitlich fluktuierenden Over-the-Counter (OTC)-Preisen.

Die zumindest wöchentlich und monatlich veröffentlichten OTC-Preise des atlantischen Marktes haben auf dem Steinkohlenweltmarkt eine zuvor nicht vorhandene Transparenz geschaffen; sie bestimmen inzwischen im atlantischen und zunehmend auch im pazifischen Markt weitgehend den Spothandel mit Kesselkohlen und dessen Preisentwicklung. Auch für Lieferungen, die erst mittelfristig erfolgen sollen, wird der dann zu zahlende Preis zunehmend an Hand des zwischenzeitlichen Verlaufs eines bestimmten Index ermittelt. Dabei werden bei Vertragsabschluss die den Preis bestimmenden Kriterien fest definiert. Darüber hinaus erschließt sich für die Marktteilnehmer die Möglichkeit, ihre Kohlenbezüge durch „hedging“ auch preislich abzusichern.

Abgewickelt werden derartige Transaktionen durch Brokerunternehmen (z. B. TFS) oder Handelsplattformen, wie die Ende 2000 von Kohlenproduzenten und -verbrauchern ins Leben gerufene elektronische Handelsplattform globalCOAL. Als ideales Medium für dessen jüngste Variante bietet sich mit seinen schnellen Zugriffsmöglichkeiten auf aktuelle Marktdaten und Reaktionsmöglichkeiten der Internethandel an. Er hat den Commodity-Handel mit Kohle erheblich beschleunigt und ihm zu rascher Akzeptanz verholfen.

Eine wichtige Rolle für die Gewährleistung eines wettbewerbsfähigen Angebots auf dem Weltmarkt spielen die **Transportkosten**. Dies gilt für die Transportkosten von der Grube bis zum Seehafen des Exportlandes ebenso wie für die Seefrachten und die Binnenfrachten im Empfängerland. So sind – beispielsweise im Powder River Basin in den USA – die Gewinnungskosten auf wenige USD pro Tonne beschränkt. Dennoch kann die Kohle – bedingt durch die ungünstige Anbindung an Exporthäfen – nicht zu wettbewerbsfähigen Bedingungen auf dem Weltmarkt angeboten werden.

Im Seeverkehr wird Steinkohle in der Regel auf Frachtern befördert, die eine Transportkapazität zwischen 10.000 und über 150.000 dwt (dead weight tons) besitzen. Die Höhe der Seefrachten hängt vor allem von der Entfernung und der jeweiligen Lage auf dem Transportmarkt ab. Dabei werden folgende Schiffsgrößen unterschieden (Angaben in deadweight tonnage – dwt):

10.000 bis 50.000 dwt = Handysize
50.000 bis 65.000 dwt = Panamax
80.000 bis 150.000 dwt = Capesize

Handysize-Schiffe kommen für kurze Entfernungen, Küstenschiffahrt und Empfangshäfen mit geringem Tiefgang in Frage. Der Großteil des Kohletransports wird jedoch ozeanweit mit Panamax- bzw. Capesize-Frachtern abgewickelt, wobei erstere den Panama-Kanal passieren können, letztere jedoch das Kap der guten Hoffnung bzw. Kap Hoorn umrunden müssen. Daraus resultieren unterschiedliche Frachtraten.

Die Bedeutung der Seefrachten wird beispielhaft anhand der Preisentwicklung frei nordwesteuropäische Seehäfen deutlich, die seit Mitte 2006 bis Mitte 2008 verzeichnet worden war. So war der für diese Periode skizzierte Preisanstieg für Steinkohlen durch eine „Explosion" der Seefrachten verstärkt worden. Die Notierungen für den Kohletransport, z. B. auf der Strecke Südafrika – Rotterdam, hatten sich von im Durchschnitt 13 USD/t im Juni 2006 auf mehr als 50 USD/t im Juni 2008 erhöht. Auf der Strecke Australien-Rotterdam war eine Vervierfachung der Frachtraten zu verzeichnen, und zwar von 20 USD/t im Juni 2006 auf 84 USD/t im Juni 2008.

Entscheidende Ursache für die Entwicklung der Frachtraten zu historischen Höchstständen war – neben der fortgesetzten Expansion des Seehandels mit Steinkohlen – die zunehmende Nachfrage auch nach anderen Massenschüttgütern – vor allem Eisenerz seitens Chinas – sowie Warteschlangen in Be- und Entladehäfen, die das verfügbare Angebot an Schiffsraum zusätzlich verknappten. Durch die zuvor niedrigen Frachten war der Anreiz zu Neubauten in den vorangegangenen Jahren abgeschwächt worden.

In der zweiten Jahreshälfte 2008 haben sich die Seefrachten erneut drastisch reduziert. Dies erklärt sich insbesondere durch das weltweite Nachgeben der Nachfrage in der Stahlindustrie. Dadurch sind Erz- und auch Kokskohlentransporte weggebrochen.

Zur Beurteilung der **Preisentwicklung auf dem deutschen Markt** können die vom BAFA ermittelten sogenannten K-Bogen-Preise für Kesselkohle frei deutsche Grenze herangezogen werden. Die Veröffentlichung dieser bei den Kraftwerksbetreibern erhobenen Preise (Fragebogen KO/K1), die auch die Grundlage für die Bestimmung der Preise für deutsche Steinkohle bilden, erfolgt vierteljährlich und jährlich vom BAFA in Euro/t SKE.

Des weiteren existieren die vom Statistischen Bundesamt auf Basis der Einfuhrdokumente zum Zweck der Erstellung einer vollständigen Außenhandelsbilanz monatlich erhobenen Preise für alle Kohlenbezüge aus dem Ausland.

Die **Binnenfrachten** innerhalb der Bundesrepublik Deutschland richten sich im wesentlichen nach dem gewählten Transportmittel – Binnenschiff oder Schiene – und nach der Transportentfernung. Im Zuge der Liberalisierung der innerdeutschen Frachtraten als Folge der Vollendung des EU-Binnenmarkts kam es zu deutlichen Preissenkungen sowohl für Transporte mit dem Binnenschiff als auch mit der Eisenbahn. Bis zu einem Großverbraucher etwa im Rhein/Main-Gebiet ist die innerdeutsche Fracht jetzt auf etwa 3 Euro/t SKE zu veranschlagen (Emmerich bis Hanau).

Die **langfristigen Trends der Preisentwicklung für Weltmarktsteinkohle** werden vor allem durch folgende Faktoren bestimmt:

— die Nachfrageentwicklung,
— die Höhe und Verteilung der Reserven sowie die Kosten ihrer Gewinnung,
— die Frachtraten,
— die Marktmacht der Anbieter,
— die Preise der Konkurrenzenergien sowie
— umweltpolitisch motivierte Eingriffe in den Markt.

Die **Nachfrage** nach Kohle wird weltweit gemäß den Erwartungen von IEA und EIA mit jahresdurchschnittlichen Raten von etwa 2 % in den nächsten 20 Jahren ansteigen. Die stärksten Wachstumsperspektiven werden für den asiatischen Markt, insbesondere China und Indien, gesehen. Angesichts der Lagerstättensituation ist bei Steinkohle ein Anstieg der Förderung nicht mit signifikanten Kostenerhöhungen verbunden. Angesichts der flachen Bereitstellungskostenkurve ist deshalb auch langfristig nicht damit zu rechnen, dass die zunehmende Nachfrage die Preise für Weltmarktsteinkohle in die Höhe treibt.

Reserven an Kohle sind weltweit reichlich vorhanden. So werden die globalen Reserven an Steinkohlen von der Bundesanstalt für Geowissenschaften und Rohstoffe, Hannover, auf 602 Mrd. t SKE beziffert. Die Reserven an Braunkohlen belaufen sich auf 110 Mrd. t SKE. Daraus ergibt sich eine statische Reichweite der Reserven von rd. 150 Jahren. Die darüber hinaus ausgewiesenen Ressourcen reichen bis zum Zehnfachen der Reserven. Im Unterschied zu Öl und Erdgas sind die Lagerstätten bei Kohle weltweit erheblich gleichmäßiger verteilt. Die größten Reserven lagern in Nordamerika. Daneben existieren große Vorkommen in China, Indien, Russland, Südafrika, Australien und Europa. Die Reserven stellen also – ebenso wie deren Verteilung – keinen signifikanten Treiber für die Kohlepreise dar. Die Kosten der Förderung hängen stark von der Teufe, der Lagerstätte, der Flözmächtigkeit und auch davon ab, ob eine Gewinnung im Tagebau oder nur im Tiefbau möglich ist. Die Kostenspanne ist beträchtlich. Sie reicht von wenigen USD/t (z. B. im Powder River Basin in den USA) bis mehr als 200 USD/t bei Abbau von Steinkohle in einzelnen europäischen Revieren. Die Bereitstellung von Kohlen für den Überseehandel mit Kesselkohlen erfolgt aus Lagerstätten, in denen eine auch künftig sehr kostengünstige Förderung zu relativ günstigen Kostenbedingungen erfolgen kann. Angesichts der somit flachen Kostenkurve stellen die Förderkosten auch langfristig keinen Faktor dar, der starke Preissteigerungen erzwingen würde.

Die **Seefrachten** für Steinkohle hatten sich im Jahr 2008 gegenüber den historischen Durchschnittswerten vervierfacht. Längerfristig ist aber nicht davon auszugehen, dass die Seefrachten die Steinkohlenpreise wesentlich in die Höhe trei-

Tabelle 87: Seefrachtraten Capesize nach ARA

Monat/ Jahr	Südafrika	USA Ostk.	Australien	Kolumbien
	USD/t			
Apr 05	20,90	23,30	28,30	22,50
Mai	17,70	19,00	26,20	18,20
Juni	10,74	12,54	20,65	11,82
Juli	10,61	11,83	19,05	11,23
Aug	11,10	11,21	17,40	11,21
Sep	14,10	14,81	19,98	14,96
Okt	16,40	16,50	22,60	16,65
Nov	14,30	14,90	21,76	15,00
Dez	11,70	12,60	18,90	12,60
Jan 06	11,20	11,00	16,65	10,90
Feb	12,70	12,90	17,60	12,80
Mrz	14,25	13,74	19,85	13,64
Apr	12,80	12,40	18,10	12,55
Mai	11,77	11,42	19,18	11,67
Juni	12,88	12,25	20,23	12,38
Juli	14,69	14,39	22,41	14,39
Aug	17,66	18,10	26,36	18,10
Sep	18,01	18,19	27,74	18,19
Okt	21,08	17,18	31,25	17,18
Nov	23,20	17,62	35,05	17,62
Dez	21,00	19,25	34,42	19,25
Jan 07	22,85	21,14	35,76	21,06
Feb	22,56	23,23	35,56	22,90
Mrz	23,36	27,55	38,05	26,76
Apr	28,10	30,04	45,23	29,19
Mai	31,18	30,81	48,89	29,94
Juni	23,50	26,60	39,44	25,88
Juli	25,85	30,10	43,20	29,29
Aug	30,85	33,92	47,31	33,44
Sep	38,58	40,46	63,64	39,20
Okt	48,00	47,89	75,58	46,30
Nov	48,25	53,18	76,15	51,45
Dez	44,83	48,75	72,43	47,17
Jan 08	29,49	29,69	49,04	28,76
Feb	30,73	30,80	51,50	29,83
Mrz	34,80	34,59	56,59	33,70
Apr	38,40	42,01	62,79	40,70
Mai	52,19	61,28	84,46	59,31
Juni	50,45	55,06	84,45	53,35
Juli	41,70	50,97	68,70	49,75
Aug	36,75	40,29	61,54	39,25
Sep	25,55	24,93	43,54	24,34
Okt	11,93	11,66	22,47	11,38

Capesize-Einheiten nach Empfangshäfen Amsterdam/Rotterdam/Antwerpen (ARA), Spot

Quelle: Frachtcontor Junge & Co.

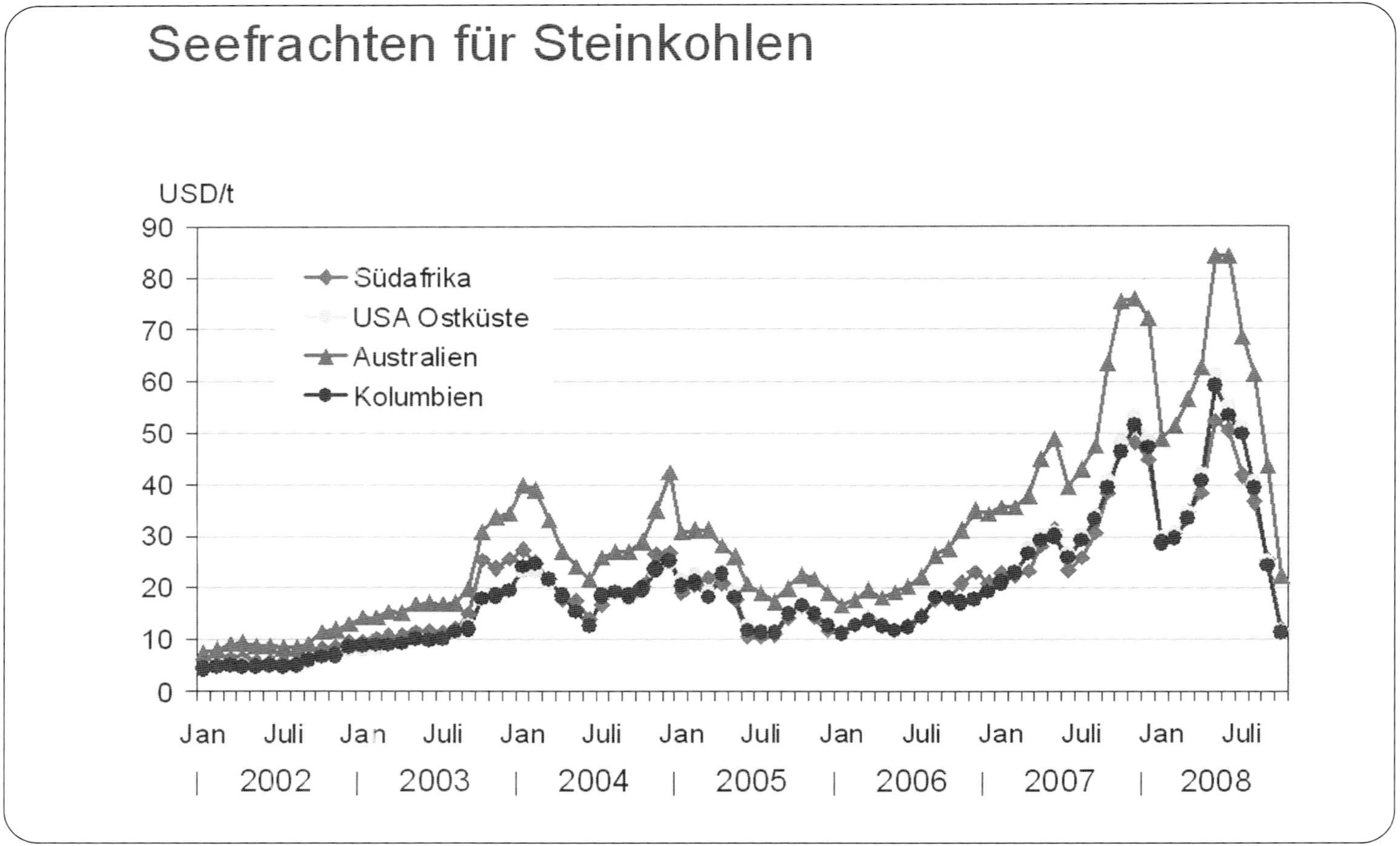

Abb. 89: Seefrachten für Steinkohlen

Tabelle 88: Europäische Preisnotierungen für Steinkohlen von 1997 bis 2007

	Einheit	1997	1998	1999	2000	2001	2002	2003	2004	2005	2006	2007
1. Spotpreis für Kesselkohle frei nordwesteuropäische Seehäfen[1]	USD/ t SKE	45,41	37,43	33,59	41,94	45,85	36,92	49,60	83,89	71,25	74,41	101,03
2. Seefrachtraten Capesize-Einheiten nach Empfangshäfen ARA [2]												
Südafrika	USD/t	6,90	5,20	5,50	9,60	6,70	6,50	14,60	20,60	15,75	15,94	32,33
USA/Ostküste	USD/t	6,00	4,50	4,30	7,30	5,40	5,30	11,90	19,60	16,63	14,87	34,47
Australien/NSW	USD/t	10,30	8,10	7,90	14,50	10,50	9,50	20,50	31,00	24,03	24,07	51,77
Kolumbien	USD/t	6,60	4,30	4,30	7,30	5,30	5,40	12,10	20,10	16,13	14,89	33,55
3. Durchschnittspreise für aus Drittländern in die EU eingeführte Steinkohlen												
Kraftwerkskohle[3]	EUR/t SKE	42,29	36,88	34,72	41,15	51,36	45,47	39,81	55,98	61,86	60,43	67,60
Kokskohle[4]	EUR/t	50,82	49,50	46,35	51,10	60,30	59,22	53,49	61,20	91,03	104,26	96,13
4. Wechselkurse	EUR/USD	0,8831	0,8934	0,9383	1,0827	1,1166	1,0575	0,8840	0,8039	0,8038	0,7965	0,7296

1) Steam Coal Marker Prices 1 % Schwefelgehalt ermittelt durch McCloskey Coal Information
2) Frachtcontor Junge (Jahresdurchschnittswerte für Empfangshäfen Amsterdam/Rotterdam/Antwerpen (ARA))
3) Gewichteter Durchschnitt der Grenzübergangspreise in den EU-Mitgliedsstaaten für den Einsatz in Kraftwerken
4) Indikativer cif-Preis, VDKI-Berechnung zur Ermittlung der Jahreswerte.

Tabelle 89: Entwicklung der Einfuhrpreise frei deutsche Grenze für Steinkohlen zum Einsatz in Kraftwerken 1981 bis 2002

Jahr	1. Quartal	2. Quartal	3. Quartal	4. Quartal	Jahres-durchschnitt
	Euro/t SKE*				
1981	75,23	82,59	93,20	85,21	83,84
1982	86,70	88,11	84,47	85,89	86,22
1983	78,22	73,32	72,60	74,80	74,80
1984	68,04	66,68	75,32	74,90	71,47
1985	86,20	83,73	78,77	77,54	81,18
1986	68,52	65,07	62,19	52,06	60,51
1987	46,60	45,85	45,70	43,39	45,27
1988	40,79	39,83	42,78	43,91	41,79
1989	45,86	49,61	49,72	50,55	49,18
1990	50,93	48,54	47,76	48,47	48,76
1991	44,69	45,38	45,61	45,45	45,36
1992	44,21	44,72	40,71	41,06	42,57
1993	38,04	37,57	35,79	35,78	36,74
1994	35,26	36,28	35,69	36,44	35,91
1995	38,83	38,74	39,46	38,66	38,86
1996	39,45	38,14	36,31	38,39	38,02
1997	40,63	41,97	42,85	41,30	41,68
1998	41,76	37,81	35,84	33,74	36,95
1999	34,84	34,35	33,73	33,38	34,14
2000	35,88	37,91	41,45	47,12	41,16
2001	49,68	52,61	55,62	53,28	52,65
2002	50,00	48,18	40,70	39,25	44,63

* durchgängig mit 1,95583 DM/Euro von DM in Euro umgerechnete Preise, soweit nicht in Euro ausgewiesen

Quelle: Bundesamt für Wirtschaft und Ausfuhrkontrolle – Basis Einfuhrkontrollmeldungen

Tabelle 90: Preise für Importsteinkohle frei deutsche Grenze zum Einsatz in Kraftwerken 1996 bis 2008

Periode	1996	1997	1998	1999	2000	2001	2002	2003	2004	2005	2006	2007	2008
	Euro/t SKE*												
1. Quartal	39,07	41,65	42,35	34,62	36,90	50,17	50,76	38,42	48,68	64,81	63,03	63,10	93,73
2. Quartal	38,53	42,43	39,19	34,71	39,22	54,08	47,33	37,83	55,44	64,01	61,61	63,51	106,01
3. Quartal	37,01	43,44	36,54	34,08	43,13	55,26	40,31	40,43	58,76	65,59	59,75	67,14	
4. Quartal	38,52	42,28	33,52	33,91	47,76	53,47	39,41	42,27	61,81	65,80	62,54	78,54	
Jahresdurchschnitt	38,21	42,45	37,37	34,36	42,08	53,18	44,57	39,87	55,36	65,02	61,71	68,24	

* durchgängig mit 1,95583 DM/Euro von DM in Euro umgerechnete Preise, soweit nicht in Euro ausgewiesen.

Quelle: Ermittlungen des Bundesamtes für Wirtschaft und Ausfuhrkontrolle (BAFA) gemäß § 3 Abs. 2 des Fünften Verstromungsgesetzes (K-Bogen)

Tabelle 91: Entwicklung der Einfuhrpreise für Kokskohlen frei deutsche Grenze 1995 bis 2008

Periode	1995	1996	1997	1998	1999	2000	2001	2002	2003	2004	2005	2006	2007	2008
	Euro/t*													
1. Quartal	55,42	52,76	53,86	56,00	44,58	40,40	52,29	67,91	55,01	52,80	75,61	115,58	96,20	105,40
2. Quartal	49,33	51,18	55,47	53,75	43,63	45,43	61,17	66,52	58,38	64,95	84,31	110,14	96,12	108,45
3. Quartal	50,92	52,19	58,03	51,86	40,36	47,66	50,89	57,49	56,35	66,94	105,60	101,94	93,80	
4. Quartal	49,72	48,73	55,82	46,73	39,13	55,33	61,20	55.65	55,85	73,37	110,69	99,33	99,70	
Jahresdurchschnitt	51,11	50,81	55,58	52,22	42,32	46,74	54,53	59,49	56,47	63,53	93,23	105,89	96,22	

* durchgängig mit 1,95583 DM/Euro von DM in Euro umgerechnet, soweit nicht in Euro ausgewiesen

Quelle: Bundesamt für Wirtschaft und Ausfuhrkontrolle (BAFA), Basis Einfuhrkontrollmeldungen (EKM) für die Jahre 1995 bis 2002; ab 2003 Statistisches Bundesamt (die ab 2003 ausgewiesenen Quartalszahlen wurden als arithmetische Durchschnittswerte ermittelt)

Tabelle 92: Frachtsätze für Transporte von Importkohle auf dem Wasserweg

Transportstrecke		Frachtraten	Entfernung	Dauer
		EUR/t	km	Tage
1. von	**Rotterdam**			
nach	Dortmund	5,50*	303	3,0
	Mannheim	6,50*	611	4,5
	Karlsruhe	7,00*	668	5,0
	Heilbronn	10,00*	717	5,5
	Aschaffenburg	10,00*	626	5,0
	Frauenaurach	15,00*	971	9,0
2. von	**Nordenham**			
nach	Hannover	n. v.	283	2,5
3. von	**Hamburg**			
nach	Berlin	n. v.	349	3,0
	Magdeburg	n. v.	301	2,5
	Salzgitter	n. v.	203	2,0

* Die Frachtsätze beinhalten keinen Kleinwasserzuschlag und keinen Bunkerzuschlag.

Quelle: Verein der Kohlenimporteure e.V.; Stand 08.09.2008

ben. Ein Ausbau der Schiffskapazität, der in vollem Gange ist, wirkt vielmehr dämpfend auf die Seefrachten.

Der Weltkohlemarkt ist ein freier Rohstoffmarkt, der, verglichen mit Erdöl und Erdgas, kaum politisch oder durch Kartellbildung beeinflusst ist. Die Grenzkosten der Bereitstellung auf den einzelnen regionalen Märkten (Pazifischer, Atlantischer und interamerikanischer Markt) stellen damit eine wesentliche Determinante des langfristigen Preistrends dar. Im vergangenen Jahrzehnt war dieser Trend rückläufig. Die Produktivität konnte in vielen Förderländern beträchtlich gesteigert werden, und die meisten der neu erschlossenen Lagerstätten wiesen günstige geologische Bedingungen und daher niedrige Förderkosten auf. Es ist zu erwarten, dass dies in den kommenden Jahrzehnten vergleichbar sein wird, zumal die **Marktmacht** der Anbieter begrenzt ist. Auf die größten vier Unternehmen entfallen etwa 30 % des Welthandels mit Steinkohlen. Neuen Anbietern steht der Zugang zu Lagerstätten – bei allerdings eingeschränktem Zugriff auf Hafenkapazitäten – grundsätzlich offen. Insoweit ist anzunehmen, dass – entsprechende Preisanreize vorausgesetzt – ein Neuaufschluss von Gruben, der kostengünstig darstellbar ist, auch durch neue Anbieter erfolgen kann. Auch wenn somit kurzfristig Kapazitätsknappheiten möglich sind, wird langfristig von einem Wirken der Marktkräfte ausgegangen. Dies beinhaltet die Annahme, dass der insoweit bestehende Wettbewerbsdruck die Marktmacht etablierter Anbieter auch künftig begrenzt.

In der Vergangenheit hat sich gezeigt, dass die sich aus Preiserhöhungen der **Konkurrenzenergien** Öl und Erdgas ergebenen Spielräume in begrenztem Umfang auch in Preisaufschlägen bei Kohle ausgewirkt haben. Dieser Zusammenhang zwischen Öl/Erdgas und Steinkohle besteht allein auch schon deshalb, weil hohe Öl- und Erdgaspreise ein Nachfragewachstum bei Kohle auslösen. Dieser Substitutionseffekt wirkt zumindest kurz- oder auch mittelfristig tendenziell Preis treibend. Angesichts der im längerfristigen Trend allenfalls moderat steigenden Kohlepreise, entsprechend dem Trend der Grenzkosten, könnte Kohle gegenüber dem wichtigsten Wettbewerber im Stromerzeugungsmarkt, dem Erdgas, in Zukunft noch konkurrenzfähiger werden.

Eine Einschränkung der Konkurrenzfähigkeit der Kohle ist allenfalls durch **umweltpolitisch motivierte Eingriffe** in den Markt vorstellbar. Die Begründung für eine entsprechende Diskriminierung der Kohle könnte aus den im Vergleich zu Erdgas höheren spezifischen CO_2-Emissionen abgeleitet werden. Die daraus resultierenden Risiken werden aber durch zwei Faktoren begrenzt:

— Kurz- bis mittelfristig dürften umweltpolitisch motivierte Maßnahmen, die den Energieträger Kohle im Verhältnis zu den Wettbewerbsenergien signifikant verteuern, etwa über den in der EU-27 eingeführten CO_2-Emissionshandel, auf Europa begrenzt bleiben. Der europäische Markt wird jedoch als Preissetzer für Weltmarktsteinkohle zunehmend weniger relevant. Bereits heute ist der Pazifische Markt der mit Abstand größte Regionalmarkt. Angesichts der Tatsache, dass der Pazifische Markt das größte Wachstumspotential hat, wird sich dessen Bedeutung für die Preisbildung bei Steinkohle langfristig noch vergrößern.

— Langfristig ist davon auszugehen, dass die Abscheidung und Speicherung von CO_2 technisch realisierbar wird. Unter diesen Bedingungen kann sich die Kohle auch bei Durchsetzung eines weltweiten Regimes zur Begrenzung der CO_2-Emissionen im Markt behaupten.

Die **Preisfindung für deutsche Steinkohle** erfolgt – bis auf den Wärmemarkt – in allen anderen Märkten zu Importkohlepreis-Bedingungen. So kann der Berg-

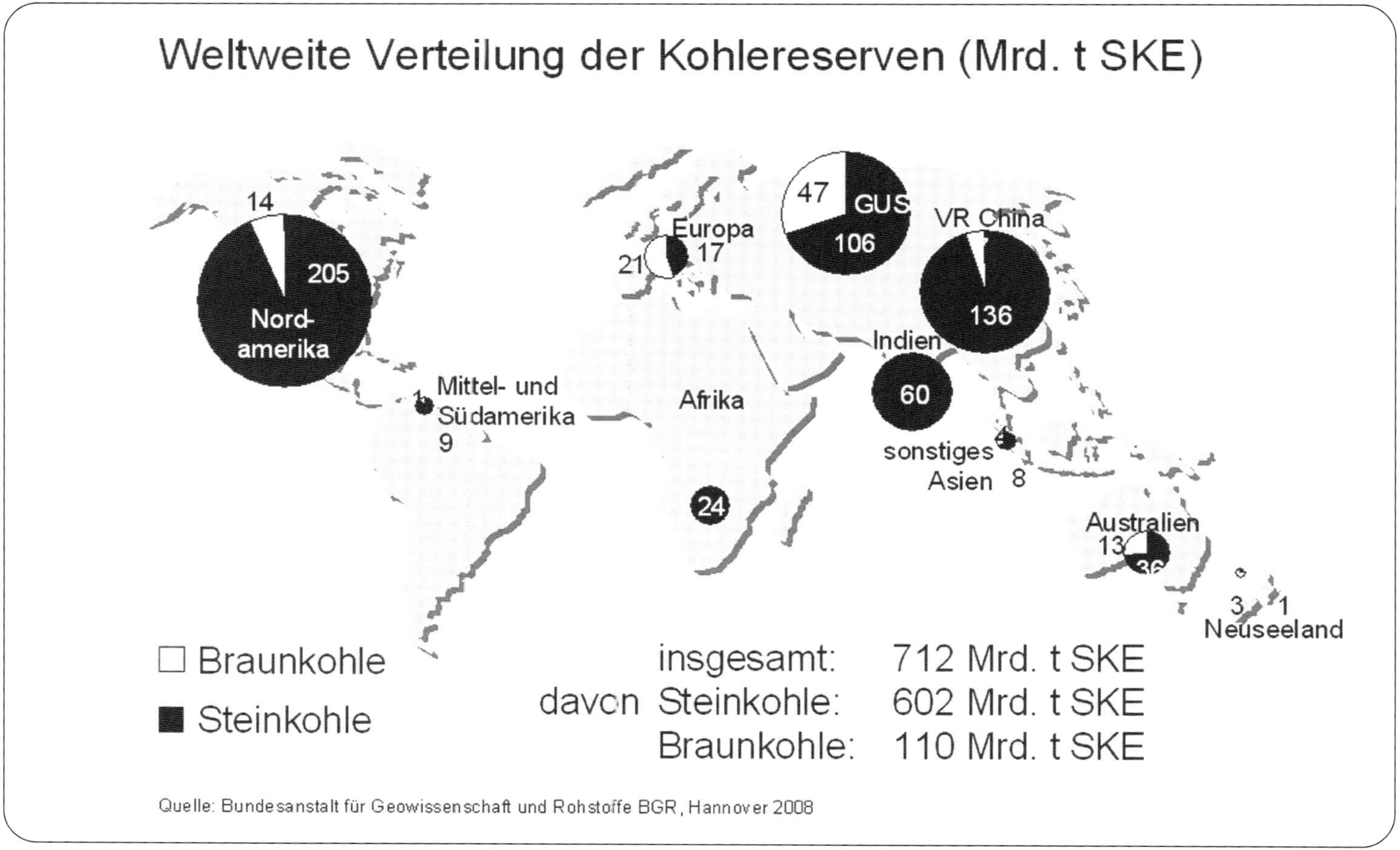

Abb. 90: Weltweite Verteilung der Kohlereserven

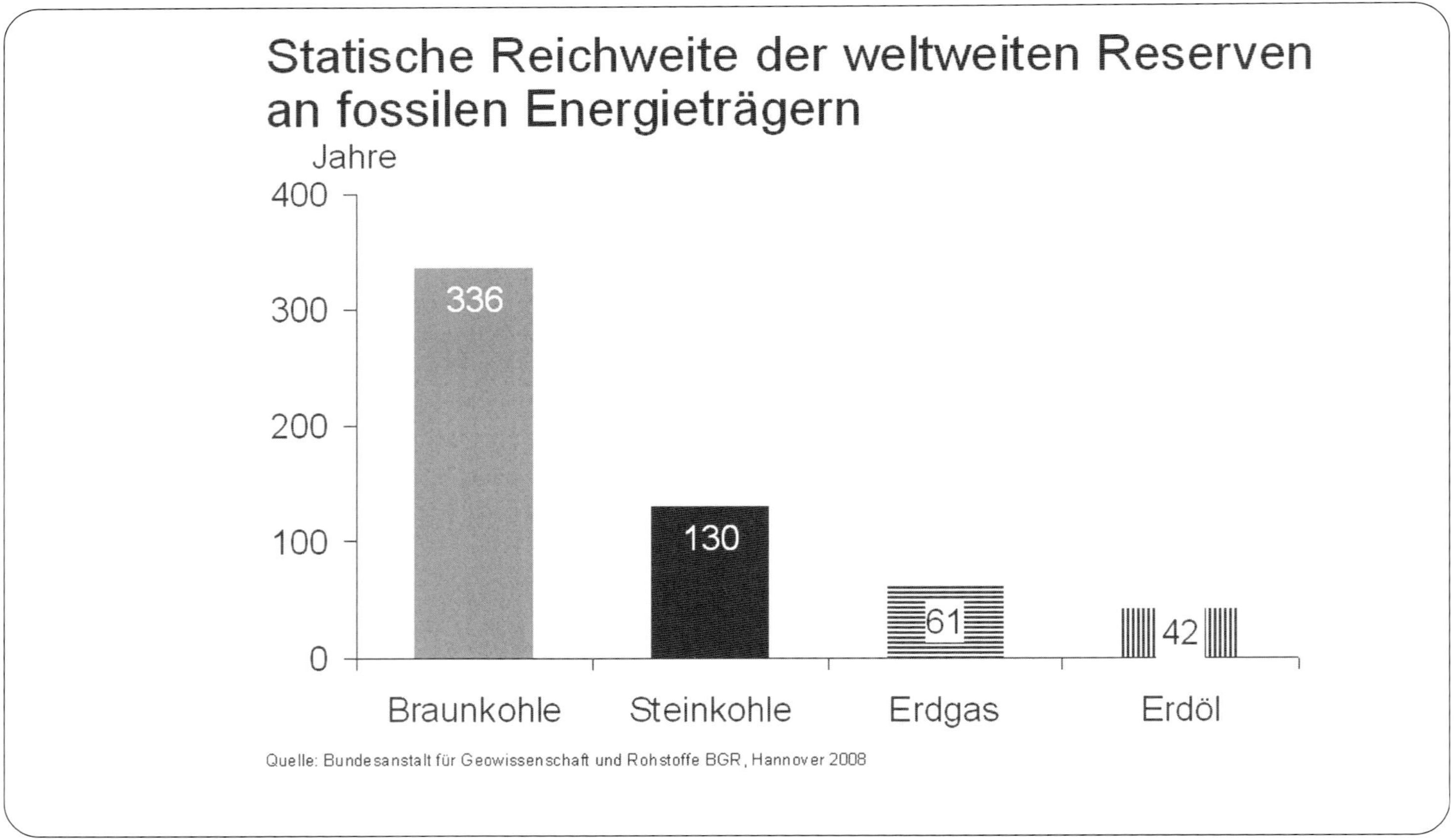

Abb. 91: Statische Reichweite der weltweiten Reserven an fossilen Energieträgern

bau – nach der erfolgten Umstellung der Zuschussregelung – deutsche Steinkohle wettbewerbsfähig anbieten. Das gilt für Kraftwerkskohle und für Kokskohle. Mit den zugunsten des Steinkohlenbergbaus gewährten Finanzhilfen wird die Differenz zwischen den durchschnittlichen Produktionskosten des jeweiligen Bergbauunternehmens und dem Preis für Drittlandskohle ausgeglichen. Hierbei handelt es sich um die DSK, die DSK Anthrazit Ibbenbüren und die saarländische Kleinzeche.

Der Preis für Drittlandskohle wird gemäß § 3 Abs. 2 des Fünften Verstromungsgesetzes – geändert im Gesetz zur Neuordnung der Steinkohlesubventionen vom 17.12.1997 in „Gesetz über Hilfen für den deutschen Steinkohlenbergbau bis zum Jahr 2005 (Steinkohlenbeihilfengesetz)“ – vom Bundesamt für Wirtschaft und Ausfuhrkontrolle ermittelt. Instrumente der Ermittlung für die Kraftwerkskohlen sind die Meldebögen K0 und K1, mit denen monatlich die Preise für Importkohle aus Drittländern, also Nicht-Mitgliedstaaten der EU, frei deutsche Grenze bei den Kraftwerken als Abnehmern der Kohle erhoben werden. Die Drittlandseinfuhren für die Stahlerzeugung werden über die Meldebögen S0 und S1 erfasst.

In der Vergangenheit war hinsichtlich der Preisbildungsmechanismen zwischen den drei großen Absatzbereichen zu unterscheiden, den inländischen Kraftwerken, der inländischen Stahlindustrie und dem Wärmemarkt.

Bis Ende 1995 hatte ein im Jahre 1975 durch Prof. Schwantag erstelltes Gutachten die Grundlage für die Ermittlung des sogenannten angemessenen Kraftwerkskohlenpreises gebildet [58]. Dabei bestimmte zuletzt die vom Bundesminister für Wirtschaft zu § 3 Abs. 7 des Dritten Verstromungsgesetzes erlassene Richtlinie vom 20. April 1989, geändert am 1. Juni 1994 und am 1. September 1995, welcher Preis unter Berücksichtigung der Kostenentwicklung angemessen ist. Gemäß Nr. 1.2 dieser Richtlinie war bei der Beurteilung der Angemessenheit der Preisentwicklung für Steinkohle der jeweils gültige Listenpreis für typische Kraftwerkssteinkohle der einzelnen Unternehmen des deutschen Steinkohlenbergbaus abzüglich aller wahrnehmbaren Rabatte, Prämien und etwaiger sonstiger Nachlässe zugrunde zu legen.

Dieser in Nr. 1.2 der Richtlinie bezeichnete Preis für Steinkohle galt gemäß Nr. 2 der Richtlinie – vorbehaltlich der Nr. 5 (Nachweis zureichender Rationalisierungsmaßnahmen) und Nr. 6 (Überprüfung des Verfahrens, wenn sich der Preis für Kraftwerkskohle während mehrerer Jahre anders entwickelt als die Preise für andere mengenmäßig bedeutende Kohlensorten, insbesondere Kokskohle des betreffenden Unternehmens) der Richtlinie – insoweit als angemessen, als er

a) den fortgeschriebenen Ausgangspreis des Steinkohlenbergbauunternehmens und

b) den fortgeschriebenen Richtpreis des Steinkohlenbergbauunternehmens nicht überstieg.

$$P_n = P_o \left[\left(a \cdot c \cdot \frac{L_o}{L_n} + a(1-c) \right) \frac{A_n}{A_o} + s_1 \cdot \frac{M_n}{M_o} \cdot \frac{S_n}{S_o} + s_2 \cdot \frac{M_n}{M_o} + f \right] + w + z$$

Arbeitskosten	Sachkosten	Festkosten	Kosten „WoWi“	Stillegungskosten

Kurzerläuterung:

0. P_n	:	Errechneter Preis
1. P_o	:	Ausgangskosten/-preis
2. a, s_1, s_2, f	:	(reine) Kostenartenstruktur
3. c, s_1, s_2	:	Einflußgrößenstruktur
4. L, A, M, S	:	Einflußgrößenfaktoren
5. W, Z	:	Unternehmensindividuelles Formelglied

Erläuterung des Formelaufbaus

1. Ausgangskosten/preis (P_o)
   - unternehmensindividuell
   - P_o-Basis **1990-1992**

Gesamtselbstkosten Grubenbetriebe **1990-1992**
- auf der Basis der RBS
- nach Modifizierung gem. BMWi (Netto-Substanzhaltung)

2. Aufteilung in „Reine Kostenarten“ (a, s_1, s_2, f)

	Arbeitskosten (a) (direkt u. indirekt)	Sachkosten (s_1, s_2) (ohne ind. Arb.kosten in internen Leistg.)	Festkosten (f)
– Inhalt	z.B. Löhne, Gehälter, AG-Anteil Sozialversicherung, Weihnachtsgeld Deputate, Arbeitskostenanteil Unternehmerleistungen	z.B. Material, Energie, Fremdleistungen, Sachkostenanteil Eigen- und Unternehmerleistungen, Pensions- u. Bergschadensrückstellungen, Zinsen, Abschreibungen	z.B. Steuern, Kapitalkosten Berechtsame u. Grundstücke
– Anteil an den Gesamtkosten P_o ($a + s + f = 1$)	**a: 47,518 %**	s: ($= s_1 + s_2$): **51,306 %**	f: **1,176 %**

3. Aufteilung nach Einflußgrößenabhängigkeiten
   - c, s_1, s_2
   - bundesdurchschnittlich
   - Struktur der P_o-Basis

von Produktivitätsveränderungen		von Preisniveauveränderungen	
abhängig	unabhängig	abhängig	unabhängig
c = rd. **59 %** von „a“	$1 - c$ = rd. **41 %** von „a“	s_1 = **48,874 %**	s_2 = **2,432 %**

4. Einflußgrößen/veränderliche Formelfaktoren
   - L, A, S, M
   - bundesdurchschnittlich
   - n-Anwendungszeitraum o-Basiszeitraum **90/92**

$\frac{L_o}{L_n}$ Produktivitätsfaktor	$\frac{S_n}{S_o}$ Sachkostenfaktor (amtl. Preisindex)
$\frac{A_n}{A_o}$ Arbeitskostenfaktor (insbesondere Tariferhöhung)	$\frac{M_n}{M_o}$ Sachmengenfaktor (realer Verbrauch)

5. Unternehmensindividuelles Formelglied
   - W, Z

Kosten Bergarbeiterwohnungsbau

W = Faktor für die der Kraftwerkskohle zurechenbaren Kosten des Steinkohlenbergbauunternehmens zur Finanzierung eines zusätzlichen Bergarbeiterwohnungsbauprogramms.*)
Dabei gilt $W \leqq 1$ DM/t.v.F.

Der Kraftwerkskohle zurechenbare einmalige Stillegungskosten

$$z = \frac{K_{st} \cdot \frac{F_{75}}{F_G}}{F_p} \text{ [DM/t.v.F.]}$$

K_{st} = einmalige Stillegungskosten im Antizipationszeitraum
F_{75} = Förderung (t.v.F.) der stillzulegenden Anlage vom 1. Januar 1975 bis zum Monat der Stillegung
F_G = Förderung (t.v.F.) der stillzulegenden Anlage vom Beginn der Förderung (frühestens 1. Januar 1945) bis zum Monat der Stillegung
F_p = Förderung (t.v.F.) des Bergbauunternehmens im Antizipationszeitraum

*) Zuwendungen der Bergbauunternehmen bis einschließlich 1991

Abb. 92: Schwantag-Preisfindung, Erläuterungen zum Formelmechanismus

Der angemessene Preis bemaß sich am Minimum dieser Preis-Parameter. So heißt es im letzten Satz von Nr. 2 der Richtlinie: „Angemessen ist der jeweils niedrigste Preis."

Der Ausgangspreis des Steinkohlenbergbauunternehmens wurde gemäß Nr. 3.1 der Richtlinie nach den kalkulatorischen Gesamtselbstkosten der Grubenbetriebe der Bergbauunternehmen je Tonne verwertbarer Förderung (Gesamtselbstkosten) im Durchschnitt der Jahre 1990 bis 1992 bemessen. Bei der Festsetzung des Ausgangspreises blieben Gesamtselbstkosten des Steinkohlenbergbauunternehmens insoweit unberücksichtigt, als sie die bundesdurchschnittlichen Gesamtselbstkosten des deutschen Steinkohlenbergbaus um mehr als 17 % überstiegen. Für die Ermittlung der Gesamtselbstkosten bei Steinkohlenbergbauunternehmen galten die Richtlinien für das betriebliche Rechnungswesen im Steinkohlenbergbau (RBS), soweit ihnen nicht vom Bundesamt für Wirtschaft im Einvernehmen mit dem Bundesminister für Wirtschaft getroffene, abweichende Entscheidungen entgegenstanden. Diese von den RBS abweichenden Entscheidungen führten zu einer Verminderung der im Rahmen der Kraftwerkskohle anerkennungsfähigen Selbstkosten des Bergbaus. Änderungen der RBS konnten erst nach Genehmigung durch das Bundesamt für die Ermittlung der Gesamtselbstkosten herangezogen werden.

Die Fortschreibung des Ausgangspreises des Steinkohlenbergbauunternehmens erfolgte gemäß Nr. 3.2 der Richtlinie auf der Basis von Durchschnittswerten des gesamten deutschen Steinkohlenbergbaus gemäß der wiedergegebenen Formel. Grundlage dieser Formel bildete das bereits erwähnte im Jahre 1975 durch Professor Schwantag verfasste Gutachten – daher auch der Name Schwantag-Formel.

Richtpreis war gemäß Nr. 4.1 der Richtlinie der zum 1. Januar 1994 geltende angemessene Preis des Steinkohlenbergbauunternehmens. Nach Nr. 4.2 der Richtlinie wurde der Richtpreis jährlich zum 1. Juli in dem Umfang fortgeschrieben, der sich aus der Änderung des mit den Kostenanteilen gewogenen Mittelwertes der Faktoren A (Arbeitskostenfaktor) und S (Sachkostenfaktor) der „Schwantag-Formel" im vorangegangenen Kalenderjahr in Bezug auf das Vorjahr ergab. Dabei durfte der nach Nr. 4.2 ermittelte Richtpreis gemäß Nr. 4.3 der Richtlinie nicht höher sein, als es der Änderung der allgemeinen wirtschaftlichen Verhältnisse einschließlich der Änderung der Kapital- und Lohnkosten je Produkteinheit in der Industrie entsprach. Maßstab hierfür war die Fortschreibung des Richtpreises gemäß Nr. 4.1 mit dem Preisindex des Bruttosozialprodukts, berechnet auf der Basis 1992 = 100. Die Überprüfung erfolgte zum 1. Juli jeden Jahres, beginnend im Jahre 1990. Letztlich bedeutete diese Regelung die Sicherstellung der realen Kostenkonstanz des Steinkohlenbergbaus im Rahmen des Kraftwerkskohlenpreises.

Gemäß Nr. 7.1 der Richtlinie oblag die Überprüfung der Angemessenheit der Preise dem Bundesamt für Wirtschaft. Die Steinkohlenbergbauunternehmen hatten nach Nr. 7.2 und 7.3 der Richtlinie dem Bundesamt die erforderlichen Unterlagen zur Überprüfung der Angemessenheit der Preise zur Verfügung zu stellen. Das Bundesamt unterrichtete gemäß Nr. 7.4 den Bundesminister für Wirtschaft über das Ergebnis der Überprüfung und die Verbände der Elektrizitätsversorger, den Verband der Industriellen Energie- und Kraftwirtschaft sowie den Gesamtverband des deutschen Steinkohlenbergbaus über die jeweils angemessenen Preise.

In der Praxis erfolgte nach – zunächst vorläufiger – Bestimmung des angemessenen Kraftwerkskohlenpreises (Antizipation) nach amtlicher Kostenprüfung eine Korrektur auf Basis der Ist-Werte. Sowohl der vorläufige als auch der endgültige angemessene Kraftwerkskohlenpreis wurden durch das Bundesamt für Wirtschaft festgelegt.

Mit dem im Jahre 1968 geschlossenen Hüttenvertrag hatte sich die **Stahlindustrie** verpflichtet, ihren gesamten Kokskohlebedarf in der Zeit vom 1. Januar 1969 bis zum 31. Dezember 1988 mit deutscher Kohle zu decken. Grundsätzlich sah dieser Vertrag eine Belieferung zu Listenpreisen vor. Soweit sich die Weltmarktpreise allerdings unter den inländischen durch die Kosten bestimmten Preisen bewegten, glich die „Kokskohlenbeihilfe", die aus Mitteln des Bundeshaushalts und Nordrhein-Westfalens bereitgestellt wurden, die Differenz zwischen einem fiktiven Importkohlepreis (sogenannter Wettbewerbspreis) und den deutschen Kohlekosten weitgehend aus. Die Kokskohlenbeihilfe sicherte somit bei Kostendeckung für den deutschen Steinkohlenbergbau die Versorgung der Stahlindustrie mit deutscher Kokskohle zu im internationalen Vergleich wettbewerbsfähigen Preisen.

Im Herbst 1985 war eine Vereinbarung über eine Verlängerung des Hüttenvertrages zwischen den beteiligten Wirtschaftszweigen und der Regierung getroffen worden. Diese Vereinbarung sah bis zum Jahr 2000 eine Deckung des für Verhüttungszwecke bestehenden Bedarfs der westdeutschen Stahlindustrie an festen Brennstoffen durch den deutschen Steinkohlenbergbau vor. Neu an diesem durch die Europäische Kommission bis zum Jahre 1997 genehmigten System war, dass die zuvor praktizierte jährliche Erstattung der Differenz zwischen Wettbewerbspreis und kostendeckendem Preis durch einen für jeweils drei Jahre vorgegebenen Plafondbetrag ersetzt worden war. Seit dem 1.1.1998 erfolgt die Subventionierung gemäß Steinkohlenbeihilfengesetz aus den in einem Finanzplafond zusammengefassten Verstromungs- und Kokskohlebeihilfen (siehe Kapitel 2.3.7). Ende 1998 wurde der Hüttenvertrag von den Vertragsparteien in beiderseitigem Einvernehmen beendet und durch bilaterale Verträge abgelöst.

Im **Wärmemarkt** war die Preisbildung für Steinkohle auch bereits in der Vergangenheit im Wesentlichen marktbestimmt. Seit 1998 sind die Unternehmen verpflichtet, beim Absatz deutscher Steinkohle auf dem Wärmemarkt Erlöse zu erzielen, die nicht unter ihren Produktionskosten liegen dürfen.

3.2.4 Erdgas

Auf Grund der im Vergleich zu Kohle und Erdöl höheren spezifischen Transportkosten (Kosten pro Energieeinheit) existiert heute (noch) kein zusammenhängender Weltmarkt für Erdgas. Vielmehr sind vier große Marktregionen zu unterscheiden, die allerdings zunehmend miteinander verbunden werden. Neben der heimischen Förderung tragen Importe aus unterschiedlichen Quellen zur Versorgung dieser vier Marktregionen bei.

— Nordamerika (USA, Kanada, Mexiko) ist derzeit weitgehend Selbstversorger. Allerdings sind insbesondere die USA auf Grund der schwindenden Gasvorräte in wachsendem Umfang auf Erdgasimporte angewiesen. Das eingeführte Erdgas wird größtenteils per Schiff (Liquefied Natural Gas, LNG) in die USA gelangen.

— Südamerika kann über die Versorgung des eigenen Marktes hinaus Gasmengen nach Nordamerika und Europa exportieren.

— Europa importiert große Gasmengen aus Russland und Nordafrika, gewinnt selbst vor allem in der Nordsee Erdgas. Allerdings zeigt die Eigenproduktion in Europa eine rückläufige Tendenz.

— Ostasien importiert einen Großteil des Erdgases aus dem Nahen Osten, greift aber auch auf Gasreserven in der Region (z. B. Indonesien, Malaysia, Brunei und Australien) zurück. Die Versorgung Japans basiert fast ausschließlich auf dem Import von LNG aus Indonesien, Malaysia, Australien, der Arabischen Golfregion sowie auch aus Alaska.

Konsequenz: Zwischen den genannten vier Märkten können sich stärkere Preisunterschiede entwickeln, als dies zum Beispiel bei Rohöl möglich ist, auch wenn diese Preisdifferenzen immer weiter durch LNG-Spotgeschäfte aufgeweicht werden. Bei knappem Angebot in Nordamerika hatte beispielsweise Gaz de France algerisches LNG nach USA verkauft und sich Ersatz am britischen Spotmarkt beschafft. Japan hatte traditionell über viele Jahre ein höheres Gaspreisniveau als Europa und Nordamerika. So bewegten sich die LNG-Importpreise nach Japan bis Ende 2004 deutlich über den durchschnittlichen Pipeline-Einfuhrpreisen, die in der Publikation Energy Prices & Taxes der Internationalen Energie-Agentur für die Mitgliedstaaten der EU ausgewiesen werden. Wesentliche Ursachen sind die vergleichsweise hohen LNG-Transportkosten sowie die auf japanischer Seite bestehende größere Bereitschaft, für die Versorgungssicherheit einen Aufpreis zu bezahlen. Nach 2004 fand eine Umkehrung der Preisverhältnisse statt.

2007 wurden 29 % des weltweit geförderten Erdgases international gehandelt. Davon entfielen 69 % auf Pipeline- und 31 % auf LNG-Transporte.

Entscheidende Treiber der künftigen internationalen Preise für Erdgas sind:

— die Nachfrageentwicklung,
— die Reservesituation,
— die Infrastruktur-Investitionen,
— die Marktmacht der Anbieter,
— die Kosten der Bereitstellung und
— die Entwicklung der Ölpreise.

Die Prognosen von IEA und EIA gehen für den Zeitraum bis 2030 von einem anhaltenden Wachstum der weltweiten **Nachfrage** nach Erdgas aus.

Die **Reserven** an konventionellem Erdgas werden von der Bundesanstalt für Geowissenschaften und Rohstoffe, Hannover auf etwa 181.342 Mrd. m^3 veranschlagt. Bei einer Jahresförderung von gegenwärtig 2.927 Mrd. m^3 (2006) errechnet sich eine statische Reichweite der Reserven von etwa 62 Jahren. Zu diesen Reserven sind allerdings noch die wahrscheinlichen und die potenziellen Ressourcen hinzu zu addieren, die auf 206.770 Mrd. m^3 veranschlagt werden. Damit ergibt sich ein verbleibendes Gesamtpotenzial von über 388.112 Mrd. m^3. Nicht-konventionelles Erdgas, wie Gashydrate, die ein enormes zusätzliches Potenzial darstellen, sind in den genannten Zahlen nicht enthalten. Reserven und Ressourcen sind allerdings regional äußerst ungleich verteilt. So entfällt allein auf Russland ein Drittel des verbliebenden Potenzials an konventionellem Erdgas. Die drei Staaten mit den größten Gasvorräten – das sind Russland, Iran und Katar – vereinigen 51 % des verbleibenden Gesamtpotenzials (darunter ist die Summe aus Reserven und Ressourcen an konventionellem Erdgas gefasst) auf sich. Aus den Lagerstätten nahe den großen Verbrauchszentren der Industriestaaten (Nordsee, USA) sind demgegenüber künftig tendenziell abnehmende Fördermengen zu erwarten.

Angesichts der Konzentration der Reserven auf Russland, den Nahen Osten und Nordafrika müssen die Gasmengen aus immer weiter entfernt gelegenen Förderregionen zum Verbraucher transportiert werden. Zudem liegen viele der neu zu erschließenden Gaslagerstätten in sehr unwirtlichen oder technisch schwierig zu erschließenden Gebieten, wie z. B. Barentssee, auf der Halbinsel Yamal oder Offshore in großen Wassertiefen. Da außerdem neue Märkte bzw. Marktregionen z. B. in Schwellenländern für Erdgas erschlossen werden, sind weltweit erhebliche **Investitionen in die Gasinfrastruktur** zu tätigen. Der Transport von der Förder- in die Verbrauchsregionen erfolgt zumeist in Rohrleitungen, wobei das Gas zur Aufrechterhaltung des Drucks in den Pipelines in regelmäßigen Abständen verdichtet werden muss. Daneben wird Erdgas bei großen Transportentfernungen zunehmend auch als verflüssigtes Gas in Tankschiffen (Liquefied Natural Gas, LNG) befördert. LNG kann – ähnlich wie Erdöl, allerdings deutlich eingeschränkter – je nach aktueller Marktlage grundsätzlich von einer Nachfrageregion in eine andere „verschoben" werden.

Bedingt durch die Konzentration der Gaslagerstätten, die für eine künftige Versorgung in Betracht kommen, ist die Zahl der Anbieter begrenzt. Die damit verknüpfte **Marktmacht** der Anbieter bietet die Möglichkeit, über die Steuerung der Versorgungsmengen die Preisgestaltung zu beeinflussen. Die zunehmende Bedeutung von LNG bietet allerdings die Chance, die Marktmacht der traditionellen Anbieter von Pipeline-Gas zu begrenzen.

Die Trennung der regionalen Teilmärkte wird in Zukunft abnehmen. Ein wesentlicher Grund hierfür ist die in den letzten Jahren deutliche Senkung der **Kosten** für den Erdgastransport in Folge technischen Fortschritts. Dies betrifft zum Teil auch den Transport von Erdgas in verflüssigter Form in Tankschiffen. Aus diesem Grund ist abzusehen, dass sich der internationale Handel mit LNG über die vier Marktregionen hinweg deutlich ausweiten wird.

In den vier Marktregionen differiert nicht nur die Höhe der Preise. Vielmehr unterscheiden sich auch die Art und Weise, wie die Preise gebildet werden.

— Gas-zu-Gas-Wettbewerb: In Nordamerika und Großbritannien, den Ländern mit den am weitesten liberalisierten Gasmärkten, sind die Gaspreise Ergebnis des aktuellen Verhältnisses von Gasangebot und -nachfrage. Die Gasunternehmen stehen in diesen Märkten bis hin zum Endkunden in einem intensiven Wettbewerb zueinander. Im langfristigen Trend gewinnen die Grenzkosten der Bereitstellung von Erdgas (Förderung und Transport) stärkeren Einfluss auf die Preisbildung, die Preisentwicklung der Substitutionsenergie Heizöl markiert aber weiterhin eine Orientierungsgröße, die den Erdgaspreis nach oben limitiert.

— Anlegbarkeit: Im kontinentaleuropäischen und asiatischen Markt basiert die Gaspreisbildung auf dem Wettbewerb des Erdgases mit Substitutionsenergien. Wichtigste Substitutionsenergien für Erdgas sind im Wärmemarkt Erdöl bzw. Erdölprodukte. Im Kraftwerksbereich steht das Erdgas auch mit anderen Energieträgern, wie z. B. der Kohle, im Wettbewerb. Nach dem Anlegbarkeitsprinzip bezahlen die Gasverbraucher einen Preis, der das Erdgas gegenüber den Konkurrenzenergien wettbewerbsfähig hält.

In der Praxis bedeutet das Prinzip der Anlegbarkeit in Kontinentaleuropa faktisch eine **Bindung der Gaspreise an den Ölpreis**. Dort folgen die Importpreise für Erdgas den Ölpreisen „gedämpft" mit einer zeitlichen Verzögerung von sechs bis neun Monaten. Die Ölpreisbindung erklärt sich durch die langfristigen Vereinbarungen zwischen Produzenten und Großhändlern. In welchem Ausmaß die Ölpreisbindung in Zukunft bei einer weitergehenden Liberalisierung der Gasmärkte in Europa mit einer Intensivierung des Gas-zu-Gas-Wettbewerbs Bestand haben wird, ist nicht sicher vorhersehbar. Zumindest für die nächsten Jahre ist es jedoch wahrscheinlich, dass sich für die meisten Gaskunden der Gaspreis weiterhin nach dem Ölpreis richten wird.

Der Bezug von Erdgas aus dem Ausland erfolgt überwiegend auf der Basis langfristiger Verträge zwischen den Lieferanten und den auf dem deutschen Markt tätigen Gasversorgungsunternehmen. Die Laufzeit der Verträge beträgt bisher vielfach mehr als 20 Jahre. In regelmäßig wiederkehrenden Preisrevisionen (in der Regel alle drei bis fünf Jahre) werden einzelne Elemente der Verträge – der Preis, Underlyings, Lieferflexibilitäten – neu verhandelt. Beispielsweise kann in die Berechnung des Gaspreises zu einem bestimmten Anteil die Entwicklung des Öl- oder Kohlepreises einfließen. Die Notierungen dieser Energieträger liegen damit der Gaspreisberechnung zugrunde und werden als Underlyings oder auch Basiswerte bezeichnet. Nun können im Rahmen der Preisrevisionen sowohl die Underlyings an sich geändert werden (z. B. ist ein Wechsel von Kohle- auf Ölnotierungen denkbar) oder auch der Anteil, mit dem die Preisentwicklung des jeweils zugrunde liegenden Energieträgers in die Gaspreisformel eingeht. Damit sollen die langfristigen Verträge den sich ändernden Marktgegebenheiten angepasst werden.

Auf dem europäischen Kontinent ist Deutschland der größte Gasmarkt. In Deutschland erfolgt die Preisbildung in den verschiedenen Verbrauchssektoren nach der **Philosophie des anlegbaren Preises.** Dies gilt sowohl absatz- als auch beschaffungsseitig.

Kriterien für die Bestimmung des anlegbaren Preises sind zum einen die Preise der Konkurrenz-Brennstoffe; das ist insbesondere leichtes Heizöl. Daneben werden folgende Faktoren berücksichtigt:

— Vor- oder Nachteile bei der Verwendung des Erdgases im Vergleich zu Konkurrenzbrennstoffen;

— Differenzen zwischen den Investitions- und Betriebskosten bei den Anlagen, in denen Erdgas bzw. deren Konkurrenzbrennstoffe eingesetzt werden;

— Unterschiede im Wirkungsgrad der Anlagen.

Der so nach Verbrauchergruppen differenziert bestimmte Grundpreis für das chemisch weitgehend homogene Produkt Erdgas folgt einem Preispfad, der sich vor allem an der Entwicklung des Heizölpreises orientiert.

Die bestehende **Heizölbindung** ist vor dem Hintergrund folgender Fakten zu sehen: Mit ihrer dominierenden Rolle bestimmt die Mengen- und Preisentwicklung des Öls auch maßgeblich die entsprechenden Marktgrößen beim Erdgas. Die Verbraucherpreise für Erdgas und ebenso die Erdgas-Importpreise folgen denen des Heizöls – bei sinkenden Preisen genauso wie in einer Phase steigender Ölpreise.

Dieses System der Gaspreisbildung ist nicht zuletzt durch den engen internationalen Beschaffungsmarkt begründet. Für Nordwesteuropa gibt es im wesentlichen drei Lieferländer. Das sind Russland, Norwegen und die Niederlande. Ein

Überangebot am Markt besteht – insbesondere mittel- und langfristig – nicht. Auch britisches Gas, das unter langfristigen Verträgen auf den kontinentaleuropäischen Markt geflossen ist, wurde zu vergleichbaren Preiskonditionen angeboten wie Gas aus anderen Quellen. Andererseits haben sich in England, ähnlich wie in anderen liberalisierten Märkten (z. B. Nordamerika), wesentlich kürzere Verträge (1-5 Jahre) mit Festpreisen oder börsengebundenen Notierungen durchgesetzt. Bei der Beschaffung von Erdgas auf den internationalen Märkten bleiben langfristige Verträge von zentraler Bedeutung. Sie geben den Importländern Mengensicherheit und gleichzeitig auch die Gewissheit, dass sie Gas zu wettbewerbsfähigen Preisen erhalten. Den Produzenten bietet dieses Preisbildungsprinzip die Sicherheit, dass sie jederzeit den Marktwert für ihr Gas erhalten. Zu erwarten ist, dass zwar langfristige Verträge durch kurzfristigere Kontrakte ergänzt werden. Allerdings erfordert die Erschließung neuer Quellen (Russland, Nahost) so hohe Investitionen in Produktion und Transport, dass die entsprechenden Risiken meist nur über „sichere" Langfristverträge getragen werden können.

Für die konkrete **Preisfestsetzung** kann z. B. folgende **Formel** zur Anwendung kommen:

$$P \quad = \quad P_0 + a \bullet (P_{HEL1} - P_{HEL2}) + b \bullet (P_{HS1} - P_{HS2})$$

Dabei gilt:

p_0 = Grundpreis Erdgas (gemäß Anlegbarkeit ermittelt oder in Verhandlungen vereinbart). P_0 wird auch als Basispreis bezeichnet.

a und b = Gewichtungsfaktoren. Die Gewichtungsfaktoren geben an, wie stark der Erdgaspreis auf die Veränderung der Preise der Substitutionsenergien reagiert. Die Faktoren werden als Produkt aus jeweils drei Termen gebildet.

1. Term: z. B. a = 0,6 und b = 0,4 heißt: Leichtes Heizöl geht mit 60 % und schweres Heizöl mit 40 % in die Preisformel ein.

2. Term: z. B. 2 oder 1 oder kleiner 1; dieser Faktor bestimmt das Ausmaß der Reaktion des Gaspreises auf die Ölpreisänderung. Der Faktor 1 würde z. B. bedeuten, dass eine gleichgerichtete Anpassung erfolgt, kleiner 1 hätte dagegen eine Preisabfederung zur Folge (Normalfall) und größer 1 eine Verstärkung des von der Ölpreisentwicklung ausgehenden Effekts.

3. Term: Technischer Umrechnungsfaktor; die Preise für leichtes und für schweres Heizöl sind in anderen Energie- bzw.

Preiseinheiten definiert (z. B. USD/t) als die Preise für Erdgas (z .B. ct/kWh). Der technische Umrechnungsfaktor innerhalb der Terme a bzw. b dient dazu, die Preise für die Substitutionsenergie und für Erdgas „gleichnamig" zu machen.

Während es sich bei P_{HEL2} und P_{HS2} um jeweils feste Basispreise für die beiden Produkte handelt (bei Vertragsabschluss zugrunde gelegte Heizölpreise), werden P_{HEL1} und P_{HS1} nach Maßgabe einer Bindung bestimmt, die sich aus drei Elementen zusammensetzt:

— Das erste Element benennt die Zahl der Monate, aus denen der relevante Durchschnittspreis für Heizöl abgeleitet wird.

— Die zweite Zahl beziffert den Time-lag der Anpassung in Monaten.

— Die dritte Zahl steht für den Anpassungsrhythmus – ebenfalls gemessen in Monaten.

In der Gasbeschaffung kann die Bestimmung von P_{HEL1} und P_{HS1} gemäß folgender Zahlenkombination erfolgen:

9 – 0 – 1

Das heißt: 1. Maßgeblich ist der Heizölpreis, der sich gemäß einer vom Statistischen Bundesamt veröffentlichten Reihe für eine im Einzelnen definierte Produktspezifikation im Neun-Monats-Durchschnitt ergibt. 2. Die Anpassung erfolgt ohne Time-lag. 3. Es ist eine monatliche Preisanpassung vorgesehen.

Im Vertrieb ist für die Bestimmung von P_{HEL1} und P_{HS1} eher folgende Bindung typisch:

6 – 3 – 3

Die Anteile, mit denen die einzelnen Konkurrenzbrennstoffe in die Formeln eingehen, unterscheiden sich nach Verbrauchergruppen. Bei der Gasabgabe an Industrieverbraucher können sich die Anteile von leichtem und schwerem Heizöl zum Beispiel wie 60 : 40 verhalten. Bei Haushaltskunden besteht in der Regel eine 100 %-Anbindung an leichtes Heizöl. Für Kraftwerksgas kann z. B. 60/20/20 gelten. Das würde bedeuten: 60 % Anbindung an leichtes Heizöl, 20 % an schweres Heizöl und 20 % an Kohle.

Maßgebliche Heizölpreise sind Notierungen, die sich im Mittel für im Einzelnen spezifizierte Marktorte entlang der Rheinschiene ergeben. Dabei wird auf die Veröffentlichungen des Statistischen Bundesamtes, Fachserie 17, Reihe 2, zurückgegriffen. Es ist damit zu rechnen, dass die Erdgaspreise auch in den nächsten Jahren im Wesentlichen durch die Ölpreise bestimmt bleiben.

Die **Importmengen und -werte** werden vom Bundesamt für Wirtschaft und Ausfuhrkontrolle (BAFA) auf Basis der Meldungen der Importeure erfasst und in aggregierter Form (gewichtetes Mittel frei deutsche Grenze für alle Importmengen) monatlich veröffentlicht. Folgende Unterschiede sind zwischen den Lieferanten von Bedeutung:

Aus Russland und Norwegen, den wichtigsten Lieferanten für den deutschen Markt, erfolgt ein durchgängiger Bezug über 8.000 Stunden pro Jahr. Auch aus Norwegen wird Erdgas als Bandlieferung bezogen. Entsprechend wird bei der Preisstellung nicht zwischen Leistungs- und Arbeitspreis unterschieden. Dem gegenüber erfolgen die Bezüge von niederländischem und von deutschem Erdgas strukturiert. Das heißt: Im Sommer wird weniger Erdgas als im Winter bezogen. Damit ist zum einen eine Differenzierung zwischen Leistungs- und Arbeitspreis verbunden. Zum anderen dürften sich die Preise auf einem – im Verglich zu russischen Bezügen – entsprechend höheren Preisniveau bewegen. Für Flexibilität ist also eine Prämie zu zahlen – quasi als Entgelt für eingesparte Speicherkosten.

Import-Bezugsverträge mit weitgehend fixierter Bezugsstruktur (Bandlieferungen) sehen in der Regel eine Mindestabnahme von 90 % (min-take) und eine maximale Abnahme von 110 % (max-take) der vereinbarten Jahresmenge vor. Bei (vor-) strukturierten Bezügen sind die Min-Take-Mengen in der Regel geringer als bei Bandlieferungen. So können die Mindestabnahmemengen in diesen Fällen 70 % oder auch weniger der vereinbarten Jahresmenge betragen. Preisrevisionen sind meist im Zwei-Jahres-Rhythmus vorgesehen. Zusätzlich sind Sprechklauseln üblich. Die Impulse für den Gaseinkauf hinsichtlich Preisbindung werden von der Vertriebsseite ausgelöst. Vereinfacht kann man sagen: Das Preisrisiko trägt der Exporteur, das Mengenrisiko der Importeur.

Folgende **Preisnotierungen** sind auf der Beschaffungsseite von Bedeutung:

— vom Bundesamt für Wirtschaft und Ausfuhrkontrolle (BAFA) monatlich ermittelte Durchschnittspreise frei deutsche Grenze;
— Erdgas-Spotnotierungen für die so genannten Hubs, namentlich den UK National Balancing Point (NBP), Zeebrügge (B), Eynatten (B) – Aachen (D) und Oude (NL) – Bunde (D), die täglich von Platt's Petroleum Argus und in European Spot Gas Markets (ESGM) veröffentlicht werden.

Die vom BAFA ermittelten Grenzübergangspreise können als verlässlich eingestuft werden, zumal ein Abgleich mit den Zollämtern erfolgt. Allerdings werden keine nach Herkunftsländern differenzierten Preise publiziert.

Im Unterschied dazu sind die täglich veröffentlichten Preise konkreter an bestimmten Lieferströmen ausgerichtet. Da die Preisangaben auch von Interessen großer

Händler beeinflusst sein können, sind spekulative Elemente in diesen Preisnotierungen jedoch nicht vollständig auszuschließen.

Der Spotpreis in Bunde (deutsch/niederländische Grenze) gilt als Marker Price für Gas. Allerdings liegt der Notierung nicht unbedingt eine hinreichende Liquidität zugrunde.

Zur **Abgrenzung zwischen Formelpreisen und Spotpreisen** ist folgendes zu sagen: Die Formelpreise werden unabhängig von Angebot und Nachfrage ermittelt. Auf liberalisierten Märkten entscheiden aber Angebot und Nachfrage über die Preisstellung. Deshalb können sich als Folge der Liberalisierung Spotmärkte bilden, deren Liquidität von der Höhe des ggf. bestehenden Überangebots abhängig ist. Die Höhe der auf diesen Märkten maßgeblichen Spotpreise hängt von Angebot und Nachfrage flexibler Mengen der Produzenten, Händler und Kunden (z. B. Kraftwerke) ab.

Wesentliche Richtschnur für die Entgeltbildung auf der **Wertschöpfungsstufe Transport von Erdgas** sind Verordnungen, die auf Basis des Energiewirtschaftsgesetzes von 1998 erlassen wurden. Dabei sind insbesondere der nicht diskriminierende Zugang zu den Gasnetzen und die Ausgestaltung der Netzzugangsbedingungen entscheidend.

„Mussten dritte Netznutzer in der ersten Phase der Marktliberalisierung für Gastransporte im Fernleitungsnetz Transportkapazität auf einzelnen Gasleitungen buchen (Punkt-zu-Punkt-Durchleitung), ist der Netzzugang heute als Einspeise-/ Ausspeisesystem (entry/exit) konzipiert. Bei diesem System werden die Fernleitungsnetze in Marktzonen untergliedert. Netznutzer buchen jeweils für den Zugang zu den Marktgebieten bzw. Netzgebieten Ein- und Ausspeisekapazitäten und zahlen ein entsprechendes Entgelt für dieses Zugangsrecht – in den meisten Fällen als Leistungspreise (ggf. kombiniert mit einem Arbeitspreis für den Ausgleich von Netzverlusten bzw. Antriebsenergie für Verdichtermaschinen). Wie der Gastransport innerhalb einer Zone erfolgt, bliebt den Netzbetreibern überlassen. Netznutzer erhalten also durch Buchung von Netzkapazität und die Zahlung der Einspeise- und Ausspeiseentgelte einen Zugang zu einem Marktgebiet und damit zu einem Markt, nicht zu einzelnen Pipelines. Bei Übergang von einem Marktgebiet zu einem anderen sind allerdings entsprechend Ein- und Ausspeisekapazitäten an den Zonengrenzen zu buchen und zu zahlen. Das Marktgebiet endet somit an der entsprechenden Zonengrenze.“ [59]

Auf den **Endverbrauchermärkten** beliefern Gasversorger (z. B. Vertriebsunternehmen großer Energieversorger, Regionalversorger, Stadtwerke, neue Energieanbieter) Haushalte, Kleinverbraucher und Industriekunden. Es kommen eine Vielzahl von Preissystemen zur Anwendung. In der Vergangenheit wurde gemäß der Art der Lieferverträge allgemein zwischen Tarifkunden und Sondervertragskunden unterschieden. Während Tarifpreise, die für Haushalte und bei

Preismodelle
Erdgas

- Arbeit — Arbeitspreis (AP) = f (HEL, HSL, fix ...)
  - Bsp: $AP = AP_0 + 0{,}5 * 0{,}091 * (HEL - HEL_0) + 0{,}5 * 0{,}0079 * (HSL - HSL_0)$ in ct/kWh

    Preis abzgl. „Erdgassteuerrabatt“ zzgl. EGSt und Umsatzst.
- Leistung — Leistungspreis (LP) = f (Lohn, Invest ...)
  - Bsp: $LP = LP_0 * (0{,}5 + 0{,}25\ I/I_0 + 0{,}25\ L/L_0)$ in €/kWh/h/a

    oder $LP = LP_0 + 0{,}01576 * (KAVL - 1367{,}47)$ in ct./kWh/d/a

oder beides zusammen in einem Einheitspreis (EP)

Abb. 93: Preismodelle für Erdgas

Formel zur Gaspreisbildung

$$p = p_O + a \cdot (p_{HEL_1} - p_{HEL_2}) + b \cdot (p_{HS_1} - p_{HS_2})$$

p_O:	Grundpreis (gemäß Anlegbarkeit ermittelt)
a und b:	Produkte aus jeweils drei Termen, u. a. Anteile von leichtem bzw. schwerem Heizöl
p_{HEL_1} und p_{HS_1}:	gemäß Zahlenkombination ermittelte Preise
p_{HEL_2} und p_{HS_2}:	feste Basispreise (bei Vertragsabschluss zugrundegelegte Heizölpreise)

Abb. 94: Formel zur Gaspreisbildung

Zahlenkombination zur Ermittlung von p_{HEL_2} und p_{HS_2}

Typisch für Gasbeschaffung:	9 - 0 - 1
Typisch für Gasvertrieb:	6 - 3 - 3

Erster Wert:	Maßgebliche Zahl von Monaten zur Ermittlung des relevanten Durchschnittspreises für Heizöl
Zweiter Wert:	Time-lag in Monaten
Dritter Wert:	Preisanpassungs-Rhythmus in Monaten

Abb. 95: Zahlenkombinationen bei der Gaspreisbildung

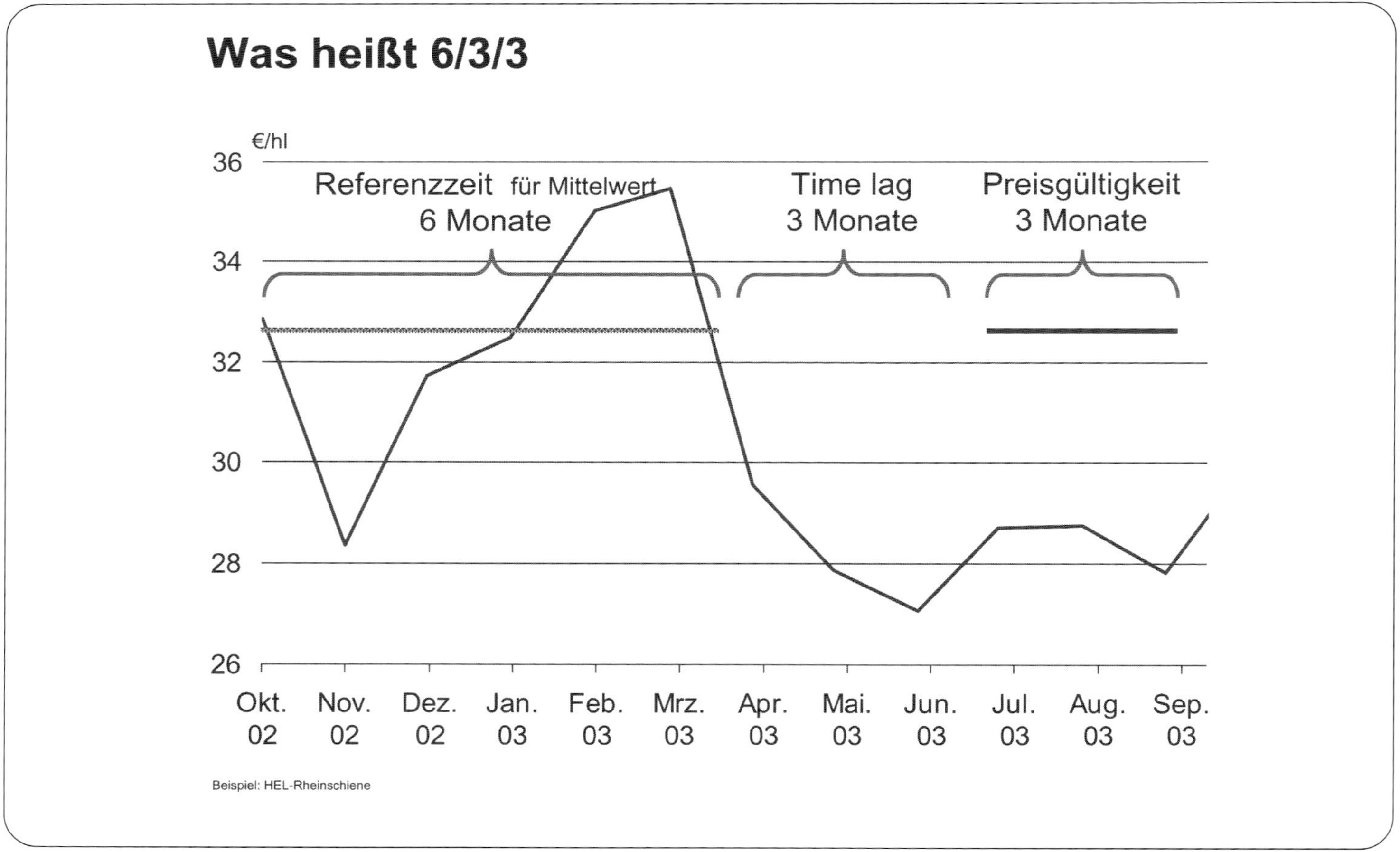

Abb. 96: Erläuterung der Formelpreisbildung bei Gas

Kleinverbrauchern galten, einer staatlichen Regulierung unterlagen, konnten Sondervertragspreise auch bereits in der Vergangenheit frei ausgehandelt werden.

Mit der jüngsten Novellierung des Energiewirtschaftsgesetzes war die tarifliche Aufsicht über die Gaspreise zum 1.7.2007 aufgehoben worden. Gleichwohl sind die Preisstrukturen noch an das alte System von Tarif- und Sondervertragspreisen angelehnt.

„Tarifkunden werden nach Basistarifen (früher Pflichttarifen) und Wahltarifen beliefert.

— Basistarife umfassen zum einen den Kleinverbrauchstarif und zum anderen den Grundpreistarif. Diesen Tarifen liegen die Verwendungszwecke Kochen und/oder Warmwasserbereitung zugrunde, und sie sind demnach nur für Klein- und Kleinstverbraucher anzuwenden.

— Wahltarifen liegen die Verwendungszwecke Heizen und/oder Vollversorgung von Etagenwohnungen oder Einfamilienhäusern zugrunde. Auch bei Wahltarifen kommt ein zweigliedriger Grundpreistarif zur Anwendung, bestehend aus einem pauschalen Grundpreis (= mengenunabhängigem Preiselement) und einem Arbeitspreis.

Sondervertragskunden werden nach normierten oder individuellen Sonderverträgen beliefert.“ [59]

— Ebenso wie Wahltarifkunden verwenden Kunden mit normierten Sonderverträgen Gas zum Heizen und/oder zur Vollversorgung, beispielsweise in Mehrfamilienhäusern. Daher werden – neben anderen Preissystemen – auch hier in der Regel vor allem Grundpreissysteme angeboten, die allerdings einen leistungsdifferenzierten Grundpreis beinhalten.

— „Der Übergang von normierten zu individuellen Sonderverträgen ist nicht eindeutig abzugrenzen und variiert zwischen den Gasvertriebsunternehmen. Wichtigstes Unterscheidungsmerkmal ist der zunehmende Prozessgasanteil der Industriekunden, aufgrund dessen diese Verbraucher Einfluss auf ihre Leistung nehmen können und daher Leistungspreissysteme Anwendung finden. Bei größeren Industriekunden werden individuelle anlegbare Preise ermittelt.“ [59] Daneben werden Industriekunden auch unterbrechbare Gaslieferverträge angeboten. Technisch wird hierbei die Verfügbarkeit einer vor Ort gespeicherten Zweitenergie (z. B. Heizöl) vorausgesetzt. Soweit nicht Festpreise vereinbart sind, wird auch im Großkundenmarkt, zu dem auch Kraftwerksbetreiber zählen, die Entwicklung der Preise über entsprechende Preisanpassungsklauseln den Änderungen des Marktes angepasst.

Im Sektor Privathaushalte dominiert die Nutzung von Erdgas als Heizenergie. Bei seiner Entscheidung für ein Heizsystem sind aus Sicht der Verbraucher nicht nur die Kosten für den Brennstoff relevant, vielmehr spielen auch Faktoren wie Komfort, der im Haus – im Vergleich zur Ölheizung – eingesparte Platz und Bequemlichkeit (keine Notwendigkeit zum „Beschaffungsmanagement") eine Rolle. Dies wird bei der Ermittlung der anlegbaren Preise berücksichtigt.

Ein Beispiel im Haushaltskundensegment vermittelt der ab 1. Oktober 2008 gültige Wahltarif der Gasversorgunggesellschaft mbH Rhein-Erft. Danach beläuft sich der Grundpreis auf 17,03 Euro pro Monat und der Arbeitspreis auf 7,592200 Cent je kWh (jeweils einschließlich 19 % Umsatzsteuer). Alternativ kann ein Festpreis für zwölf Monate als neues Online-Aktionsangebot Fix12 Direkt in Anspruch genommen werden. Danach wird bis zum 30.09.2009 ein konstanter Erdgaspreis garantiert.

Zu den Preisen, zu denen im Wettbewerb mit anderen Energien neue Kunden gewonnen werden, wird Erdgas grundsätzlich auch an diejenigen Kunden geliefert, die sich bereits zu einem früheren Zeitpunkt für Erdgas entschieden haben. Der „Altkunde" zahlt somit den gleichen Preis wie der „Neukunde" der sich aufgrund aktueller Wirtschaftlichkeitsüberlegungen für die Erdgasheizung entscheidet. Dies bietet auch dem bereits angeschlossenen Kunden die Gewähr, dass er zu aktuellen Wettbewerbspreisen beliefert wird.

Mit der voranschreitenden Öffnung des deutschen Gasmarktes werden im Haushalts- und Kleinverbrauchssektor die beschriebenen Tarifpreise zunehmend durch wettbewerblich geprägte Vertragsangebote ergänzt bzw. ersetzt werden. Angebote mit fest vereinbarten Arbeitspreisen (ohne unterjährige Preisanpassungen) oder durch Verträge mit Vorauszahlungsklauseln und Mindestabnahmemengen werden die Vielfalt – ähnlich wie dies bereits im Strommarkt der Fall ist – vergrößern. Außerdem dürfte es zunehmend zu Lieferantenwechseln kommen.

Bei Industriekunden hat dieser Prozess des Lieferantenwechsels als ein Ausdruck zunehmenden Wettbewerbs bereits stärker eingesetzt als bei Haushalten und Kleinverbrauchern. In der Industrie ist zudem immer häufiger die Nachfrage nach Festpreisen oder nach einer Preisbindung an die erzeugten Produkte zu erkennen. Diese Anpassungen werden zum Erhalt der Wettbewerbsfähigkeit auf den internationalen Gütermärkten (Aluminium, Metall, Chemie) als notwendig angesehen. Ferner sind wettbewerbliche Ausschreibungen für die Beschaffung von Gasmengen vermehrt zu beobachten. Mit deren Zunahme ist in Zukunft zu rechnen.

Schließlich ist eine verstärkte Preiskonvergenz zwischen Erdgas und Strom zu beobachten. Im Kundensegment Kraftwerke ist die Differenz zwischen dem Einstandspreis von Erdgas zur Stromerzeugung und dem Erlös für den auf Basis Erdgas erzeugten Strom entscheidend. Ein hoher Spread stellt einen Anreiz dar, Gas zu verstromen. Eine umgekehrte Entwicklung kann entsprechend zu Marktanteilsverlusten in der Verstromung führen.

Bei einer Bewertung der Auswirkungen des Gas-zu-Gas-Wettbewerbs auf dem deutschen Markt bleibt zu berücksichtigen, dass die Beschaffungsmärkte von der Liberalisierung nicht erfasst sind. Auf den Beschaffungsmärkten verfügen die wenigen Anbieter über eine starke Marktmacht, um gewünschte Preisbindungen durchsetzen zu können. Zudem weisen Vergleiche der Preisentwicklung auf Spotmärkten mit den in langfristigen Lieferverträgen vereinbaren – meist ölgebundenen – Gaspreisen keine durchgängigen Vorteile für die auf Spotmärkten gebildeten Preise aus. Vielmehr ist die jeweilige Marktsituation entscheidend. In Knappheitssituationen übersteigen die Spotpreise regelmäßig die ölgebundenen Notierungen. Bei einem Überangebot an Erdgas stellt sich die Situation umgekehrt dar. Insgesamt bewirkt die Ölanbindung, dass die Gaspreise für längerfristig vereinbarte Lieferungen weniger volatil verlaufen als dies für Spotmärkte typisch ist.

Auf den Handelsstufen im Inland, die der Beschaffungsebene nachgelagert sind, werden die Gasversorger als Folge der Liberalisierung einem erhöhten Margendruck ausgesetzt. Dies wirkt tendenziell Preis dämpfend. Allerdings haben sich die staatlich verursachten Belastungen, ähnlich wie im Strombereich, zu einem wesentlichen Preistreiber entwickelt. Dadurch werden die Effekte der Liberalisierung des inländischen Marktes aufgezehrt bzw. sogar überkompensiert.

3.2.5 Elektrizität

Bis zur Neuregelung des Energierechts im April 1998 existierte auf dem Elektrizitätsmarkt – ebenso wie bei Gas – keine direkte Konkurrenz zwischen verschiedenen Anbietern. Für die Kunden bestand nur die Wahl zwischen der Eigenerzeugung des Stroms oder dem Bezug von seinem „zuständigen" Versorgungsunternehmen. Die Eigenerzeugung von Strom als wettbewerbsfähige Alternative zum Strombezug war wegen der Kostendegression praktisch nur Großunternehmen möglich, die hiervon auch Gebrauch gemacht haben. Ferner war Strom im Wärmemarkt – ebenso wie Gas – der Substitutionskonkurrenz mit anderen Energieträgern ausgesetzt. Allerdings ist für Strom die Bedeutung des Wärmemarktes erheblich geringer als für Gas.

Mit der Liberalisierung des Strommarktes im Jahr 1998 erfolgte eine Abkehr vom Prinzip der Preisbildung nach Maßgabe von Durchschnittskosten. Dies gilt insbesondere für die Wertschöpfungsstufen Erzeugung, Handel und Vertrieb.

Der **Transport- und Verteilnetzbereich** stellt – anders als die übrigen genannten Wertschöpfungsstufen – auch nach erfolgter Liberalisierung des Strommarktes ein natürliches Monopol dar. Deshalb unterliegt der Netzbereich der Regulierung, die durch die Bundesnetzagentur wahrgenommen wird. Während entscheidende Orientierungsgröße für die Bemessung der zu genehmigenden Netzentgelte bis Ende 2008 die Kosten des jeweiligen Netzunternehmens waren, wurde zum 1. Januar 2009 das Prinzip der Anreizregulierung eingeführt.

Im **Strom-Großhandel** (Erzeugerpreisebene) sind für die Höhe der Preise Angebot und Nachfrage maßgebend. Analog zu anderen Wettbewerbsmärkten „entspricht die Angebotsfunktion gemäß einem vereinfachten Modell der sogenannten Merit Order, bei der alle verfügbaren Kraftwerke in aufsteigender Reihenfolge ihrer variablen Kosten Strom anbieten. Dadurch ist ein effizienter Einsatz des Kraftwerksparks garantiert, da in jeder Lastsituation die Gesamterzeugungskosten minimiert werden. Der markträumende Preis entspricht dann immer genau den variablen Kosten des letzten zur Deckung der jeweiligen Nachfrage gerade noch benötigten Kraftwerks (Grenzkraftwerk). Diesen Marktpreis erhalten alle Kraftwerksbetreiber, die unterhalb dieses Preises Strommengen angeboten haben, unabhängig von den tatsächlichen variablen Kosten des jeweiligen Kraftwerks. Diese Margen werden zur Deckung der Fixkosten (vor allem Kapitalkosten) benötigt. Zu den wesentlichen (kalkulatorischen) variablen Kosten gehört neben den Brennstoffbeschaffungskosten seit 2005 auch der Preis für CO_2-Zertifikate, da die Zertifikate durch die Produktion von Strom entwertet werden und nicht mehr am CO_2-Markt veräußert werden können. Eine Ausnahmestellung im Modell der Merit Order nehmen die Erneuerbaren Energien ein, die gemäß dem Erneuerbare-Energien-Gesetz (EEG) bei Verfügbarkeit immer eingesetzt werden müssen und eine staatlich garantierte Einspeisungsvergütung erhalten.“ [60]

Diese Preisbildung ist dadurch begründet, dass bei der **Einsatzplanung bestehender Kraftwerke** die Kapitalkosten (und andere Fixkosten) keine Rolle spielen. Diese Kosten fallen nämlich unabhängig davon an, ob das Kraftwerk eingesetzt wird oder nicht. Deshalb besteht für den Anlagenbetreiber ein Anreiz, sein Kraftwerk arbeiten zu lassen, solange die Erlöse aus dem Verkauf des produzierten Stroms höher sind als die laufenden Kosten.

In Zeiten schwacher Last und reichlich verfügbarer Kapazitäten (Offpeak) kommen nur Kraftwerke mit vergleichsweise niedrigen so genannten Systemgrenzkosten (System Marginal Costs – SMC) zum Einsatz. Der Preis wird im wesentlichen durch die variablen Kosten des Kraftwerks bestimmt, das im Schnittpunkt der Nachfragekurve mit der durch die Merit Order gebildeten Angebotskurve liegt.

Wenn der Strombedarf besonders groß ist, etwa zu den Hauptarbeitszeiten an Werktagen oder an kalten Winter- und heißen Sommertagen, müssen auch die Anlagen mit höheren variablen Kosten zum Einsatz kommen, auf die bei schwacher Nachfrage, etwa am Wochenende, verzichtet werden kann. Außerdem enthalten die SMC in Zeiten starker Last und knapper Kapazität (Peak) „eine zusätzliche Kostenkomponente, die Kapazitätsknappheit signalisiert und Kraftwerkszubau anreizt.“ [61]

Preisbildung auf der Basis von Grenzkosten bedeutet somit, dass der Grenzanbieter nur seine variablen Kosten, nicht jedoch seine fixen Kosten, vergütet bekommt. Wenn sich die Preise erhöhen, heißt das nicht einmal zwingend, dass mit den Anlagen, die auf der Industriekostenkurve vor den Anlagen des Grenzan-

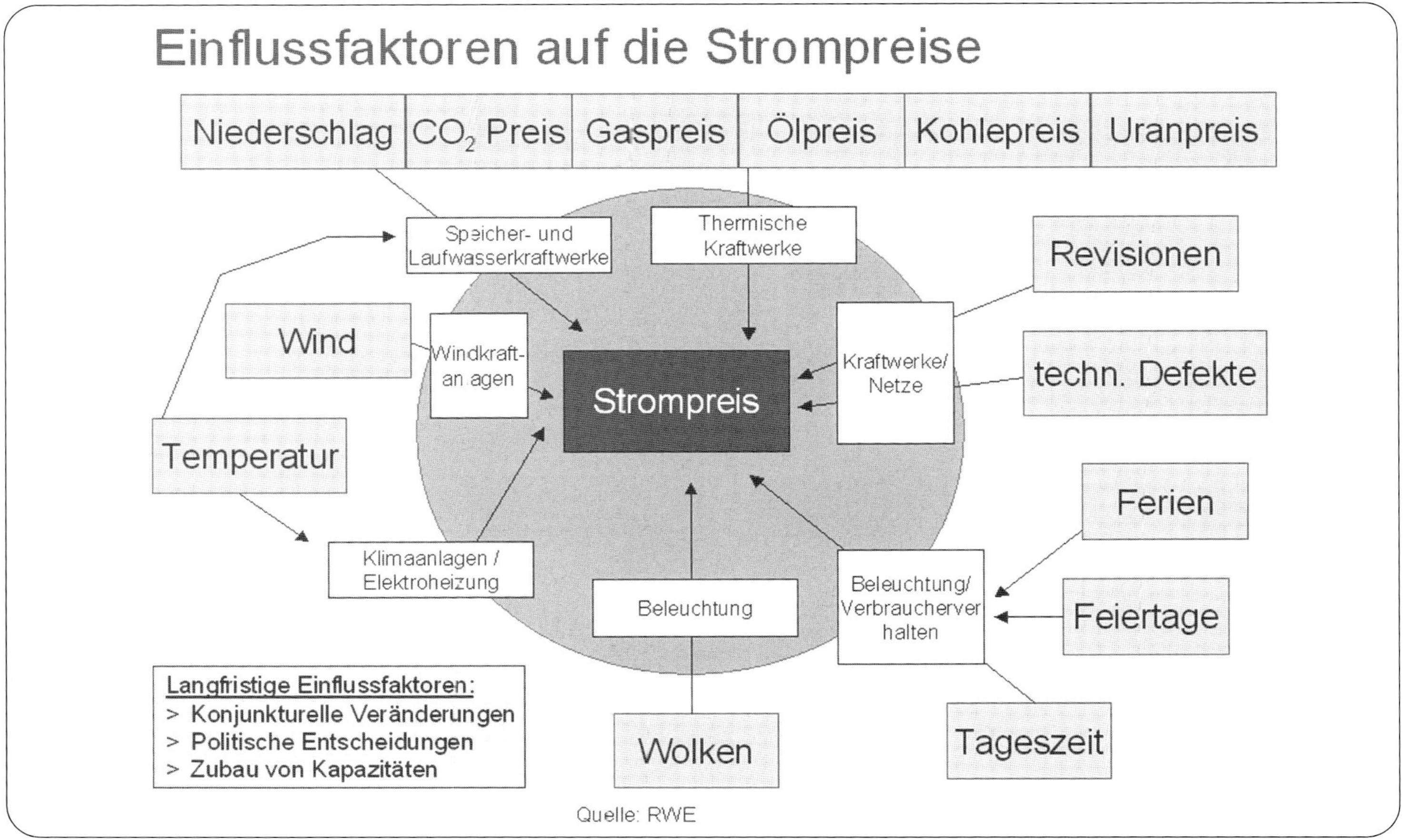

Abb. 97: Einflussfaktoren auf die Strompreise

Abb. 98: Der Großhandelsmarkt für Strom

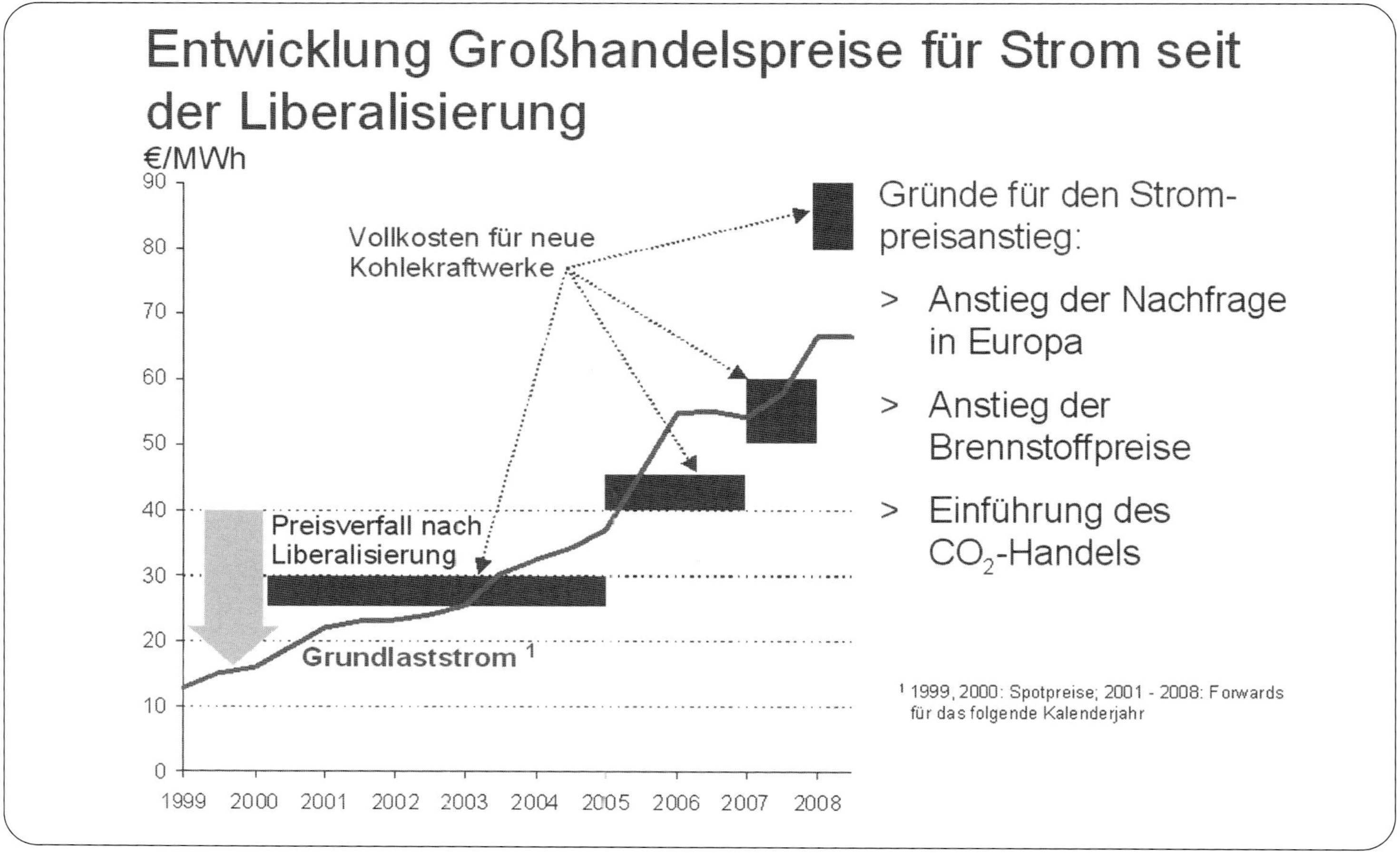

Abb. 99: Entwicklung der Großhandelspreise für Strom seit der Liberalisierung

Abb. 100: Hintergründe für die Entwicklung der Strompreise auf Großhandelsebene

bieters rangieren, also zu günstigeren variablen Kosten produzieren, Gewinne erwirtschaftet werden. Vielmehr kann es durchaus sein, dass auch gestiegene Preise keine Vollkostendeckung aller eingesetzten Kraftwerke sichern. Für den Betreiber besteht dennoch ein Anreiz zum Einsatz auch solcher Anlagen, soweit er zumindest einen Beitrag zur Deckung seiner fixen Kosten am Markt erzielen kann.

Seit Mitte 2003 hatten sich die Brennstoffkosten als wesentliches Element der variablen Kosten drastisch erhöht. Dies gilt für Erdgas auf Grund der bestehenden Preisbindung an Öl ebenso wie für Steinkohle. So hatten sich die Spotpreise für Kesselkohle auf dem Weltmarkt bis Juli 2008 auf 210 USD/Tonne Steinkohleneinheit binnen fünf Jahren verfünffacht. Die in Euro notierten Durchschnittspreise für Kesselkohle frei deutsche Grenze, die auch durch die Lieferungen mit – den teilweise noch niedrigen – vertraglich fixierten Preisen bestimmt werden, hatten trotz der Festigung des Euro-Wechselkurses ebenfalls erheblich zugenommen; sie wurden im ersten Halbjahr 2008 mit 100 Euro/Tonne Steinkohleneinheit notiert. Das waren fast 150 % mehr als im 3. Quartal 2003. Auch deutsche Steinkohle wird zu den gestiegenen Importpreisen verkauft. Unabhängig von den Preisausschlägen auf den Weltmärkten ist der Brennstoffeinsatz in Braunkohlenkraftwerken.

Mit Anlagen, die nicht von den genannten Brennstoffpreissteigerungen betroffen sind oder bei denen die Brennstoffkosten eine untergeordnete Rolle spielen – dies gilt für Kernkraftwerke –, können zusätzliche Erträge erwirtschaftet werden. Auf der anderen Seite gehen mit einem Absinken der Großhandelspreise für Strom, etwa als Folge einer Verminderung der Brennstoffpreise auf den internationalen Märkten, auch rückläufige Erlöse bei den Anlagen auf Basis Kernenergie und Braunkohle einher. Man muss – neben dem desolaten Ausgangsniveau, durch das die Erzeugerpreise unmittelbar nach der Liberalisierung gekennzeichnet waren – also die beiden Facetten der freien Marktpreisbildung sehen.

Der zum 1. Januar 2005 in der Europäischen Union eingeführte **CO_2-Emissionshandel** hat dazu geführt, dass sich die variablen Kosten der fossil befeuerten Kraftwerke verändert haben. „Der Betreiber steht nun vor folgender Wahl: Wenn er das Kraftwerk weiterhin laufen lässt, muss er – zusätzlich zu den bisherigen variablen Kosten – Emissionsrechte abgeben und entwerten. Alternativ dazu kann er diese Emissionsrechte am Markt verkaufen. Er wird das Kraftwerk nur noch dann betreiben, wenn seine Einnahmen höher sind als die variablen Kosten plus die Erlöse aus dem Verkauf der Emissionsrechte. Der Betreiber wird also ein entsprechend höheres Gebot an der Strombörse abgeben als ohne Emissionshandel.“ [62]

Dieser Effekt tritt grundsätzlich unabhängig davon ein, ob der Betreiber die Emissionsrechte kostenlos bekommen hat oder ob er sie erwerben musste. Die Emissionsrechte stellen für den Betreiber Opportunitätskosten dar, die bei der Einsatzoptimierung zu berücksichtigen sind, es sei denn, dass der Betreiber die Emissionsrechte zurückgeben muss, wenn seine tatsächliche Stromerzeugung nied-

Abb. 101: Strom-Großhandelspreise nach Lastbereichen

Abb. 102: Europäischer Vergleich der Strom-Großhandelspreise

riger ausfällt, als bei Beantragung der Emissionsrechte angemeldet (ex-post-Anpassung). Diese in der ersten Handelsperiode (2005 bis 2007) bei Inanspruchnahme der so genannten Optionsregel zur Anwendung gebrachte Methode war jedoch mit der Neuordnung des Zuteilungsregimes in der zweiten Handelsperiode (2008 bis 2012) abgeschafft worden.

Die Einführung des CO_2-Emissionshandels hat somit folgende Wirkungen:

- Die variablen Kosten der fossil gefeuerten Kraftwerke sind um die CO_2-Zertifikatpreise höher als vor Einführung dieses Systems. Dies trifft Kohlenkraftwerke stärker als Gaskraftwerke.
- Bei niedrigen CO_2-Preisen bleibt die Einsatzreihenfolge der Kraftwerke, also z. B. in der Grundlast Braunkohle vor Steinkohle und Steinkohle vor Erdgas, bestehen.
- Bei hohen CO_2-Preisen kann sich die Einsatzreihenfolge der Kraftwerke ändern. Erdgaskraftwerke können in der Merit Order vor Kohlekraftwerke rücken.
- Wenn das Grenzkraftwerk ein fossil gefeuertes Kraftwerk ist, für das die CO_2-Zertifikatpreise als Kosten zu berücksichtigen sind, dann steigt das Strompreisniveau um die CO_2-Kosten dieses Kraftwerks.

Der Anstieg des Strompreises als Folge der Einführung des CO_2-Emissionshandels wird somit wesentlich bestimmt durch die Höhe des Zertifikatpreises. Die zweite Determinante ist, welches Kraftwerk das Preis setzende Grenzkraftwerk ist. Das dürfte meist entweder ein Erdgas- oder ein Steinkohlekraftwerk sein. Beträgt beispielsweise der CO_2-Zertifikatpreis 25 Euro pro t und ist das Preis setzende Kraftwerk eine Anlage auf Erdgasbasis mit einer spezifischen CO_2-Emission von 425 Gramm pro erzeugte Kilowattstunde Strom (als Annahme), so erhöht sich der Strompreis – verglichen mit der Situation ohne CO_2-Emissionshandel – um 1,1 Cent pro kWh. Ist das Preis setzende Kraftwerk dagegen eine Anlage auf Steinkohlenbasis mit einer spezifischen CO_2-Emission von beispielweise 875 Gramm pro erzeugte Kilowattstunde Strom, so liegt der Großhandelspreis für Strom – bei dem angenommenen gleichen CO_2-Preis von 25 Euro pro t – um 2,2 Cent pro kWh über dem Niveau, das sich ohne Einführung des CO_2-Emissionshandels eingestellt hätte.

Dabei spielt die Frage, ob die Zertifikate kostenfrei oder kostenpflichtig (z. B. durch Auktionierung) zugeteilt werden, kurzfristig keine Rolle für den Strompreiseffekt. Allerdings hat die Zuteilungsmethode einen erheblichen Einfluss darauf, ab welcher Strompreishöhe in neue Kraftwerke investiert wird und für welche Kraftwerksart der Investor sich entscheidet (z. B. Kohle oder Erdgas).

So wirkt eine kostenfreie Zertifikat-Zuteilung – anders als eine Auktionierung – wie ein Investitionskostenzuschuss. Bemisst sich die Höhe der kostenfreien Zuteilung zudem nach der Höhe der jeweiligen CO_2-Emission, erfolgt sie also nach Maßgabe Brennstoff spezifischer Benchmarks, so erhalten Steinkohlenkraftwerke

Emissionshandel kann Einsatzreihenfolge der Kraftwerke verändern

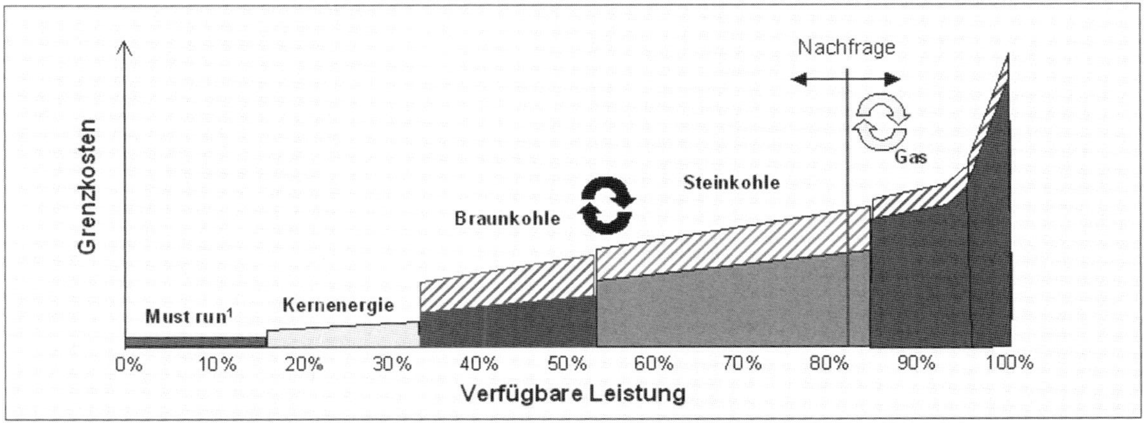

> CO_2-Kosten ( )der fossilen Kraftwerke führen zu höheren variablen Kosten und damit zu höheren Strompreisen.

> Mit steigenden CO_2-Preisen verändert sich die Reihenfolge: neue Gaskraftwerke rücken vor Steinkohlekraftwerke; neue Steinkohlekraftwerke rücken vor Braunkohlekraftwerke (Symbol:)

[1] must run: erneuerbare Energien und KWK sowie Laufwasserkraftwerke

Abb. 103: Merit Order und Einfluss des Emissionshandels auf die Einsatzreihenfolge der Kraftwerke

Abb. 104: CO_2-Preisentwicklung 2003 bis 2008

eine größere Zuteilung als Erdgaskraftwerke – zumindest innerhalb der Zuteilungsperiode. Der Anreiz, in Gaskraftwerke zu investieren, der von einer Auktionierung ausgeht, wird somit gedämpft.

Ein weiterer Effekt besteht darin, dass sich bei kostenfreier Zuteilung mittel- bis längerfristig tendenziell niedrigere Strompreis einstellen als bei Auktionierung. Im liberalisierten Strommarkt werden Investitionen in Neuanlagen nämlich nur dann erfolgen, wenn die prognostizierten Strompreise oberhalb der Vollkosten der Neuanlagen liegen. Also werden die Investitionen so lange verschoben, bis diese Voraussetzung als erfüllt angesehen wird. Bei kostenfreier Zuteilung der Zertifikate ist diese Situation bei einem niedrigeren Strompreis gegeben als im Falle der Vollauktionierung. Folgen einer Vollversteigerung auch für neue Kraftwerke wären verzögerte Zubauten, entsprechend geringere Intensität bei der Modernisierung des Kraftwerksparks, knapperes Stromangebot und dadurch bedingt höhere künftige Strompreise im Vergleich zu einem Zuteilungsregime mit kostenfreier Vergabe der CO_2-Emissionsrechte für hocheffiziente Neuanlagen.

Als Resultat der Preisbildung auf Basis von Grenzkosten kann folgendes festgehalten werden:

Der Markt kann Preise generieren, und er tut dies auch, die keine Vollkostendeckung gewährleisten; dies war zum Beispiel im Bereich der Stromerzeugung nach der 1998 erfolgten Öffnung des durch Überkapazitäten gekennzeichneten Marktes der Fall. So wurde beispielsweise Grundlaststrom im Durchschnitt des Jahres 2000 auf der Großhandelsebene mit 1,8 Cent/kWh notiert. Gleichermaßen sind aber auch Phasen typisch, in denen Gewinne erzielt werden. Letzteres ist auch zwingend nötig, weil sonst kein Zubau an Erzeugungsleistung erfolgt. Kapitalmittel sind knapp und fließen dorthin, wo die größten Renditen erwirtschaftet werden können, und nicht dahin, wo Verluste zu befürchten sind.

Decken die Preise nicht die **Vollkosten von Neubauten** (einschließlich Kapitalkosten), bieten sie keine ausreichenden Anreize für Investitionen. Als Folge entstehen Knappheiten. Das treibt die Preise in die Höhe. Bieten die Preise dagegen Anreize zum Bau, werden zusätzliche Anlagen errichtet. Insbesondere auch über den Wirkungsgrad der neuen Anlage werden die Auswirkungen von Primärenergiepreisschwankungen und damit die Strompreise gedämpft. Genau diese Wirkungen sind Kennzeichen eines funktionierenden Marktes.

In den zehn Jahren seit dem Start der Liberalisierung haben sich die Stromgroßhandelsmärkte auf europäischer Ebene weiter entwickelt. Dies hat zu einer Intensivierung des Wettbewerbs auf den Wholesale-Märkten geführt. Zahlreiche Marktteilnehmer sind europaweit tätig und nutzen auch grenzüberschreitende Möglichkeiten des Stromhandels. Die Dominanz auf nationalen Märkten bereits tätiger Unternehmen wurde erheblich zurückgedrängt, und es hat sich auf europäischer Ebene ein wettbewerblicher Markt gebildet. Einige der größten Marktteilnehmer sind Nicht-Utilities, wie z. B. die großen Ölgesellschaften (etwa Total, BP, Shell), Banken (wie Barclays, Deutsche Bank, Morgan Stanley) und reine Handelshäuser (etwa Sempra, Cargill), Diese Marktteilnehmer gewährleisten gemeinsam mit den Energieversorgern und zahlreichen kleineren Unternehmen, dass sowohl Kauf- wie auch Verkaufsseite des Marktes ausreichend Liquidität aufweisen und dass mögliche Preisanomalien sehr schnell wieder verschwinden. Transparenz der Marktinformationen wird durch eigenständige Strombörsen verstärkt, die eine immer größere Teilnehmerzahl aufweisen. Im Oktober 2008 hatte z. B. die EEX Leipzig 214 Teilnehmer. Davon stammte mehr als die Hälfte aus dem Ausland. [63]

Die **Verbraucherpreise für Strom** sind – ebenso wie die Großhandelspreise – grundsätzlich durch Angebot und Nachfrage bestimmt. Sie ergeben sich im Prinzip aus den Einzelkomponenten Großhandelspreise, Netzentgelte (allerdings staatlich geregelt), staatlich verursachten Belastungen und Vertriebsmargen. Seit dem 1.7.2007 unterliegt der Strompreis für Tarifabnehmer – abweichend von der zuvor gültigen Praxis – nicht mehr der Preisaufsicht durch die Bundesländer. Mit Aufhebung der Bundestarifordnung Elektrizität war den Stromunternehmen somit – bezogen auf alle Verbrauchergruppen – grundsätzlich Freiheit in der Preisgestaltung eingeräumt worden.

Allerdings ist am 22. Dezember 2007 das Gesetz zur Bekämpfung von Preismissbrauch im Bereich der Energieversorgung in Kraft getreten. Diese gesetzliche Neuregelung (§ 29 GWB) hat zu einer Verschärfung der kartellrechtlichen Missbrauchsaufsicht im Strom- ebenso wie im Gasmarkt geführt. Unternehmen, die allein oder gemeinsam eine marktbeherrschende Stellung auf diesen Märkten innehaben, dürfen keine Entgelte oder sonstigen Geschäftsbedingungen mehr fordern, die ungünstiger sind als die von Unternehmen auf vergleichbaren Märkten. Ferner dürfen die Unternehmen keine Entgelte fordern, die die Kosten in unangemessener Weise überschreiten. Des Weiteren sieht das Gesetz unter anderem vor, dass die Anordnungen der Kartellbehörden grundsätzlich sofort vollziehbar sind und bei behördlichen Kartellverfahren eine Beweislastumkehr gegen die Energieversorgungsunternehmen greift. Dieses Gesetz führt zu einem neuen Sonderkartellrecht für Energieversorgungsunternehmen mit unbestimmten Eingriffsvoraussetzungen. Entgegen der gerade erst erfolgten Liberalisierung wird mit der dargelegten Neuregelung die Möglichkeit zur erneuten Regulierung und damit zur Einschränkung des Wettbewerbs auf den Märkten eröffnet.

Die spezifischen staatlichen Lasten, die über den Strompreis vom Verbraucher zu tragen sind, haben sich von 2,3 Mrd. Euro im Jahr 1998 auf 14,0 Mrd. Euro im Jahr 2008 versechsfacht. Dabei haben die einzelnen Komponenten wie folgt zugenommen (jeweils Vergleich 2008 zu 1998):

— Konzessionsabgabe: von 2,00 auf 2,17 Mrd. Euro;

— Förderung erneuerbarer Energien (Differenzkosten zwischen Einspeisevergütungen und Wert des Stroms): von 0,3 auf 4,95 Mrd. Euro;

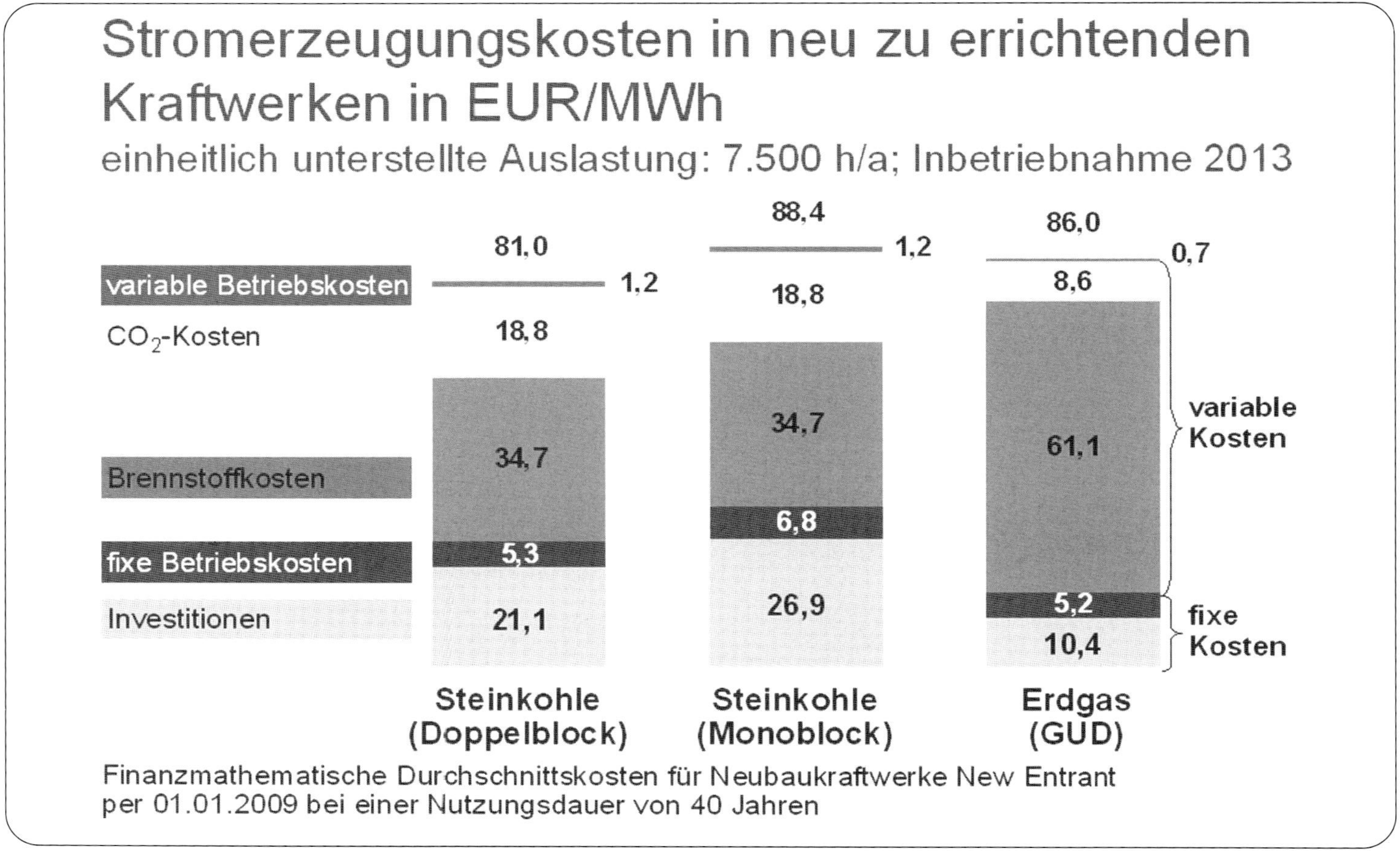

Abb. 105: Stromerzeugungskosten in neu zu errichtenden Kraftwerken

— Förderung Kraft-Wärme-Kopplung. Von 0 auf 0,55 Mrd. Euro;

— Stromsteuer: von 0 auf 6,35 Mrd. Euro.

Die Mehrwertsteuer ist in diesen Zahlen ebenso wenig ausgewiesen wie die staatlich verursachten Belastungen als Folge der Einführung des CO_2-Emissionshandels.

Die von privaten Verbrauchern durchschnittlich zu zahlenden Strompreise haben sich im Zeitraum 1998 bis 2008 um 27 % erhöht. Dieser Anstieg ist allerdings praktisch ausschließlich auf die staatlich verursachten Lasten zurückzuführen.

Ohne Berücksichtigung der Belastungen aus Konzessionsabgabe, Erneuerbare-Energien-Gesetz, Kraft-Wärme-Kopplungs-Gesetz, Stromsteuer und Mehrwert-

Tabelle 93: Strompreisangebote der RheinEnergie für Haushaltskunden 2008

fairRegio strom		Preise ab 1.2.2008	
		Netto[1)]	Brutto[2)]
fairRegio			
Arbeitspreis	ct/kWh	16,00	19,04
Grundpreis	€/Jahr	63,60	75,68
fairRegio big			
Arbeitspreis	ct/kWh	15,51	18,46
Grundpreis	€/Jahr	84,00	99,96
Schwachlastarbeitspreis	ct/kWh	10,84	12,90
energreen[3)]			
zusätzlicher Strompreis	ct/kWh	4,00	4,76

1) Die Netto-Arbeitspreise enthalten die Konzessionsabgaben, Mehrbelastungen aus dem Erneuerbare Energien- und dem KWK-Gesetz sowie die Stromsteuer. für Kunden, die einen Erlaubnisschein über Steuerermäßigungen nach § 9 StromStG vorlegen, reduzieren sich die Arbeitspreise entsprechend.
2) Die Bruttopreise enthalten die jeweils gültige Umsatzsteuer. Sie sind auf zwei Nachkommastellen kaufmännisch gerundet.
3) **energreen**, das Ökostrom-Angebot der RheinEnergie AG. Die Bezugsmenge **energreen** kann 25, 50, 75 oder 100 % des persönlichen Strombedarfs betragen.

Quelle: RheinEnergie AG

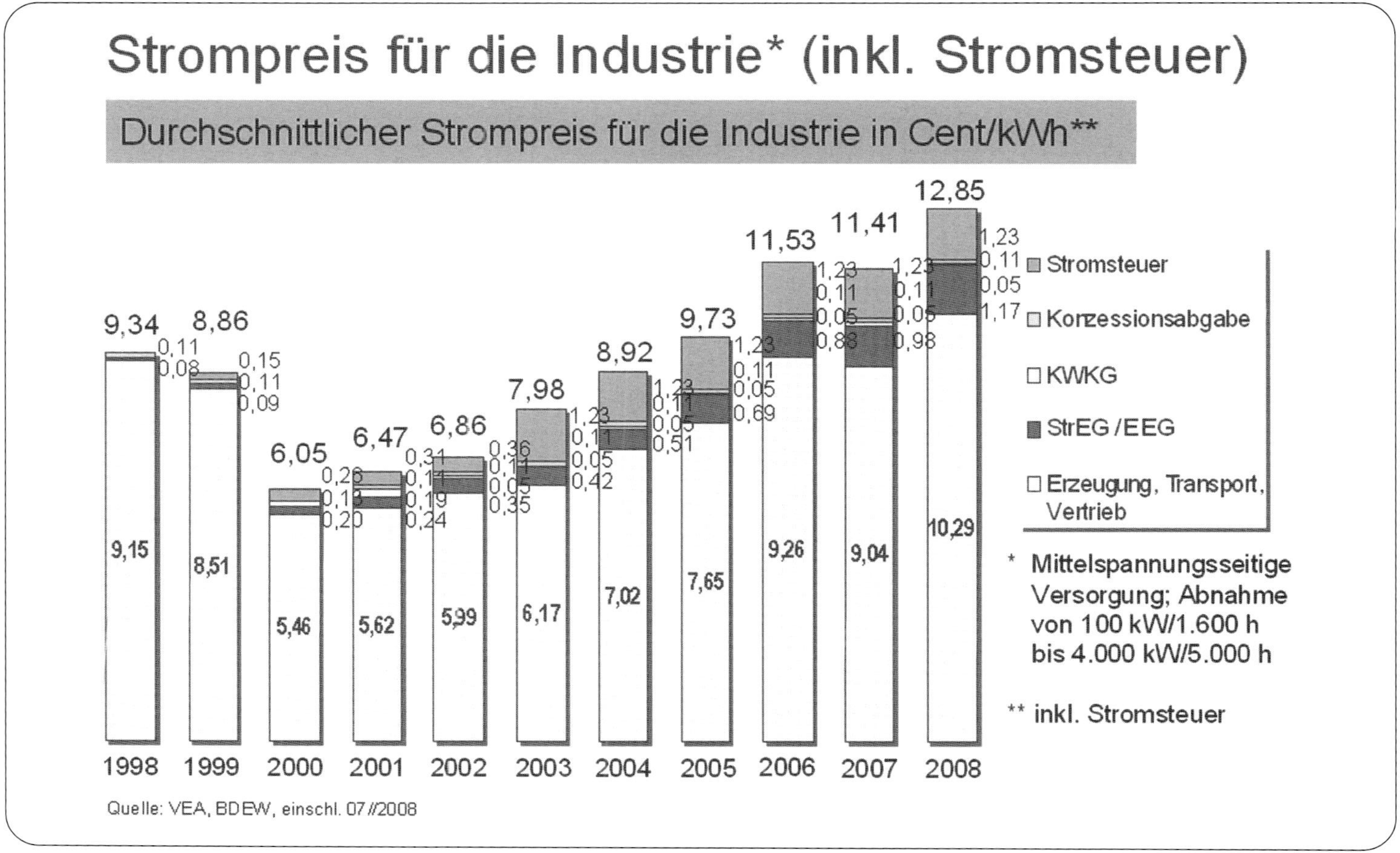

Abb. 106: Entwicklung des Strompreises für die Industrie 1998 bis 2008

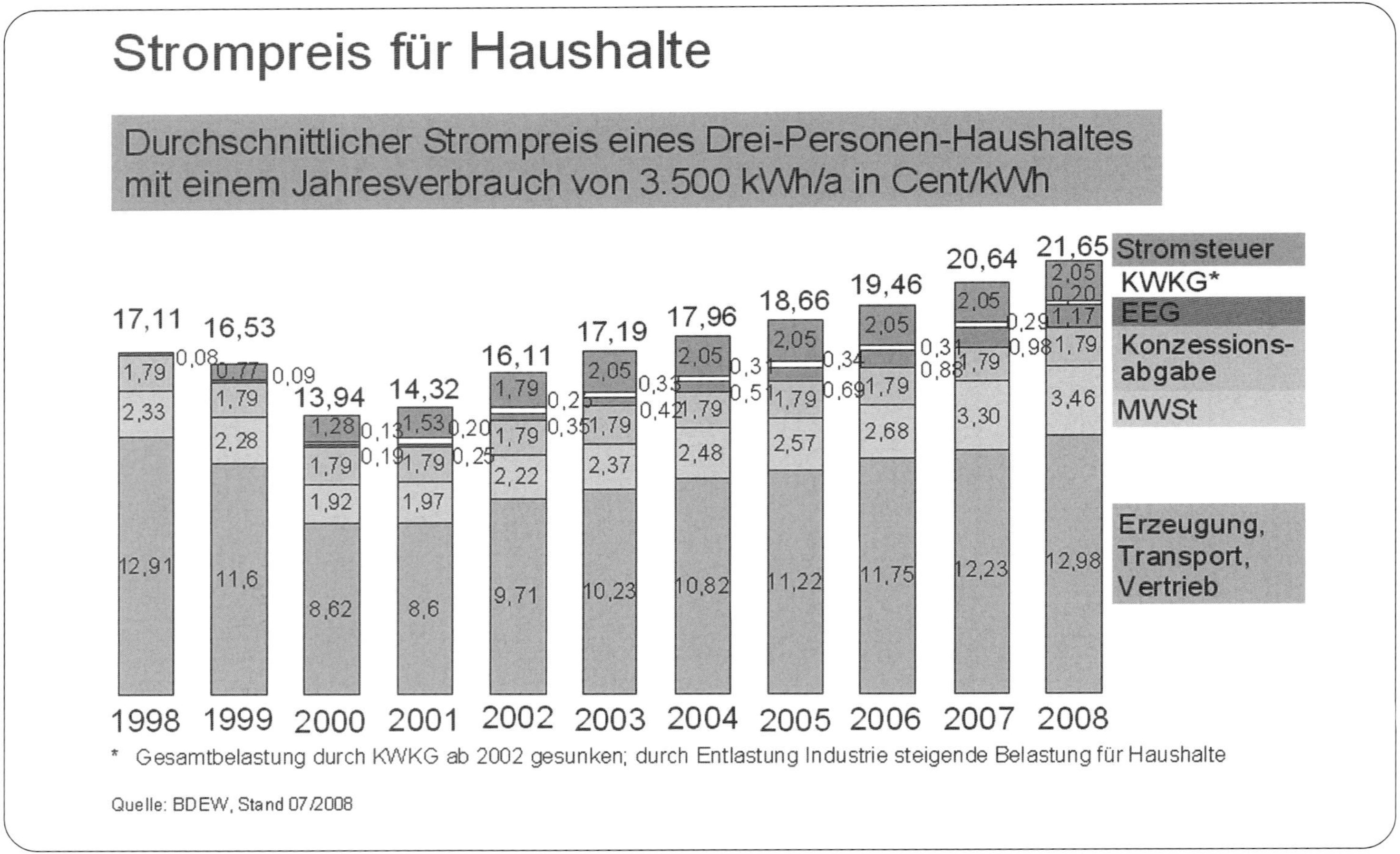

Abb. 107: Entwicklung des Strompreises für Haushalte 1998 bis 2008

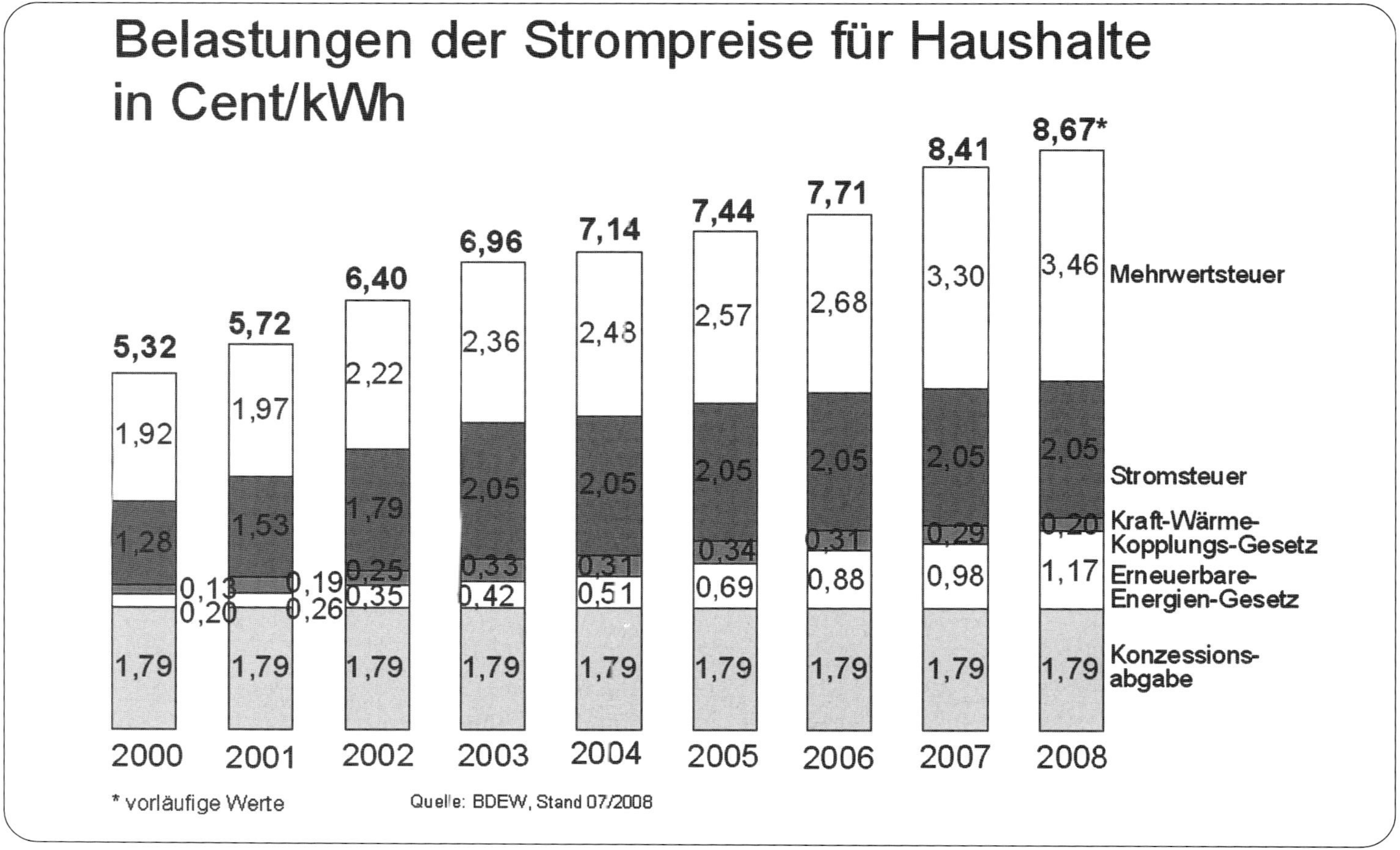

Abb. 108: Staatlich verursachte Belastungen der Strompreise für Haushalte 2000 bis 2008

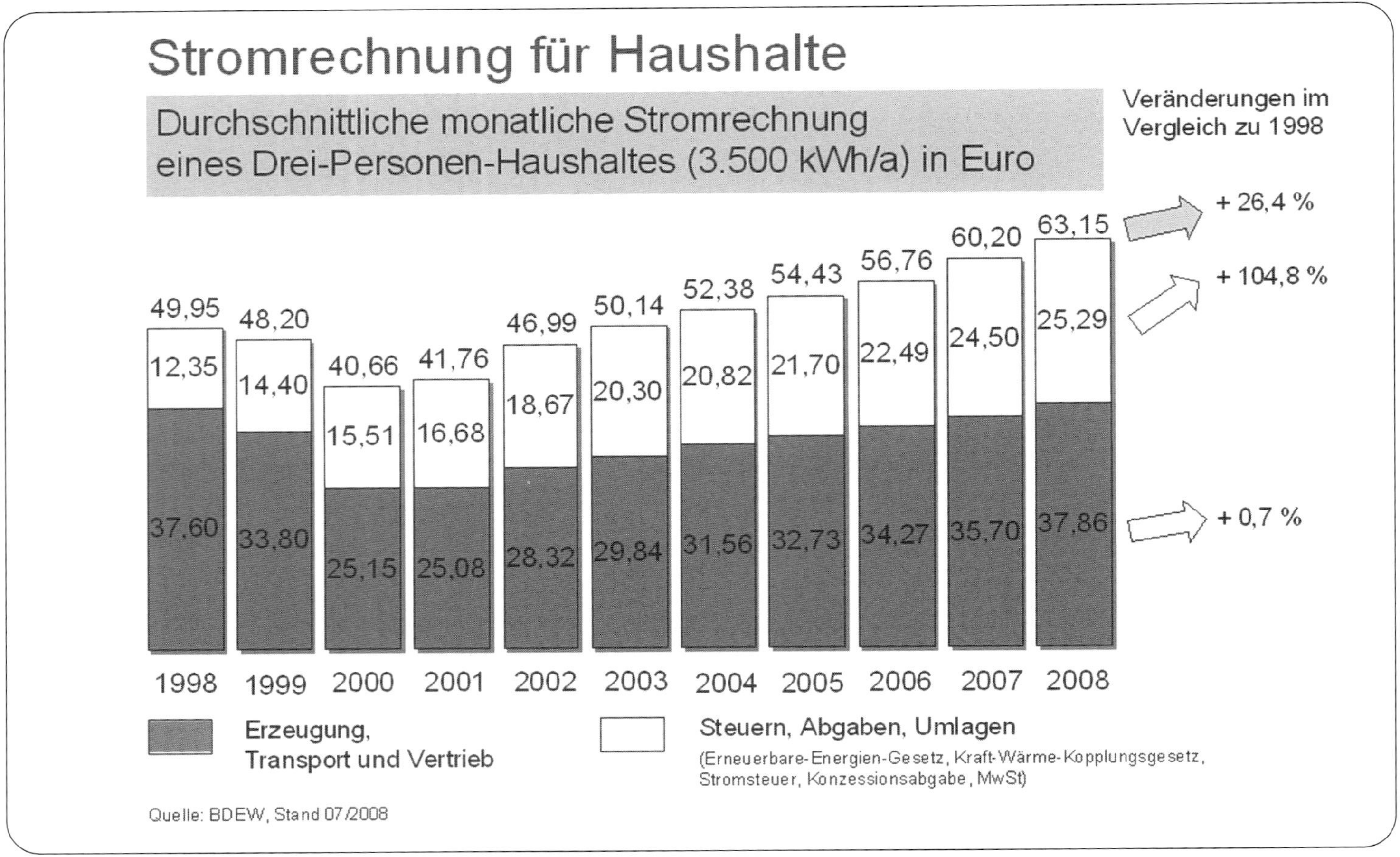

Abb. 109: Stromrechnung für Haushalte 1998 bis 2008

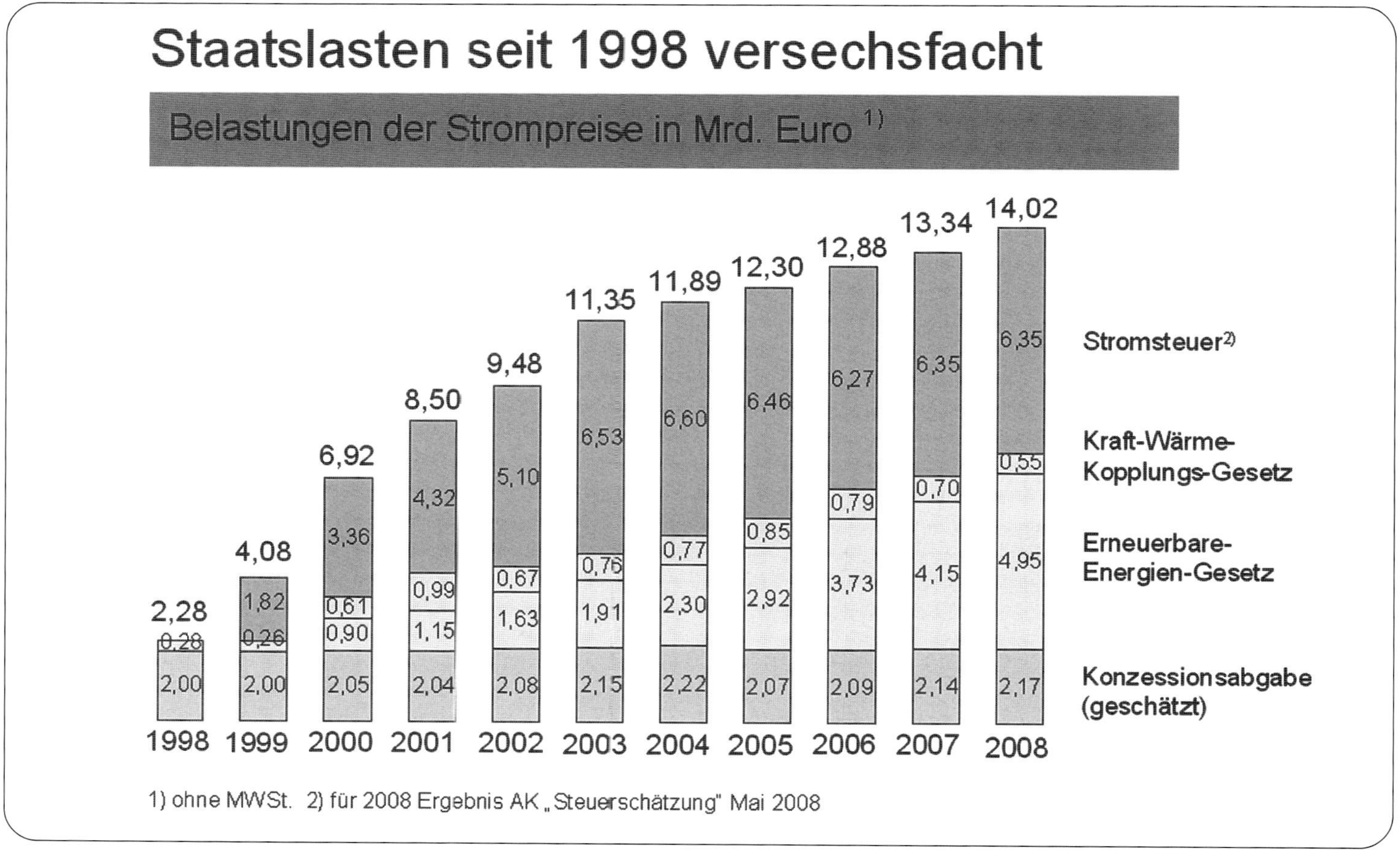

Abb. 110: Entwicklung der staatlichen Belastungen des Strompreises 1998 bis 2008

steuer war der Strompreis 2008 mit rund 13 Cent praktisch noch genauso hoch wie 1998. Demgegenüber haben sich die staatlich verursachten Belastungen in dem genannten Zeitraum von 4,2 Cent/kWh auf 8,7 Cent/kWh mehr als verdoppelt. Der Anteil der Staatslasten am Strompreis der privaten Haushalte hat sich von 25 % im Jahr 1998 auf 40 % im Jahr 2008 vergrößert.

Die durchschnittlichen Netzentgelte haben sich in den letzten Jahre nach Angaben der Bundesnetzagentur wie folgt entwickelt:

- 2006: 7,30 ct/kWh
- 2007: 6,34 ct/kWh
- 2008: 5,92 ct/kWh

Auch im Gewerbe- und Industriebereich sind die wesentlichen Preis treibenden Effekte durch staatlich verursachte Maßnahmen ausgelöst worden. Daneben hat sich der Anstieg der Großhandelspreise auf die Preisstellung bei Gewerbe- und Industriekunden ausgewirkt.

3.3 Entwicklung der Energiepreise

Die Entwicklung der Energiepreise ist mit den Preisbewegungen des Marktführers Mineralöl auf den internationalen Märkten verknüpft. Entsprechend kommt dem Verlauf der Rohölpreise auf dem Weltmarkt eine maßgebliche „Leitfunktion" für die Energiepreisbildung auf dem nationalen Markt zu.

3.3.1 Verlauf der Rohölpreise

Die durchschnittlichen Rohölpreise frei Verladehäfen der Förderländer hatten sich in zwei Preissprüngen 1973/74 und 1979/80 von 3 USD/b im Jahre 1973 auf 35 USD/b bis 1981 zunächst verzehnfacht. Bis 1986 hatten sich die Preise dann um 20 USD/b wieder auf unter 15 USD/b ermäßigt. Nach einem Wiederanstieg 1990 verminderten sie sich in den 90er Jahren erneut, und erreichten – nach einem Zwischenhoch von 21 USD/b im Jahresdurchschnitt 1996 – Ende 1998 einen Tiefstand unterhalb der Marke von 10 USD/b. Seit Ende 1999 herrschten, abgesehen von einem konjunkturbedingten Einbruch in den Monaten um die Jahreswende 2001/2002, wieder festere Preise – bis Ende 2002 durchschnittlich oberhalb der Marke von 25 USD/b. 2003 stabilisierten sich die Preise weiter, gefolgt von einer Preisrallye, die 2004 einsetzte und bis Anfang Juli 2008 im historischen Höchststand von mehr als 140 USD/b mündete. In der Folge war erneut ein Preisrückgang auf rund 50 USD/b Mitte November 2008 zu beobachten.

Die Rohölpreise frei deutsche Grenze werden zusätzlich zu den Ölpreisbewegungen auf den Weltmärkten durch den Verlauf des Wechselkurses des Dollars im Verhältnis zum Euro bestimmt. Die im Rahmen der jüngsten Preishausse (2004 bis Mitte 2008) verzeichnete Aufwertung des Euro gegenüber dem USD führte zu einer Dämpfung der in Euro erfassten Importpreise für Rohöl frei deutsche Grenze. Gleichwohl waren die Grenzübergangspreise im 1. Halbjahr 2008 mit mehr als 500 Euro/t zweieinhalb mal so hoch wie im Durchschnitt des Fünfjahreszeitraums 2000 bis 2004.

3.3.2 Preisentwicklung bei ausgewählten Energieträgern

Die Verbraucherpreise für **Mineralölprodukte** haben sich unterschiedlich entwickelt. So haben sich die Tankstellenpreise für Ottokraftstoffe von 36,1 Cent/Liter im Jahr 1973 auf 143,7 Cent/Liter im ersten Halbjahr 2008 vervierfacht. Von diesem Preisanstieg um 107,6 Cent/Liter sind mit 63,7 Cent/Liter fast 60 % auf die in diesem Zeitraum erfolgten Anhebungen von Mineralöl- und Mehrwertsteuer zurückzuführen und mit 43,9 Cent/Liter lediglich gut 40 % marktbedingt. Die Tankstellenpreise für Dieselkraftstoff haben von 34,8 Cent/Liter im Jahr 1973 auf 136,4 Cent/Liter im ersten Halbjahr 2008 zugenommen. Hier sind rund 45 % des Preisanstiegs durch den stärkeren Zugriff des Fiskus bedingt. Bei leichtem Heizöl erklärt sich der Preisanstieg von 10,6 Cent/Liter auf 77,8 Cent/Liter zu 25 % durch Steueraufschläge und zu 75 % durch die Marktentwicklung.

Die Preise für **Importsteinkohle** haben sich im Zeitraum 1973 bis zum 1. Halbjahr 2008 im Falle der Kraftwerkskohle mehr als verdreifacht. Auch für Kokskohle war eine vergleichbare Entwicklung zu verzeichnen. Hatte sich die Wettbewerbssituation der deutschen Steinkohle zumindest gegenüber Öl und Erdgas bis 1985 zunächst deutlich verbessert, so war danach eine erneute drastische Verschlechterung der Position der deutschen Steinkohle gegenüber seinen Hauptwettbewerbern Öl, Erdgas und Importkohle festzustellen, die sich von 1990 bis 2000 weiter zu Ungunsten der deutschen Steinkohle verändert hatte. Zwar hatte sich die Preisschere seitdem auf Grund des Anstieg der Notierungen für importierte Steinkohle zu Gunsten der deutschen Steinkohle verkleinert. Dennoch bewegten sich die Kosten für deutsche Steinkohle auch 2008 noch über den Durchschnittspreisen für Importmengen.

Die Importpreise für **Erdgas** verlaufen aufgrund der bestehenden Preisbindung mit einem Verzögerungseffekt in etwa parallel zum Heizölpreis. Von 1973 bis zum 1. Halbjahr 2008 war eine Verzehnfachung der Preise frei deutsche Grenze zu verzeichnen. Die Verbraucherpreise für Erdgas (Durchschnittserlöse der Gasversorgungsunternehmen ohne Mehrwertsteuer), die im Unterschied zu den ausgewiesenen Kohlepreisen auch die Kosten unter anderem für das Transport- und Verteilungsnetz abdecken, haben sich im Durchschnitt aller Verbrauchergruppen im Zeitraum 1973 bis 2006 versechsfacht (neuere Zahlen lagen bei Redaktionsschluss noch nicht vor; allerdings ist für die Folgezeit von einem weiteren deutlichen Anstieg auszugehen). Für private Haushalte war eine Vervierfachung, für die Industrie eine Versiebenfachung der Preise bis 2006 ermittelt worden. Bei

Tabelle 94: Einfuhrpreise für Rohöl und Mineralölprodukte 1955-2007[1)]

Jahr	Rohöl	Ottokraftstoffe		Diesel-kraftstoff	leichtes Heizöl	schweres Heizöl
		Normal-benzin[2)]	Super-benzin			
	Euro/ Tonne	Euro/ Tonne	Euro/ Tonne	Euro/ Tonne	Euro/ Tonne	Euro Tonne
1955	47	88	88	74	67	38
1960	42	72	72	61	63	39
1965	32	44	44	40	39	27
1970	31	40	50	44	44	29
1975	114	153	161	127	127	93
1980	233	326	336	281	287	172
1981	316	404	424	344	350	242
1982	315	395	417	360	365	233
1983	296	375	394	334	331	237
1984	318	377	397	348	349	274
1985	318	392	416	358	357	252
1986	130	191	202	173	182	104
1987	128	170	180	149	148	106
1988	105	146	157	128	124	76
1989	131	188	201	156	157	98
1990	143	217	229	179	169	91
1991	129	198	209	176	176	80
1992	116	162	173	148	144	73
1993	107	154	165	[3)]	144[3)]	66
1994	99	133	145	[3)]	153	70
1995	95	125	137	[3)]	116	73
1996	119	156	186	[3)]	149	86
1997	128	177	208	[3)]	162	122
1998	87	134	142	[3)]	120	93
1999	123	151	162	[3)]	131	93
2000	227	305	321	[3)]	296	202
2001	202	280	288	[3)]	261	197
2002	191	260	268	[3)]	230	172
2003	190	281	278	[3)]	236	166
2004	222	358	338	[3)]	294	172
2005	314	454	441	[3)]	421	227
2006	379	513	520	[3)]	471	308
2007	390	523	545	[3)]	484	308

1) bis einschl. 1990 nur alte Bundesländer
2) ab 1988 unverbleites Normalbenzin
3) ab 1993 werden Dieselkraftstoff und leichtes Heizöl zusammen ausgewiesen, hier unter Heizöl, l.

Quelle: Statistisches Bundesamt (MWV-Jahresbericht 2007)

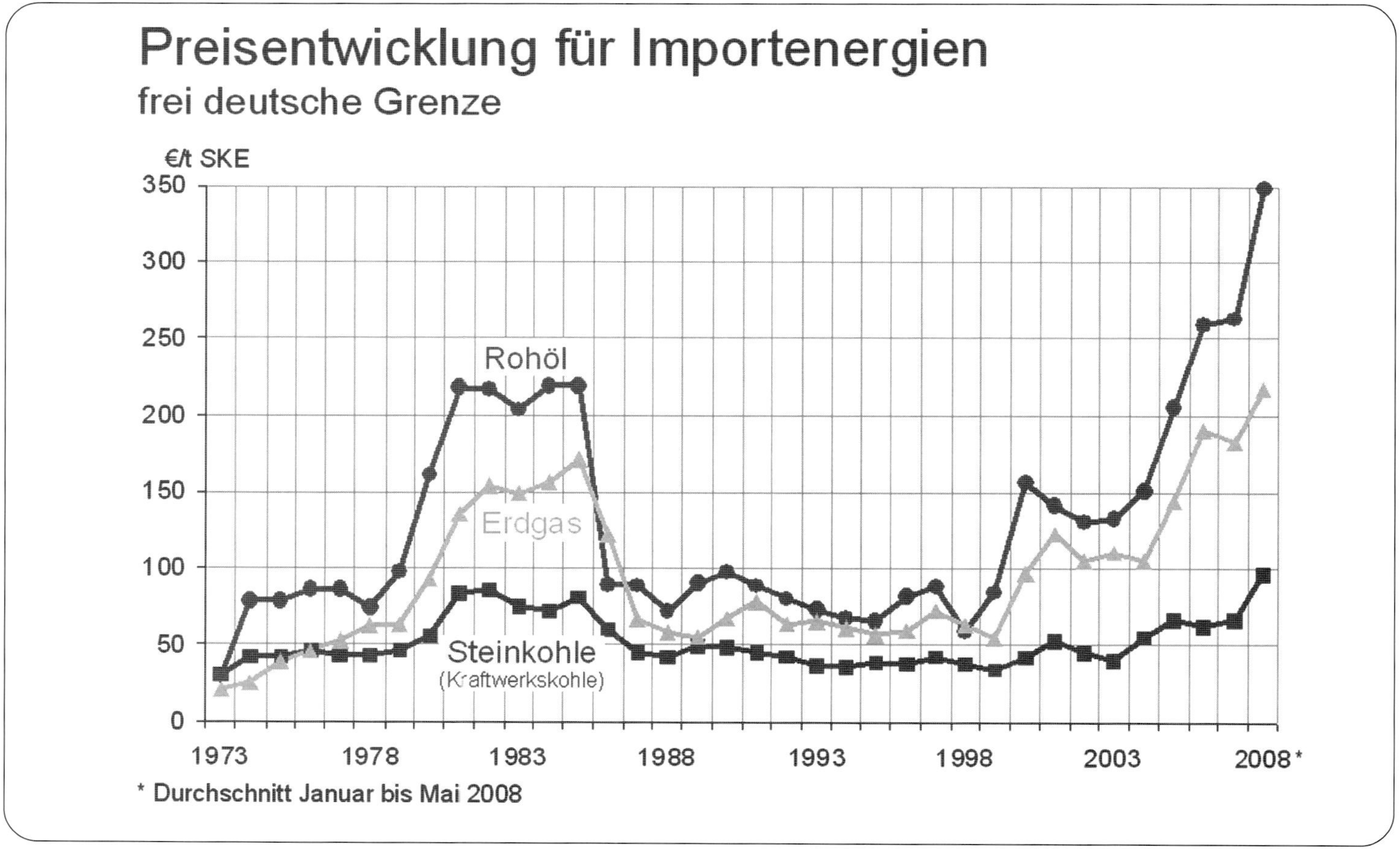

Abb. 111: Preisentwicklung für Importenergien frei deutsche Grenze 1973 bis 2008

diesen stark differierenden Veränderungsraten ist das unterschiedlich hohe Ausgangsniveau (Industrie und Kraftwerke rund 4 Cent/m^3, private Haushalte rund 13 Cent/m^3 im Jahre 1973) in Rechnung zu stellen.

Bei den **Strompreisen** war seit 1973 folgende Entwicklung im Durchschnitt über alle Verbrauchergruppen zu verzeichnen:

— Bis Mitte der achtziger Jahre verdoppelten sich die Durchschnittspreise über alle Verbrauchergruppen.

— Danach blieben die Preise bis zum Jahr 1997 weitgehend stabil.

— Mit der Liberalisierung des Strommarkts im Jahr 1998 sanken die Strompreise bis 2000 deutlich. Danach war zwar ein Wiederanstieg zu verzeichnen (u. a. auf Grund der erhöhten Brennstoffeinsatzkosten). Dennoch lagen die Preise – ohne die staatlich bedingten Abgaben gerechnet – auch 2008 noch in allen Verbrauchergruppen nicht wesentlich über den Ausgangswerten vor der Liberalisierung des Strommarkts. Auf Grund der zum 1.4.1999 eingeführten Stromsteuer und zusätzlich bedingt durch wachsende Aufschläge aufgrund der Förderung der erneuerbaren Energien und der Kraft-Wärme-Kopplung wurde die „Liberalisierungsdividende" abgeschöpft und darüber hinaus wurden den Stromverbrauchern zusätzliche finanzielle Lasten aufgebürdet.

Aus den **Verbrauchsteuern**, die in den Verbraucherpreisen für Mineralölprodukte, Gase und Strom, enthalten sind, erzielte die öffentliche Hand im Jahr 2007 Einnahmen in der Größenordnung von 45,3 Mrd. Euro (ohne Mehrwertsteuer und ohne sonstige bestehende Abgaben auf Energie wie z. B. Konzessionsabgaben). Dazu trugen die Steuern auf Kraftstoffe mit 35,2 Mrd. Euro entsprechend rund 78 % bei. Heizöle waren mit 1,4 Mrd. Euro, Erdgas mit 2,4 Mrd. Euro und Strom mit 6,4 Mrd. Euro belastet.

3.3.3 Entwicklung der Energieausgaben privater Haushalte

Die gesamte Energierechnung für die Wärme- und Stromversorgung sowie für Kraftstoffe hat sich bei einem Ansatz repräsentativer Annahmen für einen Privathaushalt auf 3.842 € im Jahr 2008 erhöht. Das entspricht einem Anstieg um 1.587 € entsprechend 70 % im Vergleich zum Jahr 1998. Geht man von einer Zunahme der privaten Konsumausgaben des ausgewählten Haushaltstyps von 37.500 € im Jahr 1998 auf 44.000 € im Jahr 2008 aus, so vergrößert sich der Anteil der Energieausgaben an den gesamten Konsumausgaben von 6,0 % im Jahr 1998 auf 8,7 % im Jahr 2008. Diese Zahlen sind als Beispielrechnung zu verstehen. Je nach Haushaltsgröße, Ausstattung und Dimension der Wohnung sowie Mobilitätsverhalten ergeben sich signifikante Abweichungen von den konkret dargelegten Ergebnissen.

Tabelle 95: Verbraucherpreise für Mineralölprodukte 1950 bis 2008

Jahr	Ottokraftstoffe[1)]		Diesel-kraftstoff	leichtes Heizöl[2)]	schweres Heizöl[3)]
	Normal-benzin	Super-benzin			
	Cent/l	Cent/l	Cent/l	Cent/l	Euro/t
1950	28,6	n.v.	17,2	n.v.	n.v.
1955	32,7	n.v.	23,3	n.v.	n.v.
1960	30,7	n.v.	25,6	11,9	n.v.
1965	29,1	n.v.	21,5	11,3	42,2
1970	28,6	n.v.	29,1	8,2	46,7
1975	42,5	46,0	44,1	14,7	103,3
1980	57,9	60,2	58,4	31,7	181,6
1981	70,1	72,7	65,0	37,5	250,4
1982	67,6	71,0	66,7	39,7	237,3
1983	67,1	70,8	64,9	36,6	239,1
1984	67,4	70,7	66,3	38,8	284,9
1985	69,2	72,6	68,1	40,5	272,5
1986	52,0	55,3	50,7	22,4	127,8
1987	49,8	53,0	46,8	19,2	121,2
1988	47,1	51,9	45,3	16,6	94,9
1989	56,2	63,4	48,7	22,3	120,8
1990	58,2	65,9	52,2	25,0	120,7
1991	65,2	73,5	54,8	26,4	114,7
1992	68,7	76,7	54,2	24,2	103,3
1993	68,9	78,1	55,5	24,8	94,5
1994	77,3	86,6	58,5	23,1	93,5
1995	76,8	86,7	57,8	21,9	96,9
1996	80,1	89,8	62,4	25,9	105,4
1997	82,7	85,2	63,7	26,6	107,8
1998	78,7	81,2	58,7	22,1	91,8
1999	84,1	86,7	63,9	26,5	108,5
2000	99,3	101,8	80,4	40,8	174,7
2001	100,2	102,4	82,2	38,4	151,3
2002	102,8	104,8	83,8	35,1	160,8
2003	107,4	109,5	88,8	36,2	173,0
2004	111,9	114,0	94,2	40,3	163,8
2005	120,0	122,3	106,7	53,2	231,5
2006	126,7	128,9	111,8	58,9	283,8
2007	132,7	134,4	117,0	58,2	276,3
1. Hj. 2008	143,6	143,7	136,4	77,8	k. A.

1) Normalbenzin ab 1988 unverbleit;
Super ab 1997 Eurosuper, unverbleit

2) bei Abnahme von 5.000 Litern, ab 1992 bei Abnahme von 3.000 Litern.

3) bei Abnahme von 2.000 Tonnen und mehr im Monat, ab 1993 bei Abnahme in Kessel- oder Tankkraftwagen ab Raffinerie, ohne Mehrwertsteuer

Quelle: Statistisches Bundesamt, Firmenangaben (MWV-Jahresbericht 2007)

Tabelle 96: Entwicklung von Preisen und spezifischen Erlösen ausgewählter Energieträger in Deutschland 1973 bis 2007

Energieträger	Einheit	1973	1979	1985	1991	1997	2003	2006	2007
		Jahresdurchschnitt							
1. Internationale Werte									
a) Rohölpreis [1]	USD/b	2,70	29,19	27,50	20,10	19,10	28,83	65,14	72,44
2. Einfuhrpreise									
a) Steinkohle/Kraftwerkskohle [3]	EUR/t SKE	26	46	81	45	42	40	62	68
b) Steinkohle/Kokskohle [4]	EUR/t	36	61	94	51	56	56	106	96
c) Rohöl [5]	EUR/t	42	142	318	129	128	190	379	390
d) Erdgas [5]	Cent/m³ (Hu)	2,2	6,8	18,6	8,6	7,8	12,0	20,8	19,5
3. Spezifische Erlöse im Inland									
a) Erdgas [6]									
Industrie	Cent/m³	3,96	9,52	23,39	14,33	14,11	21,08	29,5	*
Kraftwerke der Stromversorger	Cent/m³	3,96	7,30	18,66	11,81	11,76	*	*	*
Private Haushalte	Cent/m³	13,19	19,33	33,27	26,54	27,00	37,01	50,5	*
Gesamtdurchschnitt	Cent/m³	5,99	11,27	26,68	18,51	19,12	27,59	37,2	*
b) Elektrizität [7]									
Industrie-Hochspannungsabnehmer	Cent/kWh	3,43	4,48	6,59	6,91	6,16	5,60	*	*
Private Haushalte (ohne Heizung)	Cent/kWh	6,85	8,66	11,86	12,14	13,60	} 13,40	*	*
Heizpreise für private Haushalte	Cent/kWh	2,28	3,27	5,19	5,03	4,79		*	*
Gesamtdurchschnitt	Cent/kWh	5,03	6,60	9,23	9,41	9,39	8,78	10,46	*

Tabelle 96: (Fortsetzung)

Quellen und Definitionen:

1) Durchschnittspreis für Rohöl aus OPEC-Staaten frei Verladehäfen der Förderländer nach Angaben des Mineralölwirtschaftsverbandes; ab 1985 Spotpreise für das Rohöl Brent frei Verladehafen Sullom Voe.

2) Amtliche Durchschnittsnotierungen nach Veröffentlichungen der Deutschen Bundesbank.

3) Einfuhrpreise frei deutsche Grenze für Kesselkohle aus Drittländern nach Angaben des Bundesamtes für Wirtschaft und Ausfuhrkontrolle.

4) Einfuhrpreise frei deutsche Grenze für Kokskohlen nach Angaben des Bundesamtes für Wirtschaft und Ausfuhrkontrolle.

5) Statistisches Bundesamt, Fachserie 7, Reihe 4.1.

6) Bundesministerium für Wirtschaft und Technologie; Durchschnittserlöse (ab 1991 einschließlich neue Bundesländer) aus der Abgabe der Letztabnehmer abzüglich Rabattgewährung einschließlich Verbrauchsteuer und Transportkosten, ohne Steuerrückerstattung für steuerbefreite Betriebe und ohne Mehrwertsteuer; der Gesamtpreis schließt auch sonstige Abnehmer, wie Handel und öffentliche Einrichtungen, ein.

7) Bundesministerium für Wirtschaft und Technologie; Durchschnittserlöse (ab 1991 einschließlich neue Bundesländer) aus der Abgabe an Letztabnehmer ohne Ausgleichsabgabe, aber einschließlich tatsächlich vereinnahmte Stromsteuer (seit 1.4.1999 erhoben), dabei teilweise Mischwert aus Regelsatz und ermäßigten Sätzen, ohne Mehrwertsteuer; der Gesamtdurchschnitt schließt auch sonstige Abnehmer ein. Der bundesdurchschnittliche Prozentsatz der Ausgleichsabgabe hat sich wie folgt entwickelt: ab 1.1.75 - 31.3.76: 3,24 %; 1.4.76 - 31.12.78: 4,5 %; 1.1.79 - 30.9.79: 6,2 %; 1.10.79 - 31.12.81: 4,5 %; 1.1.82 - 31.12.82: 4,2 %; 1.1.83 - 31.12.85: 3,5 %; 1.1.86 - 31.5 86: 3,3 %; 1.6.86 - 31.5.87: 4,5 %; 1.6.87 - 31.12.87: 7,5 %; 1.1.88 - 31.12.88: 7,25 %; 1.1.89 - 31.12.89: 8,5 %; 1.1.90 - 31.12.90: 8.25 %; 1.1.91 - 31 12.91: 8,0 %; ab 1.1.1992: 7,75 %; ab 1.1.1993: 7,5 %; 1.1.1994: - 31.12.1995: 8,5 %. Die Ausgleichsabgabe war nur in den alten Bundesländern erhoben worden. Ihre Erhebung war zum 31.12.1995 ausgelaufen. Die Mehrwertsteuer beträgt seit dem 1.4.1998 16 % und seit dem 1.1.2007 19 %.

Umrechnungsfaktoren: 1 b Rohöl = 0,195 t SKE; 1000 m³ Erdgas = 1,083 t SKE; 1000 kWh= 0,123 t SKE; 1 t schweres Heizöl = 1,4 t SKE; 1.000 l Motorenbenzin = 1,1 t SKE; 1.000 l Dieselkraftstoff = 1,214 t SKE; 1000 l leichtes Heizöl = 1,214 t SKE; 1 kg SKE = 29308 Kilojoule (kJ) = 7000 kcal. Zur Umrechnung der spezifischen Erdgaserlöse von Cent/m³ (Hu) in Cent/kWh (Ho) sind die Werte durch 9,7692 zu dividieren.

* Daten sind noch nicht verfügbar

Tabelle 97: Entwicklung ausgewählter Energiepreise 1973 bis 2008

Jahr	Wechselkurs (Mittelkurs)	Importrohöl frei deutsche Grenze[1]	Heizöl schwer (Preise ab Raffinerie)[3] Industrie/Kraftwerke (bis 1985 max. 2 % schwefel; ab 1986 max. 1 % Schwefel)		Heizöl leicht ab Raffinerie[3]	Importerdgas[1] (frei deutsche Grenze)	Erdgas (Durchschnittserlöse bei Letztabnehmern)[4]		Steinkohle aus Drittländern (frei deutsche Grenze)		Braunkohlenprodukte
			a)	b)	Industrie		Industrie	Kraftwerke	Kraftwerkskohle[2]	Kokskohle[5]	insgesamt[6]
	USD/EUR	EUR/t SKE									
1973	*	29	33		68	20	41	29	31	36	–
1975	*	78	68		95	39	72	48	42	78	–
1977	*	86	77		104	53	83	60	43	74	–
1979	*	98	93		172	63	88	67	46	61	–
1981	*	218	173		254	132	146	128	84	95	–
1983	*	203	164		243	149	191	147	75	91	–
1985	*	218	188		268	172	216	172	81	94	–
1987	*	88	88		118	67	109	106	46	47	–
1989	*	90	85	95	140	58	107	96	49	54	–
1991	*	89	80	89	164	79	132	109	46	51	–
1993	*	74	67	76	140	66	123	100	37	48	–
1995	*	65	69	78	121	61	118	99	39	42	–
1997	*	88	77	86	151	70	130	109	42	51	–
1999	1,0658	83	78	87	155	53	118	105	34	47	–
2001	0,8956	141	108		235	123	202	159	53	60	–
2003	1,1312	133	124		222	111	200	167	40	53	–
2005	1,2448	211	166		342	142	226	206	65	91	88
2006	1,2557	260	203		384	191	273	220	62	104	92
2007	1,3706	260	198		378	180	258	210	68	94	98
1. Hj. 2008	1,5309	346	269		520	214	300	244	99	•	98

1) Preis frei Grenze Bundesrepublik (StaBuA)
2) Preis frei Grenze Bundesrepublik (BAFA)
3) Preis ab Raffinerie einschließlich Heizölsteuer und Bevorratungsabgabe
4) Durchschnittserlöse aus der Abgabe an Letztabnehmer einschl. Erdgassteuer (ab 01.08.2006 bei Einsatz zur Stromerzeugung steuerfrei)
5) Bis 2. Quartal 2002, Indikativpreis nach Entscheidung § 341/94/EGKS umgerechnet mit jeweiligem Dollarkurs; ab 1. Halbjahr 2003 Einfuhrpreis nach EU-Ratsverordnung Nr. 405/2003/EG
6) Mengengewichteter Durchschnitt aller Braunkohlenprodukte aus alten und neuen Bundesländern

a) beim Einsatz zur Erzeugung von Wärme (ab 01.01.1989 bis 31.12.1999 15,34 EUR/t Heizölsteuer; ab 01.01.2000 17,89 EUR/t, ab 01.01.2003 25 EUR/t)

b) beim Einsatz in Stromerzeugungsanlagen (ab 01.01.1989 bis 31.12.1999 28,12 EUR/t Heizölsteuer; ab 01.01.2000 17,89 EUR/t; ab 01.01.2003 bis 31.07.2006 25,00 EUR/t; ab 01.08.2006 steuerfrei)

Quelle: Statistik der Kohlenwirtschaft e. V.; www.kohlenstatistik.de

Tabelle 98 Energiesteuersätze 1950–2007

ab	Motorenbenzin[1] unverbleit	verbleit	Diesel-kraftstoff	Heizöl, leicht	Flüssiggas als Kraftstoff (Autogas)	Erdgas als Kraftstoff	Flüssiggas Wärme	Erdgas Wärme	Heizöl, schwer Wärme	Heizöl schwer Strom	Strom
ab	€/100 l	€/100 kg	€/100 kg	€/100 kg	€/100 kg	€/MWh	€/100 kg	€/100 kWh	€/t	€/t	€/MWh
1950[2]		3,07	1,99								
21.01.1951		6,65	3,58								
01.05.1953		13,80	3,22		7,29						
01.05.1955		15,21	9,23		8,69						
01.04.1960		16,62	11,63	0,51	10,10				12,78	12,78	
ab	€/100 l	€/100 l	€/100 kg	€/100 kg	€/100 kg	€/MWh	€/100 kg	€/100 kWh	€/t	€/t	€/MWh
01.01.1964		16,36	18,02	0,51	17,90				12,78	12,78	
01.01.1966		16,36	18,02	0,51	20,45				12,78	12,78	
01.01.1967		17,90	19,86	0,51	23,01				12,78	12,78	
01.01.1972		17,90	19,86	0,51	23,01				10,23	10,23	
01.03.1972		19,94	22,32	0,51	26,72				10,23	10,23	
01.07.1973		22,50	25,39	0,51	31,32				7,67	7,67	
01.08.1978		22,50	25,39	0,51	31,32		1,02		7,67	7,67	
01.04.1981		26,08	27,23	0,51	31,32		1,02		7,67	7,67	
01.04.1985	25,05	27,10	27,23	0,51	31,32		1,02		7,67	7,67	
01.01.1986	23,52	27,10	27,23	0,51	31,32		1,02		7,67	7,67	
01.04.1987	24,03	27,10	27,23	0,51	31,32		1,02		7,67	7,67	
01.04.1988	24,54	27,10	27,23	0,51	31,32		1,02		7,67	7,67	
01.01.1989	29,14	33,23	27,23	3,50	31,32		1,84	0,133	15,34	28,12	
01.01.1991	30,68	34,26	27,23	3,50	31,32		1,84	0,133	15,34	28,12	
01.07.1991	41,93	47,04	33,39	4,81	31,32		2,56	0,184	15,34	28,12	
ab	€/1000 l	€/1000 l	€/1000 l	€/1000 l	€/100kg	€/MWh	€/100kg	€/MWh	€/t	€/t	€/MWh
01.01.1993	419,26	470,39	281,21	40,90	31,32		2,56	1,841	15,34	28,12	
01.01.1994	501,07	552,20	317,00	40,90	31,32		2,56	1,841	15,34	28,12	
31.10.1995	501,07	552,20	317,00	40,90	12,32	9,56	3,83	1,841	15,34	28,12	
01.04.1999	531,74	582,87	347,68	61,35	13,07	10,12	3,83	3,476	15,34	28,12	10,23
01.01.2000	562,42	613,55	378,36	61,35	13,83	10,69	3,83	3,476	17,89	17,89	12,70
01.01.2001	593,10	644,23	409,03	61,35	14,59	11,25	3,83	3,476	17,89	17,89	15,30
	Motorenbenzin unverbleit ≤50 ppm[5]	verbleit	Diesel-kraftstoff ≤50 ppm[5]	Heizöl, leicht	Flüssiggas als Kraftstoff[3] (Autogas)	Erdgas als Kraftstoff[4]	Flüssiggas Wärme	Erdgas Wärme	Heizöl, schwer Wärme	Heizöl, schwer Strom	Strom
ab	€/1000 l	€/1000 l	€/1000 l	€/1000 l	€/100kg	€/MWh	€/100kg	€/MWh	€/t	€/t	€/MWh
01.11.2001	593,10	659,57	409,03	61,35	14,59	11,25	3,83	3,476	17,89	17,89	15,30
01.01.2002	623,80	690,30	439,70	61,35	15,34	11,80	3,83	3,476	17,89	17,89	17,90
	Motorenbenzin unverbleit ≤10 ppm[6]	verbleit	Diesel-kraftstoff ≤10 ppm[6]	Heizöl, leicht	Flüssiggas als Kraftstoff[3] (Autogas)	Erdgas als Kraftstoff[4]	Flüssiggas Wärme	Erdgas Wärme	Heizöl, schwer Wärme	Heizöl, schwer Strom	Strom
ab	€/1000 l	€/1000 l	€/1000 l	€/1000 l	€/100kg	€/MWh	€/100kg	€/MWh	€/t	€/t	€/MWh
01.01.2003	654,50	721,00	470,40	61,35	16,10	12,40	6,06	5,50	25,00	25,00	20,50
01.01.2004	654,50	721,00	470,40	61,35	18,03	13,90	6,06	5,50	25,00	25,00	20,50

1) bis 31.12.1963 wurden die Steuersätze für Motorenbenzin und Diesel u.a. nach Herstellungsverfahren differenziert. Die hier aufgeführten Waren beziehen sich auf die Herstellung „ohne besondere Merkmale"
2) nur für im Inland hergestellte Ware
3) die ermäßigten Steuersätze ab 31.10.1995 sind befristet bis 31.12.2009
4) die ermäßigten Steuersätze ab 31.10.1995 sind befristet bis 31.12.2020
5) für Kraftstoffe mit einem Schwefelgehalt von mehr als 50 ppm gilt ein um 15,30 €/1000 l erhöhter Steuersatz
6) für Kraftstoffe mit einem Schwefelgehalt von mehr als 10 ppm gilt ein um 15,30 €/1000 l erhöhter Steuersatz

Quelle: Mineralölwirtschaftsverband, Jahresbericht 2007, Hamburg 2008

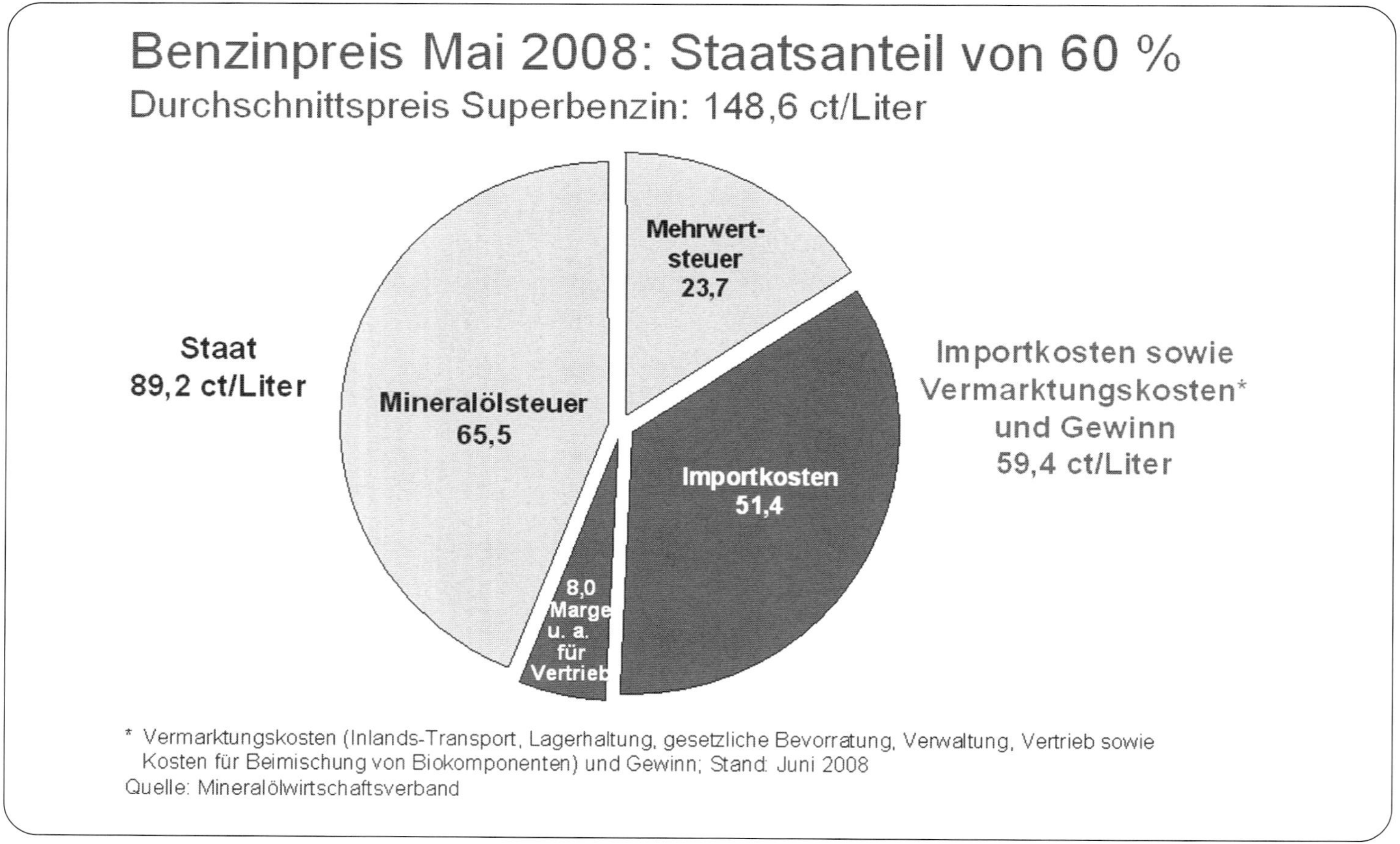

Abb. 112: Zusammensetzung des Benzinpreises nach den wichtigsten Einzelkomponenten

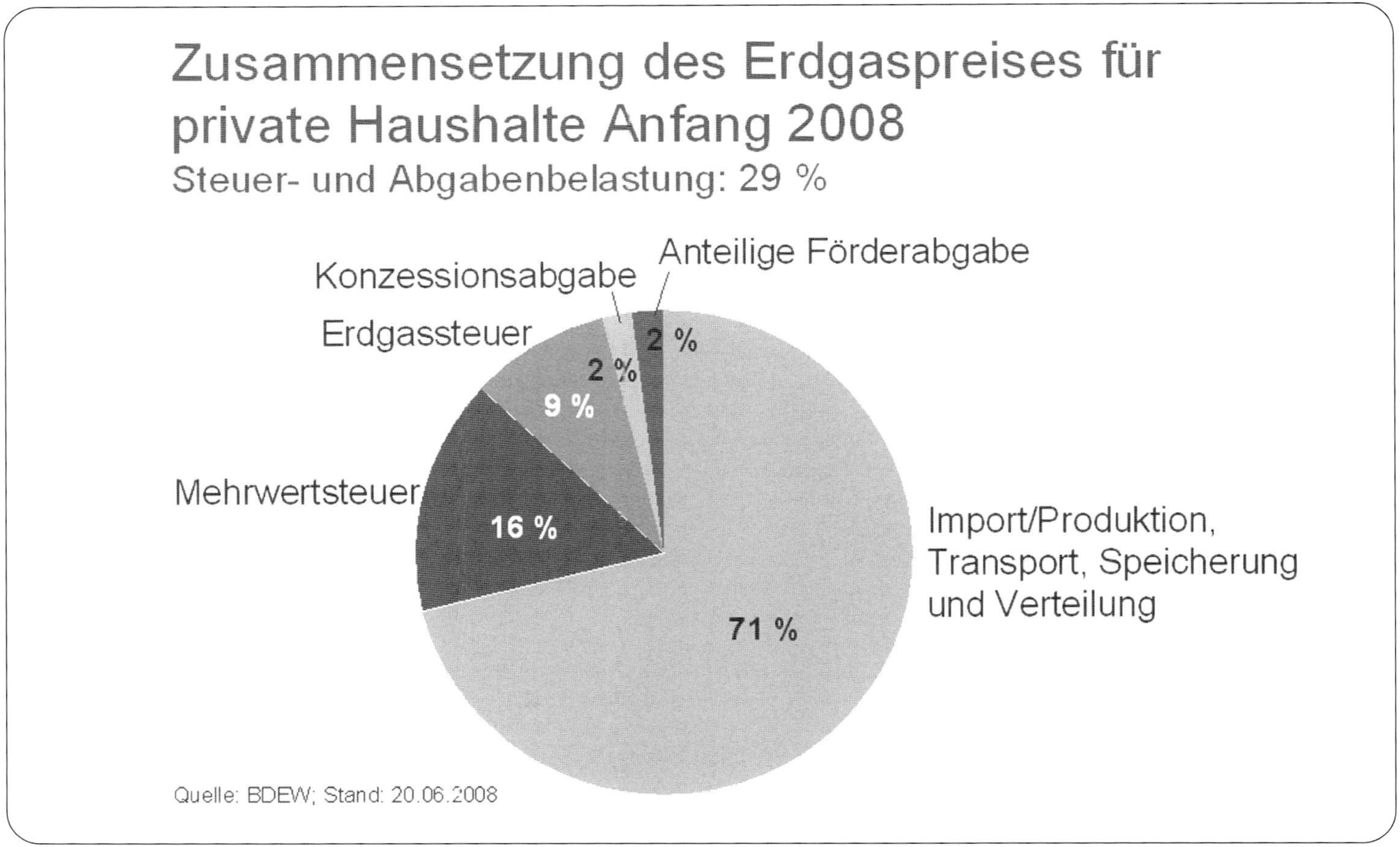

Abb. 113: Zusammensetzung des Erdgaspreises für private Haushalte nach den wichtigsten Einzelkomponenten

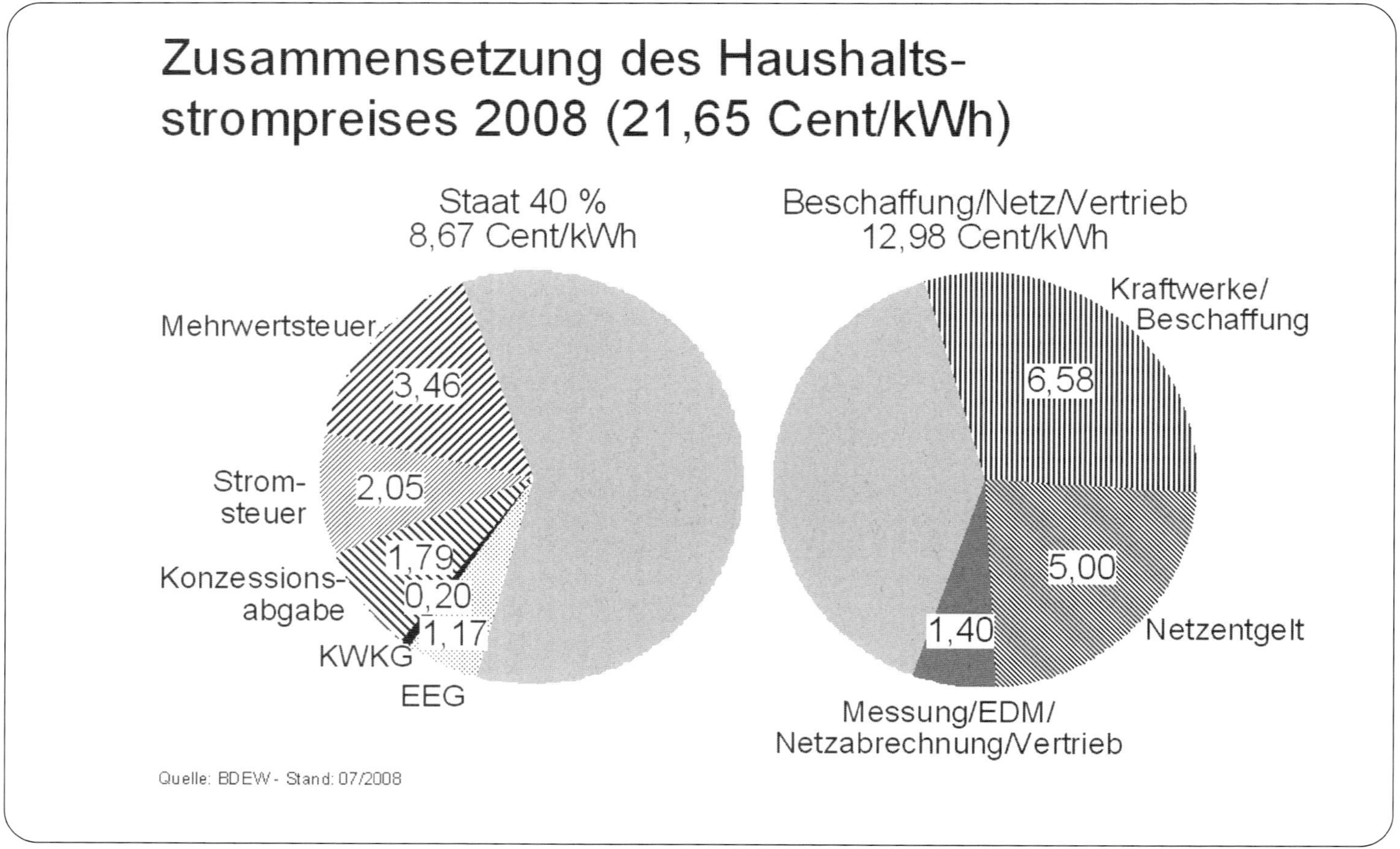

Abb. 114: Zusammensetzung des Strompreises für private Haushalte

Tabelle 99: Entwicklung der Energiekosten eines repräsentativen privaten Haushalts in Deutschland 1998 bis 2008

	Einheit	1998	2008
Wärmeversorgung			
Erdgasverbrauch eines vollversorgten Haushalts gemäß Beispielrechnung der Bundesnetzagentur	kWh	23.260	23.260
Durchschnittspreis (Arbeits- und Grundpreis)	ct/kWh	3,5	7,0
Gesamtrechnung	**€**	**814**	**1.628**
davon Staatsanteil			
• Mehrwertsteuer	€	111	260
• Erdgassteuer	€	43	128
• Konzessionsabgaben	€	23	23
Summe Staatsanteil	€	177	411
Stromversorgung			
Verbrauch	kWh	3.500	3.500
Durchschnittspreis (nach Angaben des BDEW)	ct/kWh	17,11	21,65
Gesamtrechnung	**€**	**599**	**758**
davon Staatsanteil			
• Mehrwertsteuer	€	82	121
• Konzessionsabgaben	€	62	62
• Erneuerbare-Energien-Gesetz	€	3	41
• Kraft-Wärme-Kopplungs-Gesetz	€	–	7
• Stromsteuer	€	–	72
Summe Staatsanteil	€	147	303
Kraftstoffe			
Jahresfahrleistung	1.000 km	13	13
Verbrauch (Superbenzin)	l/100 km	8	8
Jahresverbrauch	Liter	1.040	1.040
Preis für Superbenzin	ct/Liter	81	140
Gesamtrechnung	**€**	**842**	**1.456**
davon Staatsanteil			
• Mehrwertsteuer	€	114	232
• Mineralölsteuer	€	521	681
Summe Staatsanteil	€	635	913

Die im Jahr 2008 in der zu Grunde gelegten Beispielrechnung auf 3.842 € veranschlagten Energiekosten verteilen sich mit 1.628 € (1998: 814 €) auf die Wärmeversorgung (Erdgas), mit 758 € (1998: 599 € auf Strom und mit 1.456 € (1998: 842 €) auf den Kraftstoffbedarf. Von dem Belastungsanstieg, den der „Musterhaushalt" seit 1998 zu tragen hat, entfallen somit 51 % auf die Wärmeversorgung, 39 % auf Kraftstoffe und 10 Prozent auf die Stromrechnung. Zur Verdeutlichung der Preiseffekte sind für 1998 und für 2008 jeweils die gleichen Verbrauchswerte zu Grunde gelegt.

Von der gesamten im Zehnjahresvergleich verzeichneten Zunahme von 1.587 € sind 668 € durch staatliche Maßnahmen verursacht. Das entspricht 42 Prozent. Ursachen sind die Einführung der Ökosteuer und des Kraft-Wärme-Kopplungs-Gesetzes sowie die Erhöhung der Mehrwertsteuer und die vergrößerten Belastungen aus dem Erneuerbare-Energien-Gesetz. Der Effekt des CO_2-Emissionshandels ist bei dem in dieser Größenordnung bezifferten Staatsanteil an den Aufschlägen auf die Energierechnung noch nicht einmal enthalten.

58 Prozent der Erhöhung – beziehungsweise bei Ausklammerung des Effekts des CO_2-Emissionshandels ein entsprechend niedrigerer Anteil – sind marktbedingten Entwicklungen zuzuschreiben. Dazu gehört in erster Linie der Anstieg der Preise für Importenergien. So haben sich die Einfuhrpreise – auf €-Basis – im Zeitraum 1998 bis 2008 für Rohöl verfünffacht, für Erdgas vervierfacht und für Steinkohle verdreifacht.

3.4 Aussagefähigkeit von Preisprognosen

Preisprognosen üben einen besonderen Reiz aus. Trotz aller Fehleinschätzungen hat sich daran nichts geändert. [64]

Sieht man sich zum Beispiel die seit 1984 von PROGNOS vorgelegten Preisausblicke an, so macht sich Ernüchterung breit. So hat PROGNOS im Jahr 1984 den Weltmarktpreis für Öl für das Jahr 2000 auf über 100 USD/Barrel prognostiziert. Tatsächlich belief sich der Preis im Jahr 2000 auf 28 USD/Barrel. 2005 wurde in einem Gemeinschaftsgutachten von PROGNOS und dem Energiewirtschaftlichen Institut an der Universität zu Köln (EWI) für das Bundeswirtschaftsministerium ein leicht steigender Preispfad angenommen – ausgehend von 25 USD/Barrel im Jahr 2003 auf 63 USD/Barrel im Jahr 2030. Tatsächlich stellte sich bereits Mitte 2008 ein mehr als doppelt so hoher Preis ein, wie erst für das Jahr 2030 prognostiziert.

Ex-post erweisen sich die Ölpreisprognosen kaum als belastbare Einschätzungen für die Zukunft. Sie scheinen vielmehr stark bestimmt zu sein durch die Preissituation zum Zeitpunkt der Erstellung der Prognose. Es zeigt sich, dass in Marktsituationen, die durch niedrige Preise gekennzeichnet waren, die zukünftige Preisdynamik unterschätzt wurde. Umgekehrt kam es bei hohen Preisen im Basisjahr zu Einschätzungen, die im Nachhinein als überhöht einzustufen waren.

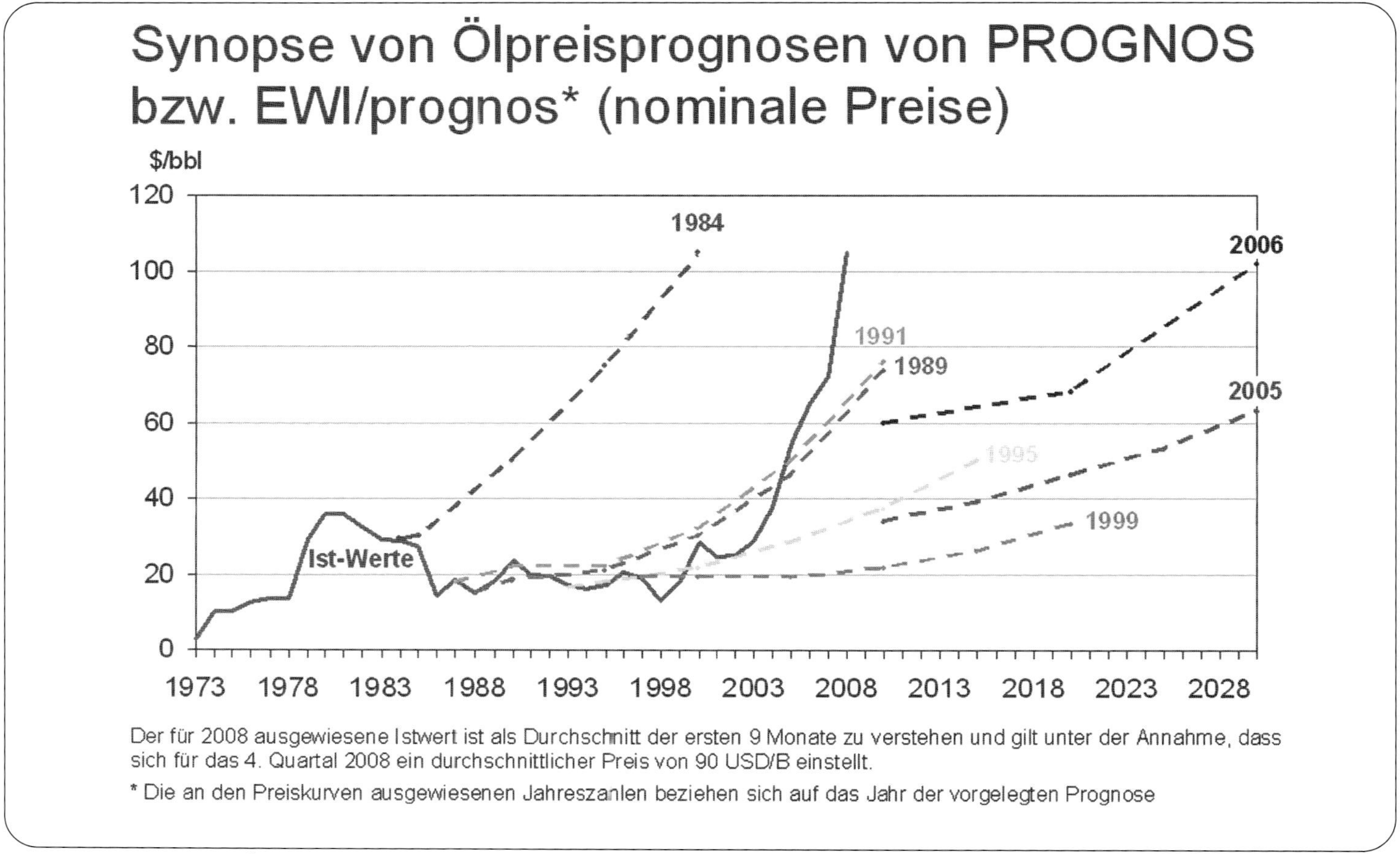

Abb 115: Synopse von Ölpreisprognosen von PROGNOS bzw. EWI/prognos

4 Entwicklung der Energienachfrage

Der deutsche Energiemarkt war in den vergangenen Jahrzehnten einem starken Wandel unterworfen. Marksteine dieser Entwicklung waren die beiden Ölpreiskrisen der Jahre 1973/74 und 1979/80, der am 03.10.1990 erfolgte Beitritt der neuen Bundesländer zur Bundesrepublik Deutschland sowie die 1998 umgesetzte Liberalisierung der Strom- und Gasmärkte. Die Energienutzung ist erheblich effizienter geworden, und es hat sich ein ausgewogener Energiemix eingestellt.

Die Nutzung der einzelnen Energieträger erfolgt schwerpunktmäßig dort, wo sie ihre jeweils größten komparativen Vorteile besitzen. Das ist bei Kernenergie, Braunkohle sowie Wasser- und Windkraft die Stromerzeugung. Hauptabnehmer von Steinkohle sind Kraftwerke und die Stahlindustrie. Bei Erdgas ist es der Wärmemarkt. Zusätzlich zeichnet sich ein verstärkter Trend zum Einsatz von Erdgas in Kraftwerken ab. Der Einsatz von Mineralölprodukten dominiert im Verkehrssektor. Daneben werden Mineralölerzeugnisse in der Industrie (dort vor allem als Rohstoff) und im Wärmemarkt genutzt.

Im Jahr 2007 betrug der Primärenergieverbrauch in Deutschland 477,5 Mio. t SKE. Das vor – trotz der beträchtlichen Zunahme des Bruttoinlandsprodukts –

Tabelle 100: Wachstumsraten von Wirtschaftsleistung sowie von Energie- und Stromverbrauch in Deutschland

Zeitraum	Bruttoinlands-produkt*	Primärenergie-verbrauch	Brutto-Stromverbrauch
	Durchschnittliche jährliche Veränderung		
1950-1960	+ 8,2 %	+ 4,6 %	+ 10,0 %
1960-1970	+ 4,4 %	+ 4,8 %	+ 7,4 %
1970-1980	+ 2,7 %	+ 1,5 %	+ 4,1 %
1980-1990	+ 2,3 %	0,0 %	+ 1,8 %
1991-2001	+ 1,6 %	0,0 %	+ 0,8 %
2001-2007	+ 1,2 %	– 0,8 %	+ 0,9 %

* in realen Größen — vor 1991 nur Westdeutschland

Quelle: Statistisches Bundesamt, Arbeitsgemeinschaft Energiebilanzen, Prognos, BDEW.

nicht mehr als in den siebziger Jahren des vergangenen Jahrhunderts. Nach einem in den sechziger Jahren bis 1973 weitgehend parallelen Verlauf haben sich die Entwicklung der Wirtschaftsleistung und des Energieverbrauchs seitdem somit entkoppelt. Dahinter stehen erhebliche Einsparungen und Effizienzverbesserungen, vor allem in der Industrie.

Auch die Dynamik der Stromverbrauchsentwicklung hat sich in den vergangenen Jahrzehnten verändert. Während der Strombedarf zwischen 1950 und 1980 überproportional stark zugenommen hatte, waren die durchschnittlichen Wachstumsraten des Stromverbrauchs im Zeitraum 1980 bis 2007 niedriger als das jahresdurchschnittliche Wachstum des Bruttoinlandsprodukts. Im Zeitraum 2001 bis 2007 fiel der Anstieg des Brutto-Stromverbrauchs mit 0,9 % pro Jahr allerdings wieder fast genauso hoch aus wie das durchschnittliche Wachstum des realen Bruttoinlandsprodukts, das 1,2 % pro Jahr betrug.

Bei praktisch konstantem Verbrauch von Energie sind die energiebedingten Emissionen in den vergangenen Jahrzehnten zu weiten Teilen drastisch zurückgegangen. Dies gilt insbesondere für die klassischen Luftschadstoffe Schwefeldioxid (SO_2), Stickoxid (NO_x) und Staub. Aber auch bei der Reduktion der Emissionen an Kohlendioxid (CO_2) konnten seit 1990 deutliche Erfolge erzielt werden.

4.1 Die Erfassung der Energieträgerströme in der Energiebilanz

Die statistische Erfassung der Energieträgerströme vom Energieaufkommen bis hin zum Endenergieverbrauch in der sogenannten Energiebilanz erfolgt durch die Arbeitsgemeinschaft Energiebilanzen, die von Verbänden der Energiewirtschaft, dem Bundesministerium für Wirtschaft und Technologie sowie Forschungsinstituten getragen wird. Die von dieser Institution aufgestellte Energiebilanz zeigt

— für den Zeitraum eines Jahres,

— Aufkommen und Verwendung von Energieträgern.

Ausgewiesen wird also der „Energiefluss“ von der Gewinnung der Energieträger aus der Natur (Primärenergie) – sowohl innerhalb der Grenzen unseres Landes als auch die Importe von Energieträgern – über die Energieumwandlung (in Kraftwerken, Raffinerien usw.) bis zur letzten Verwendung bei den Verbrauchern (Endenergieverbrauch). Dabei werden als Sekundärenergieträger umgewandelte, „veredelte“ Energieträger, wie Strom (Kraftwerke), Mineralölprodukte (Raffinerien), Koks (Kokereien), Briketts (Brikettfabriken), bezeichnet.

Der Aufbau der Energiebilanz stellt sich wie folgt dar:

— In der Kopfzeile, also horizontal, sind die verschiedenen Primär- und Sekundärenergieträger aufgelistet.

— In der vertikalen Gliederung (Zeilen) ist der Energieträgerfluss vom Aufkommen (Gewinnung Inland bzw. Import/Export) über die Energieumwandlung bis zur Lieferung an die Endverbraucher dargestellt. Jede einzelne Spalte gibt für den jeweiligen Energieträger den Nachweis über dessen Aufkommen und Verwendung.

Die Energiebilanz hat drei Hauptteile, nämlich die Primärenergiebilanz, die Umwandlungsbilanz und den Endenergieverbrauch.

Die **Primärenergiebilanz** ist eine Bilanz der Energiedarbietung der ersten Stufe. In ihr werden Primärenergieträger oder auch Sekundärenergieträger erfasst, und zwar differenziert nach inländischer Gewinnung (nur Primärenergieträger), Außenhandel mit Energieträgern, unterteilt nach Einfuhr und Ausfuhr (neben Primär- auch Sekundärenergieträger), Hochseebunkerungen (nur Sekundärenergieträger) sowie Bestandsveränderungen (neben Primär- auch Sekundärenergieträger).

Der Primärenergieverbrauch ergibt sich somit von der Entstehungsseite her als Summe aus der Gewinnung im Inland, den Bestandsveränderungen sowie dem Außenhandelssaldo einschließlich Hochseebunkerungen.

In der **Umwandlungsbilanz** werden insbesondere Einsatz und Ausstoß der verschiedenen Umwandlungsprozesse erfasst. Bei der Umwandlung fallen auch Sekundärenergieträger an, bei deren Verwendung es nicht auf ihren Energiegehalt ankommt, sondern auf ihre stofflichen Eigenschaften (z. B. Bitumen für den Straßenbau, Schmierstoffe). Diese Energieträger werden in einer gesonderten Zeile als **Nichtenergetischer Verbrauch** ausgewiesen.

In der **Endenergiebilanz** wird nur die Verwendung derjenigen Energieträger (z. B. Strom, Heizöl, Benzin) aufgeführt, die unmittelbar der Erzeugung von Nutzenergie dienen. Der Endenergieverbrauch wird nach Verbrauchergruppen, wie Industrie, Verkehr, Private Haushalte sowie Gewerbe/Handel/Dienstleistungen, aufgeschlüsselt. Zusätzlich erfolgt beim Sektor Industrie eine weitergehende Differenzierung nach Wirtschaftszweigen und beim Verkehr nach Verkehrsträgern, wie Straßen- und Luftverkehr sowie Bahn und Schiffsverkehr.

Vom Endenergieverbrauch (im Sinne der Energiebilanz) ist die energietechnisch letzte Stufe der Energieverwendung, die so genannte Nutzenergiestufe, zu unterscheiden. Unter **Nutzenergie** wird die Energie verstanden, die nach der letzten Umwandlung dem Endverbraucher für den jeweiligen Nutzungszweck (z. B. Licht, Kraft, Wärme) zur Verfügung steht. Die vorliegende Energiebilanz enthält keinen Nachweis über den Nutzenergieverbrauch, da hierfür gegenwärtig weder ausreichende statistische Erhebungen noch hinreichend gesicherte Quantifizierungsmöglichkeiten vorhanden sind.

Allerdings hat eine Projektgruppe beim BDEW eine Aufschlüsselung des Endenergieverbrauchs auf die verschiedenen **Anwendungsbereiche** vorgenommen.

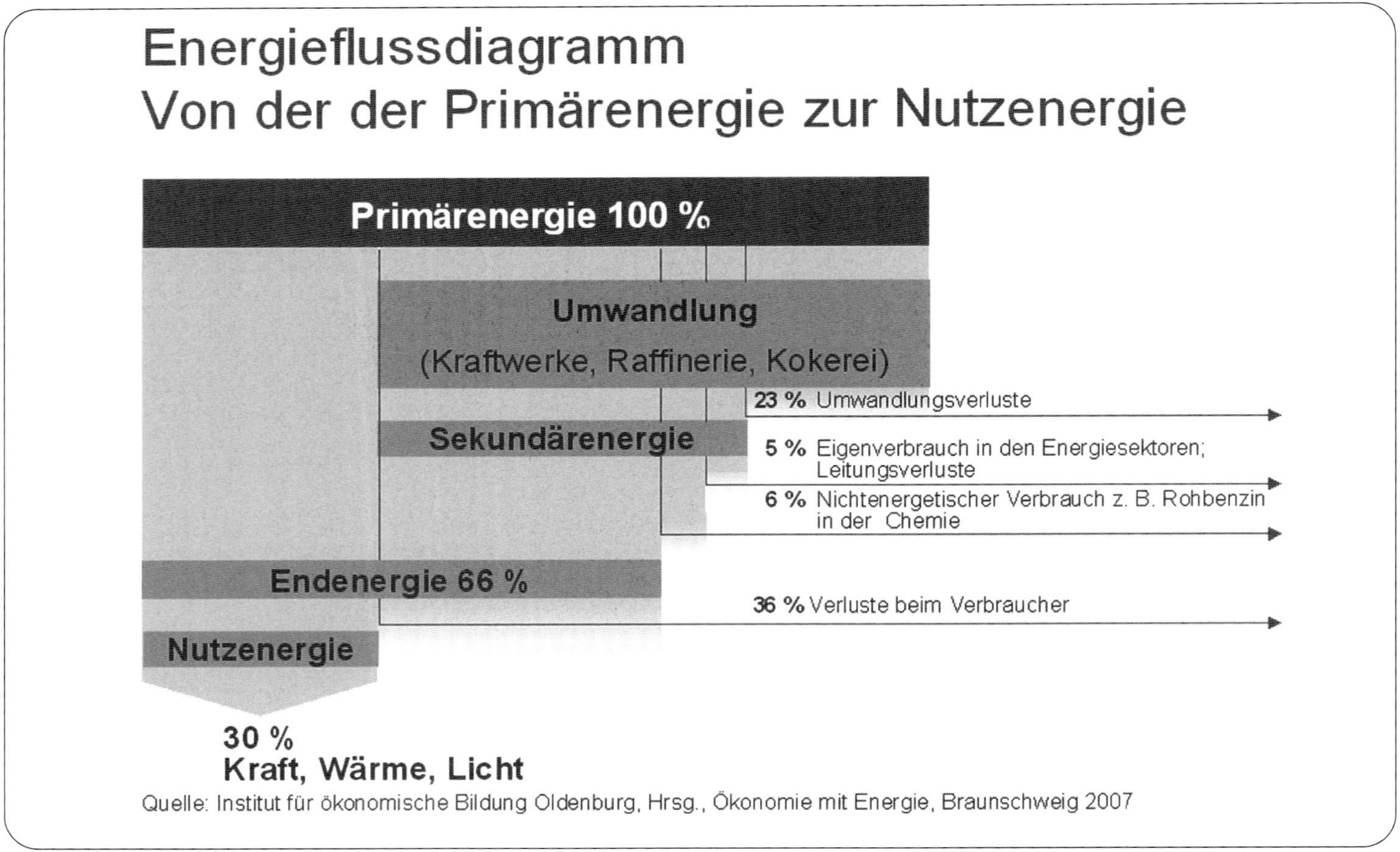

Abb. 116: Energieflussdiagramm

Tabelle 101: Primärenergiegewinnung in Deutschland 1970 bis 2007

Jahr	Steinkohlen	Braunkohlen	Mineralöle	Naturgase[1)]	Wasser- und Windkraft	Sonstige[3)]	Insgesamt
	Mio. t SKE						
1970	112,4	109,1	11,2	15,1	5,9	2,5	256,2
1975	93,3	108,1	8,4	24,1	5,3	3,0	242,2
1980	88,2	116,3	6,8	24,5	5,8	7,1	248,8
1985	83,3	128,5	6,1	23,6	5,2	8,8	255,5
1990	71,3	107,2	5,3	20,1	2,0	6,3	212,2
1995	54,4	58,3	4,3	21,7	2,8	6,2	147,7
2000	34,5	52,1	4,5	22,9	4,3	11,1	129,4
2005	25,8	55,0	5,2	21,5	5,9	24,3	137,7
2006	21,9	54,3	5,1	21,2	6,5	29,3	138,3
2007	22,3	55,5	5,1	21,5	7,4	29,3	141,1

Deutschland auf Basis des Gebietsstandes vom 3.10.1990 (also auch vor 1990 einschließlich neue Bundesländer), ab 1990 Berechnung der Energieträger nach dem Wirkungsgradansatz

1) Erdgas, Erdölgas, Grubengas und Klärgas.
2) ab 1995 einschließlich Windkraft und Photovoltaik.
3) Brennkohle, Brenntorf, Klärschlamm, Müll, sonstige Gase und Abhitze zur Strom- und Fernwärmeerzeugung.

Quelle: Arbeitsgemeinschaft Energiebilanzen 08/2008

Dabei wird zwischen folgenden Anwendungsbereichen differenziert: Raumwärme, Warmwasser, sonstige Prozesswärme (im Wesentlichen Wärme für Fertigungsprozesse in Industrie und Gewerbe), Mechanische Energie (Kraft), Information und Kommunikation sowie Beleuchtung.

In der Energiebilanz werden die Energieträger zunächst in ihren spezifischen Einheiten ausgewiesen und vertikal in Zwischen- und Endzeilen addiert. Die dabei verwendeten Maßeinheiten sind die Tonne (t), der Kubikmeter (m^3) und die Kilowattstunde (kWh).

Um die in unterschiedlichen Einheiten ausgewiesenen Energieträger vergleichbar und additionsfähig zu machen, werden sie mit Hilfe von **Umrechnungsfaktoren** auf einen einheitlichen Nenner gebracht. Seit einigen Jahren wird hierfür die Maßeinheit Joule zugrundegelegt, die die zuvor verwendete Steinkohleneinheit (SKE) ablöst. Die Umrechnung der einzelnen Energieträger von spezifischen Mengeneinheiten in Joule erfolgt auf der Grundlage ihrer Heizwerte, die in Kilojoule (kJ) ausgedrückt werden. Das Wärmeäquivalent von 1 kg SKE entspricht 29.308 kJ. Neben den Joule-Bilanzen werden für eine Übergangszeit SKE-Bilanzen erstellt.

Da sich die Dimension der SKE-Angaben leichter erschließt, überwiegen immer noch Darstellungen, die in Steinkohleneinheiten umgerechnet sind. Auswertungstabellen zur Energiebilanz sind auch im Internet unter www.ag-energiebilanzen.de verfügbar. Die Verbrauchszahlen werden darin sowohl in Mio. t SKE als auch in Petajoule ausgewiesen.

4.2 Energieverbrauch nach Energieträgern

Die strukturelle Zusammensetzung des Energieverbrauchs nach Energieträgern war seit 1973 einem starken Wandel unterworfen. Wachstumsenergien waren Erdgas und Kernenergie. So hat sich der Erdgasverbrauch um mehr als 150 % erhöht. Der Einsatz der Kernenergie verzehnfachte sich gegenüber dem niedrigen Ausgangsniveau im Jahr 1973 bis Mitte der 80er Jahre, stagniert allerdings seitdem. Starke Einbußen musste die Kohle hinnehmen. So verminderte sich der Verbrauch an Steinkohlen bis 2007 um 28 %. Der Verbrauch an Braunkohlen nahm – bedingt durch den Einbruch in Ostdeutschland – um 49 % ab. Der Mineralölkonsum ist um 30 % zurückgegangen. Trotzdem ist Mineralöl während der gesamten letzten 34 Jahre der Energieträger Nr. 1 geblieben. Wasserkraft, Windenergie und sonstige Energieträger leisten einen erhöhten Beitrag zur Versorgung in Deutschland. Angesichts dieser Entwicklung haben sich die Marktanteile der einzelnen Energieträger zwischen 1973 und 2007 wie folgt verändert:

— Mineralöl	von	47,4 %	auf	33,6 %
— Erdgas	von	8,7 %	auf	22,3 %

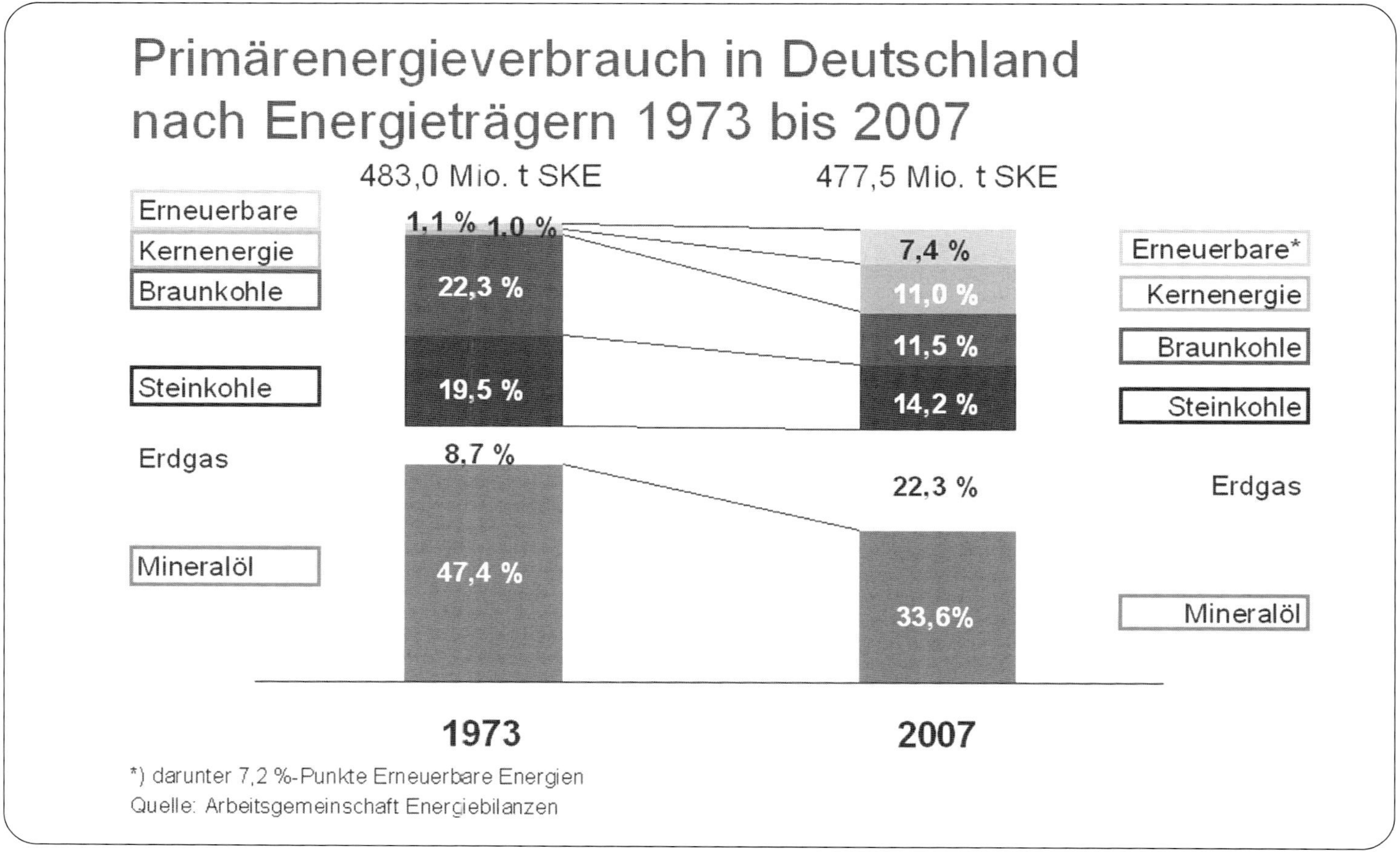

Abb. 117: Primärenergieverbrauch in Deutschland nach Energieträgern 1973 bis 2007

Tabelle 102: Primärenergieverbrauch in Deutschland nach Energieträgern 1970 bis 2007

Energieträger	1970	1975	1980	1985	1990	1995	2000	2005	2006	2007
	Mio. t SKE									
Steinkohlen	107,1	74,7	85,2	85,7	78,7	70,3	69,0	61,7	67,0	67,9
Braunkohlen	108,9	108,4	115,7	125,8	109,2	59,2	52,9	54,4	53,8	55,0
Mineralöle	192,9	202,3	206,7	174,5	178,7	194,1	187,6	176,3	174,7	160,0
Erdgas	18,8	56,0	73,9	70,4	78,2	95,5	101,9	110,2	111,3	106,4
Kernenergie	2,3	8,2	20,7	51,6	56,9	57,4	63,2	60,7	62,3	52,3
Wasser/Wind	}10,9	}10,5	2,1	1,9	2,0	2,8	4,3	5,9	6,5	7,4
Sonstige			3,8	4,8	5,2	7,6	12,5	24,3	27,9	28,1
Gesamt	440,9	460,1	508,1	514,7	508,9	486,9	491,4	493,5	503,5	477,5
	Anteile in %									
Steinkohlen	24,3	16,2	16,8	16,7	15,5	14,4	14,0	12,5	13,3	14,2
Braunkohlen	24,7	23,6	22,8	24,4	21,5	12,2	10,8	11,0	10,7	11,5
Mineralöle	43,7	44,0	40,7	33,9	35,1	39,9	38,2	35,7	34,7	33,6
Erdgas	4,3	12,2	14,5	13,7	15,4	19,6	20,7	22,3	22,1	22,3
Kernenergie	0,5	1,8	4,1	10,0	11,2	11,8	12,9	12,3	12,4	11,0
Wasser/Wind	}2,5	}2,3	0,4	0,4	0,4	0,6	0,9	1,2	1,3	1,5
Sonstige			0,7	0,9	1,0	1,5	2,5	5,0	5,5	5,9
Gesamt	100,0	100,0	100,0	100,0	100,0	100,0	100,0	100,0	100,0	100,0

Berechnung auf Basis des Wirkungsgradansatzes
Sämtliche Zahlen auf der Basis des Gebietsstandes vom 3.10.1990 (also durchgängig einschließlich neue Bundesländer)
* 2007 vorläufig

Quelle: Arbeitsgemeinschaft Energiebilanzen 08/2008

Tabelle 103: Primärenergieverbrauch differenziert nach alten und neuen Bundesländern 1980 bis 1995

Energieträger	1980	1981	1982	1983	1984	1985	1986	1987	1988	1989	1990	1991	1992	1993	1994	1995
	Mio. t SKE															
	Früheres Bundesgebiet															
Mineralöle	185,7	167,5	159,8	158,5	158,0	159,3	167,6	163,3	163,5	153,2	160,6	168,6	168,3	171,1	168,2	167,8
Erdgas	63,6	59,3	54,3	55,9	58,8	58,8	58,4	64,4	62,4	65,6	68,6	73,8	72,6	75,7	75,3	79,9
Steinkohlen	77,1	78,2	76,7	77,7	79,3	79,4	77,7	75,5	74,7	73,3	74,0	76,4	72,0	70,4	70,6	68,1
Braunkohlen	39,2	39,8	38,4	38,3	38,4	36,1	33,1	31,2	31,6	32,5	32,1	32,8	33,3	31,5	31,7	31,6
Kernenergie	16,3	20,0	23,7	24,5	34,5	46,9	44,5	48,6	54,0	55,6	54,8	54,9	59,1	57,1	56,3	57,4
Wasser-/Windkraft[1]	2,1	2,2	2,2	2,1	2,1	1,9	2,0	2,3	2,2	2,0	2,0	1,8	2,1	2,1	2,2	2,8
Außenhandelssaldo Strom	0,7	1,0	0,8	1,3	0,5	0,3	0,6	0,5	0,0	0,0	–0,1	0,2	–0,5	0,2	0,5	0,7
Sonstige Energieträger[2]	2,7	3,1	3,3	3,7	4,4	4,4	4,3	4,3	4,7	4,6	4,9	5,0	5,0	5,7	6,3	6,4
Insgesamt	387,4	371,1	359,2	362,0	376,0	387,1	388,2	390,1	393,1	386,8	396,9	413,5	411,9	413,8	411,1	414,7
	Neue Länder und Berlin Ost															
Mineralöle	21,0	20,3	17,3	15,9	13,5	15,2	14,4	17,5	17,2	17,9	18,1	20,7	23,7	24,9	26,0	26,3
Erdgas	10,3	11,3	11,2	12,2	12,3	11,6	12,8	12,7	12,4	11,9	9,6	8,4	8,7	10,3	12,3	15,6
Steinkohlen	8,1	6,3	5,9	4,9	4,9	6,3	6,1	7,0	5,9	5,3	4,7	3,1	2,9	2,6	2,4	2,2
Braunkohlen	76,5	79,1	80,1	81,6	86,7	89,7	90,4	90,5	89,1	87,7	77,1	52,7	41,0	36,2	31,8	27,6
Kernenergie	4,4	4,4	4,0	4,6	4,4	4,7	4,1	4,2	4,4	4,7	2,1	0,0	0,0	0,0	0,0	0,0
Wasser-/Windkraft[1]	0,0	0,0	0,0	0,0	0,0	0,0	0,0	0,0	0,0	0,1	0,0	0,0	0,0	0,0	0,0	0,0
Außenhandelssaldo Strom	0,2	0,2	0,1	0,2	0,0	0,0	0,1	0,5	0,2	0,1	0,2	– 0,3	– 0,2	– 0,1	– 0,2	– 0,1
Sonstige Energieträger[2]	0,2	0,2	0,2	0,2	0,1	0,1	0,1	0,1	0,2	0,1	0,2	0,4	0,4	0,4	0,5	0,6
Insgesamt	120,7	121,8	118,8	119,6	121,9	127,6	128,0	132,5	129,4	127,8	112,0	85,0	76,5	74,3	72,8	72,2
	Deutschland insgesamt															
Mineralöle	206,7	187,8	177,1	174,4	171,5	174,5	182,0	180,8	180,7	171,1	178,7	189,3	192,0	196,0	194,2	194,1
Erdgas	73,9	70,6	65,5	68,1	71,1	70,4	71,2	77,1	74,8	77,5	78,2	82,2	81,3	86,0	87,6	95,5
Steinkohlen	85,2	84,5	82,6	82,6	84,2	85,7	83,8	82,5	80,6	78,6	78,7	79,5	74,9	73,0	73,0	70,3
Braunkohlen	115,7	118,9	118,5	119,9	125,1	125,8	123,5	121,7	120,7	120,2	109,2	85,5	74,3	67,7	63,5	59,2
Kernenergie	20,7	24,4	27,7	29,1	38,9	51,6	48,6	52,8	58,4	60,3	56,9	54,9	59,1	57,1	56,3	57,4
Wasser-/Windkraft[1]	2,1	2,2	2,2	2,1	2,1	1,9	2,0	2,3	2,2	2,1	2,0	1,8	2,1	2,1	2,2	2,8
Außenhandelssaldo Strom	0,9	1,2	0,9	1,5	0,5	0,3	0,7	1,0	0,2	0,1	0,1	– 0,1	– 0,7	0,1	0,3	0,6
Sonstige Energieträger[2]	2,9	3,3	3,5	3,9	4,5	4,5	4,4	4,4	4,9	4,7	5,1	5,4	5,4	6,1	6,8	7,0
Insgesamt	508,1	492,9	478,0	481,6	497,9	514,7	516,2	522,6	522,5	514,6	508,9	498,5	488,4	488,1	483,9	486,9

1) Windenergie nur 1995 erfasst 2) Brennholz, Brenntorf, Kokereigas, sonstige Naturgase sowie Klärschlamm, Müll, sonstige Gase und Abhitze zur Strom- und Fernwärmeerzeugung.
Quelle: Arbeitsgemeinschaft Energiebilanzen 7/97 und 06/99; Berecnungen auf Basis des Wirkungsgradansatzes.

Tabelle 104: Erneuerbare Energien in der Energiebilanz für Deutschland von 1990 bis 2007

Energieträger	1990	1995	2000	2001	2002	2003	2004	2005	2006	2007*
	Petajoule									
Wasserkraft	57,9	77,0	92,0	86,0	89,5	67,6	71,7	70,5	72,0	74,6
Windkraft	•	6,2	34,6	37,6	55,3	67,3	91,8	98,0	110,5	142,2
Photovoltaik	•	0,0	0,3	0,4	0,7	0,6	2,2	4,7	7,9	10,8
Biomasse	58,6	139,7	241,9	265,5	265,0	294,0	410,7	491,7	624,0	657,1
Erneuerbare Abfälle	79,7	44,9	38,5	31,3	32,5	41,8	69,9	93,7	108,7	98,9
Geothermie	•	0,4	0,4	0,4	0,4	0,4	0,4	0,5	0,6	0,6
Solarthermie	•	1,7	3,8	5,9	7,0	8,1	9,3	10,2	11,8	13,7
Wärmepumpen	•	4,8	5,0	5,1	5,1	5,2	5,3	5,9	6,5	8,3
Erneuerbare Energien Insgesamt	196,1	274,7	416,5	432,2	455,5	485,0	661,2	775,1	941,9	1.006,1
Primärenergieverbrauch Insgesamt	14.905	14.269	14.401	14.679	14.427	14.460	14.656	14.465	14.756	13.993
Anteil Erneuerbare Energien am Primärenergieverbrauch	1,3 %	1,9 %	2,9 %	2,9 %	3,2 %	3,4 %	4,5 %	5,4 %	6,4 %	7,2 %

* vorläufige Werte

Quelle: DIW Berlin im Auftrag der AG Energiebilanzen e.V. (Stand: August 2008)

— Steinkohle	von	19,5 %	auf	14,2 %
— Braunkohle	von	22,3 %	auf	11,5 %
— Kernenergie	von	1,0 %	auf	11,0 %
— Wasser und Sonstige	von	1,1 %	auf	7,4 %.

4.3 Energieverbrauch nach Sektoren

Auch in der Zusammensetzung des Energieverbrauchs nach Sektoren war im Zeitraum 1973 bis 2007 ein struktureller Wandel zu verzeichnen. Es nahm der Endenergieverbrauch des Verkehrssektors während der vergangenen 34 Jahre um zwei Drittel zu. Die privaten Haushalte verbrauchten 2007 rund 2,5 % weniger Energie als 1973. Ein Zuwachs von 13 % wurde bei Verbrauch und Verlusten im Energiesektor verzeichnet – im Wesentlichen als Folge des gestiegenen Energieeinsatzes in Kraftwerken zur Deckung der erhöhten Stromnachfrage. Demgegenüber ging der Endenergieverbrauch des Sektors Gewerbe/Handel/Dienstleistun-

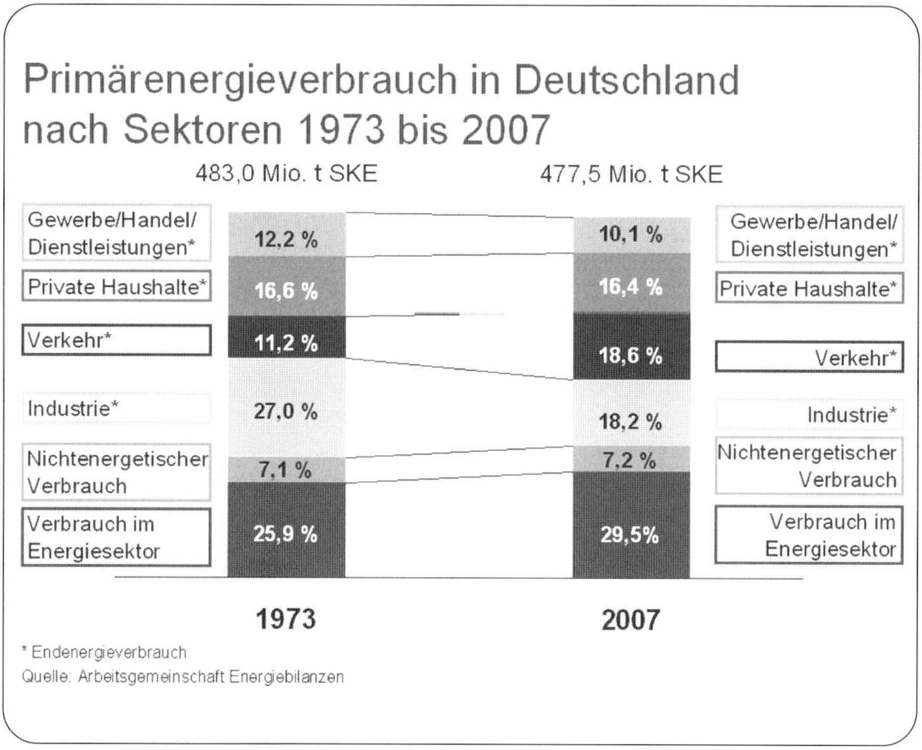

Abb. 118: Primärenergieverbrauch in Deutschland nach Sektoren 1973 bis 2007

Tabelle 105: Struktur des Energieverbrauchs in Deutschland nach Sektoren[1)] 1990 bis 2007

	1990	1995	2000	2001	2002	2003	2004	2005	2006	2007*
	Mio. t SKE									
Primärenergieverbrauch	508,9	486,9	491,4	500,8	492,3	493,4	500,1	493,5	503,5	477,5
Verbrauch und Verluste im Energiesektor und statistische Differenzen	152,6	135,9	139,8	143,1	141,8	141,4	146,5	153,5	155,8	141,0
Nichtenergetischer Verbrauch	32,7	32,9	36,4	35,2	35,7	35,2	35,5	35,7	35,6	34,6
Endenergieverbrauch	323,6	318,1	315,1	322,6	314,8	316,8	318,1	304,3	312,1	301,9
davon:										
Übriger Bergbau und verarbeitendes Gewerbe	101,6	84,4	82,6	80,7	79,2	83,2	85,8	82,7	84,3	87,0
Verkehr	81,1	89,2	93,9	92,0	91,2	88,7	89,2	88,2	89,2	88,7
Haushalte und Kleinverbraucher	140,9	144,5	138,6	149,9	144,4	144,9	143,1	133,4	138,6	126,2
Haushalte	81,2	90,6	88,2	96,3	91,7	93,0	90,8	87,6	88,8	78,2
Gewerbe, Handel, Dienstleistungen	59,7	53,9	50,4	53,6	52,7	51,9	52,3	45,7	49,9	48,0
	Anteil am Primärenergieverbrauch in %									
Verbrauch und Verluste im Energiesektor Statistische Differenzen	30,0	27,9	28,5	28,6	28,8	28,7	29,3	31,1	30,9	29,5
Nichenergetischer Verbrauch	6,4	6,8	7,4	7,0	7,2	7,1	7,1	7,2	7,1	7,2
Endenergieverbrauch	63,6	65,3	64,1	64,4	63,9	64,2	63,6	61,7	62,0	63,2
	Anteil am Endenergieverbrauch in %									
Übriger Bergbau und verarbeitendes Gewerbe	31,4	26,5	26,2	25,0	25,2	26,2	27,0	27,2	27,0	28,8
Verkehr	25,1	28,1	29,8	28,5	29,0	28,0	28,0	29,0	28,6	29,4
Haushalte und Kleinverbraucher	43,5	45,4	44,0	46,5	45,9	45,7	45,0	43,8	44,4	41,8
Haushalte	25,1	28,5	28,0	29,8	29,1	29,4	28,5	28,8	28,4	25,9
Gewerbe, Handel, Dienstleistungen	18,4	16,9	16,0	16,6	16,7	16,4	16,4	15,0	16,0	15,9

1) Primärenergieverbrauch berechnet auf der Basis des Wirkungsgradansatzes. Abweichungen in den Summen durch Rundungen.
*) Vorläufige Angaben;
Quelle: Arbeitsgemeinschaft Energiebilanzen 08/2008

Tabelle 106: Energieverbrauch in Deutschland nach Sektoren und Energieträgern 2007

Sektor	Mineralöle	Naturgase[3]	Steinkohlen	Braunkohlen	Kernenergie	Elektrizität	Fernwärme	Sonstige[4]	Insgesamt
	Mio. t SKE								
Verbrauch und Verluste im Energiesektor und Nichtenergetischer Verbrauch[1]	49,8	30,6	54,3	52,1	52,3	– 65,0	– 9,0	10,5	175,6
Endenergieverbrauch	110,6	76,9	13,6	2,9	–	65,0	9,0	23,9	301,9
davon:									
– Industrie	5,4	28,8	12,5	2,4	–	27,8	1,5	9,4	87,0
– Verkehr	81,1	0,0	0,0	–	–	2,0	–	5,6	88,7
– Private Haushalte	15,0	32,6	0,7	0,5	–	17,3	4,4	7,7	78,2
– Kleinverbraucher[2]	9,1	16,3	0,4	0,0	–	17,8	3,1	1,3	48,0
Primärenergieverbrauch	160,4	107,5	67,9	55,0	52,3	–	–	34,4	477,5

1) Einschließlich Fackel- und Leitungsverluste, Bewertungsdifferenzen sowie statistische Differenzen
2) Gewerbe, Handel, Dienstleistungen sowie öffentliche Einrichtungen einschließlich militärische Dienststellen
3) Erdgas, Erdölgas und sonstige Naturgase
4) Hergestellte Gase, Brennholz, Brenntorf, Klärschlamm, Müll, Wasser- und Windkraft, sonstige erneuerbare Energien sowie Außenhandelssaldo Strom

Quelle: Arbeitsgemeinschaft Energiebilanzen 08/2008

gen um 19 % zurück. Die stärkste Verbrauchsminderung ist für die Industrie festzustellen. So sanken der nichtenergetische Verbrauch – also der Energieeinsatz als Rohstoff – und der industrielle Endenergieverbrauch um insgesamt rund 26 %.

Diese Entwicklung führte 2007 zu folgender Energieverbrauchsstruktur in Deutschland. 29,5 % des Primärenergieverbrauchs entfielen auf Verbrauch und Verluste im Energiesektor. 7,2 % wurden nichtenergetisch verwendet. Der Endenergieverbrauch machte 63,2 % des im Jahr 2007 realisierten Primärenergieverbrauchs aus. Nach Sektoren verteilte sich der Endenergieverbrauch 2007 wie folgt:

— Industrie 28,8 %

— Verkehr 29,4 %

— Private Haushalte 25,9 %

— Gewerbe/Handel/Dienstleistungen 15,9 %.

4.3.1 Verbrauch und Verluste im Energiesektor

Wie aus dem von der „Arbeitsgemeinschaft Energiebilanzen" veröffentlichten Bilanzschema im Einzelnen hervorgeht, wird der Verlauf von Verbrauch und Verlusten im Energiesektor insbesondere durch zwei Faktoren bestimmt:

— die Mineralölverarbeitung und
— die Stromerzeugung in Kraftwerken.

Als dritte Säule der Umwandlungsbilanz ist der Verbrauch in Kokereien, Brikettfabriken, Fernheizwerken und sonstigen Anlagen zu nennen.

Der Öleinsatz in Raffinerien hat sich von 1973 bis 2007 vermindert. Dadurch haben sich der Eigenverbrauch und die Verarbeitungsverluste – noch verstärkt durch Effizienzgewinne – reduziert.

Energieverbrauch und Verluste im Kraftwerksbereich werden sehr stark durch die Entwicklung der Nachfrage nach Strom sowie die Kraftwerkstechnik und den Mix der Einsatzenergien bestimmt. Anders als beim Primärenergieverbrauch ist die Entwicklung von Stromverbrauch und -erzeugung somit weitgehend der wirtschaftlichen Entwicklung gefolgt. Dies erklärt sich dadurch, dass ein erhöhter Stromeinsatz vielfach Voraussetzung für eine effizientere Verwendung von Energie ist.

Der Einsatz von Energieträgern zur Stromerzeugung in Deutschland von insgesamt 187,3 Mio. t SKE im Jahr 2007 setzte sich wie folgt zusammen:

Tabelle 107: Einsatz von Energieträgern zur Stromerzeugung in Deutschland 1990 bis 2007

Energieträger	1990	1995	2000	2001	2002	2003	2004	2005	2006	2007*
	Mio. t SKE[1]									
Steinkohle	43,3	45,5	43,3	42,0	40,9	41,9	40,2	39,6	42,1	45,9
Braunkohlen	59,1	49,6	48,4	51,4	52,4	51,4	51,5	49,9	49,0	50,5
Erdgas	11,3	11,6	13,3	13,6	13,8	14,8	14,9	17,6	19,5	20,3
Heizöl	3,7	2,9	2,4	2,6	2,5	2,7	2,9	3,1	2,6	2,7
Wasser- und Windkraft[2]	2,0	3,6	5,1	5,0	5,7	5,6	6,7	7,1	7,6	7,8
Kernenergie	56,8	57,4	63,1	63,7	61,3	61,4	62,2	60,7	62,3	52,3
Sonstige Brennstoffe	5,6	5,1	6,4	6,0	6,2	6,8	5,8	7,2	7,4	7,8
Insgesamt	181,8	175,7	182,0	184,3	182,8	184,6	184,2	185,2	190,5	187,3

1) Berechnungen auf Basis der Wirkungsgradmethode
2) ab 1995 einschließlich Photovoltaik
3) Sosntige Gase sowie Müll und sonstige Biomasse

Quelle: Arbeitsgemeinschaft Energiebilanzen 08/2008

— Kernenergie: 52,3 Mio. t SKE

— Braunkohlen: 50,5 Mio. t SKE

— Steinkohlen: 45,9 Mio. t SKE

— Erdgas: 20,3 Mio. t SKE

— Heizöle: 2,7 Mio. t SKE

— Wasser- und Windkraft: 7,8 Mio. t SKE

— Sonstige: 7,8 Mio. t SKE

4.3.2 Nichtenergetischer Verbrauch

Als Rohstoff spielt Energie insbesondere in der Petrochemie zur Erzeugung von organischen Primärchemikalien, im Straßenbau in Form von Bitumen sowie in Industrie und Verkehr als Schmierstoff eine Rolle. Ölprodukte sind gegenwärtig mit mehr als 85 % am nichtenergetischen Verbrauch beteiligt. Daneben spielen Erdgas, Steinkohlen und Braunkohlen noch eine gewisse Rolle. Hinsichtlich dieser Struktur sind in den letzten drei Jahrzehnten nur geringe Veränderungen eingetreten.

4.3.3 Endenergieverbrauch

In Westdeutschland war der Energieverbrauch der **Industrie** seit der 1. Ölpreiskrise einschneidenden Anpassungsprozessen unterworfen. So hat sich der Endenergieverbrauch dieses Sektors seit 1973 stark vermindert. Dieser drastische Rückgang des Endenergieverbrauchs konnte erzielt werden, obwohl die Nettoproduktion im gleichen Zeitraum erheblich zugenommen hat. Eine Betrachtung der Entwicklung des spezifischen Energieverbrauchs zeigt, dass sich die realisierten Minderungen sowohl bei hohen als auch bei niedrigen Energiepreisen vollzogen haben. Sie waren bereits lange vor der ersten Ölpreiskrise zu beobachten; so war der spezifische Energieverbrauch der Industrie von 1950 bis 1973 um 46 % gesunken. Und sie haben sich danach – auch in Zeiten wieder fallender Energiepreise – fortgesetzt. Entscheidend waren die Investitionen der Industrie in kontinuierlich – auch unter dem Gesichtspunkt der Energieeffizienz – verbesserte Anlagen.

Der immer effizientere Umgang mit Energie durch Einführung neuer Produktionsverfahren und verbesserte Anlagen ist nicht die einzige Ursache des skizzierten Prozesses. Vielmehr ist diese Entwicklung auch auf die Veränderung der Produktpalette innerhalb der einzelnen Branchen und auf den Strukturwandel zwischen den verschiedenen Industriezweigen zurückzuführen. Energieintensive Produktionen und Branchen mussten Einbußen hinnehmen, während das verzeichnete Wachstum insbesondere durch weniger energieintensive Bereiche getragen worden ist. Ursache dieser letztgenannten Entwicklung ist zum einen die veränderte Nachfragestruktur; sie geht aber auch auf die Verlagerung von Produktionsstandorten ins Ausland bzw. die Berücksichtigung ausländischer Standorte bei Neuinvestitionen zurück.

Größte Energieverbraucher innerhalb der westdeutschen Industrie sind Chemie, Eisenschaffende Industrie, Steine und Erden, Zellstoff-, Papier- und Pappeerzeugung, der Fahrzeugbau sowie die NE-Metallerzeugung. Der stärkste Rückgang des Energieverbrauchs war seit 1973 im Grundstoff- und Produktionsgütergewerbe und darunter insbesondere bei der Eisenschaffenden sowie bei der Steine- und Erden-Industrie zu beobachten. Zuwächse im Energieverbrauch des Fahrzeugbaus oder der Zellstoff-, Papier- und Pappeerzeugung wurden durch die Entwicklung in diesen Branchen überkompensiert.

Der Rückgang des Energieverbrauchs war begleitet von einem strukturellen Wandel im Energiemix zu Lasten des Öls und zugunsten vor allem von Erdgas und Elektrizität. Die Zunahme des Stromverbrauchs, die sich auf fast alle wichtigen Industriezweige erstreckt, ist Ausdruck der für die Industrie typischen permanenten Modernisierung. Strom wird in vielen industriellen Prozessen eingesetzt, die der Rationalisierung, Energieeinsparung, Qualitätssteigerung und auch der Verbesserung des Umweltschutzes dienen.

Entscheidend für den Rückgang des ostdeutschen Energieverbrauchs waren die mit Einführung der Marktwirtschaft notwendigen Anpassungsprozesse. Insbesondere energieintensive Produktionen des Grundstoff- und Produktionsgütergewerbes mussten drastisch zurückgefahren werden. Zu nennen sind insbesondere die Chemie, die Eisenschaffende Industrie, Gießereien und Branchen wie die Gummiverarbeitung und die Holzbearbeitung. Auch im Investitionsgütergewerbe fiel die Produktion erheblich zurück. Dies gilt unter anderem für den Maschinenbau sowie für Elektrotechnik und Feinmechanik.

Auch die seit Anfang der neunziger Jahre verfügbaren gesamtdeutschen Zahlen zeigen eine Fortsetzung des rückläufigen Trends der Energieintensität im Industriesektor.

Im **Verkehrssektor** kommt dem Straßenverkehr mit einem Anteil von 82 % am Energieverbrauch eine dominierende Bedeutung zu. Der in den letzten Jahrzehnten stark gestiegene Energieverbrauch im Straßenverkehr verteilte sich 2007 wie folgt:

— Individualverkehr:	67 %
— Öffentlicher Personenverkehr:	2 %
— Güterverkehr:	31 %.

Tabelle 108: Endenergieverbrauch nach Verkehrsbereichen in Deutschland 1975 bis 2007

	1975	1980	1985	1990	1995*	2000	2005	2006	2007
	Petajoule								
Straßenverkehr									
Individualverkehr	859	1.053	1.100	1.352	1.541	1.514	1.437	1.428	1.422
Öffentlicher Verkehr	30	34	34	35	41	41	38	38	37
Summe Personenverkehr	888	1.087	1.134	1.387	1.582	1.554	1.474	1.466	1.458
Güterverkehr	266	360	363	431	684	804	675	699	673
Summe Straßenverkehr	1.154	1.447	1.497	1.818	2.266	2.358	2.150	2.165	2.131
Schienenverkehr	78	74	60	59	89	83	78	76	75
Luftverkehr	85	109	124	187	235	298	345	362	380
Binnenschifffahrt	38	36	30	27	24	12	14	12	12
Summe Verkehr	1.355	1.666	1.712	2.091	2.614	2.751	2.586	2.615	2.598

* ab 1995 einschließlich neue Bundesländer

Quelle: Deutsches Institut für Wirtschaftsforschung (DIW), Verkehr in Zahlen, 2008/2009, Berlin 2008 (Die in Petajoule ausgewiesenen Zahlen können mit 29.308 Kilojoule/kg SKE umgerechnet werden.)

Tabelle 109: Entwicklung der Kraftfahrzeugbestände in Deutschland

Jahr	Gebiets-abgrenzung	Krafträder	Personen-kraftwagen	Kraft-omnibusse	Lastkraft-wagen	Zug-maschinen	Übrige Kraft-fahrzeuge	Kraftfahr-zeuge insgesamt
1973	Alte Bundesländer [1]	401.050	17.023.085	55.602	1.138.554	1.530.964	111.114	20.260.369
	Neue Bundesländer [2]	1.360.859	1.539.060	19.068	216.250	204.136	53.484	3.392.857
	Insgesamt	**1.761 909**	**18 .562.145**	**74 .670**	**1.354.804**	**1.735.100**	**164.598**	**23.653.226**
1989	Alte Bundesländer [1]	1.378.528	29.755.447	70.181	1.345.348	1.749.158	405.600	34.704.262
	Neue Bundesländer [2]	1.327.111	3.898.895	62.701[4]	240.105[5]	262.519	166.981	5.958.312
	Insgesamt	**2.705.639**	**33.654.342**	**132.882**	**1.585.453**	**2.011.677**	**572.581**	**40.662.574**
1995	Deutschland[1]	2.267.428	40.404.294	86.258	2.215.236	1.899.627	613.435	47.486.278
2001	Deutschland[3]	3.410.480	43.772.260	86.656	2.610.885	1.941.783	665.231	52.487.295
2005	Deutschland[3]	3.827.899	45.375.525	85.508	2.572.142	1.961.934	696.644	54.519.653
2008[7]	Deutschland[3]	3.566.122	41.183.594	75.068	2.323.064	1.923.235	258.954	49.330.037

1) Stand 01.07. 2) Stand 30.09. 3) Stand 01.01. 4) einschließlich Kleinbusse (anders als 1973)
5) ohne Kleinbusse (anders als 1973) 6) darunter 30.905.204 mit Benzinmotor und 10.045.903 mit Dieselmotor
7) Am 01.03.2007 trat eine neue Fahrzeugzulassungsverordnung in Kraft, die keine vorübergehenden Stilllegungen mehr kennt. Diese Fahrzeuge wurden bis zu diesem Zeitpunkt zum Fahrzeugbestand gezählt. Daher ist der Bestand im Vergleich zu den Vorjahren geringer.

Quelle: Kraftfahrt-Bundesamt

Tabelle 110: Kraftstoffverbrauch, Kraftstoffpreise und Fahrleistungen im Straßenverkehr

	Einheit	1970	1975	1980	1985	1990	1995*	2000	2005	2006	2007
Pkw und Kombi insgesamt											
Durchschnittsverbrauch	l/100 km	9,6	9,9	10,1	9,9	9,4	8,8	8,5	7,8	7,7	7,6
Durchschnittliche Motorleistung	kW	38	46	53	57	60	63	68	74	74	76
mit Otto-Motor											
Durchschnittsverbrauch	l/100 km	9,6	10,0	10,2	10,2	9,7	9,1	8,6	8,3	8,3	8,2
Gesamtverbrauch	Mio. l	19.428	24.527	29.523	29.095	34.461	39.816	38.129	32.520	31.157	29.896
Durchschnittliche Fahrleistung	1000 km	15,0	14,2	13,2	12,2	13,3	12,5	12,0	10,8	10,5	11,8
Gesamtfahrleistung	Mio. km	202.262	245.683	290.300	286.099	354.371	435.423	442.855	391.443	378.705	370.696
mit Diesel-Motor											
Durchschnittsverbrauch	l/100 km	8,6	8,9	9,1	8,2	7,8	7,5	7,1	6,8	6,9	6,9
Gesamtverbrauch	Mio. l	914	1.310	2.173	3.806	6.015	7.447	8.260	12.740	14.058	14.854
Durchschnittliche Fahrleistung	1000 km	24,5	22,9	21,1	19,8	18,7	18,0	19,6	19,5	19,6	21,6
Gesamtfahrleistung	Mio. km	10.650	14.774	24.014	46.352	77.117	99.708	116.612	186.721	205.200	216.846
Tankstellenpreise [1]											
Ottokraftstoff [2]	EUR/l	0,29	0,42	0,60	0,69	0,58	0,77	0,99	1,20	1,27	1,33
Dieselkraftstoff	EUR/l	0,30	0,44	0,57	0,68	0,52	0,58	0,80	1,07	1,12	1,17

1) Bis 1983 Bedienungstanken; ab 1984 Selbstbedienung 2) Bis 1985 für verbleites Normalbenzin; ab 1990 für bleifreies Normalbenzin
* ab 1995 einschließlich neue Bundesländer

Quelle: Deutsches Institut für Wirtschaftsforschung, Verkehr in Zahlen, 2008/2009, Berlin 2008.

Tabelle 111: Neuzulassungen von Personenkraftwagen nach Hubraumklassen

Hubraum	1973	1985	1991	1996	2001	2004	2007
	Alte Bundesländer		Bundesrepublik Deutschland				
	Anzahl						
bis 999 cm³	195.801	172.482	153.252	104.282	202.201	93.958	99.850
1000 cm³ bis 1499 cm³	814.043	603.919	1.233.964	961.234	717.008	740.936	787.654
1500 cm³ bis 1999 cm³	820.348	1.249.315	2.182.362	1.886.503	1.752.691	1.737.467	1.644.810
2000 cm³ bis 2499 cm³	112.598	227.152	334.827	300.721	406.986	391.029	266.236
2500 cm³ bis 2999 cm³	65.371	85.342	} 253.207	165.721	154.283	178.934	261.355
3000 cm³ und mehr	20.814	40.577		77.579	108.502	120.300	88.258
Mit Rotationskolben- und Elektromotor	2.026	474	1.062	280	47	4.202	**
Insgesamt	2.031.001	2.379.261	4.158.674	3.496.320	3.341.718	3.266.826	3.148.163
	Anteile in %						
bis 999 cm³	9,6	7,2	3,7	3,0	6,1	2,9	3,2
1000 cm³ bis 1499 cm³	40,1	25,4	29,7	27,5	21,5	22,7	25,0
1500 cm³ bis 1999 cm³	40,4	52,5	52,5	54,0	52,4	53,2	52,2
2000 cm³ bis 2499 cm³	5,6	9,5	8,0	8,6	12,2	12,0	8,5
2500 cm³ bis 2999 cm³	3,2	3,6	} 6,1	4,7	4,6	5,5	8,3
3000 cm³ und mehr	1,0	1,7		2,2	3,2	3,7	2,8
Mit Rotationskolben- und Elektromotor	0,1	0,1	0,0	0,0	0,0	0,1	**
Insgesamt	100,0	100,0	100,0	100,0	100,0	100,0	100,0

** Ab 2005 werden Rotationskolben- und Elektromotor in die kleinste Hubraumklasse gezählt.

Quelle: Kraftfahrt-Bundesamt

Daneben spielt der Luftverkehr eine stetig wachsende Rolle. So erreichte der Luftverkehr 2007 einen Anteil von 15 % am gesamten Energieverbrauch des Verkehrssektors. Demgegenüber verliert der Energieverbrauch im Schienenverkehr und in der Binnenschifffahrt an Gewicht; beide Sektoren zusammen halten inzwischen nur noch 3 % am Energieverbrauch des Verkehrssektors.

Neben der dominierenden Bedeutung des Straßenverkehrs ist besonders bemerkenswert, dass 92 % des Endenergieverbrauchs im Verkehrssektor durch Mineralölprodukte und 2 % durch Elektrizität gedeckt wurden. Der Erdgasanteil liegt bisher noch unter 1 %.

Seit 1970 hat sich der Kraftstoffkonsum für Pkw – trotz der Entwicklung verbrauchsärmerer Modelle – verdoppelt. Als entscheidende Bestimmungsfaktoren dieser Entwicklung sind zu nennen [65]:

— Verdreifachung des Pkw-Bestandes;

— Wandel in der Struktur der Hubraumklassen bei Neuzulassungen von Pkw. Hatten Anfang der 70er Jahre erst weniger als 10 % der in den alten Bundesländern neu zum Verkehr zugelassenen Pkw einen Hubraum von 2.000 cm^3 und mehr, lag der entsprechende Anteil 2007 in Deutschland bei 20 %. Darüber hinaus hielt 2007 die Hubraumklasse 1.500 bis 1.999 cm^3 einen um 10 Prozentpunkte höheren Anteil bei den Neuzulassungen als Anfang der 70er Jahre des vergangenen Jahrhunderts.

Bei Pkw mit Ottomotor war folgende Entwicklung zu verzeichnen: Trotz des gestiegenen Pkw-Bestandes – der Zuwachs wird zunehmend durch die Anschaffung von Zweitwagen bestimmt – hat sich die jahresdurchschnittliche Fahrleistung pro Pkw im Zeitraum von 1970 bis 2006 nur ein Viertel verringert. Sie betrug für Pkw mit Ottomotor 2006 rund 11.000 km.

Der Benzinverbrauch der Pkw-Flotte mit Ottomotor hat sich in dem genannten Zeitraum um 15 % vermindert. Der durchschnittliche Benzinverbrauch lag 2007 bei 8,2 l/100 km. 1970 waren es 9,6 l/100 km. Diese Entwicklung geht auf mehrere Einflussgrößen zurück. Verbrauchserhöhend wirkte sich die Veränderung der Bestandsstruktur zugunsten größerer Fahrzeuge aus. Demgegenüber nahmen die Durchschnittswerte des Kraftstoffkonsums innerhalb der einzelnen Hubraumklassen ab; dies geht auf motortechnische und aerodynamische Verbesserungen zurück. Die ebenfalls erreichten Gewichtsreduktionen infolge anderer Werkstoffe und veränderter Bauweisen, die grundsätzlich verbrauchssenkend wirken, wurden z. T. durch Zusatzausstattungen, die ihrerseits Gewichtserhöhungen verursachten, konterkariert. Verbrauchserhöhend wirkte der Energiebedarf der elektrisch betriebenen Zusatzausstattungen.

Etwas stärker als bei Pkw mit Ottomotor hat sich der spezifische Kraftstoffverbrauch von Diesel-Pkw reduziert. 2007 verbrauchten Diesel-Pkw im Durchschnitt 6,9 l/100 km. Das waren 20 % weniger als 1970. Diese Entwicklung geht – neben der Markteinführung effizienterer Motoren – auf die veränderte Zusammensetzung der Diesel-Flotte zurück. So war in den vergangenen Jahren das Angebot von Diesel-Pkw in der Mittelklasse und bei Kleinwagen stark ausgeweitet worden. Die strukturellen Veränderungen im Markt für Diesel-Pkw haben sich auch bei der durchschnittlichen Fahrleistung ausgewirkt. Sie lag 2007 für Diesel-Pkw bei 21.600 km. 1970 hatten Diesel-Pkw noch eine durchschnittliche Jahresfahrleistung von etwa 24.500 km.

Entscheidend für den Anstieg des Energieverbrauchs im Straßen-Güterverkehr war die Zunahme der Verkehrsleistung. Dabei war beim Fernverkehr ein erheblich stärkerer Anstieg der Verkehrsleistung zu beobachten als im Nahverkehr. Der Energieverbrauch im Schienenverkehr blieb zwischen 1975 und 2007 konstant. In der Binnenschifffahrt war ein Rückgang um mehr als zwei Drittel zu verzeichnen. Dem gegenüber lag der Energieverbrauch im Luftverkehr in Deutschland 2007 bei dem 4,5-fachen des Vergleichswertes im Jahr 1975.

Der Energieverbrauch des **Haushaltssektors** dient vor allem der Deckung des Wärmebedarfs. Die erreichte Begrenzung des Anstiegs des Endenergieverbrauchs wurde u. a. erreicht durch bauliche Veränderungen wie etwa verbesserte Wärmedämmung, durch Übergang auf moderne Brenner und Kessel mit höherem Wirkungsgrad, durch bessere Wartung der Heizanlagen, durch Einbau von temperaturgesteuerten Regelungsanlagen und infolge des Austauschs veralteter Haushaltsgeräte durch Aggregate mit geringerem Energieverbrauch. Ohne diese von einem einsparbewussten Verhalten begleiteten investiven Maßnahmen zum Wärmeschutz der Gebäude und zur Wirkungsgradverbesserung sowie zur temperaturabhängigen Regelung der Heizungsanlagen hätte sich der Endenergieverbrauch der Privaten Haushalte drastisch erhöht.

Die in den siebziger Jahren vorgelegten Prognosen hatten diese Entwicklung nicht in Rechnung gestellt. Entsprechend war die Höhe des Energieverbrauchs stark überschätzt worden. In diesen Prognosen konnten, soweit sie vorher vorgelegt worden waren, die drastischen Energiepreissprünge der Jahre 1973/74 und 1979/80 nicht vorhergesehen werden, die – unterstützt durch energiepolitische Maßnahmen der Bundesregierung – Einspar- und Substitutionseffekte in einem unerwartet starken Ausmaß entfaltet hatten. Diese Prozesse haben trotz der seit Mitte der achtziger Jahre beobachteten Preiseinbrüche bis in die letzten Jahre fortgewirkt.

Der Energiemix der Privathaushalte wurde in den letzten zwei Jahrzehnten insbesondere durch die Entwicklung der Beheizungsstruktur geprägt. 1973 waren 51 % der westdeutschen Wohnungen mit Öl beheizt worden. Öl hatte in den Jahren bis 1973 Kohle als Heizenergie substituiert. Nach der 1. Ölpreiskrise schwächte sich der Trend zur Ölheizung deutlich ab. 1976 bis 1978 erreichte der Anteil der Ölheizung mit 53 % seinen Höchststand. Danach setzte eine rückläufige Bewegung ein. 1998 wurden noch etwa 37 % aller westdeutschen Wohnungen mit Öl beheizt. Erheblich größere Marktverluste musste die Kohle hinnehmen. Ihr Anteil an der Wohnungsbeheizung erreichte 1998 rund 6 % – nach noch 25 % im Jahr 1973. Der große Gewinner war das Erdgas. So hatte sich der Gasanteil an der Beheizung des Wohnungsbestandes von 14 % im Jahr 1973 um 28 Prozentpunkte auf 42 % im Jahr 1998 erhöht. Strom und Fernwärme konnten seit 1973 leichte Zuwächse verbuchen. So vergrößerte sich der Anteil der Fernwärme an der Wohnungsbeheizung von 5 % im Jahr 1973 auf 8 % im Jahr 1998. Bei Elektrizität war in diesem Zeitraum ein Zuwachs von 5 % auf 7 % zu verzeichnen.

Die in Ostdeutschland bei der Wohnungsbeheizung im Jahr 1989 bestehende Ausgangssituation kann wie folgt charakterisiert werden: Die insgesamt vorhandenen knapp 7 Mio. Wohnungen wurden jeweils zu etwa 50 % über Zentralheizungen und Einzelöfen beheizt. Der Anteil der mit Braunkohlen beheizten Wohnungen betrug mehr als zwei Drittel; in drei Viertel dieser Wohnungen waren Einzelöfen im Einsatz, bei einem Viertel waren Zentralheizungen installiert. Rund ein Viertel des Wohnungsbestandes wurde mit Fernwärme versorgt. Öl spielte für die Beheizung keine Rolle. Mit Gas und Strom vollbeheizte Wohnungen waren von untergeordneter Bedeutung.

Nach 1989 hat ein starker Strukturwandel auf dem ostdeutschen Haushaltswärmemarkt eingesetzt. Der Anteil der mit Öl beheizten Wohnungen war bis 1998 auf 16 % angestiegen. Mit Gas wurden 1998 bereits 44 % der Wohnungen beheizt. Demgegenüber hatte sich der Anteil der Kohle von 73 % im Jahr 1989 auf 10 % im Jahr 1998 vermindert.

Mit dieser Umstellung, die mit einer weitreichenden Erneuerung des Bestandes an Heizungsanlagen verbunden war, konnten erhebliche Effizienzgewinne realisiert werden. Zusätzlich hatten der nach 1989 erfolgte Abbau der zuvor bestehenden Verbraucherpreissubventionen und die Aufhebung der früher staatlich verordneten Festpreise für Energie erhebliche Impulse für eine sparsamere Energieverwendung gesetzt. Der Verschwendung von Energie, die sich als Folge der künstlich niedrig gehaltenen Energiepreise eingestellt hatte, wurde mit Erfolg entgegengewirkt.

Der Wandel der Beheizungsstruktur hat – neben der bereits genannten Verbrauchsminderung – zu erheblichen Marktanteilsverschiebungen zwischen den Energieträgern geführt. Heizöl und insbesondere Erdgas konnten Marktanteilsgewinne zulasten der Braunkohle verbuchen. Der Anteil der Fernwärme an der Deckung des Haushaltsenergiebedarfs blieb in etwa unverändert.

Ergebnis des für West- und Ostdeutschland dargestellten Verlaufs ist, dass Gas inzwischen – vor Öl – die wichtigste Heizenergie geworden ist. So waren Ende 2007 rund 18,4 Mio. Wohnungen in Deutschland gasbeheizt. Dies entsprach einem Anteil von 48,3 % am gesamten Wohnungsbestand. Mit Heizöl wurden rund 11,5 Mio. Wohnungen entsprechend 30,3 % beheizt. Der Beitrag von Strom belief sich 2007 auf 5,9 %. Die Anteile von Fernwärme und Kohle betrugen 12,5 % bzw. 3,0 %

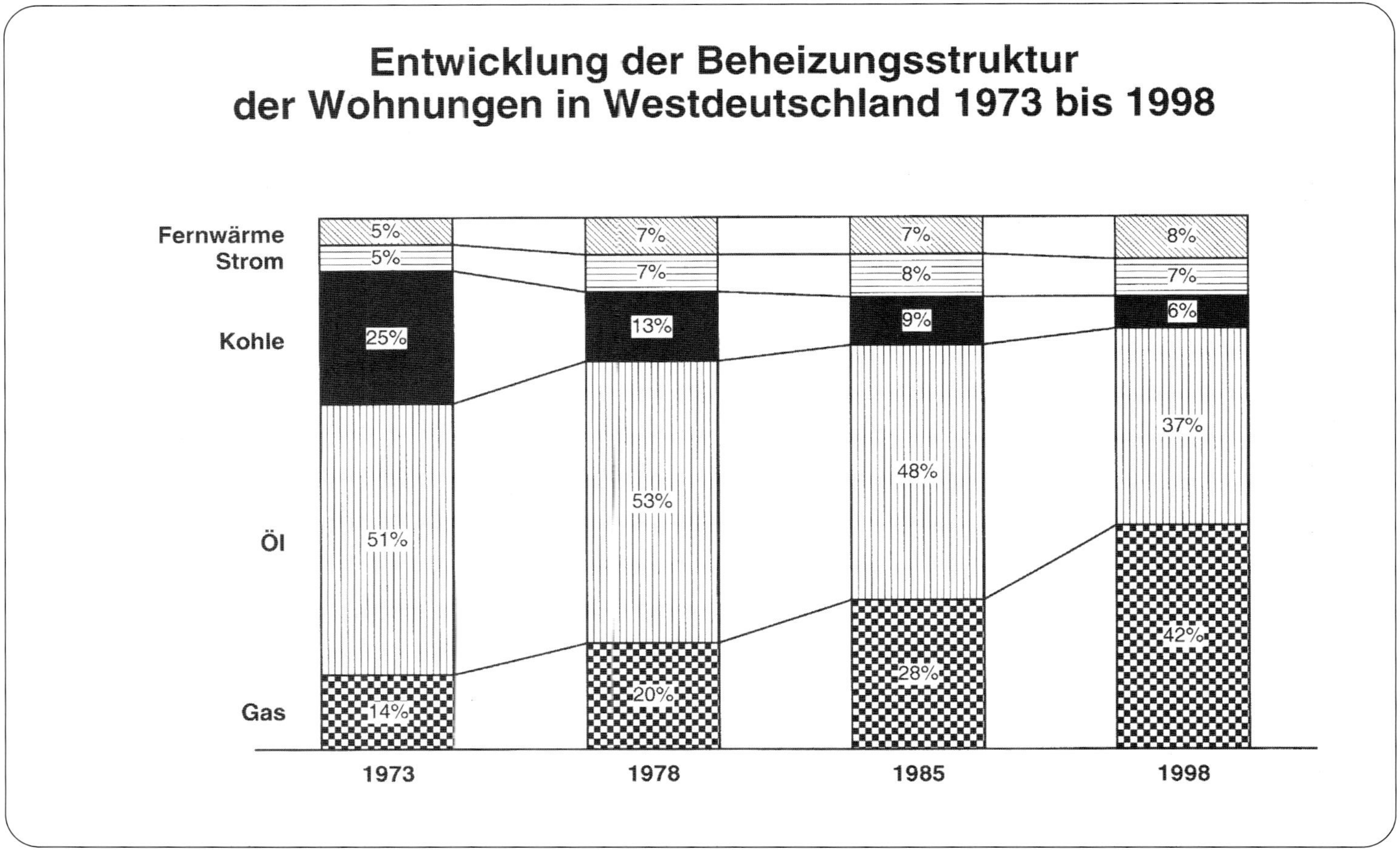

Abb. 119: Beheizungsstruktur der Wohnungen in Westdeutschland 1973 bis 1998

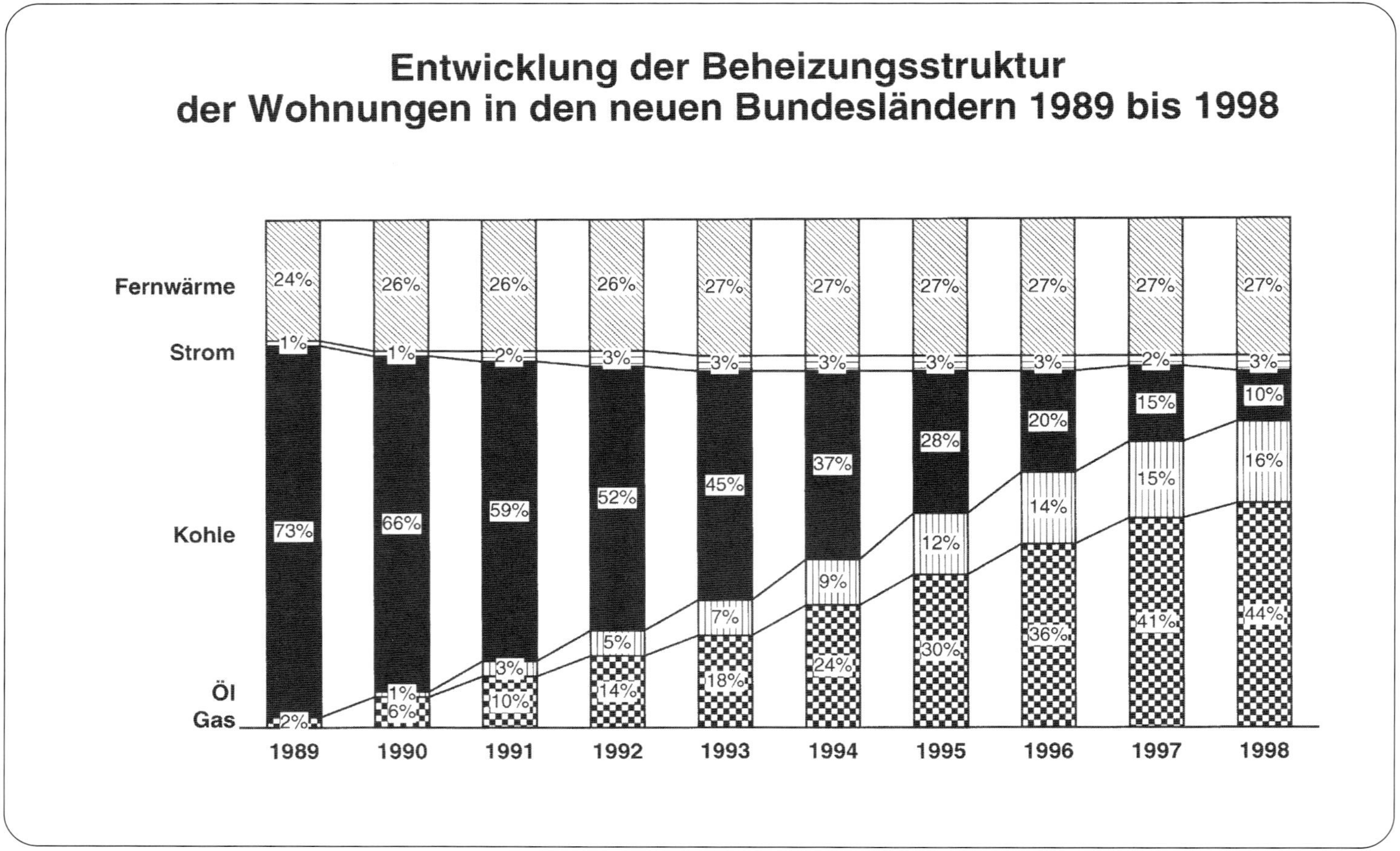

Abb. 120: Wohnungsbeheizung in Ostdeutschland 1989 bis 1998

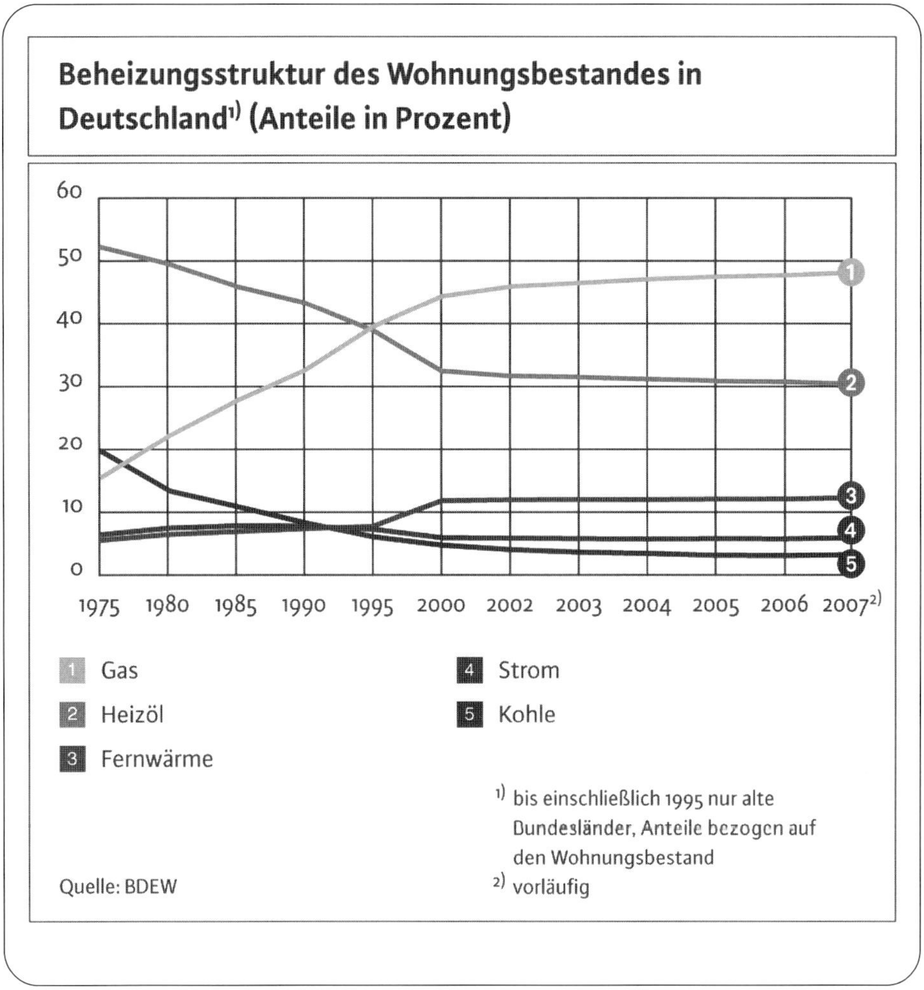

Abb. 121: Beheizungsstruktur des Wohnungsbestandes in Deutschland 1975 bis 2007

Der Energiemix des Sektors **Gewerbe/Handel/Dienstleistungen** – hat sich vergleichbar mit der Entwicklung bei den privaten Haushalten – stark verändert. Die bei Mineralöl und Kohle verzeichneten Rückgänge wurden auch hier durch Zuwächse vor allem an Erdgas und daneben an Strom sowie in geringerem Umfang an Fernwärme kompensiert.

4.4 Endenergieverbrauch nach Anwendungsbereichen

„Die von der Arbeitsgemeinschaft Energiebilanzen für Deutschland aufgestellten Energiebilanzen erfassen alle Energieträger vom Aufkommen und Gesamtverbrauch (Primärenergiebilanz) über deren Umwandlung (Umwandlungsbilanz) bis zur letzten Verwendung bei den Verbrauchern (Endenergieverbrauch).

Damit wird die Energienutzungskette jedoch nicht vollständig abgebildet. Die letzte Stufe, die Umwandlung der Endenergieträger in Nutzenergie der jeweiligen Anwendungsbereiche (Beleuchtung, mechanische Energie, Wärme), wird nicht dargestellt. Diese ist die Voraussetzung dafür, dass der Endverbraucher die von ihm letztlich gewünschte Energiedienstleistung (z. B. gute Beleuchtung, angenehm temperierter Wohnraum) realisieren kann.

Bislang bestehen allerdings weder die methodischen noch die statistischen Voraussetzungen, um den Nutzenergieverbrauch bzw. die in Anspruch genommenen Energiedienstleistungen hinreichend gesichert quantifizieren zu können.

Wegen der großen Bedeutung der in der Energiebilanz nicht erfassten Umwandlung der Endenergie beim Verbraucher befasst sich die BDEW-Projektgruppe „Nutzenergiebilanzen" seit vielen Jahren mit der Verwendungsseite der Endenergienachfrage. Da die Aufstellung einer Nutzenergiebilanz gegenwärtig nicht möglich ist, konzentriert sich die Projektgruppe auf eine Aufschlüsselung des Endenergieverbrauchs auf die verschiedenen Anwendungsbereiche.

Diese Arbeiten entstehen unter Mitwirkung des Lehrstuhls für Energiewirtschaft und Anwendungstechnik an der TU München und der Arbeitsgemeinschaft Energiebilanzen." [66]

Im folgenden werden die von der Projektgruppe für das Jahr 2006 ermittelten Ergebnisse wiedergegeben

.

Die Darstellung nimmt eine Aufgliederung des Endenergieverbrauchs nach folgenden Merkmalen vor:

„1. Anwendungsbereiche:

- Wärme
  - Raumwärme
  - Warmwasser
  - sonstige Prozesswärme

- Mechanische Energie (Kraft)

- Information und Kommunikation

- Beleuchtung.

Elektrisch betriebene Waschmaschinen und Geschirrspülmaschinen sind mit ihren der Wassererwärmung zuzurechnenden Stromverbräuchen bei der Warmwasserversorgung erfasst.

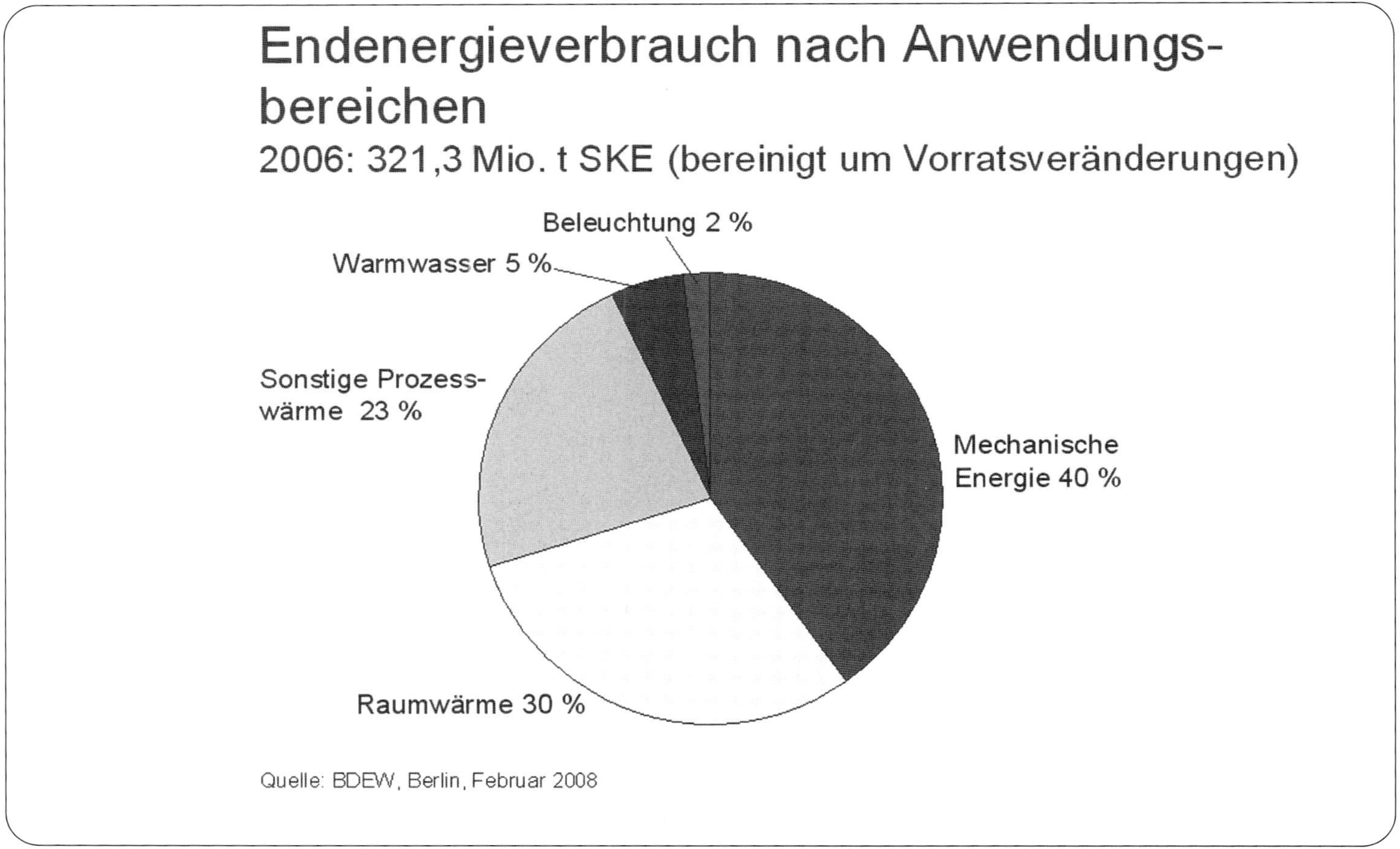

Abb. 122: Endenergieverbrauch nach Anwendungsbereichen

Bei der „Sonstigen Prozesswärme“ (Prozesswärme ohne Warmwasser) handelt es sich im Wesentlichen um Wärme für Fertigungsprozesse in Industrie und Gewerbe. Hierin enthalten ist der Endenergieverbrauch für die Elektrolyse, z. B. für die Herstellung von NE-Metallen (Aluminium, Zink, usw.) oder Chlor. Zur „Sonstigen Prozesswärme“ zählen aber auch Wärmeprozesse im privaten Haushalt, besonders der Anwendungsbereich Lebensmittelzubereitung (z. B. Kochen).

Der Endenergieverbrauch für Kühlen und Gefrieren wird im Unterschied zu anderen Untersuchungen nicht dem Wärmebereich, sondern der „Mechanischen Energie“ zugeordnet. Der Endenergieverbrauch für die Klimatisierung ist unter Raumwärme verbucht. Der Verbrauch für Klimaanlagen in Kraftfahrzeugen ist hingegen im Wesentlichen unter mechanischer Energie erfasst.

Zur Information und Kommunikation zählen neben den Geräten der Unterhaltungselektronik die betrieblich oder privat genutzten EDV-Geräte einschließlich der Periphere sowie die Telekommunikationsgeräte. Eingeschlossen ist auch der Verbrauch für elektrische Steuerungs- und Regelungseinrichtungen, z. B. in Maschinen und Kraftfahrzeugen.

2. Verbrauchergruppen

— Industrie (Produzierendes Gewerbe ohne Branchen des Energieumwandlungsbereichs und ohne Baugewerbe)

— Gewerbe, Handel und Dienstleistungen (einschl. militärische Dienststellen)

— Private Haushalte

— Verkehr.

Die Abgrenzung des Energieverbrauchs zwischen den Verbrauchergruppen ist nicht immer exakt möglich. In den Energiebilanzen werden Energielieferungen (Heizöl und Fernwärme) bei gemischt (gewerblich und privat) genutzten Gebäuden regelmäßig den Haushalten zugerechnet. Dadurch wird der Verbrauch für Raumwärme und Warmwasser vermutlich zu hoch, der Verbrauch des Sektors Gewerbe, Handel und Dienstleistungen zu niedrig ausgewiesen.

3. Energiearten:

— Mineralöle
  - Heizöle EL (leichtes Heizöl)
  - Heizöle S (schweres Heizöl)
  - Sonstige (in erster Linie Kraftstoffe)

— Gase
  - Erdgas
  - Gas aus Öl
  - Gas aus Kohle

— Strom

— Fernwärme (aus Kraft-Wärme-Kopplung und Heizwerken)

— Kohle (Steinkohle und Braunkohle)

— Sonstige (Brennholz, Brenntorf, usw.).

4. Vorratsveränderungen

   Die Energiebilanz weist bei festen und flüssigen Brennstoffen die an Haushalte und Gewerbe, Handel, Dienstleistungen abgelieferten Mengen als Endenergieverbrauch aus. Dies kann wegen Auf- und Abbaus von Vorräten lager-

Tabelle 112: Struktur des Endenergieverbrauchs nach Verbrauchssektoren und Anwendungsbereichen 2006

Anwendungsbereich	Industrie	Verkehr	Private Haushalte	GHD*	Summe
	Mio. t SKE (gemäß Bilanz)				
Raumwärme	7,5	0,4	67,8	22,1	97,8
Warmwasser	0,8	0,0	10,8	4,7	16,3
Sonstige Prozeßwärme	60,8	0,0	4,2	8,1	73,1
Mechanische Energie	20,5	89,2	7,2	10,8	127,7
Beleuchtung	1,4	0,4	1,4	3,2	6,4
Summe	91,0	90,0	91,4	48,9	321,3
	in Mio. t SKE bereinigt**)				
Raumwärme	7,5	0,4	67,2	21,7	96,8
Warmwasser	0,8	0,0	10,8	4,7	16,3
Sonstige Prozeßwärme	60,8	0,0	4,2	8,1	73,1
Mechanische Energie	20,5	89,2	7,2	10,8	127,7
Beleuchtung	1,4	0,4	1,4	3,2	6,4
Summe	91,0	90,0	90,8	48,5	320,3

* Gewerbe, Handel und Dienstleistungen (einschließlich militärische Dienststellen)

** bereinigt um Vorratsveränderungen beim leichten Heizöl bei Haushalten und im Sektor GHD von insgesamt 1,0 Mio. t SKE.

Quelle: BDEW, Energie-Info, Endenergieverbrauch in Deutschland 2006, Berlin, Februar 2008

barer Energien (besonders Heizöl) bei diesen Verbrauchern zu Abweichungen des „Endenergieverbrauchs gemäß Energiebilanz“ vom „tatsächlichen Endenergieverbrauch“ führen.

2006 ist es nach Einschätzung der Projektgruppe zu einem Vorratsaufbau in Höhe von 1,0 Mio. t SKE gekommen. Davon entfallen 0,6 Mio. t SKE auf Haushalte und 0,4 Mio. t SKE auf Gewerbe, Handel und Dienstleistungen.“ [66]

Auf Basis der von der BDEW-Projektgruppe „Nutzenergiebilanzen“ für 2006 ermittelten Zahlen ergibt sich folgendes Bild hinsichtlich der Struktur des deutschen Endenergieverbrauchs nach Verbrauchssektoren und Anwendungsbereichen:

Auf mechanische Energie entfallen 40 %, auf Raumwärme 30 %, auf sonstige Prozesswärme 23 %, auf Warmwasser 5 % und auf Beleuchtung 2 % des gesamten Endenergieverbrauchs. Diese Durchschnittszahlen sind Ergebnis einer zwischen den einzelnen Verbrauchssektoren stark differierenden Struktur.

— So hält in der Industrie die Sonstige Prozesswärme mit zwei Drittel einen überproportional hohen Anteil.

— Im Verkehrssektor dominiert mit 99 % die Anwendung als Mechanische Energie.

— Bei den Privaten Haushalten ist es die Raumwärme, auf die mit 74 % der größte Anteil entfällt.

— Im Sektor Handel, Gewerbe, Dienstleistungen kommt zwar mit 45 % ebenfalls der Raumwärme das größte Gewicht zu. Hier spielen aber auch die anderen Anwendungsbereiche, wie vor allem die Mechanische Energie mit 22 %, eine vergleichsweise wichtige Rolle.

Bei Strom hat die Anwendung als Mechanische Energie in allen Verbrauchssektoren die größte Bedeutung. Der Beleuchtung dienen – im Durchschnitt über alle Verbrauchssektoren – nur knapp 10 % des Stromverbrauchs. Bei den Privaten Haushalten sind es sogar lediglich 8 % des Stromverbrauchs, die dem Anwendungsbereich Beleuchtung zuzurechnen sind. Information und Kommunikation sind mit 7 % am Stromverbrauch beteiligt; bei privaten Haushalten sind es 10 %. Insgesamt entfielen 2006 von der Position Strom/Mechanische Energie 4,6 Mio. t SKE auf Information und Kommunikation.

Für die anderen Energieträger ergibt sich ein zum Teil davon stark abweichendes Bild. So dient leichtes Heizöl vor allem der Deckung des Raumwärmebedarfs, schweres Heizöl wird vorrangig zur Erzeugung Sonstiger Prozesswärme genutzt, und die sonstigen Mineralöle – insbesondere die Kraftstoffe – dominieren im Anwendungsbereich Mechanische Energie.

Gase werden überwiegend zur Deckung der Raumwärme- und des Sonstigen Prozesswärmebedarfs genutzt. Bei Fernwärme stehen die Raumwärme und die Warmwasserbereitung als Anwendungsbereich im Vordergrund. Der Einsatzschwerpunkt der Kohle im Endenergiebereich liegt bei der Sonstigen Prozesswärme.

Tabelle 113: Struktur des Stromverbrauchs nach Verbrauchssektoren und Anwendungsbereichen 2006

Anwendungsbereich	Industrie	Verkehr	Private Haushalte	GHD*	Summe
	Mio. t SKE				
Raumwärme	0,1	0,1	2,5	1,1	3,8
Warmwasser	0,1	0,0	9,9	1,8	4,8
Sonstige Prozeßwärme	7,9	0,0	3,4	1,9	13,2
Mechanische Energie	20,0	1,8	7,2	7,4	36,4
Beleuchtung	1,4	0,1	1,4	3,1	6,0
Summe	29,5	2,0	17,4	15,3	64,2
	Mrd. kWh				
Raumwärme	0,8	0,8	20,4	9,0	30,9
Warmwasser	0,8	0,0	23,6	14,7	39,1
Sonstige Prozeßwärme	64,3	0,0	27,7	15,5	107,5
Mechanische Energie	162,8	14,7	58,6	60,2	296,3
Beleuchtung	11,4	0,8	11,4	25,2	48,8
Summe	240,2	16,3	141,7	124,6	522,7

* Gewerbe, Handel und Dienstleistungen (einschließlich militärische Dienststellen)

Quelle: BDEW, Energie-Info, Endenergieverbrauch in Deutschland 2006, Berlin Februar 2008

Tabelle 114: Endenergieverbrauch nach Energieträgern und Anwendungsbereichen im Jahr 2006

	Heizöle u. a.	Kraft-stoffe	Gase	Strom	Fern-wärme	Kohle u. a.	EEV gesamt
	Mio. t SKE						
INDUSTRIE							
– Raumwärme	1,9	–	3,9	0,1	0,9	0,7	7,5
– Warmwasser	0,1	–	0,3	0,1	0,1	0,2	0,8
– Sonstige Prozesswärme	4,5	–	28,2	7,9	1,1	19,1	60,8
– Mechanische Energie	0,1	–	0,4	20,0	–	0,0	20,5
– Beleuchtung	–	–	–	1,4	–	–	1,4
Summe	6,6	0,0	32,8	29,5	2,1	20,0	91,0
GHD							
– Raumwärme	7,1	–	10,7	1,1	2,8	0,4	22,1
– Warmwasser	0,7	–	1,7	1,8	0,5	0,0	4,7
– Sonstige Prozesswärme	1,6	–	4,4	1,9	0,0	0,2	8,1
– Mechanische Energie	0,0	3,4	0,0	7,4	–	–	10,8
– Beleuchtung	–	–	0,1	3,1	–	–	3,2
Summe	9,4	3,4	16,9	15,3	3,3	0,6	48,9
HAUSHALT							
– Raumwärme	22,9	–	30,3	2,5	4,6	7,5	67,8
– Warmwasser	1,9	–	4,9	2,9	0,6	0,5	10,8
– Sonstige Prozesswärme	0,0	–	0,6	3,4	–	0,2	4,2
– Mechanische Energie	0,0	–	–	7,2	–	–	7,2
– Beleuchtung	0,0	–	–	1,4	–	–	1,4
Summe	24,8	–	35,8	17,4	5,2	8,2	91,4
VERKEHR							
– Raumwärme	–	0,3	–	0,1	–	0,0	0,4
– Warmwasser	–	–	–	0,0	–	–	0,0
– Sonstige Prozesswärme	–	–	–	–	–	–	0,0
– Mechanische Energie	–	82,4	0,1	1,8	0,0	4,9	89,2
– Beleuchtung	–	0,3	–	0,1	–	0,0	0,4
Summe	–	83,0	0,1	2,0	0,0	4,9	90,0
GESAMT							
– Raumwärme	31,9	0,3	44,9	3,8	8,3	8,6	97,8
– Warmwasser	2,7	–	6,9	4,8	1,2	0,7	16,3
– Sonstige Prozeswärme	6,1	–	33,2	13,2	1,1	19,5	73,1
– Mechanische Energie	0,1	85,8	0,5	36,4	0,0	4,9	127,7
– Beleuchtung	–	0,3	0,1	6,0	–	0,0	6,4
Summe	40,8	86,4	85,6	64,2	10,6	33,7	321,3

Quelle: BDEW, Energie-Info, Endenergieverbrauch in Deutschland 2006, Berlin, Februar 2008

5 Klimaschutz/Emissionshandel

Mit dem Begriff „Treibhauseffekt“ wird die Eigenschaft bestimmter Gase beschrieben, in einem komplizierten Zusammenspiel die Sonneneinstrahlung weitgehend ungehindert zur Erdoberfläche hindurchzulassen, dagegen aber die Wärmeabstrahlung der Erde teilweise zu absorbieren. Dabei erwärmen sich diese Gase und werfen einen Großteil der von der Sonne emittierten Strahlungsenergie wieder auf die Erdoberfläche zurück. Der natürliche Treibhauseffekt wird durch die Gase Wasserdampf (H_2O), Kohlendioxid (CO_2), Ozon (O_3), Distickstoffoxid (N_2O), auch Lachgas genannt, sowie Methan (CH_4) hervorgerufen und bewirkt, dass die Oberflächentemperatur der Erde im Mittel ca. 15 °C beträgt. Ohne diesen Effekt läge die Temperatur um etwa 33 °C unter diesem Wert, bei etwa –18 °C.

5.1 Der anthropogene Treibhauseffekt

Durch menschliche Aktivitäten erhöht sich die Konzentration von Treibhausgasen in der Atmosphäre. Den höchsten Anteil am weltweiten anthropogenen Treibhauseffekt hat das Kohlendioxid, gefolgt von Methan, verschiedenen Fluorkohlenwasserstoffen und schließlich Distickstoffoxid.

Hauptemittenten sind die Energiewirtschaft und der Verkehrssektor mit etwa 50 % Anteil am gesamten anthropogenen Treibhauseffekt, gefolgt vom Chemiesektor mit etwa 20 %, verursacht durch die direkten Emissionen von FCKW, Halonen und anderen klimarelevanten Spurengasen in geringerem Umfang. Die Vernichtung der Tropenwälder trägt mit ca. 15 % zum anthropogenen Treibhauseffekt bei, zwei Drittel davon entfallen auf die Emission von Kohlendioxid. Die Landwirtschaft und andere Bereiche sind durch Emissionen verschiedener Spurengase zusammen mit knapp 15 % beteiligt.

Als Folge des anthropogenen Treibhauseffektes werden ein Anstieg des Meeresspiegels und Verschiebungen der Klimazonen prognostiziert. Es wird befürchtet, dass die Schnelligkeit des Temperaturanstiegs die Fähigkeit vieler Ökosysteme, sich anzupassen, übersteigt. Die verschiedenen Vegetationszonen wären entsprechenden Auswirkungen ausgesetzt und die veränderten Bedingungen könnten Einfluss auf die Landwirtschaft haben. Dürreperioden und Überschwemmungen sowie Änderungen der Sonnenscheindauer und von Frostperioden könnten die Ernährungssituation in vielen Ländern verschlechtern. Auswirkungen auf die Grundwasservorkommen werden ebenfalls befürchtet.

Die Basis für solche Warnungen bilden aufwendige dreidimensionale Klimamodelle. Die strahlungsphysikalische Basis dieser Modelle ist so gut wie unumstritten, d. h. durch die Zunahme klimarelevanter Spurengase in der Atmosphäre verändern sich die Strahlungsflüsse im System Erde/Atmosphäre/Weltall, und dies führt ohne Berücksichtigung von Rückkopplungseffekten tendenziell zu einer Erwärmung von Untergrund und Atmosphäre.

Die Frage ist, inwieweit Rückkopplungseffekte (Atmosphäre-Ozean-Kopplung, Wolken, vertikaler Wärmetransport u. a.) die strahlungsbedingte Erwärmung dämpfen oder verstärken. Dies ist wissenschaftlich nach wie vor genauso umstritten wie die Prognose der CO_2- und anderer Treibhausgaskonzentrationen in der Atmosphäre über die nächsten 100 Jahre. Obwohl größte wissenschaftliche und finanzielle Anstrengungen unternommen werden, sind die Modellaussagen daher zur Zeit noch mit erheblichen Unsicherheiten behaftet.

Trotz dieser wissenschaftlichen Unsicherheiten geht die internationale Staatengemeinschaft aber davon aus, dass der Treibhauseffekt eine reale Bedrohung darstellt, auf die es aus Vorsorgegründen angemessen zu reagieren gilt. [67]

5.2 Die internationale Reaktion: von Montréal nach Rio

Seit Ende der siebziger Jahre beschäftigt sich die internationale Staatengemeinschaft mit den möglichen Auswirkungen von Aktivitäten der Menschen auf das Klima. Die Erste Weltklimakonferenz 1979 mündete in einer Erklärung, in der die Regierungen der Welt aufgefordert wurden, „sich auf potenzielle, vom Menschen verursachte Änderungen im Klima, die sich nachteilig auf das Wohl der Menschheit auswirken könnten, einzustellen und sie zu verhindern." Der auf dieser wissenschaftlichen Konferenz außerdem befürwortete Plan, ein Weltklimaprogramm in der Verantwortung u. a. des Umweltprogramms der Vereinten Nationen (UNEP) und der Weltorganisation für Meteorologie (WMO) zu erstellen, führte in der Folgezeit zu einer Reihe zwischenstaatlicher Konferenzen über den Klimawandel. Diese beiden Organisationen begründeten 1988 den Intergovernmental Panel on Climate Change (IPCC) und beauftragten diese zwischenstaatliche Sachverständigengruppe über Klimaänderungen „eine Bestandsaufnahme des vorhandenen Wissens über das Klimasystem und den Klimawandel vorzunehmen, die Auswirkungen des Klimawandels auf Umwelt, Wirtschaft und Gesellschaft zu prüfen und mögliche gegensteuernde Strategien auszuarbeiten." Der Erste Sachstandsbericht des IPCC wurde 1990 vorgelegt.

Die Generalversammlung der Vereinten Nationen beschloss im Dezember 1990 die Aufnahme von Vertragsverhandlungen über eine Rahmenkonzeption der Vereinten Nationen über Klimaänderungen (United Nations Framework Convention on Climate Change – UNFCCC). Die 1992 in Rio de Janeiro von 154 Staaten und der Europäischen Gemeinschaft unterzeichnete Klimarahmenkonvention (KRK) beinhaltet als Ziel „die Stabilisierung der Treibhausgaskonzentrationen in der Atmosphäre auf einem Niveau (...), auf dem eine gefährliche anthropogene Störung des Klimasystems verhindert wird." Zu den Leitbildern der Konvention gehören u. a. das Vorsorgeprinzip sowie das Prinzip der gemeinsamen, aber unterschiedlichen Verantwortlichkeiten“ der Staaten. Danach haben sich die gemeinsam als Vertragsparteien nach Anhang I der Konvention bezeichneten Industrieländer (die Mitglieder der OECD sowie die mittel- und osteuropäischen Staaten) verpflichtet, konkrete Maßnahmen zur Senkung ihrer Treibhausgasemissionen bis zum Jahr 2000 auf das Niveau von 1990 zu ergreifen. Die Länder nach Anhang II (im Wesentlichen die OECD-Staaten) sind außerdem aufgerufen, über die bestehenden Entwicklungshilfemittel hinausgehende Gelder zur Verfügung zu stellen und den Technologietransfer in die Entwicklungsländer zu erleichtern.

Als oberstes Gremium der 1994 in Kraft getretenen Klimarahmenkonvention wurde die Konferenz der Vertragsparteien (Conference of Parties – CoP) eingesetzt, der alle Staaten angehören, die die Konvention ratifiziert haben. Der CoP obliegt die Förderung der Umsetzung der Klimakonvention und die Überprüfung der von den Vertragsparteien übernommenen Verpflichtungen. Die CoP und ihre Nebenorgane werden von dem Sekretariat der KRK (UNFCCC-Sekretariat) mit Sitz in Bonn unterstützt. [65]

5.3 Die Rio-Folgekonferenzen

Die erste Konferenz der Vertragsparteien (CoP 1) fand vom 28. März bis 7. April 1995 in Berlin statt. Nach übereinstimmender Feststellung der Vertragsparteien wurde die Übernahme neuer Verpflichtungen für die Zeit nach 2000 für erforderlich gehalten. Mit dem verabschiedeten „Berliner Mandat“ wurde vorgesehen, ein entsprechendes Rechtsdokument für die CoP 3-Sitzung vorzubereiten. Die Bundesrepublik Deutschland hatte bei dieser Konferenz die Zusage gemacht, die CO_2-Emissionen im Zeitraum 1990 bis 2005 um 25 % zu reduzieren.

Die zweite Vertragsstaatenkonferenz vom 8. bis 19. Juli 1996 in Genf führte eine Bestandsaufnahme der im Rahmen des Berliner Mandats gemachten Fortschritte durch, setzte den in Berlin aufgenommenen Prozess der Überprüfung der nationalen Mitteilungen der Industrieländer fort und entschied über den Inhalt der für die Entwicklungsländer ab April 1997 angestrebten ersten nationalen Mitteilungen.

Bei der 3. CoP, die vom 1. bis 11. Dezember 1997 in Kyoto stattfand, wurde das Kyoto-Protokoll verabschiedet. Damit hatten sich 38 Staaten aus dem Kreis der Annex I-Länder verpflichtet, die Emissionen eines „Korbs“ aus sechs Treibhausgasen bzw. Treibhausgasgruppen im Rahmen eines definierten Zeitraums mit im Einzelnen festgelegten Prozentsätzen zu regulieren. Anhang B (Annex B) des Kyoto-Protokolls enthält eine Auflistung dieser Staaten, die konkrete Verpflichtungen zur Begrenzung der Treibhausgas-Emissionen übernommen haben. Dazu zählen die OECD-Staaten, die Länder Mittel- und Osteuropas sowie Russland. Die Annex B-Länder sind nicht vollständig deckungsgleich mit den Annex I-Staaten. Zu den Annex I-Staaten zählen auch die Türkei und Weissrussland (Belarus); diese beiden Staaten waren nicht Parteien der Konvention, als das Kyoto-Protokoll angenommen worden war. Andererseits sind in Annex B des Kyoto-Protokolls mit Kroatien, Monaco, Liechtenstein und Slowenien Staaten erfasst, die nicht zum Kreis der Annex I-Länder gehören. Die USA, die in Annex B des Protokolls ausgewiesen sind, hatten im Nachhinein erklärt, dass sie das Kyoto-Protokoll nicht ratifizieren werden. Im Kyoto-Protokoll geregelt sind die Treibhausgase CO_2, CH_4, N_2O, zwei Gruppen von Kohlenwasserstoffen (HFC und PFC) sowie Schwefelhexafluorid (SF_6). Zeithorizont ist die „Budgetperiode“ 2008 bis 2012; Basisjahr ist 1990 bzw. (nach Wahl) 1995 bezüglich der drei letztgenannten Gase.

Grundsätzlich können gemäß dem Kyoto-Protokoll so genannte flexible Instrumente angewandt werden. Damit sollen eine möglichst kostengünstige Erfüllung der übernommenen Verpflichtungen erleichtert sowie eine nachhaltige Entwicklung auch außerhalb der Industriestaaten gefördert werden. Zum einen handelt es sich um das in Artikel 17 verankerte System zum Emissionshandel (Emissions Trading) und das mit Artikel 6 geregelte Prinzip der gemeinsamen Umsetzung (Joint Implementation). Während diese zwei Instrumente zur Anwendung unter den Industrieländern in die Konvention Eingang gefunden haben, wurde als drittes Element der Mechanismus für umweltverträgliche Entwicklung (Clean Development Mechanism) geschaffen, nach dem Industrieländer sich die mit der Finanzierung von Projekten zur Treibhausgasreduktion in den Entwicklungsländern erzielten Emissionsverminderungen gutschreiben lassen können (Artikel 12).

Gemäß Artikel 4 des Kyoto-Protokolls, das Deutschland zusammen mit der Europäischen Union am 29. April 1998 gezeichnet hat, können Staatengemeinschaften die übernommenen Verpflichtungen gemeinsam erfüllen. Am 17. Juni 1998 hatten die Umweltminister der Europäischen Union ein modifiziertes „Burden Sharing“ beschlossen. Danach hat sich Deutschland eine Reduktion der Emission der sechs Treibhausgase von 21 % bis 2008/2012 auferlegt. Dies entspricht einer Übernahme von 75 % der Gesamtverpflichtung der EU-15.

Das Inkrafttreten des Kyoto-Protokolls war an die Bedingung geknüpft, dass es durch die Parlamente von mindestens 55 Staaten, die mindestens 55 % des Kohlendioxids repräsentieren müssen, das die Annex I-Staaten im Jahr 1990 emittiert haben, bestätigt wird. Zwar hatten die USA und zunächst auch Australien erklärt, dass sie sich an die Verpflichtungen des Kyoto-Protokolls nicht gebunden fühlen und entsprechend keine Ratifizierung vorgenommen. Allerdings konnte mit der Ratifizierung durch Russland das erforderliche Quorum II (55 % der CO_2-Emissionen der Annex-I-Staaten im Jahre 1990) übertroffen werden. Am 16. Februar 2005 ist das Kyoto-Protokoll in Kraft getreten.

Mit dem Kyoto-Protokoll ist die internationale Klimapolitik auf eine völlig neue Grundlage gestellt worden. Erstmals sind Reduktionsziele völkerrechtlich verbindlich zu erreichen. Dies gilt auch für das Burden Sharing innerhalb der Europäischen Union. Eine Zielverfehlung hätte entsprechende, bisher noch nicht definierte Sanktionen zur Folge. [68]

Das Kyoto-Protokoll von 1997

> Völkerrechtlich verbindliche Verpflichtung der Industriestaaten, bis zum Zeitraum 2008 – 2012 die Emissionen der 6 wichtigsten Treibhausgase (THG; davon CO_2 mit Anteil über 80 %) um insgesamt 5 % gegenüber 1990 zu senken.

Definition Kyoto-Gase (Umrechnung in CO_2-Äquivalente (CO_2e); Umrechnungsfaktoren nachfolgend in Klammern ausgewiesen)

CO_2	-	Kohlendioxid	(1)
CH_4	-	Methan	(23)
N_2O	-	Distickstoffoxid (Lachgas)	(310)
H-FKW	-	Teilhalogenierte Fluorkohlenwasserstoffe	(23.900)
FKW	-	perfluorierte Kohlenwasserstoffe	(6.500 – 9.200)
SF_6	-	Schwefelhexafluorid	(140 – 11.700)

Abb. 123: Das Kyoto-Protokoll von 1997

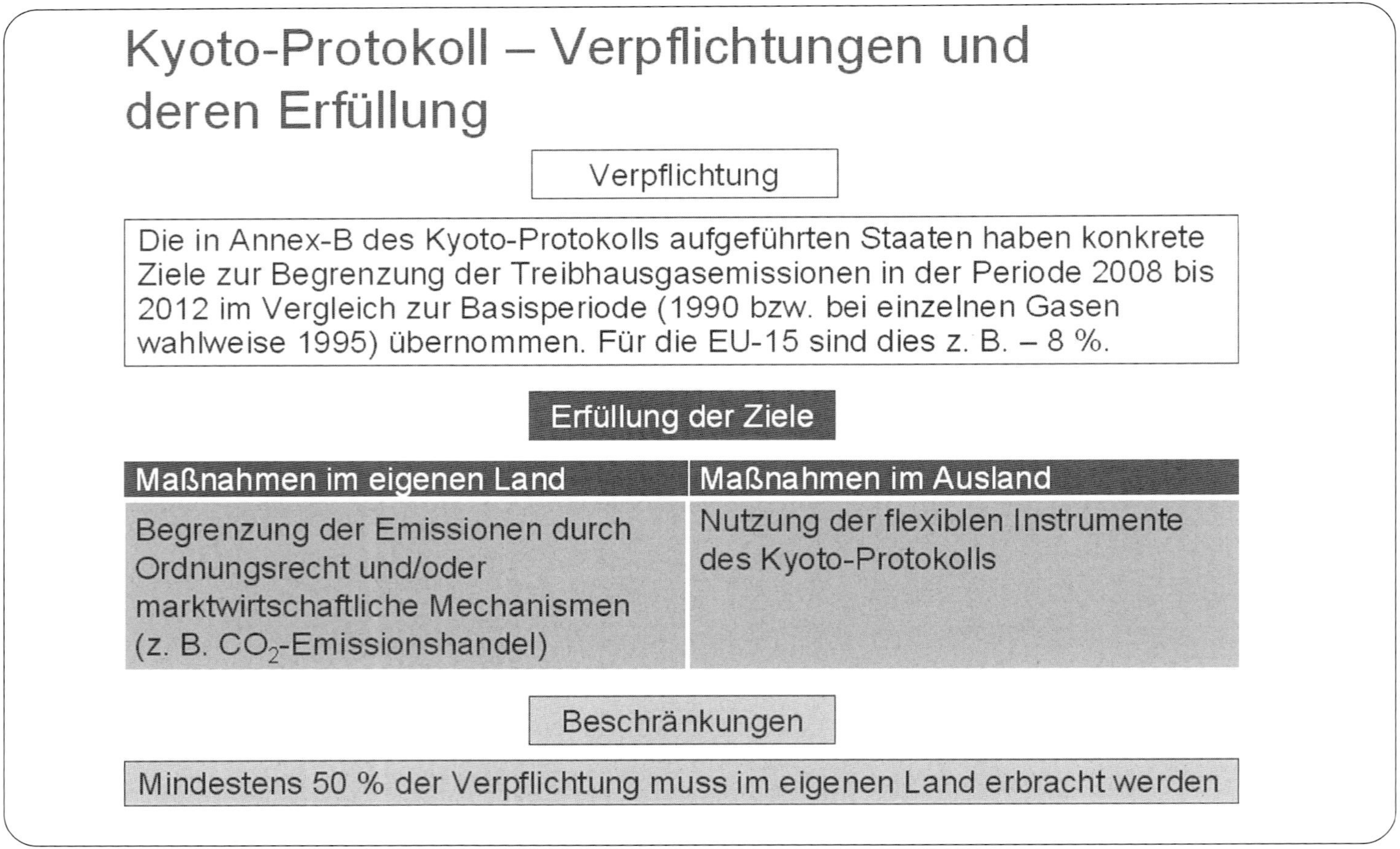

Abb. 124: Kyoto-Protokoll-Verpflichtungen und deren Erfüllung

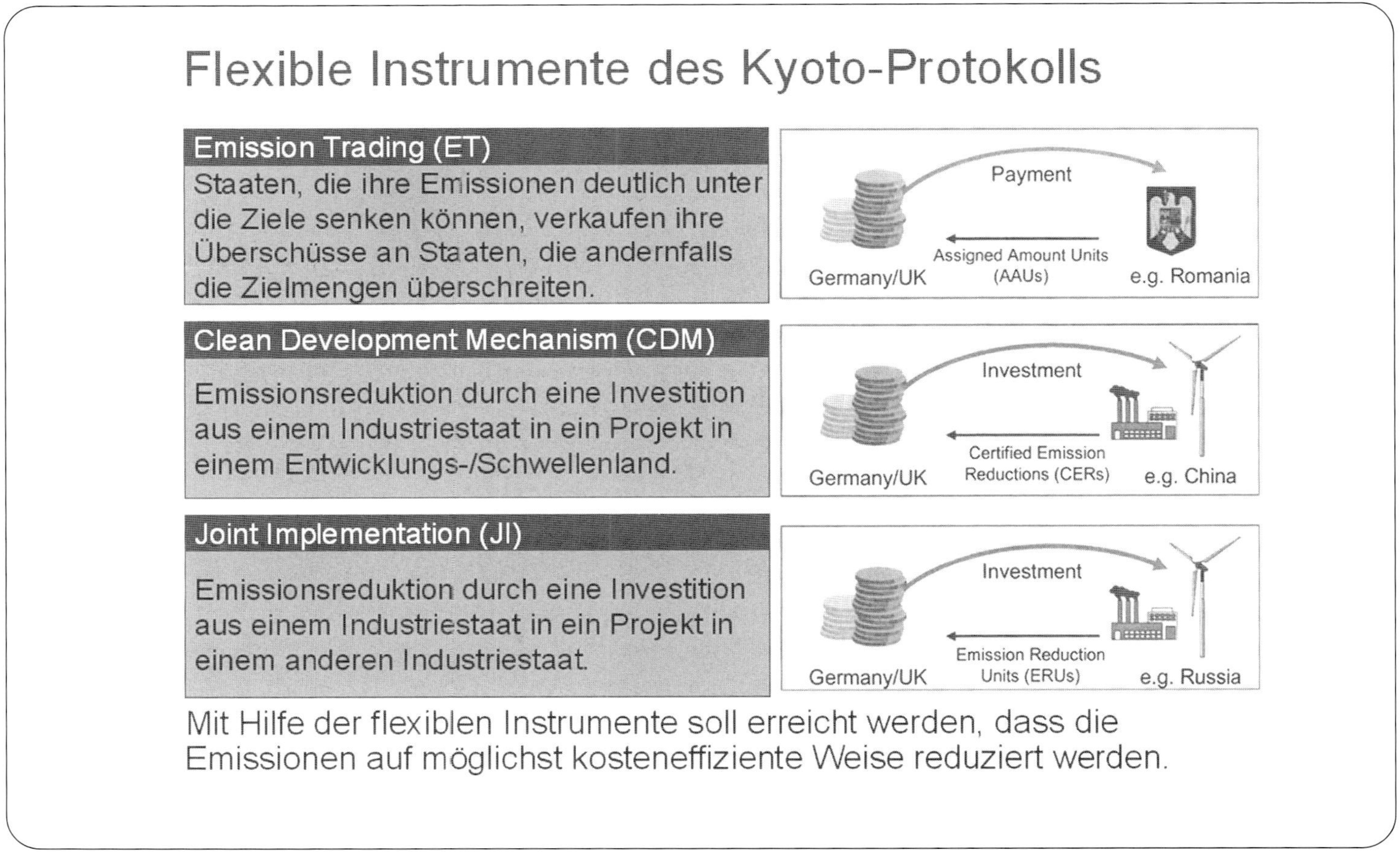

Abb. 125: Flexible Instrumente des Kyoto-Protokolls

Tabelle 115: Verpflichtungen zur Reduktion von sechs Treibhausgasen nach dem Kyoto-Protokoll 1990/95 bis 2008/12

Vertragspartei	Reduktion in %	Vertragspartei	Reduktion in %
Australien	+ 8 %	Monaco	– 8 %
Belgien	+ 8 %	Neuseeland	0 %
Bulgarien	– 8 %	Niederlande	– 8 %
Dänemark	– 8 %	Norwegen	+ 1 %
Deutschland	– 8 %	Österreich	– 8 %
Estland	– 8 %	Polen	– 6 %
EU-15	– 8 %	Portugal	– 8 %
Finnland	– 8 %	Rumänien	– 8 %
Frankreich	– 8 %	Russland	0 %
Griechenland	– 8 %	Schweden	– 8 %
Irland	– 8 %	Schweiz	– 8 %
Island	+ 10 %	Slowakei	– 8 %
Italien	– 8 %	Slowenien	– 8 %
Japan	– 6 %	Spanien	– 8 %
Kanada	– 6 %	Tschechien	– 8 %
Kroatien	– 5 %	Ukraine	0 %
Lettland	– 8 %	Ungarn	– 6 %
Liechtenstein	– 8 %	USA	– 7 %
Litauen	– 8 %	Vereinigtes Königreich	– 8 %
Luxemburg	– 8 %		

Anmerkung: Die Verpflichtungen der EU-15-Staaten sind in dieser Tabelle einheitlich mit – 8 % ausgewiesen. Gemäß dem Burden Sharing, das innerhalb der EU-15 vereinbart worden ist, ergeben sich hiervon abweichende Zielvorgaben.

In den Folgejahren wurde auf den Klimakonferenzen in Buenos Aires (1998), Bonn (1999), Den Haag (2000), Marrakesch (2001), New Delhi (2002), Mailand (2003), Buenos Aires (2004), Montréal (2005), Nairobi (2006) und Bali (2007) über die Ausgestaltung, Umsetzung und die Weiterentwicklung des Protokolls verhandelt. Bei der Klimakonferenz auf Bali (CoP 13), die vom 3. bis 14. Dezember 2007 stattgefunden hatte, war von der Staatengemeinschaft über eine Vereinbarung zur Begrenzung der Treibhausgasemissionen für den Zeitraum nach 2012 verhandelt worden. Ergebnis war die *Bali Roadmap* auf dem Weg zu einem neuen globalen Klimaabkommen. Auf der Klimakonferenz in Kopenhagen (CoP 15) im Dezember 2009 – mit dem Zwischenschritt der Klimakonferenz in Posen im Dezember 2008 (CoP 14) – ist der Abschluss der UN-Klimaverhandlungen mit dem Ziel geplant, für den Zeitraum nach 2012 ein internationales Klimaschutzabkommen unter Einbeziehung aller wichtigen Emittentenländer zu erreichen.

5.4 Zur aktuellen Entwicklung der globalen Treibhausgas-Emissionen

Zahlen zum Verlauf der Treibhausgas-Emissionen bis 2007 lagen zum Zeitpunkt des Redaktionsschlusses (15. November 2008) nur für die Annex I-Staaten vor. Die seit dem Basisjahr des Kyoto-Protokolls in diesen Ländern verzeichnete Entwicklung ist tabellarisch ausgewiesen. [69]

Demgegenüber sind die CO_2-Emissionen bis 2007 bereits für die gesamte Welt abgeschätzt. Die wichtigsten globalen Trends, die sich seit dem Basisjahr zeigen, sind nachfolgend dargelegt. Darüber hinaus wird für die EU-27 die Entwicklung bei allen sechs Kyoto-Gasen bis 2007 – im Vergleich zum Basisjahr – skizziert.

Die globalen energiebedingten **CO_2-Emissionen** haben sich von 22,0 Mrd. Tonnen im Jahr 1990 um 35,5 % auf 29,8 Mrd. Tonnen im Jahr 2007 erhöht. Demgegenüber sind die Emissionen in der EU-27 im gleichen Zeitraum um 4,5 % auf 4,2 Mrd. Tonnen gesunken. Die EU-27 hält damit 2007 einen Anteil von 14 % an den globalen CO_2-Emissionen. 1990 hatte sich der Anteil dieser 27 Staaten noch auf 20 % belaufen.

In den USA sind die CO_2-Emissionen seit 1990 um 1,0 Mrd. Tonnen entsprechend 20 % auf 6,1 Mrd. Tonnen gestiegen. Die CO_2-Emissionen in China haben sich seit 1990 auf ebenfalls 6,1 Mrd. Tonnen fast verdreifacht; sie waren damit erstmals genau so hoch wie in den USA. Pro Kopf der Bevölkerung waren die CO_2-Emissionen in den USA 2007 allerdings mit 20 Tonnen rund vier mal so hoch wie in China mit 4,7 Tonnen. Mit den genannten 4,7 Tonnen hat China das weltweite Durchschnittsniveau der Emissionen pro Kopf der Bevölkerung – wenn auch nur geringfügig – erstmals überschritten.

In den Entwicklungs- und Schwellenländern (einschließlich China) haben sich die CO_2-Emissionen seit 1990 mehr als verdoppelt. Damit hat sich deren Anteil an den globalen CO_2-Emissionen von rund einem Drittel im Jahr 1990 auf knapp über 50 % im Jahr 2007 vergrößert. Erstmals waren die Emissionen in dieser Ländergruppe damit höher als in den Industriestaaten. Allerdings entsprachen die Emissionen der Entwicklungs- und Schwellenländer pro Kopf der Bevölkerung mit rund 3 t lediglich einem Viertel der für die Industriestaaten gültigen Werte.

Die **Emissionen der sechs Kyoto-Gase** dürften 2007 in der EU-27 um 1,5 % im Vergleich zum Vorjahr auf 5.070 Mio. Tonnen CO_2-Äquivalente gesunken sein. Das waren 11,9 % weniger als im Basisjahr des Kyoto-Protokolls (1990/1995).

Tabelle 116: Treibhausgas-Emissionen vom Basisjahr 1990 (1995) bis 2007 sowie Zielsetzungen für 2008/2012 in Ländern mit quantifizirten Emissionsbegrenzungsverpflichtungen nach dem Kyoto-Protokoll (Annex B-Länder)

Staat/Staatengruppe	Basisjahr 1990 (1995)	2007	Veränderung Basisjahr bis 2007	Begrenzungsziel bis 2008/12
	Mio. t CO_2-Äquivalente		%	%
EU-15	4.248,0	4.077,6	– 4,0	– 8,0
EU – Neue Mitgliedstaaten	1.507,7	992,9	– 34,1	– 7,1
Europäische Union	**5.755,7**	**5.070,5**	**– 11,9**	**– 7,8**
Australien[1)]	416,2	526,5	+ 26,5	+ 8,0
Island	3,4	4,5	+ 30,6	+ 10,0
Japan	1.272,1	1.348,1	+ 6,0	– 6,0
Kanada	592,3	721,2	+ 21,8	– 6,0
Neuseeland	61,9	76,1	+ 22,9	0,0
Norwegen	49,7	53,5	+ 7,7	+ 1,0
Schweiz	53,0	50,6	– 4,6	– 6,0
USA[2)]	6.135,2	7.118,6	+ 16,0	– 7,0
Kroatien	32,5	31,4	– 3,4	– 5,0
Russland	3.326,4	2.199,5	– 33,9	0,0
Weißrussland	127,4	81,7	– 35,8	– 8,0
Ukraine	922,0	437,1	– 52,6	0,0
Summe Annex B-Länder	**18.739,6**	**17.706,0**	**– 5,5**	**– 5,0**
Nachrichtlich: Türkei[3)]	170,1	353,2	+ 107,7	–
Summe Annex I-Länder	**18.909,6**	**18.059,2**	**– 4,5**	**–**

1) Australien hat das Kyoto-Protokoll am 12.12.2007 ratifiziert. Die Ratifizierung wurde am 11.03.2008 wirksam.

2) Die USA zählen zu den in Annex I genannten Ländern der Klimarahmenkonvention der Vereinten Nationen. Sie haben zwar auch das Kyoto-Protokoll signiert, aber nicht ratifiziert.

3) Die Türkei ist im Annex I der Klimarahmenkonvention aufgeführt, hat aber keine Emissionsbegrenzungsverpflichtungen übernommen.

Quelle: H.-J. Ziesing, ET 09/08, S. 63

Tabelle 117: Energiebedingte CO_2-Emissionen von 1990 bis 2007 in ausgewählten Ländern und Regionen

Staat/Staatengruppe	1990	2000	2007	Veränderungen 2007/1990
	Mio. t			%
EU-15	3.356,5	3.352,7	3.405,1	+ 1,4
EU – Neue Mitgliedstaaten	1.039,0	751,2	792,1	– 23,8
EU-27	4.395,5	4.103,8	4.197,3	– 4,5
Australien	277,8	350,0	380,8	+ 37,1
Island	2,2	2,8	3,2	+ 48,6
Japan	1.144,2	1.256,7	1.285,1	+ 12,3
Kanada	456,0	560,0	560,5	+ 22,9
Neuseeland	25,4	31,0	34,3	+ 35,3
Norwegen	34,8	41,6	43,5	+ 25,2
Schweiz	44,8	44,1	42,9	– 4,1
USA	5.061,4	5.932,2	6.081,0	+ 20,1
Summe Annex II-Länder[1)]	10.403,0	11.571,1	11.836,6	+ 13,8
Russland	2.497,0	1.469,0	1.579,4	– 36,7
VR China	2.243,9	3.077,4	6.086,5	+ 171,2
Indien	586,9	968,4	1.359,7	+ 131,7
Afrika	549,8	695,0	972,0	+ 76,8
Mittlerer Osten	585,8	967,1	1.411,1	+ 140,9
Lateinamerika	602,4	861,6	1.088,6	+ 80,7
übrige Staaten[2)]	2.867,2	2.909,2	3.732,4	+ 30,2
Bunker	649,4	829,4	987,5	+ 52,1
Welt	22.024,5	24.099,4	29.845,7	+ 35,5

1) Annex II-Länder ohne Türkei; dazu gehören alle OECD-Länder ohne Südkorea, Mexiko, Polen, Tschechien, Ungarn und Slowakische Republik.
2) Nicht separat ausgewiesene Staaten bzw. Regionen.

Quelle: H.-J. Ziesing, ET 09/08, S. 64

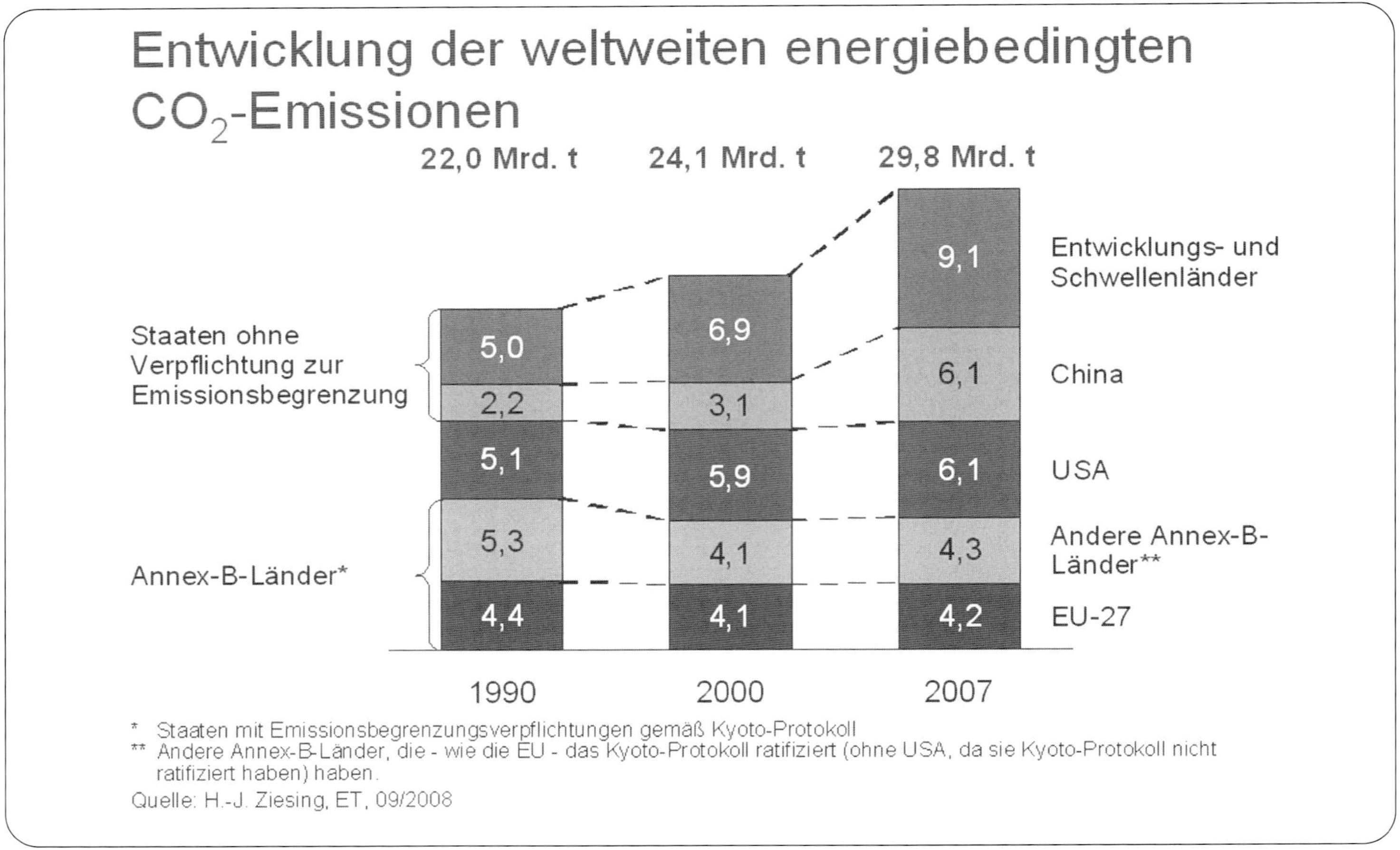

Abb. 126: Entwicklung der globalen CO_2-Emissionen 1990 bis 2007

Tabelle 118: Treibhausgas- und CO_2-Emissionen in der EU-27 von 1990 (1995) bis 2007

Staat	Treibhausgasemissionen			CO_2-Emissionen		
	Basisjahr 1990 (1995)	2007	Veränderung 2007/Basisjahr	1990	2007	Veränderung 2007/1990
	Mio. t CO_2-Äquivalente		%	Mio. t		%
Belgien	144,5	135,3	– 6,4	118,8	118,1	– 0,6
Dänemark	69,7	66,6	– 4,4	53,3	53,9	+ 1,1
Deutschland	1.227,7	979,3	– 20,2	1.032,2	856,6	– 17,0
Finnland	70,9	77,4	+ 9,1	56,7	65,3	+ 15,2
Frankreich	563,3	529,6	– 6,0	393,2	395,1	+ 0,5
Griechenland	104,6	133,2	+ 27,3	82,4	109,9	+ 33,3
Großbritannien	772,0	632,6	– 18,1	590,6	538,4	– 8,8
Irland	55,5	66,8	+ 20,4	32,5	44,7	+ 37,3
Italien	516,9	558,4	+ 8,0	434,8	479,8	+ 10,4
Luxemburg	13,2	13,2	+ 0,3	12,2	12,0	– 1,8
Niederlande	211,7	204,8	– 3,2	159,4	170,8	+ 7,2
Österreich	79,2	89,3	+ 12,8	62,1	75,7	+ 21,9
Portugal	59,1	81,6	+ 38,1	43,4	62,8	+ 44,5
Schweden	72,0	66,0	– 8,4	56,3	51,9	– 7,9
Spanien	287,7	443,3	+ 54,1	228,5	370,2	+ 62,0
Summe EU-15	4.248,0	4.077,6	– 4,0	3.356,5	3.405,1	+ 1,4
Estland	41,6	19,1	– 54,0	36,4	16,3	– 55,3
Lettland	26,5	11,8	– 55,3	19,2	8,4	– 56,1
Litauen	49,4	24,8	– 49,7	36,2	15,9	– 56,1
Malta	2,2	3,5	+ 55,9	1,9	3,2	+ 66,8
Polen	563,4	399,9	– 29,0	368,7	329,8	– 10,5
Slowakei	73,7	49,6	– 32,7	61,8	40,6	– 34,4
Slowenien	20,3	20,9	+ 2,7	14,8	17,2	+ 16,4
Tschechien	194,2	144,4	– 25,7	163,9	124,1	– 24,3
Ungarn	115,8	76,9	– 33,6	73,3	58,7	– 20,0
Zypern	6,0	10,1	+ 66,7	4,6	8,2	+ 76,8
Bulgarien	132,6	75,2	– 43,3	86,3	59,2	– 31,4
Rumänien	281,9	156,8	– 44,4	172,0	110,7	– 35,6
Summe neue Mitgliedstaaten	1.507,7	992,9	– 34,1	1.039,0	792,1	– 23,8
Summe EU-27	5.755,7	5.070,5	– 11,9	4.395,5	4.197,3	– 4,5

Quelle: H.-J. Ziesing, ET 09/08, S. 65 und 67

Zu diesem Rückgang hat die Entwicklung in den neuen Mitgliedstaaten (Emissionsminderung um 34 % bis 2007 im Vergleich zum Basisjahr) zu drei Viertel beigetragen.

In der EU-15 haben sich die Treibhausgasemissionen in absoluten Größen bis 2007 im Vergleich zu diesem Basisjahr um rund 170 Mio. Tonnen CO_2-Äquivalente entsprechend zirka 4 % auf 4.078 Mio. Tonnen vermindert. Dieser Rückgang liegt nahezu ausschließlich an der Entwicklung in Deutschland (– 248 Mio. Tonnen) und in Großbritannien (– 139 Mio. Tonnen). Ohne diese beiden Länder waren die Treibhausgasemissionen in der EU-15 im Jahr 2007 um fast 10 % höher als im Basisjahr. Die größten Zuwächse waren in Spanien mit 156 Mio. Tonnen, gefolgt von Italien (42 Mio. Tonnen), Griechenland (29 Mio. Tonnen) und Portugal (23 Mio. Tonnen) zu verzeichnen. Im Ergebnis ist die EU-15 ihrer im Rahmen des Kyoto-Protokolls zugesagten Treibhausgasminderung bis 2008/2012 (– 8 %) näher gekommen.

Allerdings müssen die Treibhausgasemissionen bis 2008/2012 zusätzlich um 174 Mio. Tonnen CO_2-Äquivalente reduziert werden. Das ist deshalb sehr ambitioniert, weil die Faktoren, die den in Deutschland und in Großbritannien erreichten Erfolg wesentlich bewirkt haben (Wiedervereinigungseffekt bzw. Ersatz von Steinkohle durch Erdgas in der Stromerzeugung) nicht wiederholbar sind.

Die Treibhausgas-Emissionen Deutschlands beliefen sich im Jahr 2007 auf 981 Mio. Tonnen CO_2-Äquivalente; dies ist ein Minus von 20,3 % im Vergleich zum Basisjahr 1990 (1995). Damit ist Deutschland seiner Zielvorgabe (– 21 % bis 2008/12) bereits sehr nahe gekommen. Allerdings ist die positive Situation im Jahr 2007 durch Besonderheiten (warme Witterung und starker Lagerabbau bei leichtem Heizöl) begünstigt worden.

Die CO_2-Emissionen Deutschlands von rund 857 Mio. t im Jahr 2007 entsprechen in etwa der Menge, um die die weltweiten CO_2-Emissionen 2007 im Vergleich zu 2006 gestiegen sind (das waren 812 Mio. Tonnen). An den weltweiten CO_2-Emissionen war Deutschland 2007 mit 2,9 % beteiligt. Die von der Staatengemeinschaft längerfristig angestrebte starke Reduzierung der globalen Treibhausgasemissionen hängt wesentlich davon ab, ob bei der Klimakonferenz 2009 in Kopenhagen ambitionierte und verbindliche Emissionsbegrenzungsziele unter Einschluss von Ländern wie USA und China vereinbart werden können.

5.5 Der rechtliche Handlungsrahmen auf europäischer Ebene für den Zeitraum bis 2012

In Annex B des Kyoto-Protokolls ist für die 15 Staaten, die 1990 Mitglied der Europäischen Union waren, eine Reduktionsverpflichtung von – 8 % für den Zeitraum bis 2008/2012 im Vergleich zum Basisjahr verankert. Es ist festgelegt, dass diese 15 Staaten ihre Ziele untereinander umverteilen können, wobei sichergestellt sein muss, dass im Ergebnis die – 8 % für die EU-15 gewährleistet bleiben.

Auf dieser Basis hatten die Staaten der Europäischen Union (EU-15) 1998 ein Burden-Sharing-Arrangement geschlossen, das die mittlere Treibhausgas-Reduktionsverpflichtung von 8 % bezogen auf das Basisjahr 1990 – differenziert nach voraussichtlichem Leistungsvermögen – auf die Mitgliedsstaaten verteilt, um dadurch Besonderheiten und unterschiedliche Entwicklungsstufen zu berücksichtigen; die Treibhausgas-Minderungsziele wurden gespreizt von – 28 % für Luxemburg bis zu + 27 % für Portugal. Trotzdem liegen nur wenige Länder der EU-15 im Plan. Dazu gehören Deutschland, Großbritannien, Frankreich, Schweden und Belgien. Andere Staaten, wie Luxemburg, Dänemark, Österreich, Italien, Niederlande, Finnland, Irland, Spanien, Portugal und Griechenland, sind deutlich von der Erfüllung der Ziele entfernt. Dass die EU-15 die Verpflichtungen gemäß Kyoto-Protokoll unter Anwendung der bereits existierenden Instrumente nicht würde erfüllen können, hatte sich bereits frühzeitig abgezeichnet.

Die EU-Kommission sah in der Einführung des Emissionshandels auf Unternehmensebene ein geeignetes Mittel, um nachzusteuern. Der von der EU-Kommission vorgelegte Richtlinienvorschlag war sowohl im Europäischen Parlament als auch im Ministerrat kontrovers diskutiert worden. Im Juni 2003 hatten sich Parlament, Ministerrat und Kommission im Rahmen des sogenannten Trilogverfahrens über zuvor noch strittige Einzelfragen verständigt. Mit Veröffentlichung im Amtsblatt der Europäischen Union L 275/32 DE am 25. Oktober 2003 war die „Richtlinie 2003/87/EG des Europäischen Parlaments und des Rates vom 13. Oktober 2003 über ein System für den Handel mit Treibhausgasemissionszertifikaten in der Gemeinschaft und zur Änderung der Richtlinie 96/61/EG des Rates“ in Kraft getreten.

Die Richtlinie gilt seit dem Beitritt zwölf weiterer Staaten zur Europäischen Union für die gesamte EU-27. Allerdings kommt sie zunächst nicht für alle Sektoren und für alle Treibhausgase zur Anwendung. Vielmehr ist die Teilnahme begrenzt auf Anlagen der Energiewirtschaft und der Industrie. Außerdem gilt die Richtlinie zunächst nur für das Treibhausgas CO_2. Der Beginn des Handels ist in der Richtlinie mit dem 1. Januar 2005 festgelegt.

Alle in den Emissionsrechtehandel einbezogenen Anlagen benötigen damit eine CO_2-Emissionserlaubnis additiv zur immissionsschutzrechtlichen Genehmigung durch eine von den Mitgliedsstaaten zu benennende zuständige Behörde. Seit 01.01.2005 dürfen die von der Richtlinie erfassten Anlagen nur noch betrieben werden, wenn sie über ein solches Permit verfügen.

Die Mitgliedsländer teilen Anlagen Zertifikate zu, und zwar jeweils für die beiden Handelsperioden 2005 bis 2007 und 2008 bis 2012. Letztere Periode ist identisch mit der 1. Verpflichtungsperiode des Kyoto-Protokolls. Mit der Zuteilung einer begrenzten Zahl von Zertifikaten definieren die Mitgliedsländer die Obergrenze

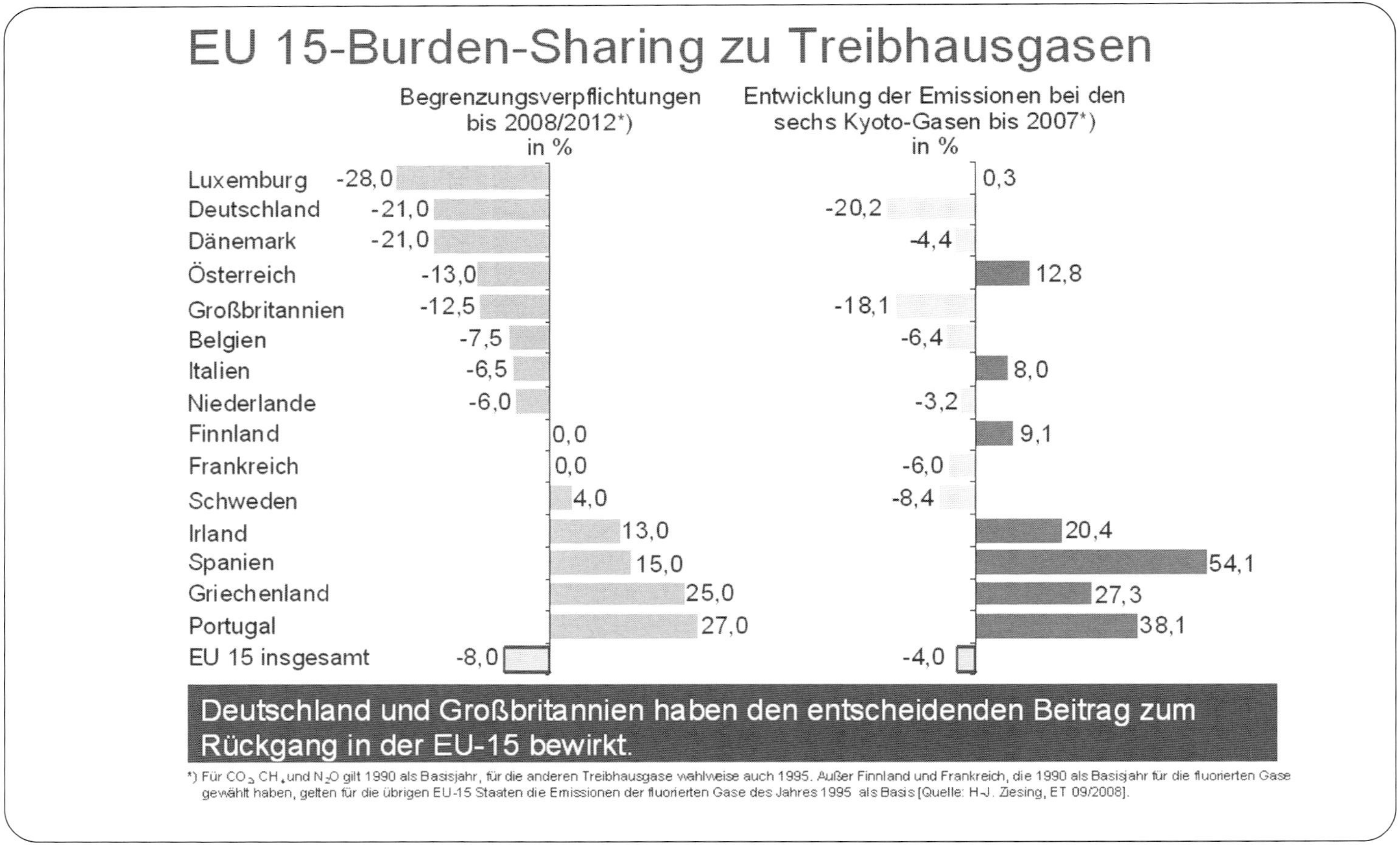

Abb. 127: EU-15-Burden-Sharing

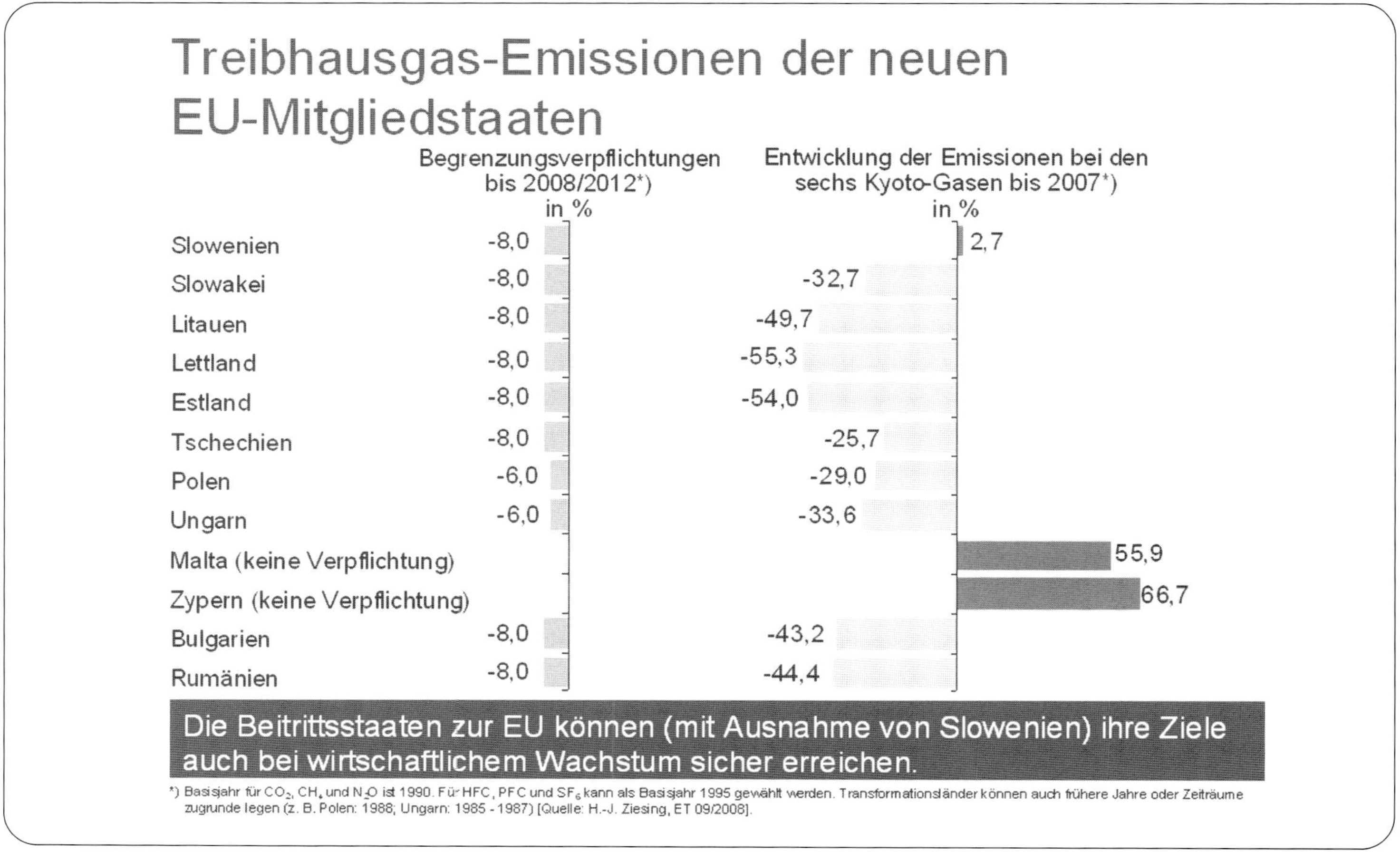

Abb. 128: Kyoto-Gas-Emissionen der zehn neuen EU-Mitgliedsstaaten

Abb. 129: EU-Richtlinie Emissions Trading

(Caps) der CO_2-Emissionen für Energiewirtschaft und Industrie. Am Ende eines jeden Kalenderjahres muss der Anlagenbetreiber Zertifikate in der Höhe seiner tatsächlichen CO_2-Emissionen im abgelaufenen Jahr zurückgeben. Die Zertifikate (Einheit: 1 t CO_2) sind europaweit handelbar, so dass ein Anlagenbetreiber sich bei erhöhtem Bedarf, z. B. wegen Anstieg der Produktion, zusätzlich CO_2-Zertifikate auf dem Markt beschaffen kann. Bei fehlendem Nachweis einer ausreichenden Zahl von CO_2-Emissionszertifikaten muss der Anlagenbetreiber eine Pönale zahlen, die auf 40 Euro/t CO_2 in der ersten Periode und auf 100 Euro/t CO_2 in der zweiten Periode festgelegt wurde.

Die Übertragbarkeit (Banking) überschüssiger Zertifikate von Jahr zu Jahr ist erlaubt, aber nicht von der 1. in die 2. Periode. In späteren Perioden ist auch ein umfassendes Banking von Periode zu Periode erlaubt. Ein sog. Borrowing, d. h. ein Vorziehen von Emissionsrechten, ist von Jahr zu Jahr innerhalb einer Periode möglich, ein Perioden übergreifendes Borrowing ist aber ausgeschlossen.

Die Zertifikate mussten von den Mitgliedsländern in der Periode 2005 bis 2007 zu mindestens 95 % kostenlos ausgegeben werden. In der Periode 2008 bis 2012 sind mindestens 90 % kostenlos auszugeben.

Die den Anlagen zuzuteilende Menge an Zertifikaten wird in den Nationalen Allokationsplänen (NAP) der Mitgliedsstaaten festgelegt. Die Pläne müssen bei der EU-Kommission notifiziert werden. Die EU-Kommission prüft die NAP's daraufhin, ob sie im Einklang mit den Ausführungsbestimmungen der Richtlinie stehen, die Ziele des Mitgliedslandes für das EU-Burden-Sharing einhalten und ob die Zuteilungen den EU-Wettbewerbsregeln entsprechen. Die Zuteilung an die Anlagen der Unternehmen darf keine unzulässige Beihilfe darstellen. Durch die Verknüpfung mit dem Kyoto-Ziel und dem EU-Burden-Sharings ist klar, dass der NAP nicht nur die Zuteilung für die am Handel beteiligten Unternehmen regeln muss, sondern dass auch Aussagen über die zu erwartenden Emissionen in den anderen gesellschaftlichen Sektoren (Haushalt und Gewerbe, Verkehr und sonstige Industrie) bis 2012 getroffen werden, einschließlich der Angabe der Instrumente, die in diesen Sektoren zur Minderung der Treibhausgasemissionen angewendet werden sollen.

Kriterien für die Aufstellung der NAP enthält Annex II der Richtlinie. Am 7. Januar 2004 war eine (einseitige, d. h. nicht abgestimmte) Mitteilung der Kommission über Hinweise zur Unterstützung der Mitgliedsstaaten bei der Anwendung der in Anhang II der „Richtlinie 2003/87/EG über ein System für den Handel mit Treibhausgasemissionszertifikaten in der Gemeinschaft und zur Änderung der Richtlinie 96/61/EG des Rates" aufgelisteten Kriterien sowie über die Bedingungen für den Nachweis höherer Gewalt veröffentlicht worden (KOM (2003) 830 endgültig).

Weitere rechtliche Leitplanken aus Brüssel sind:

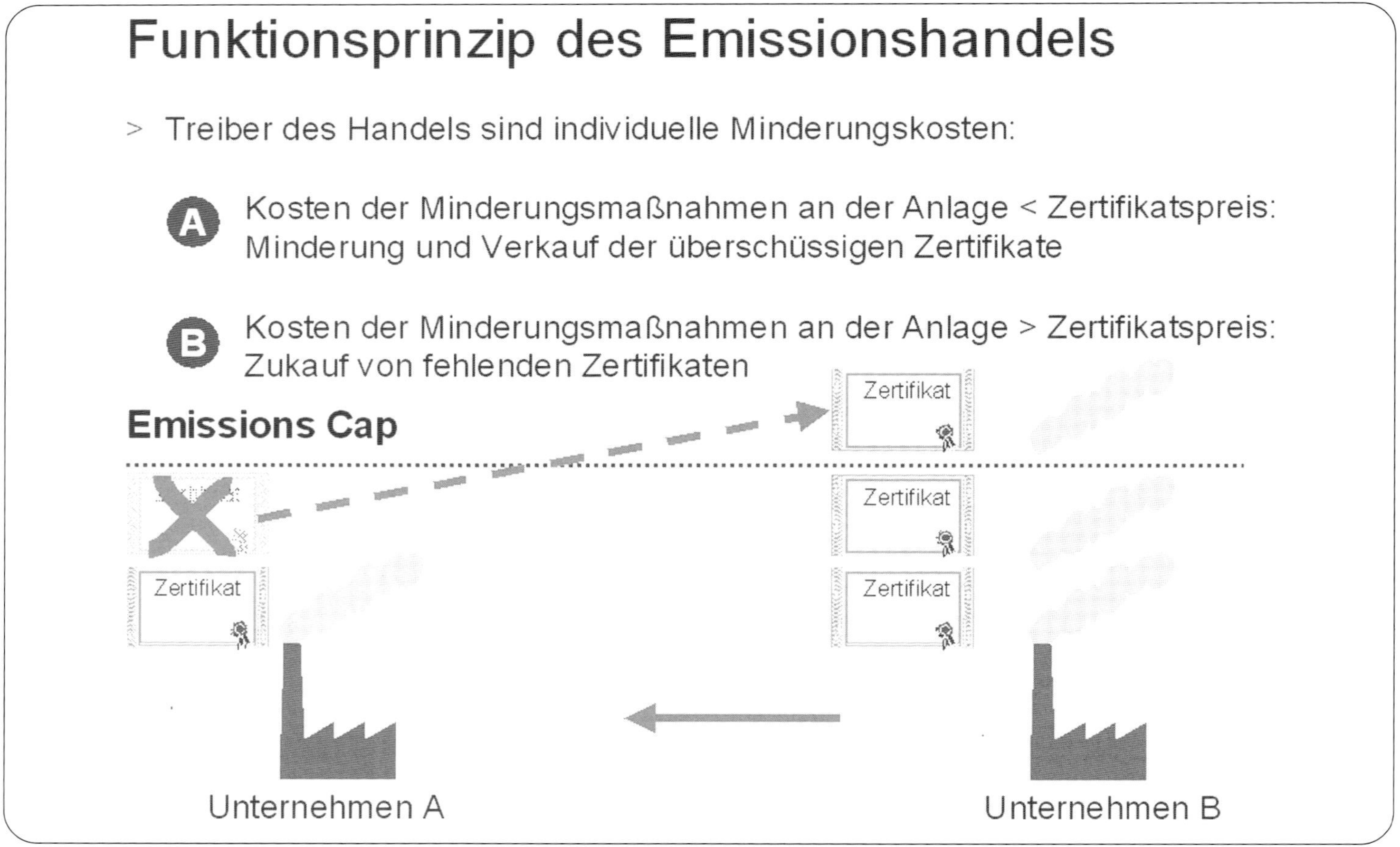

Abb. 130: Funktionsprinzip des Emissionshandels

— Die „Monitoring Leitlinie“ (verabschiedet vom Climate Change Committee als Komitologieausschuss am 24. November 2003 und von der EU-Kommission am 29. Januar 2004);

— Die „Register Verordnung“;

— Die „Linking Directive“ – eine Verbindung zwischen dem EU-weiten Emissionshandel und den flexiblen Mechanismen „Joint Implementation“ (JI) und „Clean Development Mechanism“ (CDM).

Die „Linking Directive“ knüpft an die EU-Richtlinie 2003/87/EG an, in der festgelegt ist, dass mit der Anerkennung der Gutschriften aus projektbezogenen Mechanismen ab 2005 die Verpflichtung zur Reduzierung der globalen Treibhausgasemissionen noch kosteneffizienter erfüllt werden kann und dass dies in Bestimmungen zu regeln ist, die die im Kyoto-Protokoll verankerten projektbezogenen Mechanismen, wie JI und CDM, mit dem Gemeinschaftssystem verknüpfen. Die hierzu erlassene Richtlinie 2004/101/EG des Europäischen Parlaments und des Rates vom 27.10.2004 zur Änderung der Richtlinie 2003/87/ EG über ein System für den Handel mit Treibhausgasemissionszertifikaten in der Gemeinschaft im Sinne der projektbezogenen Mechanismen des „Kyoto-Protokolls“ war am 13.11.2004 in Kraft getreten.

5.6 Umsetzung des Emissionshandelssystems in Deutschland für die erste Handelsperiode

Der Rechtsrahmen für die Umsetzung der Richtlinie 2003/87/EG des Europäischen Parlaments und des Rates vom 13.10.2003 über ein System für den Handel mit Treibhausgasemissionszertifikaten in der Gemeinschaft konnte in Deutschland 2004 in Kraft gesetzt werden. Dabei handelt es sich um folgende Regelwerke:

- Gesetz über den Handel mit Berechtigungen zur Emission von Treibhausgasen (Treibhausgas-Emissionshandelsgesetz – TEHG vom 08.07.2004),

- Gesetz über den nationalen Zuteilungsplan für Treibhausgas-Emissionsberechtigungen in der Zuteilungsperiode 2005 bis 2007 (Zuteilungsgesetz 2007 – ZuG 2007) vom 26.08.2004,

- Zuteilungsverordnung 2005 – 2007 (ZuV 2007),

- Emissionshandels-Kostenverordnung (EHKostV).

Das am 15.07.2004 in Kraft getretene TEHG ist das Rahmengesetz. Es enthält die Grundlinien des Emissionshandelssystems. Im Einzelnen sind darin geregelt:

- Genehmigung und Überwachung der Treibhausgasemissionen,
- Zuteilung von Emissionsberechtigungen einschließlich Zuteilungsverfahren,
- Anerkennung von Emissionsberechtigungen und -gutschriften,
- Einrichtung eines Emissionshandelsregisters,
- Fragen des Handels von Zertifikaten.

Die Zuteilung von Emissionsberechtigungen an Betreiber, deren Anlagen in den Anwendungsbereich des TEHG fallen, war für jede Zuteilungsperiode in einem gesonderten Gesetz geregelt worden. Für die Zuteilungsperiode 2005 bis 2007 ist dies das am 31.08.2004 in Kraft getretene ZuG 2007. In diesem Gesetz sind das gesamte Mengengerüst an zuzuteilenden Berechtigungen (Makroplan) sowie die Regeln für die Zuteilung und Ausgabe von Kohlendioxid-Emissionszertifikaten für bestehende Anlagen, für Neuanlagen und für das Einstellen des Anlagenbetriebes verankert (Mikroplan).

Die Konkretisierung der Berechnungsmethoden der im ZuG 2007 enthaltenen Zuteilungsregeln ist in der am 01.09.2004 in Kraft getretenen Zuteilungsverordnung 2005 – 2007 (ZuV 2007) erfolgt. Ferner legt die ZuV die im Zuteilungsantrag erforderlichen Angaben sowie die Anforderungen an die beizubringenden Nachweise fest.

Die ebenfalls am 01.09.2004 in Kraft getretene Emissionshandels-Kostenverordnung (EHKostV) enthält Bestimmungen über die Gebühren, die vom Anlagenbetreiber an die im Jahr 2004 beim Umweltbundesamt eingerichtete Deutsche Emissionshandelsstelle (DEHSt) zu entrichten sind. Die DEHSt erteilt die Bescheide über die Anträge auf Zuteilung von Emissionszertifikaten. Diese Bescheide für die erste Zuteilungsperiode sind den Anlagenbetreibern im Dezember 2004 zugegangen.

Aus dem Nationalen Allokationsplan für die erste Handelsperiode (NAP 1) musste hervorgehen, wie viele Emissionszertifikate der Mitgliedsstaat im Dreijahreszeitraum 2005 bis 2007 insgesamt zuzuteilen beabsichtigt, nach welchen Kriterien die Zuteilung vorgenommen wird und welche Zertifikatmenge sich daraus für die einzelnen von der Richtlinie erfassten Anlagen ergibt. Entsprechend besteht der NAP aus einem Makroplan und einem Mikroplan.

Im Makroplan erfolgte die Aufteilung des nationalen Emissionsbudgets nach Sektoren. Ferner wird die Gesamtzahl der zuzuteilenden Zertifikate festgelegt.

Im Mikroplan waren die Methoden, Regeln und Kriterien der Allokation dargelegt worden. Ferner ergibt sich aus dem Mikroplan, welche Zertifikatmenge auf die einzelnen Anlagen entfällt.

Der **Makroplan** konkretisiert die Vorgaben des Kyoto-Protokolls und der EU-Lastenverteilung (Burden Sharing). Danach müssen die Emissionen der sechs Treibhausgase CO_2, CH_4, N_2O, HFCs, PFCs und SF_6 in der Periode 2008 bis 2012 in Deutschland um 21 % gegenüber 1990 reduziert werden. Das Treibhausgasbudget im Zeitraum 2005 bis 2007 muss mit dieser Verpflichtung in Einklang stehen.

Grundsätzliche Ansätze der im **Mikroplan** verankerten Zuteilungsregeln sind Grandfathering (Zuteilung anhand der historischen Emissionen einer Anlage im Basiszeitraum) und Benchmarking (Zuteilung anhand der spezifischen Emissionen einer Produktkategorie, wie z. B. Strom). Die Bundesregierung hatte im Einklang mit den EU-Vorgaben festgelegt, dass die Allokation der Zertifikate in der ersten Handelsperiode zu 100 % kostenlos erfolgt.

Der Mikroplan basierte in Deutschland grundsätzlich auf den Ist-Emissionen der am Emissionshandel teilnehmenden Anlagen im Basiszeitraum 2000 bis 2002. Durch Abstimmung mit dem Makroplan war sicherzustellen, dass im Mikroplan genau so viele Zertifikate zugeteilt werden, wie der Makroplan den am Emissionshandel teilnehmenden Anlagen zuordnet.

Nach Abschluss des Zuteilungsverfahrens bis zum 23.12.2004 hatte die Deutsche Emissionshandelsstelle (DEHSt) Emissionszertifikate an 1.849 Anlagen zugeteilt. Dabei handelt es sich um 1.236 Anlagen der Energiewirtschaft und 613 Anlagen der Industrie. Die Industrieanlagen verteilen sich nach Branchen wie folgt (jeweils Anzahl der Anlagen): Keramik (206), Papier (122), Glas (90), Kalk einschließlich Zuckerindustrie (67), Zement (48), Eisen/Stahl (39), Raffinerie (37), Zellstoff (4).

Die Treibhausgasemissionen betrugen im Basisjahr (Basisjahr des Kyoto-Protokolls für die CO_2, CH_4- und N_2O-Emissionen ist 1990, für die PFC-, HFC- und SF_6-Emissionen das Jahr 1995) insgesamt 1.232 Mio. t CO_2-Äquivalente. Davon entfallen 1.032 Mio. t auf CO_2 und 200 Mio. t auf die anderen fünf Gase. Bis zur Periode 2000 bis 2002 (Jahresdurchschnitt) waren die Treibhausgasemissionen um insgesamt 207 Mio. t entsprechend 16,8 % gesunken. Der größte absolute Rückgang war bei CO_2 zu verzeichnen. So hatten sich die CO_2-Emissionen um 142 Mio. t vermindert; dies entspricht 13,8 %. Die Emissionen der anderen fünf Treibhausgase hatten sich um 65 Mio. t verringert; dies entspricht 32,6 %.

Der Mikroplan für den Zeitraum 2005 bis 2007 enthält die relevanten allgemeinen Zuteilungsmodalitäten für Bestands-, Ersatz- und Newcomeranlagen sowie Regelungen für Stilllegung, Verringerung des Aktivitätsniveaus und Reservefonds. Daneben sind verschiedene Sondertatbestände behandelt. Diese beziehen sich u. a. auf Early Actions, prozessbedingte Emissionen sowie Anlagen der Kraft-Wärme-Kopplung.

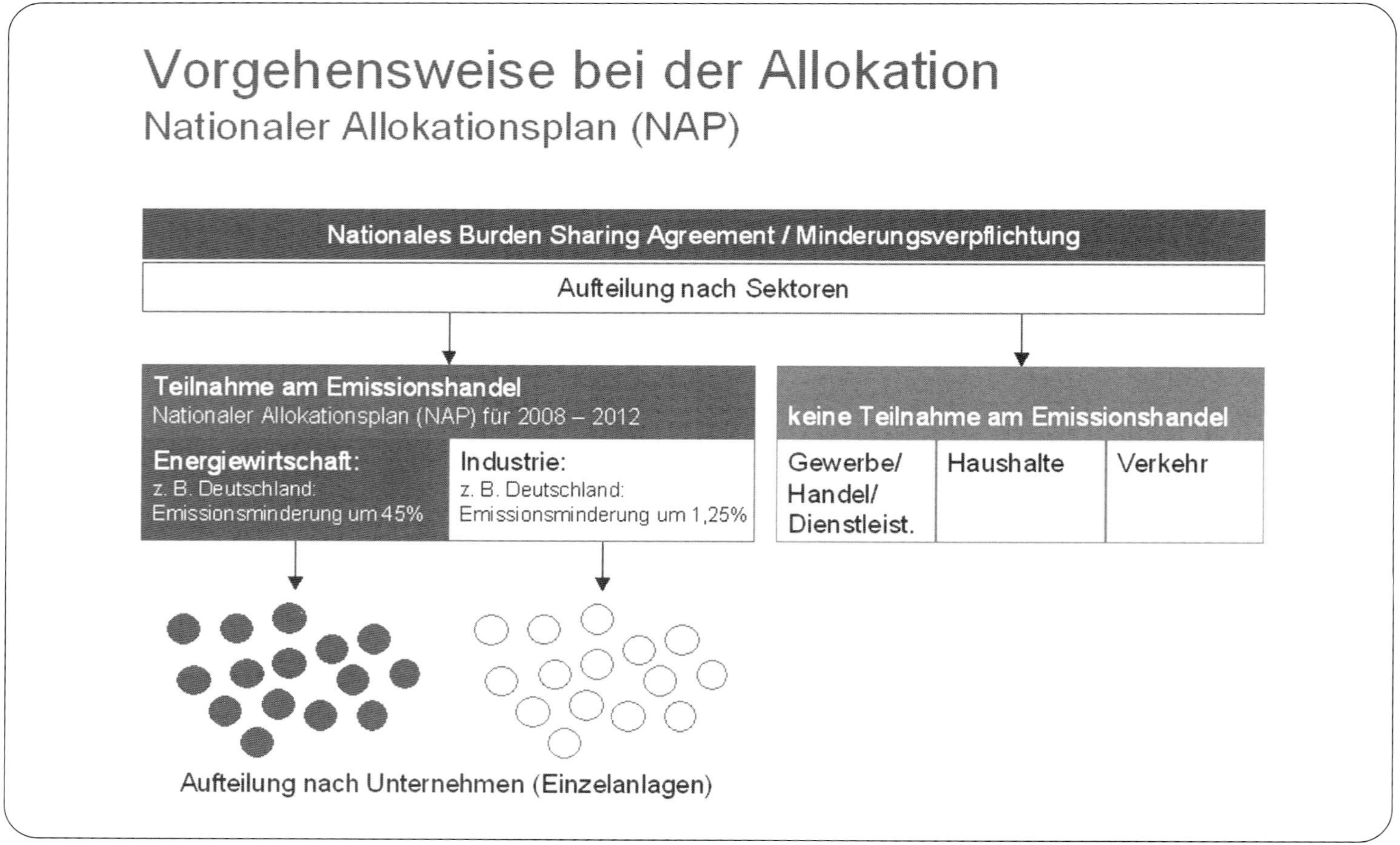

Abb. 131: Vorgehensweise bei der Allokation der Zertifikate

Tabelle 119: Anzahl und CO_2-Emissionen der in das System des Handels mit Treibhausgasemissionszertifikaten in Deutschland eingebundenen Anlagen im Jahr 2006

Haupttätigkeit	Beschreibung der Tätigkeiten	Anzahl der Anlagen	CO_2-Emissionen in t
I	Feuerungsanlagen* von 50 MW und mehr	542	370.473.789
II	Feuerungsanlagen* von mehr als 20 MW und weniger als 50 MW	599	8.057.511
III	Feuerungsanlagen* 20 < 50 MW – von II abweichende Brennstoffe	13	131.419
IV	Verbrennungsmotorenanlagen zum Antrieb	2	9.310
V	Gasturbinenanlagen zum Antrieb von Arbeitsmaschinen	50	1.859.616
VI	Raffinerien	37	23.761.135
VII	Kokereien	3	3.187.197
VIII	Integrierte Hüttenwerke	6	18.747.151
IX	Roheisen und Stahl	26	10.220.811
X	Zementklinker	48	20.433.336
XI	Kalk	78	9.672.669
XII	Glas	89	3.928.428
XIII	Keramische Erzeugnisse	200	1.883.097
XIV	Zellstoff	5	305.828
XV	Papier, Karton, Pappe	126	4.710.677
Gesamtergebnis		**1.824**	**477.381.974**

* Anlagen zur Erzeugung von Strom, Dampf, Warmwasser, Prozesswärme oder erhitztem Abgas in Anlagen wie Kraftwerken, Heizkraftwerken, Heizwerken, Gasturbinenanlagen, Verbrennungsmotoranlagen und sonstigen Feuerunganlagen; die Leistungsangabe bezieht sich auf die Feuerungswärmeleistung.

Quelle: Deutsche Emissionshandelsstelle (DEHSt), Berlin 2007

Tabelle 120: Treibhausgas-Emissionen in Deutschland 1990 bis 2007

Treibhausgas-Emissionen	Basis-Jahr*	1995	2000	2005	2006	2007
	Mio. t CO_2-Äquivalente					
Kohlendioxid (CO_2)	1.032,3	921,2	883,1	876,8	880,3	856,6
Methan (CH_4)	99,3	81,5	64,7	47,6	45,9	45,1
Lachgas (N_2O)	84,8	72,9	59,7	66,5	63,4	63,1
HFC's	6,5	6,5	6,5	9,4	9,8	10,3
PFC's	1,7	1,7	0,8	0,7	0,6	0,5
Schwefelhexafluorid (SF_6)	7,2	7,2	5,4	4,7	5,3	5,7
Gesamtemissionen	**1.231,8**	**1.096,0**	**1.020,2**	**1.005,7**	**1.005,2**	**981,3**
Kohlendioxid-Emissionen	Mio. t					
Energiebedingte Emissionen	**948,2**	**840,6**	**800,2**	**798,9**	**799,4**	**774,3**
Mineralöle	310,7	332,0	308,7	279,9	277,8	252,1
Erdgas und andere Gase	114,7	145,1	158,0	172,1	173,0	164,3
Steinkohlen	159,6	159,8	147,3	146.5	151,6	156,9
Braunkohlen	343,8	193,2	172,6	182,5	179,0	183,4
Sonstige	19,4	10,5	13,7	17,9	18,0	17,6
Industrieprozesse	**84,2**	**80,8**	**83,0**	**77,9**	**80,9**	**82,3**
Mineralische Produkte	**	**	**	**	20,0	19,4
Chemische Industrie	**	**	**	**	15,3	16,0
Herstellung von Metall	**	**	**	**	45,6	47,4
Gesamtsumme	**1032,3**	**921,2**	**883,1**	**876,8**	**880,3**	**856,6**
Kohlendioxid-Emissionen	Mio. t					
Emissionshandelssektor	**	**	**471,8**	**473,7**	**477,3**	**487,0**
darunter:						
Energiewirtschaft	**	**	369,3	378,6	380,5	**
Industrie	**	**	102,6	95,1	96,8	**
Nicht-Emissionshandelssektor	**	**	**411,3**	**403,1**	**403,0**	**369,6**
darunter:						
Verkehr	162,5	176,6	182,4	164,1	160,6	**
Private Haushalte	129,5	129,2	117,9	115,0	117,2	**
sonstiges	**	**	111,0	124,0	125,2	**
Gesamtsumme	**1032,3**	**921,2**	**883,1**	**876,8**	**880,3**	**856,6**

* Basisjahr für CO_2, CH_4 und N_2O ist 1990, für die HFC's und PFC's sowie SF_6 2005
** Zahlen noch nicht verfügbar

Quellen: Umweltbundesamt, Berichterstattung unter der Klimarahmenkonvention der Vereinten Nationen 2007, Nationaler Inventarbericht zum Deutschen Treibhausgasinventar 1990 – 2005, Dessau, April 2007; H.-J. Ziesing, CO_2-Emissionen in Deutschland 2007, in: Energiewirtschaftliche Tagesfragen, 58. Jg. (2008) Heft 4; Umweltbundesamt – DEHSt, Emissionshandel: CO_2-Emissionen 2006, Auswertung der Ist-Emissionen des Emissionshandelssektor im Jahr 2006 in Deutschland, Berlin, Stand: 14.05.2007

Die Zuteilung der Emissionsberechtigungen für Anlagen, die bis zum 31.12.2004 in Betrieb gegangen sind **(Bestandsanlagen)**, erfolgte auf Basis der historischen Emissionen im Zeitraum 2000 bis 2002. Ferner war dem Betreiber die Wahlmöglichkeit eingeräumt worden, die Bestandsanlage wie eine Neuanlage behandeln zu lassen. Diese so genannte Optionsregel beinhaltet die Anwendung des Neuanlagenbenchmarks und die Anmeldung der geplanten Auslastung. Sofern die vom Betreiber angemeldeten Emissionen Basis der Zuteilung sind, erfolgt eine Ex-post-Anpassung der zugeteilten Emissionsberechtigungen.

Die von der Bundesregierung bei den betroffenen Anlagenbetreibern für die Jahre 2000 bis 2002 erhobenen CO_2-Emissionsdaten lagen in Summe über dem angesetzten Emissionsbudget. Zum Abgleich der historischen Emissionen mit den sektoralen Zielen war deshalb ein so genannter Erfüllungsfaktor eingeführt worden. Dieser Erfüllungsfaktor, dem gemäß ein prozentualer Abschlag von den beantragten Emissionen vorzusehen war, wurde – unter Berücksichtigung von Korrekturfaktoren für Newcomerreserve, prozessbedingte Emissionen, KWK, Kernenergie und Early Actions – auf 2,91 % (1. Erfüllungsfaktor) festgesetzt.

Da jedoch erheblich mehr Betreiber von Bestandsanlagen die Optionsregel in Anspruch nahmen (381 Anlagen der Energiewirtschaft und 140 Anlagen der Industrie) als erwartet worden war und dabei eine Auslastung oberhalb der historischen Werte angesetzt hatten, überschritt die insgesamt beantragte Menge das Gesamtbudget um 14 Mio. t/Jahr. Konsequenz war eine weitere anteilige Kürzung der Zuteilung um 4,62 % (2. Erfüllungsfaktor) bei einem Teil der Betreiber. So fiel die individuelle Zuteilung bei Beantragung auf Basis historischer Emissionen in Fällen ohne Sonderregelung um 7,4 % niedriger aus als die entsprechenden Emissionen in der Basisperiode 2000 bis 2002 (Produkt aus 0,9709 und 0,9538).

Ferner wurde zu Lasten „emissionsintensiver Altanlagen" eine Malusregelung verankert. Danach erhielten Kohlekraftwerke, die älter als 30 Jahre sind und deren Wirkungsgrad

- < 31 % (Braunkohle) ab 2008,
- < 32 % (Braunkohle) ab 2010 bzw.
- < 36 % (Steinkohle) ab 2008 ist,

eine um 15 %-Punkte verringerte Zuteilung.

Neu- und Ersatzanlagen wurden – ebenso wie Bestandsanlagen – kostenfrei mit Emissionszertifikaten ausgestattet. Im Einzelnen waren folgende Regelungen für die erste Handlungsperiode getroffen worden.

- Bei Stilllegung von Altanlagen und Bau von Ersatzanlagen können die Emissionsrechte der Altanlagen für vier Jahre auf die Ersatzanlagen übertragen werden **(Übertragungsregelung)**. Anschließend erhalten die Ersatzanlagen gemäß § 10 ZuG 2007 eine kostenfreie Ausstattung für weitere 14 Jahre ohne Anwendung eines Erfüllungsfaktors. „Betreiber von Neuanlagen, für die die Übertragungsregelung in Anspruch genommen werden soll, müssen der DEHSt (Deutsche Emissionshandelsstelle) im Zuteilungsantrag die Kapazität ihrer Anlage anzeigen." Übersteigt die Kapazität der Neuanlage die der Altanlage, so kann für die Differenz eine Ausstattung mit Emissionsberechtigungen nach der Regelung für Anlagen, die nicht dem Ersatz bestehender Kapazitäten dienen, wie dies etwa bei zusätzlichen Neuanlagen der Fall ist, beantragt werden. „Ist die Kapazität der Neuanlage geringer als die der Altanlage, so wird die Differenz der Kapazitäten als Anlagenstilllegung behandelt, d. h. bei der nächsten Ausgabe von Emissionsberechtigungen wird der Anteil der Emissionsberechtigungen, der auf die Differenz der Kapazitäten entfällt, nicht mehr ausgegeben."

- Maßgröße für die Zuteilung bei **zusätzlichen Neuanlagen** ist gemäß § 11 ZuG 2007 grundsätzlich ein Emissionswert von 750 Gramm CO_2/kWh. Dieser „Benchmark"-Wert ist berechnet als gewichteter Durchschnitt der Emissionswerte für die Stromerzeugung in modernen Braunkohle-, Steinkohle- und Erdgaskraftwerken. Er entspricht den CO_2-Emissionen bei Stromerzeugung in einem Steinkohlenkraftwerk mit einem elektrischen Wirkungsgrad von 44 %. Für Kraftwerke, die brennstoffbedingt einen geringeren spezifischen Emissionswert als 750 Gramm CO_2/kWh aufweisen, ist die Zuteilung nicht höher als der tatsächliche Bedarf, beträgt jedoch mindestens 365 Gramm CO_2/kWh. Diese Mindestallokation orientiert sich am Emissionswert eines modernen Gaskraftwerks. Eine entsprechend gestaltete Zuteilung wird für die ersten 14 Betriebsjahre seit Inbetriebnahme der Anlage mit einem Erfüllungsfaktor von 1 garantiert.

Die durchschnittlichen CO_2-Emissionen im Zeitraum 2005 bis 2007 lagen mit 479 Mio. t pro Jahr um rund 20 Mio. t pro Jahr unter der in dieser ersten Handelsperiode unentgeltlich ausgegebenen Menge an Emissionsberechtigungen, die sich auf 498 Mio. t pro Jahr belaufen hatte.

5.7 Regelungen für die zweite Handelsperiode 2008 bis 2012 in Deutschland

Am 22.06.2007 hatte der Deutsche Bundestag das „Gesetz zur Änderung der Rechtsgrundlagen zum Emissionshandel im Hinblick auf die Zuteilungsperiode 2008 bis 2012" beschlossen. Dieses Gesetzeswerk schafft die Grundlage für die Zuteilung der Emissionsberechtigungen in der zweiten Handelsperiode 2008 – 2012.

Mit dem Zuteilungsgesetz 2012 (ZuG 2012) werden die Regeln zur Verteilung der Gesamtzuteilungsmenge – das so genannte Cap – festgelegt. Das Emissionshandelsbudget verringert sich in der zweiten Handelsperiode auf rund 453 Mio.

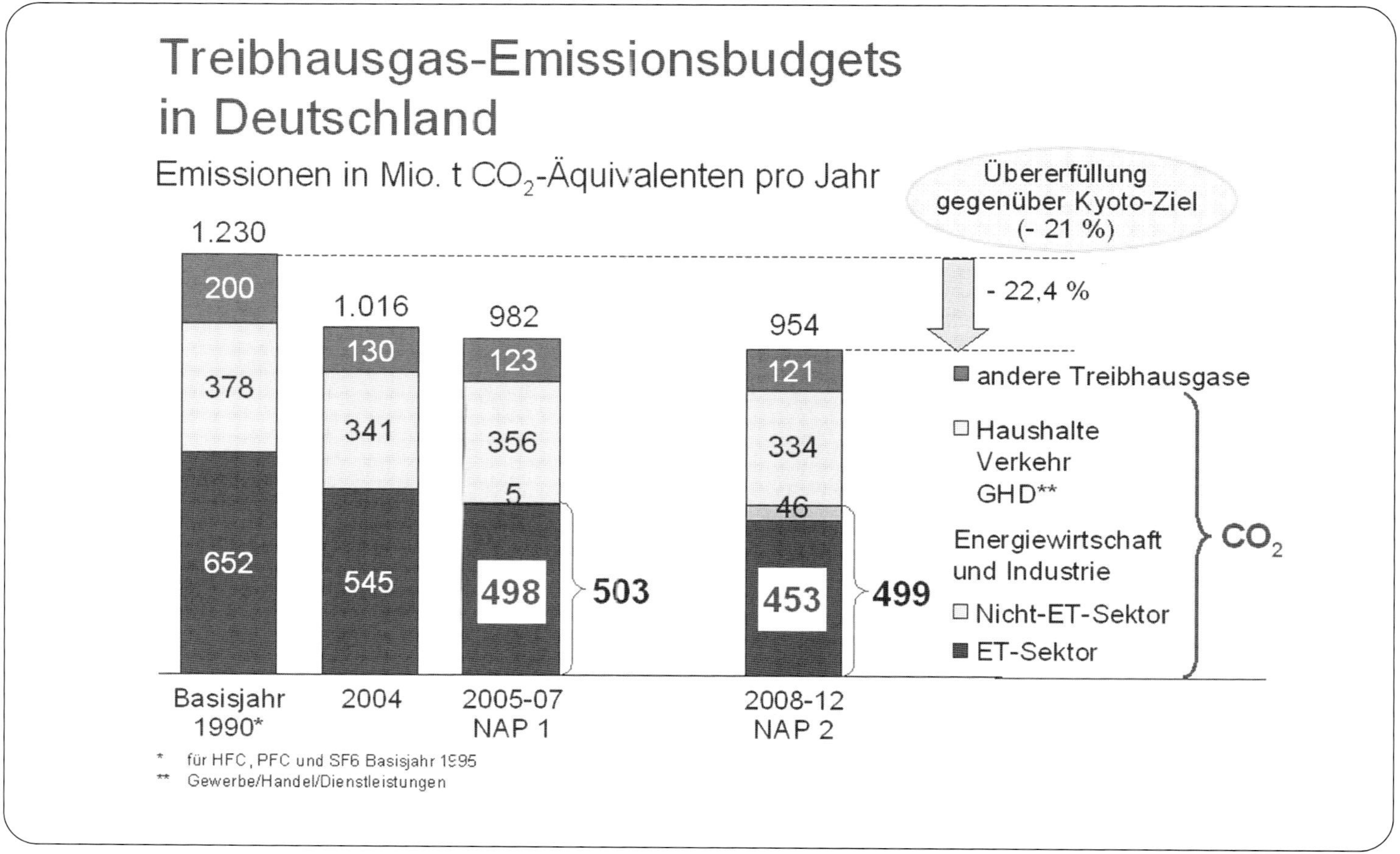

Abb. 132: Treibhausgas-Emissionsbudgets in Deutschland

Emissionsberechtigungen pro Jahr. Zum Vergleich: In der ersten Handelsperiode verfügten die teilnehmenden Anlagen gemäß Zuteilungsgesetz 2007 über Emissionsberechtigungen für den Ausstoß von 498 Mio. t CO_2 pro Jahr. Das Emissionsbudget für Energiewirtschaft und Industrie in Deutschland wird mit dem ZuG 2012 ab 2008 um mehr als 35 Mio. t, entsprechend 7,5 % verglichen mit dem Emissionsniveau im Zeitraum 2000 bis 2006, verringert. Von dieser Gesamtmenge werden die Neuanlagen-Reserve (25 Mio. Berechtigungen pro Jahr) sowie die für eine Veräußerung vorgesehene Menge (40 Mio. Berechtigungen pro Jahr) abgezogen, die für eine Zuteilung an Bestandsanlagen nicht zur Verfügung stehen. Die 40 Mio. Berechtigungen entsprechen 8,8 % des Caps. Damit wird der Spielraum, den die europäische Emissionshandelrichtlinie gibt (danach müssen mindestens 90 % kostenlos zugeteilt werden), fast vollständig ausgeschöpft. Die 40 Millionen t werden ausschließlich von den Mengen abgezogen, die auf die Energiewirtschaft entfallen. In der Summe führen die dargelegten Faktoren zu einer deutlich niedrigeren kostenlosen Ausstattung mit Emissionsberechtigungen für die Anlagen der Tätigkeit Energieerzeugung. Im Vergleich zur Zuteilungsmenge der ersten Handelsperiode beläuft sich die Zuteilung in der zweiten Handelsperiode auf 63 %. Verglichen mit den durchschnittlichen Emissionen der Jahre 2005 und 2006 liegt die kostenlose Ausstattung bei etwa 65 %. Für Industrieanlagen wird ein auf 1,25 % beschränkter Kürzungsfaktor angewandt.

Die Zuteilung der Zertifikate für Neu- und Bestandsanlagen der Energiewirtschaft wird auf ein Benchmarksystem umgestellt. Für Neu- und Bestandsanlagen finden einheitlich festgelegte Emissionswerte pro Produkteinheit auf Basis der besten verfügbaren Technik (BAT-Benchmarks) Anwendung. Der Strom-Benchmark beträgt 750 Gramm Kohlendioxidäquivalent pro Kilowattstunde (kWh). Dieser Benchmarkwert ist berechnet als gewichteter Durchschnitt der Emissionswerte für die Stromerzeugung in modernen Kraftwerken und entspricht dem Emissionswert moderner Steinkohlenkraftwerke. Für Kraftwerke, die gasförmige Brennstoffe einsetzen können, beträgt der Strom-Benchmark 365 Gramm Kohlendioxidäquivalent pro kWh. Auf einen eigenständigen Benchmark für Braunkohlenkraftwerke in Höhe von 950 Gramm Kohlendioxidäquivalent pro kWh wurde verzichtet.

Die kostenlose Zuteilung für Neuanlagen bestimmt sich als Produkt aus den genannten Benchmarks auf der Grundlage von Standardauslastungsfaktoren (z. B. 7.500 Stunden pro Jahr) und der Kapazität der Anlage. Dabei gelten als Neuanlagen solche Anlagen, die ab dem 01.01.2008 in Betrieb genommen werden.

Allein aus dem fehlenden Braunkohlenbenchmark ergibt sich – trotz des höheren Standardauslastungsfaktors von 8.250 Stunden pro Jahr – eine rechnerische Unterdeckung für Braunkohlenkraftwerke, die gemäß dem Stand der Technik errichtet werden, von 13 %. Diese Unterausstattung wird noch vergrößert durch die teilweise kostenpflichtige Vergabe der Zertifikate, und zwar auf 31 %.

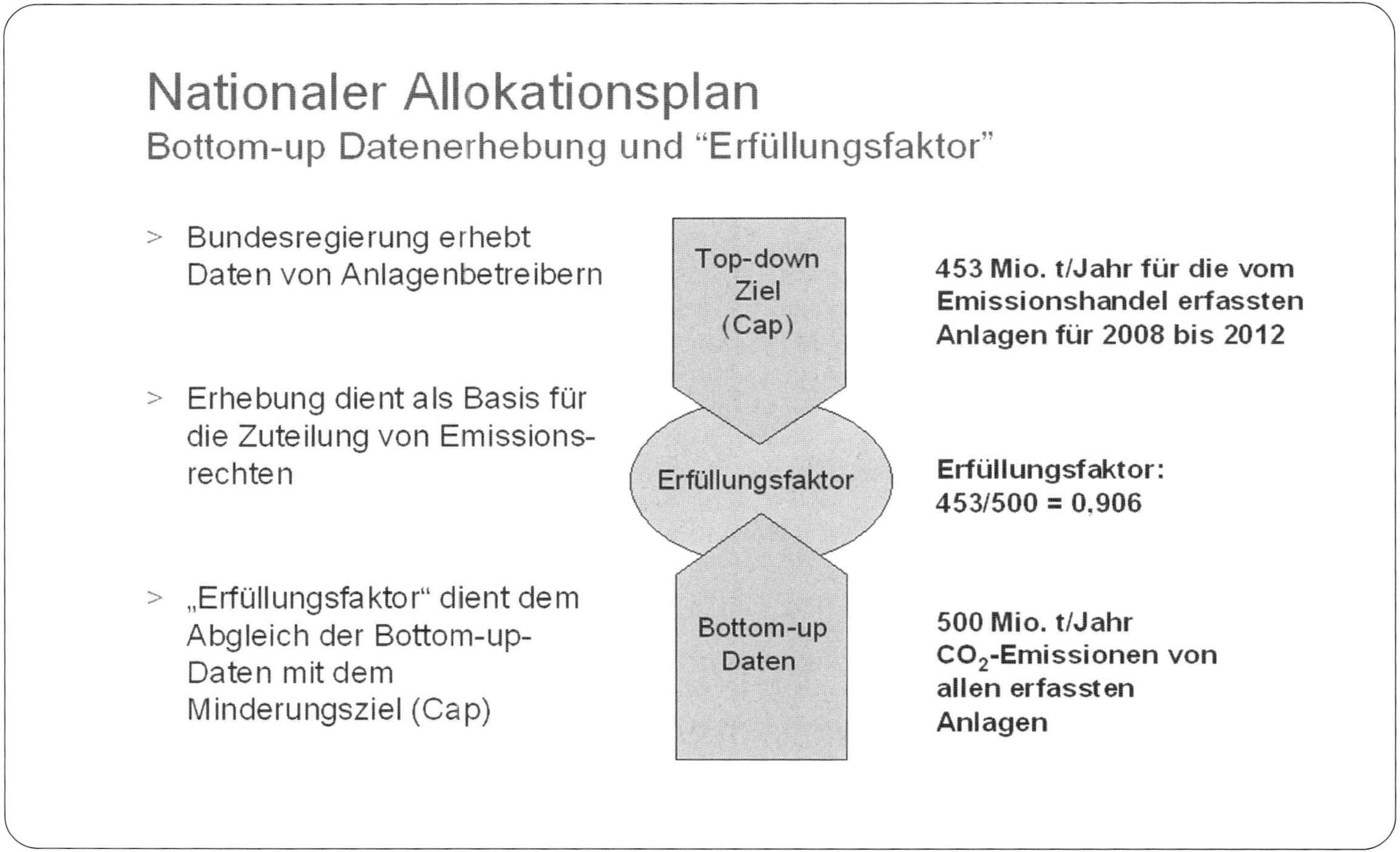

Abb. 133: Nationaler Allokationsplan für die zweite Handelperiode

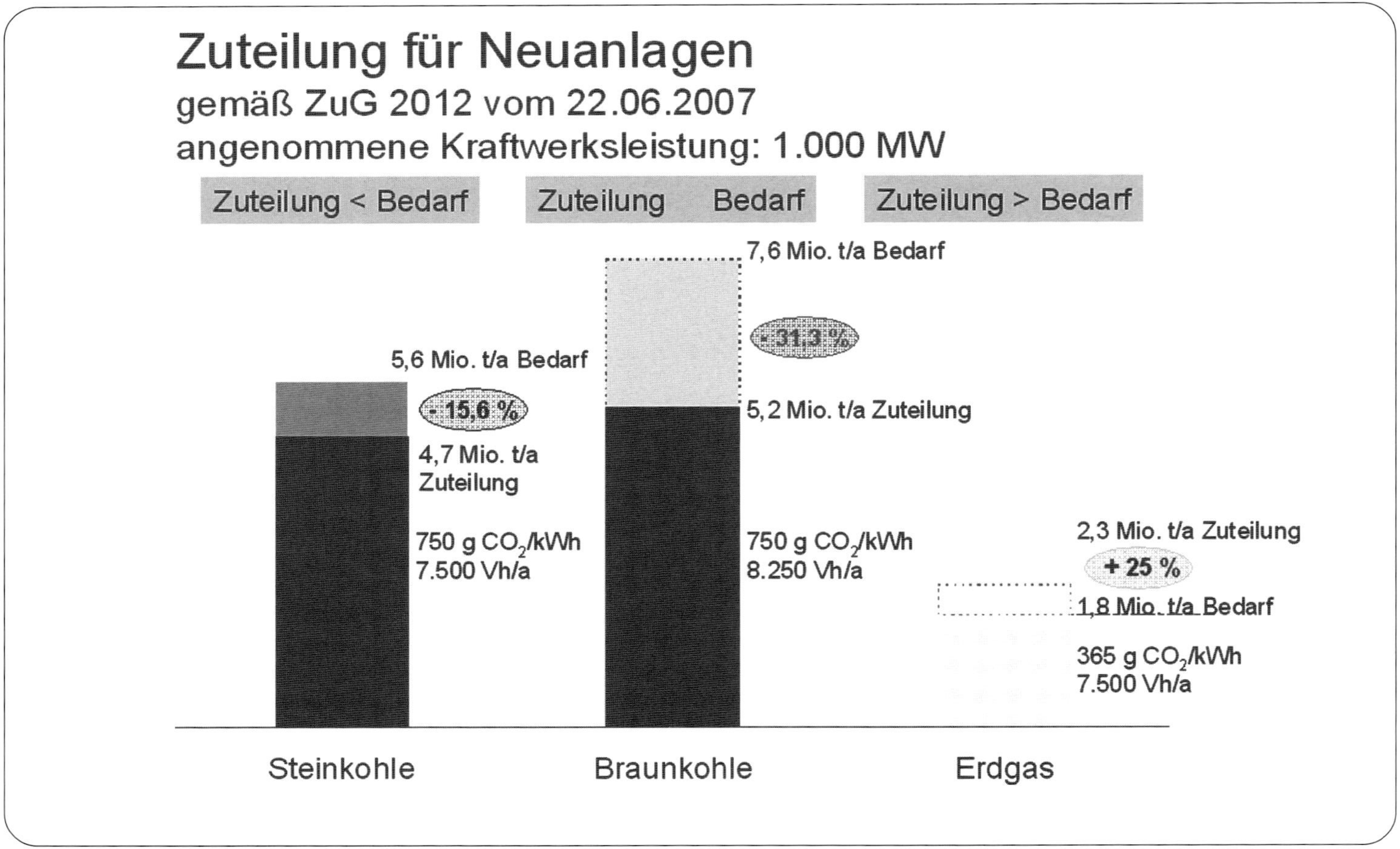

Abb. 134: Zuteilung für Neuanlagen gemäß ZuG 2012

Grundlegende Allokationsmethode in 2008 – 2012 für Bestandsanlagen im Energiebereich ist die Vergabe von Emissionszertifikaten auf Basis der historischen Produktion in der Basisperiode 2000 – 2005 und Benchmarks auf Basis der besten verfügbaren Technik. Diese Basisperiode findet Anwendung bei allen Anlagen, die vor dem 01.01.2000 in Betrieb gegangen sind. Für Anlagen, die in den Jahren 2000 bis 2002 in Betrieb gegangen sind, ist die Basisperiode der Zeitraum von dem Jahr, das dem Jahr der Inbetriebnahme folgt, bis einschließlich des Jahres 2005. Die Anlagen, die in den Jahren 2003 bis 2007 in Betrieb gegangen sind, erhalten eine kostenlose Zuteilung auf der Basis von BAT-Benchmarks sowie den für Neuanlagen festgelegten Standardauslastungsfaktoren.

Sofern die insgesamt beantragte Menge an Zertifikaten die vorgesehene Gesamtmenge übersteigt, werden die Zuteilungen aller Energieanlagen anteilig gekürzt (Erfüllungsfaktor). Ausgenommen von der anteiligen Kürzung sind Neuanlagen mit Inbetriebnahme ab dem 01.01.2008 sowie Bestandsanlagen, sofern sie einen mit hocheffizienten Neuanlagen vergleichbaren technischen Standard einhalten.

Als Neuheit wurde eine anlagenspezifische anteilige Kürzung in das ZuG 2012 eingeführt. Demnach wird die Zuteilung für alle Bestandsanlagen in Abhängigkeit vom Effizienzstandard der jeweiligen Anlagen über einen anlagenspezifischen Erfüllungsfaktor weiter reduziert. Von dieser anteiligen Kürzung werden nur hocheffiziente Bestandsanlagen, wie die in den neuen Bundesländern nach der Wiedervereinigung errichteten neuen Blöcke, und Neuanlagen ausgenommen.

Die Gültigkeit der beschriebenen Regelungen für die Zuteilungsperiode 2008 bis 2012 wird auf den Zeitraum bis 2012 beschränkt. Es gibt somit keine Bindungswirkung über 2012 hinaus.

Die Obergrenze für die Nutzung von Emissionsgutschriften aus den beiden projektbezogenen Mechanismen des Kyoto-Protokolls (JI und CDM) zur Erfüllung der jährlichen Abgabepflicht wird auf 22 % der anlagenbezogenen Zuteilungsmenge festgelegt. Dies entspricht einer jährlichen Menge anrechenbarer Emissionsgutschriften von 90 Mio. t.

Die insbesondere für die Ausstattung von Neuanlagen vorgehaltene Reserve wird mit 23 Mio. t pro Jahr angesetzt.

Das am 22.06.2007 vom Deutschen Bundestag beschlossene Zuteilungsgesetz 2012 (ZuG 2012) war am 10.08.2007 im Bundesgesetzblatt veröffentlicht worden (Inkrafttreten: 11.08.2007). Das Gesetz regelt die Grundlagen des CO_2-Emissionshandels in Deutschland für die zweite Handelsperiode 2008 bis 2012.

Zuteilungsverfahren

Handelsperiode	Anlagen-kategorie	Energie	Produzierendes Gewerbe
2005 - 2007	Bestands-anlagen	Grandfathering Basisperiode 2000 - 2002	
	Neuanlagen	Benchmarking	Benchmarking
2008 - 2012	Bestands-anlagen	Benchmarking und Versteigerung	Grandfathering Basisperiode 2000 - 2005
	Neuanlagen	Benchmarking und Versteigerung	Benchmarking

Abb. 135: Zuteilungsverfahren in der ersten und zweiten Handelsperiode

5.8 EU-Klimaschutzstrategie und Ausgestaltung des Emissionshandelssystems in der EU für die dritte Handelsperiode 2013 bis 2020

Der Europäische Rat hatte im Rahmen eines Gipfeltreffens am 8./9. März 2007 wichtige Beschlüsse für eine integrierte Klimaschutz- und Energiepolitik gefasst. Dazu gehört, „dass die EU bis zum Abschluss einer globalen und umfassenden Vereinbarung für die Zeit nach 2012 und unbeschadet ihrer internationalen Verhandlungsposition die feste und unabhängige Verpflichtung eingeht, die Treibhausgasemissionen bis 2020 um mindestens 20 % gegenüber 1990 zu reduzieren.“ Darüber hinaus hat der Europäische Rat das Ziel der EU gebilligt, „die Treibhausgasemissionen bis 2020 gegenüber 1990 um 30 % zu reduzieren und auf diese Weise zu einer globalen und umfassenden Vereinbarung für die Zeit nach 2012 beizutragen, sofern sich andere Industrieländer zu vergleichbaren Emissionsreduzierungen und die wirtschaftlich weiter fortgeschrittenen Entwicklungsländer zu einem ihren Verantwortlichkeiten und jeweiligen Fähigkeiten angemessenen Beitrag verpflichten.“

Ferner hatte der Europäische Rat sich auf folgende weitere Ziele für 2020 verständigt:

- Erhöhung des Anteils erneuerbarer Energien am Endenergieverbrauch der EU-27 auf 20 %;
- Steigerung der Energieeffizienz durch Reduktion des Energieverbrauchs um 20 % gegenüber der in der EU-27 für 2020 bei *business-as-usual* zu erwartenden Entwicklung.

Diese drei 20 %-Ziele bilden die Grundlage für die Klimaschutzstrategie der EU bis 2020.

Am 23. Januar 2008 hatte die EU-Kommission ein Klimaschutzpaket vorgelegt, mit dem die im März 2007 vom Europäischen Rat gefassten Beschlüsse umgesetzt werden sollen. Kernelemente des Pakets sind die Richtlinienvorschläge zur Fortführung des Emissionshandels nach 2012, zur Förderung Erneuerbarer Energien sowie Vorschläge für den Rechtsrahmen für die CO_2-Abscheidung und Speicherung.

Mit dem *Vorschlag für eine Richtlinie des Europäischen Parlaments und des Rates zur Änderung der Richtlinie 2003/87/EG zwecks Verbesserung und Ausweitung des EU-Systems für den Handel mit Treibhausgasemissionszertifikaten* hat die EU-Kommission ihr Konzept für die Gestaltung des Emissionshandels in der dritten Handelsperiode, und damit für den Zeitraum 2013 bis 2020, vorgelegt.

Der Vorschlag sieht vor, dass bis 2020 die Treibhausgasemissionen in der EU-27 um mindestens 20 % und bei Übernahme vergleichbarer beziehungsweise ange-

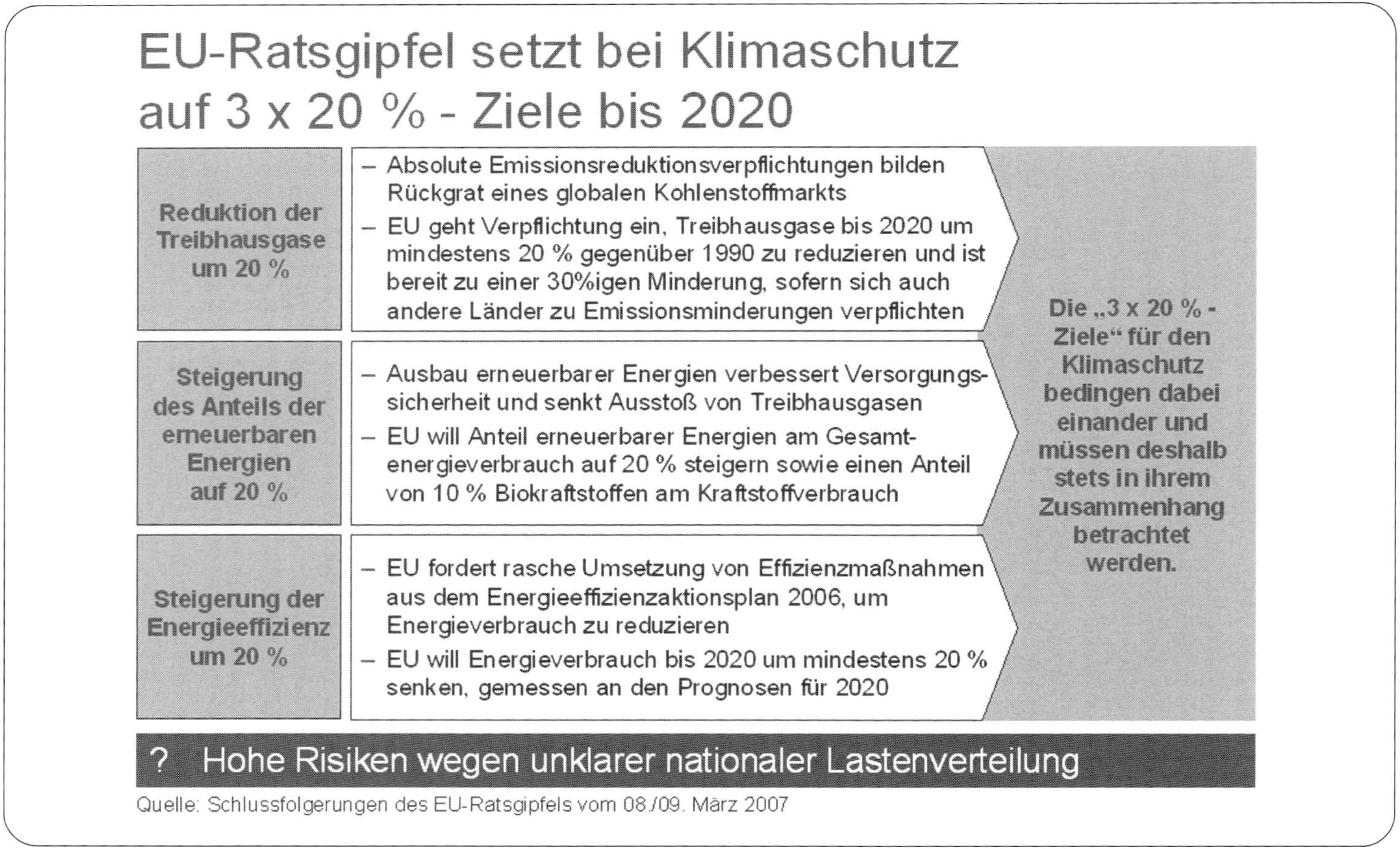

Abb. 136: 3 x 20 %-Ziele der EU bis 2020

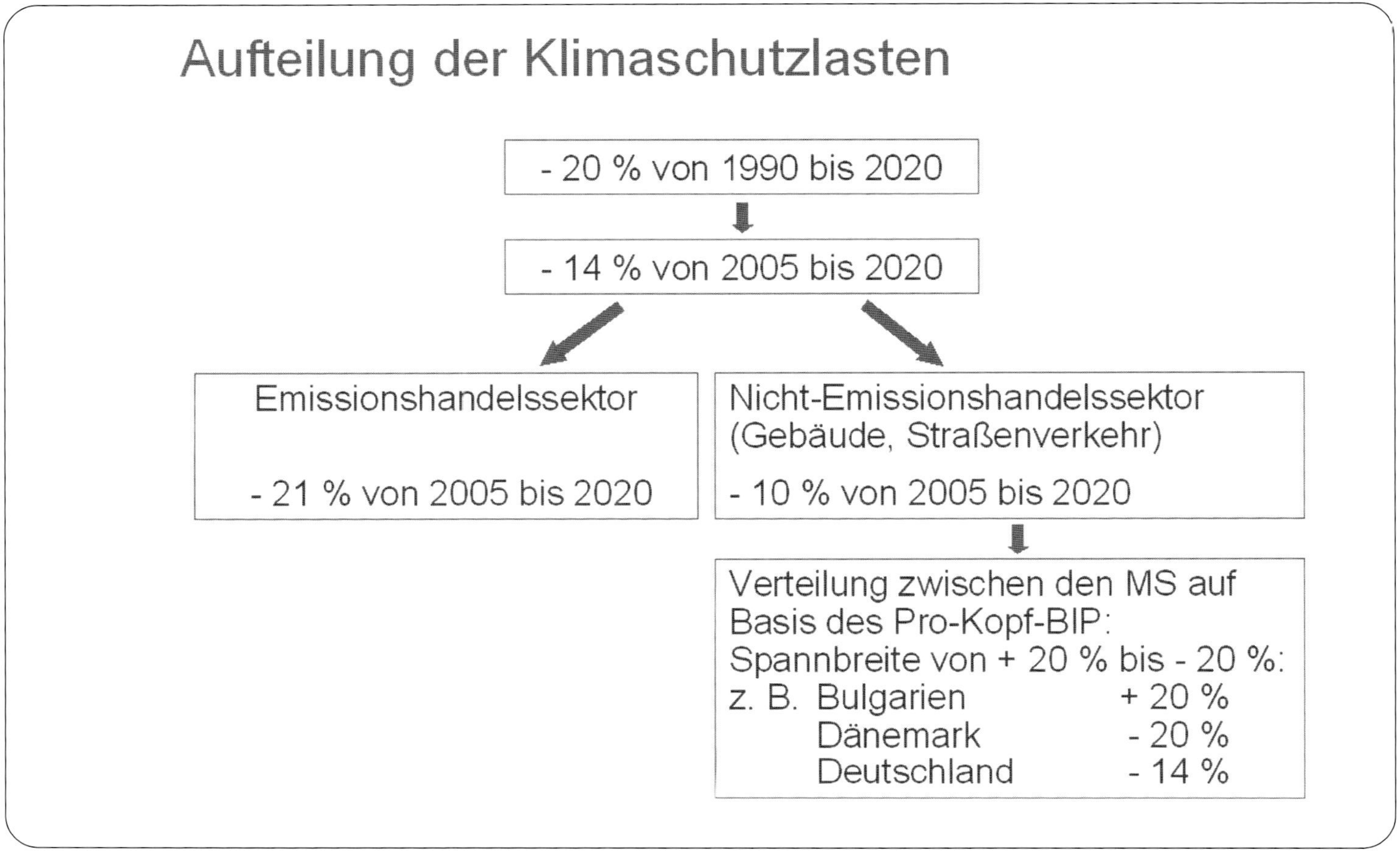

Abb. 137: Aufteilung der Klimaschutzlasten in der EU

messener Verpflichtungen anderer Staaten um 30 % gegenüber 1990 verringert werden. Die 20 %-ige Minderung bedeutet – bezogen auf das Jahr 2005 – eine Reduktion um 14 % bis 2020.

Für diese Verpflichtung von 14 % gegenüber 2005 sieht der Kommissionsvorschlag eine ungleiche Lastenverteilung für den Emissionshandelssektor (– 21 %) und des Nicht-Emissionshandelssektors (– 10 %) vor. Während für den Emissionshandelssektor eine EU-weit einheitliche Emissionsobergrenze festgelegt wird, ist für den Nicht-Emissionshandelssektor eine Differenzierung nach Staaten vorgesehen – abhängig von der Höhe des Bruttoinlandsprodukts pro Kopf der Bevölkerung. Dabei reicht die Spannweite für den Zeitraum 2005 bis 2020 von + 20 % bis – 20 %. Für Deutschland gelten – 14 %.

Eine wesentliche Neuerung gegenüber den ersten beiden Handelsperioden liegt in der geplanten Zentralisierung des Emissionshandelssystems. Es soll keine nationalen Allokationspläne (NAP) mehr geben. Alle wesentlichen Festlegungen zum Emissionshandel sollen EU-einheitlich erfolgen. Anstelle nationaler Obergrenzen soll es nur noch eine einheitliche EU-weite Obergrenze für den CO_2-Ausstoß geben. Die Zuteilungsregelungen werden ebenfalls harmonisiert. Für die dritte Handelsperiode ist ein auf acht Jahre verlängerter Handelszeitraum (2013 bis 2020) vorgesehen. Zu Beginn der dritten Handelsperiode sollen 1.974 Millionen Emissionsberechtigungen für Energiewirtschaft und Industrie zur Verfügung stehen. In den Folgejahren soll diese Menge jährlich um 1,74 % reduziert werden, so dass 2020 noch maximal 1.720 Millionen Emissionsberechtigungen verteilt werden. Damit sollen die Emissionen der dem Emissionshandel unterliegenden Anlagen um 21 % gegenüber den Emissionen des Jahres 2005 verringert werden. Zusammen mit der geplanten Reduzierung der Emissionen in den Sektoren Haushalte und Verkehr um EU-weit 10 % soll hierdurch das EU-Gesamtminderungsziel von minus 20 % bis 2020 gegenüber 1990 erreicht werden.

Das von der EU-Kommission für den Emissionshandel nach 2012 favorisierte Zuteilungsverfahren ist die Versteigerung der CO_2-Zertifikate durch die Mitgliedsstaaten. Bereits ab 2013 sollen 100 % der Zertifikate für die Stromerzeuger versteigert werden. Auch für die Stromerzeugung in Neu- und Ersatzanlagen wird die kostenfreie Zuteilung ausdrücklich ausgeschlossen.

Für Industrieanlagen ist ebenfalls die Einführung der Versteigerung vorgesehen. Allerdings soll die Auktionierungsquote für die Anlagen der Industrie stufenweise von 20 % in 2013 auf 100 % in 2020 ansteigen. Ausnahmen soll es nur für solche Branchen geben, bei denen die Betreiber die Kosten für den Zukauf von Zertifikaten durch internationalen Wettbewerbsdruck nicht an ihre Kunden weitergeben können. Mitte 2010 will die Kommission festlegen, welche Branchen von diesen Ausnahmen profitieren werden und erst ein Jahr später soll entschieden werden, in welchem Umfang die betroffenen Branchen ggf. eine kostenlose Zuteilung von Zertifikaten erhalten werden. Die Kommission hofft, mit dieser Re-

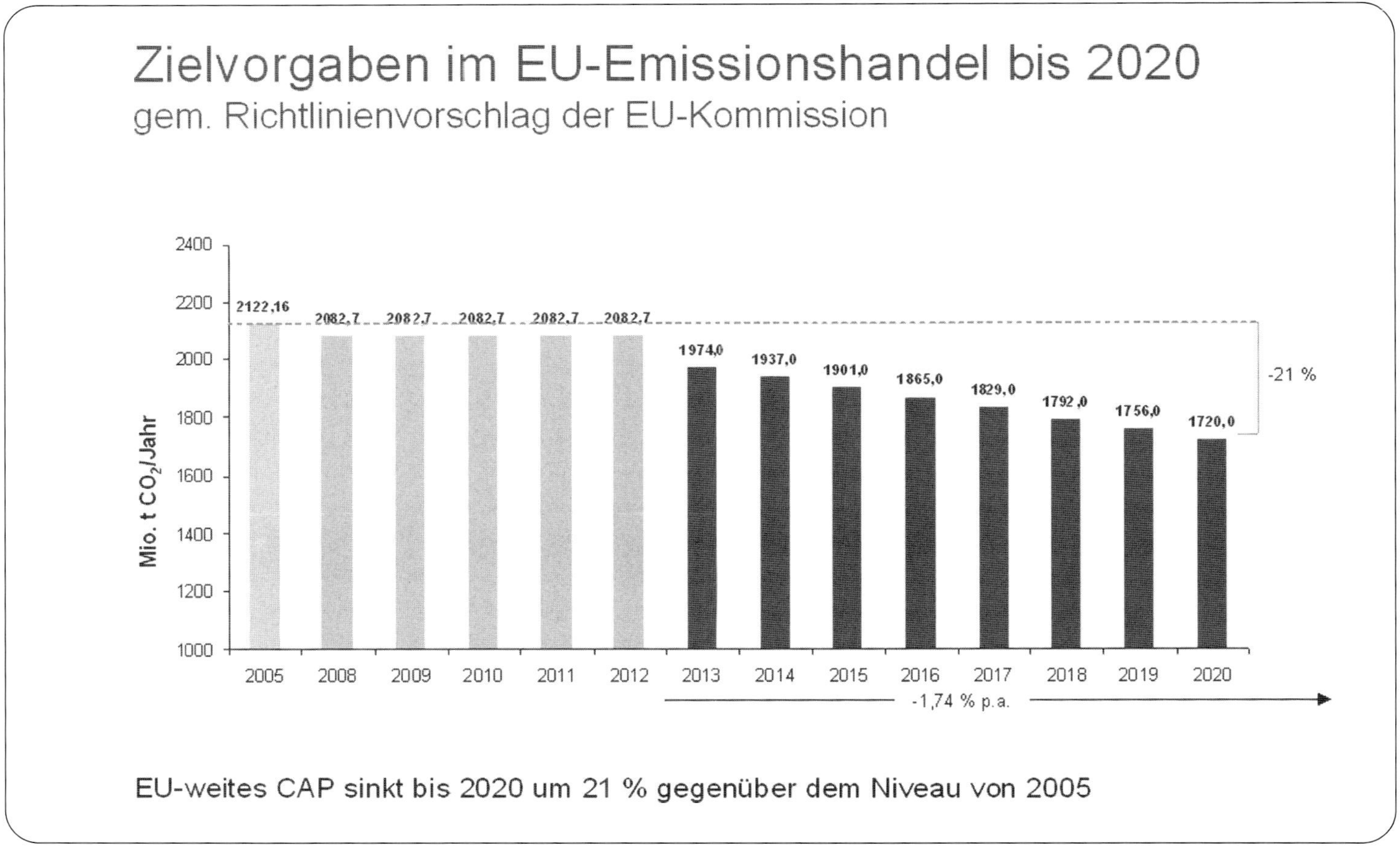

Abb. 138: Zielvorgaben im EU-Emissionshandel bis 2020

gelung eine Produktions- und damit auch Emissionsverlagerung in Länder ohne Emissionsbeschränkungen verhindern zu können (carbon leakage).

Es ist beabsichtigt, dass die Versteigerung durch die 27 Mitgliedstaaten erfolgt. Die Erlöse aus dem Verkauf der Zertifikate sollen den Mitgliedstaaten zustehen – grundsätzlich nach Maßgabe ihres Anteils an den Emissionen im Jahr 2006. Allerdings soll ein gewisser Teil der Erlöse (gemäß Richtlinienvorschlag vom 23.01.2008: 10 %) auf Mitgliedstaaten mit niedrigerem Pro-Kopf-Einkommen umverteilt werden. Ferner ist in Aussicht genommen, dass mindestens 20 % der Auktionserlöse für Klimaschutzmaßnahmen verwendet werden. Für Deutschland wird das Aufkommen aus dem Verkauf der Zertifikate im Zeitraum 2013 bis 2020 auf etwa 100 Mrd. Euro geschätzt – abhängig insbesondere von der Höhe des Zertifikatpreises.

Durch das CO_2-Emissionshandelssystem erhöhen sich die variablen Kosten der Stromerzeugung als entscheidende Determinante für die Bestimmung der Strom-Großhandelspreise deutlich. Dies gilt vor allem für die Stromerzeugung auf Basis von Kohle. So können die CO_2-Kosten – in Abhängigkeit vom Preis und von den spezifischen CO_2-Emissionen der verschiedenen fossilen Energieträger – einem Mehrfachen der Brennstoffkosten entsprechen. Dadurch kann sich die Einsatzreihenfolge bestehender Kraftwerke (merit order) ändern. Dies gilt unabhängig davon, ob die Zertifikate kostenfrei oder kostenpflichtig zugeteilt worden sind. Die Erklärung liegt darin, dass kostenfrei zugeteilte CO_2-Rechte in Bezug auf die Entscheidung des Kraftwerkseinsatzes „versunkene Erlöse darstellen, mit dem Kraftwerkseinsatz also CO_2-(Opportunitäts-) Kosten verbunden sind, die bei der Einsatzentscheidung ebenso berücksichtigt werden wie die Kosten für einen Kauf von Zertifikaten". [69]

Anders stellt sich die Situation bei Entscheidungen zum Neubau von Kraftwerken dar. Die Art der Emissionsrechte-Zuteilung beeinflusst sowohl die Investitionsintensität als auch die Wahl der Kraftwerksart. Kostenfreie CO_2-Zuteilung wirkt wie eine Verminderung kapazitätsbezogener Kosten; dies begünstigt den Neubau von Kraftwerken. Eine Auktionierung der Zertifikate begünstigt den Bau von Erdgas- im Vergleich zu Kohlekraftwerken. Kostenfreie Zuteilungen nach Maßgabe brennstoffspezifischer Benchmarks vermeiden demgegenüber diesen Wirkungsmechanismus. Die Aufrechterhaltung eines breiten Energiemix, in dem auch die Kohle eine wichtige Rolle spielt, wird somit durch die kostenfreie Zuteilung unterstützt.

Das EU-Klimapaket einschließlich des Richtlinienvorschlags über den Emissionshandel ist 2008 im EU-Parlament und im Europäischen Rat intensiv beraten worden. Bei Redaktionsschluss dauerten die Verhandlungen über die Ausgestaltung der Regelungen für die dritte Handelsperiode noch an. Auf dem Ratsgipfel im März 2008 hatten die Staats- und Regierungschefs ihre Absicht bekräftigt, den Gesetzgebungsprozess noch vor den nächsten Wahlen zum Europaparlament im Frühjahr 2009 zum Abschluss zu bringen.

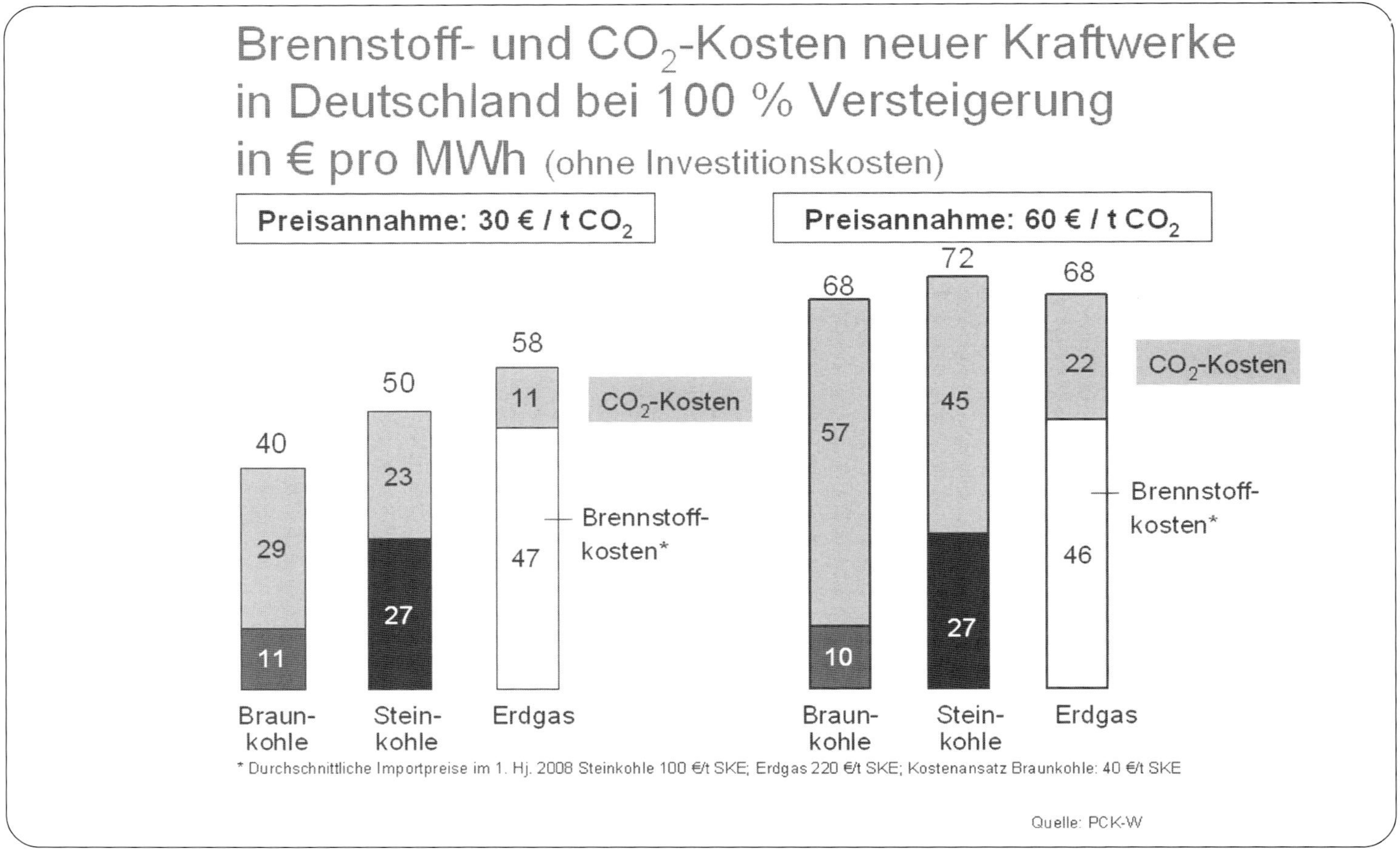

Abb. 139: Brennstoff- und CO_2-Kosten neuer Kohle- und Erdgaskraftwerke

6 Prognose des Energieverbrauchs

Der Bundeswirtschaftsminister beauftragt in mehrjährigen Abständen unabhängige Institute mit der Erstellung einer Prognose zur energiewirtschaftlichen Entwicklung in Deutschland. Der Energiereport IV zeigt unter dem Titel „Die Entwicklung der Energiemärkte bis zum Jahr 2030“ die wichtigsten Tendenzen bei Angebot und Nachfrage von Energie sowie die Perspektiven der Energiepreise auf. Die Studie war im Mai 2005 vom Energiewirtschaftlichen Institut an der Universität zu Köln (EWI) und der PROGNOS AG, Basel (prognos) vorgelegt worden. Mit der im August 2006 veröffentlichten „Ölpreisvariante“ war der Energiereport IV von EWI/prognos ergänzt worden. Des weiteren waren in den Jahren 2007 und 2008 Energieszenarien von den Instituten prognos/EWI im Auftrag der Bundesregierung sowie EWI/EEFA im Auftrag des BDEW und anderer Verbände erarbeitet worden. Eine neue Energieprognose im Auftrag des Bundeswirtschaftsministers ist für 2009 zu erwarten.

6.1 Energiereport IV von EWI/prognos

Der Energiereport IV setzt die Tradition der Vorgängerarbeiten aus den Jahren 1991, 1995 und 1999 fort. Er untersucht und prognostiziert innerhalb eines konsistenten gesamtwirtschaftlichen Rahmens die Entwicklung der Energiemärkte in Deutschland bis 2030. [70]

Die im Mai 2005 von EWI/prognos vorgelegte **Referenzprognose** verknüpft für den vermittelten Ausblick auf die energiewirtschaftliche Entwicklung in Deutschland langfristige Entwicklungstrends von Bevölkerung, Wirtschaft, Technik und Umwelt. „Grundlegende energiepolitische Weichenstellungen, die im Prognosezeitraum wirksam oder wahrscheinlich sind, werden berücksichtigt. Beispiele: Ausstieg aus der Kernenergie, Klimaschutzpolitik, Steuerpolitik im Energiesektor und Förderung erneuerbarer Energien.

Die Referenzprognose unterscheidet sich methodisch und im Erkenntnisinteresse von Status-quo-Prognosen oder normativen Zielszenarien.

Im Unterschied zur **Status-quo-Prognose** schreibt die Referenzprognose Reaktionen von Politik und Wirtschaft auf neue Probleme und Chancen unter dem Gesichtspunkt von Zweckmäßigkeit und Realisierbarkeit fort. Dabei berücksichtigt sie die Trägheiten im gesellschaftlichen, wirtschaftlichen und technischen System. Ein hohes Wohlstandsniveau in Deutschland, eingespielte Netzwerke und Machtstrukturen bremsen schnellen Wandel ebenso wie das Streben nach Besitzstandswahrung auf allen gesellschaftlichen Ebenen. Hinzu kommt die Trägheit des technischen Systems: Die Entwicklungszeit neuer Technologien bis zur

Marktreife bemisst sich nicht in Jahren sondern in Jahrzehnten. Gleiches gilt für die Umsetzung von Innovationen im Markt, da viele Energieanlagen eine Lebensdauer von Jahrzehnten haben.

Empirischer Ausgangspunkt der Referenzprognose ist die Funktionsweise des sozioökonomischen Gesamtsystems und seiner Veränderung aufgrund privater und politischer Präferenzen. Daraus wird die wahrscheinliche Entwicklung des Energiesektors abgeleitet.

Im Gegensatz dazu richten **Ziel-Szenarien und explorative Szenarien** ihr Interesse primär darauf, unter welchen Bedingungen und mit welchen Mitteln vorgegebene Einzelziele (Beispiel: CO_2-Reduktion) realisiert werden können.

Die Aussagen der verschiedenen Typen von Prognosen und Szenarien sind nur mit großen Einschränkungen vergleichbar." [70]

Die Primärenergieträgerpreise in Deutschland sind in hohem Maße durch die Weltenergiemärkte bestimmt, da Erdöl, Erdgas, Steinkohle und Kernbrennstoffe überwiegend importiert werden und die Importabhängigkeit bei diesen Energieträgern im Prognosezeitraum weiter zunehmen wird. Braunkohle steht in Substitutionskonkurrenz zu Steinkohle und Erdgas in der Stromerzeugung. Von daher ist auch die Entwicklung bei der Braunkohle nicht unabhängig vom Geschehen auf den Weltenergiemärkten.

„Die Entwicklung der Energieträgerpreise an den Weltmärkten spiegelt langfristige Kosten- und Nachfragetrends, kurzfristige Marktlagen, die Preissetzungsmacht von Anbietergruppen und politische Einflüsse wider. Einmal in Gang gesetzte Preisbewegungen nach oben oder unten können zudem durch spekulative Erwartungen weiter verstärkt werden." [70]

Die von EWI/prognos vorgelegte Energiepreisprognose erfasst die zum Zeitpunkt der Erstellung erwarteten grundlegenden Trends der langfristigen Energiepreisentwicklung. Entscheidende Bestimmungsfaktoren der künftigen Energiepreise sind Fundamentalfaktoren wie die Entwicklung der Energienachfrage, der Kosten des Energieangebots und des Potenzials zur Ausübung von Marktmacht. Nach Einschätzung von EWI/prognos erlaubt es die Marktmacht auf der Anbieterseite, die Preise dauerhaft über die langfristigen Grenzkosten zu erhöhen. Vorübergehende starke Preisausschläge nach oben und unten, die auch in Zukunft eintreten werden, sind auf längere Frist nicht prognostizierbar. Dasselbe gilt nach Auffassung der Gutachter auch für politische Preisrisiken, „die mit der wachsenden Abhängigkeit von politisch und ökonomisch instabilen Regionen zunehmen werden."

Die Entwicklung der langfristigen Grenzkosten der Erdöl, Erdgas- und Kohleförderung wird insbesondere durch die Lagerstättenbedingungen und den technischen Fortschritt bestimmt. Die Verschlechterung der Lagerstättenbedingungen wird sich bei Öl und Erdgas – anders als bei Kohle – künftig verschärft fortsetzen. Die Auswirkungen dieser Situation auf die Gewinnungskosten dämpft der technische Fortschritt. In der Vergangenheit hat der technische Fortschritt die tendenziell Kosten treibende Wirkung der Verschlechterung der Lagerstättenbedingungen sogar überkompensiert. Nach Einschätzung von EWI/prognos sind im Prognosezeitraum in wachsendem Umfang nicht-konventionelle Erdöl- und Erdgasreserven zu erschließen, um die wachsende Nachfrage zu decken. Deshalb bestimmen die Kosten der Erschließung der nicht-konventionellen Erdöl- und Erdgasreserven die künftigen Weltmarktpreise dieser Energieträger. Nur bei Kohle wird die Situation angesichts der besseren Reservesituation anders gesehen.

Vor diesem Hintergrund erwarteten EWI/prognos im Jahr 2005 folgende Entwicklung der Rohölpreise bis 2030:

— Der Rohölpreis wird 2030 in realen Größen (Preisbasis 2000) mit 37 USD/Barrel etwa doppelt so hoch sein wie in den neunziger Jahren.

— In nominalen Größen, also im jeweiligen Geldwert gerechnet, entspricht dies fast einer Vervierfachung auf 63 USD/Barrel im Jahr 2030.

6.2 Ölpreisvariante der Energiewirtschaftlichen Referenzprognose 2030

Angesichts der seit Erstellung der Referenzprognose gestiegenen Weltmarktpreise für Energierohstoffe hatte der Bundesminister für Wirtschaft und Technologie EWI/prognos beauftragt, die Auswirkungen eines höheren Preispfades auf Höhe und Struktur des Endenergieverbrauchs nach Sektoren, der Stromerzeugung nach Energieträgern sowie des Primärenergieverbrauchs und der energiebedingten Emissionen zu ermitteln.

Die im August 2006 von EWI/prognos vorgelegte Studie „Auswirkungen höherer Ölpreise auf Energieangebot und -nachfrage“ geht von einem Preispfad für Rohöl aus, der mit real 60 USD/Barrel (in 2000er USD) oder 102 USD/Barrel nominal im Jahr 2030 um 60 % über den Preisen der im Jahr 2005 veröffentlichen Referenzprognose liegt. [71]

Wichtigste Ergebnisse der Variante „Höhere Ölpreise“ im Vergleich zur Referenzprognose sind:

— Das Wirtschaftswachstum fällt nur geringfügig niedriger aus (1,3 % pro Jahr statt 1,4 % pro Jahr);

— Der Primärenergieverbrauch geht um 2 Prozentpunkte stärker zurück als im Referenzfall und liegt im Jahr 2030 um 17 % unter dem Niveau von 2002.

— Im Vergleich zum Referenzfall verändern sich die Verbrauchsstrukturen deutlich zu Lasten des Erdgases und zugunsten von Kohle (im Kraftwerkssektor) und von erneuerbaren Energien (vor allem auf dem Wärmemarkt und im Kraftstoffbereich).

— Höhere CO_2-Emissionen im Kraftwerksbereich wegen der stärkeren Kohlenutzung werden kompensiert durch stärker rückläufige Emissionen im Verkehrsbereich.

— Die Importabhängigkeit Deutschlands verringert sich durch die höheren Energiepreise. Der Anteil importierter Energie am Primärenergieverbrauch beträgt in der Ölpreisvariante 2030 knapp 69 %, in der Referenzprognose sind es gut 72 %.

Die Ergebnisse im Einzelnen gehen aus der 153 Seiten starken Veröffentlichung hervor, die auf der Website des Bundesministeriums für Wirtschaft und Technologie abrufbar ist. [71]

6.3 Energieszenarien für den Energiegipfel 2007

Zur Vorbereitung des Energiegipfels 2007 hatte das Bundesministerium für Wirtschaft und Technologie (BMWi) die Arbeitsgemeinschaft Prognos AG/Energiewirtschaftliches Institut an der Universität zu Köln (EWI) beauftragt, in drei Szenarien die Entwicklung von Energieverbrauch, Erzeugungsstrukturen und Treibhausgasemissionen bis zum Jahr 2020 darzustellen. [72]

Bei den Szenarien handelt es sich nicht um Prognosen. Vielmehr bilden sie eine Basis für die Beurteilung energie- und klimaschutzpolitischer Optionen.

Neben den energiewirtschaftlichen und klimaschutzpolitischen Implikationen der drei Szenarien „Koalitionsvertrag (Szenario KV)“, „Stärkerer Ausbau erneuerbarer Energien (Szenario EE)“ und „Längere Laufzeiten von Kernkraftwerken (Szenario KKW)“ sollte ermittelt werden, welche Kostenunterschiede zwischen den Szenarien bestehen. Dabei wurden Investitionskosten, fixe und variable Betriebskosten sowie Brennstoffkosten aus gesamtwirtschaftlicher Perspektive (also ohne Steuern und Subventionen) berücksichtigt.

Basis für die Arbeiten ist die Ölpreisvariante zum Energiereport IV. Wichtige davon abweichende Annahmen für die Szenarienrechnung wurden zwischen Bundeskanzleramt, BMWi, Bundesumweltministerium (BMU) und den Gutachtern abgestimmt.

Die Berechnung der Szenarien erfolgte für die Nachfrageseite mit Hilfe sektorspezifischer Bottom-up-Modelle, im Umwandlungssektor wurden die Optimierungsmodelle CEEM und GEMS eingesetzt. Der Zusammenhang zwischen Angebots- und Nachfrageseite wurde durch mehrere Rückkopplungsschleifen berücksichtigt.

„Berechnet wurden Energieverbrauch und Erzeugungsstrukturen für drei Szenarien, die wie folgt charakterisiert sind:

— Das Szenario **„Koalitionsvertrag (Szenario KV)"** geht von der Umsetzung der im Koalitionsvertrag getroffenen Vereinbarungen aus. Dazu zählt insbesondere die Verdoppelung der gesamtwirtschaftlichen Energieproduktivität zwischen 1990 und 2020. Teilweise wurden die Maßnahmen zur Erreichung dieses Ziels aus der Effizienzstrategie der Deutschen Energieagentur (dena) übernommen.

— Aus Sicht der Gutachter ist das Ziel der Verdoppelung der Energieproduktivität zwischen 1990 und 2020 überaus ambitioniert. Ausgehend von der Situation im Jahr 2005, erfordert die Zielerreichung eine durchschnittliche jährliche Steigerung der Energieproduktivität auf 3 % zwischen 2005 und 2020. Im Zeitraum 1990 bis 2005 lag dieser Wert bei 1,6 % pro Jahr. Technisch ist die annähernde Verdoppelung des jährlichen Effizienzfortschritts möglich, realistisch erscheint sie nur dann, wenn dazu weit über das heute Übliche hinaus gehende politische Anstrengungen unternommen werden.

— Im Szenario „**Stärkerer Ausbau erneuerbarer Energien (Szenario EE)**" erfolgt der Ausbau erneuerbarer Energie schneller als im Szenario KV, das Ziel der Verdoppelung der Energieeffizienz bleibt bestehen. Die Ausbauziele sowie die Kostenansätze für die Nutzung erneuerbarer Energien wurden in Anlehnung an die DLR-Studie „Leitstudie 2007 – Aktualisierung der Ausbaustrategie Erneuerbare Energie bis zu den Jahren 2020 und 2030 sowie Ausblick bis 2050" festgesetzt. Das in den Schlussfolgerungen des EU-Gipfels vom 9.3.2007 genannte Ziel, den Anteil der erneuerbaren Energie im EU-Durchschnitt bis 2020 auf 20 % zu steigern, konnte bei der Definition des Szenarios EE nicht explizit berücksichtigt werden. Bis zum Zeitpunkt der Erstellung der Studie waren noch keine Zielwerte für die einzelnen Mitgliedstaaten festgelegt worden.

— Das Mengenziel für den Ausbau erneuerbarer Energien erfordert zusätzliche politische Anstrengungen, liegt aber im Bereich des technisch Möglichen. Die von der DLR übernommenen Lernkurven für die Kostenentwicklung bei den Anlagen zur Nutzung erneuerbarer Energien sind aus Sicht der Gutachter optimistisch. Eigene Einschätzungen, die auch in anderen Studien zugrunde gelegt wurden, gehen von einer geringeren Kostendegression aus.

— Das Szenario „**Längere Laufzeiten von Kernkraftwerken (Szenario KKW)**" basiert auf dem Szenario KV. Gegenüber der Ausstiegsvereinbarung werden die Laufzeiten der Kernkraftwerke um 20 Jahre verlängert. Dafür werden Nachrüstkosten in Höhe von 500 EUR/kW in Ansatz gebracht.

Ergänzend wurde eine „2 %-Variante zum Szenario KV (2 %-Variante)“ gerechnet. In dieser Variante wurde die jährliche Steigerungsrate der Energieproduktivität (gemessen als Mrd. EUR Bruttoinlandsprodukt je PJ Primärenergieverbrauch) zwischen 2005 und 2020 von 3 % auf gut 2 % verringert.“ [72]

Die Szenarienergebnisse sind für die Jahre 2010, 2015 und 2020 ausgewiesen. Die Ergebnisse der Szenarien werden in der Studie wie folgt eingeordnet [72]:

Die Vorgabe für das BIP-Wachstum in den Szenarien KV, EE und KKW bewegt sich mit 1,8 % p. a. für den Zeitraum 2005 bis 2020 in der Spitzengruppe der vorliegenden Vergleichsstudien.

Dasselbe gilt für die Energieproduktivität. Mit 3 % p. a. nimmt sie deutlich schneller zu als in den meisten anderen Studien. Zwischen 1990 und 2005 war die Steigerungsrate mit 1,6 % p. a. nur etwa halb so hoch wie im Betrachtungszeitraum der Szenarien.

Der Anteil der erneuerbaren Energien am Primärenergieverbrauch liegt beim Szenario EE auf einem hohen Niveau. Die anderen Szenarien und betrachteten Studien bleiben zum Teil deutlich dahinter zurück.

Die Szenarien KV, EE und KKW weisen die höchsten Reduktionsraten für die CO_2-Emissionen auf. In den anderen betrachteten Studien ist der Rückgang der Emissionen weit weniger stark ausgeprägt.

Vor diesem Hintergrund stellen die Szenarien KV, EE und KKW hinsichtlich der Steigerung der Energieproduktivität, des Ausbaus der erneuerbaren Energien und der Verringerung der CO_2-Emissionen eher optimistische Entwicklungspfade dar.

6.4 EWI/EEFA-Szenarien Energiewirtschaftliches Gesamtkonzept 2030

Um eine belastbare Basis für den Dialog über die künftige energiepolitische Ausrichtung zu erhalten, hatten die Verbände BDEW, BDI, DEBRIV, GVSt sowie VGB PowerTech die wissenschaftliche Studie „Energiewirtschaftliches Gesamtkonzept 2030“ initiiert. Der im Jahr 2008 vorgelegte Endbericht [73], der vom Energiewirtschaftlichen Institut an der Universität zu Köln (EWI) und von der Energy Environment Forecast Analysis GmbH (EEFA), Münster, erarbeitet wurde, untersucht in vier Szenarien die Bandbreite der energie- und volkswirtschaftlichen Entwicklung als Folge energiepolitischer Vorgaben in den Handlungsfeldern Klimaschutz, Förderung erneuerbarer Energien und Kraft-Wärme-Kopplung sowie Kernenergienutzung. Dabei wurden die Beschlüsse des Europäischen Rates vom 8./9. März 2007 für eine integrierte Klimaschutz- und Energiepolitik berücksichtigt.

Neben der sich verändernden „Angebotsseite", der Energieerzeugung, die in der Regel bei entsprechenden Studien im Fokus steht, werden in der vorliegenden EWI/EEFA-Studie in allen Szenarien auch die Rückkopplungen hieraus resultierender Auswirkungen auf der Nachfrageseite, d. h. in den weiteren volkswirtschaftlichen Sektoren (Industrie, Verkehr, private Haushalte sowie Handel/Gewerbe/Dienstleistungen), explizit mit einbezogen. Die Studie betrachtet zudem nicht ausschließlich Sensitivitäten einzelner Parameter, sondern untersucht in den Szenarien die energiewirtschaftliche Entwicklung Deutschlands bis 2030 – eingebettet in den europäischen Markt – jeweils die Auswirkungen einer Variation der zugrunde liegenden Handlungsfelder („**Politikszenarien**").

Szenario 1:	Berücksichtigung der Vorgaben des Europäischen Rats vom März 2007 zur Minderung der Treibhausgasemissionen in der EU-27 (–20 % bis 2020 gegenüber 1990) unter Fortschreibung der derzeitigen energiepolitischen Rahmensetzung in Deutschland
Szenario 2:	Gleichgewichtige Berücksichtigung von Versorgungssicherheit, Wirtschaftlichkeit und Umweltverträglichkeit/Setzen auf Marktmechanismen (keine Restriktionen bei Kernenergienutzung, EU-weit harmonisiertes Fördermodell zugunsten erneuerbarer Energien, kostenfreie Zuteilung der CO_2-Zertifikate nach Maßgabe brennstoffspezifischer Benchmarks)
Szenario 2 a:	wie Szenario 2, allerdings 100 % Auktionierung der CO_2-Emissionsrechte nach 2012
Szenario 3:	Priorität Umweltschutz und Kernenergieausstieg (100 % Auktionierung der CO_2-Zertifikate nach 2012 – wie in Szenario 2 a)

„Um der Unsicherheit hinsichtlich der zukünftigen Energiepreisentwicklung Rechnung zu tragen, wurden die verschiedenen Politikszenarien jeweils unter **Zugrundelegung zweier Brennstoffpreispfade** gerechnet. Bei jeweils unveränderten Kohlepreisen wird damit zugleich eine Bandbreite für den Gas/Kohle-Preisspread und damit für die sensible Gas-Kohle-Konkurrenz in der Stromerzeugung abgedeckt.

Für die untersuchten Politikszenarien wurden **wesentliche Ergebnisse** zu folgenden Punkten erzielt:

— Preise für CO_2-Zertifikate

— Entwicklung der Stromerzeugung

— Strompreise auf der Großhandels- und Endverbraucherebene

Tabelle 121: Übersicht Politikszenarien der EWI/EEFA-Studie

	Szenario 1	Szenario 2/2a	Szenario 3
THG-Minderung[1]			
EU 2010 2020 2030	– 8 % – 20 % – 25 %	– 8 % – 20 % – 25 %	– 8 % – 30 % – 40 %
DE 2010 2020 2030	– 21 % – 25 % – 30 %	– 21 % – 25 % – 30 %	– 21 % – 40 % – 50 %
NAP	Forschreibung NAP II nach 2012		100 % Auktionierung nach 2012
JI/CDM[2]	maximal 50 % der jeweiligen Minderung (Vorgabe EU-Kommission)		
REG-Ziele[3]	Fortschreibung EEG	Marktwirtschaftliches EU-Integrationsmodell	Forcierung EEG
EU 2010 2020 2030	17 % 22 % 27 %	17 % 22 % 27 %	22 % 30 % 35 %
DE 2010 2020 2030	13 % 20 % 26 %	13 % Marktergebnis Marktergebnis	15 % 25 % 35 %
KWK	Fortschreibung KWK-Mod-G	Auslaufende Förderung	Quote: Verdopplung KWK-Stromerzeugung bis 2030
Kernenergie	Ausstieg	keine Restriktionen	Ausstieg

1) gegenüber 1990
2) wahlweise gegenüber Basisjahr, 2004 oder ggf. Prognose
3) Anteil am Bruttostromverbrauch

Quelle: EWI/EEFA, Energiewirtschaftliches Gesamtkonzept 2030, Köln/Münster 2008

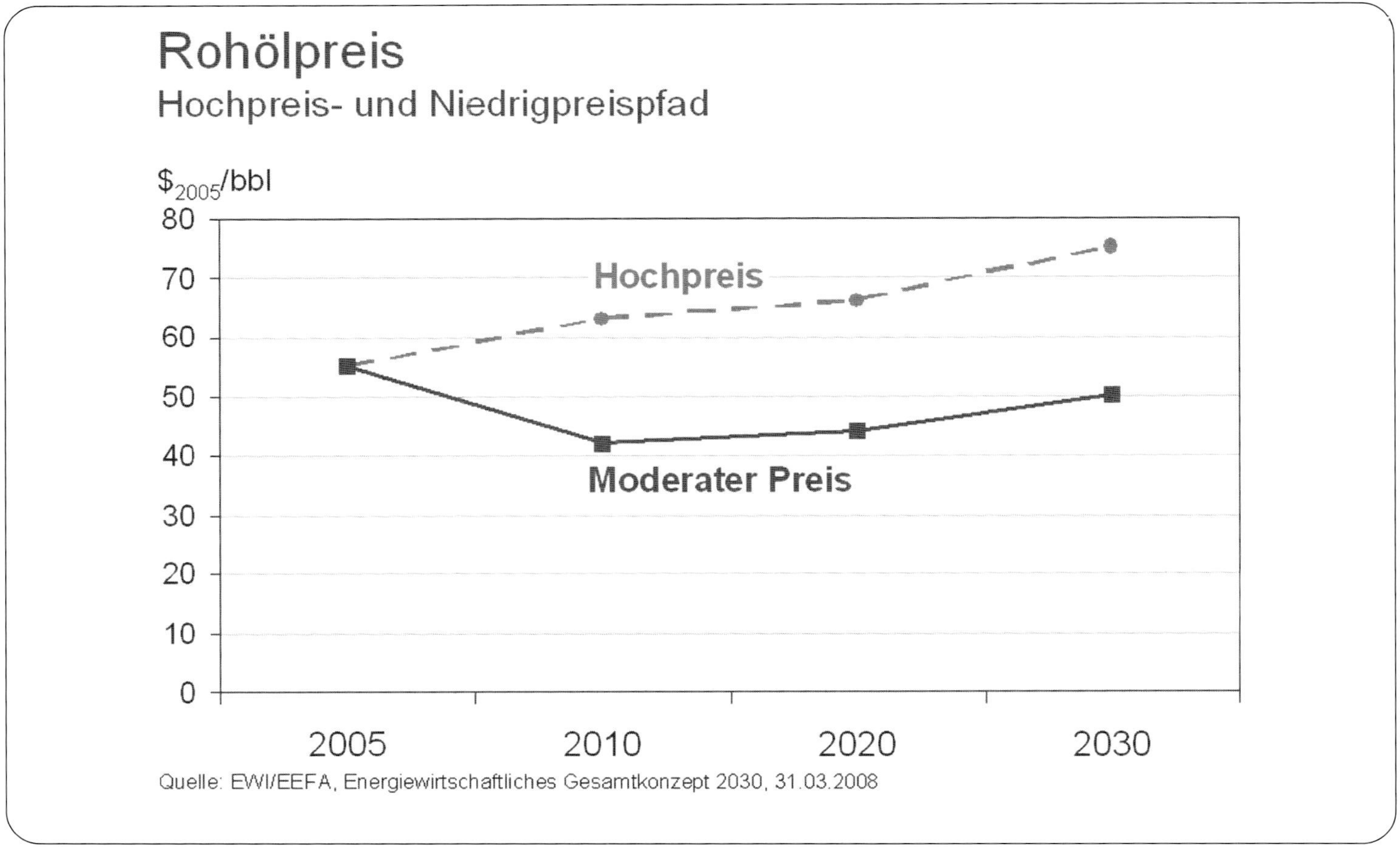

Abb. 140: Preispfade für Rohöl bis 2030

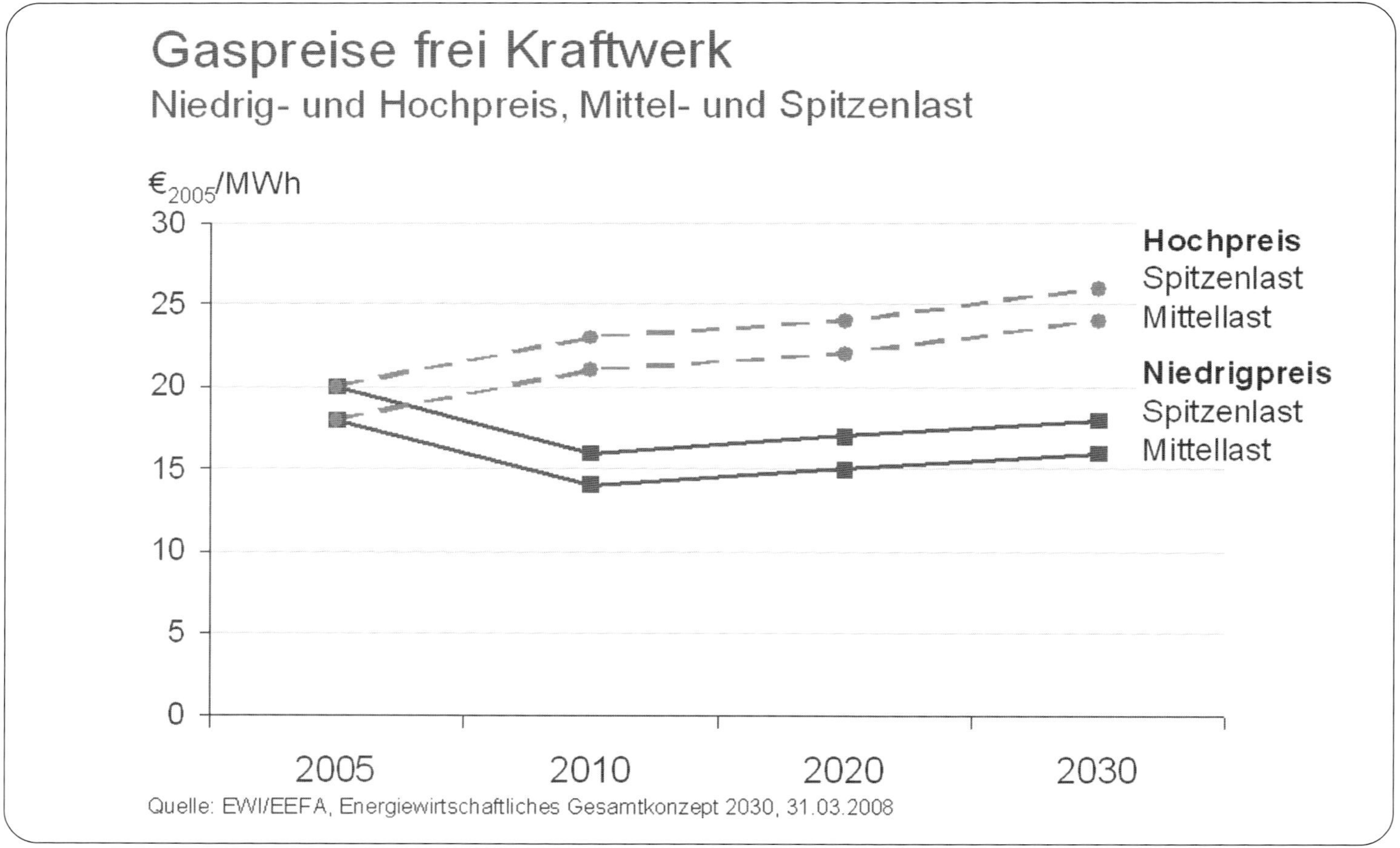

Abb. 141: Preispfade für Erdgas bis 2030

— Energieeffizienz auf der Nachfrageseite (Industrie, Haushalte, GHD, Verkehr)

— Primärenergieverbrauch und Importabhängigkeit

— Entwicklung der Treibhausgasemissionen

— Sektorale Produktions- und Beschäftigungseffekte

Die **Preise für CO_2-Emissionsrechte** bilden sich auf dem europäischen Markt. Sie sind ein maßgeblicher Indikator für die „Schärfe" der Klimapolitik auf EU-Ebene. Neben den EU-weiten Emissionsminderungsvorgaben sind sie durch weitere Energiepolitiken (Energieeffizienz, Förderung erneuerbarer Energien in Europa, Kernenergiepolitik) und die unterstellte Brennstoffpreisentwicklung bestimmt.

Im Falle hoher Öl- und Gaspreise steigen die realen CO_2-Preise in den Szenarien von 15 – 20 €(2005)/t im Jahr 2010 auf 36 – 46 €(2005)/t im Jahr 2030. Im Niedrigpreisfall liegen sie anfangs etwas tiefer und erreichen bis 2030 Werte von 27 – 35 €(2005)/t CO_2.

Die CO_2-Preise liegen in Szenario II etwas tiefer als in Szenario I. Grund ist die vermehrte CO_2-freie Stromerzeugung aus Kernenergie, die bei unveränderten Minderungszielen den CO_2-Preis entlastet. In Szenario II liegen die CO_2-Preise etwas höher als in Szenario IIa, da die kostenfreie CO_2-Zuteilung in Szenario II Energieträger mit höherer CO_2-Intensität (gegenüber Szenario IIa mit Auktionierung) begünstigt, wodurch sich die CO_2-Grenzvermeidungskosten im Handelssystem erhöhen. In Szenario III liegen die CO_2-Preise trotz schärferer Minderungsziele teilweise tiefer als in Szenario I. Dies ist durch den EU-weit stärkeren Ausbau der erneuerbaren Energien in Szenario III bedingt, wodurch die CO_2-Preise (nicht jedoch die Gesamtkosten der CO_2-Minderung) entlastet werden.

Insgesamt zeigt sich, dass die Emissionsminderungsvorgaben des Europäischen Rates vom 8./9. März 2007 (– 20 % THG-Minderung bis 2020 gegenüber 1990) die CO_2-Preise stark in die Höhe treiben. Diese Anstiege der CO_2-Preise führen im Rahmen der Szenarien bis 2030 teils zu erheblichen Veränderungen im deutschen Stromerzeugungsmix.

Die Szenarienergebnisse für die Stromerzeugung hängen sensibel von den unterstellten Brennstoffpreisentwicklungen und den sich einstellenden CO_2-Preisen ab. Dies gilt vor allem für die Konkurrenz zwischen Kohlen und Gas in der Verstromung.

Szenarienübergreifend lassen sich zur **Entwicklung der Stromerzeugung in Deutschland bis 2030** folgende Tendenzen feststellen:

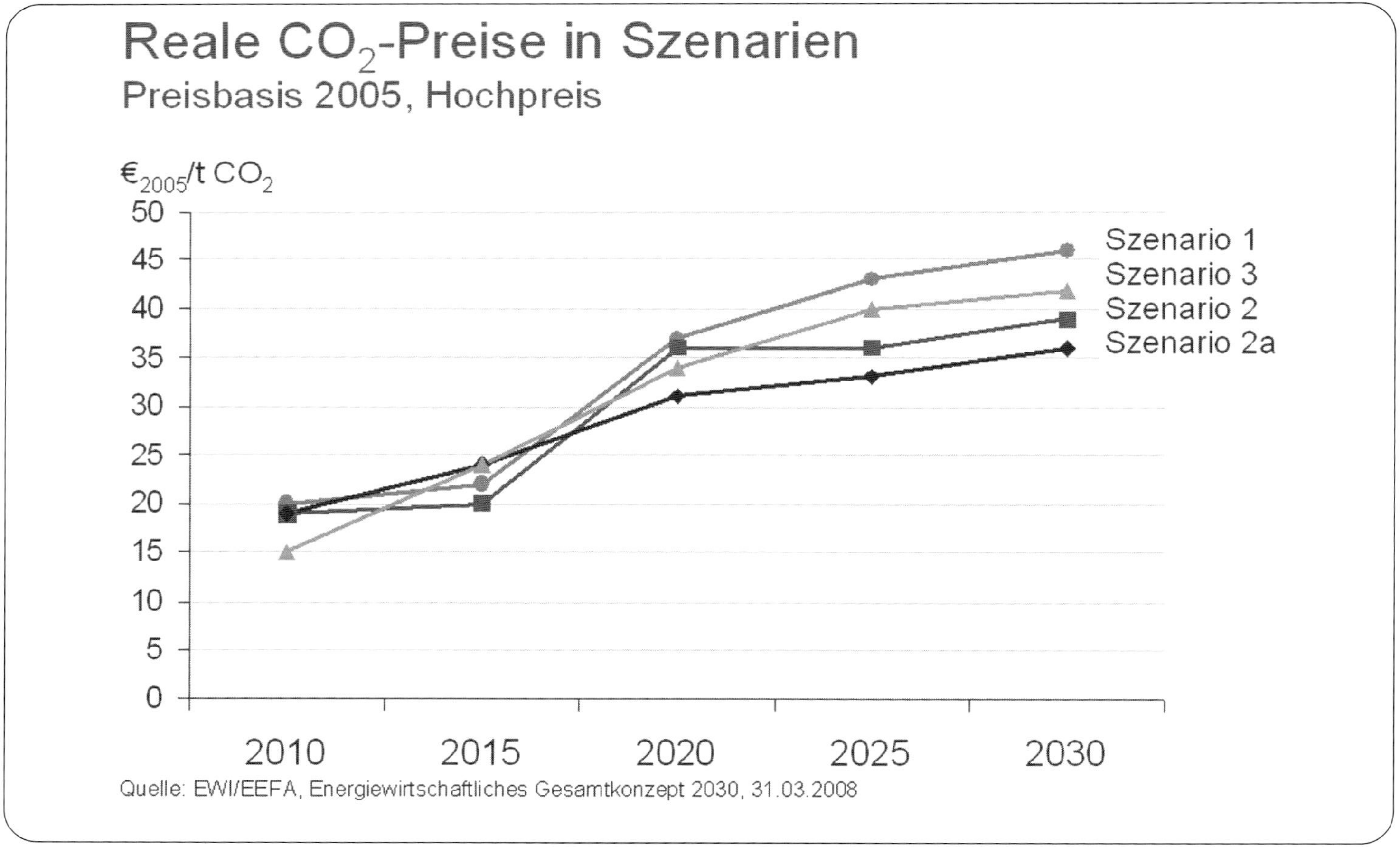

Abb. 142: Reale CO_2-Preise bis 2030 im Hochpreisfall von EWI/EEFA

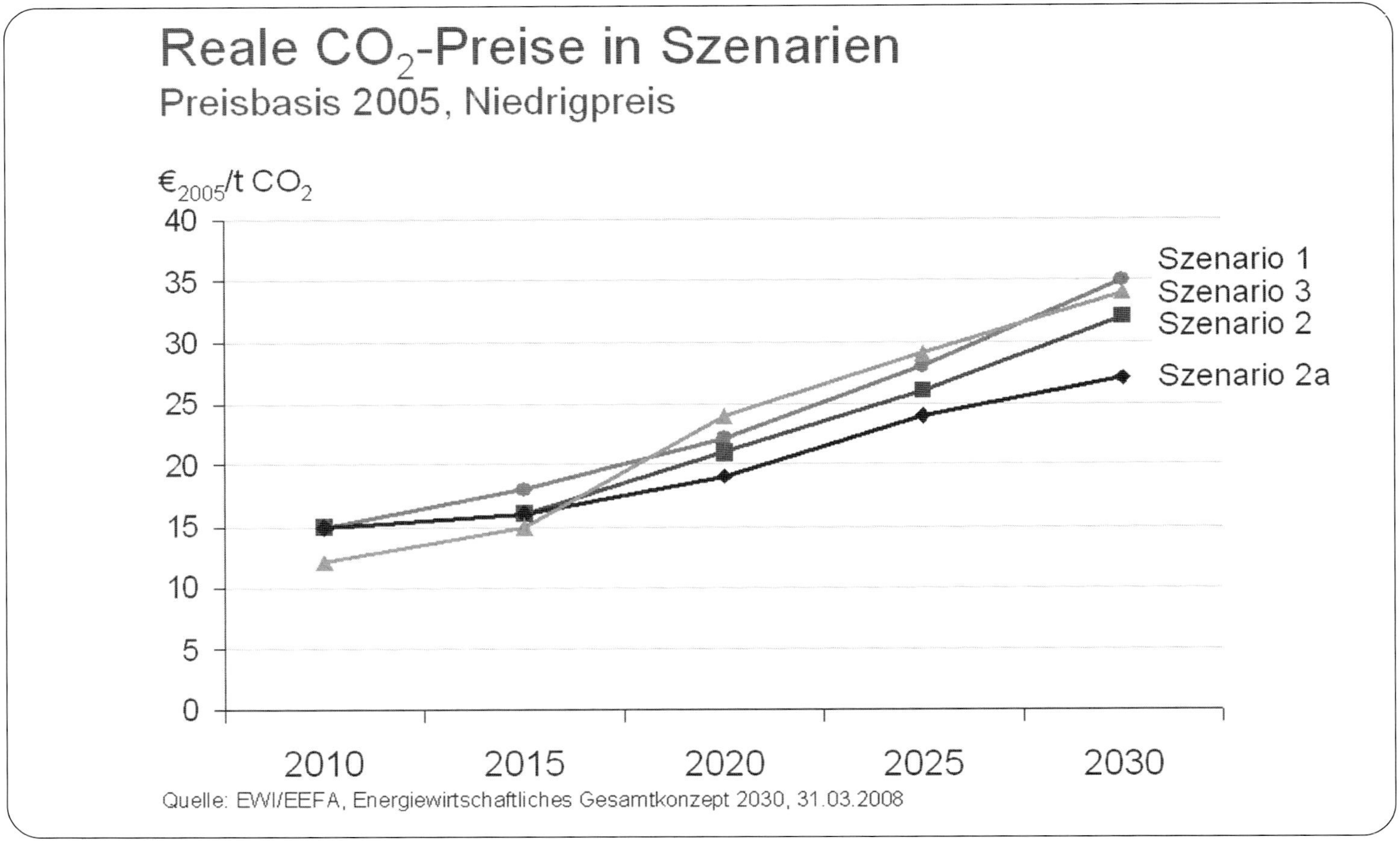

Abb. 143: Reale CO_2-Preise im Niedrigpreisfall von EWI/EEFA

— In allen Szenarien steigt der Anteil der erneuerbaren Energien (EE) an der Stromerzeugung stark an. Der Anstieg basiert vorwiegend auf Windenergie (onshore und offshore) und Biomasse.

— Insbesondere die Einspeisung von Strom aus Windenergie ist mit Rückwirkungen auf das konventionelle Erzeugungssystem verbunden: Die nach EE-Einspeisung verbleibende, vom konventionellen Kraftwerkspark abzufahrende residuale Last weist eine zunehmend volatile und stochastische Struktur auf, wodurch sich die durchschnittliche Auslastung der Kraftwerke vermindert. Hierdurch gewinnen tendenziell flexiblere (Erdgas-)Kraftwerke an Bedeutung und die Kosten der Stromerzeugung steigen.

— Die höchste Windkraftkapazität ist mit rd. 45.000 MW in Szenario III installiert. Hier werden unter den getroffenen Annahmen technische Grenzen der Integrierbarkeit fluktuierender Erzeugung erreicht: Aus Gründen der Netzstabilität – insbesondere des Erfordernisses der Bereitstellung negativer Minutenreserve – muss in diesem Szenario knapp jede fünfte MWh Windstromerzeugung abgeschaltet werden, sofern nicht zusätzliche Flexibilitäten im Elektrizitätssystem in Form von (z. B. Druckluft-)Stromspeichertechnologien, verschiebbaren Lasten oder grenzüberschreitendem Stromaustausch im europäischen Markt verfügbar sein werden.

— Vor allem in den Niedrigpreisvarianten der Szenarien nimmt der Anteil des Erdgases an der Stromerzeugung deutlich zu. Dieser Zuwachs beruht zum einen auf Gas-GuD-Kondensationskraftwerken, zum anderen auf Kraft-Wärme-Kopplungsanlagen. Die Ausweitung der KWK-Stromerzeugung erfolgt vorwiegend an großen Fernwärme- und Industriestandorten marktgetrieben im Zuge des Ersatzes alter kohlegefeuerter Anlagen durch neue gasgefeuerte KWK-Anlagen mit deutlich höherer Stromkennziffer (Verhältnis von Strom- zu Wärme-Output) auf Basis einer stagnierenden oder gar leicht rückläufigen Wärmenachfrage.

— In den Hochpreisvarianten der Szenarien bleibt der Gaseinsatz in der Verstromung vergleichsweise begrenzt. Es kommt dann der Wettbewerb zwischen anderen Brennstoffen und Technologien stärker zum Tragen. Unter den getroffenen Annahmen sind dies insbesondere i) die Kernenergie, die in Szenario II/IIa politisch nicht restringiert ist, ii) Braunkohle ohne und mit CO_2-Abtrennung und -speicherung (CCS) und iii) Steinkohle mit CCS.

— Braunkohle weist im Vergleich zur Steinkohle in den Szenarien einen wirtschaftlichen Vorteil auf. Dieser beruht mit darauf, dass für die kommenden 2 – 3 Dekaden keine neue Braunkohlegruben aufgeschlossen werden müssen, um eine Braunkohlenförderkapazität von maximal 50 Mio. t SKE/a aufrecht zu erhalten. Die bereits offenen Gruben bedeuten einen merklichen Kostenvorteil, der die CO_2-bedingten Mehrkosten der Braun- gegenüber der Steinkohle selbst bei vergleichsweise hohen CO_2-Preisen überkompensiert. Dies betrifft den Einsatz bestehender Braunkohlekraftwerke, den Zubau neuer Anlagen und in den Hochpreis-Varianten der Szenarien ab 2020 das Eindringen der CCS-Technologie in den Markt, die unter Kostengesichtspunkten zuerst für Braunkohle und dann für Steinkohle zu erwarten ist.

— In allen Szenarien mit Kernenergieausstieg in Deutschland (Hochpreis und Niedrigpreis-Varianten der Szenarien I und III) kommt es im benachbarten Ausland (in Frankreich, Großbritannien und Tschechien) zu einer Ausweitung der Stromerzeugung aus Kernenergie.

Auf der Großhandelsebene wird die **Entwicklung der Strompreise (Erzeugerpreise)** wesentlich von Brennstoff- und CO_2-Preisen beeinflusst. In nominalen Größen ergeben sich in allen Szenarien – unter Annahme einer Inflationsrate von 1,9 % pro Jahr – langfristig steigende Großhandelspreise.

Mittelfristig besteht in allen Szenarien ein Strompreis entlastender Effekt durch die für die kommenden Jahre erwarteten Kraftwerkszugänge und die damit verbundene Angebotsausweitung. Dieser Effekt wird in den Szenarien unterschiedlich stark von anderen Einflüssen überlagert. Szenario III mit Priorität Umweltpolitik und Kernenergieausstieg weist die höchsten Erzeugerpreise auf. Hauptgründe sind die ambitionierten CO_2-Minderungsziele, die den CO_2- und damit den Strompreis treiben, sowie das vorzeitige Ausscheiden von KKW-Grundlastkapazität mit geringen variablen Kosten und dem damit verbundenen vermehrten Kraftwerkszubaubedarf. In Szenario II mit kostenfreier CO_2-Zuteilung sind die Erzeugerpreise niedriger als in Szenario IIa mit Auktionierung. Der Grund hierfür ist, dass die kostenfreie Zuteilung wie ein Investitionskostenabschlag wirkt und dadurch für die Kraftwerksbetreiber Kapazität verbilligt. Dies führt im Vergleich zur Auktionierung zu beschleunigter Kraftwerksmodernisierung und entlastet den Strompreis. Ein weiterer Grund für höhere Strompreise durch CO_2-Auktionierung kann in einem auktionsbedingt stärkeren Vordringen von Gaskraftwerken liegen, deren Einsatz mit höheren Grenzkosten verbunden ist – dies kommt im Hochpreis-Fall der Szenarien II/IIa zum Tragen (im Niedrigpreis-Fall wird das Vordringen des Gases durch CO_2-Auktionierung nicht noch weiter verstärkt).

Die Strompreise für Endverbraucher berücksichtigen neben den Großhandelspreisen Netzentgelte, EEG- und KWK-Umlage, Vertriebskosten, Stromsteuer, Konzessionsabgaben und Mehrwertsteuer. In nominalen Größen steigen die Endverbraucherpreise in allen Szenarien an. Die höchsten Preise ergeben sich durchgängig in Szenario III, die niedrigsten Preise in Szenario II. Je nach Höhe der Brennstoffpreise und in Abhängigkeit vom jeweiligen Szenario beträgt die Bandbreite im Jahr 2030 für Industrie- und Haushaltsstrompreise durchschnittlich etwa 20 %.

In den energieintensiven Prozessen der Industrie sind selbst bei einer forcierten Modernisierung des Kapitalstocks nur noch vergleichsweise geringe **Effizienzverbesserungen** zu erwarten. Wesentlich größere Potenziale zur Effizienzverbesserung bestehen im Gebäude- und Wohnungsbestand, in dem gegenwärtig knapp 20 % des gesamten Primärenergieverbrauchs zur Beheizung verwendet werden. So ist der spezifische Energiebedarf im Wohngebäudebestand je Quadratmeter Wohnfläche zurzeit noch fast drei Mal so hoch, wie der inzwischen geltende gesetzlich forcierte Standard für Neubauten. Mit der Heranführung des Wohnungsbestandes an das energetische Niveau von Neubauten kann der Energieverbrauch in den nächsten 25 Jahren erheblich reduziert werden.

Ähnliche Potenziale existieren auch für den Bereich der Dienstleistungen (Banken, Versicherungen, Hotels und Gaststätten, sonstige Dienstleistungen). Zwar steigt der Wärmebedarf aufgrund der steigenden Anzahl der in diesen Sektoren Beschäftigten, doch wird dieser Anstieg im Wärmeenergieeinsatz im Zeitablauf durch die geschilderten Effizienzverbesserungen im Gebäudebestand mehr als kompensiert.

Im Verkehr konnte die Effizienz der Energienutzung zwar stetig verbessert werden; der Durchschnittsverbrauch der Fahrzeugflotte liegt jedoch noch deutlich über dem Verbrauchswert der neu zugelassenen Fahrzeuge. Mit dem Umschlag des gesamten Fahrzeugbestandes innerhalb von 15 Jahren wird die Norm für Neufahrzeuge, nach Angaben des Kraftfahrtbundesamtes (KBA) gegenwärtig rund 7 Liter/100 km, bis 2020 für den gesamten Bestand wirksam.

Für den Personenverkehr kommt hinzu, dass mit dem Dieselmotor eine Technik zur Verfügung steht, die im Vergleich zum Ottomotor deutlich effizienter ist und in den letzten Jahren erhebliche Marktanteile gewinnen konnte. Lag der Anteil der Neuzulassungen von Dieselfahrzeugen Mitte der neunziger Jahre noch bei 15 %, wird gegenwärtig fast jeder zweite PKW mit einem Dieselmotor neu zugelassen. Verstärkt wird dieser Effizienzeffekt noch dadurch, dass die Nachfrage nach Kompaktfahrzeugen der unteren Mittelklasse in den letzten Jahren überproportional zugenommen hat, wohingegen die Zulassungen in hubraumstärkeren Fahrzeugklassen, einmal abgesehen von Geländefahrzeugen (+ 8 %) und den so genannten SUV („Sport Utility Vehicles") (+ 21 %), rückläufig waren. In diesem Käuferverhalten dürften sich auch die schon seit längerem zu beobachtenden kontinuierlichen Preissteigerungen bei Kraftstoffen niedergeschlagen haben, die insbesondere in den Hochpreisszenarien auch in Zukunft ihre Wirksamkeit behalten dürften.

Maßnahmen zur Steigerung der Energieeffizienz im Verkehrsbereich und bei der Beheizung der Gebäude und Wohnungen senken allerdings nicht nur den Energieverbrauch, sondern verringern gleichzeitig die Abhängigkeit von Öl- und Gasimporten, da in beiden Verbrauchssegmenten der Einsatz von Öl und Gas dominiert. Insoweit kann in diesen Bereichen eine doppelte Dividende der Energieverbrauchssenkung und der geringeren Abhängigkeit von Öl und Gas erzielt werden.

Der **Primärenergieverbrauch** in Deutschland verringert sich künftig in allen Szenarien. Der bis 2030 im Vergleich zu 2005 verzeichnete Rückgang beträgt –

je nach Szenario und Brennstoffpreispfad – zwischen einem Sechstel und einem Drittel. Damit setzt sich die Entkopplung von Wirtschaftswachstum und Primärenergieverbrauch fort.

Der künftige Primärenergiemix ist stark abhängig von der Brennstoffpreisentwicklung und dem zugrunde gelegten Szenario.

- Der Primärenergieverbrauch an Mineralöl verringert sich zwar in allen Szenarien, und zwar in beiden unterlegten Brennstoffpreis-Fällen. Dennoch ist Mineralöl auch noch im Jahr 2030 – der wichtigste Energieträger. Nur im Niedrigpreis-Fall von Szenario I schiebt sich Erdgas nach 2025 vor Mineralöl auf den ersten Rang.

- Steinkohle und Braunkohle büßen in allen Szenarien Marktanteile ein. Besonders stark fällt der Rückgang bei einem niedrigen Öl-/Erdgaspreispfad aus.

- Erdgas gewinnt im Niedrigpreis-Fall in allen Szenarien – sowohl in absoluten Größen als auch anteilig – an Gewicht. Im Hochpreis-Fall gilt dies allerdings nur für Szenario III.

- Die künftige Höhe des Beitrags der Kernenergie hängt von der – nach den jeweiligen Szenarien unterschiedlichen – Vorgabe hinsichtlich der Nutzung dieses Energieträgers ab.

- Erneuerbare Energien legen in sämtlichen Szenarien und in beiden Brennstoffpreispfaden deutlich zu. Sie werden – neben den konventionellen Energien – zu einer starken Säule im Primärenergiemix.

Die **Entwicklung der Treibhausgasemissionen** ist zwar einerseits eine Vorgabe für die einzelnen Szenarien und die dabei angenommenen Minderungsziele, andererseits das Ergebnis der Reaktionen der am Emissionshandel beteiligten Anlagenbetreiber oder der staatlichen Klimaschutzpolitik. In Szenario I und II wurde angenommen, dass Deutschland eine Minderungsverpflichtung der Treibhausgasemissionen bis 2030 um 30 % trägt. Bezogen auf das Ausgangsniveau im Basisjahr 1990 von 1.230 Mio. t entspricht dies einer Emissionsminderung innerhalb von 40 Jahren auf 861 Mio. t. Die energiebedingten CO_2-Emissionen, die im Treibhausgasinventar mehr als 95 % der CO_2-Emissionen ausmachen – der Rest stammt aus der Nutzung carbonatischer Rohstoffe (Kalkstein) und aus Sekundärbrennstoffen –, sinken in diesem Zeitraum um mehr als 30 %. Der Minderungsbeitrag schwankt in Abhängigkeit vom Energiepreispfad und Zuteilungsmechanismus. Neben strukturellen Veränderungen im Kraftwerkspark sind dafür vor allem die Produktionskürzungen in den kohlenstoffintensiven, im internationalen Wettbewerb operierenden Unternehmen verantwortlich.

Zu den **sektoralen Produktions- und Beschäftigungseffekten** trifft die Studie folgende Aussagen: Für die erste Handelsperiode und nach den von der EU-Kommission genehmigten Plänen auch für die zweite Handelsperiode wird die im internationalen Wettbewerb stehende Industrie vom Zukauf von Emissionsberechtigungen weitgehend freigestellt. Mit dem Übergang auf eine vollständige Auktionierung entfällt dieser Schutz gegenüber Wettbewerbern aus Staaten, die nicht am Emissionshandel teilnehmen. Für die konkreten Wirkungen ist zu berücksichtigen, dass Effizienzverbesserungen im Bereich der industriellen Grundstoffproduktion zunehmend kostenträchtiger werden, weitergehende Emissionsminderungen relativ rasch an technische Grenzen stoßen. Deshalb besteht die Gefahr, dass die Zusatzkosten nicht durch interne Anpassungsmaßnahmen aufgefangen werden können, sondern zu Wettbewerbsnachteilen gegenüber Anbietern aus Drittländern führen – um den Preis entsprechender Produktions- und Beschäftigungsverluste. Der vollständige Zukauf von Emissionsberechtigungen müsste insoweit mit dem Verlust von Produktion und Beschäftigung am Standort Deutschland bezahlt werden.

Die Auswirkungen auf die Beschäftigung werden mit einer Differenz zwischen Szenario III und Szenario II von mehr als 200.000 Arbeitsplätzen bis 2020 und sogar fast 400.000 Arbeitsplätzen bis 2030 ausgewiesen. [74]

6.5 Vergleich der Studien von Prognos/EWI für das Bundeskanzleramt und EWI/EEFA für den BDEW

Die Studien unterscheiden sich dadurch, dass bei den im Auftrag des BDEW und anderer Verbände erarbeiteten Szenarien die Nachfrage sehr detailliert untersucht wurde, während in der Prognos/EWI-Studie für das Bundeskanzleramt die Nachfrageentwicklung im Wesentlichen Ergebnis von politischen Vorgaben ist (3 % pro Jahr Effizienzsteigerung). Diese 3 %/Jahr **Effizienzsteigerung** sind äußerst ambitioniert. Der Ansatz ist doppelt so hoch wie die Werte, die in der Vergangenheit erreicht wurden. Ohnehin ist bei dieser Kennziffer problematisch, dass struktureller Wandel (also auch Verlagerung energieintensiver Industrien) als Energieeffizenz-Verbesserung ausgewiesen wird.

Auf der **Angebotsseite** (Stromerzeugung) zeigen die beiden Studien vergleichbare Trends auf. Abweichungen ergeben sich aufgrund unterschiedlicher Szenarien-Definitionen und differierender Vorgaben (z. B. hinsichtlich Primärenergiepreisentwicklung). Dieser „Gleichklang" ist nicht überraschend, weil in beiden Studien mit dem EWI-Kraftwerksmodell (Kostenminimierung) gerechnet wurde.

In der BDEW-Studie wird hinsichtlich der **Primärenergiepreise** ein breites Spektrum aufgezeigt, das aus der künftigen Preisentwicklung für Öl/Erdgas resultieren kann (Niedrig- und Hochpreisfall). Außerdem wurden in der BDEW-Studie die gesamtwirtschaftlichen Effekte unterschiedlicher Politikszenarien quantitativ ermittelt. Dies geht aus der Studie für das Bundeskanzleramt nicht hervor.

Tabelle 122: Synopse zu den Annahmen von PROGNOS/EWI für Bundeskanzleramt und EWI/EEFA für BDEW

	Bundeskanzleramt	BDEW und andere Verbände
Politikszenarien	I Koalitionsvertrag (KV) II stärkerer Ausbau Erneuerbare (EE) III Laufzeitverlängerung KKW (KKW)	I Umsetzung EU-Ratsbeschlüsse unter Fortschreibung derzeitiger Politik II Gleichgewichtige Berücksichtigung energiepolitische Ziele/Marktmechanismen (mit Variante IIa Vollauktionierung) III Priorität Umweltschutz und Kernenergieausstieg
Zeihorizont	2020	2030
Primärenergiepreise	Ein Preispfad mit Ölpreis von 49 USD/Barrel (Preisbasis 2005) in 2020	Zwei Preispfade mit – in 2030 – Ölpreis von 50 USD/Barrel (44 USD in 2020) bzw. 75 USD/Barrel (66 USD in 2020)
CO_2-Preise	Vorgabe: 22 EUR/t bis 2020 (Preisbasis 2005) ansteigend	keine Vorgabe, sondern Ergebnis der Klimaschutzziele (im Niedrigpreispfad nahezu identisch mit Bundeskanzleramt / im Hochpreisfall 40 bis 70 % höher)
Energieeffizienz	Vorgabe 3,0 % pro Jahr BIP (real)/PEV 2005 bis 2020	Ergebnis: 1,5 bis 1,8 % pro Jahr bis 2030 in Szenario II

Tabelle 123: Synopse zu den Ergebnissen von PROGNOS/EWI für Bundeskanzleramt und EWI/EEFA für BDEW

	Bundeskanzleramt	**BDEW und andere Verbände**
Primärenergieverbrauch 2005 bis 2020	– 13 bis – 17 % (je nach Szenario)	– 2 bis – 16 % (je nach Szenario)
THG-Minderung Deutschland 1990 bis 2020	KV: – 39,1 % (Ergebnis) EE: – 41,3 % (Ergebnis) KKW: – 45,3 % (Ergebnis)	Szenario I: – 25 % (Vorgabe) Szenario II: – 25 % (Vorgabe) Szenario III: – 40 % (Vorgabe)
Stromerzeugung (brutto) 2005 bis 2020	– 9 bis – 13 % (je nach Szenario)	+ 1 bis – 12 % (je nach Szenario)
Energiemix (2005 bis 2020) Kernenergie Braunkohle Steinkohle Erdgas Erneuerbare	Veränderung Stromerzeugungsmenge vorgegeben je nach Szenario – 22 % bis – 38 % – 32 % bis – 61 % + 28 % bis + 75 % Anteil von 11 % in 2005 auf 24 bis 30 % in 2020 steigend	Veränderung Stromerzeugungsmenge vorgegeben je nach Szenario + 32 % bis – 38 % – 25 % bis – 61 % – 22 % bis + 175 % Anteil von 11 % in 2005 auf 20 bis 25 % in 2020 steigend
Neue Technologien (CCS)	nicht berücksichtigt	In Hochpreisszenarien kommt CCS ab 2020 insbesondere bei Braunkohle marktgetrieben zum Zuge
Beschäftigungseffekte	keine Ergebnisse	In Szenario III Beschäftigungseinbußen bis zu 500.000 bis 2030 gegenüber Szenario II

In der BDEW-Studie sind die **CO_2-Preise** nicht – wie beim Bundeskanzleramt – gesetzt worden; sie stellen vielmehr als Ergebnis der variierten europaweiten Treibhausgasminderungs-Vorgaben ein. Auch die Effekte unterschiedlicher Zuteilungsregeln werden in der BDEW-Studie transparent gemacht. Demgegenüber wird in dem Gutachten für das Bundeskanzleramt für den Zeitraum 2013 bis 2017 von 50 % Auktionierung und ab 2018 von 100 % Auktionierung ausgegangen.

Neue Technologien, wie CCS, sind in der BDEW-Studie berücksichtigt. Dies ist in der Bundeskanzleramt-Studie nicht geschehen, wobei zu berücksichtigen ist, dass angesichts des in dieser Studie auf 2020 begrenzten Zeithorizonts noch keine größeren Beträge zu erwarten gewesen wären.

Hinsichtlich der künftigen Entwicklung des **Energiemixes** in der Stromerzeugung kommen die Gutachten zu folgenden Ergebnissen: In der Studie für das Bundeskanzleramt nimmt die Erdgas-basierte Stromerzeugung in allen Szenarien zulasten des Einsatzes von Steinkohle und von Braunkohle zu. In der BDEW-Studie sind die Ergebnisse differenzierter – abhängig von den Primärenergiepreis-Annahmen und den Zuteilungsregeln im Emissionshandel. So verzeichnet Steinkohle in allen für BDEW durchgeführten Rechnungen Einbußen. Bei Braunkohle stellen sich Einbußen bei niedrigen Primärenergiepreisen für Erdgas und bei Auktionierung der CO_2-Zertifikate ein. Im Hochpreisfall der Szenarien I und II nimmt die Stromerzeugung aus Braunkohle demgegenüber zu (bei konstanter Einsatzmenge).

Die **Strompreise** stellen sich in den Szenarien mit Laufzeitverlängerung Kernenergie tendenziell günstiger dar als bei Atomausstieg. Dies ist Ergebnis beider Studien. Bei BDEW ergibt sich zusätzlich, dass eine Auktionierung bei hohen Gaspreisen Strompreis treibend wirkt.

6.6 Vergabe einer neuen Energieprognose durch den Bundeswirtschaftsminister im Jahr 2008

Der Bundesminister für Wirtschaft und Technologie hat im Frühjahr 2008 eine neue Energieprognose für Deutschland an folgende Institute vergeben:

— Institut für Energiewirtschaft und rationelle Energieanwendung – IER, Universität Stuttgart;

— Rheinisch-Westfälisches Institut für Wirtschaftsforschung (RWI), Essen;

— Zentrum für Europäische Wirtschaftsforschung (ZEW), Mannheim

Zeithorizont ist das Jahr 2030. Die Prognose soll im Frühsommer 2009 vorgelegt werden.

6.7 Bewertung der Prognosen

Die Vorausschätzungen über die künftige Entwicklung des deutschen Energiemarktes müssen mit erheblichem Vorbehalt bewertet werden. So lässt etwa ein Vergleich der seit 1973 im Auftrag der Bundesregierung vorgelegten Zahlen mit der tatsächlich realisierten Entwicklung die Grenzen der Aussagekraft von Prognosen offenbar werden.

Die Bundesregierung erstellt aus ordnungspolitischen Gründen keine eigenen Energieprognosen. Sie macht sich auch nicht die Ergebnisse der von ihr in Auftrag gegebenen Analysen zu eigen. Wie in der Vergangenheit gilt dies auch für die 2005 veröffentlichte Referenzprognose sowie die 2006 vorgelegte Ölpreisvariante der energiewirtschaftlichen Referenzprognose 2030. Prognosearbeiten dienen der Bundesregierung als Informationsquelle. Sie dürfen nicht als politische Planziele oder als konkrete Handlungsanweisungen für die Energiepolitik missverstanden werden. Entsprechend hatte es die Bundesregierung nach eigener Aussage in der Vergangenheit abgelehnt, „Zielwerte oder Anteile für den künftigen Versorgungsbeitrag einzelner Energieträger vorzugeben.“ [75]

Allerdings berücksichtigt der im Mai 2005 von EWI/prognos vorgelegte Energiereport IV politisch getroffene Rahmensetzungen wie die im Jahr 2001 von der Bundesregierung und den Energieversorgungsunternehmen unterzeichnete Vereinbarung über die künftige Kernenergienutzung oder die beschlossenen Zielvorgaben zum Ausbau erneuerbarer Energien.

Eine mögliche Änderung dieser Parameter würde sich – ebenso wie die Herausbildung eines von den Prognoseannahmen abweichenden Primärenergiepreisniveaus oder auch differierender Preisrelationen zwischen den Energieträgern – gravierend auf die Höhe und insbesondere die Struktur des Energieverbrauchs auswirken.

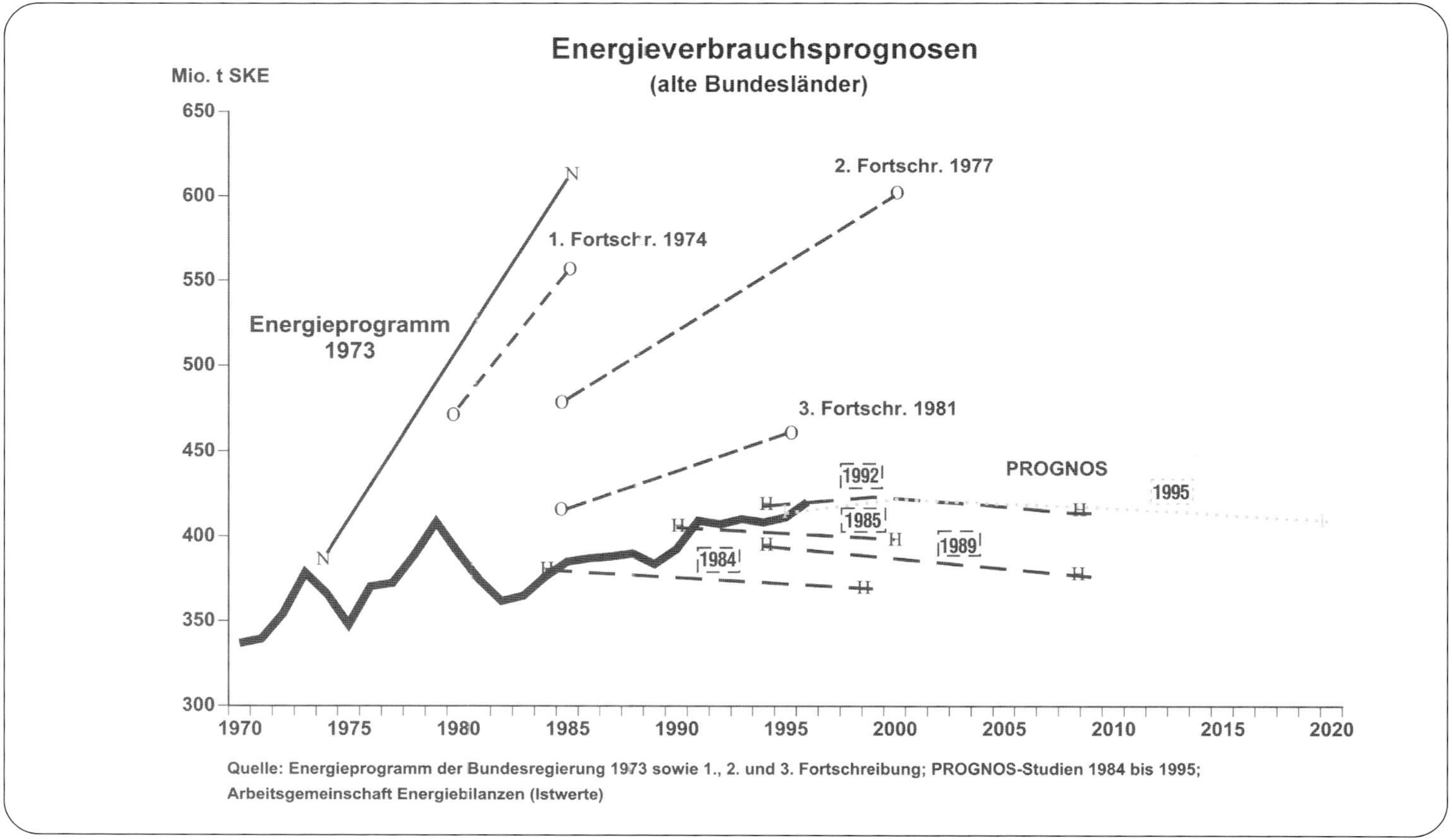

Abb. 144: Übersicht über die Ergebnisse der seit 1973 im Auftrag der Bundesregierung für Westdeutschland erstellten Prognosen zur Entwicklung des Primärenergieverbrauchs

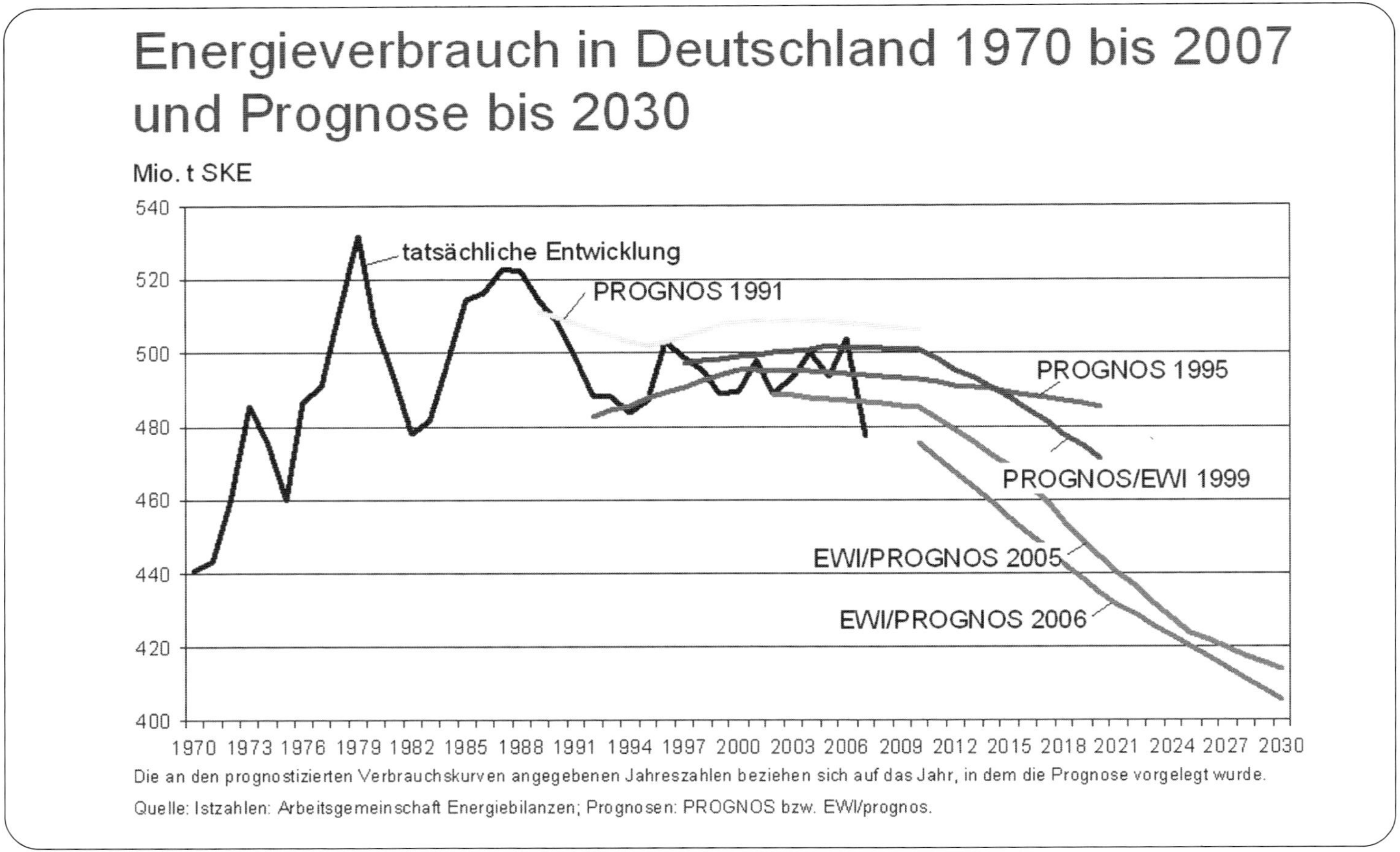

Abb. 145: Primärenergieverbrauch in Deutschland – Tatsächliche Entwicklung 1970 bis 2007 und Vorausschätzungen bis 2030

7 Energiepolitik auf Bundesebene

Ausrichtung und Ziele der Energiepolitik der Bundesregierung sind insbesondere in den seit 1973 aufgelegten Energieprogrammen im Einzelnen dargelegt. Im Rahmen von bisher drei Fortschreibungen (1974, 1977, 1981), dem Energiebericht 1986, den im Dezember 1991 unter dem Titel „Energiepolitik für das vereinte Deutschland" veröffentlichten Leitlinien zur gesamtdeutschen Energiepolitik sowie dem Energiebericht „Nachhaltige Energiepolitik für eine zukunftsfähige Energieversorgung" von November 2001 hat die Bundesregierung programmatische Aussagen getroffen.

Dabei hatte die Bundesregierung in den vergangenen Jahrzehnten stets die Auffassung vertreten, dass eine nachhaltige Energiepolitik drei Ziele grundsätzlich gleichrangig verfolgen muss.

— Wirtschaftlichkeit,

— Versorgungssicherheit und

— Umweltverträglichkeit.

Auf der Webseite des Bundeswirtschaftsministers sind diese Ziele wie folgt gekennzeichnet:

Ziel Wirtschaftlichkeit

Marktwirtschaftliche Strukturen und funktionierender Wettbewerb sind die besten Voraussetzungen für wirtschaftliche – das heißt: effiziente – Energiebereitstellung und -nutzung. Die konsequente europaweite Liberalisierung der Märkte für Strom und Gas ist beispielweise eine Voraussetzung dafür, dass sich auch in diesen, früher von Monopolen geprägten Wirtschaftszweigen der Wettbewerb entfaltet und wettbewerbsfähige Preise entwickeln. Davon profitieren industrielle und private Verbraucher sowie die Wettbewerbsfähigkeit des Wirtschaftsstandortes Deutschland insgesamt.

Ziel Versorgungssicherheit

Versorgungssicherheit bedeutet, für die Energienachfrage jederzeit ein ausreichendes Angebot an Energieträgern sicherzustellen. Als rohstoffarmes Land ist Deutschland in besonderem Maße auf Importe angewiesen. Je vielfältiger der Energieträgermix ist und je mehr Bezugsquellen überall auf der Welt genutzt werden, desto sicherer ist die Versorgungslage – dies gilt auch angesichts des beschlosse-

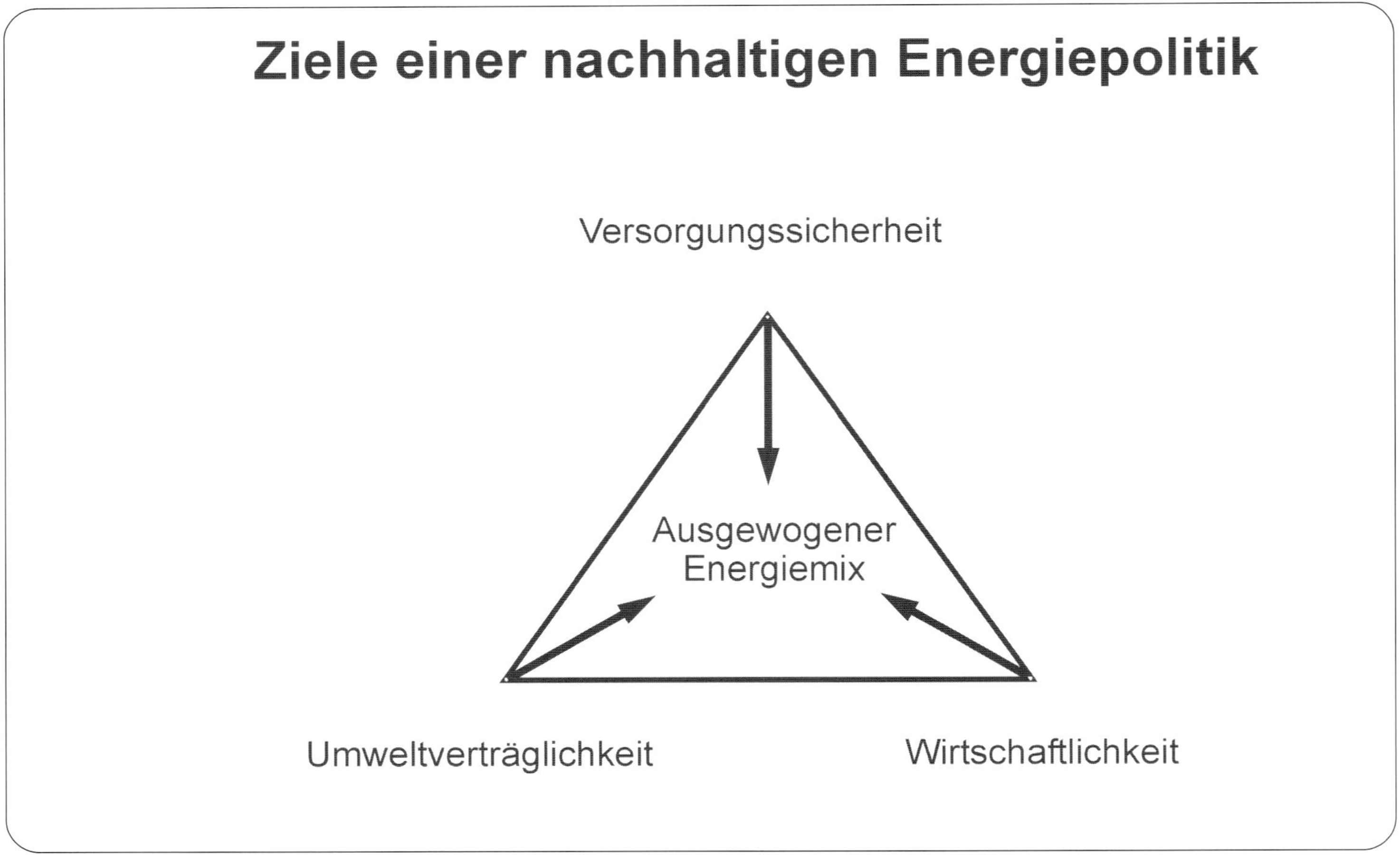

Abb. 146: Ziele der Energiepolitik

nen Ausstiegs aus der Nutzung der Kernenergie. Wichtig ist auch die sparsamere und rationellere Energieverwendung, denn auch die Reduzierung des Energiebedarfs trägt zur Versorgungssicherheit bei.

Ziel der Umweltverträglichkeit

Unter Umweltverträglichkeit wird die möglichst schonende Nutzung der natürlichen Ressourcen verstanden. Im Energiebereich gehört wirksamer Klimaschutz zu den weltweit größten Herausforderungen. Die Bundesregierung hat zahlreiche Initiativen ergriffen, damit Energie sparsamer und rationeller eingesetzt wird und erneuerbare Energien in Zukunft einen höheren Anteil an der Energieerzeugung haben. Damit wirksame Klimaschutzpolitik sich nicht negativ auf die Wettbewerbsposition unserer Unternehmen auswirkt, müssen Maßnahmen zur Emissionsminderung nicht allein national, sondern möglichst im europäischen und internationalen Verbund vorangetrieben werden.

Wie im Energiebericht von 2001 dargelegt, bedeutet ein Mehr bei einem Ziel ein Weniger bei anderen Zielen. Angesichts der Konkurrenzbeziehung, die teilweise zwischen den drei Zielen besteht, muss die Energiepolitik den optimalen Bereich in diesem magischen Zieldreieck definieren und anstreben.

Tatsächlich war in den vergangenen 35 Jahren meist eines der drei Ziele prioritär verfolgt worden. Das war in den siebziger Jahren des vergangenen Jahrhunderts das Ziel Versorgungssicherheit. Gründe waren die zwei Ölpreiskrisen in den Jahren 1973/74 und 1979/80. In den achtziger Jahren stand der klassische Umweltschutz im Vordergrund. Meilensteine waren die Verabschiedung der Großfeuerungsanlagen-Verordung und die Einführung des schadstoffarmen Autos. In den neunziger Jahren wurde die Liberalisierung der Strom- und Gasmärkte eingeleitet. Parallel kam seit 1990 das Thema Klimaschutz auf die Agenda. Entscheidende Schritte waren die 1992 von 154 Staaten unterzeichnete Klimarahmenkonvention und das 1997 verabschiedete Kyoto-Protokoll. In der Europäischen Union wurde 2003 die Einführung des Treibhausgas-Emissionshandels als zentrales Instrument zur Begrenzung der CO_2-Emissionen rechtsverbindlich beschlossen. Im März 2007 hatte der Europäische Rat wichtige Beschlüsse für eine integrierte Klimaschutz- und Energiepolitik gefasst.

Die aktuellen und zukünftigen Herausforderungen für die Energieversorgung und die Energiepolitik in Deutschland wurden im Rahmen von drei „Energiegipfeln" am 03.04.2006, am 09.10.2006 und am 03.07.2007 erörtert. Auf Einladung der Bundeskanzlerin trafen sich Spitzenvertreter der Energiewirtschaft, der industriellen und privaten Verbraucher, der erneuerbaren Energien, der Gewerkschaften, der Energieforschung und des Umweltschutzes. Der Energiegipfel war als Startschuss für die Erarbeitung eines energiepolitischen Gesamtkonzeptes initiiert worden, das die Weichen in der Energie- und Klimapolitik bis zum Jahr 2020 stellen sollte.

Auf einer Kabinettsklausur in Meseberg am 23./24. August 2007 hatte die Bundesregierung unter gemeinsamer Federführung des Bundesministeriums für Wirtschaft und Technologie sowie des Bundesministeriums für Umwelt, Naturschutz und Reaktorsicherheit Eckpunkte für ein „Integriertes Energie- und Klimaprogramm (IEKP)“ beschlossen. Beim IEKP handelt es sich um ein 29 Maßnahmen umfassendes Paket, vor allem zugunsten von mehr Energieeffizienz und mehr erneuerbaren Energien.

Konkret verabschiedet wurde das IEKP in zwei Schritten. Am 05.12.2007 hatte das Bundeskabinett 14 Vorhaben beschlossen. Dazu gehört die Novelle des Kraft-Wärme-Kopplungsgesetzes mit dem Ziel, den Anteil von Strom aus KWK-Anlagen von derzeit 12 % auf etwa 25 % bis 2020 zu verdoppeln. Ferner verständigte sich das Bundeskabinett auf die Novelle des Erneuerbare-Energien-Gesetzes mit dem Ziel, den Anteil erneuerbarer Energien am Gesamtstromverbrauch auf 25 bis 30 % im Jahr 2020 zu verdoppeln. Die anderen 12 Vorhaben erstrecken sich vor allem auf verschärfte Standards für den Stickoxidausstoß von Kraftwerken, auf Maßnahmen zur Verbesserung der Energieeffizienz, den Erlass eines Erneuerbare-Energien-Wärmegesetzes, auf Regelungen zum vermehrten Einsatz von Biokraftstoffen, zur Einspeisung von Biogas in das Erdgasnetz, die Umstellung der Kfz-Steuer auf Schadstoff- und CO_2-Basis sowie den Erlass einer Chemikalienschutzverordnung zur Verringerung der Emissionen fluorierter Treibhausgase aus Kühlanlagen.

Vier wichtige Gesetze (Erneuerbare-Energien-Gesetz, Kraft-Wärme-Kopplungsgesetz, Erneuerbare-Energien-Wärme-Gesetz, Gesetz zur Liberalisierung des Messwesens bei Strom und Gas für Wettbewerb) hatte der Deutsche Bundestag bereits am 6. Juni 2008 beschlossen.

Am 18. Juni 2008 hatte die Bundesregierung den zweiten Teil des umfassenden Gesetzespaketes zur Umsetzung des IEKP beschlossen. Schwerpunkt der sieben Gesetzesvorhaben ist die Steigerung der Energieeffizienz.

— Mit der Novelle des Energiespargesetzes, der Energieeinsparverordnung und der Heizkostenverordnung werden die energetischen Anforderungen an Gebäude und Heizungsanlagen verschärft.

— Mit der Verordnung zu Strom- und Gaszählern werden die konkreten Bedingungen zur Einführung intelligenter Zähler geregelt (smart metering).

— Mit dem Gesetz zur Beschleunigung des Ausbaus der Höchstspannungsnetze soll der erforderliche Neubau von Höchstspannungsleitungen zur Integration des Windenergieausbaus sowie weiterer Leitungen ermöglicht werden, um den internationalen Stromhandel zu intensivieren und die absehbare Nordverschiebung der konventionellen Stromerzeugung netztechnisch zu bewältigen.

Ferner haben sich der Bund und die Länder auf die Reform der Kfz-Steuer verständigt. Damit wurde der Weg frei gemacht, die Höhe der Steuer nicht mehr vom Hubraum, sondern vom Ausstoß an Schadstoffen und an CO_2 abhängig zu machen. Gemäß dieser Einigung soll ferner das bisher den Ländern zustehende Steueraufkommen ab 01.01.2010 auf den Bund übertragen werden. Die Länder erhalten dafür einen Festbetrag in Höhe des bisherigen Aufkommens (2007: 8,9 Mrd. Euro) als Ausgleich.

8 Heizwerte und Umrechnungsfaktoren

Heizwerte, Umrechnungen und Umrechnungsfaktoren

Zehnerpotenzen / Vorsatzzeichen

Zehnerpotenz	Zahl deutsch	Zahl amerikanisch	Bezeichnung	Abkürzung
10^3	tausend	thousand	Kilo	k
10^6	million	million	Mega	M
10^9	milliarde	billion	Giga	G
10^{12}	billion	trillion	Tera	T
10^{15}	billiarde	quadrillion	Peta	P
10^{18}	trillion	quintillion	Exa	E

Definierte Einheiten für Energie und Leistung

(Für die Bundesrepublik Deutschland als gesetzliche Einheiten verbindlich seit 01.01. 1978)

Joule [J] für Energie, Arbeit, Wärmemenge,
Watt [W] für Leistung, Energiestrom, Wärmestrom
1 J = 1 Newtonmeter [Nm] = 1 Wattsekunde [Ws]

1 Wattsekunde [Ws]	=	1 Joule [J]
1 Kilowattstunde [kWh]	=	3.600.000 J
1 Kilowattstunde [kWh]	=	3,6 Megajoule [MJ]

Umformungstabelle Maßeinheiten für Energie

	MJ	kWh	kgSKE	kgRÖL	kBtu (int.)	Therms (US)
Megajoule [MJ]	1	0,278	0,034	0,024	0,95	0,0095
Kilowattstunde [kWh]	3,6	1	0,123	0,0861	3,411	0,0341
kg Steinkohleneinheit [kgSKE]	29,308	8,14	1	0,7	27,767	0,2779
kg Rohöl-Einheit [kgRÖL]	41,869	11,63	1,429	1	39,667	0,3968
Kilo British thermal unit (int) [kBtu (int.)]	1,055	0,293	0,036	0,025	1	0,00001
1 Therms (US)	105,461	29.300	3,5984	2,520	99,956	1

Beispiele: 1 kWh = 3,6 MJ
1 kgSKE = 29,308 MJ
1 kgSKE = 0,7 kgRÖL

Bemerkung: 1 kgRÖL = 10.000 Kilokalorie [kcal]
1 Rohöl-Einheit [kgRÖL] = 1 Rohöleinheit [kgRÖE] = 1 Oil Equivalent [kgoe]
1 Steinkohleneinheit [kgSKE] = Coal Equivalent [kgce]
1 Therms (US) = 0,9997621 Therms (EC)
1 Btu (int.) = 1,00066866 Btu (thermal) = 0,99922812 Btu (mean) = 0,99564487 Btu (4°C)

Gewichts- / Volumenangaben

1 Kilogramm [kg]	=	1.000 g
1 Tonne [t]	=	1.000 kg
1 ounce [oz]	=	28,35 g
1 pound [lb]	=	0,454 kg
1 short ton (Amerik.) [sh tn]	=	0,907 t
1 long ton (Brit.) [lg tn]	=	1,016 t
Dead weight tons [dwt bzw. tdw]	=	Trag- / Ladefähigkeit [a] eines Frachtschiffes, bei maximalem Tiefgang; Einheit [lg tn]
1 Barrel (of oil) (bbl)	=	0,159 m^3 (159 l)
1 Kubikfuß [ft^3]	=	0,028317 m^3

[a] Trag-/ Ladefähigkeit = Ladung + Betriebsstoffe + Proviant

Heizwerte und Umrechnungsfaktoren

Energieträger	Einheit	Heizwert [kJ]	SKE-Faktor
Rohöl (gem. Energiebilanz)	kg	42.744	1,458
Erdöl	kg	42.672	1,456
Motorenbenzin	kg	43.543	1,486
Rohbenzin	kg	44.000	1,501
Flugturbinenkraftstoff	kg	43.000	1,467
Dieselkraftstoff	kg	42.960	1,466
Leichtes Heizöl	kg	42.801	1,460
Schweres Heizöl	kg	40.443	1,380
Flüssiggas	kg	46.680	1,593
Raffineriegas	kg	45.416	1,550
Rohbraunkohle[1]	kg	8.800	0,300
Braunkohlenbrikett	kg	19.300	0,659
Braunkohlenstaub	kg	21.400	0,730
Braunkohlenkoks	kg	30.000	1,024
Wirbelschichtbraunkohle	kg	20.100	0,686
Inländische Steinkohle	kg	29.782	1,016
Steinkohlenbrikett	kg	31.401	1,071
Steinkohlenkoks	kg	28.650	0,978
Importierte Steinkohle	kg	26.500	0.904
Erdgas Brennwert H_O	m^3	35.169	-
Erdgas Heizwert H_U	m^3	31.736	1,083
Endenergieverbrauch Elektrizität	kWh	3.600	0,123

[1] Mittelwert deutscher Förderung

Umrechnungsfaktoren für Mineralölprodukte

Einheit	Kraftstoff		Von [l]	Bis [l]	Von $\frac{Dichte}{15°C}$	Bis $\frac{Dichte}{15°C}$
1 t	Normalbenzin	=	1.325	1.400	0,715	0,755
1 t	Superbenzin	=	1.280	1.370	0,730	0,780
1 t	Dieselkraftstoff/ Heizöl EL	=	1.160	1.230	0,815	0,860

Rohöleinheiten-Konvertierung [b)]

	bbl	bbl/d	t	t/a	m^3
Barrel [bbl]	1	-	0,136	-	0,159
Barrel/Tag [bbl/d]	-	1	-	50	-
Tonne [t]	7,33	-	1	-	1,16
Tonne/Jahr [t/a]	-	0,020	-	1	-
Kubikmeter [m^3]	6,29	-	0,863	-	1

[b)] Anmerkung: Annäherungswerte aufgrund durchschnittlicher Dichte

Bemerkung: Kubikfuß/Tag [ft^3/d] multipliziert mit 10,34 ergibt m^3 pro Jahr [m^3/a].

Berechnung Erdgas

Erdgas ist ein Naturprodukt mit unterschiedlicher Zusammensetzung und Energiedichte. Außerdem sind bei Angaben zum Energiegehalt unterschiedliche Bezugsgrößen üblich. Folgende Konventionen sind wichtig:

1. In der Erdgaswirtschaft ist der Bezug auf den oberen Heizwert (H_O, Brennwert, Gross Calorific Value) üblich.
2. In Energiebilanzen und Vergleichen zwischen Energieträgern bezieht man sich dagegen auf den unteren Heizwert (H_U, Heizwert im engeren Sinne, Net Calorific Value). Die Differenz zwischen H_U und H_O ist die zur Verdunstung das bei der Verbrennung freiwerdenden Wassers notwendige Energie. H_O ist bei Erdgas etwa 10% höher als H_U (H_O=0,903 H_U).
3. Deutsche Konvention: 1 m^3 H_u entspricht 31,736 MJ bzw. 8,816 kWh
   1 m^3 H_O entspricht 35,169 MJ bzw. 9,7697 kWh
4. Internationale Konvention: Wenn nicht zu tatsächlichen, durchschnittlichen Wärmeinhalten umgerechnet wird, sind die Volumenangaben so normiert, dass 1 m^3 H_O 38 MJ entspricht.

9 Glossar

A : K-Verhältnis	Verhältnis von Abraum zu Kohle. Es gibt an, wie viele Teile Abraum [m³] beiseite geräumt werden müssen, um ein Teil Kohle [t] zu gewinnen. Als wirtschaftlich gewinnbar werden Braunkohlenlagerstätten in Deutschland bis zu einem A : K-Verhältnis von 10 : 1 definiert.
Abraum	Bodenschichten (Kies, Sand, Ton), die zur Freilegung von Braunkohle oder Steinkohle im Tagebau bewegt werden müssen.
Absetzer	Großgerät, das im Braunkohlentagebau zum Verkippen von Abraum in dem ausgekohlten Teil des Tagebaus eingesetzt wird.
API#2 Index	Notierung auf monatlicher Basis für Steinkohle mit einem Brennwert von 6.000 kcal/kg innerhalb des ARA-Raums. Die Handelsnotierung wird inklusive CIF (Cost, Insurance and Freigth) und NAR (net as received) angegeben. Aus den veröffentlichten Kohle-Spotnotierungen berechnet sich der finanzielle Settlementpreis.
API#4 Index	Preisindex für Kohlelieferungen FOB Richards Bay (Südafrika).
ARA	Als ARA wird der Öl- und Kohle-Handelsraum im Städtedreieck Amsterdam-Rotterdam-Antwerpen bezeichnet. Bekannt ist er ebenfalls unter dem Synonym NWE (North West Europe) oder nur unter dem Begriff „Rotterdam".
Arbitrage	Erzielen von risikolosen Gewinnen ohne Kapitaleinsatz durch Ausnutzung von Preisunterschieden zwischen räumlich, zeitlich oder sachlich verschiedenen Märkten zum gleichen Zeitpunkt. Dabei erfolgt der Kauf zum niedrigeren Preis und Verkauf zum höheren Preis zeitgleich.
Backwardation	Bei „Backwardation" liegt die gegenwärtige Notierung höher als der Preis für in Zukunft fällig werdende Kontrakte; der umgekehrte Fall wird „Contango" genannt.
Bandlieferung	Energielieferung (z. B. Strom oder Erdgas) mit einer konstanten Leistung/Kapazität über die gesamte vereinbarte Vertragslaufzeit.
Bandsammelpunkt	Verteilerpunkt, an dem alle Bandstraßen eines Tagebaus zusammenlaufen und die Übergabepunkte wie auf einem Verschiebebahnhof zur gezielten Weiterleitung des Fördergutes verschoben werden können.
Bandschleifenwagen	Über eine Bandanlage fahrbarer Wagen auf Raupenketten oder Schienen, der z. B. Abraum vom Förderband nimmt und an den Absetzer übergibt.
Barrel	Weltweite Handelseinheit für Erdöl, entspricht 158,987 Litern. Die Abkürzung bbl steht für blue barrel. Barrel (Petroleum) ist eine Einheit, die dem Volumen von 42 U. S. Gallonen entspricht.

Base (Base-Load)	Stromlieferung innerhalb eines standardisierten Lieferzeitraumes (Monat, Quartal, Jahr) über 24 Stunden eines jeden Tages bei konstanten Leistungen, Synonym: Bandlieferung.
Bearish	Bearish bezeichnet eine Tendenz an den Börsen zu weiterhin fallenden Preisen. Im Gegensatz hierzu steht „bullish" für steigende Notierungen.
Bilanzkreis	In einem Bilanzkreis fasst ein Energiehändler alle seine Einspeise- und Entnahmestellen innerhalb eines Netzgebietes (bei Strom: einer Regelzone) zusammen. Handelsgeschäfte im Großhandel mit physischer Erfüllung werden als Fahrplanlieferungen zwischen verschiedenen Bilanzkreisen dargestellt und dem Netzbetreiber übermittelt. Der Netzbetreiber überprüft die Konsistenz der von verschiedenen Händlern (Bilanzkreisverantwortlichen) eingereichten Fahrpläne und überprüft auch die Übereinstimmung von eingereichtem Fahrplan und tatsächlichem Energiefluss. Bilanzkreise sind somit virtuelle Bilanzierungseinheiten, die es ermöglichen, Handelsgeschäfte und physische Stromflüsse aufeinander abzubilden. So gibt es spezielle Börsenbilanzkreise, die für die Abwicklung von Geschäften am börslichen Spotmarkt verwendet werden.
Börse	Organisierter, anonymisierter Markt, an dem bestimmte austauschbare Güter (Aktien und sonstige Wertpapiere, Devisen, Edelmetalle, Waren (Commodities) oder ihre Derivate) gehandelt werden. Broker oder computerbasierende Handelssysteme stellen, beruhend auf vorliegenden Kauf- oder Verkaufsaufträgen (Order), während der Handelszeiten Kurse (Preise) fest. Die börslich gehandelten Kontrakte sind standardisierte Geschäfte, bei denen die Börse als Handelspartner fungiert und somit das Adress-Ausfallrisiko minimiert wird. Der börsliche Handel wird börsenaufsichtsrechtlich überwacht.
BHKW	Blockheizkraftwerk; Eine Anlage zur gleichzeitigen Gewinnung von Heizwärme und Strom. Ein BHKW arbeitet nach dem Prinzip der Kraft-Wärme-Kopplung.
Braunkohle	Fester, fossiler Energieträger pflanzlichen Ursprungs mit einem Heizwert zwischen 8.000 und 12.000 kJ / kg und einem Wassergehalt von 42% bis 60%.
Braunkohlenstaub	Fester Brennstoff aus Braunkohle mit einem Heizwert zwischen 21.000 und 23.000 kJ / kg und einem Wassergehalt von 11%.
Brent-Öl	Brent-Öl ist die Referenz-Rohölqualität für Nordseeöl. Die Bezeichnung stammt vom Brent-Ölfeld, das zwischen den Shetlandinseln und Norwegen liegt, Terminkontrakte auf Brent-Öl werden in London an der Warenterminbörse International Petroleum Exchance (IPE) gehandelt und in US$/bbl quotiert. Durch den Terminmarkthandel ist der Brentpreis zum Leitpreis für viele verschiedene Rohölsorten geworden. Andere international als Referenz verwendete Ölqualitäten sind WTI und der sogenannte OPEC-Korb.

Brikett	Ein Brikett ist ein fester Brennstoff zur Wärmeerzeugung mit einem Heizwert zwischen 19.000 und 20.000 kJ / kg und einem Wassergehalt von 17% und 19%.
Broker	Engl. Begriff für Personen, die Börsengeschäfte für fremde Rechnungen durchführen.
Btu	British Thermal Unit, Energieeinheit, speziell für Wärmeenergie; Eine Btu ist definiert als die Energie, die man benötigt, ein Pfund Wasser um ein Grad Fahrenheit zu erwärmen.
Bullish	Bullish bezeichnet ein deutliches Anzeichen auf weiterhin steigende Kurse an den Börsen. Im Gegensatz dazu steht „bearish" für fallende Kurse.
Call	Die englische Bezeichnung für „Kaufoption" ist „Call". Der Käufer eines Call erwirbt das Recht – aber nicht die Pflicht –, während der Laufzeit die angebotenen Papiere oder Waren zu den festgelegten Konditionen zu kaufen. Der Gegensatz dazu ist ein „Put" bzw. die Verkaufsoption.
Cap	Preisdeckel; Vertragliche Vereinbarung einer bestimmten Wertobergrenze eines Rohstoffs, zum Beispiel bei einer Gaspreisentwicklung. Ab Überschreitung dieser Grenze zahlt der Verkäufer des Cap dem Käufer den Differenzbetrag. Cap kann auch eine Mengengrenze darstellen, z. B. im Rahmen des CO_2-Emissionshandels.
Carnot-Wirkungsgrad	Wirkungsgrad einer Umwandlung von Wärmeenergie in mechanische Energie mit einer Carnot-Maschine. Der *maximale* Wirkungsgrad einer Carnot-Maschine, gleichzeitig der maximale Wirkungsgrad einer Wärmekraftmaschine, hängt von der Temperatur der Wärmequelle T_1 und der Temperatur der Umgebung T_2 nach der folgenden Beziehung ab: Carnot-Wirkungsgrad = $1-T_2/T_1$. Dabei müssen T_1 und T_2 als absolute Temperaturen eingesetzt werden, bei denen 0°C 273 Kelvin (oder 273K) entspricht.
CIF	Cost, Insurance, Freight; Ein Verkaufsabschluss, bei dem der Verkäufer die Kosten für den Transport und die Versicherung der Waren bis zum Bestimmungshafen, den der Käufer vorgibt, trägt.
Clearing	Zentrale Verrechnung von Forderungen und Verbindlichkeiten mit dem Ergebnis, dass nur die sich zu Gunsten oder zu Lasten eines jeden Teilnehmers anzugebenden Salden gutgeschrieben bzw. belastet werden.
Clearing House	Das Clearing House (Clearingstelle) ist als Institution mit der entsprechenden Terminbörse verbunden. Kontrakte werden hier abgerechnet und erfüllt. Das Clearing House tritt in jedem Geschäft zwischen Käufer und Verkäufer als Vertragspartner auf, übernimmt so das Bonitätsrisiko und garantiert für die Abwicklung und Erfüllung der Kontrakte. Das Clearing House führt für jeden Kunden ein Konto (Margin Account), auf das bei Kauf bzw. Verkauf eines Kontraktes eine Einschussleistung (Initial Margin) zu erbringen ist. Diese Initial Margin wird bei Glattstellung des Kontraktes vollständig rückerstattet.

Contango	Bei „Contango“ liegt die gegenwärtige Notierung tiefer als der Preis für in Zukunft fällig werdende Kontrakte. Im umgekehrten Fall nennt man dies „Backwardation“.
COORETEC	Forschungskonzept des Bundesministeriums für Wirtschaft zur Fortentwicklung der Kraftwerkstechnologie mit dem Ziel, die Umweltverträglichkeit der Verstromung von Kohle und Gas deutlich zu steigern. Das Konzept verfolgt zwei Pfade: Beim ersten Pfad geht es um weitere Effizienzverbesserungen. Sowohl bei Kohle- als auch bei Gaskraftwerken lassen sich die Wirkungsgrade innerhalb der nächsten zwei Dekaden im Vergleich zum gegenwärtigen Stand um etwa 7 bis 9 Prozentpunkte steigern. Neben dem Einspareffekt bei den Ressourcen Kohle und Gas ergibt sich daraus eine Minderung der spezifischen CO_2-Emissionen um 15 bis 20 %. Der zweite Pfad von COORETEC zielt darauf ab, Kohlendioxid kostengünstig und verlustarm abzutrennen und anschließend sicher zu speichern. Der Zeitbedarf für Forschung und Entwicklung, um diese Technologien marktreif zu machen, wird auf 10 bis 15 Jahre geschätzt. Damit würde die weitgehend CO_2-freie Stromerzeugung aus Kohle ermöglicht und so der Konflikt zwischen den Zielen Klimaschutz und Versorgungssicherheit gelöst.
Dark-Spread	Ist die Spanne zwischen dem frei Kraftwerk erzielbaren Strompreis und den Brennstoffkosten der kohlebefeuerten Stromerzeugung. Differenz aus Strompreis minus Kohlepreisäquivalent in €/MWh.
Day-Ahead	(Heute-für-Morgen-Geschäft) Im Day-ahead-Handel werden Geschäfte abgeschlossen, bei denen die Lieferung am Folgetag erfolgt. Der Spotmarkt vieler Strom- und Gasbörsen, z. B. der EEX in Deutschland, ist als Day-ahead-Markt organisiert. Auch im OTC-Markt wird häufig Day-ahead gehandelt.
Deadweight Tonnage	Maximale Tragfähigkeit eines Schiffes einschließlich Besatzung, Passagiere, Treibstoff und Nahrungsmittel.
Derivate	Aus Wertpapieren entstandenes Instrument, dessen Preis von dem Preis eines zugrunde liegenden physischen Rohstoffs abgeleitet ist. Instrumente sind z.B. Futures, Options, Swaps, Caps, Collars etc. Wichtigste Voraussetzung jedes derivaten Instruments ist ein Referenzpreis (Benchmark). Für Referenzpreise gilt: Die Preisquelle muss allen Marktteilnehmern zugänglich, allgemein akzeptiert (als den „fairen“ Marktpreis reflektierend) und zuverlässig (hinsichtlich Datenqualität, Publikationsfrequenz, Einflussnahme) sein.
EEX	European Energy Exchange; deutsche Energiebörse mit Sitz in Leipzig.
Endenergie	Im Endenergieverbrauch wird nur die Verwendung derjenigen gehandelten Energieträger aufgeführt, die der Erzeugung von Nutzenergie dienen und somit endgültig als Energieträger dem Markt entzogen werden. Langfristige Lagerbestände zählen somit nicht zur Endenergie.Endenergie ist entsprechend den Absprachen bei der Erstellung von nationalen und internationalen Energiebilanzen der Energieinhalt der Bezugsenergie, vermindert um den des nichtenergetischen Verbrauchs und den Energieeinsatz bei der Eigenerzeugung von Strom und Gas beim Endverbraucher. Thermisch ge-

nutzte Abfall- und Reststoffe sowie Energien aus regenerativen Quellen, die in Eigenaufkommen gewonnen werden, sind in der Bezugs- und Endenergie nicht enthalten, weil sie nicht unmittelbar Gegenstand des kommerziellen Handelns sind.

Energiebilanz (Wirtschaftsräume)	Energiebilanzen für Wirtschaftsräume sind der statistische Nachweis von Aufkommen und Verwendung von Energieträgern innerhalb eines Wirtschaftsraumes für eine bestimmte Zeitspanne unter Berücksichtigung der bei der Gewinnung, Aufbereitung, Umwandlung, Umformung, Speicherung und beim Fortleiten auftretenden Verluste, einschließlich des nichtenergetischen Verbrauchs von Energieträgern. Die Energiebilanz besteht aus drei Hauptteilen: Primär-, Umwandlungsbilanz und Endenergieverbrauch.
Energiedienstleistungen	Energiedienstleistungen sind die aus dem Einsatz von Nutzenergie und anderer Produktionsfaktoren befriedigten Bedürfnisse bzw. erzeugten Güter wie: • Beleuchtete Flächen und Räume • Behagliche bzw. zweckmäßige Raumkonditionierung • Bewegung oder Transport • Erwärmen von Stoffen und Gütern • Stoffumwandlung • Herstellen oder Verändern von Gütern • Informationsgewinnung, -übertragung und -verarbeitung. Energiedienstleistungen sind nicht ohne weiteres in Energieeinheiten anzugeben. Sie sind aber durch technische Größen, wie z. B. m^2 Wohnfläche bzw. m^3 zu beheizendes Luftvolumen in Verbindung mit der Temperaturdifferenz innen/außen oder zu bewegende Personenkilometer beschreibbar. Nur unter Voraussetzung bestimmter Energieträger, Energiewandler und gewählter Rahmenbedingungen kann eine Aussage über den Endenergieverbrauch zur Erstellung einer Energiedienstleistung gemacht werden.
Energiewandler	Energiewandler sind Geräte und Anlagen zum langfristigen vielfachen Gebrauch für Energieumformung bzw. Energiewandlung von Endenergie und Nutzenergie (z. B. Generatoren, Motoren, Öfen, Lampen usw.).
ETS Emissions Trading Scheme	ETS ist das EU-Handelssystem für den Emissionshandel von CO_2 und anderen klimawirksamen Gasen (laut Kyoto-Protokoll: CH_4, N_20, H-FKW, FKW, SF_6). Das Handelsystem wurde zum 01.01.2005 eingeführt und erfasst vorerst nur CO_2. Die Verursacher von CO_2-Emissionen, die zum Emissionshandel verpflichtet sind, gehören hauptsächlich den folgenden Bereichen an: Verbrennungsanlagen (insbesondere Kraftwerke), Erdölraffinerien, Koksöfen, Eisen- und Stahlwerke, sowie Anlagen der Zement-, Glas-, Kalk, Ziegel-, Keramik, Zellstoff- und Papierindustrie. Die erste Handelsperiode läuft von 2005 bis 2007, die zweite von 2008 bis 2012.

ETSO — Association of European Transmission Systems Operators. Die ETSO ist der zum 01.07.1999 gegründete Dachverband der europäischen Übertragungsnetzbetreiber. Er verfolgt u. a. das Ziel, Handelsschranken beim internationalen Stromaustausch weiter abzubauen und eine gemeinsame Basis für den Strombinnenmarkt in Europa zu schaffen. In diesem Dachverband haben sich die Übertragungsnetzbetreiber der EU, Norwegens und der Schweiz zusammengeschlossen.

Fahrplan — Fahrpläne dienen der Planung und Abwicklung des Energieaustausches leitungsgebundener Energieträger, z. B. Elektrizität. Für jede Viertelstunde innerhalb des Planungszeitraums wird angegeben, wie viel Leistung zwischen Bilanzkreisen ausgetauscht wird bzw. wie viel am Einspeise-/Entnahmeknoten eingespeist/entnommen wird.

F.O.B. — Free on Board; Eine Handelstransaktion, bei welcher der Verkäufer dafür sorgt, dass die Ware an einem vereinbarten Hafen oder Bahnhof zu einem festgelegten Preis zur Mitnahme verfügbar ist und der Käufer die Kosten für den anschließenden Transport und die Versicherung übernimmt.

Flöz — Bodenschicht, die einen nutzbaren Rohstoff enthält, z. B. Steinkohle oder Braunkohle.

Förderbrücke — Einen Tagebau überspannende Stahlkonstruktion mit eingebauten Bandanlagen, die Gewinnungsseite und Verkippungsseite direkt miteinander verbindet.

Forward-Kontrakt — Vertrag zwischen zwei Parteien zum Kauf/Verkauf eines Gutes in der Zukunft zu einem heute vereinbarten Preis. Er wird individuell zwischen den Vertragsparteien verhandelt und nicht öffentlich an Börsen notiert.

Future — Vertragliche Verpflichtung, eine festgelegte Gas- oder Strommenge zu einem festgelegten Preis in einer zukünftigen Lieferperiode zu kaufen bzw. zu liefern. Der Future stellt ein standardisiertes, in der Regel börslich gehandeltes Termingeschäft dar, bei dem zumeist nur ein finanzieller Austausch (Cash Settlement) zwischen dem Händler und der Börse als Vertragspartner vereinbart wird.

Glattstellung — Glattstellen ist die Bezeichnung für den Kauf oder Verkauf von Kontrakten durch einen Händler, um ein bestehendes Börsenengagement (Verpflichtung) durch ein Deckungsgeschäft (Gegengeschäft) auszugleichen (auch: abzuwickeln oder zu lösen).

Grundlast — Grundbedarf an Strom, der unabhängig von allen Lastschwankungen, also von tageszeitlichen, wöchentlichen oder jahreszeitlichen Lastschwankungen, besteht. Die Deckung des Grundlastbedarfs erfolgt vor allem durch Kern-, Braunkohlen- und Laufwasserkraftwerke.

Hedge/Hedging — (Engl. „Hecke"); Unter Hedging versteht man die Absicherung von Vermögenspositionen gegen Kursrisiken. Bei einem Absicherungsgeschäft handelt es sich um ein Termingeschäft, das zum Schutz gegen eventuelle Verluste durch Preisänderungen im Waren-, Devisen- oder Wertpapierverkehr abgeschlossen wird. Grundgedanke dieses Absicherungsgeschäfts ist die Erzielung einer kompensatorischen Wirkung durch die Einnahme einer entgegengesetzten Position an den Terminmärkten, d. h. es wird beispielsweise versucht, eine Wertminderung einer gegenwärtig gehaltenen Position durch den entsprechenden Wertzuwachs einer Terminposition auszugleichen (Termingeschäft).

Hedge-Fonds

Hedge-Fonds sind Investmentfonds, die bezüglich ihrer Anlagepolitik keinerlei gesetzlichen oder sonstigen Beschränkungen unterliegen. Sie streben unter Verwendung sämtlicher Anlageformen eine möglichst rasche Vermehrung ihres Kapitals an. Hedge-Fonds bieten die Chance auf eine sehr hohe Rendite, bergen aber auch ein entsprechend hohes Risiko des Kapitalverlusts.

Hedger

Marktteilnehmer, der sich anhand von Futures und Optionen gegen Marktrisiken abzusichern sucht. Im Gegensatz dazu steht der Spekulant.

Heizwert

Der Heizwert entspricht der Wärmemenge, die bei der Verbrennung von 1 kg festem oder flüssigem bzw. 1 m^3 gasförmigem Brennstoff freigesetzt wird. Einheiten sind [kJ/kg, kJ/l oder kJ/m^3].

HKW

Heizkraftwerke können als modifizierte thermische Kraftwerke angesehen werden: In einem thermischen Kraftwerk wird Wärme durch die Verbrennung fossiler Brennstoffe, durch einen Kernreaktor oder durch die Sonne erzeugt. Diese Wärme dient dazu, heißen Dampf zu entwickeln, der eine Turbine antreibt. Während der Wasserdampf über die Turbine seine Energie abgibt, kühlt er ab. Aber selbst der aus der Turbine austretende Dampf hat noch Temperaturen im Bereich von 50 bis 100 Grad Celsius. In einem *Heiz*kraftwerk nutzt man zusätzlich diese Abwärme, indem man die Temperatur hinter der Turbine auf etwa 130 Grad Celsius einstellt; dadurch wird allerdings der Wirkungsgrad der Stromerzeugung herabgesetzt, weil die Temperaturdifferenz zwischen Turbineneintritt und -auslass verringert wurde. Sinnvoll ist der Einsatz eines HKW dann, wenn eine nahezu konstante Menge von Strom und Wärme mit dem entsprechenden Verhältnis zwischen diesen beiden Energiearten benötigt wird. Der Wirkungsgrad der Stromerzeugung liegt bei etwa 35% – im Vergleich zu reinen Kraftwerken mit Wirkungsgraden von 43 bis 46 % –, der Anteil der Wärmeauskopplung liegt ebenfalls bei etwa 35 %, womit der primäre Brennstoff zu etwa 70% in Endenergie umgewandelt werden kann.

Inkohlung

Biochemischer und geochemischer Vorgang bei der Entstehung der Kohle, bei dem die Kohlesubstanz mit zunehmender Inkohlung reicher an Kohlenstoff und ärmer an flüchtigen Bestandteilen wird.

Joule

1 J (benannt ist die Einheit nach dem britischen Physiker James Prescott Joule) ist gleich der Energie, die benötigt wird, um:

- über die Strecke von einem Meter die Kraft von 1 Newton aufzuwenden (1 J = 1 Newtonmeter [Nm] = Ws) oder
- für die Dauer einer Sekunde die Leistung von einem Watt aufzubringen.

Für das Erwärmen von 1 g Wasser um 1°C benötigt man 4,18 J = 1 Kalorie [cal].

Kassamarkt

Am Kassamarkt werden valutagerechte Geschäfte abgewickelt, d.h. die Abschlüsse müssen innerhalb von zwei Tagen erfüllt werden. Erfolgt die Geschäftserfüllung dagegen in weniger als zwei Tagen, wird dies als Vorvalutageschäft bezeichnet.
Kassakurs = Einheitskurs (bei derivativen Finanzinstrumenten); bezieht sich auf den Marktkurs des zugrunde liegenden Basiswertes.

kcal

Die Kilokalorie ist die Wärmeenergie, die benötigt wird, um 1 kg Wasser um 1°C zu erwärmen. 1 kcal = 4.186,8 J.

Kohlekraftwerk

In einem Kohlekraftwerk wird durch die Verbrennung von Kohle Wärme erzeugt, die wiederum über einen Wärmetauscher heißen Dampf aus Wasser produziert. Dieser Wasserdampf treibt eine Dampfturbine an, die über einen Generator elektrischen Strom erzeugt. Als Brennstoff kann sowohl Braun- wie auch Steinkohle verwendet werden. Kohlekraftwerke zählen damit zu den thermischen Kraftwerken. Das oben beschriebene einfache Bild ist in der großtechnischen Realisierung nicht mehr beizubehalten. Einerseits ist der ,,Kohleofen,, wesentlich verfeinert worden, um die in der Kohle gespeicherte chemische Energie möglichst effizient in nutzbare Wärmeenergie umzuwandeln; andererseits besteht die Notwendigkeit, die Abgase der Kohleverbrennung von Schadstoffen zu reinigen, was zu einem erheblichen Zuwachs an Aggregaten um das eigentliche Kraftwerk herum geführt hat. Der Wirkungsgrad von modernen Kohlekraftwerken liegt bei etwa 43 bis 46 Prozent; die hohe Zahl gilt für Kraftwerke, die mit sehr modernen Dampfturbinen ausgestattet sind, deren Dampfeinlasstemperatur 600 °C erreichen darf. Damit kann der prinzipielle Wirkungsgrad – als Näherung kann der Carnot-Wirkungsgrad benutzt werden – noch einmal gegenüber den zuvor üblichen Dampftemperaturen von 530-550 °C erhöht werden.

Kohlendioxid

Das Gas, welches bei den Konsumenten (Mensch und Tiere) durch die Atmung freigesetzt und von den Produzenten (Pflanzen) durch die Photosynthese in energiereiche organische Verbindungen umgewandelt wird. Damit schließt Kohlendioxid (CO_2) den natürlichen Kohlenstoffkreislauf. Die Bedeutung des Kohlendioxids für das globale Klima ist bedeutend, weil es in der Lage ist, Wärmestrahlung zu absorbieren und dadurch die Atmosphäre zu erwärmen - es trägt damit zum natürlichen Treibhauseffekt bei. Dadurch wird das Leben auf der Erde, wie wir es kennen, erst ermöglicht. Die Konzentration des CO_2 betrug vor der Industrialisierung etwa 280ppm. Durch Entwaldung wird die Menge der Pflanzen verringert, die zur Bindung des Kohlendioxids beitragen können. Die Verbrennung fossiler Brennstoffe wandelt Kohlenstoff und Kohlenwasserstoffe durch Verbrennung hauptsächlich in Kohlendioxid um, welches in die Atmosphäre abgelassen wird. Beide Effekte tragen zu einer Erhöhung der Kohlendioxidkonzentration auf derzeit knapp 400 ppm bei.

Kontrakt

Ein Kontrakt ist eine rechtlich bindende Vereinbarung (Vertrag) zwischen zwei oder mehreren Parteien, eine Leistung zu erbringen oder zu unterlassen. An den Terminmärkten stellt ein Kontrakt eine vertraglich vereinbarte Menge für ein Options- oder Futuresgeschäft dar. An den Terminbörsen sind die gehandelten Kontrakte standar-

	disiert. Die standardisierten Kontraktspezifikationen beziehen sich auf die Laufzeit des Kontraktes, die Menge und Qualität des Basiswertes.
Konzessionsabgabe	Konzessionsabgaben sind Entgelte, die Energieversorgungsunternehmen (EVU) und Wasserversorgungsunternehmen (WVU) an Gemeinden für die Einräumung des Rechts zur Benutzung öffentlicher Verkehrswege für die Verlegung und den Betrieb von Leitungen, die der unmittelbaren Versorgung von Letztverbrauchern im Gemeindegebiet mit Strom, Gas und Wasser dienen, abgeben müssen.
kWh	Die Einheit Kilowattstunde ist ein Maß für elektrische Arbeit. Sie ist definiert als die Leistung in Kilowatt die innerhalb einer Stunde aufgebracht wird. 1 kWh ist äquivalent zu 3.411 Btu.
KWK	Kraft-Wärme-Kopplung; Gleichzeitige Erzeugung von Strom und Wärme in *einem* Kraftwerk. Dieses Prinzip erhöht die Ausnutzung von Brennstoffen, indem der Anteil der Wärme, der über Turbine und Generator *nicht* in Strom umgewandelt werden kann, als Brauchwärme genutzt wird. Ein normales thermisches Kraftwerk hat eine „Abwärmetemperatur" von etwa 50-100°C, für eine effiziente Wärmenutzung ist jedoch eine höhere Temperatur erforderlich, etwa 130 °C. Bei der Kraft-Wärme-Kopplung geht man einen *Kompromiss* ein: Die Temperatur hinter der Turbine wird auf die für die Wärmenutzung geforderten 130 °C eingestellt, damit allerdings der Wirkungsgrad der Stromerzeugung etwas herabgesetzt.
Lagerstätte	Gesamtvorrat eines Bodenschatzes in einem bestimmten Gebiet.
Lastprofil/Lastgang	Zeitreihe, die für jede Stunden- bzw. Viertelstunden-Abrechnungsperiode einen Leistungswert festlegt. Das Lastprofil dient oft als Basis für die Fahrpläne.
Liegendes	Das Liegende bezeichnet die Bodenschicht unterhalb des Kohlenflözes.
Long/Long Position	In Handelsmärkten wird mit „long" allgemein die Position des Käufers von Kontrakten bezeichnet. Der Verkäufer ist dann entsprechend short. Eine Long-Position entsteht durch den Kauf eines oder mehrerer Kontrakte, wenn dieser nicht durch den Verkauf entsprechender Kontrakte ausgeglichen wird. Eine Long-Position kann durch den Verkauf entsprechender Kontrakte glattgestellt werden.
LNG	Liquefied Natural Gas; Erdgas (primär Methan), welches durch Temperaturreduktion auf -260° Fahrenheit (-162,22 °C) bei konstantem Atmosphärendruck verflüssigt wurde.
Market Coupling	Ziel des Market Coupling ist es, die Ausnutzung der verfügbaren Übertragungskapazitäten zu optimieren. Handelstechnisch wird das Market Coupling als so genannte implizite Auktion ausgestaltet. Dabei werden der Stromhandel und die Zuweisung von Übertragungskapazitäten in einem gemeinsamen Prozess durchgeführt.

NBP	(National Balancing Point) NBP ist ein virtueller Handelspunkt für Erdgas in Großbritannien, an dem mehr als 60 Unternehmen tätig sind. Durch die hohe Umschlaghäufigkeit am NBP und das hohe Gesamthandelsvolumen ist er einer der größten europäischen Handelspunkte für Spot- und Termingeschäfte im Erdgasbereich.
Nichtenergetischer Verbrauch	Nichtenergetischer Verbrauch ist der Energieinhalt von Stoffen, die bei der Umwandlung anfallen, deren Verwendung aber nicht durch ihren Energiegehalt, sondern durch ihre stofflichen Eigenschaften bestimmt wird (z.B. Schmierstoffe, Bitumen für den Straßenbau) sowie der Energieinhalt von Energieträgern (z. B. Rohbenzin, Raffineriegas und Flüssiggas als Rohstoff chemischer Prozesse oder Koks als Reduktionsmittel bei der Roheisenerzeugung), die nichtenergetisch verwendet werden.
Nordpool	Skandinavische Strombörse mit Sitz in Oslo und Handelsaktivitäten für Norwegen, Schweden, Finnland und Dänemark. Handelsbeginn 1996.
Nutzenergie	Nutzenergie umfasst alle technischen Formen der Energie, welche der Verbraucher letztendlich benötigt, also Wärme, mechanische Energie, Licht, elektrische und magnetische Feldenergie (z. B. für Galvanik und Elektrolyse) und elektromagnetische Strahlung, um Energiedienstleistungen ausführen zu können. Nutzenergien müssen im Allgemeinen zum Zeitpunkt und am Ort des Bedarfs aus Endenergie mittels Energiewandlern erzeugt werden.
Nymex	(New York Mercantile Exchange) Nymex ist die größte Terminbörse für Energie und Edelmetalle in Nordamerika. Dort werden unter anderem Futures und Optionen auf Rohöl, Benzin, Heizöl, Erdgas und Propan gehandelt.
Off-Peak	Zeitraum der Niedriglaststunden im Stromnetz, die nicht als Peak definiert sind. Es handelt sich dabei in Deutschland um folgende Zeiten: werktags 20 Uhr bis 8 Uhr sowie samstags und sonntags von 0 Uhr bis 24 Uhr.
OPEC	Organization of Petroleum Exporting Countries; Diese Organisation Erdöl exportierender Länder wurde 1960 gegründet mit dem Ziel, ein Kartell wichtiger Öl-Lieferländer zu bilden, um mit Ölgesellschaften über Öl-Mengen, Öl-Preise und zukünftige Förderquoten zu verhandeln. Derzeitige Mitglieder sind Algerien, Angola, Ekuador, Indonesien, Iran, Irak, Kuwait, Libyen, Nigeria, Qatar, Saudi Arabien, die Vereinigten Arabischen Emirate und Venezuela.
OPEC-Korb	Korb aus dreizehn verschiedenen Rohölsorten der OPEC-Staaten. Andere Ölsorten, die als Referenz dienen, sind insbesondere Brent oder WTI.
Option	Vertraglich eingeräumtes Recht, eine Ware unter bestimmten Bedingungen zu einem bestimmten Preis zu erwerben oder zu veräußern. Man unterscheidet nach Kauf- und Verkaufsoptionen. Optionen sind selbstständig an der Börse handelbar.

Optionsgeschäft	Besondere Form des Termingeschäfts. Der Käufer einer Option erwirbt das Recht, vom Verkäufer (Stillhalter) innerhalb einer festgesetzten Frist entweder die Lieferung einer bestimmten Leistung (Kaufoption) oder ihre Abnahme (Verkaufsoption) zu einem im Voraus vereinbarten Preis (Basispreis) verlangen zu können. Dafür muss der Käufer eine Prämie (Optionspreis) zahlen. Im Unterschied zu Futures oder anderen Termingeschäften kann die Option ausgeführt werden, sie muss aber nicht.
Optionskontrakte	Eine Option gibt dem Käufer das Recht, aber nicht die Verpflichtung, einen Vermögenswert während einer Frist oder zu einem bestimmten Zeitpunkt zu kaufen oder zu verkaufen.
Optionsprämie/Optionspreis	Die Optionsprämie (Optionspreis) ist der Preis für die Kauf- oder Verkaufsoption, den der Käufer der Option bei Abschluss des Geschäftes zu zahlen hat.
OTC	Over-The-Counter-Handel; Außerhalb der Börse verlaufender Freihandelsverkehr (außerbörslicher Handel). OTC-Geschäfte können auch individuell auf die spezifischen Risikoanforderungen der Kontraktparteien zugeschnitten sein.
Peak/Peakload	Peakload bezeichnet die Stunden mit hoher Stromnachfrage (Spitzenlast) eines Tages. Es sind in Deutschland die 12 Lieferstunden zwischen 8 und 20 Uhr an den Liefertagen Montag bis Freitag.
Physischer Stromhandel	Bei Geschäften im physischen Stromhandel erfolgt ein tatsächlicher Leistungsaustausch. Es wird eine bestimmte Menge Energie zu einem definierten Preis innerhalb eines festen Zeitraums gehandelt und geliefert.
Primärenergie	Primärenergie (Rohenergie, Energierohstoff) ist der Energieinhalt von Energieträgern, die in der Natur vorkommen und technisch noch nicht umgewandelt wurden. Man unterscheidet zwischen den, an menschlichen Maßstäben gemessen, unerschöpflichen bzw. regenerativen, den fossilen und nuklearen Energieträgern.
Primärenergiebilanz	Die Primärenergiebilanz ist eine Bilanz der Energiedarbietung der ersten Stufe. Sie umfasst die inländische Gewinnung von Energieträgern, den Außenhandel mit Energieträgern, Hochseebunkerungen und Bestandsveränderungen.
Primärenergieverbrauch	Der Primärenergieverbrauch ergibt sich von der Entstehungsseite her als Summe aus der Gewinnung im Inland, den Bestandsveränderungen sowie dem Außenhandelssaldo abzüglich der Hochseebunkerungen. Der Primärenergieverbrauch lässt sich auch von der Verwendungsseite her ermitteln. Er errechnet sich dann als Summe aus dem Endenergieverbrauch, dem nichtenergetischen Verbrauch sowie dem Saldo in der Umwandlungsbilanz.
Put-Verkaufsoption	Die englische Bezeichnung für „Verkaufsoption" ist „Put". Der Käufer eines Put erwirbt das Recht – aber nicht die Pflicht –, während der Laufzeit die angebotenen Papiere oder Waren zu den festgelegten Konditionen zu verkaufen. Der Gegensatz dazu ist ein „Call" bzw. die Kaufoption.

Regelleistung/Regelenergie

Mehr- oder Minder-Energiemengen, die einen Ausgleich schaffen, wenn Angebot oder/und Nachfrage von den vorab definierten Fahrplänen abweichen, z. B. aufgrund von Differenzen zwischen dem prognostizierten und dem tatsächlichen Strombedarf. Durch den Einsatz von Regelenergie stellt der Netzbetreiber (ÜNB) eine ausgeglichene Leistungsbilanz und eine stabile Frequenz im Stromnetz einer Regelzone sicher. Man unterscheidet in:

- Primärregelleistung: Die Primärregelleistung wird automatisch europaweit dezentral bei den beteiligten Kraftwerken aufgrund von Fequenzabweichungen in wenigen Sekunden aktiviert.
- Sekundärregelleistung: Die Sekundärregelleistung wird automatisch aktiviert, um sicherzustellen, dass die Fahrpläne über die Grenzen von Regelzonen eingehalten werden. Sie muss spätestens innerhalb von 10 Minuten vollständig aktiviert sein und die Primärregelreserve ersetzen, so dass diese wieder vollständig zur Verfügung steht.
- Tertiärregelleistung/Minutenreserve: Die Minutenreserve muss innerhalb von 15 Minuten aktivierbar sein. Sie soll die Sekundärreserve bei länger andauernden Störungen ablösen. Maximaler Einsatzzeitraum ist hier eine Stunde, danach ist der Verursacher der Störung (z. B. Kraftwerksausfall) für die entsprechende Anpassung der Fahrpläne verantwortlich.

Regelzone

Eine Regelzone ist ein abgegrenztes geographisches Gebiet, für dessen Primärregelung, Sekundärregelung und Minutenreserve jeweils ein einziger ÜNB gemäß UCTE verantwortlich ist. Deutschland ist zur Zeit in vier Rrgelzonen eingeteilt. Jede Regelzone wird physikalisch durch die Orte der Verbundübergabemessungen des Sekundärreglers begrenzt.

Referenzöle

Es gibt eine Vielzahl unterschiedlicher Rohölsorten, aber nur wenige werden an den Börsen gehandelt. Der Handel konzentriert sich auf bestimmte Sorten, sog. Referenzöle („marker crudes"). Jede bedeutende Förderregion hat ein Referenzöl, z. B. Brent Blend in Europa, West Texas Intermediate (WTI) in Nordamerika, Dubai Fateh für den Persisch-Arabischen Golf. Die Preisbildung aller anderen Rohölsorten erfolgt durch die Festlegung bestimmter Auf- oder Abschläge. Wenige marker crudes bestimmen so den Marktwert von etwa 80 % der weltweit gehandelten Rohölmengen.

Reserven

Reserven sind die Mengen eines Rohstoffs, die mit großer Genauigkeit erfasst wurden und mit den derzeitig verfügbaren technischen Möglichkeiten wirtschaftlich gewinnbar sind. Das bedeutet, dass die Höhe der Reserven von den Preisen abhängt, aber auch vom Stand der Technik.

Ressourcen

Ressourcen sind die Mengen eines Energierohstoffs, die entweder nachgewiesen aber derzeit nicht wirtschaftlich gewinnbar sind, oder aber die Mengen, die auf Basis geologischer Indikatoren noch erwartet werden und mittels Exploration nachgewiesen werden können. Gemäß Definition der Bundesanstalt für Geowissenschaften und Rohstoffe (BGR) sind die Reserven nicht in den Ressourcen enthalten. Vielmehr wird die Summe aus Reserven und Ressourcen von der BGR als verbleibendes Potential bezeichnet. Das Gesamtpotenzial schließt neben den Reserven und Ressourcen die bisherige kumulierte Förderung ein.

RÖE

Rohöleinheit; 1 kg Öläquivalent (Oil Equivalent) ist die Wärmeenergie, die in 1 kg Rohöl steckt. 1 kg oe = 41,869 MJ.

Schaufelradbagger

Gewinnungsgerät im Tagebau, das zum Abtrag von Abraum und Braunkohle eingesetzt wird. Die Grabgefäße (Schaufeln) sind um ein Rad angeordnet (Schaufelrad). Eine Grabvorrichtung hat bis zu 18 Schaufeln (Inhalt bis zu 6 m^3; Durchmesser rd. 21 m). Die Tagesleistung eines Schaufelradbaggers erreicht bis zu 240.000 m^3.

Sekundärenergie

Sekundärenergie ist der Energieinhalt von Energieträgern, die aus Primärenergie durch einen oder mehrere Umwandlungsschritte gewonnen wurden.

Short/Short Positon

In Handelsmärkten wird mit „short“ allgemein die Position des Verkäufers von Kontrakten bezeichnet. Der Käufer ist dann entsprechend „long“.

In Aktienmärkten ergibt sich dies als offene Position durch Leerverkäufe von Kontrakten, wenn diese nicht durch den Kauf entsprechender Kontrakte abgedeckt wurden. Das Gegenteil wird als Long Positon bzeichnet.

SKE

Steinkohleneinheit ist die Wärmeenergie, die in einem durchschnittlichen kg Steinkohle steckt. 1 kg SKE = 7.000 kcal = 29,3076 MJ.

Spitzenlast

Treten Belastungsspitzen in den Stromnetzen auf, werden Speicherkraftwerke, Pumpspeicherwerke und Gasturbinenkraftwerke zum Ausgleich eingesetzt.

Spotmarkt

Ist ein Teilmarkt des Großhandels, an dem kurzfristige Geschäfte (außerbörslich oder börslich) abgeschlossen werden. Bei Spotgeschäften muss die Lieferung, Abnahme und Bezahlung innerhalb eines kurzen Zeitraumes (in Deutschland: zwei Börsentage) erfolgen. Der Spotmarkt schließt häufig 12 Stunden vor dem Tag der Kontraktausübung – so auch an der EEX. In diesem Fall handelt es sich um einen Day-Ahead-Markt.

Spotmarkt für Öl

Spotmärkte für Öl dienen dem kurzfristigen Handel mit Rohöl und Mineralölprodukten. Der Spotmarkt für Öl hat verschiedene Entwicklungsstufen durchlaufen. Er war ursprünglich nur ein Restmarkt für Raffinerieprodukte, weniger für Rohöl. In den 70er Jahren weitete der Handel sich langsam auch auf Rohöl aus. Bis Ende der 70er Jahre wurde allerdings höchstens 10 % der internationalen Öllieferungen über die Spotmärkte gehandelt. Ende 1982, nach den Veränderungen, die der zweiten Ölpreiskrise folgten, lief bereits mehr als die Hälfte des international gehandelten Rohöls über den Spotmarkt oder wurde zu Preisen verkauft, die vom Spotmarkt bestimmt waren. Der für Europa und Deutschland relevante Markt ist der Rotterdamer Spotmarkt, ein „virtueller“ Markt – Synonym für kurzfristigen Ölhandel in Nordwesteuropa. Seine Akteure sind über ganz Europa verstreut; Geschäfte werden untereinander mittels moderner Kommunikationsmittel abgeschlossen.

Spread — Bezeichnet allgemein die Differenz zwischen zwei Kursen.

1) Der bid-ask-spread bezeichnet die Differenz zwischen dem besten Kauf- und Verkaufskurs für eine Ware/Wertpapier zu einem bestimmten Zeitpunkt.

2) Ein Spread zwischen verschiedenen Handelsplätzen ermöglicht es einem Händler durch den gleichzeitigen Kauf und Verkauf von Kontrakten, für ein gleichwertiges Underlying an den verschiedenen Märkten Arbitrage-Gewinne zu erzielen.

3) Erzeugungsmarge bei Strom; bildet sich aus der Differenz zwischen dem Strompreis und den Brennstoffkosten für die Produktion der Elektrizität. Dabei unterscheidet man zwischen

- Spark Spread: Marge bei Gaskraftwerken;
- Dark Spread: Marge bei Kohlekraftwerken;
- Clean Spread: Marge unter Berücksichtigung der Kosten für Emissionszertifikate.

Statische Reichweite — Die statische Reichweite eines Rohstoffs beschreibt nicht die Zeitdauer bis zur vollständigen Erschöpfung eines Rohstoffes. Sie ist vielmehr eine Kennziffer, die sich mathematisch aus dem Verhältnis zwischen ausgewiesenen Reserven und der aktuellen Jahresförderung ermittelt. Die statische Reichweite dient vorrangig als Indikator für den Zeitpunkt notwendiger neuer Explorationsbemühungen. Je geringer die statische Reichweite ist, um so eher müssen neue Explorationskampagnen (oder eventuell Substitutionsanstrengungen) in Angriff genommen werden.

Strike — Dies ist der Preis, zu dem vereinbarungsgemäß eine Option ausgeübt werden kann.

SWAP — Ein Swapgeschäft dient z. B. zur Absicherung von Zins- oder Währungsrisiken. Es ist eine Form des Devisenaustauschgeschäfts (engl.: to Swap = tauschen), bei dem ein Partner einem anderen sofort Devisen bereitstellt (Kassageschäft) und gleichzeitig mit ihm den Rückkauf zu festem Kurs und Termin vereinbart (Termingeschäft).

Take-or-Pay Contract — Vereinbarungen, bei denen der Käufer ein gehandeltes Produkt abnehmen und den Bareinkaufpreis oder eine spezifizierte Menge zahlen muss, auch wenn das Produkt nicht in Anspruch genommen wird. Bezogen auf den Energiemarkt bedeutet dies, dass die Verpflichtung besteht, für eine bestimmte Menge Gas oder Strom zu bezahlen, unabhängig davon, ob diese Menge abgenommen wurde oder nicht.

Termingeschäft — Börsliches oder außerbörsliches Geschäft, bei dem die Erfüllung (Preis) zu einem später vereinbarten Zeitpunkt im Voraus festgelegt wurde.

Terminkontrakt/Future — Ein Terminkontrakt (Future) ist ein Vertrag über eine in der Zukunft liegende Leistung. Börsenterminkontrakte sind im Kontraktvolumen, in der Art und Qualität der Ware oder des Finanzinstruments sowie dem künftigen Erfüllungszeitpunkt standardisiert.

Festgelegt sind die Spezifikationen des Kontraktgegenstands, der Preis sowie der Zeitpunkt der Lieferung.

Terminmarkt

Kennzeichen des Terminmarktes sind:

- Abschluss und Erfüllung sind zeitlich voneinander getrennt.
- Bei Abschluss Vereinbarung des Preises, zu dem am Zukunftstermin eine bestimmte Menge einer Ware geliefert, abgenommen und bezahlt werden soll.
- Bezahlung ist der Kurszusatz, der aussagt, dass auf diesem Kursniveau die komplette Nachfrage befriedigt wurde.
- Der Kurs ist der Marktpreis (Preis=Kurs) für die an einer Börse gehandelten Wertpapiere, Devisen und Waren.

Teufe

Bergmännischer Begriff für die Tiefe, gemessen ab Geländeoberkante.

Thermisches Kraftwerk

Kraftwerk, in dem elektrischer Strom aus Wärme erzeugt wird. Dabei ist der prinzipielle Aufbau von thermischen Kraftwerken bis auf die Wärmequelle nahezu identisch. Zu den thermischen Kraftwerken gehören Kohle-, Kern-, solarthermisches, geothermisches und GuD-Gaskraftwerk.

Umwandlungsbilanz

In der Umwandlungsbilanz werden Einsatz und Ausstoß der verschiedenen Umwandlungsprozesse, der Verbrauch an Energieträgern in der Energiegewinnung und im Umwandlungsbereich, die Fackel- und Leitungsverluste und der Endenergieverbrauch ausgewiesen.

W

Maßeinheit für die physikalische Größe Leistung (benannt nach James Watt). Die physikalische Größe Leistung ist definiert als Energieaufwand pro Zeit also durch die Gleichung:

Leistung = Energie / Zeit

1 W ist äquivalent zu 1 Ampere unter der Spannung von 1 Volt und ebenso äquivalent zu $\frac{1}{746}$ PS.

Wirkungsgrad

Der Wirkungsgrad eines mit fossilen (Erdöl, Erdgas, Kohle) oder regenerativen Brennstoffen (z. B. Holz), mit Erdwärme oder Kernbrennstoffen betriebenen Kraftwerks ist der Quotient aus seiner Stromerzeugung und dem zeitgleichen Einsatz an Energieinhalt von Brennstoffen bzw. Erdwärme.

WTI

(Western Texas Intermediate): WTI ist die Bezeichnung für eine in den USA geförderte Rohölqualität. Das leichte Rohöl zeichnet sich unter anderem durch seinen geringen Schwefelgehalt aus, wodurch es besonders für die Mineralöl-Raffinierung und die Herstellung von Benzin geeignet ist. An der NYMEX werden Futures und Optionen auf WTI gehandelt, daher hat diese Rohölsorte die Funktion einer Leitsorte für den weltweiten Ölmarkt. Andere wichtige Ölqualitäten sind bspw. Brent oder der OPEC-Korb

Hauptquellen:
- Preisbildung am Rohölmarkt, Mineralölwirtschaftsverband e.V., Hamburg
- Monthly Energy Review, Energy Information Administration des US-Departments of Energy, Washington 2008
- Energiekennwerte, Definitionen – Begriffe – Methodik, VDI Richtlinien, Verein Deutscher Ingenieure, Düsseldorf
- Braunkohle in Deutschland 2007 – Profil eines Industriezweiges, DEBRIV, Köln 2007
- Energiehandel – Eine Erklärung der wichtigsten Begriffe, ET – Energiewirtschaftliche Tagesfragen, Essen 2007

Literatur

[1] Verein Deutscher Ingenieure, VDI-Richtlinie 4661, Energiekennwerte: Definitionen – Begriffe – Methodik, Düsseldorf 2001

[2] Bundesanstalt für Geowissenschaften und Rohstoffe, Reserven, Ressourcen und Verfügbarkeit von Energierohstoffen 2007, Hannover 2008

[3] Bundesverband der Deutschen Industrie e. V., Marktwirtschaftliche Instrumente der Umweltpolitik – Freiwillige Vereinbarungen, Steuern und Zertifikate im Vergleich, Berlin 2001

[4] H. J. Schürmann, Energiewirtschaft/Staat als Eigentümer und Kontrolleur – Gemeinwohl nur Alibi für einen Privatisierungsstopp, in: Handelsblatt Nr. 59 vom 23.3.1995

[5] Deutscher Bundestag, Drucksache 14/6979 vom 26.09.2001, Jahresbericht 2001 der Bundesregierung zum Stand der deutschen Einheit

[6] Ölpreisverfall beschleunigt Fusionswelle, in: Handelsblatt Nr. 224 vom 20.11.2001

[7] W. Bonse-Geuking, Die Herausforderungen für die Mineralölindustrie an der Schwelle des neuen Jahrzehnts, in: Erdöl Erdgas Kohle, 116. Jg. (2000), Heft 9

[8] MEW Die Mittelständische Mineralöl- und Energiewirtschaft Deutschland e. V., Jahresbericht 2007, Berlin 2008

[9] Mineralölwirtschaftsverband e. V., Mineralöl-Zahlen, Hamburg 2008

[10] P. Schlüter, Integration der ostdeutschen Mineralölwirtschaft in den gesamtdeutschen Ölmarkt, in: Energiewirtschaftliche Tagesfragen, 43. Jg. (1993), Heft 1/2

[11] Internationale Energie-Agentur, Coal Information, Paris 2008

[12] H. Fornelli und W. Grigo, Aufgaben und Befugnisse der Bergbehörden in Nordrhein-Westfalen, in: Glückauf, 133. Jg. (1997), Heft 4

[13] DEBRIV – Bundesverband Braunkohle, Hrsg., Braunkohle in Deutschland 2007, Profil eines Industriezweiges, Köln 2007

[14] R. D. Stoll, Ch. Niemann-Delius, C. Drebenstedt und K. Müllensiefen, Der Braunkohlentagebau – Bedeutung, Planung, Betrieb, Technik, Umwelt, Berlin/Heidelberg, 2009

[15] Bekanntmachung der Neufassung des Dritten Verstromungsgesetzes vom 19.4.1990 im Bundesgesetzblatt, Jg. 1990, Teil I, Nr. 24 – Ausgabe vom 29.5.1990, S. 917 ff.

[16] Deutscher Bundestag, Drucksache 13/6700 vom 27.12.96, Rechnungslegung über das Sondervermögen des Bundes „Ausgleichsfonds zur Sicherung des Steinkohleneinsatzes" für das Wirtschaftsjahr 1995

[17] Gesetz zur Sicherung des Einsatzes von Steinkohle in der Verstromung und zur Änderung des Atomgesetzes und des Stromeinspeisungsgesetzes vom 19. Juli 1994, Bundesgesetzblatt, Jg. 1994; Teil I, Nr. 46 – Tag der Ausgabe: Bonn, den 28. Juli 1994, S. 1618-1623

[18] Pressestelle des Bundesverfassungsgerichts, Verlautbarung Nr. 48/94, Karlsruhe, den 8. Dezember 1994

[19] Bundesministerium für Wirtschaft, BMWi – Tagesnachrichten Nr. 10297 vom 30. März 1995

[20] Bundesministerium für Wirtschaft, BMWi – Tagesnachrichten Nr. 10335 vom 4. Juli 1995

[21] Presse- und Informationsamt der Bundesregierung, Pressemitteilung Nr. 80/97 vom 13. März 1997

[22] Deutsche Steinkohle AG, Steinkohle extra, Essen, Oktober 1999

[23] Europäische Kommission, Presseerklärung IP/98/521, Brüssel, 10. Juni 1998; Europäische Kommission, Presseerklärung IP/98/1057, Brüssel, 2. Dezember 1998; BMWi-Tagsnachrichten Nr. 10849, Bonn, 23. Dezember 1998

[24] VRB-Jahresbericht 2007, Leipzig 2008

[25] E.ON Ruhrgas AG, Erdgaswirtschaft im Überblick, Essen 2007

[26] H. Stappert, G. Jansen und F.-R. Groß, Kompaktwissen Energiewirtschaft, Euroforum-Verlag, Düsseldorf 2008

[27] R. Kemper, Aufgaben der Stromversorgung in Ostdeutschland und Ansätze zur Lösung, in: Elektrizitätswirtschaft, Jg. 90 (1991), Heft 1/2

[28] Treuhandanstalt, Privatisierung von VEAG und LAUBAG abgeschlossen, Pressemitteilung, Berlin, 6. September 1994

[29] B. Uhlmannsiek, Ostdeutsche Elektrizitätswirtschaft: Startschuss für Strom-Privatisierung/Regionalversorger an westdeutsche Verbundunternehmen verkauft, in: StromThemen 3/94

[30] W. Harms und A. Metzenthin, Energie und Recht, in: Handbuch Energie, Hrsg. von D. Schmitt und H. Heck, Pfullingen 1990

[31] Bundesministerium für Wirtschaft, Binnenmarkt-Richtlinie Strom, Bonn, 21. Juni 1996

[32] H. Fröhlich, Grundlagen des Energierechts, Kompaktwissen Energiewirtschaft, Euroforum-Verlag, Düsseldorf 2008

[33] Energie-Informationsdienst (EID) 32/08, Hamburg, 04.08.2008

[34] VDEW, Hrsg., Begriffe der Versorgungswirtschaft, Teil B Elektrizität und Fernwärme, Heft 1, Elektrizitätswirtschaftliche Grundbegriffe, 7. Ausgabe 1999

[35] Deutsches Atomforum e. V., Jahresbericht 2007 – Perspektive Kernenergie, Berlin 2008

[36] H.-J. Haubrich, W. Fritz, C. Zimmer, K. v. Sengbusch, S. Kopp und F. Li, Grenzüberschreitende Übertragungskapazitäten und Engpässe im europäischen Stromnetz, in: Energiewirtschaftliche Tagesfragen, 52. Jg. (2002), Heft 4

[37] J. Borchert, R. Schemm und S. Korth, Grundlagen des Stromhandels, Stuttgart 2006

[38] R. A. Dudenhausen, A. Döhrer und U. Gravert-Jenny, Strom- und Gashandel in Stadtwerken, in: Energiewirtschaftliche Tagesfragen, 49. Jg. (1999), Heft 5

[39] K. Latkovic und T. Seiferth, Stromhandel – Charakteristika, Betätigungsfelder und Anforderungen, in: Elektrizitätswirtschaft, Jg. 98 (1999), Heft 7

[40] J. Davies und C. Riechmann, Barometer für den Strompreis – Strombörse oder bilateraler Handel?, in: VWD, Hrsg., Wirtschaftswelt Energie, September 2001

[41] T. Pilgram, Stromhandel an der Börse – Teil eines modernen Beschaffungsmanagements, in: VIK-Mitteilungen 5-2001

[42] EEX, Pressemitteilungen vom 09.01.2008 und vom 08.04.2008, Leipzig 2008

[43] C. Held und I. Zenke, Rechtsfragen des Börsenhandels von Strom, in: P. Becker, C. Held, M. Riedel, C. Theobald, Hrsg., Energiewirtschaft im Aufbruch: Analysen – Szenarien – Strategien, Köln, 2001

[44] K. Scheele, Terminmarkt – Ein Markt der Zukunft, in: ew, Jg. 100 (2001), Heft 23

[45] C. Just und A. Lober, Wettbewerb erzwingt Neupositionierung im Vertrieb, in: Energiewirtschaftliche Tagesfragen, 55. Jg. (2005), Heft 5

[46] Bundesministerium für Umwelt, Naturschutz und Reaktorsicherheit, Hrsg., Erneuerbare Energien in Zahlen, Berlin, Juni 2008
[47] K. Heinloth, Die Energiefrage: Bedarf und Potentiale, Nutzung, Risiken und Kosten, Wiesbaden 1997
[48] RWE AG, Hrsg., Regenerative Energien heute und morgen, Essen 2001
[49] Bundesministerium für Umwelt, Naturschutz und Reaktorsicherheit, Hrsg. Erfahrungsbericht 2007 zum Erneuerbare-Energien-Gesetz, Berlin 2008
[50] G. Erdmann, Indirekte Kosten der EEG-Förderung, Kurzstudie im Auftrag der WirtschaftsVereinigung Metalle (WVM), Berlin, August 2008
[51] P. Horsnell, R. Mabro, Oil Markets and Prices – The Brent Market and the Formation of World Oil Prices, Oxford Institute for Energy Studies 1993
[52] RWE AG, Chancen und Risiken der Weltenergieversorgung, Essen 2005 und vorlaufende Ausgaben
[53] H.-W. Schiffer, Bedeutung und Funktion der Spotmärkte für die Ölversorgung, in: Glückauf, Jg. 117 (1981), Nr. 1
[54] Verein der Kohlenimporteure e. V., Jahresbericht 2007, Hamburg 2008
[55] H.-W. Schiffer, Langfristige Sicherheit der Energieversorgung – der Beitrag der Kohle, in: ZfE 28. Jg. (2004), Heft 3
[56] H. Gruß, Entwicklung und Perspektiven für Angebot und Nachfrage auf dem Steinkohlenweltmarkt (2002), in ZfE, 27. Jg. (2003), Heft 1
[57] W. Ritschel, H.-W. Schiffer, Weltmarkt für Steinkohle, Essen, 2007
[58] K. Schwantag, Die Preisgleitklausel für Steinkohlelieferungen aufgrund des 3. Verstromungsgesetzes, 1975
[59] J. Perner und C. Riechmann, Gaspreisgestaltung und -preissysteme, in: Kompaktwissen Gaswirtschaft, Euroforum-Verlag, Düsseldorf, 2008
[60] M. Janssen und M. Wobben, Preisbildung auf den Märkten für Elektrizität und Erdgas – Ein Blick auf 2007 und die kommenden Jahre, in: Energiewirtschaftliche Tagesfragen, 58. Jg. (2008), Heft 11
[61] Energiewirtschaftliches Institut an der Universität zu Köln, Kurzexpertise zu den Auswirkungen der Emissionshandelsrichtlinie gemäß EU-Kommissionsvorschlag vom 23.01.2008 auf die deutsche Elektrizitätswirtschaft, Köln, 3. September 2008
[62] H. M. Groscurth, Der Strompreiseffekt des Emissionshandels, in: DowJones VDW News, 2005
[63] A. Ockenfels, Strombörse und Marktmacht, in: Energiewirtschaftliche Tagesfragen, 57. Jg. (2007), Heft 5
[64] J. Mitchel, The New Economy of Oil - Impacts on Business, Geopolitics and Society, London 2001
[65] Deutsches Institut für Wirtschaftsforschung (DIW), Verkehr in Zahlen, 2004/2005, Berlin 2004
[66] BDEW, Hrsg., Energie-Info, Endenergieverbrauch in Deutschland 2006, Berlin, Februar 2008
[67] H. Rentz und H.-W. Schiffer, Entwicklung und Umsetzung des Weltklimaprogramms, in: Energiewirtschaftliche Tagesfragen, 50. Jg. (2000), Heft 8
[68] S. Oberthür, H. E. Ott, The Kyoto Protocol, International Climate Policy for the 21st Century, Berlin/Heidelberg/New York 1999

[69] H.-J. Ziesing, Weiteres Warten auf Rückgang der weltweiten CO_2-Emissionen, in: Energiewirtschaftliche Tagesfragen, 58. Jg. (2008), Heft 9

[70] EWI/prognos, Energiereport IV, Die Entwicklung der Energiemärkte bis zum Jahr 2030, Köln/Basel 2005, www.bmwi.de/BMWi/Navigation/Energie/energieprognosen.html

[71] EWI/prognos, Auswirkungen höherer Ölpreis auf Energieangebot und -nachfrage, Ölpreisvariante der Energiewirtschaftlichen Referenzprognose 2030, Köln/Basel, August 2006, www.bmwi.de/BMWi/Navigation/Energie/energieprognosen.html

[72] EWI/prognos, Energieszenarien für den Energiegipfel 2007, Endbericht inklusive Anhang 2 %-Variante, Köln/Basel, Juli 2007, www.bmwi.de/BMWi/Navigation/Energie/energieprognosen.html

[73] EWI/EEFA, Energiewirtschaftliches Gesamkonzept 2030, Köln/Münster, 31. März 2008

[74] Deutsches Nationales Komitee des Weltenergierates e. V. (DNK), Energie für Deutschland 2007, Berlin 2008

[75] Deutscher Bundestag, Antwort des Staatssekretärs beim Bundesminister für Wirtschaft und Technologie vom 11. März 1999, Drucksache 14/577

Autorenangaben

Dr. Hans-Wilhelm Schiffer, Jahrgang 1949, Studium der Wirtschaftswissenschaften an der Universität zu Köln und der Pennsylvania State University. Nach dem Diplom-Kaufmann-Examen wissenschaftlicher Assistent am Energiewirtschaftlichen Institut an der Universität zu Köln. Promotion in Volkswirtschaftslehre bei Prof. Dr. Hans K. Schneider. Von 1978 bis 1985 Referent in der Abteilung *Energiepolitik* des Bundesministeriums für Wirtschaft einschließlich einer sechsmonatigen Stage im britischen Department of Energy. Danach Persönlicher Referent des Parlamentarischen Staatssekretärs Martin Grüner. Von Mitte 1990 bis Ende 1991 Leiter des Referates *Produktbezogener Umweltschutz* im Bundesministerium für Umwelt, Naturschutz und Reaktorsicherheit. Seit 1992 bei RWE – dort Leiter Allgemeine Wirtschaftspolitik/Wissenschaft der RWE AG, Essen. Ferner Wahrnehmung eines Lehrauftrags für Energiewirtschaftslehre im Master-Studiengang Rohstoffingenieurwesen an der RWTH Aachen.

Der Autor wurde für das Buch mit dem Theodor-Wessels-Preis ausgezeichnet.